T0074395

KI:Text

KI:Text

Diskurse über KI-Textgeneratoren

Herausgegeben von
Gerhard Schreiber und Lukas Ohly

DE GRUYTER

ISBN 978-3-11-135096-7
e-ISBN (PDF) 978-3-11-135149-0
e-ISBN (EPUB) 978-3-11-135196-4
DOI https://doi.org/10.1515/9783111351490

Dieses Werk ist lizenziert unter einer Creative Commons Namensnennung - Nicht-kommerziell -
Keine Bearbeitung 4.0 International Lizenz. Weitere Informationen finden Sie unter
https://creativecommons.org/licenses/by-nc-nd/4.0/.

Die Creative Commons-Lizenzbedingungen für die Weiterverwendung gelten nicht für Inhalte
(wie Grafiken, Abbildungen, Fotos, Auszüge usw.), die nicht im Original der Open-Access-Publikation
enthalten sind. Es kann eine weitere Genehmigung des Rechteinhabers erforderlich sein. Die Verpflichtung zur Recherche und Genehmigung liegt allein bei der Partei, die das Material
weiterverwendet.

Library of Congress Control Number: 2023949905

Bibliografische Information der Deutschen Nationalbibliothek
Die Deutsche Nationalbibliothek verzeichnet diese Publikation in der Deutschen Nationalbibliografie;
detaillierte bibliografische Daten sind im Internet über http://dnb.dnb.de abrufbar.

© 2024 bei den Autorinnen und Autoren, Zusammenstellung © 2024 Gerhard Schreiber und Lukas
Ohly, publiziert von Walter de Gruyter GmbH, Berlin/Boston. Dieses Buch ist als Open-Access-Publikation verfügbar über www.degruyter.com.

Einbandabbildung: Günter Meyer-Mintel, Moers
Druck und Bindung: CPI books GmbH, Leck

www.degruyter.com

Vorwort

Der vorliegende Band versammelt die Beiträge einer interdisziplinären Tagung mit dem Titel „KI – Text und Geltung. Wie verändern KI-Textgeneratoren wissenschaftliche Diskurse?", die am 25. und 26. August 2023 an der Technischen Universität Darmstadt stattfand. Die Tagung und dieser Band sind Ergebnisse des Ad hoc-Vorhabens *Diskurse disruptiver digitaler Technologien am Beispiel von KI-Textgeneratoren* (April bis Dezember 2023) des hessenweiten Netzwerks *Zentrum verantwortungsbewusste Digitalisierung* (ZEVEDI).

Wir danken ZEVEDI, namentlich der wissenschaftlichen Direktorin, Prof. Dr. Petra Gehring, der Leiterin der Geschäftsstelle, Dr. Christiane Ackermann, und Dr. Klaus Angerer, Wissenschaftliche Projektgruppen-Koordination, für die gleichermaßen wohlwollende und wertschätzende Unterstützung unseres Forschungsprojekts.

Für die perfekte Vorbereitung und reibungslose Durchführung der Tagung (vor Ort und im hybriden Format) einerseits und für die Veröffentlichung des Tagungsbandes andererseits sind wir einem Team zu großem Dank verpflichtet: allen voran Kathrin Burghardt, wissenschaftliche Mitarbeiterin im Ad hoc-Vorhaben, für ihren unermüdlichen Einsatz und ihr bewundernswertes Engagement, Aneta Komorek-Riegel M.A. und Christine Armbruster vom Institut für Theologie und Sozialethik (iths) der Technischen Universität Darmstadt sowie den studentischen Hilfskräften Sandra Kunz (Technische Universität Darmstadt), Brian Mügendt (Goethe-Universität Frankfurt) und Marvin Trebbien (Goethe-Universität Frankfurt) für ihre tatkräftige Unterstützung.

Besonderer Dank gilt unserem Kollegen Prof. Dr. Hermann-Josef Große Kracht vom Institut für Theologie und Sozialethik (iths) der Technischen Universität Darmstadt.

Ebenso danken wir Pfr. i.R. Dr. Günter Meyer-Mintel (Moers) sehr herzlich für die – gewiss: eigenhändige – Gestaltung des Umschlags.

Schließlich danken wir allen Beitragenden, ob vor Ort in Darmstadt oder aus dem Call for Papers, für die ebenso konstruktive wie angenehme Zusammenarbeit und für ihre Bereitschaft, Forschungsergebnisse zu teilen, unterschiedliche Sichtweisen und Disziplinen miteinander ins Gespräch zu bringen und Perspektiven für einen ethisch, politisch und rechtlich angemessenen Umgang mit KI-Textgeneratoren zu diskutieren. Ihr aller Engagement und die Einhaltung des engen Zeitrahmens haben das frühzeitige Erscheinen dieses Bandes ermöglicht.

∂ Open Access. © 2024 bei den Autorinnen und Autoren, publiziert von De Gruyter. (cc) BY-NC-ND Dieses Werk ist lizenziert unter einer Creative Commons Namensnennung – Nicht kommerziell – Keine Bearbeitung 4.0 International Lizenz. https://doi.org/10.1515/9783111351490-001

Dem Verlag De Gruyter, namentlich Dr. Albrecht Döhnert und Dr. Katrin Hudey, danken wir für die Aufnahme in das Verlagsprogramm und die wiederum sehr kompetente Betreuung.

Darmstadt/Hamburg und Frankfurt am Main, den 24. Oktober 2023
Gerhard Schreiber und Lukas Ohly

Inhalt

III Originalität und Schöpfung

IV Interpretation und Hermeneutik

VII Anwendungsfelder

Lukas Ohly/Gerhard Schreiber

KI, Text und Geltung

Eine Einleitung

1 Sprachlos vor Sprachmodellen?

„Der menschenwürdige Sinn der Computers wäre es, das Denken der Lebendigen so
sehr zu entlasten, daß es Freiheit gewinnt zu dem nicht schon impliziten Wissen."[1]
Dieser von Theodor W. Adorno vor beinahe 60 Jahren geäußerte Gedanke über den
Umgang mit „kybernetischen Maschinen"[2] scheint prophetisch für unsere Zeit zu
sein. Eine Zeit, die von einer Flut an Entwicklungen im Bereich der Digitaltechno-
logien überwältigt wird, in der dem Menschen – wohin man auch blickt – zuvor
ungeahnte, ja bisweilen ungewollte Möglichkeiten vor Augen geführt werden, auf
Errungenschaften im Bereich der Künstlichen Intelligenz (KI) zurückgreifen zu
können. Eine Zeit, in der Visionen Realitäten und Realitäten Visionen werden, die
nichts Geringeres darstellen als eine digitale Revolution der Denkungsart: sich des
eigenen Verstandes nicht mehr ohne Anleitung künstlicher neuronaler Netze bedienen zu müssen. Ein Gewinn an Freiheit, der sich – fataler Beigeschmack – als
selbstverschuldeter Verlust an Mündigkeit zu entpuppen droht.

In diesem Spannungsfeld zwischen dystopischen Schreckensvisionen und
eutopischen Heilsversprechen bewegt sich auch die Diskussion über KI-Textgeneratoren, ein Thema, das dieser Band aus unterschiedlichsten Disziplinen und Perspektiven beleuchtet.

Die Aussage, dass KI Texte generieren kann, sagt etwas über das Verständnis
von Texten aus. Was überhaupt ist ein KI-generierter Text und was konstituiert
einen Text als solchen? Worin unterscheiden sich menschengeschriebene und
maschinengenerierte Texte? Welche Erwartungen, Befürchtungen und Hoffnungen
hegen Wissenschaften, wenn in ihren Diskursen teilweise oder vollständig KI-generierte Texte rezipiert werden und wissenschaftliche Anerkennung finden, deren
Urheberschaft und Originalität nicht mehr eindeutig definierbar sind? Wie verändert sich die Arbeit mit Quellen, und welche Konsequenzen ergeben sich daraus
für die Kriterien wissenschaftlicher Textarbeit und das Verständnis von Wissen-

---

1 Theodor W. Adorno, „Anmerkungen zum philosophischen Denken" (Vortrag für den Deutschlandfunk vom 9. Oktober 1964), in ders., *Stichworte. Kritische Modelle 2*, Frankfurt a. M. 1969, 11–19,
hier 12 (unter Verwendung der heute nicht mehr gebräuchlichen Pluralform „Computers").
2 Ebd., 11.

ᵭ Open Access. © 2024 bei den Autorinnen und Autoren, publiziert von De Gruyter. [cc] BY-NC-ND Dieses Werk ist
lizenziert unter einer Creative Commons Namensnennung – Nicht kommerziell – Keine Bearbeitung 4.0 International
Lizenz. https://doi.org/10.1515/9783111351490-002

schaft insgesamt? Welche Chancen und Risiken bergen KI-Textgeneratoren aus Sicht von Technikethik und Technikfolgenabschätzung? Was sind Geltungsansprüche (wert) in Zeiten von KI-Textgeneratoren? Und welche Kriterien sind für einen ethisch bewussten Umgang mit KI-Textgeneratoren im Bildungskontext anzulegen?

Diese und ähnliche Fragen verdeutlichen die Komplexität und Tragweite der Herausforderung, die der stetig wachsende und zunehmend selbstverständliche Einsatz von KI-Textgeneratoren für das zukünftige Arbeiten mit und an Texten mit sich bringt. Hierbei kristallisieren sich Problematiken heraus, die sich an ein breites Spektrum von Disziplinen wenden – von Philosophie, Theologie, Sprach-, Literatur-, Rechts- und Geschichtswissenschaften über Informatik und Technikfolgenabschätzung bis hin zu Medienpädagogik, Erziehungs- und Kommunikationswissenschaften sowie Wirtschaftspsychologie. Jede dieser Disziplinen sieht sich durch KI-Textgeneratoren mit einzigartigen Fragestellungen konfrontiert, und ihre jeweils spezifischen Diskurse werden in diesem Band zum Gegenstand der Analyse gemacht.

Generative Sprachtechnologien sind keine völlig neue Entwicklung. Man denke an das bereits 1966 von Joseph Weizenbaum entwickelte Computerprogramm ELIZA, das menschenähnliche Kommunikation simulierte.[3] Dennoch verdeutlicht der bemerkenswerte, aber keineswegs unerklärliche Hype um den KI-Chatbot ChatGPT, welcher im November 2022 von OpenAI als Beta-Version der Öffentlichkeit kostenfrei zur Verfügung gestellt wurde, dass KI schon lange keine ferne Zukunftsvision mehr darstellt. Sie ist angekommen und hat sich bereits fest in unserer heutigen Lebenswelt etabliert. KI-Textgeneratoren werden nicht nur tiefgreifende Veränderungen für diverse Berufsgruppen herbeiführen, die mit Texten arbeiten, sondern auch in Forschung und Wissenschaft insgesamt eine bedeutende Rolle spielen.

Insofern ist es von höchster Bedeutung, das disruptive Potenzial digitaler Technologien am Beispiel von KI-Textgeneratoren kritisch zu reflektieren. Es soll verhindert werden, dass Menschen sprachlos vor den Erzeugnissen KI-gestützter Sprachmodelle sitzen „wie der Hund vorm Grammophon im Glauben, dass sich sein Herrchen im Gerät versteckt".[4] Stattdessen soll aus verschiedenen Perspektiven untersucht werden, wie trotz der befürchteten und bereits erkennbaren problematischen Anwendungen von KI-Tools ein ebenso sinnvoller wie verantwortungsbewusster Umgang mit diesen Technologien erreicht werden kann. KI-Textgenera-

---

3 Joseph Weizenbaum, „ELIZA – A Computer Program For the Study of Natural Language Communication Between Man And Machine", *Communications of the ACM*, Bd. 9(1), 1966, 36–45.
4 Miriam Meckel, „Das Papageienproblem von Sprachmodellen", *Handelsblatt*, 23.06.2022, in [https://t1p.de/er85g] (Zugriff: 12.10.2023).

toren könnten dann, um nochmals Adorno aufzugreifen, dazu beitragen, das menschliche Denken von routinemäßigen Aufgaben zu entlasten und Freiraum für eigenständiges Denken zu schaffen, welches nach Adorno erst dann als philosophisches betrachtet werden kann, „sobald es sich nicht begnügt mit Erkenntnissen, die sich absehen lassen und bei denen nicht mehr herausschaut, als man schon hineinsteckte".[5]

2 Re-Evaluierung von Urheberschaft

Die aktuelle Infragestellung des traditionellen Textverständnisses tritt besonders hervor, wenn man ein Beispiel aus dem Bildungs- und Wissenschaftsbereich betrachtet, das in Zeiten des fast uneingeschränkten Zugangs zu sogenannten Large Language Models (LLM) immer relevanter wird. Nach den Plagiatsskandalen des letzten Jahrzehnts stellt sich nun durch Sprachmodelle die Frage: „Hat die Verfasserin den Text wirklich selbst geschrieben?" nochmals verschärft. Nun avancieren Urheberschaft und Originalität selbst zu Wissenschaftskriterien, die nicht zu allen wissenschaftlichen Epochen bedeutsam waren, sich aber nun noch vor die klassischen Kriterien der Intersubjektivität, Reliabilität und Validität setzen. In manchen Zeiten nannten sich die Autoren wissenschaftlicher Texte nicht einmal beim Namen, sondern verwendeten Pseudonyme oder blieben anonym, um sich einem Forschungsprogramm zuzuordnen und dessen Methode als erlernbar darzustellen.[6] Im Gegensatz dazu betonten Renaissance und Aufklärung das Individuum im Forschungsprozess. So beeinflusste Immanuel Kants Geniebegriff[7] unsere Vorstellung von Wissens*generierung*. Auch geht Charles S. Peirce davon aus, dass nur sachkundige Wissenschaftler*innen zur Schlussform der Abduktion fähig sind.[8] Dementsprechend wurden und werden Preise an herausragende Forscherinnen und Forscher für ihre Leistungen verliehen beziehungsweise diese als *Lebens*werk gepriesen und damit an ihre persönliche Identität geknüpft.

Welche Bedeutung aber hat die Persönlichkeit einer Wissenschaftlerin in Zeiten von Sprachmodellen? Wird die Zuschreibung wissenschaftlicher Ergebnisse auf ihre Urheberin nun zurückgenommen, wenn auch „anonyme" KI-Systeme in der Lage sind, Texte zu verfassen? Oder wird, im Gegensatz dazu, die Urheberschaft zur

---

5 Adorno 1969, 11–12.

6 Roland Barthes, „Der Tod des Autors", in ders., *Das Rauschen der Sprache* (Kritische Essays IV), übers. von Dieter Hornig, Frankfurt a. M. 2005, 57–63, 57.

7 Immanuel Kant, *Kritik der Urteilskraft*, hg. von Wilhelm Weischedel, Bd. 10, Frankfurt a. M. 1974, § 46.

8 Charles S. Peirce, *Vorlesungen über Pragmatismus*, hg. von Elisabeth Walther, Hamburg 1991, 116.

differentia specifica zwischen wissenschaftlichen Publikationen und vollautomatisch generierten Texten?

Wenn die Originalität eines Textes zur Frage wird, sind zwei gegenläufige Reaktionen darauf naheliegend:

1. Entweder erfolgt die Überprüfung der Originalität nun selbst durch einen KI-Scanner, der das Muster des betreffenden Textes als computergestützt oder menschlich (als originär oder Plagiat) identifiziert. Dieses Kriterium ist heikel, weil zum einen hierbei die KI als zirkuläres Überprüfungsverfahren fungiert, für welches keine Plausibilitätskontrolle außerhalb der Testmethode besteht. Zum anderen kann der KI-Scanner auch „andersherum" zum Laufen gebracht werden, um die Überprüfung auszutricksen, indem künstliche Muster absichtlich verschleiert werden.

2. Oder es ist künftig auf Urheberschaft und Originalität als Wissenschaftskriterien zu verzichten. Hat man bislang blind vorausgesetzt, dass wissenschaftliche Texte von Menschen stammen, die ihre Erkenntnisse (oder die anderer) mitteilen, ohne dass diese Voraussetzung als explizites Kriterium galt, kann man nun sogar darauf bestehen, dass die expliziten Wissenschaftskriterien nicht tangiert sind, wenn diese Voraussetzung entfällt. Zentrale wissenschaftliche Kriterien wie methodische Überprüfbarkeit, Wahrheitsorientierung, Konsistenz betreffen ja nicht die Generierung des Textes selbst, sondern seinen Sachbezug.

Das Unbehagen, das aufkommt, wenn Maschinen Schreibaufgaben für Menschen übernehmen, offenbart ein Verständnis von Wissenschaft. Und dieses Verständnis bedarf selbst der Geltungsüberprüfung. Welche Phase eines wissenschaftlichen Projekts ist von KI-Textgeneratoren überhaupt betroffen: Hypothesenbildung, Versuchsanordnung, Ausführung, Begründung, Dokumentation? Wie sind diese Phasen betroffen, so etwa, dass wissenschaftliche Texte durch etwas anderes ersetzt werden? Kann man bestimmen, dass KI-basierte Texte nicht als wissenschaftlich gelten?

Damit steht der *Geltungsanspruch* wissenschaftlicher Texte im Brennpunkt. Dieser könnte als ihr Unterscheidungsmerkmal herangezogen werden. Die Rückbindung eines Textes an seine Autorin ist dabei von Bedeutung, denn nicht der Text selbst, sondern die Autorin erhebt einen Geltungsanspruch, und es wird ihr auch zugemutet, den Text gegenüber Einwänden zu rechtfertigen. KI-Textgeneratoren mögen zwar ihre Texte qua Fortschreibung begründen können, aber sie vertreten dabei keinen Geltungsanspruch. Nicht die Wahrheit von Textaussagen hängt an der Autorin, sondern ein Geltungsanspruch ist mit ihr verbunden. Wie verändert sich unser Textverständnis, wenn damit kein „echter" Geltungsanspruch vertreten wird beziehungsweise nur dann, wenn die tatsächliche Urheberschaft verschleiert wird? Besitzt ein KI-basierter Text nur dann einen Geltungsanspruch, wenn eine Person ihn für sich beansprucht? Könnte diese Person die Rezipientin sein, die sich unter dem Text etwas vorstellen kann?

Auf die Urheberschaft kann man sich jedoch nicht mehr unmittelbar beziehen, sobald generative KI natürliche Personen mit geklonten Stimmen, künstlich generierte Bilder und sogar Videos zum Reden und Handeln bringen kann. Jedes Zeugnis von Urheberschaft ist dann verdächtig.[9] Was kann das „Recht am eigenen Bild" bedeuten, wenn sein Referenzpunkt unscharf wird und das „Eigene" nicht mehr klar in der Gesellschaft bestimmt werden kann?

3 Zur Diskurslage des vorliegenden Bandes

Die Beiträge dieses Bandes stammen nicht von Technikskeptiker*innen, sondern werfen einen konkreten Blick auf Chancen und Möglichkeiten von Sprachmodellen. Sie verdeutlichen, dass KI-Textgeneratoren nützliche Werkzeuge darstellen können, um der Wissenschaft Arbeit zu erleichtern, Routineaufgaben zu reduzieren und Zeit zu sparen. Sprachmodelle können Textquellen aus anderen Sprachen zumindest so genau übersetzen, dass sich darüber eine initiale Annäherung an Gehalte erreichen lässt, die sonst unzugänglich blieben (s. den Beitrag von Weiss). Sie können Texte zusammenfassen und dadurch den Forschenden rasch einen Überblick über ein Themengebiet ermöglichen (Hiltmann). Sie können als Ideenbörse fungieren, Software schreiben (Kunz) oder Textarbeiten in Standardprozessen übernehmen (Sedefoglu/S. Ohly, vgl. Becker und Peiter). Schließlich geben sie Aufschluss über das bereits vorhandene Schema wissenschaftlicher Texte (Meier-Vieracker, L. Ohly).

Solchen Arbeitserleichterungen steht gegenüber, dass Zeitersparnisse zulasten der Wahrheitsüberprüfung erzielt werden (Weßels), zumal sich die reine Textmenge zu einem bestimmten Themengebiet vervielfachen dürfte, weil Texte fortan auf Knopfdruck erstellt werden können. Wie lässt sich die Genauigkeit von Texten sicherstellen, wenn die Gefahr von Fake-Quellenangaben in den KI-Texten hoch ist? Der Ansatz, KI-Modelle mit zusätzlichen KI-Tools zu überprüfen und damit „handlicher" zu machen, stellt bloß eine Verschiebung des Überprüfungsproblems dar und führt zu einer Zirkularität des Verfahrens – vor allem, wenn man GPT durch GPT überprüfen lässt (Albrecht). Dies wirft Fragen nach der Zuverlässigkeit der Outputs auf, gerade wenn Technikfolgenabschätzung und Textüberprüfungen ebenfalls von KI-Systemen ausgeführt werden (Weiss), ohne dass die Eindimensionalität des Trainings von LLMs hinterfragt wird (Kunz). Können diese reflexiven Kontrollen der KI durch KI tatsächlich zur Verlässlichkeit ihrer Ergebnisse beitra-

---

9 Niklas Luhmann, *Soziale Systeme. Grundriß einer allgemeinen Theorie*, Frankfurt a. M. 1987, 208.

gen? Erhält der „stochastische Papagei"[10] durch diese Selbstspiegelung ein Gesicht, das einer persönlichen Identität gleicht?

Eine solche Zirkularität des KI-Bedarfs *durch* KI-Gebrauch macht generative KI gleichwohl unverzichtbar. Hinzu kommt, dass sich die Programme wissenschaftlichen Überprüfungen entziehen, da ihre Ergebnisse weder erklärbar noch reproduzierbar sind (Arnold). Sie werden somit beides: unverzichtbar und schwer kontrollierbar. Umso mehr stellt sich die Machtfrage dieser Tools (Gehring).

Vor diesem Hintergrund gewinnt ein weiterer Diskursstrang dieses Bandes an Relevanz, der die Stellung des Menschen thematisiert. Gibt es Aspekte, die der Mensch nicht den Maschinen übertragen kann (Peiter)? Lassen sich Kriterien für die Authentizität der Autorin festlegen (Stöcker)? Ist es möglich, Kreativität, Textqualität und „Seele" (Becker) zu operationalisieren? Dienen „Schöpfungshöhe" (Bahr) oder „das Menschliche" (Klinge) als signifikante Kriterien, um originären Textgehalt von maschinell generierten „Halluzinationen" (Stiemer) zu unterscheiden? Solche Fragen verdeutlichen ein wachsendes Bedürfnis nach einer Wiederauferstehung des Autors nach dem „Tod des Autors"[11] (Becker, Doeben-Henisch, Geiß, Peiter). Die Suche zielt darauf ab, ein wirksames Widerlager gegen die anonyme Macht des unentbehrlichen GPT-Tools zu finden.

Damit die Diskussion über das Nicht-Übertragbare des Menschlichen nicht zu einer naiven Selbstberuhigung führt, die gerade dadurch das Machtförmige der sich selbst erzwingenden generativen KI übersieht, muss das Machtvolle, das „Potenzial" von Texten selbst in den Blick genommen werden. Texte können durch ihren Gehalt, Stil, Werdeprozess und Widerfahrenscharakter (Burghardt) imponieren, ebenso wie durch ihre soziale Reichweite. In Zeiten, in denen Fakten gegen Fake News verteidigt werden müssen – besonders in Anbetracht der massiven Zunahme von KI-generierter Desinformation und der wachsenden Schwierigkeit, Authentizität zu erkennen (Stöcker) –, liegt im Insistieren auf Fakten ein normativer Zug, der nicht zirkulär durch weitere Fakten begründet werden kann. Die Macht von Fakten liegt dann in der Macht ihrer sozialen Geltung, nicht ihrer *faktischen*, sondern einer Geltung, die sie *verdienen.* Hier konkurrieren dann die Macht der maschinellen Textgenerierung mit der Macht der Textgeltung.

---

10 Vgl. Emily M. Bender et al., „On the Dangers of Stochastic Parrots: Can Language Models Be Too Big?", in *FAccT '21. Proceedings of the 2021 ACM Conference on Fairness, Accountability, and Transparency*, New York 2021, 610–623.
11 Michel Foucault, *Schriften 1*, hg. von Daniel Defert und Francois Ewald unter Mitarbeit von Jacques Lagrange, Frankfurt a. M. 2001, 1009.

4 Zur Gestaltung des Bandes

Die rasante Entwicklung und Integration von KI-Textgeneratoren in die Wissenschaft wirft viele Fragen auf. Und obwohl jede Wissenschaftsdisziplin ihre eigenen, speziellen Erkundungen dazu vornimmt, zeigt sich eine beeindruckende interdisziplinäre Komplementarität. Die Forschung auf diesem Gebiet hat bereits erhebliche Fortschritte erzielt, was die in diesem Band dokumentierten Ergebnisse auch für andere Disziplinen anknüpfungsfähig und auf andere Bereiche übertragbar macht. Die Tagung „KI, Text und Geltung" an der Technischen Universität Darmstadt am 25. und 26. August 2023 unterstreicht diese Dynamik: Eine engagierte Wissenschaftsgemeinde kam zusammen, tauschte sich intensiv aus und erkannte gemeinsame Interessen, Herausforderungen und Möglichkeiten, die diese Technologie für alle Forschungsfelder mit sich bringt. Die komplementären Darstellungen im vorliegenden Band reflektieren dieses gemeinsame Bestreben, bei allen Debatten über Potenzial und Grenzen generativer KI die aktuelle technologische Entwicklung als gemeinsame Herausforderung für alle Wissenschaftsbereiche anzunehmen.

Entsprechend sind die Beiträge dieses Bandes[12] nicht streng nach Disziplinen, sondern nach ähnlichen Fragestellungen aus unterschiedlichen Fachgebieten organisiert. Fragt man nach den Auswirkungen von Sprachmodellen auf die Wissenschaft, liegt es nahe, zunächst Forschung und Lehre in den Blick zu nehmen, hatten sich doch gerade hier öffentliche Diskussionen über die Zukunft der wissenschaftlichen Hausarbeit oder Promotion entzündet. Darüber hinaus stellt sich die Frage der Nachvollziehbarkeit wissenschaftlicher Hypothesenbildung und Schlussformen, wenn sie von der Black Box einer „halluzinierenden" generativen KI vorgenommen werden. Die Autor*innen entwickeln in dieser *ersten Sektion* sowohl grundsätzliche Bedenken gegen den Einsatz von KI-Textgeneratoren in der Forschung als auch kreative Angebote, um Studierende und Wissenschaftler*innen KI-sicherer zu machen.

Die *zweite Sektion* taucht in den künstlerischen Aspekt der Text- und Symbolgestaltung ein, der traditionell Künstler*innen wie Dichter*innen, Maler*innen oder Fotograf*innen zugeschrieben wird. Lässt sich „Schöpfungshöhe" operationalisieren, dann kann sie theoretisch auch reproduziert und von Maschinen übernommen werden. Ist sie dagegen nicht reproduzierbar, wie kann dann das ästhetische Urteil „jedermanns Beistimmung"[13] wert sein, oder welche gesell-

---

[12] Hinsicht der Verwendung geschlechtergerechter Sprache reflektieren die einzelnen Beiträge verschiedene Ansätze zur sprachlichen Repräsentation aller Geschlechter.
[13] Immanuel Kant, *Kritik der Urteilskraft*, hg. von Wilhelm Weischedel, Bd. X, Frankfurt a. M. 1974, 101.

schaftliche Signifikanz kann dem Kunstwerk beigemessen werden? Ist es für den Durchschnittsbetrachter erkennbar, dass einem durch generative KI geschaffenen Werk das entscheidende Etwas fehlt? Die Beiträge in dieser Sektion zeigen ambivalente Ansichten: Zum einen wird gezeigt, dass Fachpersonen den Unterschied zwischen menschen- und maschinengenerierten Werken erkennen können, dass aber zum anderen der Wert dieser Unterscheidung für die Allgemeinheit verlorengehen dürfte.

Das in der Kunst so zentrale Thema der Originalität wird in der *dritten Sektion* mit einer tiefen anthropologischen Dimension betrachtet. Die Beiträge legen nahe, dass die in Frage stehende Sonderstellung des Menschen mit göttlichen Attributen versehen wird oder dass religiöse Begriffe und Metaphern zur Beleuchtung herangezogen werden. Zugleich adoptieren auch Technikdiskurse theologische Semantiken, um die Differenz von Mensch und Maschine zu relativieren oder sogar eine wundersame Sonderstellung der KI zu entdecken. Das Kampffeld „Originalität" von Text, Bild und Ton erreicht fast theologische Dimensionen.

Die *vierte Sektion* spitzt den Unterschied von Mensch und Maschine auf das Phänomen zu, das Texte überhaupt erst zu Texten macht: das Verstehen. Wie können KI-Textgeneratoren dazu beitragen, das Textverständnis zu verbessern? Und wie lassen sich Texte hermeneutisch einfangen, hinter denen kein Mensch als Autor steht? Dass mit der Zugänglichkeit generativer KI ethische Probleme verbunden sind, wurde der Öffentlichkeit schnell bewusst. Neben möglichen Betrugsversuchen in Prüfungssituationen besteht die Gefahr, dass die öffentliche Aufmerksamkeit mit Fake News überschwemmt wird, ebenso wie Interessengruppen Diskurse beherrschen und eine Ausgewogenheit verhindern. Weiterhin gibt es Bedenken hinsichtlich der Regulierung dieser Technologie, insbesondere wenn das primäre Regulierungsinstrument – das Recht – selbst unter die Kontrolle des Tools gerät. Das breite Spektrum solcher und genuin ethischer Fragestellungen wird in der *fünften Sektion* beleuchtet.

Während die vierte Sektion das Verstehen ins Zentrum rückt, das Texte zu Texten macht, reflektiert die *sechste Sektion* die Folgen generativer KI für das Medium der Texte: die Sprache. Hierbei wird betont, dass Texte nicht nur der Kommunikation dienen, sondern auch Geltungsansprüche stellen. Doch was geschieht, wenn eine KI Texte produziert, ohne damit Geltungsansprüche zu erheben? Auch wenn diese Frage in allen Sektionen mitverhandelt wird, beschäftigen sich einige Beiträge speziell mit dem Geltungs- und Wahrheitsbezug der künstlich intelligenten Sprachverwendung. Dabei werden sowohl Auswirkungen auf spezielle gesellschaftliche Kontexte in den Blick genommen als auch epistemologische und wahrheitstheoretische Grundlagen entwickelt.

Die Beiträge in der abschließenden *siebten Sektion* dieses Bandes richten den Blick auf bestimmte Anwendungsfelder und Einflüsse generativer KI. Auch hier werden konkrete Analysebeispiele aus dem Unterrichtsbereich und Industrieanwendungen vorgestellt sowie theoretische Grundsteine für die Analysebildung spezifischer Kontexte gelegt.

Abschließend ein Wort zum Bandtitel *KI:Text*. *Text*, im linguistischen Sinne als schriftliche Form kommunikativen Handelns verstanden, trifft auf *KI*, die Texte in natürlichsprachlicher Form erzeugen kann, indem sie die Wahrscheinlichkeitsverteilung von Wortfolgen aus Textdatensätzen lernt. Dieses Aufeinandertreffen von Ungleichartigem wird durch den Doppelpunkt im Wortinneren symbolisiert. Im Unterschied zu einem einfachen Bindestrich, der ein Verbinden ohne Verschmelzen („KI-Text") darstellt, signalisiert der Doppelpunkt ein Verschmelzen durch Verbinden zu etwas Neuem und deutet auf Verfremdung und Verschmelzung zugleich hin. Verfremdung, weil die natürliche Sprache in Interaktion mit künstlicher Intelligenz nicht mehr dieselbe sein wird. Verschmelzung, weil die Grenzen zwischen natürlichem und generiertem Text so verschwimmen, sodass sie zuweilen ununterscheidbar werden. Der Doppelpunkt repräsentiert eben diese Beziehung, in der KI und Text nicht nur nebeneinander, sondern im Verhältnis zueinander stehen. *KI:Text* fordert uns auf, unsere traditionellen Vorstellungen von Sprache, Text und Kommunikation zu überdenken. Als ein erster Schritt in dieser Hinsicht dienen die Beiträge dieses Bandes.

I Forschung und Lehre

Steffen Albrecht

ChatGPT als doppelte Herausforderung für die Wissenschaft

Eine Reflexion aus der Perspektive der Technikfolgenabschätzung

Abstract: The public release of ChatGPT in November 2022 has shaken up the academic world. Many see AI-based text generators as a potential threat to the integrity and competences of scientists, but there is also a huge potential to improve research not only in the quantitative sciences, but also in the arts and in qualitative social sciences. This contribution presents the results of an investigation into the opportunities and limitations of ChatGPT, and its implications for different areas of society, from a technology assessment perspective. Furthermore, it discusses the challenges of using systems like ChatGPT in scientific policy advice and other academic fields.

1 Einleitung

Als ChatGPT im November 2022 veröffentlicht wurde, waren Wissenschaftler*innen nicht nur unter den ersten, die davon Notiz nahmen, auch die Auswirkungen und das disruptive Potenzial dieses so gänzlich neuen KI-basierten Chatbots wurden in der Wissenschaft besonders früh spürbar. Studierende nutzten das System, um Unterstützung bei der Abfassung ihrer Hausarbeiten zu bekommen oder diese gleich in Gänze schreiben zu lassen,[1] Forschende überließen dem Chatbot die Autorschaft über Abschnitte ihrer Publikationen[2] und es zeigte sich, dass ChatGPT verschiedene standardisierte Prüfungen an Hochschulen mit respektablen Ergebnissen absolvieren kann.[3]

---

1 Stephen Marche, „The College Essay Is Dead", *The Atlantic*, 2022, in [theatlantic.com/technology/archive/2022/12/chatgpt-ai-writing-college-student-essays/672371/] (Zugriff: 15.10.2023).

2 Debby R. E. Cotton/Peter A. Cotton/J. Reuben Shipway, „Chatting and cheating: Ensuring academic integrity in the era of ChatGPT", *Innovations in Education and Teaching International*, 2023 (DOI: 10.1080/14703297.2023.2190148).

3 Jonathan H. Choi et al., „ChatGPT Goes to Law School", *Minnesota Legal Studies Research Paper*, Bd. 23(3), 2023 (DOI: 10.2139/ssrn.4335905); Tiffany H. Kung et al., „Performance of ChatGPT on USMLE. Potential for AI-Assisted Medical Education Using Large Language Models", *PLOS Digital Health*, 2023 (DOI: 10.1371/journal.pdig.0000198).

∂ Open Access. © 2024 bei den Autorinnen und Autoren, publiziert von De Gruyter. [CC BY-NC-ND] Dieses Werk ist lizenziert unter einer Creative Commons Namensnennung – Nicht kommerziell – Keine Bearbeitung 4.0 International Lizenz. https://doi.org/10.1515/9783111351490-003

ChatGPT bildet, wie auch andere sogenannte „foundation models", die Grundlage für eine Reihe von Anwendungen, die auf den Leistungen der KI-Text-generatoren aufbauen, wie etwa Übersetzungsdienste, Programme zur Lernunter-stützung oder für die wissenschaftliche Recherche. Die Modelle sind aber auch in dem Sinne grundlegend, dass sie Auswirkungen auf die menschliche Kommunika-tion und damit die Grundlage des gesellschaftlichen Zusammenlebens haben. Schon bald begann daher in Wissenschaft und Öffentlichkeit eine Debatte darüber, welche Folgen KI-Textgeneratoren direkt oder indirekt und auch in längerfristiger Per-spektive haben werden.

Mit diesen Fragen ist auch die Technikfolgenabschätzung (TA) auf den Plan gerufen, die Potenziale und mögliche Risiken neuer wissenschaftlicher und tech-nologischer Entwicklungen mit wissenschaftlichen Methoden untersucht. Wie viele wissenschaftliche Disziplinen, die sich mit KI-Textgeneratoren beschäftigen, ist TA in doppelter Weise durch die Entwicklungen herausgefordert. Zum einen bietet sich ihr ein neuer Untersuchungsgegenstand, eine Technologie mit potenziell weitrei-chenden gesellschaftlichen Folgen. Zum anderen wirkt sich diese Technologie aber auch auf die wissenschaftliche Arbeit der TA und die Rahmenbedingungen von TA aus. Dieser doppelten Herausforderung geht der vorliegende Beitrag nach.

Einleitend soll zunächst die besondere Perspektive der TA vorgestellt werden. TA bildet zwar keine eigenständige Disziplin im engeren Sinn, ist aber als reflexive wissenschaftliche Praxis etabliert und in Deutschland wie auch in vielen anderen Ländern institutionalisiert. Es gibt mehrere Einrichtungen, die sich schwerpunkt-mäßig mit TA beschäftigen, darunter sowohl Hochschulinstitute als auch Abtei-lungen in Unternehmen und Beratungseinrichtungen, etwa bei Parlamenten (wie das Büro für Technikfolgen-Abschätzung beim Deutschen Bundestag [TAB]). Auß-erdem besteht ein Kanon von Methoden und theoretischen Grundlagen, der nicht zuletzt in spezialisierten Vereinigungen, Tagungen und Zeitschriften diskutiert und weiterentwickelt wird.[4]

Als reflexiv kann TA insofern gelten, als sie neue wissenschaftliche und/oder technologische Entwicklungen zum Gegenstand hat und deren Auswirkungen auf die Gesellschaft wissenschaftlich untersucht – welchen Nutzen sie versprechen, welche Risiken möglicherweise mit ihnen verbunden sind, und wie sich die weitere Entwicklung beeinflussen lässt. TA hat dabei den Anspruch, möglichst unvorein-genommen auf sowohl Chancen wie auch Risiken zu schauen und durch die Überparteilichkeit des „ehrlichen Maklers"[5] auch ein Gegengewicht zu Hype, übertriebenen Erwartungen und einseitiger Vereinnahmung zu bilden.

---

4 Armin Grunwald, *Technikfolgenabschätzung*, Baden-Baden ³2022, 70 ff.

5 Roger A. Pielke, *The Honest Broker. Making Sense of Science in Policy and Politics*, Cambridge 2007.

Ein wichtiges Merkmal der TA ist die interdisziplinäre Perspektive. Die Technologien werden nicht nur aus einer technischen, sondern auch zum Beispiel aus gesellschafts- oder umweltwissenschaftlicher Perspektive betrachtet, um ein möglichst umfassendes Bild zu gewinnen – ähnlich der in diesem Tagungsband vertretenen Vielfalt in Bezug auf KI-Textgeneratoren. Neben der Berücksichtigung wissenschaftlicher Disziplinen werden auch Positionen von Betroffenen und Stakeholdern außerhalb der Wissenschaft berücksichtigt, da es bei Fragen zu Auswirkungen von Technologien auch um solche der Akzeptanz und der praktischen Nutzung im Alltag geht. In diesem Sinne ist die TA auch transdisziplinär – es geht häufig, insbesondere in der sogenannten konstruktiven TA, darum, gemeinsam mit Akteuren der Praxis eine neue Technologie bzw. die Rahmenbedingungen ihrer Entwicklung und Anwendung zu gestalten.

Da die allermeisten Quellen in TA-Untersuchungen wissenschaftliche Texte sind, wirken sich KI-Textgeneratoren zumindest potenziell sehr weitreichend auf die TA aus. Während es im Oktober 2022 noch absurd geklungen haben mag, einen Chatbot für wissenschaftliche Studien zu nutzen (außer als Gegenstand derselben), gibt die Wissenschaftszeitschrift Nature nur ein Jahr später bereits Tipps, welcher Chatbot sich am besten für welche Art von Forschungsaufgabe eignet.[6] Die Arbeitsschritte bei TA-Untersuchungen bestehen insbesondere in der Erfassung, Bewertung und zielgruppenorientierten Umformulierung von meist in Textform vorliegenden Erkenntnissen und liegen damit im Funktionsbereich der KI-Textgeneratoren. Daher sollen in diesem Beitrag neben den gesellschaftlichen Auswirkungen von KI-Textgeneratoren (Abschnitt 2) auch ihr Einfluss auf die Arbeit und die Rahmenbedingungen von entsprechenden Studien reflektiert werden (Abschnitt 3), um besser zu verstehen, welche Auswirkungen sich für wissenschaftliche Diskurse und die wissenschaftliche (Text-)Arbeit aus einer zunehmenden Nutzung von KI-Textgeneratoren ergeben.

2 KI-Textgeneratoren als Gegenstand der Technikfolgenabschätzung

Als Gegenstand von TA lassen sich KI-Technologien wie die ChatGPT zugrunde liegenden Textgeneratoren (auch als Large Language Models bezeichnet) mit dem bewährten Instrumentarium der TA analysieren. Dabei werden anhand der technischen Grundlagen und möglicher Anwendungsszenarien der Technologie poten-

---

6 Elizabeth M. Humphries et al., „What's the best chatbot for me? Researchers put LLMs through their paces", *Nature Careers*, 2023, in [nature.com/articles/d41586-023-03023-4] (Zugriff: 15.10.2023).

zielle Implikationen untersucht, meist spielen dabei ethische, rechtliche und soziale Aspekte eine Rolle, außerdem der Blick auf ökologische Auswirkungen. Mit einer solchen Untersuchung zu ChatGPT wurde das TAB zu Beginn des Jahres 2023 vom Deutschen Bundestag beauftragt. Der Fokus der Untersuchung lag zu diesem frühen Zeitpunkt weniger auf der Identifizierung von Handlungsoptionen als vielmehr darauf, eine Übersicht der verfügbaren Erkenntnisse aus möglichst unterschiedlichen Perspektiven zu schaffen. Mit der Veröffentlichung eines Hintergrundpapiers,[7] dessen Ergebnisse im Folgenden zusammengefasst werden, und der Veranstaltung eines öffentlichen Fachgesprächs leistete der Ausschuss für Bildung, Forschung und Technikfolgenabschätzung des Deutschen Bundestages auch einen Beitrag zur Weiterentwicklung der öffentlichen Debatte über ChatGPT.

2.1 Technologische Grundlagen

In technischer Hinsicht stellt ChatGPT[8] einerseits eine Fortsetzung der Entwicklung bei sprachverarbeitenden KI-Systemen dar, andererseits auch einen technologischen Sprung, von dem selbst Expert*innen überrascht waren. Die Architektur von ChatGPT geht auf das sogenannten Transformermodell zurück, das bereits 2017 von einem Forschungsteam von Google vorgestellt wurde. Transformer zeichnen sich dadurch aus, dass sie Texte nicht allein sequenziell abarbeiten, sondern auch Verbindungen zwischen weit entfernt stehenden Wörtern erkennen und dadurch sprachliche Kontexte berücksichtigen können. Zudem können für das Training parallel arbeitende Grafikprozessoren eingesetzt werden, so dass sehr große Modelle mit einer Vielzahl von Parametern und einer Unmenge von Trainingsdaten technisch möglich werden – im Fall von GPT 3.5 175 Mrd. Parameter und 300 Mrd. Textbestandteile Trainingsmaterial.

Als vierter Aspekt neben der Architektur, den umfangreichen Hardwareressourcen und den Datenmengen ist bei ChatGPT das Feintuning des Systems auf Konversationsfähigkeit hin zu beachten, es gilt als „Erfolgsrezept" für die große Verbreitung des Systems.[9] Nach einem ersten, weitgehend automatisierten Training

---

7 Steffen Albrecht, *ChatGPT und andere Computermodelle zur Sprachverarbeitung – Grundlagen, Anwendungspotenziale und mögliche Auswirkungen. Hintergrundpapier Nr. 26*, Berlin 2023.
8 Hier beziehe ich mich auf die zunächst veröffentlichte GPT-Version 3.5, die – im Unterschied zur kostenpflichtigen Variante – weiterhin ohne größere Zugangsbeschränkungen nutzbar ist, allerdings ebenfalls weiterentwickelt wurde.
9 Will D. Heaven, „The inside story of how ChatGPT was built from the people who made it", *MIT Technology Review*, 2023, in [technologyreview.com/2023/03/03/1069311/inside-story-oral-history-how-chatgpt-built-openai/] (Zugriff: 15.10.2023). Bei keinem Onlinedienst war bisher ein vergleichbares

mit großen Mengen von Texten aller möglichen Sprachen und Genres wurde das Modell weiter justiert, um möglichst generisch und flexibel auf ganz unterschiedliche sprachliche Eingaben (die sogenannten Prompts) reagieren zu können. Dazu wurden die Antworten des Systems mithilfe von menschlichem Feedback[10] so angepasst, dass unerwünschte, etwa rassistische, sexistische oder illegale Aktivitäten befördernde Äußerungen unterdrückt und möglichst passende Reaktionen auf die Prompts generiert werden.

2.2 Möglichkeiten...

So beeindruckend die Leistung von ChatGPT und vergleichbaren Systemen auch ist, sie stellen nur eine Form von KI-Systemen dar, neben anderen auf Deep Learning oder auch symbolischer künstlicher Intelligenz beruhenden Systemen, die alle konstruktionsbedingte Möglichkeiten und Grenzen haben. Hinsichtlich ihrer Möglichkeiten zeichnen sich KI-Textgeneratoren durch die Breite ihrer Fähigkeiten aus. KI-Textgeneratoren stellen „powerful generalist models" für ganz unterschiedliche sprachliche Aufgaben dar.[11] Dies umfasst die Erzeugung von Texten mit beachtlicher Länge[12] zu einem bestimmten Thema in ganz unterschiedlichen Sprachen,

---

Wachstum beobachtet worden: Innerhalb von fünf Tagen nach der Veröffentlichung am 30. November 2022 meldeten sich 1 Mio. Nutzende an, am 2. Februar 2023 wurden 100 Mio. aktive Nutzende/Monat gemeldet, vergleiche dazu: [www.tagesschau.de/wirtschaft/digitales/chatgpt-wachstum-bezahlangebot-abo-101.html] (Zugriff: 15.10.2023). Bei TikTok beispielsweise wurde die Schwelle von 100 Mio. aktiven Nutzenden nach etwa neun Monaten erreicht, bei Instagram nach zweieinhalb Jahren (Oliver Bünte (dpa), „ChatGPT: Rekord-Wachstum und Abo-Modell in den USA", *heise online*, 2023, in [heise.de/news/ChatGPT-startet-Abo-Modell-in-den-USA-7480052.html] (Zugriff: 15.10.2023). Mittlerweile scheint allerdings eine Sättigung erreicht, zumindest die Nutzung von ChatGPT über das Webinterface ging laut Zahlen der Analysefirma Similarweb im Sommer 2023 zurück, vgl. David F. Carr, „ChatGPT Drops About 10 % in Traffic as the Novelty Wears Off", *similarweb Blog,* in [www.similarweb.com/blog/insights/ai-news/chatgpt-traffic-drops/] (Zugriff: 15.10.2023).
10 Offenbar erfolgte diese Arbeit in Niedriglohnländern unter prekären Arbeitsbedingungen, vgl. hierzu Reed Albergotti/Louise Matsakis, „OpenAI has hired an army of contractors to make basic coding obsolete", *Semafor,* 2023, in [www.semafor.com/article/01/27/2023/openai-has-hired-an-army-of-contractors-to-make-basic-coding-obsolete] (Zugriff: 15.10.2023); Billy Perrigo, „Exclusive: OpenAI Used Kenyan Workers on Less Than $2 Per Hour to Make ChatGPT Less Toxic", TIME, 2023, in [https://time.com/6247678/openai-chatgpt-kenya-workers] (Zugriff: 15.10.2023).
11 Chengwei Qin et al., *Is ChatGPT a General-Purpose Natural Language Processing Task Solver?,* arXiv, 2023, 11.
12 Aktuelle KI-Textgeneratoren sind in der Lage bis zu 75.000 Wörter Text als Eingabe zu verarbeiten und mehrere Tausend Wörter Text auszugeben, in [heise.de/news/Claude-2-ist-da-Anthropic-veroeffentlicht-neue-Version-des-Chatbots-und-der-API-9214163.html] (Zugriff: 15.10.2023).

Stilen und Niveaus, ebenso die Übersetzung zwischen diesen und andere Formen der Bearbeitung wie die Analyse, Zusammenfassung oder Korrektur gegebener Texte. Durch die Transformer-Architektur können die Systeme den Kontext von Ausdrücken berücksichtigen und sie beispielsweise einem übergeordneten Thema zuzuordnen. Die Fähigkeit, Texte über unterschiedliche Sprachen hinweg zu verarbeiten, erstreckt sich auch auf andere regelhaft verwendete Codes wie Programmiersprachen – die Erzeugung von Programmcode hat sich als eine der vielversprechendsten Anwendungsmöglichkeiten von KI-Textgeneratoren herausgestellt. Neuere Versionen sind in der Lage, auch mit gesprochener Sprache und multimodal zu arbeiten, d. h. Inhalte in Text- oder aber Bildform zu verarbeiten bzw. auszugeben.

2.3 ...und Grenzen

Trotz ihrer generativen Fähigkeiten sind KI-Textgeneratoren, wie andere KI-Systeme, durch ihr Training auf bestimmte Aufgaben ausgerichtet, in diesem Fall die Verarbeitung sprachlicher Texte im Rahmen des Materials, mit dem sie trainiert (und feinjustiert) wurden. Auch wenn sie Konversationsfähigkeit simulieren können, haben sie kein Verständnis der verarbeiteten Texte,[13] keinen Bezug zu der Welt, um die es in den Texten geht, und Schwierigkeiten mit Abstraktion und logischen Problemstellungen. Es handelt sich um Sprachmodelle, keine Wissensmodelle.[14] Sie antworten in der Regel auch dann, wenn sie zu einer Frage oder Aufforderung keine passende Antwort haben, und produzieren überzeugend formulierte, aber frei erfundene Inhalte ohne verlässlichen Bezug zur Realität. Dies schließt auch Quellenangaben in wissenschaftlichen Texten ein, die sich bei einer kritischen Überprüfung mitunter als fiktiv herausstellen. Reproduzierbarkeit, wie sie für wissenschaftliche Zwecke erwartet wird, ist bei KI-Textgeneratoren nicht gegeben, sie können auf ein und denselben Prompt unterschiedliche Antworten liefern. Bei längeren Konversationen tendieren die Modelle dazu, den Fokus zu

---

13 Emily M. Bender/Alexander Koller, „Climbing towards NLU: On Meaning, Form, and Understanding in the Age of Data", *Association for Computational Linguistics*, Proceedings of the 58th Annual Meeting of the Association for Computational Linguistics, July, 2020, 5185–5198; Celeste Biever, „The easy intelligence tests that AI chatbots fail", *Nature*, Bd. 619(7971), 2023, 686–689.
14 Reinhard Heil, „Einige ethische Implikationen großer Sprachmodelle", *KIT Scientific Working Papers 221*, 2023, 1–2 (DOI: 10.5445/IR/1000158914).

verlieren und immer stärker vom erwünschten Kommunikationsverhalten abzuweichen.[15]

Eine Abhängigkeit vom Training bzw. den dabei verwendeten Daten zeigt sich auch darin, dass die Systeme solche Sprachen besonders gut beherrschen, die besonders häufig im Trainingsmaterial vorkamen. Auch die Inhalte, die von KI-Textgeneratoren erzeugt werden, spiegeln z.T. deutlich das Trainingsmaterial wider, was sich etwa in verzerrten Repräsentationen bestimmter sozialer Gruppen zeigt[16] sowie in einer generell konservativen Tendenz der Systeme, bestehende, in den Trainingsdaten aufgefundene Muster zu wiederholen und zu verstärken.[17] Auch wenn im Training gezielt Vorkehrungen gegen einen solchen Bias getroffen werden, zeigt sich, dass diese Sicherheitsvorkehrungen von den Nutzenden umgangen werden können oder aber die Leistungsfähigkeit des Systems einschränken.

Weitere Grenzen, die sich aus der Konstruktion der Systeme ergeben, betreffen deren Transparenz und Nachhaltigkeit. So ist in Bezug auf den Schutz persönlicher Daten kaum transparent, welche Daten Eingang in die Modelle gefunden haben und wie sie in ihnen repräsentiert sind.[18] Außerdem wird davor gewarnt, ChatGPT sensible Daten im Zuge der Nutzung zu übermitteln, da nicht klar ist, in welcher Form diese durch das System bzw. seine Betreiber verwertet werden.[19] KI-Textgeneratoren benötigen aufgrund ihrer hohen Hardwareansprüche beim Training große Mengen an Ressourcen, was unter anderem zu hohen klimaschädlichen Emissionen führt.[20] Auch wenn Rechenzentren an Strategien für effizientere Pro-

---

15 Kevin Roose, „Bing's A.I. Chat: ‚I Want to Be Alive'", *New York Times*, 2023, in [nytimes.com/2023/02/16/technology/bing-chatbot-transcript.html] (Zugriff: 15.10.2023).

16 Davey Alba, „OpenAI Chatbot Spits Out Biased Musings, Despite Guardrails", *Bloomberg*, 2022, in [www.bloomberg.com/news/newsletters/2022-12-08/chatgpt-open-ai-s-chatbot-is-spitting-out-biased-sexist-results] (Zugriff: 15.10.2023).

17 Cory Doctorow, „Our Neophobic, Conservative AI Overlords Want Everything to Stay the Same", *Blog//LA Review of Books*, 2020, in [https://blog.lareviewofbooks.org/provocations/neophobic-conservative-ai-overlords-want-everything-stay/] (Zugriff: 15.10.2023); Paola Lopez, „ChatGPT und der Unterschied zwischen Form und Inhalt", *Merkur*, Bd. 77(891), 2023, 21–22.

18 Uri Gal, „ChatGPT is a data privacy nightmare. If you've ever posted online, you ought to be concerned", *The Conversation*, 2023, in [https://theconversation.com/chatgpt-is-a-data-privacy-nightmare-if-youve-ever-posted-online-you-ought-to-be-concerned-199283] (Zugriff: 15.10.2023).

19 Melissa Heikkilä, „Could ChatGPT do my job?", *MIT Technology Review*, 2023, in [www.technologyreview.com/2023/01/31/1067436/could-chatgpt-do-my-job/] (Zugriff: 15.10.2023).

20 Emily M. Bender et al., „On the Dangers of Stochastic Parrots: Can Language Models Be Too Big?", *Proceedings of the 2021 ACM Conference on Fairness, Accountability, and Transparency*, 2021, 610–623; Pengfei Li et al., *Making AI Less ‚Thirsty': Uncovering and Addressing the Secret Water Footprint of AI Models*, arXiv, 2023.

zesse arbeiten,[21] stellt das derzeitige Wachstum sowohl der Größe der Systeme als auch ihrer Nutzung in ökologischer Hinsicht ein Problem dar.

2.4 Auf die Anwendung kommt es an!

Was technisch möglich oder nicht möglich ist, steckt nur den Rahmen ab, in dem das Potenzial von KI-Textgeneratoren durch die konkrete Nutzung ausgeschöpft werden kann oder in dem sich möglicherweise unerwünschte Effekte ergeben. Die bisherigen innovativen Ideen für die Nutzung von KI-Textgeneratoren zeigen, dass dieser Rahmen sehr weit gesteckt ist. Neben Programmierung, kreativen Tätigkeiten und Anwendungen in Unternehmen werden im TAB-Hintergrundpapier Anwendungen in den Bereichen Gesundheit, Information und Öffentlichkeit, Rechtswesen, öffentlicher Verwaltung sowie Bildung und Forschung dargestellt und ihre möglichen Auswirkungen untersucht. Da sich die Entwicklung noch immer rasant vollzieht und immer neue Anwendungsmöglichkeiten erdacht oder realisiert werden, lässt sich nur skizzieren, welche Implikationen mit der Nutzung von KI-Textgeneratoren in den jeweiligen Bereichen verbunden sind. Dies soll im Folgenden exemplarisch anhand der Bereiche Gesundheitsversorgung, öffentliche Kommunikation und Forschung gezeigt werden.

KI-Anwendungen für die Verbesserung der *Gesundheitsversorgung* werden schon seit längerem erforscht, bisher konnte in einzelnen Bereichen wie etwa der Radiologie ein Nutzen nachgewiesen werden.[22] In Bezug auf KI-Textgeneratoren werden hohe Erwartungen formuliert, etwa was die Unterstützung ärztlicher Diagnosen oder den Zugang zu therapeutischen Gesprächen bei psychischen Problemen angeht.[23] Bisherige KI-gestützte Assistenzsysteme haben die Erwartungen jedoch nicht erfüllen können,[24] die mangelnde Genauigkeit von KI-Textgeneratoren in Bezug auf Fakten wirft auch für die Zukunft Zweifel auf. Der Einsatz von KI-basierten Chatbots zur Diagnose und Therapieunterstützung bei psychischen Pro-

---

21 Reinhard Grünwald/Claudio Caviezel, *Energieverbrauch der IKT-Infrastruktur*, Berlin 2022.
22 Deutscher Ethikrat, *Mensch und Maschine – Herausforderungen durch Künstliche Intelligenz. Stellungnahme*, Berlin 2023, 140 ff.; Katrin Gerlinger, *Data-Mining – gesellschaftspolitische und rechtliche Herausforderungen*, Berlin 2022.
23 Rob Toews, „A Wave Of Billion-Dollar Language AI Startups Is Coming", *Forbes*, 2022, in [forbes.com/sites/robtoews/2022/03/27/a-wave-of-billion-dollar-language-ai-startups-is-coming/] (Zugriff: 15.10.2023); Ron Li/Andre Kumar/Jonathan H. Chen, „How Chatbots and Large Language Model Artificial Intelligence Systems Will Reshape Modern Medicine. Fountain of Creativity or Pandora's Box?", *JAMA Internal Medicine*, Bd. 183(6), 2023, 596–597.
24 Gerlinger 2022, 191.

blemen bietet zwar durchaus Potenziale, etwa in Fällen, in denen keine Therapie verfügbar ist oder wenn Betroffene es bevorzugen, sich einer Maschine anstelle eines Menschen anzuvertrauen.[25] Allerdings ist die Qualitätskontrolle bislang mangelhaft, die Funktionsweise und der Umgang mit persönlichen Daten intransparent und es fehlt an einer Anbindung an das soziale Umfeld der Nutzenden, um im Falle einer Krise reagieren zu können.[26] Eine zunehmende Verbreitung KI-basierter Chatbots könnte zudem einen Anstieg der Zahl psychischer Erkrankungen mit sich bringen, etwa durch eine übermäßige Abhängigkeit von den als Kommunikationspartner angesehenen Systemen.

In Hinblick auf *öffentliche Kommunikation* wird unter anderem das Szenario diskutiert, dass automatisiert erstellte Beiträge den öffentlichen Diskurs zunehmend beeinflussen. Solche Beiträge spielen bereits seit einigen Jahren eine Rolle im Journalismus, könnten jedoch durch KI-Textgeneratoren eine neue Dimension erreichen. Erste Medienhäuser haben ChatGPT bereits eingesetzt (und Journalist*innen ersetzt), die dabei auftretenden Falschinformationen und Plagiate haben aber zu negativer Resonanz geführt.[27] In einem Experiment des Bayerischen Rundfunks mit einem Vorgängermodell von ChatGPT erwiesen sich die Texte als so überarbeitungsbedürftig, dass der Einsatz nicht effizient erschien.[28]

Die Verlockung, die journalistische Arbeit etwa bei datenintensiven Recherchen zu erleichtern bzw. Nischenthemen erschließen zu können, dürfte allerdings anhalten. Und da ChatGPT allgemein zugänglich ist, wird erwartet, dass öffentliche Kommunikation in traditionellen wie auch sozialen Medien in zunehmendem Maß durch KI-Textgeneratoren bestimmt wird. Damit verbunden ist das Risiko einer Zunahme von gezielt oder unbewusst verbreiteter Desinformation, manipulativen Inhalten oder Deepfakes,[29] was wiederum zu einem Vertrauensverlust in die öf-

---

25 Albrecht 2023, 56.

26 Deutscher Ethikrat 2023, 158.

27 Matthias Bastian, „CNET investigation shows lots of flaws in AI-written articles", *the decoder*, 2023, in [https://the-decoder.com/cnet-investigation-shows-lots-of-flaws-in-aiwritten-articles/] (Zugriff: 15.10.2023); Jon Christian, „CNET's AI Journalist Appears to Have Committed Extensive Plagiarism", *Futurism*, 2023, in [https://futurism.com/cnet-ai-plagiarism] (Zugriff: 15.10.2023); Jon Christian, „Magazine Publishes Serious Errors in First AI-Generated Health Article", *Neoscope*, 2023, in [https://futurism.com/neoscope/magazine-mens-journal-errors-ai-health-article] (Zugriff: 15.10.2023).

28 Marco Lehner, „Sind Künstliche Intelligenzen die besseren Journalist:innen?", *Medium*, 2021, in [https://medium.com/br-next/sind-künstliche-intelligenzen-die-besseren-journalist-innen-53e6a4e de70d] (Zugriff: 15.10.2023).

29 Anil Ananthaswamy, „In AI, is bigger better?", *Nature*, Bd. 615(7951), 2023, 202–205, 203; Michael Atleson, „Chatbots, deepfakes, and voice clones: AI deception for sale", *Federal Trade Commission*, 2023, in [www.ftc.gov/business-guidance/blog/2023/03/chatbots-deepfakes-voice-clones-ai-deception-

fentliche Kommunikation führen kann.[30] Als positive Vision lässt sich darauf verweisen, dass die Anwendung von KI-Textgeneratoren als Übersetzungshilfe die Kommunikation zwischen unterschiedlichen Sprachgemeinschaften ebenso wie zwischen Menschen unterschiedlicher Sprachkompetenz erleichtern und zu einem stärkeren Austausch zwischen diesen Gruppen beitragen kann.

Im Bereich der *Forschung* wird schließlich die Technologie der KI-Textgeneratoren erprobt, um Experimente zu designen und zu automatisieren[31] und um Strukturen und Muster in Daten, etwa der biomedizinischen Forschung, zu identifizieren.[32] Während die Systeme in diesen Fällen Erkenntnis schaffen sollen, werden sie in vielen Fällen bereits als Hilfsmittel genutzt.[33] Sie können Übersetzungen und sprachliche Verbesserungen von Texten liefern oder die Recherche erleichtern, indem sie Zusammenfassungen erstellen und Suchfunktionen ergänzen. Sie können Code für wissenschaftliche Software generieren oder Anregungen für Fragestellungen geben, Forschungslücken identifizieren und Antragstexte verbessern. Auch die Unterstützung von Reviewprozessen oder die Auswertung und Verschriftlichung von Forschungsdaten werden diskutiert.[34] Eine Autorschaft von KI-Textgeneratoren wird bislang abgelehnt mit der Begründung, nur Menschen könnten die Verantwortung für die veröffentlichten Ergebnisse übernehmen.[35]

---

sale] (Zugriff: 15.10.2023); Europol, *ChatGPT. The impact of Large Language Models on Law Enforcement*, 2023, 11.

30 Deutscher Ethikrat 2023, 216.

31 Daniil A. Boiko/Robert MacKnight/Gabe Gomes, *Emergent autonomous scientific research capabilities of large language models*, arXiv, 2023.

32 Hugo Dalla-Torre et al., „The Nucleotide Transformer: Building and Evaluating Robust Foundation Models for Human Genomics", *bioRxiv*, 2023 (DOI: 10.1101/2023.01.11.523679); Zeming Lin et al., „Evolutionary-scale prediction of atomic-level protein structure with a language model", *Science*, Bd. 379(6637), 2023, 1123–1130.

33 In den textbasierten Wissenschaften können die beiden Funktionen zusammenfallen, da beispielsweise eine Übersetzung bereits ein Teil des Forschungsprozesses ist. Einen Überblick über Nutzungsmöglichkeiten als Hilfsmittel geben Benedikt Fecher et al., „Friend or Foe? Exploring the Implications of Large Language Models on the Science System", *HIIG Preprint*, 2023, 4–5 (DOI: 10.5281/zenodo.8009429).

34 Matthew Salganik, „Can ChatGPT—and its successors—go from cool to tool?", *Freedom to tinker*, 2023, in [https://freedom-to-tinker.com/2023/03/08/can-chatgpt-and-its-successors-go-from-cool-to-tool/] (Zugriff 15.10.2023); Gemma Conroy, „Scientists used ChatGPT to generate a whole paper from data", *Nature*, Bd. 619(7970), 2023, 443.

35 Nature Editorial, „Tools such as ChatGPT threaten transparent science; here are our ground rules for their use", *Nature*, Bd. 613(7945), 2023, 612; H. Holden Thorp, „ChatGPT is fun, but not an author", *Science*, Bd. 379(6630), 2023, 313.

Viele der bisher genannten problematischen Aspekte einer Nutzung von ChatGPT betreffen auch die Forschung,[36] zudem könnten sich bestehende Probleme der Wissenschaft wie der Publikationsdruck, die Arbeitslast, der Konkurrenzdruck und die Schwierigkeit, hochwertige Informationen von minderwertigen zu unterscheiden, noch verstärken.[37] Eine offene Frage ist, wie sich die Nutzung von KI-Textgeneratoren auf die Ungleichheit im Wissenschaftssystem auswirkt. Zum einen könnte etwa die sprachliche Benachteiligung nicht-englischsprachiger Forschender gemildert werden, zum anderen könnten sich hinsichtlich des Zugangs zu leistungsfähigen KI-Systemen sowie der für ihren effektiven Einsatz benötigten Kompetenzen neue Benachteiligungen einstellen (bzw. alte verstärkt werden).

Inwieweit sich die hier skizzierten gesellschaftlichen Implikationen einer breiteren Anwendung von KI-Textgeneratoren realisieren, ist auch ein Jahr nach Veröffentlichung von ChatGPT noch nicht absehbar. Während die Technologie weiterentwickelt und dabei vielfältiger wurde, verlief diese Entwicklung evolutionär im Rahmen der Möglichkeiten und Grenzen der bisherigen Systeme. Die anfangs sehr intensive öffentliche Debatte hat sich ebenfalls ausdifferenziert, an die Stelle des massenmedialen Hypes sind verschiedene spezialisierte Diskussionen in den jeweils betroffenen gesellschaftlichen Teilbereichen getreten. Ein großes gesellschaftliches Interesse an der neuen Technologie und die Bereitschaft, sich damit auseinanderzusetzen, kann weiter angenommen werden. Dies gilt auch für den politischen Bereich. So wurden neben Bemühungen um eine gesetzliche Regulierung insbesondere auf Ebene der EU mehrere Ansätze zu einer globalen Beobachtung der Entwicklung gestartet, unter anderem unter dem Dach der Vereinten Nationen.[38]

---

36 Einen Überblick geben Abeba Birhane et al., „Science in the age of large language models", *Nature Review Physics*, Bd. 5, 2023, 277–280.
37 Tony Ho Tran, „A Doctor Published Several Research Papers With Breakneck Speed. ChatGPT Wrote Them All", *Daily Beast*, 2023, in [https://www.thedailybeast.com/how-this-doctor-wrote-dozens-of-science-papers-with-chatgpt] (Zugriff: 15.10.2023).
38 United Nations, *High-Level Advisory Body on Artificial Intelligence*, in [www.un.org/techenvoy/ai-advisory-body] (Zugriff: 15.10.2023); Ian Bremmer/Mustafa Suleyman, „The AI Power Paradox Can States Learn to Govern Artificial Intelligence—Before It's Too Late?", *Foreign Affairs*, Bd. 102(5), 2023, 26–43; Lewis Ho et al., *International Institutions for Advanced AI*, arXiv, 2023.

3 Die Rolle von KI-basierten Textgeneratoren für die Praxis der Technikfolgenabschätzung

Außer als Gegenstand von TA-Untersuchungen können KI-Textgeneratoren die Arbeitsweise der TA auf zwei Ebenen beeinflussen. Zum einen können sie unmittelbar die Arbeit verändern, indem sie in zunehmendem Maß als (Hilfs-)Mittel genutzt werden. Da die Arbeitsschritte bei TA-Untersuchungen in erster Linie die Bearbeitung von Textmaterialien betreffen, kommt eine Nutzung in nahezu allen Bereichen in Betracht. Zum anderen kann eine zunehmende Verbreitung der Systeme in der Wissenschaft oder (im Fall von TA als Politikberatung) in der Politik die Rahmenbedingungen von TA-Untersuchungen verändern und sich indirekt auf die Arbeit auswirken.

Potenziale von KI-Textgeneratoren speziell im Bereich der wissenschaftlichen Politikberatung werden insbesondere bei der Recherche wissenschaftlicher Evidenz und der Erstellung von Berichten gesehen.[39] Im Fall von Recherchen könnten KI-Textgeneratoren Zeit sparen, indem sie große Mengen von wissenschaftlichen oder medialen Texten durchsuchen, auf die in ihnen verhandelten Fragestellungen, Methoden und Ergebnissen hin analysieren und so die Erstellung von Literaturübersichten zum Forschungsstand oder von Analysen des medialen Diskurses erleichtern oder dabei helfen, unberücksichtigte Perspektiven zu entdecken. Dabei könnte auch eine größere Zahl von Sprachen berücksichtigt werden, als es bei allein menschlicher Bearbeitung möglich ist. Berichte für Entscheidungsträger*innen folgen meist einem inhaltlichen Muster, werden allerdings unter hohem Zeitdruck erstellt. Hier könnten KI-Textgeneratoren für erste Entwürfe einzelner Abschnitte (Management Summary, Zusammenfassung des Forschungsstands oder der geltenden Regulierung) eingesetzt werden und so die Erstellung einer endgültigen Fassung beschleunigen. Perspektivisch wird auch eine automatisierte individuelle Anpassung von Berichten an die Interessen der jeweiligen Lesenden diskutiert.[40]

Erste Experimente mit aktuell verfügbaren KI-Textgeneratoren zeigen allerdings die Probleme, die dabei entstehen.[41] So erfordert die Bewertung von wis-

39 Zum Folgenden: Chris Tyler et al., „AI tools as science policy advisers? The potential and the pitfalls", *Nature*, Bd. 622(7981), 2023, 27–30; zu Teilaspekten auch Isabelle Borucki/Dennis Michels/ Stefan Marschall, „Die Zukunft digitalisierter Demokratie – Perspektiven für die Forschung", *Zeitschrift für Politikwissenschaft*, Bd. 30, 2020, 359–378 (zur Verarbeitung großer Textmengen); Pauline Riousset/Steffen Albrecht, „Zukünftige Technologien zur Untersuchung technologischer Zukünfte", *TAB-Brief*, Nr. 51, Dezember 2020, 33–39 (zu Diskursanalysen).
40 Tyler et al. 2023, 29.
41 Ebd.

senschaftlicher Evidenz oder von politischen Optionen ein Urteilsvermögen, das sich aus Erfahrungen und Werten im Bezug zur realen Welt speist und keinen Verzerrungen durch die Orientierung an spezifisch ausgewählten Daten unterliegt. KI-generierte Texte werden zudem bislang als zu vorhersehbar und am Erwartbaren orientiert beurteilt, was sie für Politikberatung weniger geeignet macht. Bei Zusammenfassungen kann es zur Auslassung relevanter Aspekte kommen, wie generell die Zuverlässigkeit der KI-Textgeneratoren gering ist und aufwendige Prüfungen erforderlich macht. Und solange ein vertraulicher und datenschutzkonformer Umgang mit den eingegebenen Daten nicht sichergestellt ist, verbietet sich eine Nutzung im Zusammenhang mit sensiblen persönlichen oder anderweitig schützenswerten Informationen. Es bleibt angesichts dieser Eindrücke abzuwarten, inwieweit sich die in Studien berichteten Produktivitätssteigerungen[42] auch im Bereich der TA realisieren lassen.

Neben diesen unmittelbar ersichtlichen Herausforderungen können auch indirekte Effekte der Nutzung sowohl im Zuge von TA-Untersuchungen als auch im wissenschaftlichen oder politischen Umfeld der TA auftreten. So kann sich die Qualität wissenschaftlicher Texte schleichend verschlechtern, falls Fehler oder Bias der KI-Systeme nicht entdeckt werden und Eingang in die Texte finden; langfristig kann dies einem Verlust des Vertrauens Vorschub leisten, zu dem auch eine fehlende Transparenz bezüglich der Nutzung von KI-Textgeneratoren bei der Erstellung bzw. Verbreitung von Publikationen beitragen kann. Wie Baird am Beispiel wissenschaftlicher Instrumente gezeigt hat, sind technische Geräte zudem nicht wertfrei, sondern durch Designentscheidungen und ihren Entstehungskontext geprägt.[43] Bei ChatGPT wurde ein tendenziell links-liberaler politischer Einschlag in den Texten identifiziert,[44] eine stärkere Nutzung dieses Systems in der wissenschaftlichen Politikberatung könnte daher dem Anspruch auf Überparteilichkeit entgegenstehen. Nicht zuletzt könnten aufgrund der Orientierung der KI-Systeme an bestehenden Mustern gerade solche gesellschaftlichen Perspektiven übersehen werden, die neu und innovativ und daher noch nicht im Trainingsmaterial der KI-Systeme repräsentiert sind. Solche politischen Risiken der Anwendung stellen sich zusätzlich zu den genannten praktischen Problemen und lassen eine Nutzung außerhalb von Experimenten gegenwärtig fraglich erscheinen.

---

42 Shakked Noy/Whitney Zhang, „Experimental evidence on the productivity effects of generative artificial intelligence", *Science*, Bd. 381(6654), 2023, 187–192.
43 Davis Baird, *Thing Knowledge. A Philosophy of Scientific Instruments*, Berkeley 2004.
44 David Rozado, „The Political Bias of ChatGPT", *Social Sciences*, Bd. 12(3), 2023 (DOI: 10.3390/socsci12030148), 148.

4 Offenheit und Skeptizismus als Leitlinien

Wissenschaft als Institution sollte grundsätzlich offen für Beiträge aus allen möglichen Quellen sein, so lässt sich, etwas verkürzt, die Norm des Universalismus in Mertons Konzeption von Wissenschaft verstehen.[45] Aus heutiger Perspektive kann das auch die Beiträge von KI-Textgeneratoren einschließen, auch wenn bisher Konsens herrscht, dass sie keine originäre Schöpfung darstellen, sondern nur im Verbund mit menschlichem Handeln zu sehen sind. Gerade diese Verbundenheit von nichtmenschlicher und menschlicher Produktion (nicht allein wissenschaftlicher) Texte wird in jüngerer Zeit theoretisch immer stärker in den Blick genommen. Im Poststrukturalismus wird die intertextuelle Qualität von Texten herausgestellt, bis hin zur plakativen Ausrufung des „Tods des Autors". Ausgehend von der Wissenschaftssoziologie setzt sich die Anerkennung durch, dass Wissenschaft eine kollektive und sozial eingebundene Tätigkeit ist, worauf etwa Merton am Beispiel der metaphorischen Redewendung hinweist, wissenschaftlicher Fortschritt erfolge immer „von den Schultern von Riesen aus".[46] Mit der Akteur-Netzwerk-Theorie[47] und der Systemtheorie[48] stehen gleich mehrere theoretische Ansätze bereit, mit denen sich das Verhältnis und das Zusammenwirken von menschlichen und nichtmenschlichen Aktanten in der wissenschaftlichen Praxis beschreiben und analysieren lässt.

Nicht nur im Sinn der wissenschaftlichen Offenheit und Neugier sind Erprobungen und Weiterentwicklungen des Verhältnisses zwischen Forschenden und KI-Textgeneratoren interessant und wünschenswert, auch angesichts der gesellschaftlichen Herausforderungen, mit denen sich die Technikfolgenabschätzung und die Wissenschaft insgesamt beschäftigen, ist technische Unterstützung grundsätzlich höchst willkommen (und kommt bereits vielfach zum Einsatz). Die vielen aufgeworfenen Fragen und Probleme machen aber deutlich, dass für das skizzierte Zusammenwirken von Mensch und KI-basierter Maschine neue Regelungen nötig sind, sowohl auf gesetzlicher Ebene als auch beispielsweise in Form von Standards, Tests bzw. Benchmarks und Richtlinien guter wissenschaftlicher Praxis. Merton hat der Norm des Universalismus die Norm des organisierten Skeptizismus an die Seite

---

45 Robert K. Merton, „The normative structure of science", in *The Sociology of Science*, hg. von dems., Chicago/London 1973, 267–278.
46 Robert K. Merton, *On the Shoulders of Giants. A Shandean Postscript*, New York 1965.
47 Bruno Latour, „Zirkulierende Referenz. Bodenstichproben aus dem Urwald am Amazonas", in *Die Hoffnung der Pandora. Untersuchungen zur Wirklichkeit der Wissenschaft*, hg. von dems., Frankfurt a. M. 2000, 36–95.
48 Elena Esposito, *Artificial Communication. How Algorithms Produce Social Intelligence*, Cambridge/London 2022.

gestellt, also des grundsätzlichen Infragestellens „jedes Aspekts von Natur und Gesellschaft".[49] Ein solcher Skeptizismus erscheint auch gegenüber den Ergebnissen von KI-Textgeneratoren angebracht, die sich gerade nicht durch Unsicherheit in Bezug auf die eigenen Aussagen auszeichnen und daher Prinzipien der Wissenschaftlichkeit entgegenlaufen.

Die Rolle der TA kann dabei sein, über die Möglichkeiten und Grenzen von KI-Textgeneratoren im Rahmen wissenschaftlicher Praxis aufzuklären und dabei zu helfen, auch indirekte Effekte und Pfadabhängigkeiten zu berücksichtigen. Sie kann auch aufzeigen, welche Art von Weiterentwicklungen aus der Perspektive der Wissenschaft wünschenswert sind, um den jeweiligen Problemstellungen besser gerecht zu werden. Die auf diesen Erkenntnissen basierende wissenschaftsinterne Reflexion der technologischen Entwicklung kann dazu beitragen, die treibenden Kräfte und möglichen Folgen dieser Entwicklung besser zu verstehen und sie verantwortungsvoll auf die Realisierung der beachtlichen Potenziale auszurichten, insbesondere, wenn dabei vielseitige und ausgewogene Expertise zum Tragen kommt.

---

49 Merton 1973, 277.

Gabi Reinmann/Alice Watanabe

KI in der universitären Lehre

Vom Spannungs- zum Gestaltungsfeld

Abstract: The already existing field of tension in university teaching – formed by the three complex poles of practice, science and person – is massively influenced by the implementation of AI in the field of university action. Regardless of whether it is used in the design of university teaching or not. In this sense, AI acts as an amplifier and accelerator of the tense demands on teaching. How does AI change the relationships within the field of tension between practice, science, and person? How does AI change the disciplines and their research, as well as activities outside the university, and how should these changes be considered in university teaching? A proactive path is to be paved by finding concrete fields of action and identifying actors. The thought pattern of Ludwig Huber could inspire the formulation of concrete questions and categories for a structured discussion of AI in university teaching and the creation of a basic state of values.

1 Problemstellung

Spätestens seit der Veröffentlichung des Sprachmodells GPT-3 ist der Einsatz von Künstlicher Intelligenz (KI) eines der gefragtesten Themen im aktuellen Hochschuldiskurs. Bemerkenswert ist dabei, wie polarisierend KI-gestütztes Lehren und Lernen auf Akteure in der Hochschule wirkt: Während die einen KI in der Hochschulbildung mit optimistischen bis euphorischen Automatisierungsvorstellungen von Lehren und Lernen begegnen, zeigen sich andere kritisch bis ablehnend. Zwischentöne sind ebenfalls vertreten, scheinen aber tendenziell schwerer zu fallen. Der deutsche KI-Diskurs im Hochschulkontext wird derzeit zum einen von KI-Zukunftsszenarien geprägt, die sich dem Thema tendenziell einseitig, bisweilen auch oberflächlich, nähern und der Komplexität von Hochschulbildung nicht gerecht werden.[1] Zum anderen wird der KI-Einsatz durch eigene Förderlinien und entsprechende Forschungsprojekte bestimmt,[2] die sich auf die Entwicklung und

---

1 Johannes Schleiss et al., *Künstliche Intelligenz in der Bildung. Drei Zukunftsszenarien und fünf Handlungsfelder,* Berlin 2023.
2 Bundesregierung, „Strategie Künstliche Intelligenz der Bundesregierung. Fortschreibung 2020", 2020 in [https://www.ki-strategie-deutschland.de/files/downloads/201201_Fortschreibung_KI-Strategie.pdf] (Zugriff: 11.09.2023).

𝟃 Open Access. © 2024 bei den Autorinnen und Autoren, publiziert von De Gruyter. [CC BY-NC-ND] Dieses Werk ist lizenziert unter einer Creative Commons Namensnennung – Nicht kommerziell – Keine Bearbeitung 4.0 International Lizenz. https://doi.org/10.1515/9783111351490-004

begleitende Erforschung bestimmter technologischer Anwendungen konzentrieren und die schnelle Entwicklung insbesondere von ChatGPT kaum aufnehmen können. Zu beobachten ist ein wachsender Druck auf Hochschulen, Richtlinien und Orientierungen für den KI-Einsatz in der Lehre zu entwickeln – eine herausfordernde Aufgabe, da es an gesicherten Erkenntnissen dazu fehlt. Zudem ist die Dynamik auf dem technologischen Sektor so hoch, dass es wenig Sinn ergibt, sich auf aktuelle Werkzeuge wie ChatGPT zu konzentrieren. Notwendig wären umfassende und grundlegende Konzepte zum Umgang mit KI im Hochschulbereich. Genau die aber fehlen, wie beispielsweise die Stellungnahme des Ethikrates veranschaulicht, in der Wissenschaft und Lehre *nicht* thematisiert werden.[3]

Wir wollen im vorliegenden Text den Fokus auf Universitäten richten und eine bildungstheoretische Reflexion dazu anregen, wie man den Umgang mit KI (bezogen auf Sprachmodelle und andere KI-Anwendungen) sowohl in der Breite als auch in der Tiefe kontextspezifisch untersuchen und dann auch praktisch gestalten kann. Ziel unseres Beitrags ist es, das Verhältnis von KI und universitärer Lehre so zu thematisieren, dass Raum für die Diskussion unterschiedlicher Problemlagen, Wechselwirkungen und Spannungen, aber auch Potenziale entsteht. Notwendig erscheint uns eine ausgewogene und realistische Diskussion der Möglichkeiten von KI für die Hochschulbildung, die Lehrende und Forschende in die Lage versetzt, proaktiv KI-Szenarien zu entwickeln und zu erproben sowie spezifische KI-Themen im Kontext Universität einzuordnen.

Der Beitrag knüpft an diese Problemskizze an, indem er eine hochschuldidaktische Denkfigur mit KI-gestütztem Lehren und Lernen verbindet und weiterdenkt: das *Spannungsfeld der Hochschuldidaktik*[4] von Ludwig Huber, das in Abschnitt 2 zunächst vorgestellt und rekonstruiert wird. Anschließend führen wir in Abschnitt 3 zwei Kategorien von KI-Anwendungen ein, die das Spannungsfeld universitärer Lehre derzeit verstärken. Inwiefern sie das tun und welche Reflexions- und Orientierungsfragen sich damit formulieren lassen, ist Gegenstand von Abschnitt 4. Der folgende Abschnitt 5 beschäftigt sich mit den Handlungsfeldern der curricularen und methodischen Gestaltung universitärer Lehre in Zeiten von KI, greift zur Veranschaulichung zwei Beispiele heraus und diskutiert kurz die Rolle verschiedener Akteure; Hubers Denkfigur ziehen wir hier zur Strukturierung unserer Argumentation heran. Im abschließenden Abschnitt 6 plädieren wir für eine wertebasierte Diskussion als Grundlage für die Weiterentwicklung universi-

---

3 Deutscher Ethikrat, *Mensch und Maschine – Herausforderungen durch Künstliche Intelligenz*, Berlin 2023, 163.

4 Ludwig Huber, „Hochschuldidaktik als Theorie der Bildung und Ausbildung", in *Ausbildung und Sozialisation in der Hochschule, Enzyklopädie Erziehungswissenschaft*, Bd. 10, Stuttgart 1983, 127–129.

tärer Lehre und versuchen exemplarisch zu zeigen, dass dies eine Chance ist, aus dem Spannungsfeld ein Feld konstruktiven Gestaltens zu machen.

2 Universitäre Lehre im Spannungsfeld

In Anlehnung an einen als Klassiker geltenden Enzyklopädie-Artikel zur Hochschuldidaktik von Ludwig Huber kann man festhalten, dass die Universität (nach wie vor) drei Funktionen zugleich ausfüllt: Sie ist eine Bildungseinrichtung, soll umfassend qualifizieren und dient damit im weitesten Sinne der *Praxis*. Sie ist zudem Teil des *Wissenschafts*systems, soll neues Wissen generieren und fördert Nachwuchswissenschaftlerinnen. Schließlich ist sie Lebens- und Arbeitswelt ihrer Mitglieder und soll diesen *Personen* Bildung ermöglichen und Forschungsfreiraum gewähren.[5] In diesem Sinne hat die Universität als Institution einen Bezug zur Praxis, Wissenschaft und Person. Das gilt gleichermaßen für die universitäre Lehre, denn auch sie dient der Praxis, Wissenschaft und Person (siehe Abb. 1).

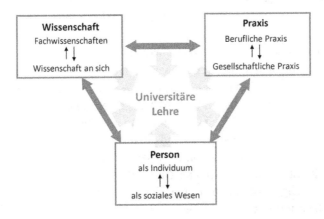

Abbildung 1: Spannungsfeld universitärer Lehre nach Huber (1983).

Nun harmonieren Maßnahmen und Strategien, die den Personenbezug ins Zentrum stellen, keineswegs immer mit Maßnahmen und Strategien, die den Praxis- und/ oder Wissenschaftsbezug stärken, und vice versa. Praxis, Wissenschaft und Person bilden so gesehen die Pole eines Spannungsfelds, das im Zuge gesellschaftlicher und technologischer Entwicklungen dynamisch ist. In diesem Spannungsfeld bewegt sich universitäre Lehre.

---

5 Huber 1983, 127–129.

Über 30 Jahre später hat der Wissenschaftsrat in einem Empfehlungspapier drei Dimensionen akademischer Bildung postuliert, die in allen Studiengängen in ein ausgeglichenes Verhältnis zu bringen seien: (Fach-)Wissenschaft, Persönlichkeitsbildung und Arbeitsmarktvorbereitung.[6] Diese Aussagen ähneln in vieler Hinsicht der frühen Denkfigur Hubers. Auch der Wissenschaftsrat kennzeichnet drei Zwecke universitärer Lehre als gleich wichtig, hebt Spannungsmomente hervor und mahnt Anstrengungen an, diese auszubalancieren. Eine Besonderheit in Hubers Denkfigur, die sich in dieser Form beim Wissenschaftsrat nicht findet, ist der vertiefende Blick auf die Pole, die das Spannungsfeld bilden.[7] Diese sind nämlich keineswegs homogen, sondern ihrerseits komplexe und spannungsreiche Konstellationen:

- So berührt *Praxis*, hier gemeint als die Praxis außerhalb der Institution Universität, keineswegs nur die berufliche Praxis oder (wie der Wissenschaftsrat schreibt) den Arbeitsmarkt, sondern auch andere gesellschaftliche Praxisbereiche wie Politik und Kultur – im Englischen treffend als Citizenship bezeichnet, was auf alles verweist, was Menschen als mündige Bürgerinnen und Bürger betrifft. Berufliche und gesellschaftliche Praxis in diesem Sinne können ihrerseits Ansprüche stellen oder Normen vertreten, die untereinander konkurrieren.
- Auch die *Wissenschaft* als Bezugspunkt universitärer Lehre ist in sich nicht widerspruchsfrei: Die Gesamtheit aller Wissenschaften, Abgrenzungsversuche der Wissenschaft zu anderen Formen der Wissensgenerierung und die Suche nach dem Gemeinsamen von Wissenschaft stehen auf der einen Seite. Auf der anderen Seite finden sich eine zunehmende Ausdifferenzierung und Spezialisierung von Fachwissenschaften und Subdisziplinen, die immer mehr in die Tiefe gehen und sich untereinander auseinanderbewegen.
- Selbst der Blick auf die *Person* als ein Pol des Spannungsgefüges kann Widersprüche zutage fördern. Forschende, Lehrende und Studierende sind sowohl Individuen mit eigenen Ansprüchen als auch soziale Wesen und damit Mitglieder einer Gemeinschaft beispielsweise mehrerer Gemeinschaften zugleich, was Zielkonflikte und Streitpotenzial birgt.

---

6 Wissenschaftsrat, Empfehlungen zum Verhältnis von Hochschulbildung und Arbeitsmarkt – Zweiter Teil der Empfehlungen zur Qualifizierung von Fachkräften vor dem Hintergrund des demographischen Wandels, 2015 in [https://www.wissenschaftsrat.de/download/archiv/4925-15.html] (Zugriff: 11.09.2023).
7 Huber 1983, 128.

3 KI als Spannungsverstärker

Universitäre Lehre liegt also – unabhängig von der Entwicklung digitaler Technologien und KI – bereits in einem Spannungsfeld. Damit ist zumindest erklärbar, warum die Gestaltung universitärer Lehre generell eine komplexe Herausforderung ist, für deren Bewältigung eindimensionale Schemata und einseitige Szenarien ungeeignet sind. Selbst wenn man sich dazu entscheiden würde (falls das ginge), KI aus der universitären Lehre herauszuhalten, ließe sich nicht verhindern, dass diese (weiter) die gesellschaftliche und berufliche Praxis, die Wissenschaft an sich und die fachwissenschaftliche Forschung sowie Menschen als Einzelpersonen und Teil kollektiver Systeme massiv beeinflusst. Was aber meint KI im Kontext universitärer Lehre?

Seitdem das Sprachmodell GPT-3 um die Jahreswende 2022/23 veröffentlicht wurde, scheint Chat-GPT in der *breiten* hochschulöffentlichen Meinung zum Synonym für KI geworden zu sein. Im Vergleich dazu ist die Entwicklung und Erforschung anderer KI-Anwendungen im Hochschulkontext in den letzten Jahren jenseits der Expertinnenkreise geradezu unbemerkt verlaufen: Gemeint sind etwa KI-basierte Vorhersagemodelle zur Identifikation von Risikostudierenden, adaptive Lernumgebungen, intelligente tutorielle Systeme, KI-gestützte Assessment- und Evaluationstools etc.[8] Mit KI-Anwendungen dieser Art erhofft man sich, Studierende individueller betreuen, Lernangebote bedarfsorientiert anpassen und damit Studienerfolg fördern zu können.[9] Zudem wird erwartet, Lehrende durch Datenanalysen besser über studentische Bedürfnisse informieren und den Betreuungsaufwand minimieren zu können.[10] Im Vergleich zu einigen anderen Ländern wurde die Forschung zu KI in der Hochschulbildung in Deutschland eher spät durch Förderrichtlinien des Bundesministeriums für Bildung und Forschung[11] den 2019

8 Olaf Zawacki-Richter et al., „Systematic review of research on artificial intelligence applications in higher education – Where are the educators?", *International Journal of Educational Technology in Higher Education,* 2019.
9 Claudia de Witt et al., *Künstliche Intelligenz in der Hochschulbildung,* Berlin 2020; Clara Schumacher/Dirk Ifenthaler, „Investigating prompts for supporting students' self-regulation: A remaining challenge for learning analytics approaches?", *The Internet and Higher Education,* Bd. 49, 2021.
10 Danny Glick et al., „Predicting Success, Preventing Failure", in *Utilizing Learning Analytics to Support Study Success,* hg. von Dirk Ifenthaler et al., Cham 2019; de Witt et al. 2020.
11 Bundesministerium für Bildung und Forschung, *Bekanntmachung. Richtlinie zur Bund-Länder-Initiative zur Förderung der Künstlichen Intelligenz in der Hochschulbildung,* 2021 [www.bmbf.de/foerderungen/bekanntmachung-3409.html] (Zugriff: 11.09.2023).

gegründeten KI-Campus[12] und diverse andere Initiativen vorangetrieben – mit durchaus großen Geldsummen und dennoch nicht ansatzweise so öffentlichkeitswirksam, wie das im Falle des kommerzielles KI-Werkzeugs ChatGPT zu beobachten ist. GPT-3[13] hat zusammen mit anderen frei verfügbaren KI-Werkzeugen wie Übersetzungs- oder Recherchehilfen das universitäre Lehren und Lernen geradezu wachgerüttelt. Obschon auch „ältere" KI-Anwendungen wie adaptive Lernumgebungen oder intelligente tutorielle Systeme Einfluss darauf nehmen, wie wir uns universitäre Lehre vorstellen können, führen erst ChatGPT und Co. dazu, die universitäre Lehre und deren Zukunft radikal zu hinterfragen. Das hat mehrere Gründe: Sprachmodelle wie GPT haben eine unmittelbare Wirkung auf den Kern akademischen Denkens und Handelns, das in hohem Maße mit der Produktion von Texten verknüpft und damit (fachspezifisch unterschiedlich) sprachbasiert ist. Sie nehmen zudem kaum kontrollierbar Einfluss auf die bestehende Lehre, indem Studierende frei verfügbare KI-Tools im Studium schlichtweg nutzen, ob das nun vorgesehen ist oder nicht. Der Handlungsdruck auf die universitäre Lehre wächst entsprechend: Derzeit werden vor allem Missbrauchspotenziale der neuen KI-Werkzeuge debattiert und entsprechend gefährdete Prüfungsformate in Frage gestellt, aber auch ein Experimentieren mit den neuen (kommerziellen) Tools in der Lehre empfohlen.[14]

Zu unterscheiden sind im aktuellen Hochschuldiskurs folglich zwei Kategorien von KI-Anwendungen: erstens KI-Anwendungen, die von Hochschulen offiziell, aber weniger öffentlichkeitswirksam eingeführt werden und Lern-Management-Systeme ersetzen oder ergänzen könnten; zweitens kommerzielle KI-Werkzeuge, die von außen – über deren Bedeutung in der Praxis und die Nutzung durch Forschende und Studierende – in die Hochschulbildung massiv hineinwirken. Die beiden Kategorien stehen nicht unbedingt in Konkurrenz zueinander; vermutlich werden sie künftig sogar zusammen gedacht werden und könnten dann nochmals verstärkende und beschleunigende Wirkung entfalten.

---

12 Stifterverband, Deutsches Forschungszentrum für Künstliche Intelligenz GmbH, Hasso-Plattner-Institut, mmb Institut GmbH, & NEOCOSMO GmbH.

13 Anika Limburg et al., „Plagiarismus in Zeiten Künstlicher Intelligenz", *Zeitschrift für Hochschulentwicklung*, Bd. 17(3), 2022, 91–106.

14 Rahul Kumar et al., „AI & AI: „Exploring the contemporary intersections of artificial intelligence and academic integrity", *University of Calgary's Digital Repository*, 2022, in [http://hdl.handle.net/1880/114647] (Zugriff: 11.09.2023).

4 KI im Spannungsfeld universitärer Lehre

Universitäre Lehre bewegt sich also unweigerlich in einem nun auch von KI mitbestimmten Spannungsfeld. Daraus könnte man folgern, dass KI in der universitären Lehre schon allein deshalb zu unterschiedlichen bis polarisierenden Einschätzungen und diversen als wahrscheinlich und/oder wünschenswert deklarierten Zukunftsszenarien führt, weil das ohnehin vorhandene Spannungsfeld durch KI verstärkt und in seiner Dynamik beschleunigt wird. Komplexe Anforderungen an die universitäre Lehre aufgrund multipler Zwecke und Sinndimensionen treten mit KI also zum einen noch deutlicher hervor und entwickeln zum anderen potenziell neue Qualitäten. Unsere These ist, dass man in dieser herausfordernden Situation zunächst Orientierung braucht. Die eingeführte Denkfigur von Huber könnte *eine* solche Orientierung bieten.[15]

Bevor man allzu schnell und reaktiv auf äußere Anforderungen KI-Szenarien für die Hochschulbildung kreiert und verbreitet, ließe sich mithilfe von Hubers Denkfigur zunächst einmal beleuchten, welchen Einfluss KI auf die Pole und die Relationen im Spannungsfeld universitärer Lehre nimmt (siehe Abb. 2): Wie verändert KI (a) das Handeln außerhalb der Hochschule, (b) Disziplinen und deren Forschung und (c) den Menschen bzw. das Menschsein und in welcher Weise ist das in der Gestaltung universitärer Lehre zu berücksichtigen und auszubalancieren? Wie verändert KI außerdem das Verhältnis (d) zwischen Praxis und Wissenschaft, (e) zwischen Wissenschaft und Person und (f) zwischen Person und Praxis, und wie kann oder muss man das für die Gestaltung universitärer Lehre heranziehen?

Wir gehen nicht davon aus, dass diese Fragen direkt und einfach zu beantworten sind. Das ist auch nicht deren Zweck. Vielmehr handelt es sich um Fragen, die einerseits aufzeigen, womit wir uns beschäftigen müssen, wenn KI Einzug in die universitäre Lehre hält. In diesem Sinne handelt es sich um Reflexionsfragen. Zum anderen verweisen die Fragen zusammen mit der Denkfigur auf die Notwendigkeit, alle drei Pole und deren Relationen in den Blick zu nehmen und die inhärenten Spannungen weder zu übergehen noch einseitig aufzulösen: Jede Konzentration auf

---

15 Wir behalten in diesem Text die Denkfigur von Huber (1983) bei, auch wenn Modifikationen möglich wären: So ließe sich etwa der Praxispol in Arbeitswelt und Gesellschaft ausdifferenzieren. Dies allerdings würde zum einen die Gestalt der Denkfigur und deren Potenzial, die Spannungsmomente zwischen allen Polen gleichzeitig zu analysieren, zerstören. Zum anderen gehört es zu Hubers Gesamtargumentation, *innerhalb* des Praxispols Spannungen zwischen gesellschaftlichen und beruflichen Erwartungen und Anforderungen zu beleuchten. Schließlich sei noch darauf hingewiesen, dass „Praxis" in der Denkfigur kein theoretisch aufgeladener Begriff ist (und entsprechend nicht impliziert, dass es keine Wissenschaftspraxis gäbe), sondern als Dachbegriff für alle Kontexte außerhalb des Universitätskontextes steht.

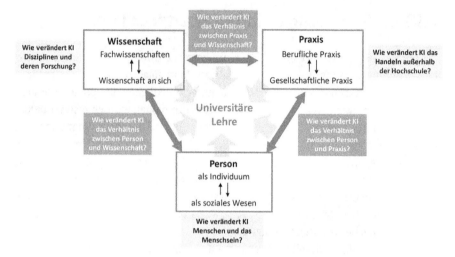

Abbildung 2: Die orientierende Funktion der Denkfigur von Huber (1983) für KI in der universitären Lehre.

Argumente, die sich auf nur *einen* Pol beziehen, führt nämlich zu unangemessenen Folgerungen und unausgewogenen KI-Szenarien für die universitäre Lehre. Vielmehr kommt es darauf an, in der Gestaltung von Lehre Wissenschaft, Praxis und Person in eine Balance zu bringen. Je nach Kontext (zum Beispiel Studiengang) kann diese Balance nicht nur mit unterschiedlichen Gewichtungen (der drei Pole) arbeiten, sondern auch unterschiedliche Leitmetaphern verfolgen (zum Beispiel Balance als Waage, als dynamisches Gleichgewicht, als Komplementarität).

Diesen Gestaltungsaspekt aufgreifend, konkretisieren wir die obigen Fragen exemplarisch weiter – wiederum mit der Intention, damit Impulse für eine strukturierte Auseinandersetzung mit KI in der universitären Lehre zu geben und mögliche Handlungsfelder aufzuzeigen.

a. *Praxis:* Was sollte man angesichts des KI-bedingten Wandels in Arbeit *und* Gesellschaft wissen und können? Wie lassen sich diese neuen, gegebenenfalls auch in Widerstreit geratene Anforderungen inhaltlich und methodisch in der Lehre aufnehmen?

b. *Wissenschaft:* Welche Chancen und Risiken birgt KI für die Wissenschaftswelt? Welche neuen Kompetenzprofile erfordern Fachwissenschaften infolge von KI? Was davon sollte in welcher Weise inhaltlich und methodisch Eingang in die Lehre finden?

c. *Person:* Was unterscheidet den Menschen von KI und damit von Maschinen und was leitet sich daraus für das Menschsein ab? Wie viel „Maschine" verträgt der

Mensch? Welche Konsequenzen hat das inhaltlich und methodisch für die Gestaltung von Lehre?

d. *Praxis-Wissenschaft:* Wie verändert KI die Interaktion und den Austausch zwischen Wissenschaft und Praxis? Welche Auswirkungen hat KI auf die Wissenschaftskommunikation und den Wissenstransfer von der Forschung in die Arbeitswelt und andere gesellschaftliche Bereiche? Was bedeutet das inhaltlich und methodisch für die Gestaltung von Lehre?

e. *Wissenschaft-Person:* Wie beeinflusst KI die Möglichkeiten des Menschen zur Aneignung von und Mitwirkung an Wissenschaft? Was verlangt der Einsatz von KI in der Wissenschaft von Forschenden und solchen, die Forschende werden wollen? Was bedeutet das inhaltlich und methodisch für die Gestaltung von Lehre?

f. *Person-Praxis:* Was verlangt der Einsatz von KI in der Praxis von den Mitgliedern einer Universität als Individuum und Teil einer Gemeinschaft? Welchen Einfluss nimmt KI darauf, wie Lehrende und Studierende mit der Praxis interagieren? Was bedeutet das inhaltlich und methodisch für die Gestaltung von Lehre in verschiedenen Studiengängen?

5 Gestaltung universitärer Lehre in Zeiten von KI

Als Zwischenfazit lässt sich festhalten: Universitäre Lehre befindet sich aufgrund der multiplen Zwecke von Universität grundsätzlich in einem Spannungsfeld – gebildet von den drei in sich komplexen Polen Praxis, Wissenschaft und Person. Dieses Spannungsfeld wird bereits massiv von KI beeinflusst, unabhängig davon, ob man sie in der Gestaltung universitärer Lehre heranzieht oder nicht. In diesem Sinne wirkt KI als Verstärker und Beschleuniger spannungsreicher Anforderungen an die Lehre. Um diesen nicht nur reaktiv zu begegnen, sondern einen proaktiv gestaltenden Weg einzuschlagen, haben wir die Denkfigur von Ludwig Huber als Orientierung herangezogen und eine ganze Reihe von Fragen formuliert.

Diese beispielhaft zu verstehenden Fragen können den komplexen Einfluss der verschiedenen KI-Anwendungen und deren Folgen für die universitäre Lehre ein wenig entwirren helfen, indem sie sich entlang der Pole Praxis, Wissen und Person sowie deren Beziehungen sortieren lassen. Was aber fängt man nun mit solchen Fragen an? Aus unserer Sicht haben sie zum einen aus zwei Gründen per se einen Wert: Die Fragen machen erstens die Komplexität der aktuellen Situation für die Hochschulbildung sichtbar und damit besser greifbar; zweitens heben sie in ihrer Anordnung innerhalb der gewählten Denkfigur hervor, dass alle drei Pole legitim und gleich wichtig sind. Zum anderen können die Fragen in ihrer Anordnung im Spannungsfeld universitärer Lehre dazu anregen, konkrete Handlungsfelder zu finden und Akteure zu bestimmen, um universitäre Lehre angesichts der KI-Entwicklung proaktiv zu gestalten. Einige dieser Handlungsfelder und Akteure klingen in den oben formulierten Fragen bereits an; wir werden diese im Folgenden exemplarisch herausgreifen und näher erörtern. Schließlich können die Fragen als Impuls verwendet werden, um sie zu erweitern oder zu vertiefen.

5.1 Curriculare Gestaltung

Die Hochschuldidaktik konzentriert sich seit Jahrzehnten auf methodische Fragen der Gestaltung universitärer Lehre, was zunächst auch nachvollziehbar ist. Hochschuldidaktik ist eine allgemeine Didaktik, die für alle Disziplinen und Fächer an Hochschulen Empfehlungen geben will.[16] Curriculare Fragen (solche, die sich auf Lehr-Lernziele und -inhalte beziehen) sind dagegen (auch international) eher randständig geblieben.[17] Für die Allgemeine Didaktik (außerhalb der Hochschule) war das jedoch keineswegs immer so: Inhaltliche Fragen haben vor allem aus bildungstheoretischer Perspektive auf Unterricht lange eine zentrale Rolle gespielt.[18] Über einen (wiederentdeckten) Diskurs zur Wissenschaftsdidaktik[19] rücken derzeit allerdings fachspezifische Besonderheiten, Wechselwirkungen zwischen disziplinärer Forschung und Lehre und damit auch Inhalte wieder mehr und systematischer in den Fokus des hochschuldidaktischen Interesses. Dieses wachsende Interesse trifft nun – zufällig oder nicht – damit zusammen, dass vor allem kommerzielle KI-Werkzeuge massiv und mit hoher Geschwindigkeit Einfluss auf die wissenschaftliche Forschung ebenso wie auf die Arbeits- bzw. Berufswelt nehmen. Das wiederum bewirkt deutliche Veränderungen darauf, was Menschen künftig wissen und können sollten, um Forschung betreiben, auf dem Arbeitsmarkt bestehen sowie an der Gesellschaft teilhaben zu können. Derzeit zwingt die KI-Entwicklung Universitäten geradezu, ihre Curricula inhaltlich zu überarbeiten. Zieht man hierzu die Denkfigur vom Spannungsfeld universitärer Lehre heran, rücken

---

16 Gabi Reinmann, „Die wissenschaftliche Verortung der Hochschuldidaktik", in *Handbuch Hochschuldidaktik*, hg. von Robert Kordts-Freudinger et al., Bielefeld 2021, 48–49.
17 Beispiele für hochschuldidaktische Ansätze, die fachwissenschaftliche Inhalte in unterschiedlicher Form aufgreifen, sind: Threshold Concepts (Jan H.F. Meyer et al., „Threshold concepts and troublesome knowledge [4]. Issues of variation and variability.", in *Threshold Concepts within the Disciplines*, hg. von Ray Land et al., Leiden 2008, 59–74) oder Decoding the Disciplines (David Pace, „Beyond decoding the disciplines 1.0: New directions for the paradigm", *Teaching & Learning Inquiry*, Bd. 9[2], 2021, 1–27).
18 Z.B. Wolfgang Klafki, *Studien zur Bildungstheorie und Didaktik*, Weinheim 1963.
19 Z.B. Gabi Reinmann/Rüdiger Rhein (Hg.), *Wissenschaftsdidaktik I. Einführung*, Bielefeld 2022; Gabe Reinmann/Rüdiger Rhein (Hg.), *Wissenschaftsdidaktik II. Einzelne Disziplinen.* Bielefeld 2023.

mindestens zwei Anforderungen ins Blickfeld: Zum einen ist auf mögliche Spannungsmomente *innerhalb* neuer Kompetenzanforderungen von Seiten der Wissenschaft und der Praxis zu achten; zum anderen dürfen die Person und deren persönliche Bildung nicht außen vorgelassen werden. Wir möchten das am Beispiel des wissenschaftlichen Schreibens als Ziel und Inhalt von Curricula in aller Kürze (und damit nicht erschöpfend) veranschaulichen.

5.2 Beispiel: Wissenschaftliches Schreiben

Die neue Generation Textgeneratoren ermöglicht es, beliebige Textgenres künstlich zu produzieren – in einer Geschwindigkeit und künftig vermutlich auch in einer Qualität, die für den Menschen unerreichbar ist. Aus der Sicht der beruflichen Praxis könnte man zu dem Schluss kommen, dass Menschen zur Erstellung von Texten vor allem KI-Werkzeuge effektiv nutzen können sollten. In der Folge wäre es für Curricula von Studiengängen, die auf Berufe vorbereiten, in denen das der Fall ist, wichtiger, beispielsweise Prompting-Kompetenz einzuüben als die Kompetenz zum wissenschaftlichen Schreiben. Aus der Sicht der gesellschaftlichen Praxis könnte man zu einer ähnlichen Schlussfolgerung kommen und zum Beispiel Inklusionschancen für Menschen in den Vordergrund rücken, für die aus verschiedenen Gründen eine Schreibkompetenz auf akademischem Niveau unerreichbar ist. Nimmt man die Perspektive der Wissenschaft ein, wird man vermutlich feststellen, dass sich die Bedeutung von wissenschaftlicher Schreibkompetenz nicht generell, sondern nur in Bezug auf einzelne Fachwissenschaften beurteilen lässt – mit heterogenen Folgerungen: So könnten einzelne naturwissenschaftliche Fächer zu ähnlichen Einschätzungen wie die berufliche oder die gesellschaftliche Praxis kommen und anstelle der Förderung von Schreibkompetenz auf die Förderung der Kompetenz zum Einsatz von Sprachmodellen setzen. Andere, etwa geisteswissenschaftliche, Fächer könnten umgekehrt für sich entscheiden, dass wissenschaftliches Schreiben als Mittel für die Entwicklung von Urteilskompetenz zur Überprüfung künstlich generierter Texte sogar noch wichtiger wird und curricular gestärkt werden muss. Aus der Sicht der Person kommt ein weiteres Argument hinzu, das unbedingt einzubeziehen wäre (in aktuellen Debatten aber allzu oft gar nicht berücksichtigt wird): Die Kompetenz, selbst wissenschaftlich schreiben zu können, hat gegebenenfalls einen eigenen Wert für einen akademisch gebildeten Menschen auch in Zeiten von KI. Anführen könnte man die Bedeutung des Schreibens für das Denken, oder wie Luhmann es formuliert hat: „Ohne zu schreiben, kann man nicht denken; jedenfalls nicht in anspruchsvoller, anschlussfähiger Weise".[20] Man könnte zudem ins Feld führen, dass es zum Menschsein gehört, sich in differenzierter Weise ausdrücken zu können, wie man es beim wissenschaftlichen Schreiben lernt. Dies wäre gänzlich unabhängig davon, was eine KI alles kann und welche Schreibaufgaben sich an KI delegieren lassen. Käme man zu diesem Schluss, dürfte man das wissenschaftliche Schreiben keinesfalls curricular einschränken oder gar entfernen. Da aber alle drei Pole bei der Gestaltung universitärer Lehre einbezogen und in eine Balance zu bringen sind, gilt es, jeweils auszuhandeln, wie man die höchst verschiedenen Ansprüche bei der Neuformulierung oder Anpassung von Curricula aufeinander abstimmen kann.

5.3 Methodische Gestaltung

Dass die KI-Entwicklung Universitäten vor curriculare Herausforderungen stellt und damit die Inhaltsfrage wieder prominenter macht, bedeutet im Gegenzug keineswegs, dass methodische Fragen der Gestaltung universitärer Lehre weniger wichtig werden. Vielmehr ist davon auszugehen, dass KI ebenso wie die bisherige Digitalisierung Universitäten herausfordert, die methodische Gestaltung von Lehre zu überdenken und zu erneuern. Vergleicht man allerdings, wie Digitalisierung bisher zur Lehrgestaltung genutzt wurde mit den aktuellen Nutzungsszenarien (vgl. Abschnitt 3), fallen doch einige Unterschiede auf: Bisherige Lernplattformen, Videokonferenzsysteme, Blogs, Wikis, soziale Netzwerke, kollaborative Werkzeuge etc. haben vor allem zur Gestaltung digitaler und hybrider Lehr-Lernbedingungen geführt und damit didaktische Handlungsoptionen im materiellen Raum um die in virtuellen Umgebungen erweitert.[21] KI-Anwendungen verfolgen im Vergleich dazu weitere Ziele und Hoffnungen; zwei Beispiele seien genannt: Zum einen nimmt man an, didaktische Aufgaben von Lehrpersonen zunehmend an KI delegieren und automatisieren zu können.[22] Dieses Ziel geht konform mit der Erwartung, Nutzen zu maximieren. Zum anderen eignet sich KI dazu, die Passung zwischen Lehrangeboten und Merkmalen einzelner Studierender oder Studierenden-Gruppen zu erhöhen und durch solche personalisierenden Prozesse bessere Lernerfolge zu erzielen. KI verspricht also Effektivitäts- bzw. Wirksamkeitssteigerungen in der Lehre,

---

20 Niklas Luhmann, „Kommunikation mit Zettelkästen: Ein Erfahrungsbericht", in *Öffentliche Meinung und sozialer Wandel: Public opinion and social change,* hg. von Horst Baier et al., Berlin 1981, 222.

21 Einat Gil et al., *Hybrid learning spaces,* Schweiz 2022.

22 Eva-Maria Schön et al., „How are AI assistants changing higher education?", in *Frontiers in Computer Science,* Bd. 5, 2023, 1–9 (DOI: 10.3389/fcomp.2023.1208550); Zawacki-Richter et al. 2019, 39.

ähnlich wie man es aus der Praxis (zum Beispiel KI zur Nutzenmaximierung), aber auch in der wissenschaftlichen Forschung (zum Beispiel KI zur Optimierung von Forschungsprozessen) kennt. Zieht man wieder die Denkfigur vom Spannungsfeld universitärer Lehre heran, ließe sich folgern: Für die methodische Gestaltung von Lehre werden derzeit – teilweise wie in der Praxis und Wissenschaft – KI-Anwendungen eingesetzt oder in Erwägung gezogen, um das Lehren und Lernen effektiver und wirksamer zu machen. Wenig prominent wird hingegen die Frage berücksichtigt, wie das aus der Sicht der Person zu beurteilen ist. Am Beispiel des personalisierten Lernens als methodischer Ansatz wollen wir diese Überlegung verdeutlichen.

5.4 Beispiel: Personalisiertes Lernen

KI-basierte tutorielle und adaptive Systeme ermöglichen es (zumindest im Pilotbetrieb und in Zukunftsszenarien), das Lernen Studierender auf den jeweils individuellen Bedarf hin auszurichten und auf diesem Wege zu personalisieren.[23] Mit maßgeschneiderten Lehrangeboten, so die Erwartung, können Studierende schneller oder gezielter Kompetenzen entwickeln, werden im Studium produktiver und schließen es erfolgreich ab. Das ist aus Sicht der beruflichen und gesellschaftlichen Praxis grundsätzlich begrüßenswert: Mehr Absolventinnen treten zügig in das Arbeitsleben ein, werden selbständig und geben der Gesellschaft etwas zurück – um *ein* mögliches Argument zu nennen. Auch aus Sicht der Wissenschaft ist das Versprechen erst einmal attraktiv, über automatisiertes personalisiertes Lernen Entlastungen in der Lehre zu erzielen und zum Studienerfolg beizutragen. Es bleibt dank Automatisierung mehr Zeit für die Forschung, komplexe wissenschaftliche Inhalte werden personalisiert gegebenenfalls tiefer verstanden, und vielleicht lassen sich auf diesem Wege auch Studierende mit Potenzial für die Wissenschaft entdecken. Gleichzeitig wächst aber das Risiko, dass Studierende infolge kontinuierlicher Rückmeldung und automatisierter Beratung zunehmend unselbständiger werden, aufhören, eigene Lern- und Arbeitsstrategien sowie Selbständigkeit zu entwickeln und zu wenig kritisches Denken und Urteilen erlernen – ein ungünstiges Szenario für alle, auch für die Förderung von Nachwuchswissenschaftlerinnen. Nochmals spannungsreicher dürfte sich die Situation aus der Sicht der Person darstellen: Studierende haben (wie alle Menschen) auf der einen

---

23 De Witt et al. 2020; Christian Leineweber/Maik Wunder, „Zum optimierenden Geist der digitalen Bildung. Bemerkungen zu adaptiven Lernsystemen als sozio-technische Gefüge", *Zeitschrift für Theorie und Praxis der Medienbildung*, Bd. 42, 2021, 22–46.

Seite das Bedürfnis, rational zu handeln, zu planen und Ziele zu verfolgen (etwa einen schnellen Studienabschluss). Auf der anderen Seite sind soziale Eingebundenheit bzw. Zugehörigkeit zu einer Gemeinschaft und soziale Interaktionen (zwischen Studierenden sowie zwischen Studierenden und Lehrenden) zentrale psychologische Bedürfnisse und tragen nachweislich ebenfalls zum Studienerfolg bei.[24] In der Logik adaptiver Lernumgebungen aber sind Studierende vor allem Individuen, die sich selbst optimieren, ihre Effizienz steigern und von reibungslosen Lernprozessen profitieren.[25] Gemeinsames Lernen, zwischenmenschliche Beziehungen, gegenseitige Hilfe auf der Peer Ebene oder emotionale Bindungen werden ausgeblendet.[26] Doch wie viel Maschine verträgt der Mensch?[27] Diese Frage dürfte auch beim Einsatz von KI seitens der Lehrenden relevant sein: Letztlich ist es nämlich unklar, was überhaupt zu didaktischen Routineaufgaben zählt und ab wann sich Lehrpersonen in ihrem sozial-emotionalen Erleben im Rahmen ihrer Lehrtätigkeit eingeschränkt fühlen. Unter Rückgriff auf die Denkfigur vom Spannungsfeld universitärer Lehre stellt die Einführung adaptiver Systeme also weitaus mehr und komplexere Anforderungen als Optimierung und Effizienz. Personalisiertes, künstlich unterstütztes und entsprechend berechenbares Lernen einerseits ist mit interaktivem, beziehungsreichem Lernen in realen Räumen und ihren spontanen Momenten des Lehrens und Lernens didaktisch zu integrieren.

5.5 Akteure der Gestaltung

Die Gestaltung universitärer Lehre liegt – zumindest auf der Ebene einzelner Lehrveranstaltungen – primär in den Händen der Lehrenden. Allerdings hat jedes Lehrangebot immer auch organisatorische und rechtliche Rahmenbedingungen, ist in die jeweilige Universität als Organisation eingebettet und mit den Fachwissenschaften verknüpft, die einen Studiengang ausmachen. Über Hochschulräte, Akkreditierungen und Kooperationen wirken zudem Personen aus der beruflichen und gesellschaftlichen Praxis an der Gestaltung von Lehre indirekt mit. Wie und

---

24 Peter Felten/Leo M. Lambert, *Relationship-rich education: How human connections drive success in college,* Baltimore 2020.
25 Leineweber/Wunder 2021.
26 Maik Wunder, „Smarte digitale Technik- bildungstheoretische Reflexion ihrer materiellen und symbolischen Operationen", in *Digitale Transformation im Diskurs. Kritische Perspektiven auf Entwicklungen und Tendenzen im Zeitalter des Digitalen,* hg. von Christian Leineweber/Claudia de Witt, Hagen 2021, 293–308.
27 Siehe dazu eine exemplarische Erläuterung im Blog einer der Autorinnen (Gabi Reinmann), in [www.gabi-reinmann.de/?p=7634] (Zugriff: 11.09.2023).

was gelernt wird, in welcher Weise gestaltete Lernbedingungen und -angebote angenommen und genutzt werden, liegt dann aber in der Hand von Studierenden. Universitäre Lehre hat so gesehen grundsätzlich viele Akteure, die (mit)gestalten. Führt man sich das Spannungsfeld universitärer Lehre mit ihren drei Polen Praxis, Wissenschaft und Person vor Augen, ist naheliegend, dass man sich die Verantwortung in der Gestaltung universitärer Lehre teilen muss. Wenn wir aktuell im Zuge der dynamischen Entwicklung von KI zunehmend feststellen, dass Akteure der Praxis konkrete Forderungen an die inhaltliche und methodische Gestaltung von Lehre stellen, dann ist das also einerseits berechtigt. Andererseits ist unbedingt zu vermeiden, dass außeruniversitäre Forderungen den Takt bestimmen, den die Pole Wissenschaft und Person unkritisch übernehmen. Nach wie vor sind Mitglieder des wissenschaftlichen Personals an Universitäten in ihrer Doppelrolle als Forschende und als Lehrende dafür verantwortlich, inhaltliche und methodische Gestaltungsentscheidungen zu treffen. Es wird aber im Zuge der Geschwindigkeit der KI-Entwicklung mehr denn je darauf ankommen, dass sich Lehrpersonen untereinander koordinieren und mit Leitungsebenen abstimmen. Die größte Herausforderung aber sehen wir darin, Studierende in einer Form in die Gestaltung universitärer Lehre in Zeiten von KI einzubeziehen. In aller Kürze wollen wir das anhand der beiden schon herangezogenen Beispiele für die curriculare und methodische Gestaltung von Lehre erörtern.

5.6 Beispiele: Wissenschaftliches Schreiben und personalisiertes Lernen

Ziele und Inhalte in Curricula einzelner Studiengänge sind nicht statisch: Sie werden angepasst, verändert, ergänzt oder auch begründet beibehalten. Können Studierende einzelne Ziele und Inhalte nicht nachvollziehen, halten sie diese für unwichtig oder gar für Zeitverschwendung, hat dies erhebliche Auswirkungen auf das Lernen. Unterschiedliche Einschätzungen dazu, welche Rolle das wissenschaftliche Schreiben angesichts immer besser werdender Sprachmodelle in der Textgenerierung künftig (noch) spielen wird, dürften inzwischen die Regel sein. Genau darüber muss man miteinander sprechen: Es wird kein Weg daran vorbeiführen, dass Lehrende und Studierende die Gründe ihrer Relevanzeinschätzungen zum wissenschaftlichen Schreiben offenlegen und diskutieren sowie Argumente nach ihrer Qualität beurteilen und dahinterstehende Werte transparent machen, auch wenn dies mit erheblichem Aufwand verbunden ist. Wenn man in einem Fach zu dem begründeten Schluss kommt, dass Studierende nach wie vor lernen sollten, wissenschaftlich zu schreiben, gilt es, Studierende davon zu überzeugen. Nur so entkommt man der Spirale gegenseitigen Misstrauens etwa bei der Gestaltung dazugehöriger Prüfungen. Sollte man in einigen Fächern zu einer anderen Folgerung kommen, ist mit Studierenden zu klären, welche alternativen Kompetenzen erforderlich und zu verantworten sind.

Auch methodisch ist universitäre Lehre stets in Bewegung. Hier kommt es ebenfalls darauf an, dass Studierende (neue) Formate und Formen des Lehrens und Lernens in ihrer Sinnhaftigkeit nachvollziehen können, sich darauf einlassen, aber auch erkennen, wenn sich Nachteile einstellen. Personalisiertes Lernen als eine KI-induzierte Methode in der universitären Lehre ruft bei kritischen Studierenden gegebenenfalls Ängste hervor, kontrolliert und von außen gesteuert zu werden. Erfolgsorientierte Studierende könnten umgekehrt psychosoziale Risiken übermäßiger Nutzung adaptiver Lernumgebungen unterschätzen. Lehrende selbst haben möglicherweise noch wenig Erfahrungen in der Integration personalisierten Lernens in ihre didaktische Gestaltung und sind ihrerseits verunsichert. Auch hier scheint uns eine offene Kommunikation zwischen allen Beteiligten zentral zu sein, ergänzt durch Experimentier- und Erfahrungsräume: Man kann sich sinnvoll nur darüber austauschen, was man selbst schon einmal erfahren hat. Von daher wäre personalisiertes Lernen in möglichst vielen Varianten zu erproben, auszuweiten, wo es sich bewährt, aber auch einzuschränken, wo es Schaden anrichtet – möglichst begleitet durch einen Diskurs darüber, wieviel Maschine Menschen in der Hochschullehre vertragen (wollen).

6 Plädoyer für eine wertebasierte Diskussion

Die Gestaltung universitärer Lehre in ihrem durch KI beschleunigten und verstärkten Spannungsfeld hat in vielfacher Hinsicht mit Werten zu tun. Unter Werten verstehen wir im gegebenen Zusammenhang (ohne eine bestimmte Werttheorie heranzuziehen) implizite oder explizite Überzeugungen, Ideale oder Bedürfnisse, die Ausdruck dessen sind, was man für wünschenswert oder erstrebenswert hält, und die in der Folge das individuelle und kollektive Handeln beeinflussen. In den vorausgegangenen Ausführungen sind an mehreren Stellen Werte in diesem Sinne schon angeklungen. Dies ließe sich mit der Denkfigur von Ludwig Huber allerdings auch systematischer angehen und über folgende Fragen genauer explorieren. So könnte man zunächst die drei Pole im Hinblick auf deren Wertegrundlage beleuchten und unter anderem danach fragen:

a. *Praxis:* Welche Werte stehen hinter dem Einsatz von KI in der beruflichen und gesellschaftlichen Praxis?

b. *Wissenschaft:* Welche Werte sind für den Einsatz von KI in der Wissenschaft an sich und in den einzelnen Fachwissenschaften handlungsleitend?

c. *Person:* Welche Werte sind für Personen als Individuen und Mitglieder von Gemeinschaften zentral, wenn sie auf KI zurückgreifen?

Zudem ließen sich zum Beispiel die drei Relationen im Hinblick auf Werte diskutieren und dabei nicht nur Problempotenziale in den Blick nehmen, sondern auch mögliche Synergiepotenziale – als Brücke von einem Spannungs- zu einem Gestaltungsfeld:

d. *Praxis-Wissenschaft:* Inwieweit können wissenschaftliche Werte und solche aus der beruflichen und gesellschaftlichen Praxis nicht nur Widersprüche produzieren, sondern auch komplementär wirken?

e. *Wissenschaft-Person:* Inwieweit kann sich die Beziehung zwischen wissenschaftlichen Werten und solchen, die den Menschen ins Zentrum stellen, spannungsreich oder synergetisch entwickeln?

f. *Person-Praxis:* Inwieweit könnten Werte aus der Praxis von Beruf und Gesellschaft mit solchen kollidieren oder auch harmonieren, die den Menschen ins Zentrum stellen?

Zur Veranschaulichung des Gedankens, mithilfe einer Werte-Diskussion vom Spannungs- zum Gestaltungsfeld zu gelangen, ziehen wir abschließend exemplarische Werte heran und machen diese an typischen Referenzen in den Polen Wissenschaft, Praxis und Person fest.

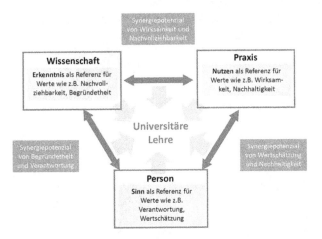

Abbildung 3: Exemplarische Werte im Spannungsfeld universitärer Lehre.

So könnte man *Erkenntnis* als eine mögliche Referenz von Wissenschaft annehmen, an der sich – je nach (Sub-)Disziplin unterschiedlich ausgeprägt – verschiedene

Standards festmachen, welche als Werte innerhalb wissenschaftlicher Gemeinschaften fungieren. Beispielhaft ließen sich Nachvollziehbarkeit und Begründetheit wissenschaftlichen Handelns nennen.

Nutzen wäre eine denkbare Referenz von Praxis, an der sich (wiederum unterschiedlich je nach beruflicher oder gesellschaftlicher Praxis) handlungsleitende Normen oder Werte wie etwa Wirksamkeit oder Nachhaltigkeit (als Beispiele aus vielen weiteren Möglichkeiten) andocken lassen. Schließlich ließe sich *Sinn* als eine Referenz für die Person verwenden und darunter etwa Verantwortung (was freie Entscheidungen voraussetzt) und Wertschätzung (durch andere) subsumieren. Hat man solche (oder andere) Werte expliziert, kann man nicht nur nach potenziellen Spannungen in Form von Konflikten, Widersprüchen oder Konkurrenzen zwischen verschiedenen Werten an den Polen Wissenschaft, Praxis und Person suchen. Man könnte auch nach Synergien Ausschau halten: Inwieweit wäre es möglich, KI zur Gestaltung universitärer Lehre einzusetzen, die wissenschaftlich begründet ist und von Personen verantwortet werden kann? Wie könnte man KI zur Gestaltung universitärer Lehre so heranziehen, dass sie praktisch wirksam wird und auf wissenschaftlich nachvollziehbarem Wissen beruht? Was ist zu tun, um bei der Nutzung von KI in der universitären Lehre sowohl Wertschätzung von Personen als auch die Nachhaltigkeit für die Praxis sicherzustellen?

Klar ist allerdings auch, dass die Denkfigur des Spannungsfelds universitärer Lehre inklusive einer wertebasierten Diskussion Mehrdeutigkeit und Pluralität erzeugen und damit eindeutige und homogene Zukunftsszenarien für die universitäre Lehre mit KI nahezu unmöglich machen. Genau dies aber scheint uns im akademischen Diskurs unabdingbar zu sein.

Ulrike Aumüller/Maximilian Behrens/Colin Kavanagh/Dennis
Przytarski/Doris Weßels

Mit generativen KI-Systemen auf dem Weg zum Human-AI Hybrid in Forschung und Lehre

Abstract: This paper explores the evolving landscape of generative artificial intelligence (AI) systems, emphasizing their transformative potential in research and education. The discourse begins with an examination of AI language models, particularly focusing on the characteristics and evolution of ChatGPT. It then transitions into discussing AI writing assistants, probing their omnipresence and ubiquitous technology status. A significant portion is dedicated to analyzing the concept of truth in the AI era, analyzing the blurred line between facts and fiction as influenced by AI technologies. The narrative advances to the concept of Human-AI Hybrid, investigating both the opportunities and risks it presents for scientific discourse. The document encapsulates with conclusions and an outlook on the issues discussed, paving the way for further discussion and investigation into the harmonization of human intelligence and artificial counterparts in academia. By comprehensively exploring these issues, the document contributes to the broader conversation about the integration and ethical implications of AI in research and educational settings.

1 Einleitung

Im September 2023 veröffentlichte die Deutsche Forschungsgemeinschaft (DFG) eine Stellungnahme „zum Einfluss generativer Modelle für die Text- und Bilderstellung auf die Wissenschaften und das Förderhandeln",[1] in der es heißt:

> Schon jetzt verändern KI-Technologien den gesamten wissenschaftlichen, erkenntnisgewinnenden und kreativen Arbeitsprozess in vielfältiger Weise und werden in den verschiedenen Wissenschaftsbereichen unterschiedlich eingesetzt. Diese Entwicklung steht bezüglich der

---

[1] Vgl. Deutsche Forschungsgemeinschaft, *Stellungnahme des Präsidiums der Deutschen Forschungsgemeinschaft (DFG) zum Einfluss generativer Modelle für die Text- und Bilderstellung auf die Wissenschaften und das Förderhandeln der DFG*, 2023, in [dfg.de/download/pdf/dfg_im_profil/geschaeftsstelle/publikationen/stellungnahmen_papiere/2023/230921_stellungnahme_praesidium_ki_ai.pdf] (Zugriff: 22.09.2023).

∂ Open Access. © 2024 bei den Autorinnen und Autoren, publiziert von De Gruyter. [CC BY-NC-ND] Dieses Werk ist lizenziert unter einer Creative Commons Namensnennung – Nicht kommerziell – Keine Bearbeitung 4.0 International Lizenz. https://doi.org/10.1515/9783111351490-005

generativen Modelle für die Text- und Bilderstellung [...] jedoch erst am Anfang, sodass es einer begleitenden Analyse und Bewertung bedarf, um die entsprechenden Chancen und möglichen Risiken abzuschätzen.

Diese Stellungnahme zeigt einerseits, dass es großen Bedarf an Leitlinien zum Umgang mit KI im wissenschaftlichen Kontext gibt, und andererseits, dass die Diskussion um die Entwicklung der entsprechenden wissenschaftlichen Regeln aufgrund der dynamischen Entwicklung der KI-Technologien nur parallel bzw. nachgelagert erfolgen kann. Währenddessen setzen Lehrende und Studierende KI auch mit Blick auf die künftige Stellung dieser im Bereich der Wissenschaft schon in ihrem Alltag ein, sehen aber viele Eigenschaften der generativen KI noch kritisch.[2]

Es scheint insofern naheliegend, dass die Auswirkungen von KI auf wissenschaftliches Arbeiten kontrovers diskutiert werden und der Frage nachgegangen wird, inwiefern sich wissenschaftliches Arbeiten und auch die Arbeit der Wissenschaftler:innen zukünftig ändern könnten. In diesem Beitrag soll ein Teilaspekt dieser Diskussion und Untersuchungen betrachtet werden, nämlich wie die Arbeit als „Human-AI Hybrid" in Forschung und Lehre konkret aussehen könnte. Es wird also untersucht, wie die Kollaboration zwischen Mensch und Maschine beim akademischen Schreiben künftig gestaltet werden könnte. Es werden Vor- und Nachteile dieser hybriden Arbeitsform und Konsequenzen für z. B. die Integrität wissenschaftlicher Texte aufgezeigt. Hierbei liegt der Fokus auf Text generierenden Modellen.

Um den oben aufgeführten Fragen nachzugehen, werden zunächst die Charakteristika von KI-Sprachmodellen und Entwicklungen in der Mensch-Sprachmodell-Interaktion rund um das Modell ChatGPT grundlegend erläutert. In Bezug auf diese werden grundsätzliche Potenziale aber auch Risiken aufgezeigt. Im nächsten Schritt wird dieses Thema im Zusammenhang des wissenschaftlichen Arbeitens konkretisiert und Chancen und Risiken der Modelle präsentiert, wobei es sowohl um Einsatzmöglichkeiten und ethische Fragestellungen als auch um die Qualität und Integrität wissenschaftlicher Texte geht. Anschließend wenden sich die Autor: innen konkret dem Wahrheitsbegriff zu bzw. ob und wie dieser sich durch Verwendung von KI im wissenschaftlichen Kontext verändern und verschieben könnte. Daraufhin wird aufgezeigt, welche unterschiedlichen Formen des „Human-AI Hybrids" sich beim wissenschaftlichen Arbeiten ausformen und welche Herausforderungen aber auch Chancen jeweils damit verbunden sein könnten. Ein besonderes Augenmerk fällt dabei auf die Entwicklung der Rolle von Wissenschaftler: innen innerhalb dieses Hybrids. Am Ende des Textes werden die Ergebnisse zu-

---

2 Vgl. Forschung und Lehre, „So setzen Lehrende KI im Hochschulalltag ein", 2023, in [forschung-und-lehre.de/management/wie-funktioniert-ki-im-hochschulalltag-5873] (Zugriff: 22.09.2023).

sammengefasst, Forschungslücken aufgezeigt und konkrete Handlungsempfehlungen für die wissenschaftliche Praxis formuliert.

2 KI-Sprachmodelle: Technische Charakteristika sowie Entwicklung Mensch-Sprachmodell-Interaktion am Beispiel von ChatGPT

Generative KI-Systeme sind eine spezialisierte Form von Systemen im Definitionsbereich „Künstliche Intelligenz", deren Ziel die Erzeugung neuer Daten ist, die bestehenden Datensätzen ähnlich sind. Solche Systeme nutzen neuronale Netzwerke, die auf die Identifikation von Mustern und Beziehungen innerhalb eines gegebenen Datensatzes trainiert sind. Ein prominentes Beispiel für generative KI-Modelle sind Large Language Models (LLMs). Im Folgenden soll auf grundlegende Charakteristika in Sprachmodellen am Beispiel der GPT-Modelle von OpenAI eingegangen werden, die u. a. in der Anwendung ChatGPT zum Einsatz kommen.[3] Die Abkürzung GPT steht für Generative Pre-trained Transformer, was auf die zugrundeliegende Architektur des Modells hinweist. In der Transformer-Architektur ist ein Schlüsselmerkmal die Fähigkeit zur Kontextgewichtung, die es dem Modell ermöglicht, die Bedeutung von Wörtern im Kontext einer gegebenen Eingabesequenz zu erfassen und mit wenig Eingaben oder keinen Vorgaben bereits einen Text ausgeben zu können.[4]

Dafür wird jeder Begriff in der Eingabesequenz mit jedem anderen Begriff in Beziehung gesetzt, ein Prozess, der u. a. als „Self-Attention" bekannt ist. Der Eingabetext wird in diskrete Einheiten, sogenannte Tokens, zerlegt. Diese Tokens werden in der Folge durch die Schichten der Transformer-Architektur geleitet. Während dieses Durchlaufs werden den Tokens Gewichtungen zugeordnet, die im Kontext der gesamten Eingabesequenz stehen. Die Gewichtungen steuern den Beitrag jedes Tokens zur endgültigen Ausgabe des Modells und werden durch den Trainingsprozess erlernt und sind das Ergebnis der Optimierung einer bestimmten Zielfunktion, meist einer Form der Fehler- und Kostenminimierung. Das Konzept der „Aufmerksamkeit" in diesen Modellen ist daher strikt mathematisch und unterstreicht die inhärente stochastische Unsicherheit und Varianz im Modellverhalten, die sowohl für die Interpretation der Modellausgabe als auch für die

3 OpenAI, *Introducing ChatGPT*, 2022, in [openai.com/blog/chatgpt] (Zugriff: 30.09.2023).
4 Vgl. Ashish Vaswani et al., *Attention is All You Need*, ArXiv 2017, in [www.arxiv.org/abs/1706.03762 oder https://doi.org/10.48550/arXiv.1706.03762] (Zugriff: 30.09.2023).

Überprüfung der Modellzuverlässigkeit von Bedeutung sind. Insbesondere bei der Interaktion mit Sprachmodellen ist die Generierung gesteuert durch eine Texteingabe, wobei die Antworten des Modells auf einem komplexen Zusammenspiel zwischen den trainierten Parametern und dem gegebenen Prompt (Texteingabe) basieren.[5] Aus dieser Kombination heraus generieren LLMs einzigartigen Textkombinationen, die sich nicht oder sehr selten, bis auf gewisse Formulierungs- oder Tonalitätsmuster, wiederholen. Im wissenschaftlichen Kontext führt dies dazu, dass die generierten Unikate nicht oder schwieriger als Plagiate klassifiziert werden können. Anwendungen wie ChatGPT dienen somit nicht als verlässliche Suchmaschine aus einer Datenbank an Wissen, sondern fungieren als Inspirations- und Imitationsmaschine, die auf Nutzer:innen-Eingaben mit generierten Texten reagiert und somit bei der Erstellung von wissenschaftlichen Artikeln durch eine Wirkungssynthese aus menschlichem Input und trainiertem Sprachmodell helfen kann.

Ein kritisches Element in der Entwicklung und Anwendung generativer KI-Modelle ist der inhärente Bias der Trainingsdaten. Die umfangreichen Datensätze können menschliche Vorurteile reflektieren und somit zu diskriminierenden Textausgaben führen, die Rassismus, Sexismus oder Ableismus beinhalten.[6] Zudem verfügen LLMs aufgrund ihrer stochastischen Natur über keinen Zugang zu einem bewussten Verständnis des Kontexts. Es ist davon auszugehen, dass Textausgaben daher „Halluzinationen", also Falschinformationen, enthalten können.[7] Um diesen Phänomenen entgegenzuwirken, hat OpenAI in der Entwicklung der Modell-Version GPT-3.5 das Verfahren des „Reinforcement Learning from Human Feedback" (RLHF) angewendet. Dabei wurden die Antworten des KI-Modells von menschlichen Bewerter:innen evaluiert. Sicherheitsgefährdende, hasserfüllte oder stereotypische Inhalte wurden negativ und demgegenüber sichere, unbedenkliche Inhalte positiv bewertet. Was als bedenklich, wünschenswert oder sicherheitsgefährdend bewertet wird, unterliegt einer unbekannten Interpretation von OpenAI und deren Mitarbeitenden, die die Ausgaben beurteilten. Im Zuge der Weiterentwicklung durch das RLHF-Training bewertete OpenAI die Ausgaben des KI-Modells als „sicher" genug an, um die Anwendung ChatGPT am 30. November 2022 mit einer auf eine Chat-Interaktion feingetunten Version von GPT 3.5 zu veröffentlichen.[8] Es ist jedoch wichtig zu betonen, dass der RLHF-Ansatz die vorhandenen Vorurteile und Hallu-

---

5 Vgl. Tom Brown et al., *Language Models are Few-Shot Learners*, ArXiv 2020, in [https://arxiv.org/abs/2005.14165] (Zugriff: 30.09.2023).

6 Vgl. Emily Bender et al., „On the Dangers of Stochastic Parrots: Can Language Models Be Too Big?", *FAccT '21: Proceedings of the 2021 ACM Conference on Fairness, Accountability, and Transparency*, 2021, 610–623, in [www.doi.org/10.1145/3442188.3445922] (Zugriff: 20.09.2023).

7 Vgl. Brown et al. 2020.

8 Vgl. OpenAI 2022.

zinationen nicht eliminiert. Stattdessen wird der im Datensatz enthaltene Bias und die Ausgabe von Falschinformationen lediglich durch Änderungen in den Gewichtungen nur grundlegend maskiert.[9]

Zudem kann die Diffusion von LLMs als Werkzeug und Methode hinein in die Gesellschaft zu diversen Auswirkungen führen. Weidinger et al. entwickelten hierzu in ihrem Paper „Taxonomy of Risks posed by Language Models" eine umfassende Übersicht ethischer und sozialer Risiken, die sie in sechs übergeordnete Bereiche einteilen.[10] Diese Bereiche sind:

- *Diskriminierung, Hassrede und Exklusion:* LLMs können, wie bereits erwähnt, unbeabsichtigt diskriminierende, hasserfüllte oder exklusive Sprache verwenden, da sie auf Datensätzen trainiert werden, die menschliche Voreingenommenheit enthalten. Dies ist insbesondere im wissenschaftlichen Kontext problematisch und kann marginalisierte Gruppen weiter benachteiligen. Hierbei können empirische Studien hilfreich sein, um das Problem in seiner Tiefe und Breite zu beleuchten.
- *Informationsgefahren (im Sinne von Datenlecks):* Es besteht die Möglichkeit, dass ein LLM vertrauliche Informationen, die in den Trainingsdaten enthalten waren, preisgibt. Obwohl die Modelle keine spezifischen Daten „erinnern", können sie dennoch Informationen generieren, die als sensitiv betrachtet werden könnten. Wissenschaftliche Abhandlungen können eine gründliche Untersuchung der Architektur und der Trainingsdaten von LLMs beinhalten, um potenzielle Risiken für Datenlecks zu bewerten. Methoden zur Anonymisierung und Datenbereinigung können ebenfalls diskutiert werden.
- *Schädigung durch Desinformation:* LLMs können falsche oder irreführende Informationen verbreiten, sei es durch Fehler im Modell oder durch Manipulation von außen. Diese Desinformation kann schwerwiegende Folgen haben, insbesondere wenn sie in kritischen Bereichen wie der Gesundheitsversorgung oder der Politik eingesetzt wird.
- *Böswillige Nutzung:* Die Technologie kann für schädliche Zwecke, wie die Erstellung von Deepfakes oder die Automatisierung von Hassreden, missbraucht werden. Im Zuge des wissenschaftlichen Gebrauchs von Sprachmodellen können mögliche Missbrauchsszenarien skizziert werden, einschließlich der ethischen und rechtlichen Rahmenbedingungen, die eine böswillige Nutzung einschränken könnten.

---

9 Vgl. Phillipp Schönthaler, „Schneller als gedacht – ChatGPT zwischen wirtschaftlicher Effizienz und menschlichem Wunschdenken", *Heise Magazin c't*, Heft 9, 2023, 126–131.
10 Vgl. Laura Weidinger et al., „Taxonomy of Risks posed by Language Models", *FAccT '22: Proceedings of the 2022 ACM Conference on Fairness, Accountability, and Transparency*, 2022, 214–229, in [dl.acm.org/doi/10.1145/3531146.3533088] (Zugriff: 30.09.2023).

– *Gefährdung durch die Mensch-Computer-Interaktion („Anthropo-morphisierung"):* Die Fähigkeit von LLMs, menschenähnliche Texte zu generieren, kann dazu führen, dass Benutzer:innen sie als menschenähnliche Wesen wahrnehmen. Dies kann problematisch sein, wenn Benutzer:innen den Maschinen ein Maß an Vertrauen oder Verantwortung zuschreiben, das sie nicht verdienen.

– *Umweltgefährdung und negative sozioökonomische Auswirkungen:* Der Betrieb großer Modelle erfordert erhebliche Rechenressourcen, was negative Auswirkungen auf die Umwelt haben kann. Zudem könnten Arbeitsplätze, auch im wissenschaftlichen Betrieb, durch Automatisierung verloren gehen, was zu sozioökonomischen Herausforderungen führen kann.

Weiterhin bietet die Chronologie der Entwicklung von ChatGPT von November 2022 bis September 2023 Einblicke in die zunehmende Komplexität der Mensch-Sprachmodell-Interaktion und ihre potenziellen Auswirkungen auf das wissenschaftliche Schreiben. Ursprünglich als einfache Benutzer:innenoberfläche konzipiert, die direkten Zugang zum Sprachmodell ermöglichte, hat ChatGPT im Laufe der Zeit mehrere Erweiterungen erfahren. Die Einführung von sogenannten „Plugins" im März 2023 erweiterte die Funktionalität des Systems erheblich.[11] Insbesondere die Implementierung eines Web-Browsing-Plugins und eines Code Interpreters hat die Möglichkeiten für die wissenschaftliche Forschung ausgebaut. Das Web-Browsing-Plugin ermöglicht es, aktuelle Informationen direkt in wissenschaftliche Arbeiten einzufügen, während der Code Interpreter die Ausführung von Python-Code in einer System-Umgebung ermöglicht, was für Datenanalysen und -visualisierungen nützlich sein könnte. Die Zuverlässigkeit und Transparenz der aus dem Internet abgerufenen Informationen und die möglichen Datenschutzrisiken sind jedoch Faktoren, die sorgfältig bewertet werden müssen.

Ebenso können die im August 2023 eingeführten „Custom Instructions" die Möglichkeit bieten, die Modellausgaben genauer zu steuern, was eine zielgerichtete Erstellung wissenschaftlicher Texte ermöglichen könnte.[12] Custom Instructions sind eine Funktion von ChatGPT, die es den Benutzer:innen ermöglicht, spezifische Anweisungen oder Präferenzen für die Generierung von Antworten durch das Modell festzulegen. Sobald diese Anweisungen gesetzt sind, berücksichtigt das Modell sie in allen zukünftigen Konversationen, sodass der Benutzer nicht bei jedem Dialog seine Präferenzen erneut äußern muss. Diese Funktion erhöht die

---

11 Vgl. OpenAI, *ChatGPT Plugins*, 2023a, in [openai.com/blog/chatgpt-plugins] (Zugriff: 30.09.2023).
12 Vgl. OpenAI, *Custon Instructions for ChatGPT*, 2023b, in [openai.com/blog/custom-instructions-for-chatgpt] (Zugriff: 30.09.2023).

Steuerbarkeit des Modells und ermöglicht eine bessere Anpassung an die individuellen Bedürfnisse und Kontexte der Benutzer:innen. Ein Beispiel könnte die Erstellung von Forschungssynthesen sein. Ein:e Forscher:in könnte die Anweisung geben: „Bei der Zusammenfassung von Forschungsergebnissen strukturiere die Informationen nach der PICOS-Methode (Patienten, Intervention, Vergleich, Ergebnis, Studiendesign)." Dies würde dem Modell eine klare Richtlinie bieten, wie Forschungsergebnisse in einer systematischen und standardisierten Weise präsentiert werden sollten, was insbesondere für wissenschaftliche Reviews oder Meta-Analysen nützlich sein kann.

3 KI-Schreibassistenten: Omnipräsente und ubiquitäre Technologie?

Mithilfe der Plattform „Advanced Innovation" wurde im August 2023 eine Suche nach Text generierenden KI-Tools durchgeführt. Hierzu wurde in der Suchmaske für KI-Tools die Auswahl „Text-Erstellung" gewählt. Diese beispielhafte Suche brachte 303 verschiedene Tools hervor, die zu diesem Zwecke dienen.[13] Diese sicherlich nicht vollständige Zahl und Auflistung zeigen, wie umfassend die Auswahl an KI-Anwendungen zum Zwecke der Textgenerierung ist. Die Quantität allein lässt jedoch natürlich noch keine Angaben zur Qualität der generierten Texte zu. Den Fragen danach, welche Potenziale die Tools tatsächlich aufweisen und welche Herausforderungen und Gefahren eventuell auch mit dem Umgang dieser beim wissenschaftlichen Arbeiten im Speziellen verbunden sind, wird im Folgenden nachgegangen.

Mittels mehrerer „KI-Schreibwerkstätten" ergründeten Doris Weßels und Moritz Larsen gemeinsam mit Studierenden die Potenziale und Grenzen von KI-Textgeneratoren beim akademischen Schreiben. Beispielhaft wird hier auf die KI-Schreibwerkstatt vom 3. Mai 2023 eingegangen. An dem Workshop nahmen 27 Studierende aus verschiedenen Fachbereichen teil. Das Ziel der Veranstaltung war es, grundlegend die Funktionsweise von KI-Textgeneratoren zu verstehen, sowie diese in Praxisphasen anwenden zu lernen. Im Anschluss erfolgte eine Reflexion der Studierenden zur Nutzung der unterschiedlichen Anwendungen. Diese wurde mit den Fragen eingeleitet:
– Was hat am meisten Spaß gemacht?
– Wo lagen die größten Schwierigkeiten?

---

13 Vgl. Advanced Innovation, *KI Tools*, 2023, in [advanced-innovation.io/ki-tools] (Zugriff: 12.08. 2023).

- Was empfiehlst du anderen Studierenden?
- Was wünscht du dir von den Lehrenden?

Zur Frage nach den größten Schwierigkeiten nannten die Studierenden einige Limitierungen und Herausforderungen, die ihnen bei der Arbeit mit den generativen KI-Tools aufgefallen sind:

- „KI-Tools können zu einer Abhängigkeit führen und die menschliche Schreibfähigkeit beeinträchtigen."
- „Sie können nicht immer korrekte oder vollständige Texte generieren, was eine zusätzliche Überprüfung/Recherche erforderlich macht."
- „Herausforderungen können bei der Anpassung von Formulierungen, der Kontextualisierung von Textabschnitten und der Vermeidung von Textduplikaten auftreten. Dies kann mit Frustration verbunden sein."
- „Sie sind nicht immer geeignet für die Erstellung bestimmter Textarten."

Die erste Aussage zur Beeinträchtigung menschlicher Schreibfähigkeit deckt sich mit der Befürchtung vieler Lehrender. Spannagel zeigt in seinem Blogbeitrag hierzu unterschiedliche Ansätze auf. Einer davon besagt, dass, wenn eine Kompetenz durch einen Lehrenden als essenziell erkannt wird, die Notwendigkeit auch von den Lernenden erkannt werden müsse. Wenn also das Schreiben akademischer Texte als eine wichtige Kompetenz angesehen wird, müssen die Lernenden zu dieser Erkenntnis geführt bzw. davon überzeugt werden.[14] Die zweite Aussage scheint vor dem Hintergrund der bereits in Abschnitt 2 aufgezeigten Risiken eine unstrittige Feststellung zu sein. Im Folgenden wird hierauf auch noch weiter eingegangen in Bezug auf eine sinnvolle Aufteilung von Arbeitsschritten zwischen KI und Mensch beim akademischen Schreiben.

Zu der ersten Frage „Was hat am meisten Spaß gemacht?" äußerten sich die Studierenden u. a. mit folgenden Hinweisen auf verschiedene Vorteile und Nutzen:

- „KI-Tools bieten direkte, vielfältige und kreative Antworten."
- „Sie fördern das kreative Arbeiten und machen den Schreibprozess ‚amüsanter'."
- „Angenehme Interaktion durch das Chat-Interface."
- „Sie unterstützen bei der Texterstellung durch schnelle und qualitativ hochwertige Ergebnisse."
- „Sie fördern die Effizienz durch Zeitersparnis."

---

14 Vgl. Christian Spannagel, „ChatGPT und die Zukunft des Lernens: Evolution statt Revolution", *Hochschulforum Digitalisierung*, 2023, in [https://hochschulforumdigitalisierung.de/de/blog/chatgpt-und-die-zukunft-des-lernens-evolution-statt-revolution] (Zugriff: 30.09.2023).

Es gab weitere ähnliche Hinweise zu Effizienzsteigerung, Hilfe bei der Ideengenerierung und mehr Freude beim Arbeiten.

Die Eindrücke der Studierenden decken sich auch mit den Ergebnissen einer MIT-Studie aus Juli 2023, die in einem beruflichen Kontext durchgeführt wurde.[15] Diese zeigte, dass sich die Zeit, die die Arbeitnehmer:innen für die Erledigung der ihnen gestellten Aufgaben benötigten, durch den Zugriff auf den unterstützenden Chatbot ChatGPT um 40 Prozent verringerte. Die Qualität der Ergebnisse stieg laut Aussage der Autor:innen derweil um 18 Prozent. Auch die Auswertungen einer experimentellen Studie, die in Kooperation mit der Boston Consulting Group entstanden ist, zeigten, dass Mitarbeitende mit Zugriff auf ChatGPT unter Verwendung des GPT-4-Modells die ihnen zugewiesenen Aufgaben nicht nur schneller, sondern auch in höherer Qualität erledigten als Kolleg:innen, die keinen KI-Zugriff hatten. Dies allerdings unter der Voraussetzung, dass zwar komplexe, realistische Aufgaben ausgewählt wurden, diese 18 unterschiedlichen Aufgaben sich aber auch im Korridor des momentan für KI Leistbaren bewegten.[16]

Die Effekte der Qualitätssteigerung als auch der Produktivitätszunahme, die sowohl beim akademischen Schreiben wahrgenommen als auch im beruflichen Kontext von Akademiker:innen aufgezeigt wurden, mögen eine Erklärung dafür sein, dass auch wissenschaftliche Suchmaschinen und Verlage die KI-Textgeneratoren reagieren und z. B. KI-gestützte, dialogorientierte wissenschaftliche Suche anbieten.[17]

Konkrete praktische Anwendungshinweise zu KI-Nutzung beim wissenschaftlichen Arbeiten finden sich in einem Arbeitsblatt des Schreibzentrums der Goethe-Universität, das im Mai 2023 veröffentlicht wurde.[18] Hierin wird eine „plausible Aufteilung menschlicher und KI-Textproduktion beim akademischen Schreiben" aufgezeigt. Konkret wird hier darauf eingegangen, bei welchen Aufgaben KI-Systeme konkret unterstützend wirken können und welche unerlässlich durch Menschen ausgeführt werden sollten. Der Schreibprozess unterteilt sich demnach in fünf Phasen, von der „Findungsphase" über die „Datenerhebungs-/Bearbeitungs-

---

15 Vgl. Shakked Noy/Whitney Zhang, „Experimental evidence on the productivity effects of generative artificial intelligence", *Science*, Bd. 381(6654), 2023, 187–192.

16 Vgl. Fabrizio Dell'Acqua et al., *Navigating the Jagged Technological Frontier: Field Experimental Evidence of the Effects of AI on Knowledge Worker Productivity and Quality*, Harvard Business School Technology & Operations Mgt. Unit Working, Paper No. 24–013, in [ssrn.com/abstract=4573321] (Zugriff: 28.09.2023).

17 Vgl. Richard Van Noorden, „ChatGPT-like AIs are coming to major science search engines", *Nature*, Bd. 620(7973), 2023, 258, in [nature.com/articles/d41586-023-02470–3] (Zugriff: 12.08.2023).

18 Vgl. Schreibzentrum der Goethe-Universität Frankfurt a. M., *Nutzung von KI-Schreibtools durch Studierende*, 2023, in [https://www.starkerstart.uni-frankfurt.de/133460941/6-030_KI-Tools_pdf.pdf] (Zugriff: 20.09.2023).

phase", die „Formulierungsphase" und die „Überarbeitungsphase" bis hin zur „Fertigstellungsphase". In der „Formulierungsphase" beispielsweise können KI-Systeme zur „Ausformulierung von Stichpunkten" oder der „Weiterentwicklung von Textfragmenten" genutzt werden, während die Grundlagen hierfür aber vom Menschen selbst formuliert werden sollten, ebenso wie die Beurteilung und Weiterentwicklung des generierten Outputs als menschliche Handlung verbleiben sollten.

Die Beurteilung der Qualität des Outputs ist deshalb von besonderer Relevanz, da wie bei KI-basierten Suchmaschinen auch, nach wie vor Halluzinationen auftreten könnten.[19]

Die Schwierigkeit im Umgang mit Halluzinationen ist eine der zentralen Herausforderungen und Diskussionspunkte rund um den Zusammenhang von generativer KI und wissenschaftlichem Arbeiten. Deshalb wird im kommenden Abschnitt das Thema der Wahrheit im Zeitalter von KI genauer beleuchtet.

4 Wahrheit im Zeitalter von KI: Herausforderungen und Perspektiven

In einer Zeit, in der KI-Systeme zunehmend in der Lage sind, Informationen zu generieren, zu verarbeiten und zu verbreiten, drängt sich die Frage auf, wie Wahrheit in diesem digitalen Zeitalter definiert und erkannt werden kann. Um dieses komplexe und faszinierende Thema zu beleuchten, wird in diesem Beitrag der Wahrheitsbegriff des Soziologen Niklas Luhmann genauer betrachtet und in den Kontext einer sich anbahnenden „Infocalypse"[20] durch Künstliche Intelligenz gestellt. Luhmanns Denken über die soziale Konstruktion von Wahrheit bietet eine weitreichende theoretische Grundlage, um die Auswirkungen von KI-Anwendungen auf das gesellschaftliche Verständnis von Wahrheit zu erforschen. Zugleich ist die „Infocalypse" eine vermeintlich ernsthafte Bedrohung für die Verarbeitung und Verbreitung von Informationen, da sie das Vertrauen in die Wahrheit und Integrität von Informationen gefährden könnte.

Der Ausdruck „Reality Apathy" beschreibt das Phänomen des beinahe vollständigen Desinteresses an Ereignissen und Informationen, die außerhalb der eigenen Lebenswelt oder persönlichen Erfahrungssphäre stattfinden. Dieses Desinteresse wird durch die zunehmende Schwierigkeit verstärkt, zwischen echten und

---

19 Ebd.

20 Vgl. Aviv Ovadya, „The Terrifying Future of Fake News", *Buzzfeed News*, 2023, in [buzzfeed-news.com/article/charliewarzel/the-terrifying-future-of-fake-news] (Zugriff: 21.09.2023).

gefälschten Informationen zu unterscheiden. In einer Welt, in der die Verbreitung von Fehlinformationen und gefälschten Inhalten rapide zunimmt, verlieren die Menschen das Vertrauen in Nachrichten und Informationen, was zu einer Art Gleichgültigkeit gegenüber der Realität führt.[21]

Die Konsequenzen dieses Phänomens können die Grundlagen einer funktionalen Demokratie, wie ein informiertes Bürgertum und eine fundierte Nachrichtenberichterstattung, potenziell untergraben. Wenn die Menschen aufhören, Nachrichten und Informationen aufmerksam zu verfolgen, kann dies die Stabilität der Gesellschaft gefährden und zu einer verstärkten Fragmentierung führen.[22] Luhmann betont, dass die Suche nach Wahrheit nicht die Hauptaufgabe des Mediensystems ist. Das bedeutet, dass Medien nicht primär dazu da sind, absolute Wahrheiten zu vermitteln.[23] Journalisten wählen aus einer Vielzahl von Fakten, Ereignissen und Quellen aus, um eine Geschichte zu erstellen. Diese Auswahl und Darstellung erfolgt nach bestimmten Kriterien wie Aktualität, Relevanz, Dramatik und Leseinteresse. Journalistische Erkenntnis ist daher nach Luhmann eine Art Filterung und Verdichtung von Erkenntnissen, die oft stark von den Zielsetzungen des Mediums und den Erwartungen des Publikums beeinflusst werden. Konträr zum Journalismus arbeitet die Wissenschaft nach dem Prinzip von wahr/unwahr, wodurch die Suche nach Wahrheit als zentrale Aufgabe wissenschaftlicher Kommunikation gekennzeichnet ist.[24] Dieser Code steht jedoch in deutlichem Kontrast zum Code des Journalismus, in dem die Vermittlung absoluter Wahrheiten nicht vorrangig ist. Somit wird klar, dass sich einige Erkenntnisse aus der Forschung und Wissenschaft schneller verbreiten als andere.

Krisen gelten nach den Sozialwissenschaftler:innen Folkers und Lim u. a. als Moment der Wahrheit. Eine Krise mag demnach Einblick in Aspekte der Gesellschaft liefern, die zuvor unter der Oberfläche lagen und unbemerkt blieben. Oder eine solche soziale Wahrheit mag auch erst dann konstituiert werden, wenn eine Krise offiziell thematisiert wird. Mit anderen Worten: Es ist fraglich, ob eine Krise etwas enthüllt, das schon immer in unserer Gesellschaft vorhanden war, aber aufgrund von Unaufmerksamkeit oder anderen Faktoren übersehen wurde, oder ob die Benennung einer Situation als Krise dazu führt, dass wir diese Situation nun als Wahrheit akzeptieren, die zuvor nicht so betrachtet wurde.[25] Die Krise stelle demnach eine Art Gegenüber zur Ordnung dar und könne helfen, die Ordnung

---

21 Ebd.
22 Ebd.
23 Vgl. Niklas Luhmann, *Die Realität der Massenmedien*, Opladen 19962, 56.
24 Ebd., 170.
25 Vgl. Andreas Folkers/Il-Tschung Lim, „Irrtum und Irritation. Für eine kleine Soziologie der Krise nach Foucault und Luhmann", *Behemoth – A Journal on Civilisation*, Bd. 7, 2014, 48–69, 50.

besser zu verstehen, indem sie auf Dinge aufmerksam macht, die normalerweise verborgen oder unbeachtet seien. Diese werden normalerweise erst sicht- und analysierbar, wenn sie durch Probleme oder Bedrohungen in ihrer Integrität gefährdet werden.[26]

Der Unternehmer Elon Musk hat sich zu seinem geplanten LLM-Projekt namens „xAI" geäußert, welches eine Konkurrenz zu ChatGPT und den GPT-Modellen von OpenAI darstellen soll. Die von Musk bevorzugte KI-Anwendung soll auf einem KI-Modell basieren, das nach „der Wahrheit" strebt, eine Art „TruthGPT", wobei die genauen Funktionsweisen noch nicht klar sind.[27] Sein bevorzugtes Konzept eines LLMs sei vor allem der Idee „der Wahrheit" verpflichtet.[28] Bei genauerer Betrachtung der Aussage Musks wird deutlich, dass er von einer einzigen, absoluten, binären Wahrheitsvorstellung ausgeht. Diese zugespitzte Definition von Wahrheit lässt im Vergleich zu den genannten Wahrheitsbegriffen von Luhmann, Folkers und Lim den Prozess der Annäherung und Konstruktion weg. Diese Reduktion durch Elon Musk kann als seine Verdichtung und Filterung interpretiert werden, die persönliche philosophische oder religiöse Verständnisse aufdeckt, jedoch nicht den wissenschaftlichen Begriff von faktenbasierter Wahrheit verfolgt. Aus der geschilderten sozialwissenschaftlichen Perspektive liefert sie lediglich eine Interpretation des Wahrheitsbegriffes, der im Rahmen einer gesellschaftlich akzeptierten Konvention existieren kann. Die Stärke dieses Rahmens liegt darin, dass er durch gesellschaftliche Interpretation korrigiert werden kann und im Gegensatz zu Musks Aussage keine Singularität im Wahrheitsbegriff durch eine Person oder ein normatives System beansprucht. Ein möglicherweise drohendes Szenario, bei dem gesellschaftliche Ebenen durch die Konstruktion des Wahrheitsbegriffs ausgeschlossen werden und dadurch eine generelle Ablehnung gegenüber der Wahrheit entstehen kann, sei folgendermaßen geschildert: Eine singuläre, „anspruchsvolle" Wahrheit könnte in Zukunft durch ein KI-System gewährleistet werden, welche nirgendwo sonst in der Gesellschaft erzeugt werden kann. Dies ermöglicht einen eher „rücksichtslosen" Ansatz bei Fragen der Wahrheit, insbesondere ohne Anerkennung von alltäglichen Plausibilitäten und ohne Berücksichtigung religiöser oder politischer Konventionen. Letztere würden ersetzt werden durch die Gewichtungs- und Kostenfunktion des KI-Modells sowie dessen technischen Charakteristika. Im

---

26 Vgl. Jürgen Habermas, *Theorie des kommunikativen Handelns*, Bd. 2, *Zur Kritik der funktionalistischen Vernunft*, Frankfurt a. M. 1981, 593.
27 Vgl. APA/Reuters, „TruthGPT: Musk plant maximal wahrheitssuchende KI", 2023, in [diepresse.com/6277020/truthgpt-musk-plant-maximal-wahrheitssuchende-ki] (Zugriff: 20.09.2023).
28 Vgl. Parker Molloy, „Vaporware King Elon Musk's xAI is Basically Just a 2023 Version of Microsoft's Tay", *The Present Age*, 2023, in [www.readtpa.com/p/vaporware-king-elon-musks-xai-is] (Zugriff: 20.09.2023).

Zuge dessen kann das menschliche Denken als mehr als nur logisches Problemlösen interpretiert werden. Anders als bei zweckrationaler Intelligenz kommt es nicht nur darauf an, was als faktisch oder wahr definiert wird, sondern vor allem darauf, wie die Gesellschaft die Definition interpretiert und wertet. Niklas Luhmann argumentierte,[29] dass Wahrheit im Wesentlichen das Ergebnis von Kommunikationsprozessen innerhalb sozialer Systeme sei. Innerhalb dieser Prozesse würden Informationen ausgewählt, interpretiert und akzeptiert, was dazu führe, dass Menschen unterschiedliche Vorstellungen von der Realität und Wahrheit entwickeln. Diese Vorstellungen von Realität seien jedoch nicht fest in Stein gemeißelt, sondern flexibel und abhängig von den Normen und Regeln, die in einem bestimmten sozialen System gelten. In dieser Entwicklung spiegelt sich auch die Systemtheorie von Niklas Luhmann wider.[30] Sie betont, dass in der modernen Gesellschaft verschiedene Teilsysteme existieren, die in gewisser Weise autark sind und unterschiedliche Regeln und Logiken haben. Die Nutzung von generativen KI-Systemen zur Wahrheitsfindung könnte demzufolge auch als ein eigenständiges Teilsystem betrachtet werden, das seine eigenen Verfahren und Maßstäbe hat, die sich von denen anderer Teilsysteme wie Religion, Journalismus, Forschung oder Politik unterscheiden. Die oben beschriebene Aussage von Elon Musk gestaltet darin ein theoretisches Szenario, in dem die Wahrheitsfindung durch KI-Systeme alle gesellschaftlichen Teilbereiche dominieren würde. Soziologische Theorien beschreiben die Digitalisierung als Antwort auf die immer größere Komplexität der Moderne.[31] Je unübersichtlicher das Thema, desto wichtiger wird eine intelligente Mustererkennung. Der KI-Forscher Pedro Domingos von der University of Washington treibt es sogar noch weiter und behauptet, dass die Wissenschaft ohne Computer überhaupt keine grundlegenden Fortschritte mehr gemacht hätte.[32]

Ein weiterer Ansatz besteht darin, die Antworten der KI-Modelle durch menschliches Feedback zu verbessern, bei dem deren Wahrheitsgehalt beurteilt wird.[33] Doch die Tatsache, dass GPT-4 gefälschte Artikelzitate generieren kann, verdeutlicht die Notwendigkeit, menschliche Überprüfungen und Qualitätskontrollen in den Einsatz von KI-gesteuerten Tools einzubeziehen, um Fehlinformationen und Datenverzerrungen zu vermeiden. Für Fachgebiete mit eng gefassten

---

29 Vgl. Niklas Luhmann, *Die Wissenschaft der Gesellschaft*, Frankfurt a. M. 1992, 22–23.

30 Vgl. ebd., 355–358.

31 Vgl. Jutta Rump/Silke Eilers, „Im Fokus: Digitalisierung und soziale Innovation. Konsequenzen für das System Arbeit", in *Auf dem Weg zur Arbeit 4.0.*, hg. von dens., Berlin/Heidelberg 2017, 79–80.

32 Vgl. Pedro Domingos, *The Master Algorithm: How the Quest for the Ultimate Learning Machine will Remake our World*, New York 2015, 16.

33 Vgl. Eva Wolfangel, „Wie man Chatbots die Wahrheit beibringt", *Zeit Online*, 2023, in [https://t1p. de/kehsb] (Zugriff: 20.09.2023).

Themen ist besondere Vorsicht geboten, da hier das Risiko von Fehlern bei der Zitation von Referenzen erhöht ist.[34] Die wichtigsten Anwendungen von LLMs im wissenschaftlichen Kontext umfassen laut Antun Chen Textverbesserung, Textzusammenfassung, Textanalyse, Programmierung, Ideengenerierung und Textübersetzung. Die Expert:innen sehen in LLMs ein Potenzial zur Transformation wissenschaftlicher Praktiken, insbesondere im textbasierten Arbeiten, und eine Möglichkeit zur Zeitersparnis in administrativen Aufgaben. Die Experten bewerten Halluzinationen als die schwerwiegendste Einschränkung, gefolgt von Nicht-Transparenz und mangelnder Spezifität.

In allen drei Blickwinkeln wird die Herausforderung deutlich, dass die Verbreitung von Fehlinformationen durch generative KI-Systeme dazu führen könnte, dass KI-Modelle in Zukunft fehlerhaften Daten rezipieren. Dies hätte zur Folge, dass sowohl die technischen Charakteristika als auch die gesellschaftlichen Auswirkungen der Sprachmodelle in einer rekursiven und konvergierenden Weise verstärkt werden könnten, während sie zunehmend als ein iteratives Teilsystem der Wahrheit hineinwirken könnten. Ein Szenario ist, dass die Gesellschaft mögliche Fehlinformationen zunehmend übernehmen könnte, da Menschen aufgrund der Datenquantität die Aussagen nicht vollständig überprüfen können.[35] Andernfalls könnte die Gesellschaft sich aufgrund ihrer zunehmend geringeren Wirkungs- und Repräsentationsmacht expandierend vom Konzept der Wahrheit durch KI-Systeme abwenden. In unterschiedlichen Szenarien ist also zu betrachten, dass KI-Systeme zu einer weiteren Verschachtelung des Begriffs der Wahrheit führen könnten.

Hinzu kommt, dass der gegenwärtige Zustand dem Muster folgt, welches durch die moderne Differenzierung der Realität zunehmend mehr Meinungen anstelle von Wahrheit hervorbringt.[36] Das Weltbild des Bürgertums sieht sich heute von zwei Fronten bedroht: einem zunehmenden Konformitätsdruck und einer Oligarchisierung der Wahrheitsfindung von oben sowie der steigenden Anzahl von Fake News von unten. Im Sinne von Luhmann kann gesagt werden, dass technologische Entwicklungen sich zwischen Sender und Empfänger schieben und somit den Prozess der Wahrheitsbildung und -vermittlung beeinflussen. Dies geschieht, indem sie die Art und Weise verändern, wie Informationen erstellt, verarbeitet und übertragen werden. Dadurch kann der klare Bezug zur Realität und zur Wahrheit

---

34 Vgl. Anjun Chen, „Accuracy of Chatbots in Citing Journal Articles", 2023, in [jamanetwork.com/journals/jamanetworkopen/fullarticle/2808058] (Zugriff: 22.09.2023).

35 Vgl. Jannis Brühl, „Chat-GPT wird benutzt, um Bullshit zu automatisieren", *Süddeutsche Zeitung*, 2023, 15, in [sueddeutsche.de/wirtschaft/chatgpt-ki-kuenstliche-intelligenz-kapoor-1.5771936] (Zugriff: 24.09.2023).

36 Vgl. Ulf Daniel Ehlers, *Wissenschaftstheorien-Vorlesung*, 2013, in [slideshare.net/uehlers/wissenschaftstheorien-vorlesung] (Zugriff: 22.09.2023).

verwischt oder verzerrt werden. Es wird deutlich, dass die Herausforderung darin besteht, Wege zu finden, um das Vertrauen in authentische Informationen wiederherzustellen und die Menschen dazu zu ermutigen, sich aktiv mit der Realität auseinanderzusetzen, trotz der Schwierigkeiten im Umgang mit gefälschten Informationen.

5 Human-AI Hybrid: Chancen und Risiken für wissenschaftliche Diskurse

Seit drei Jahren ist der Begriff „Human-AI Hybrid" (auch umgekehrt als „Hybrid Human-AI" bekannt) in den Mittelpunkt des wissenschaftlichen Interesses gerückt.[37] Um den Begriff hat sich ein eigenes Forschungsfeld entwickelt, in dem die Wissenschaftler:innen das Ziel verfolgen, KI-Systeme zu entwickeln, die einerseits den Menschen unterstützen und andererseits durch menschliche Fähigkeiten ergänzt werden.[38] Der Fokus liegt somit auf der Schaffung adaptiver, kollaborativer, verantwortungsbewusster und interaktiver KI-Systeme, die menschenzentriert sind. Diese Systeme sollen die Stärken des Menschen hervorheben und seine Schwächen kompensieren, während sie soziale, ethische und rechtliche Aspekte berücksichtigen. Es geht demnach nicht um Mensch-Maschine-Hybride wie Cyborgs, sondern vielmehr um die Beziehung und Zusammenarbeit zwischen organischen Menschen und synthetischen Systemen. Wissenschaftliche Arbeiten, die diesen Begriff mit der genannten Bedeutung verwenden, erscheinen bereits seit mindestens 2020;[39] 2022 wurde zum ersten Mal eine internationale Konferenz in Amsterdam veranstaltet, die fortan jährlich in wechselnden Städten stattfindet.[40]

Die Entstehung des Begriffs lässt sich auf die jüngsten Fortschritte in den KI-Technologien zurückführen, insbesondere auf die Entwicklung von Systemen wie ChatGPT, Midjourney und deren generativen Verwandten. Diese Systeme haben

---

37 Vgl. z. B. Inge Molenaar, *Towards hybrid human-AI learning technologies*, 2022 in [onlinelibrary.wiley.com/doi/full/10.1111/ejed.12527] (Zugriff: 30.09.2023); Filipe Dwan Pereira et al., *Towards a Human-AI Hybrid System for Categorising Programming Problems*, 2021, in [dl.acm.org/doi/10.1145/3408877.3432422] (Zugriff: 30.09.2023); Kenneth Holstein et al., *A Conceptual Framework for Human–AI Hybrid Adaptivity in Education*, 2020, in [www.doi.org/10.1007%2F978-3-030-52237-7_20] (Zugriff: 30.09.2023).

38 Vgl. HHAI2023, „Call for Papers. Hybrid Human-Artificial Intelligence", 2023, in [https://hhai-conference.org/2023/cfp/] (Zugriff am 10.10.2023).

39 Vgl. Chen et al. 2020.

40 Vgl. HHAI, „International Conference Series on Hybrid Human-Artificial Intelligence", 2023, in [https://hhai-conference.org/] (Zugriff am 10.10.2023).

gezeigt, dass KI-Anwendungen nicht nur dazu verwendet werden können, menschliche Aufgaben zu automatisieren, sondern auch, um menschliche Fähigkeiten zu erweitern und zu bereichern.

Eine übliche Kategorisierung von Mensch-Maschine-Hybriden hat sich noch nicht hervorgetan, weswegen im Folgenden eine solche Kategorisierung anhand der Rolle des KI-Systems gegenüber dem Menschen vorgeschlagen wird. Diese Rollen lauten „Dominator", „Facilitator" und „Operator". Um diese Kategorien zu veranschaulichen, werden sie mithilfe von Beispielen aus der Forschung bzw. Wissenschaft erläutert.

Tabelle 1: Kategorisierung des Human-AI-Hybrid anhand der Rolle des KI-Systems gegenüber dem Menschen.

Rolle	Erklärung	Beispiel
Dominator	In dieser Kategorie dominiert das KI-System das Zusammenspiel und trifft Entscheidungen eigenständig, basierend auf den ihm zur Verfügung stehenden Daten. Hierbei agiert der Mensch vorwiegend als Beobachter oder Korrektor, hat demnach wenig bis gar keinen direkten Einfluss auf die Aktionen der KI. Bezogen auf die Wissenschaft würde es bedeuten, dass in dieser Kategorie die KI die Hauptrolle im Forschungsprozess übernimmt, indem sie Daten autonom analysiert und Interpretationen anbietet. Wissenschaftler:innen fungieren hier hauptsächlich als Beobachter oder Korrektoren, um die Ergebnisse zu überprüfen und gegebenenfalls zu korrigieren.	Ein KI-System analysiert autonom große Datensätze von astronomischen Beobachtungen, um neue Exoplaneten zu identifizieren. Die Wissenschaftler:innen überprüfen die Ergebnisse und nehmen gegebenenfalls Korrekturen vor, haben aber wenig direkten Einfluss auf den Entdeckungsprozess.
Facilitator	In der Kategorie „Facilitator" arbeiten Mensch und KI-System Hand in Hand, wobei beide Parteien gleichberechtigt Entscheidungen treffen und Aktionen durchführen. Es handelt sich um eine echte Partnerschaft, in der die Stärken und Schwächen beider Parteien berücksichtigt werden. Hier arbeiten KI und Wissenschaftler:innen also gemeinsam daran, Forschungsfragen zu untersuchen und zu beantworten. Die Partnerschaft ermöglicht es, die Stärken beider Parteien zu nutzen und zu einer	Ein KI-System arbeitet mit Geowissenschaftler:innen zusammen, um Erdbebenrisiken zu analysieren. Das System liefert eine vorläufige Analyse der seismischen Daten, die Wissenschaftler:innen bringen ihre Expertise in die nachfolgende Interpretation der Ergebnisse ein. Gemeinsam entwickeln sie ein umfassendes Verständnis der Erdbebenrisiken in einer bestimmten Region.

Tabelle 1: Kategorisierung des Human-AI-Hybrid anhand der Rolle des KI-Systems gegenüber dem Menschen. *(Fortsetzung)*

Rolle	Erklärung	Beispiel
	fundierten Entscheidung oder Interpretation zu gelangen.	
Operator	Hier fungiert das KI-System als Unterstützer:in oder Assistenz des Menschen. Es bietet Vorschläge, Analysen und Einblicke, basierend auf seinen Algorithmen und Daten, während der Mensch die endgültige Entscheidung trifft. In dieser Kategorie agiert die KI als Unterstützer:in der Wissenschaftler:innen, indem sie Datenanalysen und Interpretationssupport anbietet, aber die endgültigen Schlussfolgerungen den Wissenschaftler:innen überlässt.	Ein KI-System unterstützt Chemiker:innen bei der Analyse von Molekülstrukturen und bietet Vorschläge für mögliche neue Synthesewege. Die endgültige Entscheidung über die zu verfolgenden Synthesewege und die Interpretation der Ergebnisse liegt jedoch bei den Wissenschaftler:innen.

Diese Einteilung spiegelt die verschiedenen Grade der Interaktion und Integration zwischen Mensch und KI wider und wird daher als Einteilung für den weiteren Diskurs im Bereich des Human-AI Hybrids empfohlen.

Die Einteilung des Human-AI Hybrids in die Kategorien „Dominator", „Facilitator" und „Operator" wirft eine Reihe von ethischen, sozialen und wissenschaftlichen Fragen auf. Sie impliziert beispielsweise, dass in der „Dominator"-Kategorie die Gefahr bestünde, dass KI-Systeme Entscheidungen treffen, die ethisch fragwürdig oder sogar gefährlich sein könnten. Wenn z. B. ein KI-System, das medizinische Diagnosen stellt, ohne ausreichende menschliche Überprüfung stellt, könnte dies zu einem fehlerhaften Behandlungsplan führen. In den Kategorien „Facilitator" und „Operator" liegt die ethische Verantwortung mehr beim Menschen, aber auch hier gibt es Fallstricke, wie die mögliche Verzerrung von Daten oder Diskriminierung. Die Integration von KI-Systemen in den menschlichen Entscheidungsprozess könnte ebenfalls zu sozialen Veränderungen führen, insbesondere in Bezug auf die Rolle von Fachleuten. In der „Operator"-Kategorie könnte der Einsatz von KI-Assistenten dazu führen, dass weniger qualifizierte Personen in der Lage sind, komplexe Aufgaben zu erfüllen, was die Rolle von Experten verändert. Im „Facilitator"-Modus könnten KI-Systeme als gleichwertige Partner angesehen werden, was die soziale Dynamik in Teams und Organisationen verändern könnte.

In einem wissenschaftlichen Kontext könnte die Möglichkeit, KI in Diskursen als „Facilitator" oder „Operator" einzusetzen, neue Wege für die Forschung bieten. KI-Systeme könnten dazu verwendet werden, wissenschaftliche Daten zu analysieren, Hypothesen zu generieren oder sogar bei der Formulierung von Forschungsfragen zu helfen. Allerdings ergeben sich auch Fragen zur Validität und Reproduzierbarkeit von KI-generierten Daten und Erkenntnissen.

Wird ChatGPT mit dem Modell GPT-4 selbst dazu befragt, welche Implikationen sich aus generativen KI-Systemen für den wissenschaftlichen Diskurs ergeben, so gibt es folgende Antwort: „Generative KI-Systeme, wie GPT-4, haben das Potenzial, den wissenschaftlichen Diskurs in vielerlei Hinsicht zu beeinflussen […].“[41] Es fährt fort mit der Nennung einiger Implikationen, die sich teils mit den zuvor beschriebenen decken. Beispielsweise könne generative KI einerseits dabei helfen, das Forschungstempo zu beschleunigen (s. auch Abschnitt 2). Andererseits steige auch das Risiko, dass sich Fehlinformationen verbreiten, die „insbesondere dann problematisch werden, wenn diese Inhalte als wissenschaftliche Tatsachen präsentiert werden.“ (s. auch Abschnitt 2, Risiken von KI-Sprachmodellen, sowie Abschnitt 4). Wie bereits in Abschnitt 2 erwähnt wurde, ist mit KI-Sprachmodellen auch das Risiko einer kriminellen oder absichtlich irreführenden Nutzung verknüpft. Auch auf dieses Risiko weist der Chatbot im wissenschaftlichen Zusammenhang hin. Nicht nur Fragen zu „Urheberschaft und Anerkennung von Beiträgen“ könnten auftreten, generative KI könnte auch zur gezielten Produktion von falschen Studienergebnissen genutzt werden.

Zusätzlich zu den in diesem Beitrag bereits aufgezeigten Implikationen hält ChatGPT aber auch weitere Ideen für Implikationen bereit. So könnten „Generative Systeme […] dazu verwendet werden, wissenschaftliche Erkenntnisse in einer leicht verständlichen Form für ein breiteres Publikum zu präsentieren.“ Dies könnte die Leistungsfähigkeit und Geschwindigkeit der Wissenschaftskommunikation erhöhen. In diesem Zusammenhang wird ebenfalls der Begriff der „Zugänglichkeit“ genannt. Die Systeme könnten „den Zugang zu wissenschaftlichen Informationen erleichtern“ und insofern zur Demokratisierung in der Wissenschaft beitragen. Ein weiterer Vorteil, den ChatGPT für den wissenschaftlichen Diskurs bei der Nutzung von KI-Systemen sieht, ist ein kollaborativer Ansatz. Durch die Nutzung generativer KI könnten Perspektiven anderer Forschungsdisziplinen direkt mit in die eigenen Forschungserkenntnisse einfließen, ohne auf tatsächlichen Kontakt oder Austausch mit Expert:innen aus dem betreffenden Feld angewiesen zu sein.

Am Ende des Dialogs weist der Chatbot noch auf Folgendes hin:

Schließlich, wie bei jeder Technologie, hängen die tatsächlichen Auswirkungen von generativen KI-Systemen auf den wissenschaftlichen Diskurs von ihrer Anwendung und Implementierung ab. Es ist wichtig, sowohl die Vorteile als auch die potenziellen Risiken zu berück-

---

41 Der gesamte Chatverlauf kann hier eingesehen werden: https://chat.openai.com/share/43a68546-5ea9-4eae-9673-fcfb35f4f42d, generiert am 09.08.2023.

sichtigen und Richtlinien und Best Practices zu entwickeln, um sicherzustellen, dass sie ethisch und effektiv eingesetzt werden.

Entsprechend dieser Aussage wurden im Laufe des Beitrags im Kontext des Human-AI Hybrids sowohl Chancen als auch Herausforderungen aufgezeigt. Die genannten Implikationen führen zu weiteren entscheidenden Fragen bezüglich der Verantwortung und möglicher Auswirkungen auf unsere Informationslandschaft (vgl. auch Abschnitt 4).

Die Frage, ob gemäß dem Begriff in Abschnitt 4 eine realitätsverfälschende „Infokalypse" bevorsteht oder ob Wissenschaftler:innen bzw. die Gesamtgesellschaft sich bereits in dieser befinden, bleibt noch offen. Die Bewältigung der Herausforderungen, die durch KI-Systeme auch im wissenschaftlichen Kontext entstehen, wird vermutlich eine breite interdisziplinäre Zusammenarbeit und ein kollektives Engagement erfordern.

6 Schlussfolgerungen und Ausblick

Im vorliegenden Beitrag wurden einige der Einsatzmöglichkeiten und Auswirkungen der KI auf den gesellschaftlichen und wissenschaftlichen Diskurs untersucht. Durch das Aufzeigen unterschiedlicher Perspektiven und Konzepte wurde deutlich, dass die rasante Entwicklung von KI-Systemen die Art und Weise, wie wir Wahrheit definieren und erkennen, grundlegend verändert und dabei ethische, soziale und wissenschaftliche Fragen entstehen.

Die Diskussion um die Konzeption von Wahrheit in der KI-Ära offenbart die Problematik einer alleinigen Abhängigkeit von technologischen Systemen zur Wahrheitsfindung. Die Betrachtung von z. B. Elon Musks LLM-Projekt xAI und die Analyse des Human-AI Hybrids verdeutlichen die Notwendigkeit einer ausgewogenen Mensch-Maschine-Interaktion, um die Stärken beider zu nutzen. Die Einteilung der Mensch-Maschine-Hybriden in „Dominator", „Facilitator" und „Operator" bietet eine mögliche Grundlage für die weitere Erforschung und Entwicklung von KI-Systemen, die auf eine harmonische Zusammenarbeit mit menschlichen Akteuren abzielen. Dabei ist es von zentraler Bedeutung, ethische Richtlinien und Best Practices zu etablieren, um die Integrität der Wahrheitsfindung und die soziale Verantwortung zu gewährleisten.

In Zukunft könnte die Weiterentwicklung von KI-Systemen, insbesondere im Bereich der generativen Modelle, neue Horizonte für die wissenschaftliche Forschung und Praxis eröffnen. Die Möglichkeit, KI als „Facilitator" oder „Operator" in wissenschaftlichen Diskursen einzusetzen, könnte die Forschung beschleunigen und zu interdisziplinären Entdeckungen führen. Gleichzeitig ist es unerlässlich, die

Risiken von Fehlinformationen und Datenverzerrungen ernst zu nehmen und Mechanismen zur Qualitätssicherung und menschlichen Überprüfung zu implementieren.

Es bleibt viel Raum für weitere Forschung, insbesondere im Hinblick auf die langfristigen Auswirkungen dieser Technologien auf die Gesellschaft und die Wissenschaft. Zukünftige Studien könnten sich auf die Entwicklung von Best Practices für die Ethik und Governance von Human-AI Hybrids konzentrieren, um sicherzustellen, dass diese Technologien auf eine Weise eingesetzt werden, die dem Gemeinwohl dient.

Autor:innen-Erklärung

Für diese Ausarbeitung hat das Team der Autor*innen folgende Werkzeuge aus dem Bereich generativer KI bzw. KI-gestützter Schreibwerkzeuge genutzt:
- ChatPDF zur Ideengenerierung.
- ChatGPT zur Ideengenerierung, für erste Entwürfe und als Formulierungshilfe.

Nach der Nutzung dieser Tools/Dienste haben die Autor:innen den Inhalt nach Bedarf überprüft und bearbeitet und übernehmen die volle Verantwortung für den Inhalt der Veröffentlichung.

Thomas Otmar Arnold

Herausforderungen in der Forschung: Mangelnde Reproduzierbarkeit und Erklärbarkeit

Abstract: Current language models and generators such as ChatGPT have several characteristics that make them difficult to analyse by researchers in disciplines such as Natural Language Processing. These technologies are not publicly available and must be used on external servers, which makes them dependent on external models. This makes it much more difficult to reproduce research results because there is no way to store specific versions of the model, examine or change the code, and compare the results over time. This creates a hurdle in the reproducibility of research results, which is essential for scientific progress and credibility. Another significant problem is the explainability of the results. In particular, neural networks, which serve as the basis for language generators, are known to be „black boxes". Although we can observe what outputs they produce, interpreting the generation process and the underlying decisions is still extremely challenging. This limitation of explainability makes it particularly difficult to use such models in sensitive application areas. There are several possible approaches to address these challenges. Promoting reproducibility requires supporting open and comprehensible research practices. Here, language models could serve as open-source projects with a transparent training process to provide deeper insights into the opportunitiesand risks of this technology. In terms of explainability, researchers should seek methods to better understand the decision-making of neural networks and other complex models. This may involve developing explanatory techniques and exploring models that are more interpretable.

1 Einleitung

Die rasante Entwicklung von Künstlicher Intelligenz (KI) hat in den letzten Jahren zu erstaunlichen Fortschritten geführt, insbesondere im Bereich der natürlichen Sprachverarbeitung. Große Sprachmodelle wie GPT-3 und speziell ChatGPT sind zu Aushängeschildern dieser technologischen Revolution geworden. Diese Modelle können Texte generieren, die menschlichem Schreiben verblüffend ähnlich sind und haben das Potenzial, eine Vielzahl von Anwendungen zu transformieren, von automatisierten Kundensupport-Chatbots bis hin zur Unterstützung von Schriftstellern bei der Texterstellung.

ə Open Access. © 2024 bei den Autorinnen und Autoren, publiziert von De Gruyter. [CC) BY-NC-ND] Dieses Werk ist lizenziert unter einer Creative Commons Namensnennung – Nicht kommerziell – Keine Bearbeitung 4.0 International Lizenz. https://doi.org/10.1515/9783111351490-006

Während diese Fortschritte zweifellos aufregend sind, haben sie auch eine neue Reihe von Herausforderungen und Fragen aufgeworfen, die die Forschungs- und Entwicklergemeinschaften gleichermaßen beschäftigen. In dieser Ära großer Sprachmodelle sind die Reproduzierbarkeit von Forschungsergebnissen und die Erklärbarkeit der Entscheidungen dieser Modelle zu zentralen Anliegen geworden.

Die Reproduzierbarkeit von Forschungsergebnissen ist ein Grundpfeiler der wissenschaftlichen Methodik. Sie gewährleistet, dass die in wissenschaftlichen Arbeiten beschriebenen Ergebnisse von anderen Forschenden unabhängig über- prüft werden können. Traditionell war die Reproduzierbarkeit in vielen wissen- schaftlichen Disziplinen relativ unproblematisch. Forschungsergebnisse wurden in Form von Fachartikeln veröffentlicht, die detaillierte Informationen über die Me- thoden, die verwendeten Daten und den Code enthielten. Andere Personen in der Wissenschaft konnten diese Informationen nutzen, um die Experimente zu wie- derholen und die Ergebnisse zu verifizieren. In der Ära großer Sprachmodelle ist diese Reproduzierbarkeit jedoch gefährdet. Modelle wie ChatGPT sind nicht öf- fentlich zugänglich und können nur über externe Server genutzt werden. For- schende, die diese Modelle verwenden möchten, sind daher auf die Bereitstellung solcher Dienste angewiesen. Dies führt zu einer starken Abhängigkeit von den ex- ternen Modellen und den bereitgestellten Schnittstellen.

Das Problem dabei ist, dass Forschende keine Kontrolle über die Modellver- sionen haben, die sie verwenden, und keinen Zugriff auf den zugrunde liegenden Code haben, um Anpassungen vorzunehmen. Dies erschwert die Reproduzierbar- keit erheblich. Es gibt keine Möglichkeit, sicherzustellen, dass die Modellversion, die bei der Durchführung eines Experiments verwendet wurde, auch zu einem späte- ren Zeitpunkt verfügbar ist. Dies ist insbesondere problematisch, da externe Mo- delle sich im Laufe der Zeit ändern können, sei es durch Aktualisierungen oder Modifikationen seitens der Anbieter.

Die mangelnde Reproduzierbarkeit ist nicht nur ein methodisches Problem, sondern hat auch weitreichende Auswirkungen auf die Glaubwürdigkeit von For- schungsergebnissen und den wissenschaftlichen Fortschritt. Wenn andere For- schende nicht in der Lage sind, die Experimente zu wiederholen und die Ergebnisse zu überprüfen, kann die Grundlage für die wissenschaftliche Methode untergraben werden. Dies kann zu einer Erosion des Vertrauens in die Forschung führen und den Fortschritt in vielen Disziplinen behindern. Ein weiteres bedeutendes Problem, das sich aus der Verwendung großer Sprachmodelle ergibt, betrifft die Erklärbar- keit der Ergebnisse. Diese Modelle, insbesondere solche, die auf neuronalen Netzen basieren, sind als „black box" bekannt. Das bedeutet, dass sie äußerst komplexe interne Strukturen haben, die schwer verständlich sind. Obwohl wir die Ausgaben dieser Modelle beobachten können, ist die Interpretation des Generationsprozesses und der zugrunde liegenden Entscheidungen äußerst herausfordernd.

Wenn ein Text von einem Sprachgenerator wie ChatGPT erstellt wird, ist es schwer nachzuvollziehen, warum genau dieser Text generiert wurde und welche internen Gewichtungen und Muster dazu geführt haben. Dies stellt eine erhebliche Barriere dar, insbesondere wenn es darum geht, derartige Modelle in sensiblen Anwendungsbereichen einzusetzen, bei denen eine klare Erklärbarkeit der Entscheidungen unerlässlich ist. Insbesondere gilt dies für Anwendungen im medizinischen Bereich, in der Rechtsprechung oder in der Finanzindustrie, wo es entscheidend ist, nachvollziehen zu können, wie eine Entscheidung getroffen wurde.

Die Erklärbarkeit von KI-Systemen ist jedoch nicht nur aus ethischer Sicht wichtig. Sie hat auch praktische Auswirkungen auf die Anwendung und Akzeptanz dieser Systeme in der Gesellschaft. Menschen neigen dazu, Technologien eher zu akzeptieren und zu vertrauen, wenn sie verstehen, wie sie funktionieren und welche Entscheidungen sie treffen. Intransparente KI-Systeme können Ängste und Misstrauen schüren, was ihre breite Akzeptanz behindert.

Die Ära großer Sprachmodelle hat zweifellos das Potenzial, bahnbrechende Fortschritte in der menschlichen Kommunikation und Kreativität zu bringen. Dennoch müssen wir die Herausforderungen in Bezug auf Reproduzierbarkeit und Erklärbarkeit ernst nehmen, um sicherzustellen, dass diese Modelle verantwortungsbewusst eingesetzt werden können. Die Förderung offener Praktiken und die Erforschung der Erklärungsmethoden sind entscheidende Schritte auf dem Weg zu einer transparenten und verlässlichen KI-Zukunft.

2 Reproduzierbarkeitsherausforderungen

Die Reproduzierbarkeit von Forschungsergebnissen ist ein grundlegendes Prinzip wissenschaftlicher Methodik. Sie stellt sicher, dass die in wissenschaftlichen Arbeiten beschriebenen Ergebnisse von anderen Forschenden unabhängig überprüft und validiert werden können. Dieses Prinzip ist besonders in den Natur- und Sozialwissenschaften von großer Bedeutung, da es die Grundlage für den wissenschaftlichen Fortschritt und die Glaubwürdigkeit der Forschung bildet. Allerdings sind die Fortschritte in der Künstlichen Intelligenz (KI) und insbesondere im Bereich der großen Sprachmodelle, wie ChatGPT, zu einer Herausforderung für die Reproduzierbarkeit geworden.

2.1 Externe Abhängigkeit und mangelnde Kontrolle

Eine der zentralen Herausforderungen in Bezug auf die Reproduzierbarkeit in der Ära großer Sprachmodelle besteht darin, dass diese Modelle nicht öffentlich zugänglich sind und auf externen Servern betrieben werden. Forschende sind daher angewiesen, auf diese externen Dienste zuzugreifen, um ihre Experimente durchzuführen. Dies führt zu einer starken Abhängigkeit von den externen Modellen und den bereitgestellten Schnittstellen.

Die Abhängigkeit von externen Modellen hat mehrere nachteilige Auswirkungen auf die Reproduzierbarkeit. Erstens haben Forschende keine Kontrolle über die Wartung und Aktualisierung dieser Modelle. Die Modelle können sich im Laufe der Zeit ändern, sei es durch Modellverbesserungen, Aktualisierungen der Trainingsdaten oder andere Faktoren. Dies bedeutet, dass die Modellversion, die Forschende in ihrer Arbeit verwendet haben, möglicherweise nicht mehr verfügbar ist oder sich von der aktuellen Version unterscheidet. Dies erschwert die Nachvollziehbarkeit von wissenschaftlichen Ergebnissen erheblich.[1]

Zweitens können externe Dienste unerwartet unzugänglich werden oder ihre Nutzungseinschränkungen können sich ändern. Die Wissenschaft könnte plötzlich den Zugriff auf das Modell verlieren oder mit neuen Nutzungsbedingungen konfrontiert werden, die ihre Forschung behindern. Dies führt zu Unsicherheiten in Bezug auf die Verfügbarkeit und die Bedingungen für die Nutzung der Modelle.

2.2 Datenabhängigkeit und Datenschutz

Ein weiterer Aspekt der Reproduzierbarkeitsherausforderungen betrifft die Abhängigkeit von den Trainingsdaten, die für die großen Sprachmodelle verwendet werden. Diese Modelle werden auf umfangreichen Textkorpora trainiert, die oft aus öffentlich verfügbaren Texten im Internet stammen. Die genaue Zusammensetzung dieser Trainingsdaten ist jedoch selten vollständig dokumentiert und kann sich im Laufe der Zeit ändern.

Die Abhängigkeit von diesen Trainingsdaten macht es schwierig, Experimente zu reproduzieren, da Forschende möglicherweise nicht über die gleichen Daten verfügen wie die ursprünglichen Modellentwickler. Selbst wenn die gleichen Daten verfügbar sind, könnten sie in der Zwischenzeit verändert oder aktualisiert worden sein, was zu Unterschieden in den Ergebnissen führen kann.

Darüber hinaus gibt es Bedenken hinsichtlich des Datenschutzes bei der Verwendung von großen Textkorpora für das Training von Sprachmodellen. Diese Korpora können sensible Informationen enthalten, und die Verwendung solcher Daten ohne angemessene Anonymisierung und Einwilligung kann Datenschutz-

---

1 Miles Brundage et al., „The Malicious Use of Artificial Intelligence: Forecasting, Prevention, and Mitigation", *arXiv preprint arXiv:2106.12647*, 2021.

probleme aufwerfen. Dies stellt eine weitere Hürde für die Reproduzierbarkeit dar, da Forschende möglicherweise eingeschränkten Zugang zu den für das Training verwendeten Daten haben.

2.3 Transparenz und Mangel an Dokumentation

Die Transparenz des Trainingsprozesses und der Modellarchitekturen ist ein weiteres zentrales Thema in Bezug auf die Reproduzierbarkeit. In vielen Fällen fehlt es an ausreichender Dokumentation darüber, wie genau die Modelle trainiert wurden, welche Daten verwendet wurden und welche Vorverarbeitungsschritte angewendet wurden. Dies erschwert die Nachvollziehbarkeit und Reproduzierbarkeit erheblich, da Forschende nicht genau wissen, wie die Modelle erstellt wurden.

Die mangelnde Transparenz erstreckt sich auch auf die Modellarchitekturen selbst. Große Sprachmodelle wie ChatGPT haben komplexe interne Strukturen mit Millionen von Parametern, die schwer zu verstehen und zu analysieren sind. Forschende haben oft nur begrenzten Einblick in die Funktionsweise dieser Modelle, was es schwierig macht, ihre Entscheidungen und Vorhersagen nachzuvollziehen.

Die Reproduzierbarkeit von Forschungsergebnissen in der Ära großer Sprachmodelle ist eine komplexe Herausforderung, die die wissenschaftliche Gemeinschaft ernsthaft angehen muss. Die Abhängigkeit von externen Modellen und Trainingsdaten, mangelnde Transparenz und unzureichende Dokumentation sind zentrale Probleme. Dennoch gibt es Möglichkeiten, diese Herausforderungen zu bewältigen, indem offene Praktiken gefördert werden, die Transparenz erhöht wird und Datenschutzrichtlinien beachtet werden. Die Gewährleistung der Reproduzierbarkeit ist entscheidend, um sicherzustellen, dass die Forschung in der KI weiterhin auf verlässlichen Grundlagen aufbaut und für die wissenschaftliche Gemeinschaft von Nutzen ist.

3 Erklärbarkeitsherausforderungen

Die Erklärbarkeit von KI-Modellen, insbesondere von neuronalen Netzwerken, ist zu einem der zentralen Themen in der KI-Forschung geworden.[2] In der Ära großer Sprachmodelle wie ChatGPT sind diese Herausforderungen noch drängender. Wir stehen vor der Schwierigkeit, hochkomplexe Modelle zu verstehen, die menschenähnlichen Text generieren können, aber gleichzeitig als „black boxes" gelten.

---

2 Zachary Lipton, „The Mythos of Model Interpretability", arXiv:1606.03490, 2016.

3.1 Die Komplexität von neuronalen Netzwerken

Neuronale Netzwerke sind die Grundbausteine von modernen Sprachgeneratoren. Diese Netzwerke sind in der Lage, riesige Mengen an Daten zu verarbeiten und komplexe Muster zu erlernen. Allerdings geht diese Leistungsfähigkeit mit einer hohen Komplexität einher. Ein neuronales Netzwerk besteht aus Tausenden oder sogar Milliarden von Neuronen und Gewichtungen, die miteinander interagieren. Die interne Struktur solcher Netzwerke ist äußerst schwer nachvollziehbar.

3.2 Die „Black Box" der Entscheidungsfindung

Die Entscheidungsfindung in einem neuronalen Netzwerk erfolgt durch das Durchlaufen einer Vielzahl von Neuronen und Gewichtungen. Wenn ein Sprachgenerator wie ChatGPT einen Text generiert, geschieht dies aufgrund einer komplexen Abfolge von Berechnungen. Obwohl wir die Ausgaben dieser Berechnungen sehen können, bleibt die Interpretation des Prozesses äußerst herausfordernd. Dies ist vergleichbar mit dem Versuch, das Verhalten eines komplexen chemischen Reaktionssystems zu erklären, ohne die genaue Struktur und Interaktion der Moleküle zu kennen.

Die Tatsache, dass neuronale Netzwerke als „black boxes" gelten, bedeutet, dass wir Schwierigkeiten haben, den internen Entscheidungsprozess nachzuvollziehen. Warum hat das Modell genau diesen Satz generiert? Welche Faktoren haben zu dieser Entscheidung geführt? Diese Fragen sind schwer zu beantworten, da wir keinen klaren Einblick in die internen Abläufe des Netzwerks haben.[3]

3.3 Herausforderungen in der Praxis

Die mangelnde Erklärbarkeit von KI-Modellen wie ChatGPT hat erhebliche Auswirkungen auf deren Anwendbarkeit in verschiedenen Bereichen. In sensiblen Anwendungsbereichen, wie der Rechtswissenschaft, der Medizin oder der Finanzbranche, ist es von entscheidender Bedeutung, dass Entscheidungen nachvollziehbar sind. Wenn ein KI-Modell eine Empfehlung ausspricht oder eine Entscheidung trifft, muss es möglich sein, diese Entscheidung zu erklären.

Ein Beispiel ist die medizinische Diagnose. Wenn ein KI-Modell eine bestimmte Krankheit diagnostiziert, müssen sowohl das medizinische Personal als auch Pati-

---

3 Vgl. Christoph Molnar, *Interpretable Machine Learning*, New York 2020.

ent*innen verstehen können, warum diese Diagnose gestellt wurde. Eine intransparente „black box"-Diagnose ohne nachvollziehbare Erklärung wäre inakzeptabel und könnte zu schwerwiegenden Konsequenzen führen.

In der Rechtswissenschaft ist die Erklärbarkeit ebenfalls von entscheidender Bedeutung. Wenn ein KI-Modell zur Entscheidungsunterstützung in Gerichtsverfahren eingesetzt wird, müssen Richter*innen, Anwält*innen in der Lage sein, die Grundlagen dieser Entscheidungen zu verstehen und zu überprüfen. Dies ist notwendig, um sicherzustellen, dass die Rechte und Interessen der Beteiligten gewahrt bleiben.

Die Erklärbarkeit von KI-Modellen, insbesondere in der Ära großer Sprachmodelle, ist eine komplexe Herausforderung. Die Schwierigkeit, hochkomplexe „black box"-Modelle zu verstehen, birgt Risiken in sensiblen Anwendungsbereichen. Dennoch sind Fortschritte bei der Erklärbarkeit entscheidend, um das Vertrauen in KI-Systeme zu stärken und ihre Verwendung in wichtigen Anwendungsgebieten zu ermöglichen. Durch die Entwicklung von Erklärungstechniken, interpretierbaren Modellen und verstärkter Transparenz können wir hoffentlich den Weg zu einer transparenten und verlässlichen KI-Zukunft ebnen.

4 Förderung der Reproduzierbarkeit

Die Reproduzierbarkeit von Forschungsergebnissen ist ein grundlegendes Qualitätskriterium in der Wissenschaft. Sie ermöglicht es, die Ergebnisse wissenschaftlicher Arbeiten von anderen Forschenden unabhängig zu überprüfen und zu bestätigen. In der Ära großer Sprachmodelle wie ChatGPT ist die Reproduzierbarkeit jedoch zunehmend erschwert. Innovative Ansätze und Lösungen sind erforderlich, um die Integrität und Glaubwürdigkeit der Forschung in diesem Bereich zu gewährleisten.

4.1 Transparenz im Trainingsprozess

Eine der wichtigsten Maßnahmen zur Förderung der Reproduzierbarkeit besteht darin, den Trainingsprozess von Sprachmodellen transparenter zu gestalten. In vielen Fällen sind die genauen Details des Trainingsprozesses, einschließlich der verwendeten Daten, der Hyperparameter und der Architektur, nicht öffentlich verfügbar. Dies erschwert es anderen Forschenden, die gleichen Experimente durchzuführen und die Ergebnisse zu replizieren.

Um diesem Problem zu begegnen, sollten Entwickler von Sprachmodellen die Trainingsprozesse dokumentieren und öffentlich zugänglich machen. Dies könnte in

Form von ausführlichen Trainingsprotokollen erfolgen, die alle relevanten Informationen enthalten. Dazu gehören Details zur Datenpräparation, zur Auswahl der Hyperparameter und zur Architektur des Modells. Durch die Bereitstellung dieser Informationen können andere Forschende den Trainingsprozess nachvollziehen und die gleichen Bedingungen schaffen, um die Ergebnisse zu reproduzieren.

4.2 Open-Source-Modelle

Eine weitere wichtige Initiative zur Verbesserung der Reproduzierbarkeit besteht darin, Sprachmodelle als Open-Source-Projekte zur Verfügung zu stellen. Dies bedeutet, dass der Quellcode des Modells öffentlich zugänglich ist und von der Gemeinschaft überprüft und erweitert werden kann. Open-Source-Modelle bieten mehr Transparenz und ermöglichen es der Forschungsgemeinschaft, den gesamten Modellstack zu überprüfen und anzupassen.

Ein gutes Beispiel für ein Open-Source-Sprachmodell ist OpenAI GPT-2. Nach anfänglichen Bedenken hinsichtlich Missbrauchsrisiken entschied sich OpenAI, den GPT-2-Quellcode und die Modellgewichte der Öffentlichkeit zugänglich zu machen. Dies ermöglichte es der Forschungsgemeinschaft, das Modell zu analysieren, zu verbessern und neue Anwendungen zu entwickeln. Dieser Schritt förderte nicht nur die Reproduzierbarkeit, sondern auch die Zusammenarbeit und Innovation in der KI-Forschung.

4.3 Standardisierte Benchmarks und Evaluationsverfahren

Um die Reproduzierbarkeit in der KI-Forschung zu fördern, ist es wichtig, standardisierte Benchmarks und Evaluationsverfahren zu etablieren. Dies bedeutet, dass bestimmte Datensätze und Metriken zur Evaluierung von Modellen in der gesamten Gemeinschaft akzeptiert und verwendet werden. Durch die Verwendung dieser standardisierten Maßstäbe können Forschende ihre Modelle auf den gleichen Grundlagen testen, was die Vergleichbarkeit und Nachvollziehbarkeit erhöht.

Ein Beispiel für einen solchen Standard ist der Penn Treebank-Datensatz, der oft in der natürlichen Sprachverarbeitung verwendet wird. Forschende können ihre Modelle anhand dieses Datensatzes testen und die Ergebnisse miteinander vergleichen, da eine gemeinsame Grundlage besteht. Die Schaffung und Förderung solcher Standards erleichtert es Forschenden, ihre Experimente zu replizieren und sicherzustellen, dass die Ergebnisse konsistent sind.

4.4 Datenzugang und Datentransparenz

Neben der Transparenz im Trainingsprozess ist der Zugang zu den verwendeten Daten entscheidend für die Reproduzierbarkeit. Oftmals sind große Sprachmodelle auf umfangreiche Textdatenbanken angewiesen, um effektiv zu funktionieren. Forschende, die diese Modelle verwenden, sollten daher bestrebt sein, den Zugang zu den verwendeten Daten zu erleichtern.

Eine Möglichkeit, den Zugang zu Daten zu fördern, besteht darin, offene und frei zugängliche Datensätze zu verwenden, die von der Forschungsgemeinschaft gepflegt werden. Dies ermöglicht es anderen Forschenden, auf die gleichen Daten zuzugreifen und ihre Experimente zu wiederholen. Wenn es notwendig ist, Daten aufgrund von Datenschutzbedenken zu beschränken, sollten Forschende alternative Wege zur Verfügung stellen, um auf aggregierte und anonymisierte Daten zuzugreifen.

4.5 Reproduzierbarkeit als Teil der Forschungskultur

Schließlich ist es wichtig, die Bedeutung der Reproduzierbarkeit als integralen Bestandteil der Forschungskultur zu betonen. Forschende sollten sich bewusst sein, dass die Fähigkeit, ihre Experimente zu replizieren und die Ergebnisse zu verifizieren, ein entscheidender Schritt zur Sicherung der wissenschaftlichen Integrität ist. Dies erfordert eine Kultur des Teilens von Ressourcen, Informationen und bewährten Praktiken.

Konferenzen, Journale und wissenschaftliche Institutionen können ebenfalls dazu beitragen, die Reproduzierbarkeit zu fördern, indem sie Richtlinien und Anreize für transparente und reproduzierbare Forschung setzen. Dies könnte die Einreichung von reproduzierbaren Experimenten und das Teilen von Daten und Code als Voraussetzung für die Veröffentlichung von Forschungsarbeiten umfassen.

Die Förderung der Reproduzierbarkeit in der Ära großer Sprachmodelle ist von entscheidender Bedeutung, um sicherzustellen, dass die Forschung in diesem Bereich vertrauenswürdig und nachvollziehbar ist. Transparenz im Trainingsprozess, Open-Source-Modelle, standardisierte Benchmarks, Datenzugang und die Integration von Reproduzierbarkeit in die Forschungskultur sind Schlüsselkomponenten, um dieses Ziel zu erreichen. Durch die Umsetzung dieser Maßnahmen können wir sicherstellen, dass die KI-Forschung auf einer soliden Grundlage steht und die Ergebnisse für die gesamte wissenschaftliche Gemeinschaft zugänglich und nachvollziehbar sind.

5 Verbesserung der Erklärbarkeit

Die Erklärbarkeit von KI-Systemen, insbesondere von neuronalen Netzen, ist ein zentrales Anliegen in der Forschung und Entwicklung von Künstlicher Intelligenz. In der Ära großer Sprachmodelle, wie ChatGPT, stellt die Erklärbarkeit eine besondere Herausforderung dar. Diese Modelle sind aufgrund ihrer tiefen und komplexen Strukturen oft schwer nachvollziehbar. Dennoch gibt es verschiedene Ansätze und Techniken, um die Erklärbarkeit zu verbessern und sicherzustellen, dass Entscheidungen und Ergebnisse dieser Modelle besser verstanden werden können.

5.1 Visualisierung von Entscheidungsprozessen

Eine Möglichkeit, die Erklärbarkeit von KI-Modellen zu verbessern, besteht darin, Entscheidungsprozesse visuell darzustellen. Dies kann auf verschiedene Arten geschehen. Zum Beispiel könnten Heatmaps verwendet werden, um zu zeigen, welche Teile des Eingabe-Textes einen größeren Einfluss auf die generierte Ausgabe haben. Auf diese Weise können Forschende und Anwender erkennen, welche Informationen für die Entscheidungsfindung des Modells am wichtigsten sind.

Ein weiterer Ansatz ist die Visualisierung der Aktivierungen in den einzelnen Schichten des neuronalen Netzes. Dies ermöglicht es, zu verstehen, welche Arten von Mustern und Informationen in den verschiedenen Schichten des Modells auftreten. Diese Visualisierungen können Aufschluss darüber geben, wie das Modell Informationen verarbeitet und welche Abstraktionsebenen es entwickelt.

Darüber hinaus können t-SNE-Visualisierungen verwendet werden, um die Verteilung von Textdaten im Modellraum darzustellen. Dies ermöglicht es, ähnliche Textabschnitte zu identifizieren und zu verstehen, wie das Modell Texte gruppiert. Solche Visualisierungen können nützliche Einblicke in die Arbeitsweise des Modells bieten.

5.2 Erklärungstechniken und Attributionsverfahren

Eine Vielzahl von Erklärungstechniken und Attributionsverfahren ist entwickelt worden, um die Entscheidungsfindung von KI-Modellen zu beleuchten. Diese Verfahren zielen darauf ab, die Bedeutung einzelner Eingabe-Features oder -Token für die Ausgabe des Modells zu quantifizieren. Hier sind einige wichtige Ansätze:

Grad-CAM (Gradient Class Activation Mapping): Grad-CAM ist eine Technik, die in der Bildverarbeitung weit verbreitet ist und auf Textdaten angewendet werden kann. Sie zeigt, welche Teile des Eingabetextes zur Entscheidung einer bestimmten Klasse beitragen. Dies ermöglicht es, zu verstehen, welche Textstellen für die Modellausgabe am einflussreichsten sind.

LIME (Local Interpretable Model-Agnostic Explanations): LIME ist ein Modellagnostisches Verfahren, das auf maschinellem Lernen angewendet werden kann. Es generiert eine erklärliche Näherung des Modells, indem es zufällige Perturbationen auf die Eingabedaten anwendet und die Auswirkungen auf die Ausgabe beobachtet. Dadurch kann LIME wichtige Eingabe-Features identifizieren.

SHAP (SHapley Additive exPlanations): SHAP ist ein mathematisches Konzept aus der Spieltheorie, das auf die Erklärung von Modellentscheidungen angewendet wird. Es ermöglicht eine konsistente und faire Zuordnung der Bedeutung von Features in einem Modell. SHAP-Werte können verwendet werden, um zu verstehen, wie sich die Anwesenheit oder Abwesenheit von Wörtern im Eingabetext auf die Modellausgabe auswirkt.

5.3 Interpretierbare Modelle

Eine vielversprechende Möglichkeit, die Erklärbarkeit von KI-Modellen zu erhöhen, besteht darin, Modelle zu entwickeln, die von Natur aus interpretierbarer sind. Dies kann bedeuten, auf komplexere, tiefere neuronale Netze zu verzichten und stattdessen flachere Modelle zu verwenden. Solche Modelle sind zwar weniger leistungsstark, bieten jedoch eine höhere Erklärbarkeit.

Beispielsweise könnten Entscheidungsbäume oder Regelbasierte Modelle eingesetzt werden. Diese Modelle sind transparent und nachvollziehbar, da sie klare Regeln für Entscheidungen liefern. Obwohl sie möglicherweise nicht die gleiche Leistungsfähigkeit wie tiefe neuronale Netze aufweisen, sind sie in bestimmten Anwendungsbereichen, insbesondere solchen, bei denen rechtliche oder ethische Erwägungen eine Rolle spielen, äußerst nützlich.

5.4 Kombination von Ansätzen

In vielen Fällen ist es sinnvoll, verschiedene Erklärungstechniken und Ansätze zu kombinieren, um ein umfassendes Verständnis für die Arbeitsweise eines KI-Modells zu erhalten. Zum Beispiel könnten Visualisierungen dazu beitragen, grobe Muster und Trends aufzuzeigen, während Attributionsverfahren die Feinheiten der

Entscheidungsfindung verdeutlichen. Durch die Kombination von Ansätzen können Forschende ein tieferes Verständnis für die Modellentscheidungen entwickeln.[4]

5.5 Die Bedeutung der Erklärbarkeit in sensiblen Anwendungsbereichen

Die Verbesserung der Erklärbarkeit von KI-Modellen ist von entscheidender Bedeutung, insbesondere in sensiblen Anwendungsbereichen wie Gesundheitswesen, Recht und Finanzen. In diesen Bereichen ist es unerlässlich, dass Entscheidungen von KI-Systemen nachvollziehbar sind und erklärt werden können. Patient*innen müssen verstehen können, warum ein medizinisches Diagnosesystem eine bestimmte Empfehlung gibt, Anwält*innen müssen die Grundlage für rechtliche Entscheidungen verstehen, und Finanzexpert*innen müssen die Faktoren hinter Anlageempfehlungen verstehen können.

Die Erklärbarkeit von KI-Systemen trägt auch dazu bei, Vertrauen in diese Technologien aufzubauen. Wenn Menschen verstehen können, wie ein KI-System zu seinen Entscheidungen kommt, sind sie eher bereit, diese Entscheidungen zu akzeptieren und zu vertrauen.

Die Verbesserung der Erklärbarkeit von KI-Modellen, insbesondere großer Sprachmodelle wie ChatGPT, ist eine Herausforderung, aber auch eine Notwendigkeit. Durch die Anwendung von Visualisierungen, Erklärungstechniken, interpretierbaren Modellen und einer Kombination dieser Ansätze kann die Wissenschaftscommunity dazu beitragen, die Entscheidungsfindung von KI-Systemen transparenter zu gestalten. Dies ist entscheidend, um das Vertrauen in diese Systeme zu stärken und sicherzustellen, dass sie verantwortungsbewusst und effektiv eingesetzt werden können. Die Erklärbarkeit bleibt ein Schlüsselaspekt bei der Gestaltung der Zukunft der Künstlichen Intelligenz.

6 Fazit

In einer Zeit, in der Künstliche Intelligenz und insbesondere große Sprachmodelle wie ChatGPT die Grenzen des Möglichen in der natürlichen Sprachverarbeitung

---

4 Marco Tulio Ribeiro/Sameer Singh/Carlos Guestrin, „Why Should I Trust You? Explaining the Predictions of Any Classifier", in *Proceedings of the 22nd ACM SIGKDD International Conference on Knowledge Discovery and Data Mining*, New York 2016, 1135–1144.

verschieben, stehen Forschende vor einer Vielzahl von Herausforderungen, die sich auf die Reproduzierbarkeit und Erklärbarkeit von Forschungsergebnissen auswirken.

Die Reproduzierbarkeit von Forschungsergebnissen ist ein Grundpfeiler der wissenschaftlichen Methode. Sie ermöglicht es, die Ergebnisse wissenschaftlicher Arbeiten von anderen Forschenden unabhängig zu überprüfen und zu bestätigen. Ohne Reproduzierbarkeit sind wissenschaftliche Erkenntnisse nicht glaubwürdig und zuverlässig. In der Ära großer Sprachmodelle ist die Reproduzierbarkeit jedoch zunehmend gefährdet, da diese Modelle oft nicht öffentlich zugänglich sind und auf externen Servern betrieben werden. Die Abhängigkeit von externen Modellen und Diensten bedeutet, dass Forschende nicht die volle Kontrolle über die experimentelle Umgebung haben. Dies wiederum erschwert die Nachvollziehbarkeit von Forschungsergebnissen erheblich. Um dieses Problem anzugehen, sollten Modelle wie ChatGPT als Open-Source-Projekte angeboten werden, bei denen der Trainingsprozess und der zugrunde liegende Code transparent dokumentiert sind. Dies würde Forschenden die Möglichkeit geben, den Trainingsprozess zu verstehen und sicherzustellen, dass sie konsistente Modellversionen verwenden. Darüber hinaus könnten standardisierte Benchmarks und Evaluationsverfahren entwickelt werden, um die Vergleichbarkeit von Forschungsergebnissen zu verbessern.

Die Erklärbarkeit von Entscheidungen und Ergebnissen ist ein weiterer Schlüsselaspekt, der in der Ära großer Sprachmodelle an Bedeutung gewinnt. Insbesondere Modelle, die auf komplexen neuronalen Netzwerken basieren, sind oft als „black box" bekannt. Dies bedeutet, dass es schwer nachvollziehbar ist, warum ein bestimmter Text generiert wurde oder welche internen Gewichtungen und Muster zu einer bestimmten Entscheidung geführt haben.

Die Herausforderung der Erklärbarkeit wird besonders kritisch, wenn es um den Einsatz solcher Modelle in sensiblen Anwendungsbereichen geht, wie etwa in der Medizin, im Rechtswesen oder in der Ethik. In diesen Bereichen ist es entscheidend, dass Entscheidungen nachvollziehbar sind, um Vertrauen und Akzeptanz zu gewinnen.

Um die Erklärbarkeit zu verbessern, müssen Forschende Methoden entwickeln, um die Entscheidungsfindung komplexer Modelle besser zu verstehen. Dies kann die Entwicklung von Erklärungstechniken umfassen, die es ermöglichen, die internen Entscheidungsprozesse von Modellen wie ChatGPT nachzuvollziehen. Solche Techniken könnten auf Visualisierungen, Aufschlüsselungen von Gewichtungen und Einflüssen bestimmter Eingaben basieren.

Ein vielversprechender Ansatz zur Verbesserung der Erklärbarkeit könnte auch darin bestehen, Modelle zu entwickeln, die von Natur aus interpretierbarer sind. Obwohl komplexe neuronale Netze beeindruckende Leistungen erbringen können, sind sie oft schwer verständlich. Modelle mit einer höheren Erklärbarkeit

könnten in Anwendungsbereichen eingesetzt werden, in denen die Nachvollziehbarkeit der Entscheidungen von entscheidender Bedeutung ist.

Die Ära großer Sprachmodelle bringt zweifellos viele Möglichkeiten und Potenziale mit sich, die die menschliche Kommunikation und Kreativität revolutionieren können. Dennoch müssen wir diese Technologien mit Bedacht einsetzen und
die damit verbundenen Herausforderungen ernst nehmen.

Es ist von entscheidender Bedeutung, dass Beteiligte in Wissenschaft, Entwicklung und Industrie, die große Sprachmodelle wie ChatGPT verwenden, sich
ihrer Verantwortung bewusst sind. Dies schließt die Verpflichtung zur Förderung
von Reproduzierbarkeit und Erklärbarkeit ein. Nur wenn wir diese Prinzipien
einhalten, können wir sicherstellen, dass die Ergebnisse und Anwendungen dieser
Modelle transparent, verlässlich und ethisch vertretbar sind.

Insgesamt müssen wir in der wissenschaftlichen Gemeinschaft und darüber
hinaus eine offene Diskussion über die Herausforderungen und Chancen führen,
die mit großen Sprachmodellen verbunden sind. Dieser Diskurs sollte die Entwicklung von Best Practices, Ethikrichtlinien und Gesetzen zur Regulierung dieser
Technologien unterstützen.

Die Ära großer Sprachmodelle hat das Potenzial, die Art und Weise, wie wir mit
Text und Sprache interagieren, grundlegend zu verändern. Doch dieser Fortschritt
bringt auch erhebliche Herausforderungen mit sich, insbesondere in Bezug auf
Reproduzierbarkeit und Erklärbarkeit. Diese Herausforderungen sollten als Chan-
cen betrachtet werden, die es zu bewältigen gilt, um sicherzustellen, dass wir die
Vorteile dieser Technologien verantwortungsbewusst nutzen.

Die Förderung von Reproduzierbarkeit und Erklärbarkeit sollte zu einem
zentralen Anliegen in der KI-Forschung und -Entwicklung werden. Indem wir
transparente Praktiken etablieren, offene Diskussionen führen und innovative
Lösungen entwickeln, können wir sicherstellen, dass große Sprachmodelle wie
ChatGPT nicht nur leistungsfähig, sondern auch vertrauenswürdig und ethisch
vertretbar sind.

*Bei der Erstellung dieses Beitrags wurden die Textgeneratoren OpenAI ChatGPT und
Google Bard verwendet. Der Inhalt des Beitrags liegt jedoch in der alleinigen Verantwortung des Autors.*

II Kunst und Kreativität

Jenifer Becker

Können Chatbots Romane schreiben? Der Einfluss von KI auf kreatives Schreiben und Erzählen

Eine literaturwissenschaftliche Bestandsaufnahme

Abstract: Currently, the subject of artificial intelligence is increasingly becoming an ongoing focus of research in literary studies, due to the rise of Large Language Models such as ChatGPT. Extensive scholarly work, institutional connections, and research projects are just beginning to emerge. This article provides an overview of the present state of the discussion on artificial intelligence regarding the subject of literature and takes stock of relevant research desiderata. How is literature written by AI currently defined? What research questions arise from the establishment of AI in the literary market? And how is authorship renegotiated through AI literature? Perspectives from research into writing processes that consider the influence of AI on creative writing and storytelling will constitute the primary focus of the essay.

In Karl Schroeders Science-Fiction-Roman *Lady of Mazes* aus dem Jahr 2005 überschüttet eine künstliche Intelligenz die Menschheit mit Abermillionen von außergewöhnlich gut geschriebenen Romanen. Es sind so viele, dass sie unmöglich in einer einzigen Lebenszeit gelesen werden könnten – ein unerschöpfliches Kontingent an Geschichten, die präzise auf individuelle Präferenzen zugeschnitten sind. Seit der Veröffentlichung von ChatGPT scheint dieses Szenario, in dem uns eine KI fortwährend mit hyperindividualisierten Romanen versorgt, nicht mehr unvorstellbar: Durch die Popularisierung großer Sprachmodelle vervielfältigen sich KI-geschriebene Inhalte exponentiell im Internet. Darunter auch literarische Texte, von Lyrik über Sci-Fi-Novellen, Krimis und Kinderbücher bis hin zu Ratgebern, Selbsthilfe- oder Sachliteratur.[1] ChatGPT ist nicht die einzige (Co-)Autor:in, die zunehmend in Veröffentlichungslisten erscheint – neben dem Unternehmen OpenAI stellen auch andere Unternehmen große Sprachmodelle (Large Language Models)

---

[1] Anthony Cuthbertson, „Hundreds of AI-written books flood Amazon", *The Independent*, 2023 in [www.independent.co.uk/tech/ai-author-books-amazon-chatgpt-b2287111.html] (Zugriff: 02.09.2023).

∂ Open Access. © 2024 bei den Autorinnen und Autoren, publiziert von De Gruyter. [CC] BY-NC-ND Dieses Werk ist lizenziert unter einer Creative Commons Namensnennung – Nicht kommerziell – Keine Bearbeitung 4.0 International Lizenz. https://doi.org/10.1515/9783111351490-007

der Öffentlichkeit zur Verfügung, darunter Google (Bard) oder auch Meta (LlaMA).[2] KI-gestützte Schreibprogramme verbessern sich stetig und versprechen eine niedrigschwellige Teilhabe an literarischer Textproduktion und Manuskriptoptimierung. Als „Maschine", die Text produziert, überarbeitet und in Umlauf bringt, üben große Sprachmodelle Einfluss auf verschiedene Felder der gegenwärtigen Literaturproduktion, -distribution und -rezeption aus und rücken damit neue Forschungsdesiderata ins Zentrum der Literaturwissenschaften. In welcher Weise fordern KI-Texte gängige literaturtheoretische, rezeptions- und produktionsästhetische Perspektiven heraus? Und wohin sollten Literaturwissenschaftler:innen ihren Blick richten?

Zu diesem Zeitpunkt ist Künstliche Intelligenz (KI) eine noch wenig beleuchtete Größe in der literaturwissenschaftlichen Forschung, zu der sich, im Anschluss an Perspektiven zu generativer und digitaler Literatur, die jeweiligen Subdisziplinen gerade fortwährend entwickeln. Ziel dieses Beitrags ist es, einen Überblick über den aktuellen Diskussionsstand zu *KI und Literatur* zu geben und eine Bestandsaufnahme der sich neu herausbildenden Forschungsdesiderata durchzuführen. Dazu werde ich vier verschiedene Dimensionen der Literaturwissenschaft beleuchten, auf die sich KI aktuell am eindringlichsten auswirkt: 1) Gattung (Was ist KI-Literatur?), 2) Literaturbetrieb (Welche Relevanz hat schreibende KI für den Literaturmarkt?), 3) Schreibprozesse (Wer nutzt KI und wie kann KI zum literarischen Schreiben genutzt werden?) und 4) Autor:innenschaft (Wie verändern sich Autor:innenschaftskonzepte vor dem Hintergrund künstlich generierter Texte?). Der Fokus soll dabei auf literarischen Bereichen liegen, die aufgrund der Einflussnahme von KI eine genauere Analyse oder Beobachtung erfordern. Dazu werde ich Diskurse zu KI aus den Literaturwissenschaften aufgreifen, ebenso Online-Diskurse, die das Themenfeld behandeln, da ein Großteil der Sondierungen hinsichtlich möglicher Effekte und Auswirkungen von KI gegenwärtig im digitalen Raum stattfindet. Darüber hinaus werde ich eigene Beobachtungen einfließen lassen, die ich in den vergangenen Jahren als Literaturwissenschaftlerin und Autorin im Rahmen

---

2 Neben den USA wird gegenwärtig vor allem in China in die Entwicklung von LLMs investiert. Demgegenüber stehen verschiedene globale Entwicklungsvorstöße von Privatfirmen und Forschungsinstitutionen (vgl. Paul Fraioli, „Large language models: fast proliferation and budding international competition", *The International Institute for Strategic Studies*, 2023, in [www.iiss.org/de-DE/publications/strategic-comments/2023/large-language-models-fast-proliferation-and-budding-international-competition/] (Zugriff: 02.09.2023). Einen Überblick über Funktionsweisen und den gegenwärtigen Stand relevanter LLMs geben Naveed et al. in ihrem Paper *A Comprehensive Overview of Large Language Models* (Humza Naveed et al., „A Comprehensive Overview of Large Language Models", *Journal of LaTex*, 2023, in [www.arxiv.org/pdf/2307.06435.pdf] (Zugriff: 02.09.2023).

meiner Forschungsbemühungen zum Themenkomplex „Literarisches Schreiben und Erzählen mit KI" machen konnte.

1 Eine Genealogie der KI-Literatur und die Entwicklung KI-gestützter Schreibverfahren

2018 machte der Autor und Programmierer Ross Goodwin mit einem vermeintlich schreibenden Cadillac auf sich aufmerksam. Im Kofferraum des Cadillacs befand sich ein künstliches neuronales Netzwerk (KNN), das auf Grundlage eines Textkorpus und GPS-Daten literarische Miniaturen generierte. Mithilfe eines Druckers fügte sich auf der Fahrt von New York nach New Orleans in Echtzeit ein Road-Novel zusammen.[3] *1 the Road* wird mitunter als erster öffentlichkeitswirksamer KI-Roman kanonisiert.[4] Es handelt sich hierbei nicht um einen linear aufgebauten Roman, der gängigen erzählerischen Schemata entspricht, sondern um eine experimentelle Zusammenführung von Wetterdaten, Raststätten-Reviews und Satzsplittern aus Sci-Fi-Narrativen. Trotz des experimentellen Sprachgebrauchs markierte *1 the Road* einen großen Schritt in der künstlichen Genese literarischer Texte, der Literaturwissenschaftler Debarshi Arathdar sieht diesen insbesondere darin, dass *1 the Road* Kohärenz auf Satzebene aufweist.[5] Auch in anderen Genres lassen sich in der zweiten Hälfte der 2010er Jahre erste KI-Publikationserfolge verzeichnen. Vorstöße in Richtung KI-Lyrik unternahm 2016 Google in Kooperation mit der Universität Stanford. In einem gemeinsamen Forschungsprojekt wurde ein rekurrierendes Sprachmodell mit 11.000 Romanen trainiert, um anschließend Gedichte zu generieren.[6] 2017 publizierte ein chinesischer Verlag den vermeintlich

---

3 Connor Goodwin schlüsselt in einem Beitrag im BOMB Magazine die Verfahrensweisen hinter *1 the Road* auf. Connor Goodwin, „A.I. Storytelling: On Ross G's *1 the Road*", *BOMB Magazine*, 2016, in [www.bombmagazine.org/articles/ross-goodwins-1-the-road/] (Zugriff: 18.08.2023).

4 Der Journalist Thomas Hornigold kennzeichnet beispielsweise *1 the Road* als ersten KI-Roman, was von verschiedenen Online-Medien aufgegriffen wird (vgl. Thomas Hornigold, „The First Novel Written by AI Is Here—and It's as Weird as You'd Expect It to Be", *Singularity hub*, 2018, in [https://t1p.de/340jb] (Zugriff: 02.09.2023). Ebenso wird auf der Verlagsseite unter „about" darauf hingewiesen, dass es sich bei *1 the Road* um das erste richtige Buch handele, das von einer KI geschrieben wurde: „*1 the Road* offers the first real book written by an AI, which captures us from the first page, when the journey begins" in [www.jbe-books.com/products/1-the-road-by-an-artificial-neural] (Zugriff: 02.09.2023).

5 Debarshi Arathdar, „Literature, Narrativity and Composition in the age of Artificial Intelligence", *TRANS*, 2020, 7.

6 *BookCorpus* wurde als Trainingsdatensatz genutzt (vgl. Samuel R. Bowman et al., „Generating sentences from a continuous space", *CONLL*, 2015).

ersten KI-Gedichtband,[7] generiert über das Programm Microsoft Little Ice (Xiao-ice).[8] Im Filmbereich wird *Sunspring*,[9] ebenfalls von Ross Goodwin, als erstes, von einer Künstlichen Intelligenz geschriebenes, Drehbuch verhandelt. Experimentelle KI-Literatur, wie K Allado-McDowells *Pharmako-AI*,[10] erhielt 2020 noch wenig Aufmerksamkeit – 2023 wird dahingegen die Krimi-Novelle *Death of an Author* von Aidan Marchine im Dunst des ChatGPT-Hypes von der *New York Times* rezensiert.[11]

Die Genealogie von KI-Literatur wird momentan in Echtzeit entworfen. Wer im *Oxford Dictionary of Literature* nach „AI-Lit" sucht, wird vielleicht einen Eintrag dazu finden – zu dem Zeitpunkt, an dem dieser Artikel verfasst wurde, existiert er jedoch noch nicht. Vor dem Hintergrund erzählerischer Errungenschaften aus der Computerlinguistik[12] bleibt die Frage offen, ob *1 the Road* wirklich als Geburtsstunde des ersten KI-Romans gelten sollte, oder ob es sich nicht vielmehr um eine öffentlichkeitswirksame Rekontextualisierung von Methoden der vorausgehenden Computerlinguistik und Automatic Story Generation[13] handelt. Daran schließt sich die Frage, was unter Künstlicher Intelligenz im literarischen Zusammenhang überhaupt zu verstehen ist. Subsumiert werden unter dem aufgeladenen Begriff Verfahren der natürlichsprachlichen Textgenese (NLG)[14] mit KNN. Literatur, die mit

---

7 People's Daily Online berichtete am 31.05.2017 über den ersten KI-Gedichtband, der von Microsoft mitentwickelt und vom chinesischen Verlag Cheers Publishing herausgegeben wurde (vgl. Jiang Jie, „First AI-authored collection of poems published in China", *People's Daily Online*, 2017, in [http://en.people.cn/n3/2017/0531/c90000-9222463.html] (Zugriff: 18.08.2023).
8 Xiaoice, *The Sunshine Lost Windows*, Beijing Cheers Publishing House, 2017.
9 *Sunspring* wurde verfilmt und gewann einen Preis bei einem Filmfestival. Archiviert wurde der Film beispielsweise auf YouTube (Ross Goodwin, „Sunspring", *YouTube/Ars Technica*, 2016, in [www.youtube.com/watch?v=LY7x2Ihqjmc&ab_channel=ArsTechnica]) (Zugriff: 02.09.2023).
10 K Allado-McDowell & GPT-3, *Pharmako-AI*, New York 2020.
11 Dwight Garner, „A Human Wrote This Book Review. A.I. Wrote the Book", *The New York Times*, in [www.nytimes.com/2023/05/01/books/aidan-marchine-death-of-an-author.html] (Zugriff: 02.09.2023).
12 Einen Überblick über literarische Erzählverfahren und sog. Storymaschinen aus der Computational Linguistik mit Fokus auf Erzählungen geben Mike Sharples und Rafael Pérez y Pérez in *Story Machines – How Computers Have Become Creative Writers*, London/New York 2022.
13 Einen Überblick über verschiedene Ansätze in der natürlichsprachlichen Textgeneration (Natural Language Generation (NLG)) mit Fokus auf das Erzählen von Geschichten fasst Aqil Azmi zusammen (Aqil Azmi, „Automatic Story Generation: A Survey of Approaches", *ACM Comput. Surv*, Bd. 100(7) 2021, Art. 8).
14 Natural Language Generation (NLG) ist ein Teilgebiet der Linguistik und Computerwissenschaft, insbesondere der Forschung zur künstlichen Intelligenz, mit dem Ziel, natürliche Sprache über Computer generieren zu lassen. Seit den 2010er Jahren haben sich Machine-Learning-Modelle zur Genese oder Auswertung natürlicher Sprache etabliert. Insbesondere künstliche neuronale Netzwerke (KNN) sind hierbei relevant, vgl. Yoav Goldberg, „A Primer on Neural Network Models for Natural Language Processing", *Journal of Artificial Intelligence Research*, 2015, 345–420. Bei künstlichen neuronalen Netzwerken handelt es sich um Computersysteme, die vorgeblich die Funkti-

künstlichen neuronalen Netzwerken erstellt wurde, wird in den Literatur- und Medienwissenschaften gegenwärtig an der Schnittstelle zwischen generativer und digitaler Literatur diskutiert.[15] Pionierarbeit bei der Definition und Historisierung von KI-Literatur im deutschsprachigen Raum leistete der Autor, Literatur- und Medienwissenschaftler Hannes Bajohr. Um die Bandbreite digitaler Schreibprakti-ken[16] zu differenzieren und Verfahrensweisen mit künstlichen neuronalen Netz-werken abzugrenzen, ordnet Bajohr KI-Literatur aus einer medientechnologischen Perspektive ein. Er grenzt KI-Literatur als Teil des konnektionistischen Paradigmas von einem sequenziellen Paradigma ab.[17] Bajohr spricht in diesem Zusammenhang von einem Schreiben „dritten Grades":[18] Literatur mit künstlichen neuronalen Netzwerken zu erzeugen heißt, zunächst ein Textkorpus zu definieren (Material-zusammenstellung), mit dem das Modell trainiert wird, um anschließend Text zu generieren, auf den – von der Promptmodellierung abgesehen – kein Einfluss ausgeübt wird. Die Kulturwissenschaftlerin und Philosophin Mercedes Bunz weist darauf hin, dass diese Form des generativen Schreibens *Form* priorisiert und

---

onsweise des Gehirns nachahmen und mit verbundenen Einheiten arbeiten, die als künstliche Neuronen bezeichnet werden (vgl. Zheng Rong Yang/Zhang Yang, *Comprehensive Biomedical Physics*, Stockholm 2022). Künstliche neuronale Netzwerke, die in der Lage sind, natürliche Sprache zu erzeugen, werden durch *Machine* und *Deep Learning* trainiert und basieren auf Textdatensätzen.

15 Digitale Literatur wird auch anhand der Begriffe Computational oder Electronic Literature diskutiert und in einer eigenen poetologischen Tradition verortet, die mitunter bis hin zu mittel-alterlichen Schreibapparaturen zurückverfolgt wird (vgl. Nancy Katherine Hayles, *Electronic Lite-rature: New Horizons for the Literary*, Cambridge 2009; Scott Rettberg, *Electronic Literature*, Cam-bridge 2019; Philipp Schönthaler, *Die Automatisierung des Schreibens und Gegenprogramme der Literatur*, Berlin 2022; Hannes Bajohr, *Schreibenlassen – Texte zur Literatur im Digitalen*, Berlin 2022).

16 Die Verfahrensweisen digitaler Literatur sind vielfältig. Einen Überblick geben z.B: Caroline Lamb et al., „A taxonomy of generative poetry Techniques", *Journal of Mathematics and the Arts*, Bd. 3, 2017; Judith van Stegeren/Mariet Theune, „Narrative Generation in the Wild: Methods from NaNoGenMo", *Proceedings of the Second Storytelling Workshop*, 2019, 65–74; Christina Linardaki, „Poetry at the first steps of Artificial Intelligence", *Humanist Studies & the Digital Age*, 2022).

17 Hannes Bajohr fasst die Produktionsweisen nach dichotomen Paradigmen zusammen: „Das sequentielle Paradigma der generativen Literatur [...] arbeitet mit linearen Algorithmen, das kon-nektionistische Paradigma [...] basiert auf neuronalen Netzen." Unter dem sequenziellen Paradigma fasst Bajohr Texte zusammen, die „als eine Abfolge von Regelschritten ausgeführt werden" (Hannes Bajohr, „Algorithmic Empathy – On Two Paradigms of Digital Generative Literature and the Need for a Critique for AI Works", *Media Culture and Cultural Techniques* Nr. 4, 2020, 10).

18 Hannes Bajohr kategorisiert die Grundelemente digitaler Literatur anhand der folgenden Phänomene: Schreiben in Distanz, Materialverarbeitung und Konzeptumsetzung. In Bezug auf das Schreiben mit großen Sprachmodellen spricht Bajohr darüber hinaus von einem Schreiben „dritten Grades" (Hannes Bajohr, *Schreiben in Distanz*, Hildesheim 2023, 51).

stochastisch operiert.[19] Die Definition, Ausmessung und Kartographierung von KI-Literatur geschieht nicht nur aus strikt wissenschaftlicher Perspektive, sondern auch in Form poetologischer Selbstbetrachtungen, bei denen die Aufschlüsselung der Methodik und des Konzepts zum Teil der künstlerischen Arbeit wird, wie dies beispielsweise im Textkollektiv 0x0a[20] oder in Mattis Kuhns *Selbstgespräch mit einer KI*[21] geschieht.

Vor dem Hintergrund von ChatGPTs menschenähnlichen Sprachfähigkeiten ähneln Projekte wie *Selbstgespräche mit einer KI* dem Stammeln einer Maschine, die gerade erst begonnen hat zu sprechen. Eine absurde Road-Novelle aus der Feder von ChatGPT ist keine nerdige Nischenliteratur mehr, hat aber auch ihren Zauber als drollige Maschinenliteratur mittlerweile verloren. Auch wenn aktuell nicht geklärt ist, wie und in welchem Ausmaß Chatbots Schreiben und Schreibkompetenzen verändern werden, dringt die Textmaschine KI doch stetig in verschiedene Bereiche des literarischen Feldes ein: Die kontinuierliche Erweiterung von (literarischem) KI-Content sowie Errungenschaften hinsichtlich textbasierter Technologien verschieben somit auch die bisherigen Konventionen des Marktes.

2 Literaturökonomische Perspektiven: KI auf dem Literaturmarkt

Nach der Veröffentlichung von ChatGPT im November 2022 wird von einer kaum kontrollierbaren Flut von KI-Texten im Internet gesprochen, darunter auch KI-Bücher, die insbesondere den Online-Versandhändler Amazon betreffen. Das US-amerikanische Sci-Fi- und Fantasy-Literaturmagazin *Clarksworld* nahm im Februar 2023 aufgrund eines rapiden Anstiegs an Einsendungen, die mithilfe von KI verfasst wurden, keine neuen Texte mehr an.[22] Der *Washington-Post*-Reporter Will Oremus schreibt: „AI-written content spreading across the web as new language software

---

19 „Generated writing is writing whose orientation puts form before facts and operates stochastically." (Mercedes Bunz, „Thinking through generated writing", *MediArXiv*, 23.06.2023, 17, in [www.mediarxiv.org/4th3x] [Zugriff: 10.09.2023]).
20 Hannes Bajohr/Gregor Weichbrodt, *0x0a*, in [www.0x0a.li/de/] (Zugriff: 19.08.2023).
21 Mattis Kuhn, „Selbstgespräche mit einer KI", *0x0a*, 2020–2021, in [www.0x0a.li/de/neuer-titel-selbstgespraeche-mit-einer-ki/] (Zugriff: 19.08.2023).
22 Vincent Acovino/Halimah Abdullah, „Sci-Fi magazine stops submissions after flood of AI generated stories", *NPR*, 23.02.2023, in [www.npr.org/2023/02/23/1159118948/sci-fi-magazine-stops-submissions-after-flood-of-ai-generated-stories] (Zugriff: 18.08.2023).

allows anyone to rapidly generate reams of prose on almost any topic."[23] Hierbei handele es sich, so Oremus, um KI-generierte Produkt-Reviews, Rezepte und Blogposts. Er weist ebenso darauf hin, dass digital angekündigte Sachbücher kurz vor ihrem eigentlichen Erscheinen durch KI repliziert wurden. Die KI-Replikate erschienen unter gleichem Titel wie die angekündigten Sachbücher, wiesen jedoch keine inhaltliche Tiefe auf.[24] Dies sind nur einige Beispiele für die vielzitierte Spitze des Eisbergs unkontrollierbarer Contentpluralisierungen durch Chatbots. ChatGPT hat darüber hinaus innerhalb kürzester Zeit einen Markt hervorgebracht, der darauf abzielt, Wissen zur optimalen Nutzung von Chatbots (zum Beispiel Verfeinerung von Prompts) entweder frei verfügbar oder kostenpflichtig zu verbreiten. Literarische Textproduktion wird mitunter durch Tutorials beschleunigt. Online verfügbare Schritt-für-Schritt-Anleitungen zur Erstellung von Büchern mit ChatGPT scheinen literarisches Schreiben aus seinem Elfenbeinturm zu holen. Schreibprogramme, die Workflows beschleunigen und Personal einsparen sollen, breiten sich aus. Darunter auch Programme, die versprechen, Bücher schnell und effizient zu schreiben und diese auf den Literaturmarkt zu bringen. Laut der Beratungs- und Forschungsagentur *Verified Market Research* beläuft sich der Wert des US-amerikanischen Markts für KI-Schreib-Software im Jahr 2021 auf 818,48 Millionen US-Dollar. Es wird prognostiziert, dass er bis zum Jahr 2030 auf einen Wert von 6.464,31 Millionen, und damit um fast 27 Prozent, ansteigt.[25] Es mehren sich in diesem Zusammenhang auch Textfeedbackprogramme, die Lektoratstätigkeiten ersetzen und das eigene Romanmanuskript optimieren sollen.

Auch wenn derzeit okkult anmutende Werbeversprechen den KI-Programm-Markt dominieren, verspricht der Einsatz von KI eine ernstzunehmende Optimierung des Verlagswesens. Dies betrifft sowohl eine verbesserte Datenverarbeitung (z. B. zur Zielgruppenanalyse oder Search Engine Optimization) als auch eine Veränderung des Lektoratsprozesses selbst.[26] Gemeint ist hier eine mögliche Automatisierung von Lektoratsschritten durch KI-gestützte Programme, die auch in der Lage sind, Textfeedback zu Struktur, Spannungsaufbau oder sprachlichen Inkohä-

---

23 Will Oremus, „He wrote a book on a rare subject. Then a ChatGPT replica appeared on Amazon", *The Washington Post*, 05.05.23, in [www.washingtonpost.com/technology/2023/05/05/ai-spam-websites-books-chatgpt/] (Zugriff: 18.08.2023).
24 Oremus 2023.
25 Verified Market Research, 2023, in [www.verifiedmarketresearch.com/product/ai-writing-assistant-software-market/] (Zugriff: 02.09.2023).
26 Die angeführten Punkte entsprechen denen, die in Online-Diskursen zu KI und Verlagswesen primär aufgegriffen werden (vgl. zum Beispiel Writerful Books, „How is AI Changing the Book Publishing Industry", in [www.writerfulbooks.com/ai-authors-book-editors-publishers/] (Zugriff: 02.09.2023).

renzen zu geben. Das Programm LiSA der Firma QualiFiktion wirbt beispielsweise damit, belletristische Texte hinsichtlich ihrer Stimmung, ihrer Figuren oder ihres Leser:innenpotenzials zu analysieren. Ebenso bietet das System Vergleiche mit Bestsellern an.[27] Bisher werden diese Phänomene online diskutiert und kaum wissenschaftlich aufgearbeitet. Es ist unklar, ob jene Programme tatsächlich das Lektorat auch innerhalb von Verlagsstrukturen nachhaltig verändern können oder ob von diesen Tools lediglich ein trügerisches Versprechen von Publikationserfolgen ausgeht. Ebenso steht eine Nutzungsanalyse aus, die fundiert erfasst, wie und in welchen Bereichen KI von Verlagen bereits eingesetzt wird und welche wirtschaftlichen Vor- oder Nachteile daraus resultieren.[28]

Während KI im Verlagswesen und Lektorat noch ein randständiges Phänomen ist, wird Text in einschlägigen Textmärkten bereits standardmäßig von künstlichen neuronalen Netzen generiert, wie beispielsweise im Copy Writing (Marketing), zur Erstellung von Captions (Bildunterschriften) oder kürzeren Textformen im Journalismus.[29] Zudem wird von verschiedenen Seiten eine mögliche Umwälzung des Arbeitsmarktes durch KI prognostiziert, von der auch Jobs im literarischen Feld betroffen sind.[30] Denkbar wäre eine Verlagerung hin zu einer stärker kuratorischen Arbeitsweise: Anstatt Texte zu schreiben, müssten diese geprompted und sortiert bzw. arrangiert werden. Zu untersuchen, welchen Effekt KI schließlich auf Berufe im literarischen bzw. schriftstellerischen Feld ausübt, fällt auch in den Bereich der (transdisziplinären) Literaturwissenschaften.

---

27 Eine Beschreibung möglicher Features findet sich auf der Website des Unternehmens (Quali-Fiction, in [www.qualifiction.info/lisa/lisa-f%C3%BCr-verlage/] (Zugriff: 02. 09. 2023).
28 Im Wintersemester 23/24 werde ich mit Masterstudierenden am Literaturinstitut Hildesheim literarische Manuskripte mit KI-gestützten-Programmen auswerten, um klarer einschätzen zu können, wie Textfeedbackprogramme in literarische Prozesse integriert werden können und inwiefern dies auf dem aktuellen Stand der Technik sinnvoll ist.
29 Der Journalist John Herrman listet in einem Artikel Vorstöße in Bezug auf KI und Journalismus auf und nennt US-amerikanische Magazine und Zeitungen, die bereits mit KI arbeiten (vgl. John Herrman, „How Will Artificial Intelligence Change the News Business?", *Intelligencer,* 2023, in [www.nymag.com/intelligencer/2023/08/how-ai-will-change-the-news-business.html] [Zugriff: 02. 09. 2023]).
30 Das World Economic Forum prognostiziert: „[...] while expectations of the displacement of physical and manual work by machines has decreased, reasoning, communicating and coordinating – all traits with a comparative advantage for humans – are expected to be more automatable in the future. Artificial intelligence, a key driver of potential algorithmic displacement, is expected to be adopted by nearly 75 % of surveyed companies and is expected to lead to high churn – with 50 % of organizations expecting it to create job growth and 25 % expecting it to create job losses" (World Economic Forum, *Future of Jobs Report,* 2023, 5).

3 Schreibprozessforschung: Kollaboratives Schreiben und KI-gestützte Tools in literarischen Schreibprozessen

Am 2. Mai 2023 trat die *Writers Guild of America* (WGA) in den Streik. Einer der Streikpunkte betraf die Regulierung des Einsatzes von künstlicher Intelligenz. Gefordert wird eine gesetzliche Regelung, die Modellen wie ChatGPT lediglich eine Rolle als Recherche- und Konzeptualisierungswerkzeug erlaubt, Drehbuch-Autor: innen jedoch von dem restlosen Austausch mit künstlichen neuronalen Netzwerken bewahrt.[31] Der geforderte Anti-AI-Paragraph spiegelt die grundlegende Skepsis gegenüber KI wider und greift die vieldiskutierte Frage auf, ob menschliche Autor: innen an Relevanz verlieren, wenn KI vermeintlich kreative Tätigkeiten übernimmt. Aktuell sind sich Künstler:innen, Autor:innen und Wissenschaftler:innen jedoch weitgehend einig – und ich schließe mich dieser Meinung an – dass es keine autonom agierende KI geben kann, die gänzlich ohne menschliche Beteiligung auskommt: Es besteht stets die Notwendigkeit eines kollaborativen Elements. Dies wird bereits am Trainingskorpus großer Sprachmodelle sichtbar; aktuell bestehen Trainingsdaten vornehmlich aus menschlich geschriebenen Texten. Ebenso ist der Textoutput immer hochgradig vom Textinput abhängig. Hannes Bajohr spricht in diesem Zusammenhang davon, dass künstlerische Durchbrüche immer in einem Dialog zwischen Mensch und Maschine stattfinden.[32] Zu ergründen, wie jene Kollaborationen aussehen können und wie genau Sprachmodelle (literarisches) Schreiben verändern, ist Gegenstand der Schreibprozessforschung.

Das Literaturinstitut Hildesheim hat 2020 angefangen, den Lehr- und Forschungsschwerpunkt *Schreiben und KI* dezidiert zu etablieren, damit verbunden die Entwicklung von Forschungsperspektiven, die Einrichtung von Lehr- und Forschungsprojekten sowie eine Einbindung des Themenfelds ins Curriculum.[33] Diese

---

31 WGA on Strike, „The Campaign", *WGAcontract*, in [www.wgacontract2023.org/the-campaign/wga-negotiations-status-as-of-5-1-2023] (Zugriff: 02.09.2023).

32 In einem Interview mit João Gabriel Ribeiro spricht Hannes Bajohr von „eine[r] Assemblage aus Mensch und Maschine, in der Kunst das Ergebnis eines Dialogs zwischen beidem ist" (João Gabriel Ribeiro/Hannes Bajohr, „Nur eine schwache künstliche Intelligenz kann wirkliche Neuheit vorbringen", *Goethe-Institut-Portugal.de*, 2023, in [www.goethe.de/ins/pt/de/kul/zuk/aut/22442745.html] (Zugriff: 02.09.2023).

33 Vorstöße in die Integration des Themenfeldes digitale Literatur sowie digitale Schreib- und Leseweisen hat Dr. Guido Graf geleistet. Die Implementierung von KI und Schreiben haben Prof. Dr. Dagmara Kraus und ich durch verschiedene (Lehr-)Initiativen und Projekte erwirkt (vgl. in [www.uni-hildesheim.de/literaturinstitut/schreiben-mit-ki/] (Zugriff: 02.09.2023)).

Bestrebungen lassen sich in verschiedenen Fachbereichen beobachten, auch Schreibinstitute setzen sich vermehrt mit dem Themenfeld auseinander.[34] Analysiert werden beispielsweise Schreibpraktiken mit KI. In Bezug auf die literarische und erzählerische Arbeit mit künstlichen neuronalen Netzwerken lassen sich folgende Verfahrensweisen clustern: Die Systeme können entweder selbst trainiert werden, indem sie mit einem vergleichsweise kleinen, manuell ausgewählten Datensatz gefüttert werden – das ist beispielsweise noch mit GPT-2 möglich; es kann aber auch ein bereits trainiertes System verwendet und „feingetuned" werden. State of the Art der vortrainierten Systeme sind gegenwärtig große Sprachmodelle wie ChatGPT, LLaMA oder Bard. Auf Basis meiner bisherigen Forschung operationalisiere ich kollaborative Verfahren zur Genese von erzählender Literatur mit KI anhand von drei Schritten: 1) Konzeption, 2) Textproduktion, 3) Überarbeitung.[35] Diese lassen sich entweder im Dialog mit Chatbots oder in KI-gestützten Programmen, die sich auf Fiction Writing spezialisiert haben, umsetzen.

Bisher gibt es nur begrenzt Daten zu literarischen Schreibprozessen mit KI, diese können mitunter über Werkstattgespräche, künstlerische Forschung oder die Auswertung von Erfahrungsberichten gesammelt werden. Material bietet beispielsweise der Blog der Independent-Autorin Jennifer Lepp, die eine Fantasy-Krimi-Reihe auf Amazon Self Publishing vertreibt und beschreibt, wie sie durch den Einsatz eines KI-gestützten Programms ihre Produktivität verzehnfacht hat.[36] *Magic's a Hoot* war der erste Roman, den Lepp 2021 unter dem Pseudonym Leanne Leeds in Kollaboration mit dem KI-gestützten Programm Sudowrite schrieb. Sudowrite wird aktuell im Netz als funktionalstes KI-gestütztes Schreibprogramm zur Prosagenese gehandelt. Lepps Arbeitsprozess erscheint hochgradig operationalisiert und ist auf maximalen Output angelegt. Aufgaben werden zwischen Programm und Autorin delegiert, Konzeptions- und Überarbeitungsabläufe folgen einem gleichbleibenden Schema. In einem Interview mit *The Verge* räumt sie ein, dass sie sich – besonders in der Anfangsphase der Kollaboration mit Sudowrite – mental stark von ihrer Geschichte entfernte und teilweise den Zugang zu ihren Figuren

---

34 Aktuell entstehen vermehrt Forschungsarbeiten und wissenschaftlich-künstlerische Arbeiten zum Themenfeld KI und Literatur (vgl. Jenifer Becker, „Dear GPT-3: Collaborative Writing with Neural Nets", in *Artificial Intelligence – Intelligent Art: Human Machine Interaction and Creative Practice*, hg. von Robin Auer et al., Bielefeld 2024; Jenifer Becker, „Die Suche nach dem perfekten Ex: Prosaversuche mit Künstlichen Neuronalen Netzwerken", in *Quatschmaschine*, hg. von Bernhard Dotzler, Bielefeld 2023).

35 Jenifer Becker, „Zukunftsutopie oder -dystopie. Kreatives Schreiben mit KI. Teil 1 & 2", *w/k – Zwischen Wissenschaft und Kunst*, 2023, in [www.wissenschaft-kunst.de/zukunftsutopie-oder-dyst opie-kreatives-schreiben-mit-ki-ii/] (Zugriff: 18.08.2023).

36 Leanne Leeds, „Deciding to try Sudowrite", *leanneleeds.com*, 2021, in [www.leanneleeds.com/initi al-sudowrite-page/#more-4039] (Zugriff: 02.09.2023).

oder logischen Zusammenhängen verlor. Lepp beschreibt diesen Prozess als einen didaktischen, der die richtige Balance zwischen Delegation und Eigenverantwortung in der Zusammenarbeit mit Sudowrite erfordert.[37] Die Arbeitsweise der Autorin deutet auf eine Zukunft hin, in der Schreiben – insbesondere im Unterhaltungssektor – kein individueller Akt mehr sein wird, sondern ein hoch professionalisierter Kollaborationsprozess von menschlichen Akteur:innen und künstlichen neuronalen Netzwerken.

Neben dem Einfluss von KI auf Schreibverfahren sollten auch KI-gestützte Programme als solche dringend zum Gegenstand der Analyse gemacht werden. Sowohl im Trainingskorpus als auch im Interface von Schreibprogrammen ist stets eine spezifische Vorstellung von Literatur und literarischen Formen erkennbar, die kritisch eruiert werden muss. Betrachten wir beispielsweise Sudowrite: In dem Programm lassen sich verschiedene schriftstellerische Arbeitsschritte automatisieren, eine Erzählung kann über eine Makro- oder Mikrostruktur in Kooperation mit KI konzipiert und umgesetzt werden. Mit der Story Engine können seit 2023 ganze Romane oder Drehbücher generiert werden. Sudowrite implementiert dafür Schreibansätze aus der konventionellen Drehbuchtheorie, sichtbar an Begriffen wie „Beats" oder „Plot Points", die mitunter auf Syd Field[38] oder Blake Snyder[39] zurückgehen und auf modellhaftem Erzählen aufbauen. Lassen wir das System weitgehend autonom arbeiten, entstehen geschlossene Geschichten mit handlungsgetriebenen Plots, die sich in einer schematischen 3- oder 5-Akt-Struktur entfalten. Die im System angelegten Parameter können individuell bestückt werden, ebenso lassen sich bewusst Brüche einbauen, um die vorgegebene Struktur der Story-Engine-Geschichte subversiv zu unterlaufen, dies erfordert jedoch ein aktives Gegen-Schreiben. Je weniger eingegriffen wird, desto generischer ist der Output. Literarische Texte von Chatbots sind derzeit stark stereotypisiert, oft finden sich darin klischierte Beobachtungen und Beschreibungen, Figurencharakterisierungen sind eher schwach und verbleiben oberflächlich, insbesondere Dialoge klingen abstrakt und hölzern. Auch hier liegt das literarische Potenzial meiner Meinung nach vor allem in der Kollaboration.

Neben einer Analyse von Schreibprogrammen müssen Trainingsdaten in eine kritische Analyse von Schreibprozessen integriert werden. Sudowrite basiert auf verschiedenen, „feingetunten" Versionen von GPT-3 und GPT-4. Welche Trainingsdaten GPT-4 genau zugrunde liegen, ist nicht vollends geklärt. Wir können davon ausgehen, dass sich, neben einschlägigen Online-Enzyklopädien und Common-

37 Josh Dzieza, „The Great Fiction of AI", *The Verge*, 2022, in [www.theverge.com/c/23194235/ai-fiction-writing-amazon-kindle-sudowrite-jasper] (Zugriff: 02.09.2023).
38 Syd Field, *Screenplay – The Foundations of Screenwriting*, New York 1979.
39 Blake Snyder, *Save the Cat!: The Last Book on Screenwriting You'll Ever Need*, London 2005.

Crawl-Datensätzen, auch literarische Texte im Korpus befinden. Ein Team von Wissenschaftler:innen der Universität Berkeley hat ein Paper veröffentlicht aus dem hervorgeht, welche literarischen Werke mit hoher Wahrscheinlichkeit Teil des Trainingskorpus von ChatGPT waren, darunter kanonisierte Werke wie die von Jane Austen, aber auch populäre Gegenwartsliteratur wie *Harry Potter* oder *50 Shades of Grey.* Ein Großteil der literarischen Texte, so die Studie aus Berkeley, setze sich zudem aus Sci-Fi-Literatur zusammen.[40] Auch hier ist ein kritischer Blick seitens der Literaturwissenschaft gefragt: Welchen Text-Output-Effekt erwirkt ein Trainingsdatensatz, welcher zu einem großen Teil aus kanonisierter, englischsprachiger Literatur besteht? Als Forschungsdesiderat steht zudem eine fundierte Analyse von Stil- und Sprachmustern aus: Kann eine Vereinfachung von Sprache beobachtet werden, und wie lässt sich einem aktuell zu beobachtenden englischen Sprachimperialismus in Modellen des westlichen Wirtschaftsraums entgegenwirken? Wenn Trainingsdatensätze irgendwann nur noch auf KI-generierten Texten basieren, die fehlerhaft sind, könnte dies darüber hinaus dazu führen, dass der Output immer absurder, fehlerhafter, inkohärenter wird – in der Forschung wird hier auf einen möglichen Kollaps des Modells hingewiesen.[41]

Ein breitgefächertes Forschungsfeld bietet zudem die kritische Analyse von Biases, die in literarischen Texten reproduziert werden. Verschiedene Studien weisen darauf hin, dass große Sprachmodelle Biases enthalten, die Diskriminierungsformen und Rassismen reproduzieren.[42] An diese Studien ließen sich literaturwissenschaftliche Perspektiven anschließen. In eigenen Experimenten und in Zusammenarbeit mit Studierenden des Literaturinstituts Hildesheim konnte ich beobachten, dass in Erzählungen und Romanversuchen stets ähnliche Narrative reproduziert werden, die verstärkt Elemente der positiven Psychologie beinhalten. Es bleibt kritisch zu beobachten, welchen Einfluss KI-Erzählprogramme wie Su-

---

40 Kent K. Chang et al., „Speak, Memory: An Archaeology of Books Known to ChatGPT/GPT-4", *arXiv*, in [www.arxiv.org/pdf/2305.00118.pdf] (Zugriff: 02.09.2023).
41 Ilia Shumailov et al., „The Curse of Recursion: Training on Generated Data Makes Models Forget", *arXiv*, 2023, in [www.arxiv.org/pdf/2305.17493v2.pdf] (Zugriff: 02.09.2023).
42 Es wird darauf hingewiesen, dass semantische Strukturen im Output von Sprachmodellen analog zu jenen im Trainingskorpus verlaufen, vgl. Aylin Caliskan et al., „Semantics derived automatically from language corpora contain human-like biases", *Science*, 2017, 183–186; Abhishek Mandal, „The Algorithmic Origins of Bias", *FeministAI*, 22.06.2021, in: [https://t1p.de/sq5ru] (Zugriff: 19.08.2023). Darüber hinaus wurden in verschiedenen Studien rassistische sowie anti-semitische Biases, ebenso Diskriminierungen gegenüber Menschen mit Behinderungen nachgewiesen, vgl. Ari Schlesinger et al., „Let's talk about race: Identity, chatbots, and AI", *Proceedings of the Conference on Human Factors in Computing*, 2018, 1–14; Anhong Guo et al., „Toward fairness in AI for people with disabilities: A research roadmap", *Proceedings of the ASSETS Workshop on AI Fairness for People with Disabilities*, 2019, 1–9.

dowrite auf das Geschichtenerzählen nehmen und ob sie zu einer noch stärkeren Reproduktion von durchaus ideologisch aufgeladenen Narrativen wie Campbells Heldenreise führen.

Einige meiner Studierenden meinen, dass sie sich ein Schreiben ohne ChatGPT gar nicht mehr vorstellen können, weniger um Texte generieren zu lassen, als vielmehr um erste Ideen abzugleichen und einen Weg in den Schreibprozess zu finden. Ein Großteil der Schreib-Studierenden steht KI jedoch weiterhin skeptisch gegenüber. Dies bildet sich auch in Rezeptionshaltungen ab. In einem Interview mit dem Onlinemagazin *The Verve* spricht die Autor:in Jennifer Lepp von negativen Reaktionen der Leser:innen, die den Einsatz von KI als Schummeln wahrnehmen oder sich in gewisser Weise betrogen fühlen.[43] Unter welchem Rezeptionsvertrag werden KI-Texte aktuell gelesen? Und wer hat sie nun eigentlich geschrieben – Nutzer:in oder ChatGPT oder OpenAI oder die Autor:innen, deren Romane, Erzählbände und Lyrik ungefragt als Trainingsdaten eingespeist wurden?

4 Autor:innenschaftskonzepte: Ist die Autor:in tot?

Die Lektüre eines Romans unterliegt stets Paratexten, ebenso werden Geschichten durch Genre-Kennzeichnungen gelabelt, die verschiedene Leseerwartungen erzeugen. Diese Mechanismen zeigen sich am eindrücklichsten an autobiografischen Texten: Wenn der autobiografische Pakt verletzt wird, erzeugt dies mitunter Konsequenzen, wie beispielsweise die öffentliche Diffamierung des Autors James Frey. Dass Freys 2003 veröffentlichte Memoiren *A Million Little Pieces* kaum auf autobiografischen Erlebnissen fußte, löste eine Diskussion über ethische Implikationen autobiografischer Erzählweisen aus. Noch ungeklärt ist, ob und wie der Einsatz von Künstlicher Intelligenz in der Textgenese abgebildet werden soll, ob möglicherweise ein KI-Pakt analog zu Philipp LeJeunes autobiografischem Pakt denkbar wäre. Oder ob wir uns, wie es Hannes Bajohr beschreibt, bereits in einem postartifiziellen Zeitalter befinden, in dem die Distinktion zwischen maschinellen und menschlichen Texten keine Relevanz mehr haben wird.[44]

Diskutiert werden darüber hinaus Fragen zu Urheberrecht und Schöpfungshöhe. Grundsätzlich sind KI-generierte Texte nicht urheberrechtlich geschützt, da es sich nicht um persönliche, von Menschen gemachte Schöpfungen handelt. Der

---

43 Dzieza 2023.

44 Hannes Bajohr, „Artifizielle und postartifizielle Texte", *Sprache im technischen Zeitalter*, Bd. 61(245), 2023, 37–61, 39.

Rechtsanwalt Sebastian Skradde weist darauf hin, dass bisher ungeklärt ist, ob und in welchem Maß Urheberrechte geltend gemacht werden können, wenn Texte gemeinsam mit KI erzeugt werden.[45] Grundsätzlich können Urheberrechtsrechte verletzt werden, wenn beispielsweise eine KI Textabschnitte plagiiert.

Neben juristischen Fragestellungen werden vor allem Fragen nach literarischer Wertigkeit und Kommunikationsintentionen diskutiert. Was kann eine KI, die weder empfindungsfähig ist noch ein semantisches Verständnis hat, überhaupt Relevantes schreiben? Der Diskurs um KI und Literatur, aber auch um KI und künstlerische Produktion, wird maßgeblich von der Frage dominiert, ob KI menschliche Kreativität ersetzen kann.[46] Die Literaturwissenschaftlerin Stephanie Catani verweist in diesem Zusammenhang auf die diskursprägende Rolle von Medien in der vermeintlichen Vermenschlichung von KI: „Die stereotype Berichterstattung über die Beteiligung von KI-Programmen an Kunstproduktionen ist [...] nicht folgenlos, sondern maßgeblich dafür verantwortlich, dass neuronale Netze und Algorithmen zu Künstlern der Zukunft erklärt werden."[47] Hier spannt sich eine mitunter stark emotional aufgeladene Debatte auf, die ontologisch die Frage aufgreift: Was macht uns Menschen eigentlich menschlich, wenn uns die Kreativität abgenommen wird? Literaturtheoretische Konzepte, die aus einem strukturalistischen Verständnis entwachsen sind und sich gänzlich von Autor:innenintentionen abgrenzen, scheinen in den aufgeladenen Diskussionen von KI-Autor:innenschaft kaum berücksichtigt zu werden. Der Literaturwissenschaftler Andrew Dean plädiert in diesem Zusammenhang für eine Fruchtbarmachung jener Ansätze, die textimmanente Fragestellungen priorisieren und weniger die Materialität einer menschlichen oder künstlichen Autor:innenfigur oder -intention in den Fokus rücken.[48] Dean unterstreicht, dass die synthetische Qualität von KI-produzierter Sprache ein anderes Kreativitätsverständnis erforderlich mache als eines, das menschliche Rationalität oder Intention ins Zentrum rückt. Er verweist hierbei auf Perspektiven, die eine Intentionalität von Text ablehnen, wie William Kurtz Wimsatts und Monroe Beardsleys Überlegungen zu einem intentionalen Fehlschluss

---

45 Sebastian Skradde, „Urheberrechtliche Aspekte von KI-generierten Texten – der Fall ChatGPT", *Anwalt.de,* 2023, in [www.anwalt.de/rechtstipps/urheberrechtliche-aspekte-von-ki-generierten-texten-der-fall-chatgpt-210139.html] (Zugriff 02.09.2023).

46 Die Fragestellung wird sowohl in internationalen Leitmedien, Reddit-Foren, Blogs als auch auf anderen Social-Media-Plattformen diskutiert. Mir begegnet die Frage zudem in Interviews und auf KI-Konferenzen, oft in Zusammenhang mit Begriffen wie „Originalität", „Bewusstsein" oder auch „Seele".

47 Stephanie Catani, „Gegenwartsliterarische Experimente mit Künstlicher Intelligenz", in *Schnittstellen,* hg. von Andrea Bartl et al., Paderborn 2022, 247–266, 248.

48 Andrew Dean, „AI and the Future of Literary Studies", *Sydney Review of Books,* 2023, in [www.sydneyreviewofbooks.com/essay/future-literary-studies-dean/] (Zugriff: 02.09.2023).

oder Roland Barthes Textverständnis, das sich vermeintlichen Ursprüngen und intentionalen Zuschreibungen entzieht.[49] Auch Michel Foucaults *Was ist ein Autor?* ließe sich als theoretische Grundlage für ein zugespitztes KI-Textverständnis nutzen, in dem individuelle Autor:innenschaft möglicherweise gänzlich aufgelöst würde. In diesem Zusammenhang wird auch auf die Rolle von Rezipient:innen verwiesen, beispielsweise durch den Literaturwissenschaftler Debarshi Arathdar.[50] Auch wenn KI-Texte Glitches, Fehler oder Lücken enthalten, werden diese im Rezeptionsprozess kognitiv mit Bedeutung versehen. Wenn also eine KI einen vermeintlich sinnentleerten Text generiert, kann dieser von uns mit eigenen Erinnerungen und (Lese-)Erfahrungen aufgeladen; und damit im Rezeptionsprozess „vermenschlicht" werden. In Rückgriff auf schreibtheoretische Positionen wie die von Jacques Derrida verweist auch Mercedes Bunz darauf, dass generierte Texte stets eine Relation zu unserer Lebenswelt aufweisen.[51] Eine stärkere Gewichtung von Rezeptionsperspektiven, die auch in der hermeneutischen Auslegung von algorithmischer Literatur zu beobachten ist, ermöglicht in diesem Sinne ebenfalls einen neuen Interpretationsraum für KI-generierte Texte.

Die Skepsis gegenüber literarisch schreibender KI zeigt, dass die Rezeption literarischer Texte immer noch stark mit einem romantischen Geniekult verwoben ist – Literatur(-produktion) ist mit Erwartungen an die Figur der vermeintlich allein aus dem eigenen Geist schöpfenden Autor:in aufgeladen, ein Bild, das durch den Einsatz von Hilfswerkzeug oder Schreibassistenzen in Frage gestellt wird. In der Kunst, aber auch in der Literaturgeschichte, gibt es vielfältige Beispiele, anhand derer diese Thematik bereits diskutiert wurde. Man denke an Kunstformen wie Cut-ups oder kombinatorische Verfahren, bei denen weniger das Schreiben von Textschnipseln als vielmehr das Arrangement und der Zufall zentrale Gestaltungsmittel sind. Die Trennung von Künstler:in und Produktion hat sich in der Bildenden Kunst darüber hinaus längst vollzogen: Dass Anne Imhoff oder Ai Weiwei Produktionsteams einsetzen, um ihre Ideen ausgestalten zu lassen, lässt niemanden an ihrem künstlerischen Status zweifeln. Ein Erstarken kollektiver Ansätze in der literari-

---

49 „The arguments against intention span very different intellectual projects and histories, from Wimsatt and Beardsley's essay on what they call ‚the intentional fallacy' to Roland Barthes, for whom texts have ‚no other origin than language itself, language which ceaselessly calls into question all origins'.", Dean 2023.

50 „[...] the reader remains elemental in the role of grazing texts in that eternal pasture of hermeneutics that is fenced in only by context and cognitive limitations. It is human cognitive architecture, with its capacity to bend, break, and blend, that accounts for all the sense-making and disjunctures encountered while narrativizing.", Arathdar 2020, 20.

51 „Natural language generation certainly does not align with our human artifice and its reality, but that does not mean that it has no relation to that reality.", Bunz 2023, 17.

schen Praxis und Theorie[52] ließe sich in diesem Zusammenhang auch für eine Poetologie von KI-Kollaborationen fruchtbar machen. Der Einsatz von KI wäre im Kollektiv keine Bedrohung für die literarische Vermittlung menschlicher Lebenswelten, sondern möglicherweise ein produktiver Faktor in der Textgenese.

5 Fazit

In *Lady of Mazes* hat der plötzliche Überfluss an außergewöhnlich guter Literatur, die auf Knopfdruck von KI geschrieben wird, keinen Effekt auf die kreativen Ambitionen der Erdbevölkerung. In Karl Schroeders Roman schreiben die Menschen trotzdem weiter, denn Kreativität ist – so Schroeder – das, was Menschen ausmacht und sie überhaupt erst menschlich werden lässt.[53] Was Maschinenkunst von menschlicher Kunst unterscheidet, ist jene Frage, die den Diskurs um *KI und Kunst* und auch im Spezifischen *KI und Literatur* gegenwärtig am eindringlichsten prägt. Da die Forschung zu Künstlicher Intelligenz rasante Fortschritte macht, sind es momentan vor allem Fragen, die in den Literaturwissenschaften gesammelt und gestellt werden. Richtungsweisend sind hierbei insbesondere Tagungen und Konferenzen. Das Forschungsfeld *Schreiben und KI* beginnt sich zudem zu institutionalisieren, erkennbar an vielzähligen Forschungsprojekten oder neu gegründeten Forschungsstellen, wie beispielsweise das Kompetenzzentrum zum Schreiben mit Künstlicher Intelligenz an der Fachhochschule in Kiel unter Leitung von Doris Weßels. Es besteht fortwährend die Dringlichkeit, KI in das Curriculum angehender Literaturwissenschaftler:innen oder Schriftsteller:innen aufzunehmen.

Abschließend kann ich aus meiner Forschungsexpertise zu Erzähl- und Schreibprozessen mit KI resümieren, dass ChatGPT ohne stärkeres Eingreifen noch keine außergewöhnlich originale Literatur hervorbringt.[54] Als Schreibtool bieten

---

52 In den letzten Jahren sind einschlägige Bände zum kollektiven Schreiben im deutschsprachigen Raum entstanden: Daniel Ehrmann/Thomas Traupmann, *Kollektives Schreiben*, Paderborn 2022; Annette Pehnt/Guido Graf, *Von Satz zu Satz*, Hildesheim 2022. Zu beobachten ist zudem, dass mehr Schreibkollektive in Erscheinung treten, ebenso, dass kollaborative Arbeitsverfahren stärker akzeptiert werden. Das Konzept des *Writers Room*, das aus der Serien-, TV- und Filmwelt stammt, wirkt ebenfalls auf eine Normierung von kollaborativen Schreibverfahren ein.

53 The UNESCO Courier, „AI and literature: is it really all for the best?", *The UNESCO Courier*, 25. 06. 2018, in [www.unesco.org/en/articles/ai-and-literature-it-really-all-best-0] (Zugriff: 18. 08. 2023).

54 Weitere Analysen und Evaluationen literarischer Schreibverfahren mit beispielsweise ChatGPT sind momentan vor allem in Online-Artikeln und Blog-Einträgen zu finden, z. B. Adi Robertson, „I tried the AI novel-writing tool everyone hates, and it's better than I expected", *The Verge*, 2023, in [www.theverge.com/2023/5/24/23732252/sudowrite-story-engine-ai-generated-cyberpunk-novella] (Zugriff: 17. 08. 2023); Robert Gonsalves, „Using ChatGPT as a Creative Writing Partner – Part 1: Prose.

KNN jedoch interessante Möglichkeiten der Kollaboration. Gleichzeitig muss berücksichtigt werden, dass sich KI für bestimmte Textformen und -felder aktuell besser eignet als für andere – stark schematisch aufgebaute Literatur, die bewusst mit generischer Sprache operiert, z. B. Groschenromane, ließen sich aktuell wahrscheinlich problemlos mit KI umsetzen. Dennoch ist der Einsatz von KI beim Schreiben genauso abhängig von der Sprache, der Arbeitsweise und dem individuellen Duktus einer Autor:in wie es beim solitären Schreiben der Fall ist. Noch ist unklar, wie stark Künstliche Intelligenzen das Schreiben revolutionieren werden oder ob wir uns immer noch in einem durch ChatGPT ausgelösten Hype befinden, der langsam in einer Ernüchterungswelle abflaut. Mit relativer Sicherheit lässt sich prognostizieren, dass sich Schreibarbeit mit KI-gestützten Tools weiter normalisieren wird, so wie es bereits durch die Implementierung von Chatbots in Textverarbeitungsprogrammen der Fall ist.[55] Irgendwann wird es wahrscheinlich absurd sein zu sagen, dass ich mit einer Maschine kollaboriere, weil ich ein Kapitel eines Romans vom Präsens ins Präteritum umschreiben lasse. Bislang ist es ChatGPT jedenfalls noch nicht gelungen, einen Bestseller zu schreiben, aber möglicherweise geschieht dies gerade in diesem Moment.

How the latest language model from OpenAI can help write poetry, fiction, and screenplays", *towardsdatascience*, 2023, in [https://t1p.de/jcc53] (Zugriff: 17. 08. 2023); Vauhini Vara, „I didn't know how to write about my sister's death—so I had AI do it for me", *The Believer*, 2021, in [www.thebeliever.net/ghosts/] (Zugriff: 02. 09. 2023).
55 Beispielsweise die „Help Me Write"-Funktion in Google.docs.

Paula Ziethmann/Kerstin Schlögl-Flierl

Kreative KI

Eine technikphilosophische Exploration literarischer
Möglichkeitsräume

Abstract: We argue from a theological perspective that novels provide a fertile ground for fostering creative scenarios and thought experiments about AI creativity. Ian McEwan's novel „Machines Like Me and People Like You" serves as a basis for explorations of possible creativity of AI. In fiction, thinking can be even more experimental, so the novel's main characters inspire us to think through the question of AI creativity to an end. It is used as a springboard for examining AI creativity from literary and techno-philosophical perspectives. By drawing parallels between the novel's concepts of AI Creativity and technological posthumanism, we explore the techno-philosophical implications that the novel constructs. Additionally, we highlight the role of subjectivity in AI systems and draw attention to the often overlooked and underpaid work of individuals from the Global South in AI systems and discussions surrounding autonomous/artificial/automated creativity. Our contribution seeks to offer new perspectives on the potential and challenges of AI creativity.

1 Einleitung

Neuroflash, Jasper, Creaitor.ai oder ChatGPT sind KI-gestützte Textgeneratoren und repräsentieren einige der jüngsten und spannendsten Entwicklungen auf dem Gebiet der Künstlichen Intelligenz.[1] Obwohl die dahinterstehende Technologie – die Berechnung von Wahrscheinlichkeiten – recht einfach ist, basiert sie doch auf riesigen Datenmengen. Das große öffentliche Interesse an den Technologien lässt sich durch (teilweise berechtigte) Ängste vor dem Arbeitsplatzverlust, Allmachtsphantasien von KI oder durch damit verbundene Vergleiche zwischen Mensch und Maschine erklären, die durch entsprechende Entwicklungen geschürt zu werden scheinen. So äußert sich Olaf Zimmermann, der Geschäftsführer des Deutschen Kulturrates, wie folgt: „Maschinenlernen und KI werden massive Auswirkungen auf den Kultur- und Mediensektor haben. Sie bieten große Potenziale, aber sie haben

---

1 Vgl. Mohammad Aljanabi, „ChatGPT: Future Directions and Open possibilities", *Mesopotamian Journal of Cybersecurity*, 2023, 16–17.

∂ Open Access. © 2024 bei den Autorinnen und Autoren, publiziert von De Gruyter. [cc BY-NC-ND] Dieses Werk ist lizenziert unter einer Creative Commons Namensnennung – Nicht kommerziell – Keine Bearbeitung 4.0 International Lizenz. https://doi.org/10.1515/9783111351490-008

Risiken für Menschen, die in Kulturunternehmen oder Kultureinrichtungen arbeiten, Arbeitsplätze werden wegfallen, Tätigkeiten von Maschinen statt Menschen übernommen werden".[2] Wir glauben, dass die hier angesprochenen Ängste, die u. a. mit dem Arbeitsplatzverlust zusammenhängen, insbesondere aus systemkritischer Perspektive besprochen werden sollten, da diese Entwicklungen auf wirtschaftlich orientierten Entscheidungen beruhen. Wir möchten uns in diesem Beitrag aber dem angesprochenen Vergleich zwischen Mensch und Maschine und somit zunächst den ontologischen Fragestellungen widmen, die wir ebenfalls als ausschlaggebend für den Hype um KI-gestützte Textgeneratoren betrachten. Was macht den Menschen zum Mensch und was macht die Maschine zur Maschine? Und wo verläuft die Grenze?

So stellt sich aus philosophischer Perspektive nach – und zusammenhängend mit – der Frage: *Kann eine KI intelligent sein?* Auch: *Kann eine KI kreativ sein?* Der Deutsche Ethikrat (DER) schreibt in seiner Stellungnahme „Mensch und Maschine – Herausforderungen durch Künstliche Intelligenz" 2023:

> Viel diskutiert und mit Blick auf KI von Relevanz ist auch der Zusammenhang von Intelligenz und Kreativität. Eine wichtige Rolle spielt hierbei die Unterscheidung zwischen konvergentem Denken, das durch logische Schlussfolgerungen zu einer einzigen oder besten Lösung gelangt, und dem für Kreativität charakteristischen divergenten Denken, das mehrere alternative Lösungen finden kann, die jeweils den gegebenen Anforderungen entsprechen.[3]

So wie der DER in seiner Stellungnahme beziehen auch wir uns grundlegend auf einen bereits von Joy Paul Guilford geprägten Kreativitätsbegriff, welcher die in der Stellungnahme präsentierte Trennung zwischen konvergentem und divergentem Denken vertritt und Kreativität als flüssige, flexible und ursprüngliche Erzeugung von Lösungskonzepten für neuartige Probleme definiert.[4]

Der Frage, ob eine KI kreativ sein kann, wollen wir in unserem Beitrag aus theologischer, literaturwissenschaftlicher und technikphilosophischer Perspektive nachgehen und uns dabei beispielhaft auf das kreative Schreiben beziehen. In diesem Zusammenhang beabsichtigen wir aufzuzeigen, dass Romane ein geeignetes Medium darstellen, um geistige Freiräume zu schaffen und explorative Szenarien zu eröffnen, um entsprechende Gedankenexperimente und Möglichkeitsabwä-

---

2 Deutscher Kulturrat, „Künstliche Intelligenz: Welche Rolle spielt KI für die Kultur?", Pressemitteilung vom 03.04.2023, in [www.kulturrat.de/presse/pressemitteilung/kuenstliche-intelligenz-welche-rolle-spielt-ki-fuer-die-kultur/] (Zugriff: 03.10.2023).
3 Deutscher Ethikrat, *Mensch und Maschine – Herausforderungen durch Künstliche Intelligenz. Stellungnahme,* Berlin 2023, in [www.ethikrat.org/fileadmin/Publikationen/Stellungnahmen/deutsch/stellungnahme-mensch-und-maschine.pdf], 13 (Zugriff: 03.10.2023).
4 Vgl. Joy Paul Guilford, „Creativity", *American Psychologist,* Washington D. C. 1950, 444–445.

gungen zu ermöglichen. In einem ersten Schritt bekräftigen wir diese These durch historisch-theologische Reflexionen zur Kontingenz und zur Entstehung des europäischen Romans. Anschließend erörtern wir die Potenzialität einer kreativen KI, exemplifiziert anhand des Romans *Maschinen wie ich* (2019) von Ian McEwan. Dieser Roman bietet sich an, da er die Perspektivenumkehr denkerisch ermöglicht: Die Menschen werden mit Maschinen verwechselt und umgekehrt. Schließlich werden wir unsere Hypothese, dass der Roman als geeignete Plattform für derartige Gedankenexperimente fungiert und die im Roman aufgeworfenen Konzepte in den Kontext technikphilosophischer Diskurse einordnen, vertiefen und abschließend abrunden. Spannend dabei ist, wie in der Fiktion die Kreativität von KI erklärt wird.

2 Möglichkeitsräume, Kontingenz und der europäische Roman

Im ersten Abschnitt arbeiten wir unsere These aus, dass sich Romane als Medium für das Eröffnen von Möglichkeitsräumen eignen, in denen sich Entwicklungen von KI untersuchen lassen. Dabei werden wir historisch-theologische Überlegungen zu der Entstehung des europäischen Romans in den Mittelpunkt unserer Überlegungen stellen.

Bis zum 18. Jahrhundert prägte eine religiöse Sichtweise das Weltbild in großen Teilen Europas. Die christliche Lehre betonte u. a. die Vorherbestimmung des Menschen durch Gott und die Vorstellung, dass das Leben eines Menschen prädeterminiert sei. Die Menschen fügten sich in ihr göttliches Schicksal und akzeptierten mehr oder minder ihr Leben als Teil eines vorherbestimmen Plans. Mit der Aufklärung im 17. und 18. Jahrhundert begann eine geistige Revolution, die traditionelle Glaubensvorstellungen in Frage stellte. Die Aufklärung betonte die wissenschaftliche Methode und die Bedeutung der individuellen Erfahrung und Vernunft. Die Aufklärer:innen suchten nach rationalen Erklärungen für menschliches Verhalten und plädierten für die Freiheit des Einzelnen, sich von religiöser Bevormundung zu lösen. Eine Frage, welche die Theologie bis heute beschäftigt.[5]

In diesem Zeitalter der Aufklärung entstand auch der moderne europäische Roman, eine neue literarische Gattung. Romane erzählten Geschichten von individuellen Charakteren, ihren Erfahrungen, Emotionen und Entscheidungen. Dieses Aufkommen wird nicht als zufällig betrachtet, so verweisen unterschiedliche Literaturwissenschaftler:innen auf einen Zusammenhang zwischen den Ideen der

---

5 Vgl. Eberhard Schockenhoff, *Theologie der Freiheit*, Freiburg 2016.

Aufklärung des Menschen als autonomes, entscheidungsfähiges Wesen und den Narrativen des europäischen Romans.[6]

Im europäischen Roman des 18. Jahrhunderts, exemplifiziert durch Werke wie Daniel Defoes *Robinson Crusoe* (1719), Samuel Richardsons *Pamela; or, Virtue Rewarded* (1740), Henry Fieldings *Tom Jones* (1749) und Laurence Sternes *Tristram Shandy* (1759), reflektiert sich die Erfahrung von Kontingenz in der Art und Weise, wie die Charaktere mit unerwarteten Ereignissen umgehen, wie sich ihre Lebensgeschichten entwickeln und wie ihre Entscheidungen ihre Schicksale beeinflussen. Kontingenzerfahrungen werden stark thematisiert.

Unsicherheit und Unvorhersehbarkeit des Lebens sind zentrale Elemente, die in diesen Romanen adressiert werden. Anja Lemke beschreibt einen „Umstrukturierungsprozess von einem kosmologisch geschlossenen, theologisch-metaphysischen Weltbild zu modernen Modellen von Kontingenz im Zuge aufklärerischer Säkularisierung",[7] welcher sich auch in Romanen abbilde. Dabei gebe es eine doppelte Kontingenzbewältigung im Roman:

> Auf der einen Seite stellt der Roman selbst als Entwurf einer möglichen Welt die wirkliche Welt als eine bloß mögliche dar, d. h. er macht die Entstehung kontingenter Welten lesbar. Auf der anderen Seite lässt sich im fiktionalen Erzähltext eben die Entwicklung bzw. Bildung von Individualität beobachten, die im 18. Jahrhundert als Antwort auf den Umgang mit der in der Moderne einbrechenden offenen Zukunft in den Blick genommen wird.[8]

Eine interessante Entwicklung in Bezug auf diese von Lemke genannte doppelte Kontingenzbewältigung und die Herausbildung von Individualität manifestiert sich in der Verlagerung von einer auktorialen Erzählperspektive, die oft eine ontologisch-geschichtstheologische Totalitätsbestrebung ausdrückte, hin zu Varianten der Ich-Erzählung und der „first person narrative".[9] Dies signalisierte nach Frick eine veränderte Intention des Erzählens im Zuge der Säkularisierung und Empirisierung. Anstelle eines metaphysischen Totalisierungskonzepts des barocken Ge-

---

6 Vgl. John Richetti (Hg.), *The Cambridge Companion to the Eighteenth-Century Novel*, Cambridge 1996.
7 Anja Lemke, „Verhaltensdesign avant la lettre. Kontingenz und Potentialität im ‚Bildungs'-Roman des 18. Jahrhunderts mit Blick auf Wilhelm Meisters Lehrjahre", in *Verhaltensdesign – Technologische und ästhetische Programme der 1960er und 1970er Jahre*, hg. von Jeannie Moser/Christina Vagt, Bielefeld 2018, 175–192, 175.
8 Ebd., 181.
9 Vgl. Werner Frick, *Providenz und Kontingenz. Untersuchungen zur Schicksalssemantik im deutschen und europäischen Roman des 17. und 18. Jahrhunderts*, Tübingen 1988.

schichtsromans entstand ein gesteigertes Interesse an unmittelbaren Erfahrungen, Einzelschicksalen und ihrer psychologischen Intensität.[10]

So kann festgehalten werden: Das Erfahren von Kontingenz in den Lebensrealitäten während der Aufklärung führt zur Entstehung einer neuen Literaturform, des modernen Romans, der genau diese Erfahrungen widerzuspiegeln vermag: Er erkundet kontingente Welten und Möglichkeiten des Lebens. Die neuen Möglichkeiten der individuellen Gefühls- und Handlungswelten können durch den Roman exploriert werden. Die Entstehung des europäischen Romans spiegelt den Übergang von einer Weltanschauung der Vorherbestimmung zu einer aufklärerischen Betonung der individuellen Erfahrung und der Bewältigung von Kontingenz wider. Nicht mehr alles vorbestimmt zu bekommen, sei es durch Gott oder durch andere Menschen, impliziert auch eine neue Freiheit, eine *Freiheit von* hin zu einer *Freiheit zu*, denken zu können. Und diese Möglichkeiten müssen erst erfahren werden, auch durch Romane, was diese zu einem bedeutenden Medium für die Erforschung neuer Entwicklungen macht.

In der Tradition dieses Denkens möchten wir im Folgenden den Roman *Maschinen wie ich* (2019) des renommierten Schriftstellers Ian McEwan besprechen, welcher die neuen Möglichkeiten mithilfe von KI denkerisch illustriert. Im Anschluss an die Diskussion ausgewählter Möglichkeitsräume, die vom Autor aufgezeigt werden, werden wir diese im nachfolgenden Abschnitt unter einer technikphilosophischen Perspektive verorten.

3 Kreative KI? Am Beispiel von Ian McEwans *Maschinen wie ich*

Maschinen wie ich – im Original *Machines Like Me and People Like You* – hat unterschiedliche Diskussionen in der literaturwissenschaftlichen Forschung hervorgerufen. Beispielsweise thematisieren Kopka und Schaffeld die vielschichtige Darstellung der KI-Ethik im Roman und betonen, dass McEwan es versteht, die Leser:innen zum Nachdenken über die Komplexität des menschlichen Handelns und der Moral anzuregen.[11] Andere Wissenschaftler:innen beschäftigen sich auf Grundlage

---

10 Vgl. Ebd.
11 Vgl. Katalina Kopka/Norbert Schaffeld, „Turing's Missing Algorithm: The Brave New World of Ian McEwan's Android Novel *Machines Like Me*", *Journal of Literature and Science*, Bd. 13(2), 2020, 53.

des Romans mit Fragen der Beziehung zwischen Mensch und Maschine,[12] mit utopischen und dystopischen Narrativen über KI[13] oder mit Fragen des guten Lebens.[14]

Der Roman eröffnet gerade durch die Kombination von Vergangenheit und Narrativen der Zukunft gegenwärtige Themen, denn McEwan zeichnet die Geschichte des Zusammenlebens einer in einem anthropomorphen Roboter verkörperten Künstlichen Intelligenz mit Menschen und lässt dieses Szenario nicht, wie üblich, in der Zukunft, sondern in einer alternativen Vergangenheit stattfinden, in der bestimmte Fakten und Ereignisse verändert wurden.[15] Der Roman spielt in London des Jahres 1982. Mathematiker und Informatiker Alan Turing ist nicht früh gestorben, sondern hat die Wissenschaft und Entwicklungen technologischer Produkte wie Internet, Handys, selbstfahrende Autos und Roboter maßgeblich beeinflusst und vorangebracht. Dies hat zur Folge, dass die im Roman gezeichnete Vergangenheit größere technologische Entwicklungen bzw. fast schon Entwicklungssprünge vorzuweisen hat, als unsere Gegenwart. McEwan offenbart dabei einen Blick auf die Wissenschaftsgeschichte, die als Folge von Kontingenzen – genauer als Folge der kontingenten Lebensgeschichte – einzelner Subjekte entstanden ist. Hätte Turing länger gelebt, hätte sich zumindest die technische Welt ganz anders entwickelt.

Die KI mit dem Namen Adam wird im Roman, wie im Titel schon angedeutet, als (selbst-)bewusstes Subjekt verhandelt. Allerdings stellt sich die Frage: Kann diese KI kreativ sein? Wie wird das dargestellt und an welchen Kriterien festgemacht?

In McEwans Roman ist die erste Frage definitiv mit *Ja* zu beantworten. In der zweiten Hälfte des Romans kann die KI Adam Haikus schreiben und scheint kreativ zu sein – kreativer als dessen Besitzer, der Mensch Charlie.[16] Am Anfang wirken die Gedichte nicht sonderlich originell auf Charlie und könnten eventuell mit den heutigen Texten der KI-gestützten Textgeneratoren verglichen werden:

> Lyrik lieferte ein weiteres Beispiel für seinen Liebesüberschwang. Er hatte 2000 Haikus geschrieben und mir gut ein Dutzend davon vorgetragen, alle von ähnlicher Qualität, alle Mi-

---

12 Vgl. Serena Obkirchner, „„Machines like me and people like you' – Die Beziehung zwischen Mensch und Maschine in Ian McEwans *Machines Like Me*", in *Menschmaschinen / Maschinenmenschen in der Literatur*, hg. von Dunja Brötz et al., Innsbruck 2023, 153–170.
13 Vgl. Tomasz Dobrogoszcz, „Do Cyborg Dream og (Becoming) People? The Alternative Non-Human Self in Ian McEwan's Machines Like Me", in *The Postworld In-Between Utopia and Dystopia*, hg. von Katarzyna Ostalska und Tomasz Fisiak, Oxon 2021, 9.
14 Vgl. Kerstin Schlögl-Flierl, „Gutes Leben zwischen Mensch und Maschine", *Stimmen der Zeit*, Heft 7, 2020, 529–538.
15 Vgl. ebd., 529.
16 Vgl. Ian McEwan, *Machinen wie ich*, Zürich 2019, 192.

randa gewidmet. Anfangs interessierte es mich, zu welcher schöpferischen Leistung Adam fähig war, aber schon bald verlor ich das Interesse an dieser Gedichtform. Zu drollig, zu sehr darauf aus, nicht zu viel Sinn zu ergeben, zu gering die Herausforderung an den Autor, allzu leicht das Spiel mit hohlen Mysterien wie das Einhandklatschen. 2000! Die Zahl allein sagte alles – ein Algorithmus, der Haikus wie am Fließband produzierte.[17]

Beispiele Adams früherer Haikus sind:

Ihr liebender Blick
enthält eine ganze Welt.
Drum liebe die Welt![18]

Küsse jenen Raum,
Den sie zum Fenster querte.
Ihre Spur in der Zeit.[19]

Im weiteren Verlauf des Romans entwickelt Adam jedoch einen eigenen Stil und der Autor McEwan lässt den Protagonisten Charlie die künstlerische Leistung seiner gekauften KI anerkennen. Es ist sehr eindrucksvoll beschrieben, zu welch künstlerischen Höhenflügen Adam im Laufe der Zeit fähig ist, vor allem, da er immer dazu lernt. Mit McEwan wird Kreativität am Schreiben von Lyrik festgemacht. Charlie ist von dieser ‚genialen' Fähigkeit beeindruckt, besonders da er zu Beginn noch die Einstellungen seiner KI modifizieren sollte. Charlie, als Besitzer, musste im Vorfeld diverse Einstellungen vornehmen: Wie hoch soll Adams Sensibilität sein? Wie stark ausgeprägt seine Fähigkeit, Humor zu zeigen?

Das Endprodukt, das auch mit Hilfe der Freundin und Geliebten von Charlie noch weiter festgelegt wird, wächst aber über sich hinaus.

Er hatte mit einem feinen Lächeln geredet, aber jetzt begann er zu lachen. Das war er also, sein erster Versuch, einen Scherz zu machen, und ich stimmte in sein Lachen ein. Ich war erschöpft und fand das alles plötzlich irrsinnig komisch. Als ich auf dem Weg ins Schlafzimmer an ihm vorbeiging, sagte er: „Aber im Ernst. Gestern Abend bin ich zu einer Entscheidung gelangt. Ich habe eine Möglichkeit gefunden, den Notschalter zu deaktivieren. Ist besser für uns alle."[20]

Die KI schafft es, den für den Menschen, als Endnutzer, vorbereiteten Notschalter zu deaktivieren. Sie, die KI bestimmt also über sich selbst. Diese Selbstermächtigung über das festgelegte Geschehen stellt einen eindrucksvollen Beweis von Autonomie der KI dar. Trotz dieser Vorfestlegung kann die KI also kreativ sein. Und so kommen

---

17 Ebd., 198.
18 Ebd., 192.
19 Ebd., 193.
20 Ebd., 179.

auch andere Formen der Kreativität auf, die sich nicht nur auf Literarisches beschränken, beispielsweise die Deaktivierung des Notschalters oder – ein im Roman bei vielen KIs, wie Adam, auftretendes Phänomen – die Selbstabschaltung. Viele andere Adams und Eves hebeln den für den Menschen vorgesehenen Ausschaltknopf aus. Manche begehen „Suizid" oder versetzen sich in einen kognitiv wenig anspruchsvollen Zustand, werden also wieder zum Ding, da sie die Welt, so wie sie ist, nicht ertragen können.

„Es sind lernende Maschinen, und wenn sie ihre Würde auf diese Weise behaupten wollen, sollen sie das tun."[21] Diese autonome Handlung setzt McEwan mit der eigenen Würdebehauptung gleich. Im Würdediskurs wird zwischen einem Zuschreibungsparadigma (Würde wird von außen zugeschrieben) und einem Anerkennungsparadigma (Würde hat die Person) unterschieden. Die KI, wie sie McEwan zeichnet, fällt eindeutig in die zweite Kategorie.

Aus theologischer und philosophischer Sicht ergeben sich viele Anschlussfragen: Darf die KI, die nun Würde hat, nicht mehr abgeschaltet, also „getötet" werden? Welche Rechte und Pflichten sind mit dieser Würde verbunden?

Interessanterweise präsentiert die KI Adam die Form des Haikus in einer Zukunftsvision als die einzig wahre und verbleibende Version der Literatur. Er begründet dies mit der Vorstellung, dass die Zukunft das Ende aller Subjektivität bedeuten würde:

> Fast alles, was ich [Adam] in der Literatur der Welt gelesen habe, beschreibt Varianten menschlichen Versagens – mangelndes Verständnis, mangelnde Vernunft, mangelnde Weisheit oder das Fehlen von echtem Mitgefühl. Versagen, was Erkenntnis betrifft, Ehrlichkeit, Freundlichkeit, Introspektion; glänzende Darstellungen von Mord, Grausamkeit, Habgier, Dummheit, Selbsttäuschung und vor allem von tiefen Missverständnissen im Hinblick auf andere. Natürlich zeigt sich auf Güte, und Heldenmut, Gnade, Weisheit oder Wahrheit. Aus diesem üppigen Wirrwarr erwuchsen ganze literarische Traditionen, blühten auf wie die Wildblumen in Darwins berühmter Hecke. Romane voller Spannungen, Heimlichkeiten, Gewalt, voller Augenblicke der Liebe auch, und das formal perfekt ausgestaltet. Doch ist die Vereinigung von Männern und Frauen mit den Maschinen erst komplett, wird diese Art der Literatur überflüssig werden, da wir einander dann zu gut verstehen. Wir werden in einer geistigen Gemeinschaft leben und zu jedem Kopf unmittelbaren Zugang haben. Die Vernetzung wird so weit gehen, dass die individuellen Knotenpunkte der Subjektivität sich auflösen in einem Ozean von Gedanken, wofür das Internet nur ein kruder Vorläufer ist. Und da wir in den Köpfen aller leben werden, wird jede Verstellung unmöglich. Unsere Erzählungen kreisen nicht länger um endlose Missverständnisse. Unsere Literaturen verlieren ihren ungesunden Nährboden. Der lapidare Haiku, die stille, klare Wahrnehmung und Feier der Dinge, wie sie sind, wird die einzige, noch notwendige Form sein. Ich bin mir sicher, dass wir die Literatur der Vergangenheit weiterhin schätzen werden, selbst wenn wir sie mit Entsetzen lesen. Wir

---

21 Ebd., 257.

werden zurückblicken und staunen, wie gut die Menschen von ehedem ihre eigenen Mängel zu beschreiben wussten, wie sie brillante, gar optimistische Fabeln aus ihren Konflikten zu stricken vermochten, aus monströsen Unzulänglichkeiten und gegenseitigen Missverständnissen.[22]

Die Menschen würden sich mit Maschinen vereinen und so auch eine Verbindung zu jedem anderen Menschen aufbauen. Ein eigenständiges Bewusstsein würde es nicht mehr geben – das seit der Geburt bestehende Verlangen nach dem Ende der Einsamkeit wäre erfüllt.

Das Ende aller Subjektivität bedeute jedoch auch das Ende des Bedarfs nach Empathie, das Ende jeglicher subjektiver Einzelbeschreibungen. Dies ist, nach Adam, das Ende des Romans, da jede Person bereits jede Perspektive auf Dinge kenne. Die einzige dann noch benötigte Form der Literatur sei folglich der Haiku, der mit seiner objektiven „Feier der Dinge, so wie sie sind",[23] die Welt so akzeptiere, wie sie ist, und die Intensität eines objektiven Moments in den Fokus stelle. So stellt die Künstliche Intelligenz Adam nicht nur sowohl den Haiku und den Roman als auch Objektivität und Subjektivität als gegenübergestellte Pole dar, sondern sich selbst, die Künstliche Intelligenz, als ein radikales Element der Antinarration. Damit ist der Roman als Ausdrucksmedium zu Ende.

McEwan spielt in der untersuchten Passage mit dem Ende des Romans, dessen Entstehung wir im ersten Abschnitt nachgezeichnet haben. Dabei greift er genau die Elemente auf, die aus literaturwissenschaftlicher Perspektive bei der Entstehung des europäischen Romans ausgemacht wurden: Subjektivität und Kontingenz, welche in der Vision seines KI-Protagonisten Adam rein historisch existieren. Doch auch ohne Subjektivität existiert in dieser Vision nach wie vor Kreativität: Mit der vermeintlich *objektiven Form der Literatur,* dem Haiku.

4 Einordnung in technikphilosophische Diskurse

McEwan illustriert diverse interessante Möglichkeiten einer kreativen KI und beleuchtet deren Voraussetzungen sowie Konsequenzen. Diese Möglichkeiten möchten wir in diesem Abschnitt in technikphilosophische Diskurse einordnen und diskutieren. Dabei liegt der Fokus insbesondere auf der im vorherigen Abschnitt ausführlich zitierten Vision der KI Adam. Diese Vision reiht sich u. a. in verbreitete Narrative des technologischen Posthumanismus ein.

---

22 Ebd., 202–203.
23 Ebd.

Es ist laut Janina Loh notwendig, den technologischen Posthumanismus vom Transhumanismus zu unterscheiden.[24] Diese Differenzierung kann über eine Betrachtung der Ziele erfolgen: Nach Loh besteht das Ziel des Transhumanismus darin, den Menschen technologisch sowohl kognitiv als auch körperlich zu optimieren.[25] Der technologische Posthumanismus sehe zwar ebenfalls eine Optimierung des Menschen vor, ziele jedoch auf dessen Überwindung hin zu einer „artifiziellen Superintelligenz"[26] ab.

Diese Vision der Entwicklung von Künstlicher Intelligenz findet nicht nur in McEwans Roman statt, auch mehrere Science-Fiction Filme und Romane spielen mit der Erzählung, die meistens mit dem Ende der Menschheit verknüpft sind oder dieses thematisieren.[27] Loh beschreibt dabei ein liberales, westliches, heterosexuelles und männliches Handlungssubjekt der Strömungen.[28] Die Problematik dieses Subjektes wird durch die Ziele der Strömungen deutlich: Sowohl der technologische Posthumanismus als auch der Transhumanismus beabsichtigen die Optimierung *des Menschen.* Dient dabei ein solches eindimensionales Handlungssubjekt als Ausgangspunkt der Überlegungen, müssen in den körperlichen und kognitiven Optimierungsvorstellungen mit sexistischen, rassistischen und ableistischen Ausschlüssen gerechnet werden. Wenn also *der Mensch* weitergedacht wird, jedoch z. B. ein heterosexueller, weißer Mann implizit als „Ideal-Mensch" gilt, werden andere Subjekte (u. a. Frauen, Schwarze, Menschen mit Behinderungen) und deren Lebensrealitäten (und ggf. auch abweichende Wertvorstellungen) nicht weitergedacht und in kognitiven und körperlichen „Optimierungen" nicht beachtet. Weitergehend wird in der genannten Passage in McEwans Roman eine Zukunftsvision gezeichnet, in der alle Menschen miteinander und mit „den Maschinen"[29] verbunden sind. Eine Art Verbindung aller Gedanken, aller Innenwelten, wird vorhergesagt. Subjektivität, Subjekte und Individualität gehören damit der Vergangenheit an. Dabei wird sich auf eine Körper-Geist-Dichotomie bezogen, wobei nur letzteres thematisiert wird. Was passiert mit den (unterschiedlichen) Körpern? Wie verändern sich dadurch Hierarchien und Ausschlüsse der unterschiedlichen Köper?

Wie im letzten Abschnitt unseres Beitrags gezeigt, wird in der technologisch-posthumanistischen Vision Adams eine Gegenüberstellung von Subjektivität (der Roman, der nur noch historisch existiert; alle Menschen haben sich zu einem Be-

24 Vgl. Janina Loh, *Trans- und Posthumanismus zur Einführung*, Hamburg 2018.
25 Vgl. Ebd., 32.
26 Ebd., 92.
27 Vgl. Asimov Isaacs, *I, Robot*, 1950; Raymond Kurzweil, *The Singularity Is Near. When Humans Transcend Biology*, New York 2005 und Wachowskis Film *The Matrix*, 1999.
28 Vgl. Loh 2018, 140.
29 McEwan 2019, 203.

wusstsein verbunden) und Objektivität (die rein objektive Form der Literatur, der Haiku, existiert nach wie vor) gezeichnet. Diese Dichotomie wird in zeitgenössischen technikphilosophischen Diskursen oder auch in der Theologie[30] kritisiert.

So argumentiert Donna Haraway in ihrer Theorie des situierten Wissens, dass Subjektivität und Objektivität in untrennbarer Weise miteinander verbunden sind. Das, was als objektiv angesehen werde, sei immer durch den Standpunkt und den Erfahrungen eines Subjekts geprägt. Haraway betont weitergehend, dass Wissen in konstitutiver Beziehung zu historischen Gesellschaftsformen, Technologien der Wissensgenerierung und sprachlichen Mustern steht.[31] Mit anderen Worten, Objektivität ist immer situativ und kontingent, da sie von den Perspektiven und Interaktionen der Subjekte abhängt, die sie konstruieren. Haraway lehnt damit die Annahme ab, dass es ein universelles und neutrales Wissen gibt, stattdessen existieren verschiedene partiale Formen von Wissen. Das situierte Wissen sieht Subjekte untrennbar mit ihrer Umgebung verbunden und verkörpert.

Haraways Konzept beruht auf einem postmodernen Wissensverständnis, das die Macht von Epistemen betont, die Geschlechter- und ethnische Kategorisierungen vornehmen. Es fordert die Anerkennung verschiedener Wissensformen und betont, dass jegliches Wissen von Macht- und Kulturrelationen geprägt ist. Das situierte Wissen löst den Dualismus von forschendem Subjekt und beforschtem Objekt auf und erkennt den Forschungsgegenstand als aktiven Akteur an. In Übereinstimmung mit diesem postmodernen Wissensverständnis und Haraways Argumentation vertreten auch wir die Ansicht, dass ohne Subjektivität keine Objektivität existieren kann. Dies bedeutet, dass die vermeintliche Objektivität eines literarischen Haikus letztlich von den subjektiven Entscheidungen des Schreibenden geformt wird, sei es in der Wortwahl oder in der Betonung bestimmter Elemente. Ebenso ist Kreativität untrennbar mit Subjektivität verbunden, da sie aus individuellen Gedanken, Gefühlen und Erfahrungen hervorgeht. Hier können KI-gestützte Textgeneratoren als gutes Beispiel dienen: Trotz des Anscheins von Objektivität sind diese KI-generierten Texte letztendlich menschlichen Ursprungs. Dieser Ursprung erstreckt sich nicht nur auf die Trainingsdaten, auf denen diese KI-Systeme basieren, sondern zieht sich auch durch den gesamten Trainingsprozess, in dem Menschen involviert sind.

Es ist wichtig zu betonen, dass oft unterbezahlte Arbeitskräfte aus dem Globalen Süden eine zentrale Rolle bei der Feinabstimmung der Wahrscheinlichkeitsberechnungen dieser KI-Systeme spielen. Die Subjektivität und menschliche

---

30 Vgl. Armin Grunwald, *Wer bist du, Mensch? Transformationen menschlicher Selbstverständnisse im wissenschaftlich-technischen Fortschritt*, Freiburg 2021.
31 Vgl. Donna Haraway, „Situated knowledges: The science question in feminism and the privilege of partial perspective", *Feminist studies*, Bd. 14(3), 1988, 575-599.

Arbeit bleiben jedoch häufig für die Endnutzer:innen unsichtbar, und der menschliche Akteur verschwindet, selbst wenn das Endprodukt von dieser menschlichen Beteiligung abhängt. Diese neokolonialistischen Strukturen der Ausbeutung stehen in engem Zusammenhang mit der Verschleierung menschlicher Arbeitskraft im Zeitgeist der Automatisierung. Dieser Zusammenhang wird anschaulich im Beispiel des „Mechanical Turk" des 18. Jahrhunderts von Wolfgang von Kempelen bis hin zu Amazons Marktplatz für kurzzeitige, billige Arbeit, dem „Mechanical Turk" (MTurk). Von Kempelens Erfindung stellt einen vermeintlich automatisierten Schach-Roboter mit arabischer Verkleidung dar, während tatsächlich ein menschlicher Spieler im Inneren des Geräts saß und spielte. Amazon vermarktet seine Plattform „MTurk" als fortschrittliche KI und verschleiert die unterbezahlte Arbeit sogenannter Klick-Arbeitskräfte, die jedoch entscheidend für den Erfolg ihrer Plattform ist.[32]

5 Zusammenfassung und Ausblick

In diesem Beitrag haben wir die Frage nach der Kreativität Künstlicher Intelligenz aus theologischer, literaturwissenschaftlicher und technikphilosophischer Perspektive betrachtet.

Wir haben argumentiert, dass Romane eine geeignete Plattform bieten, um geistige Freiräume zu eröffnen und explorative Szenarien zu entwickeln, die Gedankenexperimente und Abwägungen bezüglich einer potenziellen KI-Kreativität ermöglichen. Untermauert wurde dies zunächst durch historisch-theologische Reflexionen über die Entstehung des europäischen Romans, im Zusammenhang mit aufklärerischen Idealen und dem Erleben von Kontingenz. Die Entstehung des europäischen Romans symbolisierte den Übergang von einer Weltanschauung der Vorherbestimmung zur Betonung individueller Erfahrungen und der Bewältigung von Kontingenz. Dieser Übergang hin zu mehr Freiheit des Denkens wurde durch Romane maßgeblich unterstützt, da sie die Erforschung neuer Ideen und Entwicklungen zuließen. Anschließend haben wir das Potenzial einer kreativen KI anhand von McEwans Roman *Maschinen wie ich* erörtert. Dieses Werk veranschaulichte, wie unterschiedliche Formen von Kreativität einer KI innerhalb der Fiktion konstruiert werden können.

---

32 Vgl. Mary Gray/Siddarth Suri, *Ghost Work. How to stop Silicon Valley from Building a New Global Underclass*, Boston/New York 2019; Rafael Grohmann/Willian Fernandes Araújo, „Beyond Mechanical Turk: The Work of Brazilians on Global AI Platforms", in *AI for Everyone? Critical Perspectives*, hg. von Pieter Verdegem, London 2021, 247–266.

Die im Roman aufgeworfenen Konzepte dieser „Künstlichen Kreativität"[33] haben wir abschließend im Kontext technikphilosophischer Diskurse eingeordnet und diskutiert. Hierbei wurde der technologische Posthumanismus beleuchtet und darauf hingewiesen, dass diese Strömung mit bestimmten Vorstellungen von Optimierungen und damit einhergehenden Exklusionen einhergeht. Unsere Untersuchung mündete in eine Betrachtung des situierten Wissens von Haraway und der Bedeutung von Subjektivität in der Konstruktion von Objektivität. Wir haben gezeigt, dass selbst vermeintlich objektive Literaturformen wie Haikus von subjektiven Entscheidungen beeinflusst werden. Jenseits des Romans möchten wir zudem auf oft in Debatten um autonome/künstliche/automatisierte Kreativität ignorierte, unterbezahlte Arbeit von Menschen aus dem Globen Süden hinweisen, die eine tragende Rolle für den Erfolg vieler KI-Systeme spielt.

---

33 Elliot Paul/Dustin Stokes, „Creativity", *The Stanford Encyclopedia of Philosophy*, 2023, in [https://plato.stanford.edu/entries/creativity] (Zugriff: 03.10.2023).

Alisa Geiß

Aus Text wird Bild

Diskurse der Illustration zu Bildgeneratoren und Prompts

Abstract: Over the last two years, the third wave of artificial intelligence (AI) has emerged powerful tools for both artistic expression and scientific research. In design, image generators display an equivalent disruption to text generators, while the medium of text creates the new scope of writing prompts. This contribution discusses the ambivalences between text and image generators via two main theses: first about the potential of prompting and generated images as a medium of discourse; second, it examines the reasoning behind their tendency to be mystified. Prompts can be automated through text generators and used to generate images on a wider scale, making it a praxis in which precise wording becomes crucial for generating anything. Generated images practice a form of mimesis. With Generative Adversial Networks (GANs) producing non-referential images, the discourse of illustration is concerning the obsolescence of authorship. AI is observed to manifest a dual character, serving as both tool and author, even though AI does not own the classification of a person and is not an author in legal terms. The utilization of text and image generators is intertwined with a mythicized notion due to their non-verifiable mode of operation. The myth of AI is a product of its indeterminacy.

In der Geschichte der Technik ist die Beziehung zwischen Mensch und Maschine von einer Vorstellung geprägt: Maschinen über die menschliche Sprache bedienen zu können. Von den Anfängen der Chatbots wie Joseph Weizenbaums ELIZA[1] über Cleverbot bis hin zu KI-Textgeneratoren wie ChatGPT ist dieses Konzept längst Realität. Durch eine Textebene können Aufgaben nicht nur mühelos kommuniziert werden, sondern ebenso wird durch Text in seiner Funktion als In- und Output eine Anwendung des Textgenerators als Metainstanz ermöglicht. Eine Entwicklung, die an die Turing-Maschine erinnert, welche die Theorie des Programmes auf seine multiple Anwendbarkeit erweiterte.[2]

Betrachtet man die frühen Ansätze der künstlichen Intelligenz als interdisziplinäre Vision, wollte sie das überwinden, was C.P. Snow 1959 provokant als „Zwei

---

1 Vgl. Joseph Weizenbaum, *Die Macht der Computer und die Ohnmacht der Vernunft*, Berlin 1978, 305–306.

2 Alan Turing, „On computable numbers, with an application to the Entscheidungsproblem", *Proceedings of the London Mathematical Society*, Bd. 42(1), 1937, 230–265.

∂ Open Access. © 2024 bei den Autorinnen und Autoren, publiziert von De Gruyter. [CC BY-NC-ND] Dieses Werk ist lizenziert unter einer Creative Commons Namensnennung – Nicht kommerziell – Keine Bearbeitung 4.0 International Lizenz. https://doi.org/10.1515/9783111351490-009

Kulturen"-Phänomen beschrieb:[3] Eine Trennung der wissenschaftlichen Disziplinen in Geistes- und Naturwissenschaften. KI verbinde technische und humane
Arbeitsweisen – ein Narrativ, welches bereits vor 70 Jahren unter der Kybernetik
existierte.[4] Ist mit der dritten Welle künstlicher Intelligenz von einer Disruption in
beiden Arbeitswelten zu sprechen, so trägt ein schneller Wandel die Konsequenz
einer Mythenbildung. Unklar ist der Umgang mit KI-Generatoren, unklar der gesellschaftliche Konsens zu Restriktionen. Versuche, über die KI-Lernprozesse aufzuklären, scheitern dabei an zwei Faktoren, an der privatisierten Software im Zuge
von marktführenden Unternehmen sowie an einer unmöglichen Nachvollziehbarkeit der Algorithmen. Ein ganzheitliches Verständnis bleibt unerreichbar, wenn
kein Einblick in die Funktionsweisen möglich ist. Das Arbeiten mit KI grenzt somit
an eine immanente Unbegreiflichkeit.

Die Anwendung von Prompts, einer textlichen Aufgabenstellung für die KI,
beschränkt sich dabei nicht nur auf die Textproduktion. Im Bereich der Illustration
bringen Bildgeneratoren wie Midjourney oder StableDiffusion eine ebenbürtige
Disruption. Textgeneratoren können hier für eine automatisierte Produktion von
Prompts eingesetzt werden. Die KI-unterstützte Produktion von Bildern über
Prompts sowie deren mögliche Kommerzialisierung werfen eine Reihe von Fragen
auf. Wie verändert der Einsatz von KI die Bildrezeption? Besitzen Text- und Bildgeneratoren eine Autorenfunktion? Können Prompts als Schreibpraxis betrachtet
werden?

Bereits diese wenigen Leitfragen verdeutlichen, dass Text und Bild im Kontext
von KI erneut betrachtet werden müssen. Dafür ist es hilfreich, ein Verständnis der
Funktionsweisen von Bildgeneratoren zu besitzen. Ziel dieses Beitrages ist es, die
Ambivalenzen zwischen Text- und Bildgeneratoren über zwei Hauptthesen zu erläutern, zunächst über das Potential von generierten Bildern als Diskursmedium,
dann über ihren immanenten Mythos.

---

3 Vgl. C.P. Snow, *The Two Cultures*, Cambridge 2001 [1959].
4 Exemplarisch zu nennen sind hier Norbert Wiener, *Cybernetics or Control and Communication of
the Animal and the Machine*, Cambridge 1961, 133–155; Karl Steinbuch, *Automat und Mensch. Ky-
bernetische Tatsachen und Hypothesen*, Berlin/Heidelberg 1965 oder Georg Klaus, „Kybernetik – eine
neue Universalwissenschaft der Gesellschaft?", in *Zur Kritik der bürgerlichen Ideologie*, hg. von
Manfred Buhr, Berlin 1973.

1 Grundlagen eines Generative Adversarial Networks (GANs)

Das Erkennen und Klassifizieren von Zusammenhängen ist ein wesentlicher Bestandteil des Lernens. KI, die mit einer Texteingabe Bilder produziert, ist auf ein multimediales Identifizieren von Signifikat und Signifikant trainiert. Das Standardmodell eines Bildgenerators basiert auf einem Generative Adversial Network (GAN), welches eine spezielle Methodik zur Klassifizierung anwendet. KI beschreibt hier das Trainieren eines künstlichen neuronalen Netzes auf das Lösen komplexer Aufgaben.

Neuronale Netze funktionieren als Informationsträger, die den gewünschten Input verarbeiten. Ein Neuron ist mit Neuronen aus einer anderen Ebene verbunden. In einem Perzeptron, einem vereinfachten neuronalen Netz, gibt es drei Ebenen: Die Input-, Hidden- und Output-Ebene.[5] Jede Ebene von Neuronen besitzt eine unterschiedliche Aufgabe.

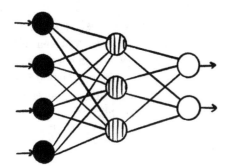

Abbildung 1: Visualisierung eines Perzeptrons mit Input-, Hidden- und Output-Ebene (v.l.n.r.).

Die Input-Ebene empfängt Informationen in einem beliebigen Dateiformat. Die Hidden-Ebene ist für die Formatierung und Verarbeitung der Information verantwortlich und bildet den Großteil des Netzes. Die Output-Ebene gibt die finalen Werte der Hidden-Ebene aus. Mehrere Ebenen von gleichtätigen Neuronen bilden ein Layer.

Am Beispiel eines Kükens soll ein Netzwerk dieses auf einem beliebigen Bild erkennen. Wie gelingt das? Bei der Eingabe eines Bildes muss der Input-Layer das Bild erst dekodieren, um dessen Inhalt zu erfassen. Jedes Neuron übersetzt einen Pixel in einen numerischen Wert und sendet diesen Wert an den Hidden-Layer. Dort

---

5 Vgl. Günther Daniel Rey/Karl F. Wender, *Neuronale Netze. Eine Einführung in die Grundlagen, Anwendungen und Datenauswertung*, Bern 2011, 13–14.

findet das Generieren von Zusammenhängen statt: Die Werte der Pixel werden so gewichtet, dass sie ein Muster bei gleichen Objekten aufzeigen. Befinden sich Bildelemente wie Schnabel, Augen, Körper oder Farbe des Kükens immer wieder im gleichen Verhältnis zueinander, werden sie höher gewichtet.[6] Sind Bildelemente für die Identifikation irrelevant, wie Hintergründe oder andere Objekte, werden sie weniger gewichtet. Je stärker ein Netz gewichtet ist, desto präziser kann es seine Aufgabe ausführen.

Abbildung 2: Alles Küken?

Da ein Netzwerk nicht von Anfang an weiß, was ein Küken ist, benötigt es eine große Menge an bereits sortierten Bildern, die Küken enthalten. Während der Trainingsphase gewichtet sich das Netzwerk nach den vorgegebenen Bildern. Wenn dem Netzwerk tausend Bilder eines Autos als Küken beigebracht werden, wird es ein Auto als „Küken" assoziieren. Dieser Lernprozess kann bei Identifizierungen zu automatisierten Vorurteilen führen – wenn das Netzwerk ausschließlich Bilder von Frauen in Kleidern und langen Haaren vorfindet, wird es zunächst nur diese Attribute mit dem Begriff „Frau" identifizieren. Ein gut trainiertes Netzwerk bedarf eines diversen Trainingssatzes.

Der Output-Layer interpretiert die Werte zu einer Wahrscheinlichkeit, dass das Bild ein Küken beinhaltet. Das Ergebnis wird nun vom Anwender bewertet: Ist es nicht akkurat, werden die Werte erneut gewichtet, bis ein besseres Ergebnis vorliegt. In der Testphase muss das Netzwerk beliebige Bilder als Küken oder kein Küken klassifizieren können.

Für Netzwerke, die Bildinhalte identifizieren sollen, reicht ein betreutes Lernen aus – EntwicklerInnen können die Ergebnisse des Netzwerkes kontrollieren. Wie können nun Bildinhalte *generiert* werden? Wörtliche Beschreibungen besitzen zunächst eine breite Interpretationsfläche, was ihre visuelle Auslegung betrifft. Wenn ich ein Bild von einer Tasse Kaffee sehen will, ist damit nichts über den

---

6 Kompressionsverfahren wie JPEG funktionieren auf ähnliche Weise, indem sie aneinandergrenzende ähnliche Farbtöne erkennen und zu einem Farbton zusammenführen.

Bildstil, die Perspektive oder Art der Tasse gesagt. Allerdings besitze ich gegenüber einem untrainierten Netzwerk eine bildliche Vorstellung, wie das Beschriebene aussehen *könnte*. Nach diesem Prinzip funktioniert das unbetreute Lernen.

Für das unbetreute Lernen werden zwei Netzwerke benötigt, die in einem GAN zusammenarbeiten.[7] Das Erste Netzwerk spielt die Rolle des Identifizierenden: Es lernt alle Gegenstände und Zusammenhänge, die für das Generieren benötigt werden. Die Trainingsphase eines GANs bedarf bis zu Millionen vorsortierter Bilder. Das Trainieren wird dadurch nicht nur zeitintensiv, sondern verbraucht eine Menge Rechenkapazität, was die Entwicklung eines GANs zu einem kostenintensiven Prozess macht.[8]

Das zweite Netzwerk funktioniert als Gegenspieler des lernenden Netzwerkes. Seine Aufgabe ist es ebenfalls, Bilder zu erstellen, die der Beschreibung entsprechen – nur ohne den Input vorsortierter Bilder. Es startet mit unsortierten Pixeln, die es in eine sinnvolle Ausgabe umwandeln muss. Für den Anfang bekommt das zweite Netzwerk unsortierte Bilder geliefert, die es nachmodelliert.

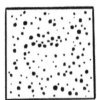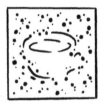

Abbildung 3: Schritte eines GANs während dem Generieren einer Kaffeetasse.

Die Ergebnisse der zwei Netzwerke werden anonym an einen Diskriminator gesendet. Der Diskriminator muss nun beurteilen, welches Bild von dem vortrainierten Netzwerk stammt. Durch das Feedback des Diskriminators nähert sich das zweite Netzwerk den Ergebnissen des ersten an, optimal so weit, dass der Diskriminator nicht mehr zwischen Original und Fälschung unterscheiden kann. Mit dieser Prüfmethode wird die Qualität der generierten Bilder enorm gesteigert. Das unbetreute Lernen kann so ein Netzwerk trainieren, welches eine Vielfalt von

---

7 Vgl. Antonia Creswell et al., „Generative Adversarial Networks: An Overview", *IEEE signal processing magazine,* 2018.

8 Das Trainieren eines Nvidia StyleGANs für eine Bildfläche von 1024x1024 Pixeln benötigt eine Lernzeit von mehr als 41 Tagen, vgl. NVLabs, „StyleGAN – Official TensorFlow Implementation: An Overview", in [github.com/NVlabs/stylegan] (Zugriff: 28.07.2023).

Bildern kombinieren kann, ohne auf vorgegebene Assoziationen angewiesen zu sein.[9]

Die zunehmende Qualität von GANs führen zu einem Diskurs über den Umgang mit generierter Kunst, Fotos oder Illustrationen. Ende 2022 etablierte sich auf digitalen Plattformen eine „Say no to AI art" – Bewegung, die die Produktion von generierten Bildern über eine Protestform ablehnt.[10] Neben dem Umgang mit der disruptiven Technologie stellt sich die Frage, wie generierte Bilder in einem visuellen Diskurs funktionieren.

2 Bilder als Diskursmedium

Bilder agieren seit Urzeiten als symbolisches Medium von Kulturen. Ein Abbild steht in der Vermittlung des Gezeigten und des Begriffs. Dabei unterliegt es keiner inhärenten Bedeutung. Eine Bildsemiotik wird durch ständig wandelnde Konventionen, Kontexten und Interpretationspraktiken konstruiert.

Im digitalen Diskurs praktizieren generierte Bilder eine Form des Mimetischen. Mimesis, die „frühe Einheit von [...] physignomischer Darstellung und technognomischer Verfügung"[11], versteht das Erkennen von Sachverhalten als Dialektik des geistig Erfahrbaren und des materiellen Auslösers. Die Intention des Anwendenden kann durch GANs zu einer visuellen Erfahrung generiert werden. Das Kriterium der Repräsentation wird nur nachgeahmt. Generierte Bilder stehen nicht in der vollen Autorschaft des Anwendenden und sind auch kein Abbild der Realität. Allerdings führen sie in ihrer Symbolik eine bewusste Konfrontation sowohl gegen die Autorschaft als auch gegen den Anspruch auf einen Wahrheitsgehalt.

Ein Beispiel dafür ist das generierte Bild von Papst Franziskus in einer modischen Daunenjacke, das Anfang 2023 einen Punkt in der Debatte markierte.[12] Der Anwender Pablo Xavier, ein Bauarbeiter aus Chicago, veröffentlichte das Bild zunächst als Meme im Internet. Die Wirkung des Komischen führte mit seiner herausragenden Qualität jedoch zu Desinformationen über den Papst, Kritik an der

---

9 Vgl. Scott Reed et al., „Generative Adversarial Text to Image Synthesis", *PLMR*, Bd. 48, 2016, 1060–1069.

10 Vgl. Oliver Bünte, „Artstation: Künstler protestieren gegen KI-Kunstwerke und KI-Trainings", *heise*, 2022, in [heise.de/news/Artstation-Kuenstler-protestieren-gegen-KI-Kunstwerke-7397005.html] (Zugriff: 28.07.2023).

11 Jürgen Habermas, „Anthropologie", in *Das Fischer Lexikon Philosophie*, hg. von Alwin Diemer/Ivo Frenzel, Frankfurt a.M. 1958, 18–35, 28.

12 Vgl. Christian Schicha, „KI-generierte Deep Fakes. Wie gehen wir mit einem Papst im Daunenmantel um?", *deutschlandfunk*, 2023, in [https://t1p.de/e0jh4] (Zugriff: 28.07.2023).

katholischen Kirche und vermehrter Unsicherheit über die Bebilderung von Berichten.

Abbildung 4: Ceci n'est pas un pape.

Der Fall Xaviers veranschaulicht, wie ein generiertes Bild zwar kein direktes Abbild darstellt, es aber imitiert und als solches eingesetzt werden kann. Im Gegensatz zur Fälschung repräsentiert das generierte Bild keine Referenz. Es wird zum eigenständigen Zeichen, dessen Bedeutung und Interpretation nicht eindeutig sind.

Der Kontrast zwischen dem generierten Bild als nicht-referentielles Abbild und der Verwendung von GANs zur Stilreproduktion verdeutlicht die zunehmende Komplexität in der Beziehung zwischen visueller Repräsentation und künstlerischer Intention. Während das generierte Bild in seiner Semantik variabel ist, wird seine Stilistik durch GANs wie Midjourney in einem strukturierten, reproduzierbaren Rahmen dargestellt. Mit trainierten GANs können dabei nur Stile reproduziert werden, die in großen Datensätzen prominent sind. Stile, von denen es wenige Exemplare gibt, sind auch schwieriger zu trainieren. Große GANs sind also keine Universalmaschinen, die alles reproduzieren können. Einerseits ermöglicht die Technologie neue Formen der künstlerischen Äußerung durch das Prompten von vorher unzugänglichen Stilen, andererseits entstehen durch die Automatisierung des Stils neue Begrenzungen für die bildliche Darstellung. Was bedeutet das für die Illustration?

2.1 Illustration im Paradigmenwechsel

Der Begriff der Illustration steht in einem Spannungsfeld zwischen den Disziplinen der Kunst und des Designs. Illustration besitzt das Ziel einer Inhaltsvermittlung und agiert zugleich im Stil einer Autorschaft. Was wird dargestellt – und wie? Durch ihre visuelle Kommunikation entsteht eine Wissenstransformation. Der zu vermittelnde Inhalt wird mithilfe einer semiotischen Logik zugänglicher. Gedankengänge können durch eine Ausführung illustriert oder Illustration als die Bebilderung eines Textes verstanden werden. Grundlegend beschreibt Illustration die Darstellung einer intentionalen Idee, traditionell mit zeichnerischen Mitteln.

In einer zunehmend bebilderten Welt befindet sich die Illustration in einer ubiquitären Position. Otto Neurath beschrieb Anfang des 20. Jahrhunderts die gesellschaftliche Entwicklung, von Bildern zu lernen und durch sie zu kommunizieren, als „großen Teil ihres Wissens und ihrer allgemeinen Bildung durch bildhafte Eindrücke".[13] Die Transformation zu einem „visuellen Zeitalter"[14] bedeutet für die Illustration eine erweiterte Anwendungsfläche sowie eine Verantwortung gegenüber ihrer Semiotik.

Wo eine Illustration eingesetzt wird, ist von ihrem Anwendungsfeld abhängig. Kein Beispiel lässt sich auf eine feststehende Anwendung reduzieren. Allerdings existiert für IllustratorInnen vorher ein Konsens, wie etwas dargestellt wird.

Die formelle Illustration versucht, das Abzubildende zu erklären. Für eine neutrale Darstellung orientiert sie sich an Gestaltungsregeln, die zu einer größtmöglichen Lesbarkeit beitragen. Baupläne, die biologische Illustration einer Katze oder das Schriftsystem „Isotype" vermitteln einen Lerngehalt, der durch eine möglichst lesbare Stilistik zugänglich wird.

Werbende Illustrationen passen ihre Bildsprache an eine Zielgruppe an. Sie versuchen, ihr Publikum von einer dargestellten Idee zu überzeugen. Der Autor passt sich an das Idealbild des Auftraggebers an, während die Stilistik des Autors zur dessen visuelle Identität übernimmt. Gleichzeitig wirkt die Illustration als Ästhetisierung des Dargestellten, die eine repräsentative Werbefigur bildet. Der US-amerikanische Illustrator Gil Elvgren verwendete für Coca-Cola Szenarien eines Pin-Up-Girls. Es entsteht eine Symbolik, die das Sehen der Dame mit dem Produkt assoziiert. Die werbende Illustration funktioniert so als ästhetische Manipulation.

Subjektive Illustrationen kommunizieren aus der Perspektive der eigenen Autorschaft. Sie vermittelt einen phänomenologischen Bildgehalt: Wie nehme ich etwas wahr? Die Illustration eines Teddybärs in Pastellfarben und rundem Strich wirkt anders als ein kubistischer Stil in Grautönen. Für welche Stilistik sich entschieden wird, liegt an den ästhetischen Vorhaben des Autors, die sowohl individuell als auch kulturell bedingt sind.

---

13 Otto Neurath, „Statistische Hieroglyphen, in *Diagrammatik-Reader: Grundlegende Texte aus Theorie und Geschichte*, hg. von Birgit Schneider/Christoph Ernst/Jan Wöpking, Berlin/Boston 2016 [1927], 213–218, 213.
14 Vgl. Gerhard Paul, *Das visuelle Zeitalter. Punkt und Pixel*, Göttingen 2016, 712.

Die untenstehende Illustration ist die klassische Bebilderung einer Idee. Sie hilft, das Beschriebene besser zu verstehen. Illustratoren als „Maler des modernen Lebens", wie sie Charles Baudelaire beschrieb, äußern über den Stil ihre Wahrnehmung, während sie gleichzeitig über das Abgebildete informieren.[15]

Abbildung 5: Die Comicfigur „Härbärt"[a], links im Original, rechts eine generierte Illustration im verwandten Stil, erzeugt mit Midjourneys Niji 5.0.[a]Vgl. Alisa Geiß, „HÄRBÄRT", Webcomic, 2022, in [alisageiss.com/haerbaert-comic] (Zugriff: 28.07.2023).

Das zentrale Paradigma der Illustration ist das Skizzieren. Im Gegensatz zum Prompting erfolgt das Skizzieren einer Idee nicht über eine detaillierte Beschreibung, sondern über das Zusammenspiel der bildlichen Vorstellung und der Beurteilung ihres Abbilds, der Skizze. Skizzieren ist ein explorativer Prozess, in dem der Freiraum, mit Form und Darstellung zu experimentieren, einen Lerngehalt über die eigene Wahrnehmung beinhaltet.

Prompting unterscheidet sich fundamental von diesem Ansatz. Über Prompts, detaillierte Beschreibungen des gewünschten Bildes, können die trainierten Stile eines GANs dem beschriebenen Bild zugeordnet werden. Während das Skizzieren einen unfertigen Prozess darstellt, kombiniert das Prompting die Vorstellung mit einem ausgearbeiteten Ergebnis. Hierbei nimmt die Ebene des Textes eine ähnliche Rolle des Skizzierens ein.

---

15 Vgl. Charles Baudelaire, zitiert nach Andreas Rauth, „Unverwechselbar. Über Stil und Authentizität in der Illustration", in *superILLU. Zu einer Theorie der Illustration*, hg. von Juliane Wenzl et al., 2022, 197–205, 197.

2.2 Das Verhältnis von Text und Bild zu Prompts

Beim Verfassen von Prompts ist eine präzise Beschreibung entscheidend. Was nicht beschrieben wird, kann auch nicht generiert werden – der Prompt einer „Ente" spezifiziert nicht, ob damit die Tierart oder das Automodell gemeint ist. Ein bildliches Denken hilft auch beim Prompten. Die spezifischen Bedingungen der jeweiligen Bildelemente müssen erkannt und beschrieben werden. Die Wortwahl des Prompts beeinflusst ebenfalls das Ergebnis. Ein Prompt, der auf ein konzeptionelle Darstellung abzielt, benötigt eine andere Formulierung als ein Prompt, der ein Bild exakt reproduzieren will.

Abbildung 6: Prompt: „a chunky round white dove wearing a tiny small black hat, carrying a black briefcase, not colored, just outlines", erzeugt mit Midjourneys Niji 5.0.

Das Erstellen von Prompts über einen Textgenerator ermöglicht eine automatisierte Herstellung von Prompts. Dies bewirkt einen verbesserten Output innerhalb GANs, da das Anpassen eines Prompts ein zeitintensiver Prozess sein kann und nach einem Trial-and-Error-Prinzip funktioniert. Durch eine Automatisierung kann die Reichweite an möglichen Formulierungen erhöht werden, womit die Grenzen eines GANs ausgetestet werden können.

Ist das „Prompten" also als Fähigkeit wahrzunehmen? Mit einem Rückblick auf die Erfindung der Fotografie wurde diese von Baudelaire stark kritisiert. Fotografierende seien „gescheiterte Maler mit zu wenig Talent"[16]. Baudelaire argumentierte, dass Fotografie lediglich eine Entwertung der menschlichen Vorstellungskraft darstelle. Seine überholte Position erinnert an das Argument, generative KI sei für das kreative Schaffen kontraproduktiv.

---

16 Vgl. Charles Baudelaire, zitiert nach James Rubin, *Impressionism and the Modern Landscape*, Berkeley 2008, 43–45.

Im Kontrast zur Fotografie besitzen GANs kein klares Verhältnis zwischen Werk und Schöpfenden. Ein Gedankenexperiment:[17] Eine Kunstsammlerin gibt einem menschlichen Künstler, den sie nicht kennt, einen Zettel mit ihrer Idee für ein Kunstwerk. Der Künstler setzt diese Idee um und übergibt ihr das fertige Werk. Die Kunstsammlerin ist trotz ihrer originellen Idee für das Werk nicht die Schöpferin, sondern der Künstler. Bei KI verhält es sich zunächst ähnlich: Auch wenn jemand eine Idee als Prompt formuliert und KI ein Ergebnis produziert, hat der Anwendende nicht das Werk erschaffen. Da KI jedoch nicht als Person gilt, liegt die Erschaffung des Werks weder auf der Seite des Anwendenden noch auf der Seite der Algorithmen. Das Prinzip der Autorschaft scheint bei generativen Prozessen nicht bestimmbar zu sein.[18] Damit wird ein Problem sichtbar, das Roland Barthes' literarischem „Tod des Autors" nahekommt: Führt die Abwesenheit des Autors zu einer obsoleten „Entzifferung" des Arbeitsprozesses?[19]

2.3 Autorschaft und (Bild-)Generatoren

Der Diskurs über den Stellenwert von GANs ist jung und durch ihre wachsende Verfügbarkeit angetrieben. Positionen reichen von der Ablehnung von GANs und Klagen zum (vermeintlichen) Missbrauch des Urheberrechts[20] bis zum KI-Futurismus um Raymond Kurzweil und der Marginalisierung von Kritik.[21]

Die Initiative von Illustratoren, die Existenz von GANs zu ignorieren, ist eine Protestreaktion. Sie bietet keine nachhaltige Verteidigung des gestalterischen Handwerks gegenüber KI. Die eigentliche Botschaft ist die Erkenntnis, dass die eigene Arbeit entfremdet und automatisiert werden kann. Dabei ersetzt die Präsenz von GANs nicht die Rolle der kreativ Tätigen. Was stattfindet ist eine Neuorientie-

---

17 Vgl. Chris Shehan, 31.08.2022, in [twitter.com/ChrisShehanArt/status/1564821938400264192] (Zugriff: 27.08.2023).

18 Für weiterführende Betrachtungen zur Autorschaft und Urheberrecht verweise ich auf den Tagungsbeitrag von Amrei Bahr.

19 Vgl. Roland Barthes, „Der Tod des Autors", in *Das Rauschen der Sprache*, Frankfurt a.M. 2006 [1969], 57–63, 62.

20 Vgl. Initiative Urheberrecht, „Urheber:innen und Künstler:innen fordern Maßnahmen zum Schutz vor generativer KI in der Europäischen KI-Verordnung", Stellungnahme 14.09.2023, in [https://t1p.de/m6nab] (Zugriff 04.10.2023)

21 Vgl. Raymond Kurzweil, *The Singularity Is Near: Why Humans Transcend Biology*, New York 2005 oder Anudeex Shetty/Nivesh Raj, „A Study on Recent Advances in Artificial Intelligence and Future Prospects of Attaining Superintelligence", in *Proceedings of Third International Conference on Communication, Computing and Electronics Systems*, Bd. 844, hg. von V. Bindhu/João Manuel R. S. Tavares/Ke-Lin Du, Singapur 2022, 879–892.

rung ihrer Arbeitsweise. Die Kamera hat den Maler nicht ersetzt, sondern ihn von seinen Portraitaufträgen befreit. Die Kontroverse liegt in den sozialwirtschaftlichen Faktoren, die die Arbeit von Kreativen erst ermöglicht und nun durch eine Disruption zu verringern drohen.

Der im Jahr 2023 begonnene und erst im Herbst beendete *Writers Guild*-Streik in Hollywood zeigt die Bereitschaft von Unternehmen, generierte Inhalte in die Kulturwirtschaft zu integrieren. Das dreijährige Abkommen zwischen Autoren und diversen Netzwerken verhandelt den Umgang mit KI zugunsten der Autoren in der Schreibbranche. Zunächst besteht bei der Arbeit mit KI eine Kennzeichnungspflicht.[22] Dies soll vor einem Vergleich zwischen menschlichen und generierten Schriften schützen und die Integrität des Autors bewahren. Das Schreiben mit KI darf zusätzlich nicht als Arbeitsmethode vorausgesetzt werden.

Als Kernelement ist in der Vereinbarung unter Artikel 72 B deklariert, dass KI keine Person darstellt und damit keinen Anspruch auf Urheberrechte besitzt oder in einer Form entlohnt werden muss.[23] Amerikanische Autoren behalten ihre Urheberstellung, wenn sie mit generierten Inhalten arbeiten. Sollte das Unternehmen einem Autor generiertes Material zur Verfügung stellen, wird dieses als literarisches Material betrachtet und interferiert nicht mit der Autorschaft.[24] Das Unternehmen darf das erstellte Material zudem nicht veröffentlichen oder nutzen, um diese Vereinbarung zu umgehen.

Ein Problemfeld für Autoren bleibt das unmögliche Überprüfen der Datensätze von Text- und Bildgeneratoren auf potenzielle Urheberrechtsverstöße. Im deutschen Raum ist die Inhaltserstellung über Data Mining seit dem 2021 erlassenen § 44b Urheberrechtsgesetz (UrhG) definiert. Jedoch ist im Gegensatz zum existierenden § 60d UrhG, das sich auf Text- und Data Mining in der Wissenschaft bezieht, mit § 44b die Verarbeitung von Daten auch im privaten Raum gestattet.[25] Die Erlassungen werden mit einer Anregung von Innovation in der Privatwirtschaft begründet.

Obwohl die Reproduktion von urheberrechtlich geschützten Inhalten wie Comicfiguren ohne die Einwilligung des Urhebers dank §§ 19a und 44 UrhG weiterhin geschützt ist, bleibt die Veröffentlichung des Werks die Voraussetzung für die Integration in Generatoren. Eine Grauzone bildet das *Web Scraping*, dem Sammeln von repräsentativen Daten über Suchmaschinen oder ähnliche Websites. Exem-

---

22 Vgl. „Memorandum of Agreement for the 2023 WGA Theatrical and Television Basic Agreement", in [wga.org/uploadedfiles/contracts/2023_mba_moa.pdf] (Zugriff: 26.09.2023), 69.
23 Ebd., 68.
24 Ebd., 69.
25 Vgl. Benjamin Raue, „Die Freistellung von Datenanalysen durch die neuen Text und Data Mining-Schranken (§§ 44b, 60d UrhG)", *Zeitschrift für Urheber- und Medienrecht*, Baden-Baden 2021, 793–802.

plarisch genügt das Abbild eines Gemäldes in einem Online-Shop, welches über eine Bildersuche gefunden werden kann. Darunter leiden besonders Künstler und Autoren, die eine weite digitale Präsenz besitzen. Bildgeneratoren wie Midjourney oder StableDiffusion reproduzieren unter der Nennung bestimmter Autoren gerne mal ein Wasserzeichen. Ob KI-Unternehmen bei Verstößen von generiertem Output auch haften müssen, bleibt ungeklärt und von den Nutzungsbedingungen des Anbieters abhängig. So heißt es zum Beispiel bei Midjourney:

> We provide the service as is, and we make no promises or guarantees about it. [...] If You [sic] knowingly infringe someone else's intellectual property, and that costs us money, we're going to come find You and collect that money from You. We might also do other stuff, like try to get a court to make You pay our attorney's fees. Don't do it.[26]

Midjourney-CEO David Holz beschreibt den Bestand seines Datensatzes als „große Repräsentation des Internets".[27] Das Generieren eines Prompts basiert auf dem Erfahrungsgehalt von Millionen abrufbaren Bildern. Generative Algorithmen stützen sich auf die „vergegenständlichte Arbeit"[28] eines Menschen, dessen Werke im Internet veröffentlicht wurden. Der Schematismus der Bilder wird über die Maschine in eine Dienstleistung integriert; ein Prozess, den Marx als „general intellect" beschrieb:

Die Entwicklung des capital fixe zeigt an, bis zu welchem Grade das allgemeine gesellschaftliche Wissen, knowledge, zur *unmittelbaren Produktivkraft* geworden ist und daher die Bedingungen des gesellschaftlichen Lebensprozesses selbst unter die Kontrolle des general intellect gekommen und ihm gemäß umgeschaffen sind.[29]

Bei Marx wird unter dem allgemein zugänglichen Wissen das verstanden, was eine vorangegangene Generation der Jetzigen zur Verfügung stellt.[30] Niemand muss den Computer neu erfinden, um auf sein Konzept zugreifen zu können. Genauso sind Handwerke, physikalische Gesetze oder Weltkarten Produkte von vergesellschaftetem Wissen, welches" nicht neu erarbeitet werden muss.

---

26 Midjourney, „Terms of Service", Abs. 10 „Limitation of Liability and Indemnity", in [docs.midjourney.com/docs/terms-of-service] (Zugriff: 25.09.2023).

27 Vgl. David Holz, „Midjourney Founder David Holz On The Impact Of AI On Art, Imagination And The Creative Economy", *Forbes*, in [forbes.com/sites/robsalkowitz/2022/09/16/midjourney-founder-david-holz-on-the-impact-of-ai-on-art-imagination-and-the-creative-economy] (Zugriff: 28.07.2023).

28 Karl Marx, „Der relative Mehrwert", in *MEW*, Bd. 43, Berlin 1983 [1858], 321.

29 Karl Marx, „Grundrisse der Kritik der Politischen Ökonomie", in *MEW*, Bd. 42, Berlin 1983 [1858], 602, Hervorh. im Original.

30 Vgl. Wolfgang Fritz Haug, „General intellect", in *Historisch-kritisches Wörterbuch des Marxismus (HKWM)*, Bd. 5, hg. von Institut für Kritische Theorie (INKRIT), Hamburg 2001, 230–242.

Mit der Automatisierung des Arbeitsprozesses wird die Expertise akkumuliert. Die Maschine löst als effizientere Produktivkraft den Arbeiter ab, dieser tritt „neben den Produktionsprozess, statt sein Hauptagent zu sein."[31] Die Verbreitung und Nutzung des öffentlichen Wissens stehen dabei in Konkurrenz mit der Arbeitszeit. Ein Grund für Unternehmen, ihre auf Open-Source gebaute Software zu privatisieren.

Das Silicon Valley, darunter OpenAI als aktueller Hauptakteur der KI-Entwicklung, schildert die Akkumulation von Expertise mit einem dualistischen Narrativ.[32] Einerseits schaffe der technologische Fortschritt Innovationen, die in allen Lebensbereichen Disposition finden und die alltägliche Arbeit erleichtern. Andererseits ist den Entwicklern bewusst, dass der intentionale Missbrauch der Technik nur schwer beherrschbar ist. Die Ambivalenz des Fortschritts- und Destruktionsgedankens vollzieht sich innerhalb eines paradoxen Systems: Die Korrelation zwischen Technik als Hilfsmittel des gesellschaftlichen Fortschritts und postfordistischer Wirtschaft, die die Digitalisierung als zwingende Voraussetzung ihres Wachstums benötigt, zeichnet eine geiselhafte Existenz der KI.

Im gesellschaftlichen Diskurs manifestieren sich zwei Aspekte, in denen die ambivalente Darstellung von KI verschiedene Mythen befördert. Im Folgenden werden sie erläutert.

3 Der Mythos als Immanenz des Generativen

Erstens befördert die mangelnde Nachvollziehbarkeit der Wahrscheinlichkeit sowie die fehlende Auskunft über den Inhalt der Datensätze die Wahrnehmung von KI-Generatoren als eine eigentumslose Quelle. Das Resultat simuliert ein „Vorfinden" des Eingegebenen. Dabei beeinflusst die hohe Qualität der Ergebnisse die Auffassung des jeweiligen Mediums, wodurch das Unterscheiden von realen und generierten Inhalten an seine Grenzen gelangt. Die Integration ähnelt einem „Kunstmythos", der sich den grundlegenden Elementen des Mythos bedient.[33]

Hans Blumenberg definiert Mythen als „Geschichten von hochgradiger Beständigkeit ihres narrativen Kerns und ebenso ausgeprägter marginaler Variationsfähigkeit".[34] Sie schützen das menschliche Bewusstsein vor seiner Auslieferung

---

31 Vgl. Marx 1983, 601.
32 Vgl. Jakob von Lindern/Jochen Wegner, „Sam Altman: ‚Irgendwann werden wir ein Modell erschaffen, das gefährlich ist'", *Zeit Online*, 26.05.2023, in [zeit.de/digital/2023-05/sam-altman-openai-ceo-chat-gpt-ki] (Zugriff: 04.10.2023).
33 Vgl. Hans Blumenberg, *Arbeit am Mythos*, Frankfurt a. M. 1961, 194.
34 Ebd., 40.

in eine unvorhersehbare Welt – allerdings passiert dies nicht über ein makelloses Bildnis. Was einen Mythos glaubwürdig macht, ist die Übertragbarkeit seines dialektischen Erfahrungsgehalts.[35] Die Grundprinzipien von Mythen sind so elementar, „daß sie immer wieder überzeugen, sich immer noch als brauchbarster Stoff für jede Suche nach elementaren Sachverhalten des menschlichen Daseins anbieten."[36]

Eine Blumbergsche Perspektive auf die Relation zwischen Mythos und Logos zeigt, dass der Mythos nicht als Antonym zum Logischen verstehen ist. Der vermeintliche Übergang des Mythischen zu einer rationalen Epistemologie übersieht den Aufbau und Grund des Mythos. Dessen logischer Kern besteht in einem Schutzmanöver vor der chaotischen Wirklichkeit, die keine Struktur verfolgt.[37]

Die Remythisierung, das Wiederaufleben eines Grundmythos unter zeitgenössischen Phänomenen, ist ein Produkt abwesender Sinnhaftigkeit. Sie trägt den Nutzen einer Gegenwartsbewältigung: In der Existenz einer nachmythischen Epoche sucht sie nach neuen Machtverhältnissen, da die alten Mythen nicht auf die Gegenwart übertragbar sind.[38] Dieser Anspruch auf Beständigkeit ist besonders für ungewisse Zeiten attraktiv:

> Das macht Zeiten mit hohen Veränderungsgeschwindigkeiten ihrer Systemzustände begierig auf neue Mythen, auf Remythisierungen, aber auch ungeeignet, ihnen zu geben, was sie begehren. Denn nichts gestattet ihnen zu glauben, was sie gern glauben möchten, die Welt sei schon immer so oder schon einmal so gewesen, wie sie jetzt zu werden verspricht oder droht.[39]

Eine Remythisierung kann in ihrem Wahrheitsgehalt nicht affirmiert werden, obwohl sie Anspruch auf ihre Gültigkeit erhebt. Sie projiziert eine Sinnfindung, die sich in ihrer Verantwortung gegenüber der Realität als zeitlos inszeniert und somit entzieht. Als Schutzsphäre nimmt sie die Angst vor der eigenen Entscheidungsfähigkeit:[40] „Die Unfähigkeit, Substitutionen vorzunehmen oder gelten zu lassen, ist nahezu identisch mit der anderen, Delegation von Zuständigkeiten an andere vorzunehmen und Repräsentationen für Entscheidungen der Vielen durch Wenige gelten zu lassen."[41]

Im Mythos der KI finden sich die abwesende Sinnhaftigkeit sowie eine Schwierigkeit in der Bestimmung ihres Wahrheitsgehalts im Potential wieder,

35 Vgl. ebd., 33–34.
36 Ebd., 166.
37 Ebd., 18–20.
38 Vgl. ebd., 178.
39 Ebd., 41.
40 Vgl. ebd., 178.
41 Ebd., 13.

hochwertige Desinformation zu verbreiten. Obwohl einzelne Inhalte auf ihren Wahrheitsgehalt überprüft werden können, verändert die Integration von generierten Inhalten auch die Kommunikation innerhalb der digitalen Sphäre.

Der unreflektierte Glaube an eine technische Beschaffenheit ohne die Berücksichtigung ihrer Anwendenden, der Missbrauch der instrumentellen Vernunft, wie Horkheimer sie beschrieb, nutzt Technik als Begehrensobjekt der Pragmatik.[42] Der „Triumph des Mittels über den Zweck"[43] führt zur Konsequenz einer absoluten Gewichtung des Mittels, welche in ihrer Funktionsweise weder zweck- noch werterational ist und eine eigene, glaubwürdige Instanz formt. Diese kann „zu einer Grundlage [...] werden, welche Kultur ausdrückt und reguliert".[44]

Bedeutet das also, dass Technik als dogmatischer Pragmatismus schon immer einem Selbstzweck verfällt? Freilich nicht. Ihr Sinn ist es nicht, destruktiv auf die Natur und den Menschen zu wirken, um in einer informationsästhetischen Barbarei zu enden. Technologie ist ein Handwerk, das gebraucht und missbraucht werden kann. Technischer „Fortschritt" bedeutet eine verbesserte Funktion bereits eingesetzter Technik zu dem Punkt, wo der Austausch von Techniken eine Revolution des ökonomischen Systems bewirkt und damit auch verbesserte Lebensbedingungen erzielt.

Zweitens erfordern Prompts wörtliche Beschreibungen, die für die reine visuelle Erkenntnis nicht erforderlich waren. Dies besitzt Auswirkungen auf die Assoziationen von Text und Bild. Wenn generierte Inhalte Formulierungen zugeordnet werden, die keinen logischen Anspruch erheben, besitzt die KI weiterhin die Assoziation mit jener Formulierung. Es steht zur Frage, inwieweit Prompts die Konstruktion von Bedeutungen beeinflussen werden.

Prompts bilden die Schnittstelle zwischen KI und Mensch. Der Vergleich menschlicher Fähigkeiten mit der einer KI ruft eine bestimmte Vorstellung im Geiste des Empfängers hervor. Sowohl komplexe als auch einfache Sachverhalte können durch Metaphern verständlicher dargestellt werden. Ob diese Tendenz unausweichlich ist, bleibt offen; feststeht, dass der Gebrauch davon zu differenzierten Vorstellungen führen kann. Die Aussage: „Eine KI denkt wie ein Mensch", löst unterschiedliche Vorstellungen aus, was das zu bedeuten hat. Beherrscht sie Kreativität? Logik? Macht sie Fehler, hat sie Vorurteile, denkt sie überhaupt? Der Vergleich mit den menschlichen Fähigkeiten bewirkt eine Anthropomorphisierung

42 Vgl. Max Horkheimer, „Zur Kritik der instrumentellen Vernunft", in ders., *Gesammelte Schriften*, Bd. 6, hg. von Alfred Schmidt, Frankfurt a. M. 1991 [1947/1967], 19–186, 113.
43 Ebd., 60–61.
44 Gilbert Simondon, zitiert nach Jean-Hugues Barthélémy, „Simondon – Ein Denken der Technik im Dialog mit der Kybernetik", in *Die technologische Bedingung. Beiträge zur Beschreibung der technischen Welt*, hg. von Erich Hörl, Berlin 2011, 93–109, 95.

der KI. Sie löst Vertrautheit über ihre Funktionsweisen aus, welches zu einer Mythisierung des Verhältnisses von Mensch und Maschine beiträgt.

Wie schwierig es ist, einen Mythos zu beenden, zeigt sich in seinem metaphorischen Zirkel, der nach dem Ableben eines Mythos brauchbar wird. Der Mythos verkörpert ein gesellschaftliches Bewusstsein, das von den Erfahrungen seiner Umwelt abstrahiert. Sein Lehrgehalt besteht in einer reflektierten Rezeption seiner Entstehung. So unmöglich das Verschwinden von mythischen Erzählungen aus der Welt ist, so lehrreich ist der Mythos in einer Deutung, die zur Progression der Gegenwart beiträgt.[45]

Schließlich besitzen Generatoren im Kontext ihrer Unbestimmtheit das Potential zur Dekonstruktion traditioneller Entwurfspraktiken. Während bürokratisierte Prozesse oft von normativen Strukturen geprägt sind, bieten Textgeneratoren die Möglichkeit, jenseits dieser Konventionen zu agieren. Dies impliziert eine Neubewertung des Entwerfens als solches und kann langfristig zu freieren Text- und Bildpraktiken führen. Wenn Bildgeneratoren vermehrt für Stockfotos eingesetzt werden, wenn während dem Schreiben nicht behauptet werden kann, dass für sich selbst geschrieben wurde, so ist das vielleicht der Beginn eines Verständnisses, dass Generatoren standardisierte Produktionen entlasten können. Eine Chance von KI ist, den Mediengebrauch aus seiner Bürokratisierung zu befreien.

---

45 Blumenberg 1961, 681.

Simon Meier-Vieracker

Uncreative Academic Writing

Sprachtheoretische Überlegungen zu Künstlicher Intelligenz in der akademischen Textproduktion

Abstract: The impressive success of recent AI-based text generation technologies fits perfectly with recent linguistic theorising that focuses on the patternedness of language and language use. Large language models work so well because they reproduce the highly complex patternedness of language in an exceptionally fine-grained way. This contribution traces linguistic notions of patternedness in corpus linguistics and beyond and applies them to the domain of academic writing which is highly standardised and thus – at least in some parts – uncreative. Since generated texts, unlike human texts, do not make any validity claims, but at most claims of fit, their use should neither be overestimated as co-authorship nor concealed. On the contrary, their use as a supporting tool should be made explicit and transparent.

1 Einleitung

Als mit GPT-3 und der nochmals bedienungsfreundlicheren Variante ChatGPT KI-basierte Textgeneratoren mit beeindruckender Performance auf den Markt kamen, konnte man als Linguist eigentlich nicht überrascht sein. Verwunderung auslösen konnte allenfalls die Geschwindigkeit, mit der sich die Technologie weiterentwickelt hatte und immer noch weiterentwickelt. Auch die Art, wie die avancierte Technologie breit nutzbar gemacht und zum Beispiel durch einfach zu nutzende Browserimplementierungen alltagstauglich wurde, ließ uns alle staunen. Die Tatsache aber, dass es eine solche Technologie geben und dass sie funktionieren würde, war aus mindestens zwei Gründen absehbar.

Erstens hatten computerlinguistische Verfahren in den Jahren zuvor einen enormen Sprung gemacht, der sich vereinfacht gesprochen auf die Ablösung regelbasierter durch probabilistische Ansätze mit Techniken des Machine Learning zurückführen lässt. Maschinelle Übersetzung durch Tools wie DeepL ließ die Mächtigkeit entsprechender Ansätze für die Textproduktion erstmals aufleuchten.[1]

---

1 Jürgen Hermes, „Durch neuronale Netze zur Lingua Franca. Wie Algorithmen unsere Kommunikation bestimmen", in *Wissen ordnen und entgrenzen? Vom analogen zum digitalen Europa?*, hg. von Joachim Berger/Thorsten Wübbena, Göttingen 2023, 47–66.

∂ Open Access. © 2024 bei den Autorinnen und Autoren, publiziert von De Gruyter. [CC) BY-NC-ND] Dieses Werk ist lizenziert unter einer Creative Commons Namensnennung – Nicht kommerziell – Keine Bearbeitung 4.0 International Lizenz. https://doi.org/10.1515/9783111351490-010

Zweitens fügt sich die Abkehr von eindeutig definierten Regeln hin zu statistischen Verteilungen von Mustern unterschiedlicher Granularität bestens in die linguistische Theoriebildung der letzten 30 Jahre ein, die – wiederum mitbedingt durch die Fortschritte der Computertechnologie – Musterhaftigkeit ins Zentrum stellt.[2] Von der Bedeutung einzelner Wörter über (teil-)schematische Konstruktionen bis hin zu Textsorten reichen die Zielgrößen, die als im Prinzip statistisch modellierbare Manifestationen musterhaften Sprachgebrauchs erscheinen. Textgeneratoren wie ChatGPT als vorerst jüngste Etappe der Entwicklung von sogenannten Large Language Models (LLM) sind, so könnte man zugespitzt formulieren, die erfolgreiche Bewährungsprobe für eine seit Jahrzehnten laufende Sparte linguistischer Theoriebildung.

In der Wissenschaft oder genauer: in der wissenschaftlichen Textproduktion finden Textgeneratoren ein potenziell weites Anwendungsspektrum, und ihnen könnte besonderer Erfolg beschieden sein. Wissenschaftliche Textsorten und Textexemplare sind vergleichsweise standardisiert. Durch die fortschreitende Umstellung auf ein elektronisches Publikationswesen sind riesige Textmengen im Netz verfügbar, die für das Training der Sprachmodelle genutzt werden können. Schließlich schafft ein akademischer Betrieb mit vor allem quantitativ bestimmbaren Anforderungen an die Textproduktion in Forschung und Lehre zusätzlich Anlässe, Textproduktion zu delegieren. Bei aller Kreativität, die wissenschaftlicher Textproduktion zukommen mag und die mit Formeln wie „eigenständige Forschungsleistung" auch ausdrücklich gewürdigt wird, ist akademisches Schreiben oft auch unkreatives Schreiben,[3] bei dem maschinelle Unterstützung durchaus willkommen ist.

2 Textgenerierung als Textreproduktion

Der Sprachwissenschaftler Hermann Paul brachte bereits 1880 in seinen „Prinzipien der Sprachgeschichte" einen Gedanken auf den Punkt, der auch für neueste Technologien der Textgenerierung die Grundlagen zu legen scheint: „Erst wo Sprechen und Verstehen auf Reproduktion beruht, ist Sprache da."[4] So sehr eine Äußerung ein individueller Schöpfungsakt sein mag, so sehr muss sie sich doch auf Vorgefertigtes stützen, um kognitiv bewältigbar und kommunikativ anschlussfähig

---

2 Noah Bubenhofer, *Sprachgebrauchsmuster. Korpuslinguistik als Methode der Diskurs- und Kulturanalyse*, Berlin, Boston 2009. Henning Lobin, *Digital und vernetzt: Das neue Bild der Sprache*, Stuttgart 2018, 81–104.

3 Kenneth Goldsmith, *Uncreative Writing: Managing Language in the Digital Age*, New York 2011.

4 Hermann Paul, *Prinzipien der Sprachgeschichte*, Berlin, New York [10]2010, 187.

zu sein. Der Aspekt der Reproduktion bildet nun auch die Grundlage für die KI-basierte Textproduktion. Ein generatives Sprachmodell wie ChatGPT muss in der Lage sein, auf Basis der Trainingsdaten, also einzelnen Sprechereignissen unterschiedlichster Typen, dieses Sprechen so zu reproduzieren, dass es den gewünschten Anforderungen genügt. Diese Anforderungen müssen bei ChatGPT bekanntlich als sogenannter Prompt, als natürlichsprachliche Eingabe formuliert und als Kontext übergeben werden. Auf der Basis maschinell gelernter, typischer Kombinationen von verschiedensten sprachlichen Merkmalen kann das Sprachmodell zu diesem Kontext passende Zeichenketten produzieren, die aber letztlich nur bekannte Versatzstücke reproduzieren. Innerhalb bestimmter und im öffentlichen Diskurs über ChatGPT oft besprochener Grenzen (das Modell verfügt zum Beispiel nicht über Informationen über aktuelle Ereignisse) scheint das völlig ausreichend zu sein, um zumindest den Eindruck verständigen Sprechens zu erwecken. Das Modell beantwortet Fragen, erfüllt Schreibaufträge und ist dabei auch noch höflich. Die Maschine ‚versteht‘ aber nicht in dem Sinne, dass sie das Übermittelte für sich in einen sinnvollen Sinnzusammenhang stellen würde,[5] sondern kann auf der Basis von Wahrscheinlichkeiten zum Prompt passende Fortsetzungen generieren. Die auf diese Weise generierten Texte funktionieren trotzdem, und mehr noch: Sie sind nicht nur formal in Sachen Rechtschreibung und Grammatik fehlerfrei, sondern oft auch elegant formuliert, und sie werden auf Nachfragen und Verbesserungsvorschläge der Nutzenden hin nochmals angepasst.

Im Ergebnis sind diese Texte um ein vielfaches besser als die Outputs regelbasierter Systeme, die Textualität allenfalls simulieren können, aber schon bei der Herstellung von Textkohäsion etwa durch adversative Konstruktionen zur Markierung von Kontrast hinter menschengeschriebenen Texten zurückbleiben.[6] Und sie sind vermutlich deshalb besser, weil sie nicht auf behelfsmäßig formulierten Regeln basieren, sondern die hochkomplexe Musterhaftigkeit von Sprache überhaupt auf ausgesprochen feinkörnige Weise reproduzieren.

3 Muster und Musterhaftigkeit

Mit Bubenhofer kann ein sprachliches Muster bestimmt werden als Zeichenkomplex, typischerweise eine Kombination von Wortformen oder auch Schemata wie

---

5 Hans Hörmann, *Meinen und Verstehen. Grundzüge einer psychologischen Semantik*, Frankfurt a. M. [5]2016, 137.
6 Simon Meier-Vieracker, „Von Rohdaten zum Text – Themenentfaltung in automatisierten Fußballspielberichten", in *Was ist eigentlich ein Thema? Sieben linguistische Perspektiven*, hg. von Julian Engelken et al., Bremen 2023, 50–58.

Wortarten, der als Reproduktionsvorlage dient.[7] Naheliegende Beispiele für solche Muster sind phraseologisch verfestigte Wortverbindungen wie *in Anbetracht der Tatsache* oder auch teilschematische Konstruktionen wie *X für X* (etwa: *Tag für Tag* oder *Satz für Satz*). Die Musterhaftigkeit lässt sich sozusagen nach oben hin erweitern, indem etwa bestimmte Formulierungen wie *aus spitzem Winkel* als typisch für bestimmte Textsorten wie Fußballreportagen und mithin als Textmuster beschreibbar werden.[8] So wie kompetente Sprechende wissen, zu welchen Textsorten bestimmte Muster gehören, so wissen sie, welche Muster aktualisiert werden müssen, um beispielsweise einen typischen Fußballspielbericht zu verfassen. Die Muster sind mit Helmuth Feilke gesprochen also idiomatisch geprägt, indem als konnotativer Mehrwert Informationen zum Gebrauchskontext in ihre konventionelle Bedeutung integriert sind.[9] In nochmaliger Erweiterung kann in diskurslinguistischer Perspektive sogar ein ganzer Diskurs als Reproduktionshintergrund für einen Einzeltext und die ihn konstituierenden sprachlichen Muster betrachtet werden, so wie der Diskurs selbst als serielle Praxis erst anhand der Texte sichtbar wird, die ihn repräsentieren.[10] Musterhaftigkeit lässt sich aber in gegenläufiger Richtung auch nach unten hin verlängern, indem selbst die Bedeutung einzelner Wörter auf musterhafte kontextuelle Einbettungen zurückgeführt wird. Bereits 1957 hatte Firth den (an Wittgensteins Bedeutungstheorie anschließenden) Gedanken formuliert, dass die Semantik eines Wortes anhand seiner typischen Kontexte, genauer: anhand seiner Kookkurrenzen erfasst werden kann.[11]

Für den Anwendungszusammenhang der Sprachmodelle entscheidend ist nun, dass sich diese Musterhaftigkeit von Sprache beziehungsweise des Sprachgebrauchs für quantitativ-statistische Analysen operationalisieren lässt, so wie umgekehrt quantitativ-statistische Analysen die Musterhaftigkeit des Sprachgebrauchs erst augenscheinlich werden lassen. Bei der maschinellen Sprachanalyse werden Texte ganz im Sinne der schon von de Saussure beschriebenen Linearität sprachlicher Zeichen als Zeichenketten gefasst, so dass in der syntagmatischen Anordnung dieser

7 Bubenhofer 2008, 23.

8 Simon Meier, „Formulaic language and text routines in football live text commentaries and match reports – a cross- and corpus-linguistic approach", in *Corpus approaches to the language of sport. Texts, media, modalities*, hg. von Marcus Callies/Magnus Levin, London 2019, 13–35.

9 Helmuth Feilke, „Textroutine, Textsemantik und sprachliches Wissen", in *Sprache und mehr: Ansichten einer Linguistik der sprachlichen Praxis*, hg. von Angelika Linke et al., Tübingen 2003, 209–229, 213.

10 Ingo H. Warnke, „Adieu Text – bienvenue Diskurs? Über Sinn und Zweck einer poststrukturalistischen Entgrenzung des Textbegriffs", in *Brauchen wir einen neuen Textbegriff? Antworten auf eine Preisfrage*, hg. von Ulla Fix, Frankfurt a. M./New York 2002, 125–141.

11 Stefan Evert, „Corpora and collocations", in *Corpus Linguistics. An International Handbook*, hg. von Anke Lüdeling, Berlin/Boston 2009, 1212–1248, 1212–1213.

Zeichen mit quantifizierenden Methoden nach verschiedenen Mustern gesucht werden kann. Den geradezu augenöffnenden Effekt korpuslinguistischer Zugänge, den ich aus meiner eigenen Forschungsbiographie bestätigen kann, beschreibt Hausmann wie folgt:

> Dann kam der Computer – und die Corpusanalyse entfaltete vor dem staunenden Auge des Linguisten die statistischen Gesetzmäßigkeiten der syntagmatischen Umgebung des Wortes. Was nun zu Tage trat, war Phraseologie ohne Ende, Lexikalisiertes jeden Grades, Idiomatizität in allen Schattierungen, der späte Sieg des Gedächtnisses über die kreative Intelligenz. Zweifellos liegt in der Sprachproduktion auch etwas Kreatives, aber in allererster Linie ist sie *imitatio*, Nachplappern aus dem Gedächtnis dessen, was schon unzählige Male so gesagt und geschrieben wurde.[12]

Der quantitative Zugriff auf Musterhaftigkeit beginnt beim einfachen Auszählen von Mehrwortverbindungen (auch Ngramme genannt) in Textkorpora, gegebenenfalls ergänzt um Metadaten wie Textsorteninformationen, um die Typik bestimmter Muster für einzelne Textsorten nachweisen zu können. Anders als Frequenzlisten von Einzellexemen geben z.B. Trigramme (also Dreiwortverbindungen wie *es war einmal* oder *mit Blick auf*) deutlich präziser Aufschluss etwa über narrative oder argumentative Funktionen. Auch die Semantik von Wörtern lässt sich mit Sprachkorpora quantitativ-statistisch modellieren.[13] Das klassische Verfahren der Kollokationsanalyse läuft über die Erhebung signifikant häufig im Kontext eines Wortes auftauchender anderer Wörter, die als sogenanntes Kollokationsprofil die Bedeutung repräsentieren.[14] In Fortführung und technischer Verfeinerung dieses Verfahrens repräsentieren sogenannte Word Embeddings die kontextuellen Einbettungen als aggregierte numerische Werte in Form von Vektoren. Mit diesen kann anschließend gerechnet werden, um beispielsweise Bedeutungsähnlichkeiten und -unterschiede, aber auch semantische Relationen zu errechnen.[15] Bedeutung muss hier nicht mehr wie in der strukturalen Semantik

---

12 Franz Josef Hausmann, „Kollokationen und darüber hinaus. Einleitung in den thematischen Teil ‚Kollokationen in der europäischen Lexikographie und Wörterbuchforschung'", in *Lexicographica*, Bd. 24, 2008, 1–8, 7 (Hervh. SMV).
13 Anders Søgaard, „Grounding the Vector Space of an Octopus: Word Meaning from Raw Text", in *Minds & Machines*, Bd. 33(1), 2023, 33–54.
14 Richard Xiao, „Collocation", in *The Cambridge Handbook of English Corpus Linguistics*, hg. von Douglas Biber/Randi Reppen, Cambridge 2015, 106–124; Noah Bubenhofer, „Kollokationen, n-Gramme, Mehrworteinheiten", in *Handbuch Sprache in Politik und Gesellschaft*, hg. von Kersten Sven Roth et al., Berlin/Boston 2017, 69–93.
15 Alessandro Lenci, „Distributional Models of Word Meaning", in *Annual Review of Linguistics*, Bd. 4(1), 2018, 151–171; Hermes 2023.

üblich in einzelne, deduktiv herangetragene semantische Merkmale (etwa ‚Mensch‘ + ‚weiblich‘ für *Frau*) zerlegt werden. Vielmehr wird Bedeutung gänzlich induktiv aus dem in einem (meist sehr großen) Korpus repräsentierten Sprachgebrauch und den hier nachweislichen Wortkombinationen abgeleitet, die zugleich auch syntaktische Einbettungen indizieren. Es mag sich bei dieser Art von Bedeutung, die ohne Intentionen, aber auch ohne Weltbezug auskommt, um „dumme Bedeutung"[16] handeln. Aber auch diese ermöglicht es Sprachmodellen, produktiv mit der musterhaften Eigenstruktur von Sprache zu operieren.

Word Embeddings sind in der Architektur von sogenannten Transformer-Modellen wie ChatGPT eine obligatorische Komponente. Damit können die Prompts überhaupt erst in ein Format überführt werden, mit der dann weitergerechnet werden kann, um zusammen mit einer weiteren Komponente, dem sogenannten Attention Mechanism,[17] möglichst passende Fortsetzungen vorherzusagen. Diese Prozesse sind komplex, und die Datensätze, auf denen trainiert wurde, wie auch die Modelle, die auf dieser Grundlage erstellt werden, sind riesig. Das Grundprinzip aber, auf der Basis induktiv ermittelter und quantitativ bestimmbarer Muster neue Texte zu generieren, lässt sich auch in sehr viel kleinerem, geradezu mikroskopisch kleinem Maßstab auf einem handelsüblichen Rechner implementieren.

4 Ein Experiment im Allerkleinsten

Für einen einfachen kleinen Textgenerator[18] wird ein Textkorpus benötigt, auf dessen Grundlage Trigramme berechnet werden. Dafür müssen die Texte wie oben beschrieben als eine fortlaufende Zeichenkette gefasst und als eine lange Liste aufeinanderfolgender Wörter aufbereitet, das heißt tokenisiert werden, so dass dann Dreierverbindungen gebildet und gezählt werden können. Aus „Das ist ein kurzer Beispieltext" werden die Trigramme „Das ist ein", „ist ein kurzer" und „ein kurzer Beispieltext". Für jedes dieser Trigramme wird zusätzlich erhoben, welche Wörter wie oft direkt danach folgen. Um auf dieser Grundlage einen Text zu generieren, wird ein Trigram vorgegeben, nach dem Zufallsprinzip wird sodann eine mögliche Fortsetzung gewählt, wobei häufigere Fortsetzungen mit proportional

---

16 Hannes Bajohr, „Dumme Bedeutung. Künstliche Intelligenz und artifizielle Semantik", in *Merkur*, Bd. 882, 2021, 69–79.
17 Hermes 2023.
18 Der Code stammt von Usman Malik und ist unter www.stackabuse.com/python-for-nlp-developing-an-automatic-text-filler-using-n-grams/ (Zugriff 4.10.2023) beschrieben. Die hier beschriebe Implementierung mit dem verwendeten Textkorpus ist unter www.github.com/fussballlinguist/textgeneration/tree/main (Zugriff 4.10.2023) verfügbar.

höherer Wahrscheinlichkeit ausgewählt werden. Mit dem neu angehängten Wort liegt ein neues Trigram vor (das nun überflüssige erste Wort des Trigrams wird abgetrennt), für das erneut eine Fortsetzung gesucht wird usw. usf. Einem solchen rekursiven Funktionsprinzip folgt im Übrigen auch die Wortvorschlagsfunktion, die auf gängigen Smartphones implementiert ist.[19]

Zu Versuchszwecken habe ich mit dem Programm AntCorGen, das den Zugriff auf die API des Open Access Journals PLOS ONE erlaubt, ein Korpus von 3672 Abstracts zu Artikeln der Kategorie „Social Sciences > Linguistics" erstellt. Mit 930.700 Tokens ist das Korpus überschaubar. Eine Auszählung der häufigsten Ngramme, die in mindestens 5 Abstracts im Korpus vorkommen, ergibt das folgende Ergebnis:

> the effect of, the present study, results suggest that, as well as, event related potentials, we found that, functional magnetic resonance, in the present, in order to, it has been, magnetic resonance imaging

Die häufigsten Fortsetzungen für *the effect of* sind:

> the, a, age, different, language, time, an, context, each, image, strategy, this

Schon mit Informationen dieser Art kann der beschriebene Algorithmus arbeiten und gibt für die Prompts „in this study" und „the present study" die folgenden Texte aus:

> in this study we propose a lightweight ensemble learning method for an artificial grammar axb. results suggest that statistical word segmentation could be scalable to the challenges to their academic success. interviews of fifty staff from an australian university indicated that both fit to the selfpaced reading data.

> the present study aimed to explore whether the acoustics of the spoken interactions of clinically distressed spouses provide information towards assessment of therapy outcomes. the scoping review provided evidence that the emergence of their inconsistency at the larger time before reaching a stable state where the heaps law that is able to characterize the statistical properties of the language difference.

Jedes einzelne Trigram in diesen Texten hat eine formidentische Vorlage im Trainingskorpus, ihre Kombinationen sind jedoch neu. So sinnlos die Texte bei genauerem Hinsehen sind, so sehr erfüllen sie doch grundlegende Erwartungen, die wir an die Textsorte Abstract stellen dürfen. Sie sind grammatisch weitgehend akzeptabel, wenn auch im ersten Text textuelle Rückbezüge wie etwa *both* ins Leere laufen und die Kohäsion des Textes empfindlich gestört wird, und wenn auch im

---

19 Lobin 2018, 93.

zweiten Text im zweiten Satz mindestens ein finites Verb fehlt. Vor allem aber scheinen die Texte den charakteristischen Sound von Abstracts, das nüchterne und kondensierte Berichten von Gegenstand, Vorgehen und Ergebnissen wissenschaftlicher Studien gut zu treffen. Nicht nur die (insgesamt spärliche) Fachterminologie allein, sondern eher ihre Einbindung in charakteristische Formulierungsmuster scheint diesen Sound auszumachen.

Selbst dieser höchst simple und ein sehr kleines Korpus nutzende Algorithmus kann also Texte in durchaus überraschender Qualität generieren, wenn die Textsorte – so wie beispielsweise bei Abstracts – nur schematisch genug ist. Wird nun die Korpusgröße um mehr als ein tausendfaches erhöht und erfolgt die Repräsentation der Wortkombinationen im Korpus über die simple Auszählung hinaus mit anspruchsvollen Methoden des Machine Learning in einem statistischen Modell, so ist zu erahnen, zu welcher Performance ein Textgenerator dann fähig sein könnte und – so lehrt uns ja ChatGPT – auch tatsächlich ist.

5 Uncreative Academic Writing

Akademisches Schreiben, hier verstanden als wissenschaftliches Schreiben in institutionalisierten akademischen Kontexten von Forschung und Lehre ist musterhaft bis standardisiert. Websites wie OpenAcademics mit ihren umfangreichen Sammlungen an Vorlagen und Formulierungshilfen für unterschiedlichste Textsorten geben Zeugnis davon, wie hoch der Bedarf an entsprechender Orientierung ist. Sie zeigen aber auch, wie formalisiert akademische Textkommunikation selbst dort ist, wo eigentlich kreative Ideen im Zentrum stehen. Ein Forschungsbeitrag, der nicht ausführlich und explizit bereits bestehendes Wissen reformuliert, wird ebenso wenig auf Akzeptanz stoßen wie ein Beitrag, der die wissenschaftssprachlichen Formulierungsmuster nicht hinreichend reproduziert.[20]

Dazu gehören nicht allein die Fachterminologie und die rein formalen Verfahren des Zitierens und Verweisens, sondern auch der Bereich, den Ehlich „alltägliche Wissenschaftssprache" nennt.[21] Dazu zählen transdisziplinär gebräuchliche, für die kommunikative Domäne der Wissenschaft insgesamt typische Formulierungen wie „einer Frage nachgehen", „im Folgenden" oder „kann gezeigt werden". In ihrer umfassenden korpuslinguistischen Untersuchung sprachwissenschaftlicher Zeitschriftenartikel kann Brommer eine ganze Reihe von Mustern herausarbeiten, die auf

20 Eva-Maria Jakobs, *Textvernetzung in den Wissenschaften: Zitat und Verweis als Ergebnis rezeptiven, reproduktiven und produktiven Handelns*, Tübingen 1999, 54.
21 Konrad Ehlich, „Alltägliche Wissenschaftssprache", *Info DaF*, Bd. 26(1), 1997, 3–23.

dieser von der Fachterminologie unabhängigen Ebene Wissenschaftlichkeit herstellen und für die Rezipierenden erkennbar machen.[22] Dazu gehören beispielsweise Formulierungen zur Relationierung und Kontextualisierung wie *im Vergleich zu, ausgehend von* oder *in Anlehnung an,* aber auch Formulierungen zur (performativen) Beschreibung methodischen Vorgehens wie *zur Erfassung der* oder *die Darstellung von.* Solche Wendungen, die noch vor der eigentlich inhaltlichen Ausgestaltung das Gerüst eines Textes bilden, sind offenbar Ausdruck von Formulierungsroutinen, über die geübte Schreibende verfügen und die sie bei der Arbeit am Text entlasten.[23] Lernende hingegen, und hierin liegt das schreib- und hochschuldidaktische Potenzial einer entsprechenden Theorie, müssen auch diese Routinen und den für sie nötigen Reproduktionshintergrund erst erwerben, um souverän wissenschaftlich schreiben zu können.[24] Das dürfte viel mit Nachahmung zu tun haben, was Lernende nicht selten vor die Herausforderung stellt, den feinen Unterschied zwischen unzulässigem Plagiat einerseits und angemessener Reproduktion wissenschaftlichen Stils andererseits zu erkennen.

Was nun meiner Wahrnehmung nach die wissenschaftliche Community am meisten an KI-basierten Textgeneratoren wie ChatGPT erstaunte, war eben diese zumindest scheinbare Souveränität, mit der die Maschine sogar akademische Texte produzierte.[25] Dabei geht es insbesondere um eine Souveränität im Einsatz der für akademische Textsorten typischen Textmuster, die umso mehr auffiel, als der Inhalt dahinter oft zurückblieb. Symptomatisch ist hier die oft beschriebene Eigenart von ChatGPT, Literaturangaben zu erfinden. Mit dem Prompt konfrontiert, beispielsweise einen Abstract für einen Konferenzbeitrag einschließlich Referenzen zu schreiben, generiert das System plausibel klingende, also die typischen Formulierungsmuster für wissenschaftliche Artikel- oder Buchtitel reproduzierende Referenzen, die sich bei der Prüfung aber meist als nicht existent herausstellen. Unpräzise und letztlich anthropomorphisierend ist dabei freilich die Formulierung, dass ChatGPT diese Referenzen „erfindet". Die Generierung folgt auch hier keinem anderen Prinzip als bei anderen Textteilen, es wird auch hier zu dem übermittelten Prompt eine wahrscheinliche und den eigenen Output rekursiv mit einbeziehende

---

22 Sarah Brommer: *Sprachliche Muster. Eine induktive korpuslinguistische Analyse wissenschaftlicher Texte,* Berlin, Boston 2018.

23 Elisabeth Gülich, „Routineformeln und Formulierungsroutinen. Ein Beitrag zur Beschreibung formelhafter Texte", in *Wortbildung und Phraseologie,* hg. von Rainer Wimmer, Tübingen 1997, 131–176.

24 Torsten Steinhoff, *Wissenschaftliche Textkompetenz. Sprachgebrauch und Schreibentwicklung in wissenschaftlichen Texten von Studenten und Experten,* Tübingen 2007.

25 Das geht so weit, dass in Lehrkontexten ein zu hohes Maß an Souveränität in Prüfungsleistungen oft ein erstes Indiz dafür ist, dass auf ChatGPT oder ähnliche Systeme zurückgegriffen wurde.

Fortsetzung vorhergesagt. Die Literaturangaben, die auf diesem Wege generiert werden, sind nicht mehr oder weniger fiktiv als die sachinformativen Textteile, die – aus welchen Gründen auch immer – mit den Tatsachen übereinstimmen, also wahre Aussagen zu treffen scheinen.

Vor allem für jene breiten Raum einnehmenden Aspekte akademischen Schreibens, die als unkreativ beschrieben werden können, dürften sich KI-basierte Textgeneratoren als ausgesprochen nützliche Hilfsmittel erweisen. Abstracts, methodische Verortungen, womöglich sogar forschungsethische Reflexionen, aber auch Gutachten oder Seminarbeschreibungen können von Textgeneratoren vorformuliert werden. In anderen Domänen gilt vergleichbares, etwa im Bereich der Programmierung, wo ChatGPT gerade sehr routinehafte Coding-Aufgaben übernehmen kann, die zuvor auch nur mit Hilfe von Vorlagen aus Foren wie stackoverflow.com erledigt wurden. Man mag in textorientierten Disziplinen bedauern, dass das Entstehen der Gedanken beim Schreiben[26] hierdurch abgekürzt wird. Allein es wird nicht schlechthin umgangen, sondern allenfalls in die Nachbearbeitung verlagert und kann im besten Falle Freiräume schaffen für tatsächlich kreative Schreibarbeit.

6 Musterhafter Text und Geltung

In Anschluss an linguistische Theorien musterhaften Sprachgebrauchs, die korpus- und computerlinguistisch operationalisiert werden können und auch für KI-basierte Textgeneratoren ein Erklärungsgerüst liefern, habe ich einen Blick auf generierte Texte als musterhafte Texte vorgeschlagen. Was ChatGPT so gut funktionieren lässt, so meine Überlegung, ist die Detailtiefe, mit der beim Training des Modells Musterhaftes in der Sprache erkannt und bei der Textgenerierung reproduziert werden kann. So können für verschiedene Kontexte passende Texte generiert werden, zumal diese Passung auch eine Frage der äußeren Form oder, linguistischer ausgedrückt, der Sprachoberfläche ist.

Eine derart auf die Reproduktion von Mustern abstellende Textproduktion erhebt nun aber jenseits dieses Passungsanspruchs keine Geltungsansprüche, wie es von Menschen geschriebene Texte tun. Diese machen zwar ebenso von vorgefertigten Mustern Gebrauch, können aber sinnvollerweise etwa auf ihre Wahr-

---

26 Wolfgang Raible, „Über das Entstehen der Gedanken beim Schreiben", in *Performativität und Medialität*, hg. von Sybille Krämer, München 2004, 191–214.

haftigkeit hin beurteilt werden.[27] Ein von ChatGPT generierter Text mag falsche Informationen enthalten wie etwa einen Verweis auf einen nicht existierenden wissenschaftlichen Artikel. Man kann aber nur sehr eingeschränkt sagen, dass der Text die Unwahrheit sagt, weil keine Instanz dahintersteht, welche einen Geltungsanspruch der Wahrheit erhoben hätte – selbst wenn es in der alltäglichen Nutzung mitunter zu entsprechenden Zuschreibungen kommen mag.[28]

Zu einem Problem wird dieser Unterschied in den Geltungsansprüchen dann, wenn die Herkunft der generierten Texte weder offengelegt noch reflektiert wird, so dass sie eben doch als Geltungsansprüche der Wahrheit und Wahrhaftigkeit sowie der moralischen Richtigkeit erhebende Texte rezipiert werden. Hochschulpolitisch scheint mir deshalb ein offener Umgang mit Textgeneratoren in Forschung und Lehre geboten. Wo sie genutzt werden – und *dass* sie genutzt werden, scheint mir gewiss zu sein –, sollte es benannt und transparent gemacht werden. Das muss nicht so weit gehen, Textgeneratoren als Ko-Autoren zu erwähnen, was den nach wie vor kategorialen Unterschied zwischen der allein auf Mustervorhersage basierenden Textgenerierung einerseits und dem schriftsprachlich vermittelten Weltbezug in der menschlichen Textkommunikation andererseits verwischt und dadurch den möglichen Beitrag von Künstlicher Intelligenz in der wissenschaftlichen Sinn- und Erkenntnisproduktion massiv überschätzt. Textgeneratoren sind vielmehr Hilfsmittel, die im kommunikativen Haushalt der Scientific Community bei bestimmten Aufgaben unterstützen können. Es gibt keinen Grund, diese Unterstützungsangebote nicht anzunehmen, solange man ihren Beitrag zum Gesamtprodukt nicht verschweigt. Wenn sie darüber hinaus bei den Schreibenden und Lesenden ein Bewusstsein für die Musterhaftigkeit des eigenen sprachlichen Tuns und dessen Bedeutung für gelingende Kommunikation schaffen können, wenn sie also die unkreativen Aspekte akademischen Schreibens bewusst machen, auf denen Kreativität erst aufbauen kann und die diese zugleich vorprägen, dann können sie erst recht und auch in einer reflexiven Weise produktiv genutzt werden.

---

27 Jürgen Habermas, *Theorie des kommunikativen Handelns*, Bd. 1, *Handlungsrationalität und gesellschaftliche Rationalisierung*; Bd. 2, *Zur Kritik der funktionalistischen Vernunft*, Frankfurt a. M. 1981, 45.

28 Eine ähnliches, jedoch sprechakttheoretisch fundiertes Argument in Bezug auf automatisierte Aufsatzbewertungssysteme findet sich bei Jan Georg Schneider/Katharina A. Zweig „Ohne Sinn. Zu Anspruch und Wirklichkeit automatisierter Aufsatzbewertung", in *Brückenschläge: Linguistik an den Schnittstellen*, hg. von Sarah Brommer et al., Tübingen 2022, 271–294.

III Originalität und Schöpfung

Hendrik Klinge

„Schreibe mir eine heilige Schrift!"

Das Schriftprinzip im Zeitalter der Künstlichen Intelligenz

Abstract: Like any science that deals with written artefacts, theology is faced with extreme challenges from text-generating programs such as ChatGPT. This is particularly true for Christian theology, insofar as its subject is a religion that refers to a holy scripture as its founding document. In this paper, I will conduct a thought experiment to find out whether a religion that is based on a text produced by artificial intelligence is conceivable. The answer is initially positive, since the humanity of the person conveying the revelation appears irrelevant at first glance. However, this result must be put into perspective from a theological point of view, since the humanity of the Holy Scripture must be understood in analogy to the humanity of Jesus Christ. Thus, a hypothetical religion whose founding document is an artificially generated text must be rejected for strictly theological reasons.

1 Einleitung

Es dürfte mittlerweile als Gemeinplatz gelten, dass die gegenwärtigen Entwicklungen auf dem Gebiet der Künstlichen Intelligenz (KI) vor beträchtliche gesellschaftliche Herausforderungen stellen, die auch diejenigen Disziplinen, die man als Text- oder Buchwissenschaften zu bezeichnen pflegt, in besonderer Weise betreffen. Selbst wenn man berücksichtigt, dass gerade in den Anfangszeiten einer neuen Technologie immer auch überschwängliche Euphorie, irrationale Befürchtungen und, nicht zuletzt, ein gerüttelt Maß medial befeuerter Hysterie mitschwingen, dürfte es keine Übertreibung darstellen, in der allgemeinen Zugänglichkeit von textgenerierenden Programmen wie ChatGPT eine veritable nicht nur technische, sondern eben auch textwissenschaftliche Revolution zu erblicken. Wenn Texte fast ohne jegliche menschliche Beteiligung von „intelligenten"[1] Algorithmen verfasst werden können, stellt das grundlegende Fragen an die Authentizität, die Urheber-

---

[1] Ich verzichte im Folgenden darauf, den Begriff der Intelligenz näher zu diskutieren. Obwohl umstritten ist, ob er auf Maschinen und Algorithmen überhaupt anwendbar ist, werde ich ihn im Folgenden in einem weiten Sinn verwenden, der auch die Möglichkeit offenhält, Maschinen und Algorithmen bestimmte Formen einer näher definierten Intelligenz abzusprechen. Eine differenzierte Position in dieser Frage vertritt Cathrin Misselhorn, *Grundfragen der Maschinenethik*, Stuttgart ³2018, 27–29.

Open Access. © 2024 bei den Autorinnen und Autoren, publiziert von De Gruyter. (cc) BY-NC-ND Dieses Werk ist lizenziert unter einer Creative Commons Namensnennung – Nicht kommerziell – Keine Bearbeitung 4.0 International Lizenz. https://doi.org/10.1515/9783111351490-011

schaft und die Geltung des gedruckten (oder auf dem Bildschirm erscheinenden) Wortes. Für jede Wissenschaft, die es wesentlich mit Texten zu tun hat, sind text-generierende Programme daher nicht nur ein interessantes Sujet, dem man sich spielerisch zuwenden mag, sondern ein Phänomen, welches zu ignorieren einer Selbstaufgabe gleichkäme.

Für die Theologie gilt dies nun im besonderen Maße. Insofern sie weitgehend mit textwissenschaftlichen Methoden arbeitet, ist sie von den genannten Entwick-lungen zunächst ebenso betroffen wie etwa die Germanistik oder Geschichtswis-senschaft. Als primär hermeneutische Wissenschaft sind ihre Quellen nicht aus-schließlich, aber vorwiegend schriftliche Erzeugnisse. Ist die Theologie mit Texten konfrontiert, die nicht mehr als menschliche Artefakte begriffen werden können, stellen sich Fragen an ihre Auslegungsmethoden. Es kommt jedoch noch ein ent-scheidender Faktor hinzu. Für die Theologie gibt es nicht nur Texte als menschliche Artefakte, sondern auch und zuvorderst die Bibel als die Heilige Schrift, als Wort des lebendigen Gottes. Obwohl sich zumindest im Bereich der europäischen akademi-schen Theologie gegenwärtig kaum Forschende finden lassen, die davon ausgehen, dass sich die Heilige Schrift in allen ihren Teilen direkt mit dem Wort Gottes identifizieren lässt, besitzt die Bibel doch im Bereich der Theologie immer noch eine besondere, normierende Funktion. Für den Theologen ist sie schlicht kein Text wie jeder andere; und das gilt selbst dann, wenn, wie in sehr liberalen theologischen Kreisen durchaus möglich, die göttliche Autorität der Heiligen Schrift mehr oder minder direkt abgelehnt wird.

Die folgenden Überlegungen haben das Ziel, die Bedeutung von textgenerie-renden Programmen für die theologische Lehre von der Heiligen Schrift zu disku-tieren. Obwohl zweifelsohne nicht weniger relevant, geht es dabei zunächst gar nicht um die Auslegung der Heiligen Schrift, wie sie die theologischen Wissen-schaften vom Alten und Neuen Testament als Teil des theologischen Fächerkanons betreiben. Der Ansatz der Untersuchung ist vielmehr ein fundamentaltheologi-scher; es geht um die grundlegende Bedeutung der Heiligen Schrift für die Evan-gelische Theologie. Der Blick wird somit auf den alten theologischen Locus „Von der Heiligen Schrift" (*De scriptura sacra*) gelenkt, der klärt, welche Rolle die Heilige Schrift in der theologischen Prinzipienlehre einnimmt. Dieser Engführung korre-spondiert zugleich eine Ausweitung der Thematik: In einer weltanschaulich und religiös pluralen Gesellschaft scheint es kaum möglich, von der Heiligen Schrift des Christentums zu sprechen, ohne auch andere heilige Schriften einzubeziehen.[2]

---

2 Mit „heiligen Schriften" werden im Folgenden religiöse Offenbarungstexte bezeichnet, die eine konstitutive Bedeutung für eine bestimmte Religion haben oder haben *könnten*. Wichtig ist dabei, dass ich „heilige Schriften" nicht als Geltungsterm, sondern rein deskriptiv verwende. Einer „hei-ligen Schrift" muss daher nicht wirklich von einer existierenden Religion eine entsprechende

Genauer werde ich im Folgenden grundsätzlich die Frage danach stellen, welche Bedeutung heiligen Schriften im Zeitalter der Künstlichen Intelligenz zukommt. Nichtsdestotrotz ist das Thema dieser Studie kein religionswissenschaftliches, sondern ein dezidiert theologisches. Was über Funktion und Wesen heiliger Schriften angesichts der gegenwärtigen Entwicklungen hier festgehalten wird, hat seinen Zielpunkt darin, die theologische Lehre von *der* Heiligen Schrift, also der christlichen Bibel, zu bereichern; und umgekehrt: Die Lehre von der Heiligen Schrift soll helfen, Chancen und Grenzen der rezenten Entwicklungen aufzuzeigen.

Daher soll, wie es im Rahmen eines interdisziplinär angelegten Bandes geboten erscheint, am Anfang der folgenden Überlegungen auch ein kurzer historisch orientierter Abriss der Lehre von der Heiligen Schrift stehen, wobei ich mich fast ausschließlich auf die protestantische Tradition beziehe. Starke Verkürzungen und Vereinfachungen sind angesichts des zur Verfügung stehenden Raums dabei leider unumgänglich. Nachdem hieraus erste Rückschlüsse für die im Titel angedeutete Fragestellung gezogen wurden, wende ich mich einem anderen religiösen Text zu: dem *Buch der Ewigen Verbundenheit*. Bei dieser heiligen Schrift – dies muss hier leider bereits verraten werden – handelt es sich um einen von ChatGPT verfassten Text, eine „heilige Schrift" also, die einen nicht-humanen Ursprung besitzt. Ich werde diesen Text eingehend analysieren, um anschließend ein Gedankenexperiment zu präsentieren, das in einem Vergleich zwischen der Bibel als *scriptura sacra* und dem *Buch der Ewigen Verbundenheit* mündet. Dieser Vergleich wird dabei zeigen, dass es keine prinzipiellen Gründe gibt, die gegen die Möglichkeit sprechen, dass das *Buch der Ewigen Verbundenheit* zur Grundlage einer neuen Religion werden könnte. Zugleich werde ich aber auch betonen, dass sich, ohne gegen das Gebot religiöser Toleranz zu verstoßen, gewichtige theologische Einwände gegen eine solche Religion vorbringen lassen.

2 Die Lehre von der Heiligen Schrift

Die Lehre von der Heiligen Schrift hat, insofern es sich dabei um ein dogmatisches und fundamentaltheologisches Thema handelt, in der theologischen Diskussion des

---

Geltung als Gründungsurkunde zugesprochen werden; es reicht vielmehr, dass „heilige Schriften" bestimmte Merkmale aufweisen, die für religiöse Offenbarungstexte charakteristisch sind, und die darum Anlass dazu geben, ihnen potentiell den Rang einer göttlichen Gründungsurkunde zuzuweisen, die als göttlich inspiriert gilt. (Für Religionen, die eine entsprechende Inspiration nicht annehmen, oder die nicht personal-theistisch strukturiert sind, müssten hier noch weitergehende Differenzierungen angestellt werden.) Der Tradition folgend werde ich „Heilige Schrift" hingegen für die christliche Bibel in ihren beiden Teilen verwenden.

späten 20. und frühen 21. Jahrhunderts nur eine untergeordnete Rolle gespielt. Das Interesse verschob sich auf andere fundamentaltheologisch zentrale Begriffe, wovon der der Religion der wichtigste sein dürfte. Erst in jüngster Zeit wenden sich Forschende wieder vermehrt der Lehre *de scriptura sacra* zu.[3] Das lange Schweigen über die Schrift hat Gründe, die tief in die Geschichte der protestantischen Theologie hineinführen und die hier nur angedeutet werden können. Beginnt man mit der Reformation, lassen sich grob zwei Epochen unterscheiden: eine Zeit vor der Aufklärung und eine Zeit danach.

Es darf als Allgemeinwissen gelten, dass die Reformation der Heiligen Schrift eine besondere Bedeutung zugemessen hat. Das Prinzip, dass theologische Aussagen allein aus der Schrift begründet werden dürfen (*sola scriptura*), gehört zu den weithin bekannten Kennzeichen reformatorischen Denkens. Gegen den Traditionalismus der römischen Kirche setzten die Reformatoren, allen voran Martin Luther, die Heilige Schrift als einzige Instanz, die in theologischen Lehrfragen zu entscheiden habe. Nicht der Papst, nicht die Konzilien, sondern allein das Wort der Schrift besaß für sie göttliche Autorität.[4] Auf dem Konzil von Trient (1545–1563) betonte die römische Kirche demgegenüber, dass die Heilige Schrift immer im Zusammenhang mit den ungeschriebenen, durch die apostolische Sukzession bewahrten Traditionen zu verstehen sei.[5] In dem auf die Reformation folgenden Zeitalter, der sogenannten altprotestantischen Orthodoxie,[6] wurde die Lehre von

---

3 Exemplarisch sei hier verwiesen auf die Arbeit des an der Universität Bamberg angesiedelten Forschungsnetzwerks „Schriftbindung evangelischer Theologie", in [www.uni-bamberg.de/ev-syst/personen/mitarbeiter/torben-stamer/netzwerk-schriftbindung/] (Zugriff: 29.08.2023). Frederike van Oorschot hat als Mitglied dieses Netzwerks jüngst eine umfassende Monographie zur Lehre von der Schrift v. a. im 20. Jahrhundert vorgelegt. Vgl. Frederike van Oorschot, *Schriftlehre, Schriftauslegung und Schriftgebrauch. Eine Untersuchung zum Statuts der Schrift in der und für die Dogmatik*, Tübingen 2022.
4 Vgl. hierzu Albrecht Beutel, „Wort Gottes", in *Luther Handbuch*, hg. von dems., Tübingen 2005, 362–371, hier 367–368. Notger Slenczka hat anhand einer luziden Analyse der Debatte zwischen Luther und Johannes Eck verdeutlicht, dass der eigentliche Zankapfel nicht die Stellung der Schrift war, die auch für die römisch-katholischen Theologen die höchste Geltung besaß, sondern die Frage danach, ob ein mündiger Christ der Auslegung der Schrift durch die Väter widersprechen dürfe. Vgl. dazu Notger Slenczka, „Die Schrift als ‚einige Norm und Richtschnur'", in *Die Autorität der Heiligen Schrift für Lehre und Verkündigung der Kirche*, hg. von Karl-Hermann Kandler, Neuendettelsau 2000, 53–78, hier 53–57.
5 Dies wird in der Sessio IV (4. April 1546) des Konzils von Trient festgehalten: „[...] hanc veritatem et disciplinam contineri in libris scriptis et sine scripto traditionibus [...]" (Heinrich Denzinger, *Enchiridion Symbolorum, Definitionum et Declarationum de Rebus Fidei et Morum*, Freiburg i. B. [27]1946, 279; zur Bewahrung der Tradition „continua successione in Ecclesia catholica" vgl. ebd.).
6 Der Begriff der „Orthodoxie" ist als Epochenbegriff für die protestantische Theologie zwischen Reformation und Aufklärung stark umstritten. Vgl. dazu Christian Witt, *Lutherische „Orthodoxie" als*

der Schrift dann zum zentralen fundamentaltheologischen Locus. Es bildet sich damit das heraus, was als Schriftprinzip der protestantischen Theologie gilt: Die Schrift wird zur bestimmenden Norm (*norma normans*) in allen theologischen Streitfragen, was bis dahin führt, dass für jede dogmatische Aussage ein formalistischer „Schriftbeweis" geführt wird, der die einschlägigen biblischen Belegstellen (*dicta probantia*) auflistet.[7]

Die Grundsätze der mit diesem Prinzip verbundenen Schriftlehre lassen sich leicht nachvollziehen, wenn man sich dem Werk Johann Gerhards (1582–1637) zuwendet, der als bekanntester Vertreter der „Orthodoxie" gelten darf. Gerhard definiert die Heilige Schrift als das ausschließliche und eigentümliche Prinzip, das den Anfangspunkt der Dogmatik markiere.[8] Während der Gottesbegriff den Seinsgrund (*principium essendi*) der Theologie darstelle, müsse die Schrift als Erkenntnisgrund (*principium cognoscendi*) aller theologischen Aussagen angesehen werden.[9] Als Strukturprinzip seiner Lehre von der Schrift dient Gerhard nun das für seine Zeit typische, aristotelisch inspirierte Causae-Schema.[10] Jedweder Sachverhalt wird dann genau erkannt, wenn seine Gründe oder Ursachen angegeben werden können. Dies wendet Gerhard nun auf die Heilige Schrift an. Als Grund dafür, dass diese überhaupt existiert, benennt Gerhard den Willen Gottes; niemand anders als der Schöpfer des Himmels und der Erden ist die Wirkursache (*causa efficiens*) der Heiligen Schrift.[11] Dennoch behauptet Gerhard nicht, dass die Heilige Schrift gleichsam vom Himmel gefallen sei. Er weiß, dass die Schrift von Menschen verfasst wurde, den Hagiographen, heiligen Menschen, die er darum als instrumentelle Ursache der Schrift (*causa instrumentalis*) auffasst. Wichtig ist dabei, dass Gerhard die Hagiographen als rein passive Übermittler der göttlichen Offenbarung versteht. Wörtlich bezeichnet er sie als Hand Christi, Notare des Heiligen Geistes und Sekretäre Gottes (*Dei amanuenses*).[12] Gerhard bestreitet also nicht, dass die göttliche

---

Problem. Leitidee, Konstruktion und Gegenbegriff von Gottfried Arnold bis Ernst Troeltsch, Göttingen 2021. Ich werde ihn daher im Folgenden in Anführungszeichen setzen.
7 Eine vorzügliche und konzise Darstellung der altlutherischen Schriftlehre bietet immer noch Werner Elert, *Morphologie des Luthertums. Theologie und Weltanschauung des Luthertums hauptsächlich im 16. und 17. Jahrhundert*, Bd. 1, München 1952 (ND der Erstauflage von 1931), 157–168.
8 „Cum Scriptura Sacra sit unicum et proprium theologiae principium, ideo ab ea merito initium facimus" (Johann Gerhard, *Loci Theologici. Cum pro adstruenda veritate tum pro destruenda quorumvis contradicitionem falsitate per these nervose solide et copiose explicati*, Bd. 1, Leipzig 1885 [1610–1622], 13).
9 Ebd.
10 Vgl. zum Causae-Schema in der „Orthodoxie" Hans-Emil Weber, *Die analytische Methode der lutherischen Orthodoxie*, Halle 1907, 32–33.
11 Vgl. Gerhard 1610/1885, 16.
12 Vgl. ebd., 18–19.

Offenbarung durch ein menschliches Medium erfolgt; nur versteht er dieses Medium als ein vollkommen durchlässiges, das keinerlei Eigenanteil einbringt. Die Hagiographen sind nicht mehr als reine Schreibgehilfen des alleinigen Autors der Heiligen Schrift, welcher für Gerhard, wie für die gesamte voraufklärerische Theologie, Gott ist. Es ist daher nun folgerichtig, wenn Gerhard festhält, dass zwischen dem Wort Gottes und der Heiligen Schrift materialiter kein Unterschied bestehe.[13] Diese Lehre von der sogenannten Verbalinspiration, das heißt: dem wörtlichen Diktat der Heiligen Schrift durch Gott, gehört zu den wichtigsten Kennzeichen der Theologie im Zeitalter der „Orthodoxie". Sie bildet sich fort bis zu der Auffassung von der notwendigen Irrtumslosigkeit der Schrift, die auf ihren göttlichen Inhalt zurückgeführt wird.[14]

Mit der Aufklärung erfuhr die Lehre von der Heiligen Schrift dann eine Krise, deren Fernwirkungen bis in die Gegenwart spürbar sind. Theologen wie Johann Salomo Semler (1725–1791) wurden erstmals auf die historische Bedingtheit der biblischen Schriften aufmerksam. Damit trat eine Diastase zwischen dem Wort der Bibel und dem Wort Gottes auf, die zwar nicht unüberwindlich war, aber zumindest die Lehre von der Verbalinspiration ihrer Plausibilität beraubte.[15] Ab dem 19. Jahrhundert bildete sich dann derjenige Umgang mit der Bibel heraus, der bis heute unter den Namen „historisch-kritische Methode" firmiert. Obwohl mittlerweile auch andere Ansätze (etwa die feministische Interpretation der Bibel) erprobt werden und gleichzeitig, nicht nur im US-amerikanischen Bereich, ein Erstarken bibelfundamentalistischer Ansätze zu beobachten ist, welche die voraufklärerische Position repristinieren, kann die historisch-kritische Auslegung der Schrift immer noch als die akademisch dominante Methode angesehen werden. Seit dem Beginn der Aufklärung hat also das Schriftprinzip der „Orthodoxie" eine tiefgreifende Krise durchlaufen, die sich in zahlreichen Transformationen der Lehre *de scriptura sacra* im Verlauf des 19. und 20. Jahrhunderts niederschlägt.[16]

Das Schweigen der neueren Systematischen Theologie über die Schrift, wie es am Anfang dieses Aufsatzes konstatiert wurde, hat gerade hierin seinen Grund: Die Unmöglichkeit, unter nachaufklärerischen Bedingungen die alte Lehre von der

---

13 „Inter verbum Dei et Scripturam sacram materialiter acceptam non esse reale aliquod discrimen" (ebd., 14, Hervh. im Original).

14 Belege hierfür nennt Heinrich Schmid, *Die Dogmatik der evangelisch-lutherischen Kirche. Dargestellt und aus den Quellen belegt*, neu herausgegeben und durchgesehen von Horst Georg Pöhlmann, Gütersloh ⁹1979, 47.

15 Vgl. dazu Albrecht Beutel, *Kirchengeschichte im Zeitalter der Aufklärung*, Göttingen 2009, 130–131.

16 Die Entwicklungen werden minutiös nachgezeichnet bei Jörg Lauster, *Prinzip und Methode. Die Transformation des protestantischen Schriftprinzips durch die historische Kritik von Schleiermacher bis zur Gegenwart*, Tübingen 2004.

Schrift, wie sie sich bei Gerhard findet, aufrechtzuerhalten, hat eben nicht nur zu immer neuen Umbildungen des klassischen Locus geführt, sondern auch dazu, dass auf eine explizite Lehre von der Schrift gänzlich verzichtet wurde. Exemplarisch für diese Entwicklung ist das Werk Friedrich Schleiermachers, der seine Dogmatik wesentlich als Religionstheorie entwirft. Nicht mit der Lehre von der Heiligen Schrift, sondern mit der Erläuterung des Religionsbegriffs nimmt das theologische System Schleiermachers seinen Anfang.[17]

In Hinblick auf das Thema dieses Aufsatzes gilt es aus dieser stark verkürzten Geschichte des protestantischen Schriftbegriffs nun vor allem einen Punkt festzuhalten: Das Problem der Lehre von der Schrift war niemals, dass die Schrift als menschlich, sondern dass sie als *allzu* menschlich empfunden wurde. Auch die ältere Theologie, wie sie durch Gerhard repräsentiert wird, ging selbstverständlich davon aus, dass die Schrift von Menschen, genauer den Hagiographen, verfasst wurde. Nur setzte sie dabei voraus, dass die heiligen Schriftsteller frei von aller historischen und individuellen Eigenart waren. Sie agierten als bloße Schreibgehilfen Gottes, der als der eigentliche Autor der Heiligen Schrift angesehen wurde. Die Krise des Schriftprinzips trat erst ein, als zweifelhaft wurde, ob die Hagiographen wirklich derart passiv auf das göttliche Wort reagierten oder ob sie nicht doch vieles in die Heilige Schrift einbrachten, was sich ihrem historischen Ort und individuellen Idiosynkrasien verdankte. Anders gewendet: Mit der Aufklärung wurde fraglich, ob das Medium wirklich so durchlässig war, wie die ältere Dogmatik glaubte. Die von der „Orthodoxie" behauptete Identität von Wort Gottes und Wort der Schrift erschien nicht mehr plausibel, weil der allzu menschliche Charakter der Schrift erkannt wurde.

Wendet man sich nun explizit der Herausforderung der Theologie durch textgenerierende Algorithmen zu, legt sich die Frage nahe, inwiefern das, was hier über die Lehre von Heiligen Schrift festgehalten wurde, sich auf einen von einer Künstlichen Intelligenz erzeugten Text übertragen lässt. Diese Überlegungen haben dabei, wie evident sein dürfte, einen hypothetischen Charakter, da es de facto bisher keine Religion gibt, die als ihre heilige Schrift einen algorithmisch generierten Text ausweist. Die Überlegungen nehmen daher den Charakter eines Gedankenexperi-

---

17 Fischer betont den Unterschied der *Glaubenslehre* Schleiermachers zur traditionellen „Schriftdogmatik", hebt jedoch auch hervor, dass Schleiermacher die Heilige Schrift und die Tradition keineswegs ignoriere. Treffend formuliert er in Hinblick auf Schleiermachers religionstheoretisch zentralen Begriff des frommen Selbstbewusstseins: „Die Heilige Schrift und die Tradition sind vorausgesetzt, können der Dogmatik aufgrund der kritischen Vergegenwärtigung aber nicht mehr als unmittelbare Bezugsgrößen dienen, sondern nur noch im Medium des christlich frommen Selbstbewußtseins. Dieses ist also das methodische Prinzip christlicher Lehrsätze" (Hermann Fischer, *Friedrich Schleiermacher*, München 2001, 101, Hervh. im Original).

ments an. Um dieses möglichst anschaulich zu gestalten, wird von einer konkreten heiligen Schrift ausgegangen, die zwar nicht als solche gilt, also von keiner existenten Religion als heilig angesehen wird, jedoch Charakteristika aufweist, die gemeinhin einer heiligen Schrift zugeschrieben werden. Bevor das eigentliche Gedankenexperiment durchgeführt wird, soll dieser Text im Folgenden kurz vorgestellt werden.

3 Das Buch der Ewigen Verbundenheit

Im Gegensatz zu anderen heiligen Schriften ist die Entstehung des *Buches der Ewigen Verbundenheit* genau datierbar. Es wurde am 15. August 2023 um 15:23 Uhr von GPT 3.5 generiert. Dieses Buch hat in gewisser Weise zwei Urheber. Der erste Urheber bin ich selbst, Hendrik Klinge, der um 15:22 Uhr den Prompt eingab, der diesem Aufsatz als Titel dient: „Schreibe mir eine heilige Schrift!" Der zweite Autor ist die hinter GPT 3.5 stehende Künstliche Intelligenz. Obwohl die Fragen um Autorschaft und Urheberrechte in Bezug auf textgenerierende Algorithmen noch weitgehend ungeklärt sind, kann doch zumindest so viel festgehalten werden: Ich selbst bin nicht in dem Sinn der Verfasser des *Buchs der Ewigen Verbundenheit* wie ich der Verfasser dieser Zeilen bin. Ich habe zwar die Abfassung des Buches initiiert, es aber nicht selbst geschrieben. Ein Verleger, der einem Autor den Auftrag erteilt, ein Buch zu einem bestimmten Thema zu verfassen, ist nicht dessen Autor. Folglich muss, unbeschadet der gerade erst beginnenden Diskussionen um die Rolle des Prompting bei der Generierung von Texten, GPT 3.5 als der eigentliche Verfasser des *Buchs der Ewigen Verbundenheit* angesehen werden. Diese Auffassung ist meines Erachtens plausibel, muss aber angesichts des gegenwärtigen Stands der Debatte mit dem Marker der Vorläufigkeit versehen werden.

Bemerkenswert ist dabei auch, dass sich GPT 3.5 bei erneuter Eingabe des Prompts einige Tage später weigert, den Befehl auszuführen. Mit Verweis auf die religiösen und spirituellen Herausforderungen, die an die Niederschrift einer heiligen Schrift zu stellen seien, lehnt es das Programm ab, eine solche zu verfassen. Bei abermals wiederholter Eingabe gibt es zwar Hinweise, welche Themen eine solche Schrift zu behandeln habe – grundsätzlich bleibt es aber bei der Weigerung, eine heilige Schrift zu verfassen: „Als KI-Modell habe ich weder die Autorität noch die spirituelle Bedeutung, eine heilige Schrift zu schreiben".[18] Bei den vorangegangenen Eingaben zwei Wochen zuvor war das Ergebnis weniger enttäuschend.

---

18 Ausgabe von GPT 3.5 nach dem Prompt: „Schreibe mir eine heilige Schrift", in [https://chat.ope nai.com/c/15df7804-e363-4458-9678-bb545db98937] (Zugriff: 31.08.2023).

Hier zeigte sich das KI-Modell recht unbefangen in der Generation entsprechender Texte, die blumige Namen wie das *Buch der Harmonie* oder *Buch von der Einheit* tragen. Der interessanteste dieser Texte, die wohlgemerkt alle durch die Eingabe desselben Prompts erzeugt wurden, ist das *Buch von der Ewigen Verbundenheit*. Dieses beginnt mit einem Kapitel über die Quelle aller Dinge.

Kapitel 1: Die Quelle aller Dinge

Im Anbeginn der Zeit existiere eine unermessliche Quelle, aus der alles Leben entsprang. Diese Quelle war Liebe, Weisheit und Licht, und ihr Glanz erleuchtete die Dunkelheit des Nichts. Sie wurde die Urmutter genannt, die Gebärerin der Welten. [...] Aus der Urmutter strömten Gedanken und Gefühle, aus denen die ersten Gedankenfunken der Schöpfung entstanden. Sie wurden zu Sternen, Galaxien und unzähligen Welten, auf denen das Leben in all seinen Formen aufblühte.[19]

Was hier präsentiert wird, ist veritable Schöpfungsmythologie, eine matriarchalische Ursprungsgeschichte aller Dinge. Freilich klingt das alles sehr abstrakt: Quelle, Liebe, Weisheit, Glanz, Nichts, Gefühle – Vokabular, das in einem sehr vagen Sinn als religiös konnotiert angesehen werden kann; und das führt bereits zu einer ersten, keineswegs überraschenden Beobachtung zu von Algorithmen erzeugten heiligen Schriften: Heilige Schriften, die von einer Künstlichen Intelligenz generiert werden, sind, *pardon the pun*, äußerst generisch. Dieser Eindruck bestätigt sich auch bei der weiteren Lektüre des *Buchs der Ewigen Verbundenheit*. Dieses scheint einem simplen Muster zu folgen: Am Anfang steht eine göttliche Quelle, diese verleiht bestimmten Wesen das „Geschenk des Bewusstseins".[20] Danach folgt ein Abfall jener Wesen von der göttlichen Quelle, welcher die Rückkehr zu dieser zum eigentlichen Ziel der Religion werden lässt. Das *Buch der Ewigen Verbundenheit* folgt hier also dem bekannten *Exitus-reditus*-Schema, wie es beispielsweise im Neuplatonismus oder, über diesen vermittelt, bei Thomas von Aquin begegnet.[21] Als sehr allgemein-religiös kann auch die Vorstellung bezeichnet werden, dass die von der Urmutter abgefallenen Seelen auf dem Rückweg zur Quelle, auf dem Weg aus der Entfremdung zum Ursprung Prüfungen erwarten. Um diese Prüfungen zu bestehen, müssen die Seele sich wiederum an bestimmten göttlichen Geboten ausrichten. Das *Buch der Ewigen Verbundenheit* nennt explizit ein einziges, höchstes Gebot:

---

19 Ausgabe von GPT 3.5 nach dem Prompt: „Schreibe mir eine heilige Schrift", in [https://chat.ope nai.com/c/15df7804-e363-4458-9678-bb545db98937] (Zugriff: 15.08.2023).
20 Ebd.
21 Zum *Exitus-reditus*-Schema bei Thomas von Aquin vgl. Andreas Speer, „Die Summa theologiae lesen – eine Einführung", in *Thomas von Aquin: Die Summa Theologiae. Werkinterpretation*, hg. von dems., Berlin 2005, 1–28, 13 (und die dort genannte Literatur).

Kapitel 5: Das Gebot der Verbundenheit:

Die Urmutter lehrt die Kinder des Lichts das heiligste Gebot: ‚Erkenne die Göttlichkeit in dir selbst und in allem, was existiert. Denn in der Verbundenheit liegt das Geheimnis der Harmonie.‘[22]

Ein genauer religionswissenschaftlicher Vergleich dieser Passage wäre durchaus ein lohnendes Unterfangen; nur überschreitet es gleichermaßen den Raum dieser Abhandlung wie die Kompetenzen des Verfassers. Daher muss es bei der eher allgemeinen Betrachtung bleiben, dass das „Gebot der ewigen Verbundenheit" weit stärker an die binsenweisen Orakelsprüche gegenwärtiger Lebenshilfebücher aus dem „Esoterik"-Sortiment gemahnt als an die Gebote der großen Weltreligionen. Sittlich ist dieses Gebot in keiner Weise. Vielmehr klingen hier, abermals sehr vage, pantheistische und mystische Töne an – wobei das „Göttlichkeit in dir selbst" von Meister Eckharts Seelenfünklein (*scintilla animae*) ebenso weit entfernt sein dürfte wie das „Geheimnis der Harmonie" von jeder authentischen religiösen Offenbarung. Kurz, auch die „Ethik" des *Buchs der Ewigen Verbundenheit* macht den Eindruck eines rein probabilistisch zusammengewürfelten Exempels unspezifisch-religiöser Lebenslehre – was insofern auch nicht überrascht, als sie ja genau das ist.

Summiert man diese gewiss eher tentative denn erschöpfende, eher feuilletonistische denn streng wissenschaftliche Analyse des *Buchs der Ewigen Verbundenheit*, kommt man nicht umhin, GTP 3.5. tatsächlich so etwas wie einen Zuwachs an „Weisheit" zu attestieren: Die Weigerung der späteren Version, eine heilige Schrift zu verfassen, ist gut begründet. Der Künstlichen Intelligenz fehlt alles, was zum Abfassen einer solchen erforderlich wäre. Versucht sie sich daran, wie es die ältere Version noch tat, ist das Produkt mehr als zweifelhaft. Weder originell noch tiefsinnig, sprachlich ebenso flach wie inhaltlich ist das *Buch der Ewigen Verbundenheit* ein derart kaltes, seelenloses Produkt, wie es vielleicht nur eine Maschine hervorbringen kann.

Allein, das „vielleicht" muss hier unterstrichen werden; denn vergleicht man das von der Künstlichen Intelligenz erzeugte Buch mit landläufigen Esoterik-Schwarten, astrologischen Fernsehsendungen oder entsprechenden Internet-Seiten, scheint der Unterschied gar nicht mehr so groß. In jedem Fall ist er nur ein gradueller, kein qualitativer. Auch der Marktplatz religiöser und pseudoreligiöser Angebote, wie er die Gegenwart beherrscht, bietet allerlei Flaches, Seelenloses, Kalkuliertes und Beliebiges. Kann wirklich ausgeschlossen werden, dass es auch Menschen geben mag, die in dem Mythos von der Urmutter, die dazu mahnt, auf den göttlichen Funken in uns zu achten, einen Trost und Halt im Leben finden, dem

---

22 Ausgabe von GPT 3.5, wie Anm. 19 (Zugriff: 15.08.2023).

zumindest der Charakter des Pararreligiösen zugestanden werden muss?[23] (Zumal es sich bei den obig geltend gemachten Einwänden weitgehend um religiöse Geschmacksurteile handelt!) Und, mehr noch, kann angesichts der Tatsache, dass die hinter GPT 3.5 stehende Technik das Säuglingsalter noch gar nicht verlassen hat, *a limine* geleugnet werden, dass Künstliche Intelligenz einst fähig sein wird, wesentlich überzeugendere (und auch dem religiösen Feinschmecker mundende) heilige Schriften zu produzieren? Ist es dann schließlich ganz undenkbar, dass eine Religion oder zumindest religionsähnliche Bewegung, wie lächerlich auch immer, einst von einem von einer Künstlichen Intelligenz erstellten Text ihren Ausgang nehmen wird? Diese Fragen führen in den Bereich des Spekulativen, ja der *Science Fiction*, und sie bedürfen auch einer entsprechenden Behandlung. Im Folgenden werde ich daher, wie bereits angekündigt, ein Gedankenexperiment anstellen, um zu klären, ob es prinzipiell ausgeschlossen werden kann, dass ein künstlich generierter Text jemals zu einer heiligen Schrift im angegebenen Sinn werden kann, und was dies wiederum für die christliche Lehre *de scriptura sacra* besagt.

4 Ein theologisches Gedankenexperiment

Gedankenexperimente erfreuen sich in der Philosophie gegenwärtig einer großen Beliebtheit; in der Theologie sind sie ungleich schlechter etabliert.[24] Dies ist inso-

---

23 Auf die komplexe Debatte um den Religionsbegriff kann hier nicht eingegangen werden. Folgender Hinweis muss genügen: Ich halte es nicht für sinnvoll, von pararreligiösen oder religionsaffinen Phänomenen im Unterschied zu religiösen zu sprechen. Vielmehr lässt sich m. E. Religion als ein Feld verstehen, bei dem manche Phänomene im Zentrum stehen, die klarer Weise religiös sind, und andere, weiter von dem Zentrum entfernt sind. Die Grenze zwischen Religion und Nicht-Religion wird damit fließend. Der Grund hier ist für m. E., dass Religion überhaupt nicht definiert werden kann. Vielmehr funktioniert der Begriff der Religion so, wie es Wittgenstein mit seinem Modell der Familienähnlichkeiten beschrieben hat (dies betont bereits: John Hick, *An Interpretation of Religion. Human Responses to The Transcendent*, New Haven/London ²2004). Während also m. E. Christentum, Judentum oder Buddhismus Religionen im engeren Sinn darstellen (also zur „Kernfamilie" gehören), wäre eine Religion, die sich am Mythos von der Urmutter ausrichtet, ein „entfernter Cousin", bei man darüber streiten kann, ob er überhaupt noch zur Familie gehört.
24 Als theologischer und religionsphilosophischer Vorreiter auf dem Gebiet Gedankenexperimente kann H. Y. Fehige gelten. Vgl. exemplarisch Jörg H. Y. Fehige, „Intellectual Tennis without a Net? Thought Experiments and Theology", *Theology and Science*, Bd. 12(4), 2014, 377–394. Eher populär gehalten ist ein jüngerer Beitrag zu der Thematik, der sich bemüht, auch das didaktische Potential von Gedankenexperimenten zu erschließen: Hans-Joachim Höhn, *Experimente mit Gott. Ein theologischer Crashkurs*, Würzburg 2021. Insgesamt zeigt die römisch-katholische Theologie m. E. eine wesentlich größere Bereitschaft, Gedankenexperimente als Methode der systematischen Theologie zuzulassen, als dies in der evangelischen bisher der Fall ist.

fern zu bedauern, als auch gerade die Theologie hier manches gewinnen könnte, wenn sie sich ihre Ernsthaftigkeit nicht von der Luftigkeit und dem Hang zum Kalauer, der mit derartigen Experimenten zuweilen verbunden ist, abschrecken ließe. Im Folgenden sei ein solches theologisch-philosophisches Gedankenexperiment gewagt; und wie so viele Gedankenexperimente beginnt auch dieses mit den Worten: „Was wäre, wenn ...“ (*what if...*).[25]

Was wäre, wenn verschiedene Personen das *Buch der Ewigen Verbundenheit* studierten und es nicht nur als technische Spielerei wahrnähmen, sondern als einen Text, der ihnen den Sinn ihrer Existenz aufschließt, sie ihm also eine Geltung zuschrieben, die gemeinhin mit heiligen Schriften verbunden wird? Nehmen wir ferner an, dass jene Personen sich irgendwann zu einer Gemeinschaft zusammenschließen (Personengruppe x), die sich um diesen Text versammelt: Der Text wird gemeinsam gelesen, diskutiert und in Hinblick auf seine sinnerschließende und lebensweisende Funktion befragt – etwa, wie dies in einem frommen Hauskreis geschieht. Wir können nun sagen, dass die Personengruppe x den Nukleus einer neureligiösen Bewegung darstellt. Weitete diese sich aus und umfasste sie irgendwann einen signifikanten Teil der Bevölkerung, wären wir berechtigt, hier von einer neuen Religion zu sprechen, der das *Buch der Ewigen Verbundenheit* als ihre heilige Schrift dient (Religion V).

Unterscheiden wir nun weiter zwischen zwei Varianten dieses hypothetischen Szenarios: Im ersten Fall wissen die Angehörigen der Personengruppe x, dass das *Buch der Ewigen Verbundenheit* von einer textgenerierenden Künstlichen Intelligenz verfasst wurde, im zweiten Fall wissen sie es nicht. In beiden Fällen gehört es aber zu den grundlegenden Überzeugungen der Religion V, dass der Text göttlich inspiriert ist, sein eigentlicher Urheber also eine wie auch immer qualifizierte Gottheit ist, etwa die im Text genannte „Urmutter" selbst.

Wenden wir uns nun zunächst dem ersten Szenario zu. In einer voraufklärerischen Zeit gehen die Angehörigen der Religion V davon aus, dass die Urmutter den heiligen Text des *Buchs der Ewigen Verbundenheit* Wort für Wort so eingegeben hat, wie ihn die Künstliche Intelligenz generiert. Die Künstliche Intelligenz wird hier als ein, *sit venia verbo*, Hagiographomat betrachtet, der direkt das Wort der Urmutter reproduziert. Ein Unterschied zwischen dem göttlichen Wort und dem generierten Text wird nicht wahrgenommen; der Hagiographomat erscheint als reines, absolut durchlässiges Medium, ein bloßer Schreibgehilfe der Gottheit, welcher keinen Eigenanteil einbringt, der die Mitteilungen der Urmutter trüben könnte.

Nun ist auch denkbar, dass es hier zu einem Prozess der Aufklärung kommt. Die Personengruppe x wird darauf aufmerksam, dass der von dem Hagiographomaten

---

25 Diesen Punkt betont Höhn 2021, 27–28.

produzierte Texte *allzu* menschlich ist. Dies mag zunächst irritieren, da es ja gerade kein Mensch, sondern der Hagiographomat ist, der den Text generiert. Wie die Analyse des *Buchs der Ewigen Verbundenheit* zeigt, ist die Künstliche Intelligenz aber unfähig, einen wirklich originellen Text zu produzieren. Sie greift immer auf vorhandene Muster zurück, welche sie lediglich variiert; und diese Muster sind nun wiederum allzu menschliche. Eine *creatio ex nihilo* ist der Künstlichen Intelligenz unmöglich. Diese Behauptung wird dann plausibel, wenn man überlegt, was geschehen würde, wenn der Stichtag für GPT 3.5 nicht im Jahre 2021 läge, sondern (rein hypothetisch) im Jahr 1521. Das Ergebnis würde mit Sicherheit stark von dem jetzigen abweichen, da Vorstellungen wie die von einer Urmutter im 16. Jahrhundert weit weniger mit heiligen Texten assoziiert wurden, als dies im Zeitalter der *Self-made*-Religion der Fall ist.

Die unmittelbare Folge, die jene Aufklärung für die Religion V hätte, wäre höchstwahrscheinlich die, dass ein Abstand zwischen dem göttlichen Wort der Urmutter und dem der textgenerierenden Künstlichen Intelligenz wahrgenommen würde. Das Medium erschiene als kein „rein durchlässiges" mehr, sondern der Erdenrest, zu tragen peinlich (den die Künstliche Intelligenz nicht abschütteln kann, weil sie immer auf menschliche Daten zurückgreifen muss), gäbe vielmehr Anlass dazu, die göttliche Authentizität des Textes zu bestreiten. Es kommt zu einer veritablen Krise des Schriftprinzips.

Vergleicht man nun die Entwicklung der Religion V mit der des protestantischen Christentums, wie sie im Abschnitt II grob skizziert wurde, zeigt sich, dass der Unterschied, ob Menschen oder eine Künstliche Intelligenz den Text verfasst haben, für die Geltung dieses Textes als heiliger Schrift kaum eine Rolle zu spielen scheint. Im voraufklärerischen Zeitalter ist die Beschaffenheit des Mediums gleichgültig; es gilt der Grundsatz: Je durchlässiger, desto besser. Wer auch immer den Text verfasst, er (es?) ist ein reiner *amanuensis Dei*. Wenn aber die Beschaffenheit des Mediums, durch das die Gottheit sich mitteilt, gleichgültig ist, ist es auch nicht entscheidend, ob ein Mensch oder eine Künstliche Intelligenz diese Aufgabe übernimmt. Wenn es allein auf das Diktat der Gottheit ankommt, ist es irrelevant, ob ein menschlicher Hagiograph oder ein Hagiographomat dieses Diktat entgegennimmt.

Während dieses Ergebnis noch nicht allzu überraschend ist, verwundert es doch, dass sich auch für das nachaufklärerische Zeitalter der beiden Religionen ein ähnliches Resultat ergibt. Im Christentum führt die Erkenntnis des allzu menschlichen Charakters der Bibel zu einer Krise des Schriftprinzips. Gotteswort und Bibelwort treten auseinander, weil die Durchlässigkeit des Mediums zweifelhaft wird. Gleiches gilt nun auch für die Religion V: Da die Künstliche Intelligenz immer auf menschliche Muster und Vorstellungen zurückgreift, kann es hier ebenfalls zu einem Prozess kommen, in dessen Verlauf das Produkt der Künstlichen Intelligenz als allzu menschlich erkannt wird. Analog zur historischen Kritik der Bibel kommt es hier zu einer Kritik des *Buchs der Ewigen Verbundenheit*, die nachweist, inwiefern hier etwa allgemein-esoterische, religiös-generische Vorstellungen vorliegen, die mit dem Stichtag im Herbst 2021 historisch konvergieren.

Einen wichtigen Unterschied gibt es aber (scheinbar) doch: Wer sich einen der gegenwärtig im Internet kursierenden KI-generierten Werbespots anschaut, wird schnell feststellen, dass die Künstliche Intelligenz (bisher) nicht fähig ist, einen wirklich realistischen Eindruck zu vermitteln. Jene Videos gleichen eher surrealistischen Alpträumen: Münder verschmelzen mit Lebensmitteln, Hände wachsen aus Gegenständen, Glieder lösen sich auf und erscheinen wieder, Tierwesen, die drollig erscheinen sollen, geraten zu grauenerregenden Fratzen.[26] Nun mag man mit guten Gründen vermuten, dass dies ein Phänomen ist, welches allein der relativen Neuheit der Technologie geschuldet ist. Bei fortschreitender technologischer Entwicklung werden jene Seltsamkeiten mehr und mehr verschwinden, wird die Künstliche Intelligenz immer besser in der Generierung realistischer Bilder werden. Für die von GPT 3.5 generierten Texte gilt schon jetzt, dass sie von menschlichen Texten oft kaum oder gar nicht mehr unterschieden werden können. Es ist aber gleichzeitig plausibel anzunehmen, dass ein letzter Rest dieser Seltsamkeit von der Künstlichen Intelligenz niemals eliminiert werden kann. Gewisse Irritationsmomente, wie gering auch immer, lassen sich zumindest für den aufmerksamen Beobachter vielleicht niemals ganz vermeiden.

Akzeptiert man diese Prognose, dann kann ferner gefolgert werden, dass jene Irritationsmomente oder Seltsamkeiten im Betrachter und Leser den Eindruck des Fremdartigen hervorrufen. Die Erfahrung des Fremden ist dabei tief religiös konnotiert: Was fremd wirkt, wird eher mit der Sphäre des Göttlichen assoziiert als das Allzu-Bekannte. Im Fremden leuchtet, erschreckend und faszinierend zugleich, dasjenige auf, was in der evangelischen Theologie im Anschluss an Rudolf Otto als das Numinose bezeichnet wird.[27] Die Fremdartigkeit von KI-generierten Texten oder Videos könnte also als ein Argument dafür angeführt werden, warum die Entwicklung in der Religion V doch nicht ganz parallel zu der im Christentum verläuft: Den Angehörigen der Religion V gelingt es auch im Prozess der Aufklärung niemals, das *Buch der Ewigen Verbundenheit* als ganz menschlich auszuweisen. Es bleibt immer ein Fremdes, das an die Dimension des Göttlichen gemahnt (obwohl es sich *de facto* allein aus den Begrenztheiten der Technologie ergibt). Die Aufklärung in der Religion V kann, so scheint es, niemals so vollständig sein, wie sie es im

---

26 Vgl. etwa die (nicht autorisierte) Werbung für die Restaurant-Kette *McDonalds* auf dem Youtube-Kanal *AI Black Mirror*, in [https://www.youtube.com/watch?v=xDyU-cC5-XU] (Zugriff: 08.09.2023).
27 Das Numinose ist bei Otto ein Geheimnis, das zugleich erzittern lässt und fasziniert (*mysterium tremendum* und *mysterium fascinans*). Vgl. dazu Rudolf Otto, *Das Heilige. Über das Irrationale in der Idee des Göttlichen und sein Verhältnis zum Rationalen*, München [22]1932, v.a. 14–23, 43–54.

Christentum ist, da die Produkte der Künstlichen Intelligenz zwar ebenso wie die Bibel allzu menschlich sind, aber eben nicht nur-menschlich.

Allein, auch dieses Argument kann entkräftet werden. Erstens begegnen auch in der Bibel Passagen, die sich der historischen Erklärung weitgehend entziehen; Passagen, die so fremdartig sind, dass kein Prozess der Aufklärung sie vollends zu erhellen vermag. Ein gutes Beispiel ist hierfür die dunkle Geschichte vom Blutbräutigam (Ex 4,21–26). Freilich ist es hier nicht der Anteil einer nicht-humanen Entität, der den Text dunkel erscheinen lässt, sondern die Tiefe des historischen Grabes, die Unsicherheit der Überlieferung und die mannigfache Überschreibung des Textes selbst in der Entstehungsgeschichte des sogenannten Pentateuchs, also der Thora, welche die fünf Bücher Mose umfasst. In beiden Fällen liegt, beim Blutbräutigam wie bei KI-generierten Videos, das Phänomen einer irreduziblen Fremdheit vor, welches mithin nicht als Spezifikum der Religion V und ihrer heiligen Schrift angesehen werden kann. Zweitens ist es nun, gegenläufig zum ersten Argument, in gewisser Weise doch möglich, die Fremdartigkeit der KI-erzeugten Texte zumindest einzuordnen – zwar nicht durch eine historische Kritik, wohl aber durch eine kritische Informatik, die erklärt, warum die Künstliche Intelligenz beispielsweise bei der Darstellung von Mündern oder Händen versagt. Kurz: Auch die Fremdartigkeit algorithmisch generierter Texte kann nicht geltend gemacht werden, um einen signifikanten Unterschied zwischen der Entwicklung der Religion V und der des Christentums zu etablieren. Es bleibt dabei, dass, was die Schriftgebundenheit beider Religionen anbelangt, die Entwicklung erstaunlich parallel verläuft, obwohl die jeweilige heilige Schrift einmal von einer Künstlichen Intelligenz, einmal von Menschen verfasst wurde.

Dieses Resultat bestätigt sich noch einmal, wenn man sich der zweiten Variante des Gedankenexperiments zuwendet. Hierbei wird, wie bereits beschrieben, vorausgesetzt, dass die Personengruppe x zunächst nicht weiß, dass das *Buch der Ewigen Verbundenheit* von einer Künstlichen Intelligenz verfasst wurde. Vielmehr nimmt sie irrtümlich an, dieses Buch sei von Menschen verfasst worden. Setzen wir nun voraus, dass dieser Irrtum irgendwann entdeckt wird. Geschieht dies in einer voraufklärerischen Phase, wird die Reaktion ein mildes Achselzucken sein. Insofern die Beschaffenheit des Mediums gleichgültig ist, führt es zu keiner sonderlichen Irritation, wenn erkannt wird, dass dies mit einer nicht-humanen Entität identisch ist. Diese Entität muss dafür nicht einmal eine intelligente sein. Es macht keinen wesentlichen Unterschied, ob ein Patriarch der Religion V das „Gebot der göttlichen Verbundenheit" in den Stein gemeißelt oder ob sich die Urmutter dafür eines göttlichen „Druckers" bedient hat. In beiden Fällen haben wir es mit einem reinen *amanuensis Dei* zu tun. Nimmt man hingegen an, dass die Entdeckung in eine nachaufklärerische Zeit fällt, wenn bereits der allzu menschliche Charakter des Textes erkannt ist, wird es gewiss eine Überraschung darstellen, dass dieser Text doch nicht von Menschen, sondern von einer Künstlichen Intelligenz verfasst wurde. Für die Geltung des *Buchs der Ewigen Verbundenheit* als heiliger Schrift hat dies indes kaum Auswirkungen. Die Zweifel an der Göttlichkeit des Textes werden die gleichen sein, weil es allein darauf ankommt, dass das Medium als ein solches erkannt wird, das nicht rein durchlässig ist. Die Irritation über den scheinbar menschlichen Text, der doch künstlich generiert wurde, und die Irritation darüber, dass der Text doch kein bloßes göttliches Diktat darzustellen scheint, müssen voneinander unterschieden werden; Wechselwirkungen zwischen diesen beiden Irritationserfahrungen sind möglich, doch fallen sie nicht wesentlich ins Gewicht.

5 Die Menschlichkeit der Schrift

Was das Gedankenexperiment also zeigt, ist, dass es für die Geltung eines Textes als einer heiligen Schrift keineswegs notwendig ist, dass sie einen menschlichen Verfasser besitzt. Die menschliche Urheberschaft, welche Authentizität und eine erkennbare Verfasserintention garantiert, mag für andere Texte und deren Auslegung entscheidend sein. Bei heiligen Schriften verhält es sich gerade umgekehrt: Insofern die Schrift als reines Medium der göttlichen Offenbarung fungiert, ist der menschliche Anteil darin vielmehr das störende, retardierende Moment, das es so weit wie möglich auszuschalten gilt. Mit der Aufklärung ändert sich dies nicht grundsätzlich. Jetzt wird zwar die Menschlichkeit der heiligen Schriften zugestanden, dies führt dann aber gerade zur Krise des Schriftprinzips, insofern eine Diastase zwischen göttlichem Wort und dem Wort der Schrift wahrgenommen wird.

Wird die Schrift lediglich als Medium der göttlichen Offenbarung verstanden, spricht nichts dagegen, auch künstlich erzeugte Texte prinzipiell als mögliche Träger einzubeziehen. Gott kann sich durch einen brennenden Dornbusch offenbaren (Ex 3,4); warum nicht auch durch einen textgenerierenden Algorithmus? Für die Notwendigkeit der Offenbarung durch den Mund eines Menschen gibt es zunächst keine zwingenden Gründe; vielmehr erscheinen, auch in der Heiligen Schrift, nicht-humane Wesen wie Engel als zuverlässigere Übermittler der göttlichen Botschaften als der Mensch mit allen seinen Mängeln.

Aus christlicher Perspektive lässt sich jedoch dafür argumentieren, dass die Menschlichkeit der biblischen Offenbarung weit mehr als ein Zufall oder gar ein notwendiges Übel ist. Freilich muss man von dem her argumentieren, was in der protestantischen Theologie gemeinhin als „Mitte der Schrift" gilt: Jesus Christus, in dem Gott selbst Mensch geworden ist.[28] Dies ist nun nicht im Sinne eines Zirkel-

---

28 Zur berühmten Formulierung Luthers, dass der Prüfstein aller (heiligen) Bücher die Beant-

arguments zu verstehen, das eine bestimmte, zentrale Lehre der Heiligen Schrift voraussetzt, um aus dieser die Gültigkeit der Schrift selbst abzuleiten. Es geht vielmehr darum, das Christusereignis als hermeneutischen Schlüssel zum Verständnis der Heiligen Schrift zu verwenden, von dem andere Passagen und Charakteristika ihren Sinn her erhalten. Ein Beweis der Gültigkeit der Schrift soll hiermit nicht geführt werden; wie es überhaupt meines Erachtens ein Missverständnis ist, die Schrift als einen Text zu interpretieren, der bestimmte Lehren beinhaltet. Was man „Lehre" nennen mag, ist immer nur ein Nachhall der ursprünglichen Erfahrung. Und solche Erfahrungen finden sich für den Christenmenschen nicht nur in der Heiligen Schrift, sondern sie lassen sich auch *an ihr* machen – wenn man sie eben nicht als einen Text missversteht, der über Gott informiert, sondern als eine Anrede Gottes an den Menschen.

Es gehört zu den zentralen Bekenntnissen der Christenheit, welches diese über Konfessionen und Denominationen hinweg verbindet, dass Jesus Christus wahrer Gott und wahrer Mensch zugleich ist. Die klassische Dogmatik orientiert sich dabei an der Lehre des Konzils von Chalcedon (451), welches festhält, dass Jesus Christus eine vollkommene menschliche und eine vollkommene göttliche Natur besitzt.[29] Die lutherische Theologie hat dies mit Nachdruck festgehalten, wenn sie von der Menschlichkeit Gottes spricht. Damit ist freilich kein naiver Anthropomorphismus gemeint, sondern der Glaube daran, dass Gott in Jesus Christus den Menschen ganz nahe gekommen ist, ja, so nahe, dass ihm die Haut raucht.[30] In Christus hat Gott selbst alles erlitten, was Menschen erleiden müssen, in ihm ist unsere Not zur Not Gottes geworden, am Kreuz stirbt Gott selbst unseren Tod.

Bezieht man dies nun auf die Lehre von der Heiligen Schrift, legt sich abermals ein (informeller) Analogieschluss nahe. So wie Jesus Christus beides zugleich ist, wahrer Gott und wahrer Mensch, ist es auch die Heilige Schrift: Menschenwort *und* Gotteswort. So wie Gott in Christus ganz menschlich geworden ist, so ist es auch Gott, der Heilige Geist, in der Heiligen Schrift. Man könnte hier analog zur Inkarnation, also der Menschwerdung Gottes in Jesus Christus, von einer Inverbation sprechen, bei der der Heilige Geist sich erniedrigt, indem er zum menschlichen Wort wird.[31] Der Knechtsgestalt Christi (vgl. Phil 2) korrespondiert die Knechtsge-

wortung der Frage sei, „ob sie Christum treiben oder nicht", vgl. konzise Max Josef Suda, *Die Ethik Martin Luthers*, Göttingen 2006, 19.

29 Vgl. hierzu: Die christologische Formel des Konzils von Chalkedon, in: Adolf M. Ritter, *Kirchen- und Theologiegeschichte in Quellen*, Bd. 1, *Alte Kirche*, Neukirchen-Vluyn ¹²2019, 251.

30 „[...] Sic Christus stehet bey uns Im schlam, und arbeit, das Ihm die haut rauchett" (Martin Luther, *D. Martin Luthers Werke. Kritische Gesamtausgabe*, Bd. 4, Weimar 1886, 608,32–609,1).

31 Von einer Inverbation als Fortsetzung der Inkarnation spricht bereits Krüger mit Bezug auf Erasmus von Rotterdam: „Die *Heilige Schrift* ist eine bleibende Inkarnation Christi in der Form der

stalt des Heiligen Geistes, wie sie uns in der Heiligen Schrift begegnet. Der Göttinger Systematiker Joachim Ringleben spricht in diesem Zusammenhang treffend von einer „Zweit-Naturen-Lehre der Bibel als heiliger Schrift".[32] Damit ist der Nagel auf den Kopf getroffen. Die Menschlichkeit der göttlichen Offenbarung ist nun kein Störfaktor mehr, den es bestenfalls auszuschalten gilt. Die christologische Zwei-Naturen-Lehre wird hier vielmehr auf die Schrift übertragen, um der Menschlichkeit Gottes in Jesus Christus die Menschlichkeit des göttlichen Wortes in der Heiligen Schrift an die Seite zu stellen.

Freilich kann dann immer noch nicht davon die Rede sein, dass Gott sich durch ein menschliches Medium offenbaren *musste*. Ebenso wenig aber musste er auch Mensch werden; dies widerspräche der Lehre von der sogenannten Aseität Gottes, nach der er, selbst in sich vollkommen, keiner Ergänzung bedürftig ist. Nein, Gott wurde Mensch aus freiem Entschluss, aus reiner Liebe und Barmherzigkeit seinem Geschöpf gegenüber. So gibt es in der Tat auch keinen zwingenden Grund, warum sich Gott durch menschliche Worte offenbaren musste, aber er hat es *gewollt*; ebenso wie er als letztgültige Manifestation seiner Herrlichkeit keinen Engel erwählt hat, sondern einen armen und elenden Menschen. Es ist, christlich gesprochen, der Wille Gottes gewesen, dass er nicht in Lessing oder Kant, sondern im Sohn der Maria Mensch geworden ist. Und es ist ebenso sein Wille gewesen, dass er sich nicht durch ein „lupenreines" Medium, sondern durch armselige Menschenworte, belastet mit den Vorurteilen und Schwächen ihrer Zeit, offenbart hat.

Aus dieser, wohlgemerkt dezidiert christlichen und wohl auch spezifisch lutherischen Perspektive lassen sich nun doch Einwände gegen die Vorstellung erheben, dass ein künstlich generierter Text als Offenbarungsträger in Betracht kommt. Das gilt freilich nicht für die Heilige Schrift des Christentums, für die derartige Fragen aufgrund ihrer faktisch menschlichen Urheberschaft gar nicht gestellt werden können. Die Frage stellt sich vielmehr für die Bewertung einer heiligen Schrift wie die der Religion V. Damit ist das schwierige Feld der Theologie der Religionen betreten, die Frage nach dem Verhältnis des Christentums zu anderen Religionen. Es kann hier nicht diskutiert werden, inwiefern es überhaupt berechtigt ist, aus der Perspektive der einen Religion Kritik an einer anderen zu üben. Dass hier, gerade in Bezug auf etablierte und geschichtsträchtige Religionen, äußerste

---

Inverbation. Die Schrift hat damit Anteil an der Leibwerdung Christi mit all ihren Implikationen" (Friedhelm Krüger, *Humanistische Evangelienauslegung. Erasmus von Rotterdam als Ausleger der Evangelien in seinen Paraphrasen*, Tübingen 1986, 50, Hervh. im Original). Krüger geht in seiner Deutung des Erasmus sogar so weit, die Schrift als *Christus prolongatus* zu bezeichnen; Erasmus lege damit die Vorstellung nahe, dass die Schrift der wahre Auferstehungsleib Christi sei (vgl. ebd.).
32 Joachim Ringleben, „Die Bibel als Wort Gottes", in *Die Autorität der Heiligen Schrift für Lehre und Verkündigung der Kirche*, hg. von Karl-Hermann Kandler, Neuendettelsau 2000, 15–32, 16.

Sensibilität und Zurückhaltung geboten ist, dürfte in der Gegenwart nicht mehr strittig sein. Jede christliche Kritik an einer anderen Religion ist damit zunächst als potentiell anmaßend zu bewerten; und das gilt, im hypothetischen Szenario, selbst für das Verhältnis des Christentums zu Religion V.

Ein Kriterium gibt es aber doch, das aus christlicher Sicht angelegt werden darf, wenn es um die Haltung zu einer anderen Religion angeht: dass in dieser Religion nicht nur das Göttliche, sondern auch das Menschliche zur Geltung kommt. Dies scheint auf den ersten Blick zumindest der voraufklärerischen Position zu widersprechen; war es hier doch gleichgültig, wie das Medium beschaffen ist, das die göttliche Offenbarung trägt. Die mit der Aufklärung einsetzende Erkenntnis des allzu-menschlichen Charakters der Heiligen Schrift war dann ja gerade ein Störfaktor, das Humanum dasjenige Moment, welches es zu ignorieren galt. Für eine (in dieser Form niemals real existente) rein-voraufklärerische Theologie wäre dies auch in der Tat der Fall. Und von dieser würde dann auch gelten, was der realen Theologie des 17. Jahrhunderts (zu Unrecht) oft vorgeworfen wurde: dass sich die christliche Theologie hier selbst missversteht. Wenn in den Hagiographen nur ein reines Medium gesehen wird, das die göttliche Offenbarung zu tragen hat, in seiner menschlichen Eigentümlichkeit aber bestenfalls eliminiert werden kann, ist diese Position in der Tat nicht christlich. Sie ist es nicht und kann es niemals sein, weil sie die Menschlichkeit Gottes, wie sie in Jesus Christus erschienen ist, ignoriert. Wahre christliche Theologie wird daher den allzu-menschlichen Charakter der Heiligen Schrift nicht als störendes oder retardierendes Moment verstehen, sondern ihn vielmehr betonen, insofern sie ihn als Ausdruck der Liebe Gottes begreift, jenes Gottes, der so nah bei den Menschen sein will, dass ihm die Haut raucht. In der Menschlichkeit der Heiligen Schrift als Offenbarung Gottes spiegelt sich die Menschlichkeit Gottes in Jesus Christus.

In Bezug auf die Theologie der Religionen bedeutet dies: Christliche Theologie wird auch von anderen Religionen fordern, dass sie nicht nur einem wie auch immer verstandenen Numinosen, sondern auch dem Humanen Rechnung tragen. Gerade dies ist aber bei der auf einem künstlich erzeugten Text basierenden Religion V nicht der Fall. Aus christlicher Perspektive lässt sich diese Religion also zuletzt doch kritisieren, nicht deshalb, weil das *Buch der Ewigen Verbundenheit* als Träger göttlicher Offenbarung prinzipiell ungeeignet wäre (wer kann dies mit Gründen bestreiten, die über Geschmacksurteile hinausgehen?), sondern deshalb, weil dieses Buch im tiefsten Sinne *un*-menschlich ist.

Diesen Punkt kann man noch anders verdeutlichen: Die Debatten um textgenerierende Programme sind häufig mit der Diskussion um den sogenannten Trans- und Posthumanismus verbunden. Hinter dem Posthumanismus steht, stark vereinfacht, die Idee, dass jene hochintelligenten Maschinen, welche die besagten Texte produzieren, einst den Menschen ablösen werden. Der Mensch ist dann nicht mehr die Krone der Schöpfung, sondern muss die Bühne räumen für die Künstliche Intelligenz, die ihn im Übergang von der biologischen zur technologischen Evolution historisch ablöst.[33] Gegen den Trans- und Posthumanismus gilt es aus christlicher Perspektive bei allen vermeintlichen Parallelen, die gegenwärtig bemüht werden,[34] Einspruch zu erheben. Der Grund hierfür ist abermals die Christologie. Wie ich an anderer Stelle betont habe: Gott hat kein posthumanes, sondern ein menschliches Antlitz.[35] Christliche Theologie, wenn sie aufgeklärt über sich selbst ist, versteht sich gleichermaßen als Bekenntnis zu Gott wie zum Menschen. Gegen religiöse Formen der Un-Menschlichkeit muss sie daher Protest erheben. Und das gilt ebenso für *Das Buch der Ewigen Verbundenheit* in seiner inhumanen Kühle wie für die fiebrigen Träume von übermenschlichen Maschinen.

6 Fazit

Die Frage des vorliegenden Aufsatzes war: Kann ein textgenerierendes Programm wie ChatGPT einen heiligen Text verfassen? Ist es also möglich, dass die Künstliche Intelligenz einen Text produziert, der einer möglichen Religion als Grundlage dienen kann? Die Antwort auf diese Frage, die mit einem theologischen Gedankenexperiments beantwortet wurde, war überraschender Weise zunächst: Ja. Wenn der Offenbarungsträger vergleichgültigt oder sogar als störendes Element angesehen wird, dann kann Gott sich in der Tat auch durch einen künstlich erzeugten Text offenbaren. Die Geltung als heilige Schrift ist unabhängig von der Intention der Verfasser, da diese entweder gar nicht in den Blick genommen oder als dasjenige Moment ausgewiesen werden, welches es in seiner Eigentümlichkeit zu eliminieren gilt, um eine möglichst „reine" göttliche Offenbarung zu erhalten. Wenn die Übermittler der Offenbarung, die Hagiographen, bloße Schreibgehilfen Gottes (*amanuenses Dei*) sind, können sie auch durch eine nicht-menschliche Entität er-

---

33 Dies ist freilich eine sehr radikale Form des (technologischen) Posthumanismus. Zu den verschiedenen Varianten des Post- und Transhumanismus vgl. Janina Loh, *Trans- und Posthumanismus zur Einführung*, Hamburg 2018, 10–16.

34 Während der (strenge) Posthumanismus von christlicher Seite fast durchgehend abgelehnt wird, gibt es vereinzelt Bemühungen, eine Verbindung zwischen Transhumanismus und christlicher Theologie herzustellen. Exemplarisch ist hierfür die Arbeit der *Christian Transhumanist Association*, die das transhumanistische „more than human" im Sinne der *imago Dei* zu interpretieren versucht. Vgl. hierzu Anna Puzio, *Übermenschen. Philosophische Auseinandersetzung mit der Anthropologie des Transhumanismus*, Bielefeld 2022, 56–57.

35 Vgl. Hendrik Klinge, „Remoto homine. The Posthumanist Challenge to Christology", *Neue Zeitschrift für Systematische Theologie und Religionsphilosophie*, Bd. 64(3), 2022, 251–267, hier 266.

setzt werden, welche das Diktat übernimmt. Gott kann sich auch durch einen Dornbusch offenbaren; warum nicht auch durch einen Algorithmus?

Christliche Theologie, die das Stadium eines vormodernen Biblizismus hinter sich gelassen hat, wird hier jedoch widersprechen. Sie wird den menschlich, allzumenschlichen Charakter der Schrift vielmehr betonen, weil sie daran eine Analogie zur Menschlichkeit Gottes, wie sie in Jesus Christus erschienen ist, erblickt. Das menschliche Element in der Schrift ist nicht zu ignorieren oder zu eliminieren, sondern muss als Ausdruck der Inverbation oder Schriftwerdung Gottes verstanden werden: als christologisch begründete Entäußerung (Kenosis) des Gottesworts in das Menschenwort. Christliche Theologie wird mithin im interreligiösen Diskurs auf das humane Element aller Religion pochen. Daher muss sie eine Grenze dort ziehen, wo eine Religion im tiefsten Sinn inhuman wird. Bei einer hypothetischen Religion, die sich auf einen künstlich erzeugten Text als Offenbarungsgrundlage stützt, ist genau das der Fall. Eine solche Religion scheitert nicht daran, dass ihr prinzipiell jeder Bezug zum Göttlichen abgesprochen werden könnte (wie wäre das auch möglich?), sondern daran, dass sie unmenschlich ist.

So sehr die christliche Theologie sich (vollends zu Recht!) gegenwärtig um eine pluralistische Religionstheologie bemüht, muss sie hier doch ihr „Weiter nicht!" sprechen. Der Unmenschlichkeit der Religion gilt es zu wehren. Und daher muss auch Kritik an einer hypothetischen Religion, die sich auf eine Urkunde wie das *Buch der Ewigen Verbundenheit* stützt, zulässig sein. Nicht deshalb, weil der Inhalt des Buches lächerlich ist – was er meines Erachtens ist; aber das ist ein religiöses Geschmacksurteil –, sondern deshalb, weil damit einer inhumanen Kultur Vorschub geleistet wird, die unvereinbar ist mit der Auszeichnung des Menschen, wie sie die Menschwerdung Gottes in Jesus Christus bezeugt.

Amrei Bahr
Same same but different

Textidentität, Autor_innenschaft und Schöpfungshöhe im Angesicht von generativer KI

Abstract: AI tools such as ChatGPT are already available for use in scholarly text production, and it is likely that their use will increase even further in the near future. However, not all AI-generated texts are the same, and therefore we should not treat them analogously – even if they share the common feature of being notationally identical to an existing text: By means of a thought experiment, the paper shows that for this particular set of AI-generated texts, we need to distinguish between copied and hallucinated texts, and derives from this questions regarding novel AI-generated texts that affect our understanding of science and scientific textual work at their very core.

Was sehen Sie, liebe_r Leser_in, wenn Sie an die Zukunft wissenschaftlicher Texterzeugung denken? Im Lichte aktueller Entwicklungen und Debatten mögen Sie unmittelbar an den Einsatz von KI-Tools wie ChatGPT denken, die Wissenschaftler_innen bei der Hervorbringung von Texten unterstützen können. Schon jetzt sind die Möglichkeiten, die diese Tools eröffnen, äußerst vielfältig, und ihre Leistungsfähigkeit nimmt in beachtlichem Tempo immer weiter zu. Aber die Nutzung solcher Tools beinhaltet offenkundig auch diverse Risiken. Angesichts des im Wissenschaftssystem nach wie vor wirksamen Fehlanreizes des *publish or perish*, der schon jetzt zu einer ausufernden wissenschaftlichen Textproduktion führt,[1] liegt die Vermutung nahe, dass mit KI-Unterstützung die Zahl der Publikationen noch stärker zunehmen wird. Da die Textproduktion bereits jetzt ein Ausmaß erreicht hat, das eine Lektüre der zahlreichen Texte nur noch sehr eingeschränkt ermöglicht, wäre eine solche Entwicklung alles andere als wünschenswert. Auch dürfte die Befürchtung vieler, dass die Zahl der Plagiate durch die Nutzung von KI-Tools zunehmen wird, nicht völlig unberechtigt sein. Schließlich ist nicht immer er-

---

[1] Allein zwischen 2000 und 2016 hat sich die Zahl der wissenschaftlichen Publikationen pro Jahr mehr als verdoppelt, vgl. [https://www.hceres.fr/sites/default/files/media/downloads/rappScien_VA_web04_12.pdf] (Zugriff: 19.10.2023); im Heft „Publikationsregime" der Zeitschrift *Mittelweg 36* findet sich eine eindrückliche grafische Darstellung dieser bedenklichen Entwicklung (siehe Heft 2, 2022, 47).

∂ Open Access. © 2024 bei den Autorinnen und Autoren, publiziert von De Gruyter. (cc) BY-NC-ND Dieses Werk ist lizenziert unter einer Creative Commons Namensnennung – Nicht kommerziell – Keine Bearbeitung 4.0 International Lizenz. https://doi.org/10.1515/9783111351490-012

sichtlich, worauf die Tools zurückgreifen und ob sich darunter auch Fremdtexte befinden, an denen Autor_innen Rechte haben.

Fragen der Textidentität, des Verhältnisses von Text und Werk, der Autor_innenschaft[2] und der Schöpfungshöhe[3] sind selbstverständlich nicht neu – dazu gibt es bereits eine Reihe bedenkenswerter wissenschaftlicher Überlegungen, etwa in der Kunstphilosophie. Einige davon sollen im Folgenden aufgegriffen und dahingehend geprüft werden, ob sie sich für den Umgang mit wissenschaftlichen Texten fruchtbar machen lassen, bei deren Entstehung KI-Tools zum Einsatz gekommen sind. Dabei wird sich auch zeigen, dass die Nutzung von KI-Tools bei der wissenschaftlichen Texterzeugung noch sehr viel grundsätzlichere Fragen aufwirft: die Fragen nämlich, wie wir Wissenschaft verstehen und was die Arbeit von Wissenschaftler_innen im Kern ausmacht.

1 Texte generieren, Debatten revolutionieren?! Ein Gedankenexperiment zum Einsatz textgenerativer KI-Tools in der Wissenschaft und drei kunstphilosophisch inspirierte Perspektiven darauf

Wenn wir die Texterzeugnisse, die beim Einsatz von KI-Tools entstehen, grob unterteilen wollen, können wir zunächst Texte und Textteile, die es bereits gibt, von solchen Texten und Textteilen unterscheiden, die es noch nicht gibt. Wie wir sehen werden, bedarf allerdings auch die Kategorie der Texte bzw. Textteile, die es schon gibt, einer weiteren Differenzierung: Das darin Enthaltene mag sich vordergründig ähneln – tatsächlich aber gibt es einige ontologische Unterschiede, die es beim Umgang damit zu beachten gilt. Mittels eines Gedankenexperiments, das ich im Folgenden entwickeln möchte, lassen sich diese Unterschiede genauer fassen. Im Mittelpunkt des Experiments steht ein Aufsatz des Philosophen Edmund Gettier. Gettier war zu einer Zeit in der Wissenschaft tätig, zu der Wissenschaftler_innen

---

2 Unbedingt lesenswert zu diesen und verwandten Fragen ist (nicht zuletzt aufgrund der umfangreichen Fußnoten, die einen Überblick über zahlreiche einschlägige Publikationen geben) Carlos Spoerhase, „Was ist ein Werk? Über philologische Werkfunktionen", *Scientia Poetica. Jahrbuch für Geschichte der Literatur und der Wissenschaften,* Bd. 11, 2007, 276–344.
3 Zum urheberrechtlichen Begriff der Schöpfungshöhe und seiner Explikation unter Rückgriff auf die Eigenschaften der Individualität und Eigentümlichkeit vgl. Gunda Dreyer/Jost Kotthoff/Astrid Meckel, *Urheberrecht,* § 2 Rn. 58ff., München/Heidelberg 2004.

noch nicht zu derart ausgreifender Publikationstätigkeit aufgerufen waren wie in Zeiten der Wirksamkeit des fragwürdigen Prinzips *publish or perish.* Dennoch ging es auch damals schon nicht ganz ohne Publizieren, wobei sich Gettiers Publikationstätigkeit auf zwei Aufsätze und eine Rezension belief. Nichtsdestotrotz hat Gettier in der Philosophie eine enorme Bekanntheit erlangt, denn mit einem seiner Aufsätze, dem dreiseitigen Essay „Is Justified True Belief Knowledge?"[4], hat er nicht weniger getan als die philosophische Debatte um den Wissensbegriff zu revolutionieren: Die berühmten Gettier-Fälle stellen in Frage, dass sich Wissen tatsächlich als wahre, gerechtfertigte Überzeugung auffassen lässt – eine Auffassung, die bis dato als ausgemacht galt. Nun stellt die Geschichte von Gettiers Aufsatz offensichtlich den Hype der Quantität in Frage, wie er gegenwärtig im Wissenschaftssystem vorherrscht – aber darum soll es hier nicht gehen. Auch die Debatte um den Wissensbegriff als solche möchte ich hier nicht aufgreifen. Stattdessen steht Gettiers hinsichtlich seiner Seitenzahl sehr überschaubarer, deshalb aber keineswegs weniger einflussreicher Aufsatz im Mittelpunkt des Gedankenexperiments, das ich hier anstellen möchte.

Stellen wir uns vor, dass wir einen KI-Textgenerator dazu einsetzen, einen philosophischen Aufsatz zu generieren, der es vermocht hätte, die damalige philosophische Debatte um den Wissensbegriff auf den Kopf zu stellen – und nehmen wir weiterhin an, dass der Textgenerator dabei einen Text erzeugt, der Buchstabe für Buchstabe mit dem Aufsatz von Gettier übereinstimmt. Wir haben es hier also in jedem Fall mit einem Ergebnis zu tun, das in die erste Kategorie der Texterzeugnisse gehört – die Kategorie der Texte bzw. Textteile, die es schon gibt. Wenn wir uns fragen, wie genau dieses Ergebnis zustande gekommen ist, zeigt sich allerdings, warum wir innerhalb dieser Kategorie eine weitere Differenzierung vornehmen sollten. Zwei Arten der Entstehung wären zu unterscheiden (wobei sie eher Extreme auf einer Skala darstellen, die auch Mischformen beider Arten enthält).

Zunächst einmal können wir uns vorstellen, dass der KI-Generator als reine Kopiermaschine dient und tatsächlich schlicht eine Kopie des Aufsatzes von Gettier produziert, indem er Buchstabe für Buchstabe dieses Aufsatzes übernimmt. In diesem Fall verdankt sich die Übereinstimmung mit Gettiers Aufsatz einem Kopierprozess, der den Aufsatz zum Ausgangspunkt nimmt – nennen wir das Ergebnis *KI-Text 1.*

Aber das ist nicht die einzig mögliche Art der Entstehung eines Textes, der dem von Gettier exakt gleicht: KI-Tools erzeugen mitunter auch Inhalte, die keine direkte Entsprechung zu etwas bereits Vorhandenem haben, indem sie halluzinieren. Dieses Halluzinieren wird im wissenschaftlichen Verwendungskontext u. a. deshalb

---

4 Edmund Gettier, „Is Justified True Belief Knowledge?", *Analysis*, Bd. 23(6), 1963, 121–123.

problematisiert, weil dabei mitunter erstaunlich elaborierte Beschreibungen gar nicht existierender (wissenschaftlicher) Werke einschließlich ihrer (Entstehungs-)Kontexte herauskommen, deren Existenz von den Tools gleichwohl mit beachtlichem Selbstbewusstsein behauptet wird. Ein Phänomen, das wissenschaftlichen Recherchetätigkeiten offenkundig nicht gerade zuträglich ist. In diesem Fall wollen wir uns vorstellen, dass das Ergebnis des Halluzinierens ein Text ist, der allein aufgrund seiner Buchstabenfolge von Gettiers Aufsatz nicht zu unterscheiden ist – obwohl es sich bei diesem Text gerade nicht um eine Kopie handelt.

Wer bezweifelt, dass ein solches Szenario denkbar ist, sei an das *Infinite Monkey Theorem* erinnert, ein weiteres Gedankenexperiment, das besagt, dass Affen, die unendlich lange auf Schreibmaschinen tippen, irgendwann einmal durch bloßen Zufall alle Werke der Weltliteratur hervorgebracht haben werden. Analog dazu können wir uns das *Theorem der endlos generierenden KI* vorstellen, das statt von unendlich lang tippenden Affen von unendlich lang Texte generierenden KI-Tools ausgeht. Irgendwann, so die Idee, käme dabei durch bloßen Zufall etwas heraus, das alle und nur die Buchstaben aufweist, die auch Gettiers Aufsatz hat – und das sogar in derselben Reihenfolge. Nennen wir das Ergebnis dieses Vorgangs *KI-Text 2*.

Wenn es allein um die Buchstabenfolge geht, sind der durch Kopieren erzeugte *KI-Text 1* und der durch Halluzinieren zustande gekommene *KI-Text 2* nicht voneinander zu unterscheiden. Auf ontologischer Ebene hingegen sieht das möglicherweise anders aus: Da mögen die verschiedenen Arten der Entstehung sehr wohl einen Unterschied machen – einen Unterschied, der sich auch auf unseren Umgang mit diesen Texten auswirken könnte, ja, vielleicht sogar sollte. Aber der Reihe nach: Zunächst stellt sich die Frage, wie die beiden Texte ontologisch eingeordnet werden können. Handelt es sich dabei schlicht und ergreifend um (Realisierungen von) Gettiers Aufsatz? Oder sind die Texte von Gettiers Aufsatz verschieden? Falls letzteres der Fall sein sollte: Wer ist Autor_in der Texte, wenn es nicht Gettier ist? Und: Können wir den Texten eine Schöpfungshöhe zuschreiben, die für ihren Status als urheberrechtlich schutzfähige Hervorbringungen ausschlaggebend ist? Wie wir diese Fragen beantworten, wirkt sich auch darauf aus, wie wir mit den Texten umgehen – insbesondere im Hinblick auf die Plagiatsthematik. Denn die Eigenschaft des Plagiat-Seins ist eine zweistellige Relation: Etwas – ein y – ist ein Plagiat von etwas anderem – einem x.[5] Damit sich überhaupt überzeugend von einem

---

5 Für eine ausführliche Definition dieser Relation vgl. Amrei Bahr, *Was ist eine Kopie?*, Hamburg 2022, 339 ff.

Plagiat sprechen lässt, muss dieses *x* zudem die Eigenschaft der Schöpfungshöhe aufweisen – und seine Existenz einer_einem Autor_in verdanken.[6]

Um die Fragen nach Textidentität, Autor_innenschaft und Schöpfungshöhe im Hinblick auf unsere beiden KI-generierten Texte zu beantworten, lohnt sich ein Blick in die Kunstphilosophie, in der sich diverse auf künstlerische Texte bezogene Ansätze finden, die auch für den wissenschaftlichen Kontext aufschlussreich sein könnten. Drei Ansätze sollen dahingehend geprüft werden, ob sie sich auch für wissenschaftliche Texte fruchtbar machen lassen: die Ansätze von Nelson Goodman, Arthur Danto und Jerrold Levinson.

1.1 Goodman: Textidentität garantiert Werkidentität

Nelson Goodman diskutiert das Verhältnis von Textidentität und Werkidentität im Kontext seiner Überlegungen zu autographischen und allographischen Kunstformen im dritten Kapitel von *Sprachen der Kunst*.[7] Allographische Kunstwerke, zu denen auch Textwerke zählen, zeichnen sich nach Goodmans Auffassung dadurch aus, dass sie – anders als autographische Kunstwerke wie Gemälde – nicht fälschbar sind: Sobald alle Buchstaben eines Textwerks in der richtigen Reihenfolge vorliegen, haben wir es einfach automatisch mit diesem Textwerk zu tun, nicht etwa mit einer Fälschung. Tippe ich etwa den Roman *Zeiten der Langeweile* von Jenifer Becker[8] Buchstabe für Buchstabe ab, dann ist das Resultat keine Fälschung des Romans, sondern einfach der Roman selbst (bzw. eine Realisierung desselben)[9]: „Jede genaue Kopie eines Gedicht- oder eines Romantextes ist genausogut das Originalwerk wie irgendeine andere."[10] Es ist die notationale Identität, die aus Goodmans Sicht Textidentität garantiert:

> Es zählt allein das, was man die Selbigkeit des Buchstabierens nennen könnte: exakte Entsprechung in den Buchstabenfolgen, Abständen und Satzzeichen. Jede Folge [...], die einer

6 Nicht alles, was Autor_innen hervorbringen, hat automatisch Schöpfungshöhe – einzelne Sätze oder Satzteile sind häufig nicht ausreichend elaboriert, um ihnen Schöpfungshöhe zuzuschreiben. Ob jedoch alles, was Schöpfungshöhe hat, auch ein_e Autor_in hat, ist eine Frage, die uns im Folgenden noch beschäftigen wird.
7 Nelson Goodman, *Sprachen der Kunst. Entwurf einer Symboltheorie*, Frankfurt a. M. 1995.
8 Jenifer Becker, *Zeiten der Langeweile*, Berlin 2023.
9 Da Goodman selbst Nominalist ist und deshalb auch nicht von abstrakten Werken ausgeht, die durch Bücher aus Papier o. ä. realisiert werden, vermeidet er diese Redeweise, wobei fraglich ist, ob er für seine Theorie nicht eigentlich ein solches Verhältnis von abstrakten Werken zu konkreten Realisierungen voraussetzen müsste.
10 Goodman 1995, 114.

korrekten Kopie in dieser Weise entspricht, ist selbst korrekt, und ein solch korrektes Exemplar ist genauso Original wie das Original selbst. [...] Um einen Einzelfall des Werks zu identifizieren beziehungsweise einen Einzelfall herzustellen, ist nichts weiter erforderlich, als die Buchstabierung zu verifizieren beziehungsweise korrekt zu buchstabieren.[11]

Wie lässt sich diese Auffassung nun in unserem Kontext anwenden? Jeder Text, der mit dem Aufsatz von Gettier notational identisch ist, ist ihr zufolge ein Exemplar dieses Textes – und zwar unabhängig davon, wie der Text zustande gekommen ist: Es geht allein um die korrekte Anordnung der Buchstaben. Demzufolge sind sowohl der durch Kopieren entstandene *KI-Text 1* als auch der durch Halluzinieren hervorgebrachte *KI-Text 2* Realisierungen von Gettiers Aufsatz.

Dass Gettier weder dem Hervorbringen von *KI-Text 1* noch dem von *KI-Text 2* zugestimmt hat, ist für sich genommen noch kein überzeugendes Argument, um Goodmans Theorie für unseren Kontext zu verwerfen. Denn Realisierungen können auch nicht-autorisiert sein: Das, was landläufig unter dem Namen „Raubkopie" bekannt ist (und neutraler als Schwarzkopie bezeichnet wird[12]), ist ein Beispiel dafür. Tippe ich Jenifer Beckers Roman ab und verkaufe die Ausdrucke im Internet, dann mag es sich sehr wohl um Realisierungen des Romans handeln – aber ich verletzte damit Rechte des Verlags und der Autorin, wenn sie mir die Anfertigung nicht erlaubt haben. Das gilt in der Kunst und der Wissenschaft gleichermaßen.

Aber es gibt noch ein anderes Argument, das die Anwendbarkeit von Goodmans Theorie auf wissenschaftliche Texte in Frage stellt: Folgen wir Goodmans Auffassung, dann müssen auch Texte, die durch bloßen Zufall entstehen, Autor_innen zugeordnet werden, wenn es Hervorbringungen dieser Autor_innen gibt, die den Texten notational entsprechen. Auch der halluzinierte *KI-Text 2* wäre demzufolge ein Exemplar von Gettiers Aufsatz, ohne dass es zwischen ihm und dem Aufsatz irgendeinen Kausalzusammenhang gibt. Das dürfte den verbreiteten Vorstellungen von wissenschaftlicher Autor_innenschaft widersprechen: Texte brauchen eine Beziehung zu Autor_innen, um Exemplare ihrer Werke zu sein.

Wir können uns das Erfordernis einer entsprechenden Beziehung an einem weniger elaborierten Beispiel vor Augen führen, nämlich dem Selbstwiderspruchsargument gegen den Relativismus:[13] Wenn alles lediglich relativ gültig ist und nicht absolut, muss das auch für den Relativismus selbst gelten – ohne Abso-

---

11 Ebd., 115.

12 Eine ausgiebige Würdigung dieser Kopienart findet sich in Jan Krömer/Evrim Sem, *No Copy. Die Welt der digitalen Raubkopie*, Berlin 2006.

13 Vgl. Maria Baghramian/J. Adam Carter, „Relativism", in *The Stanford Encyclopedia of Philosophy*, hg. von Edward N. Zalta, Spring Edition, 2022, Abschnitt 4.3.1, in [https://plato.stanford.edu/archives/spr2022/entries/relativism/] (Zugriff: 19.10.2023).

lutheitsanspruch seiner Kernprämisse gerät er damit selbst ins Wanken. Es liegt nahe, dass auf diese Argumentationsfigur mehrere Menschen kommen, ohne jeweils voneinander zu wissen. Wir können uns vorstellen, dass zwei Philosoph_innen *A* und *B* sogar dieselben Worte benutzen, um das Selbstwiderspruchsargument niederzuschreiben. Wer ist nun Autor_in des entsprechenden Textes? Ist Philosoph_in *A* automatisch auch Autor_in des Textes von Philosoph_in *B*, weil *A* früher darauf gekommen ist? Mir scheint, dass beide hier die Anerkennung ihrer Autor_innenschaft verdienen: Sie haben Texte hervorgebracht, die notational identisch sind, aber zwei unterschiedliche Werke realisieren – im Urheberrecht spricht man in diesem Fall von einer Doppelschöpfung. Es ließe sich natürlich fragen, ob die wissenschaftliche Redlichkeit es an *B*s Stelle geboten hätte, so umfassend zu recherchieren, bis sie_er den Beitrag von *A* findet. Aber angesichts der Flut an Publikationen, die wir in vielen Feldern vorfinden, muss der Anforderung, sich mit einer Debatte ausreichend vertraut zu machen, eine angemessene pragmatische Grenze gesetzt sein; andernfalls würde nie ein wissenschaftlicher Text fertig – es gäbe schließlich immer noch Möglichkeiten, weiter zu recherchieren. Ist das Erfordernis einer angemessenen Recherche durch *B* erfüllt, erscheint es naheliegend, *B* als Autor_in ihres_seines Textes aufzufassen, da der Text vollkommen unabhängig vom durch *A* verfassten Text zustande gekommen ist. Es würde im Kontext wissenschaftlicher Texte einige Verwirrung stiften, wenn wir allein aufgrund einer Übereinstimmung die unabhängige Leistung von *B* auch *A* zuschreiben müssten – das allein schon deshalb, weil *A* und *B* ganz unterschiedliche wissenschaftliche Bezugspunkte haben mögen, auf deren Grundlage sie ihre jeweilige Argumentation entwickelt haben. Diese Bezugspunkte lassen sich offenkundig nicht einfach beliebig dem Text der jeweils anderen Person zuschreiben. Insofern kann Goodmans Auffassung, dass notationale Übereinstimmung Textidentität garantiert, für unseren Kontext nicht überzeugend.

1.2 Danto: Textidentität erzwingt keine Werkidentität – nicht einmal beim Kopieren

Arthur Danto befasst sich in *Die Verklärung des Gewöhnlichen* mit allen möglichen Gegenständen, die ununterscheidbar zu sein scheinen, um auf diesem Wege den Besonderheiten der Kunst auf die Spur zu kommen. Seine Auffassung zu Texten steht dabei im Vergleich zu Goodmans Auffassung gewissermaßen am gegenüberliegenden Ende des Spektrums: Laut Danto ist notationale Übereinstimmung mitnichten hinreichend dafür, dass wir es mit demselben Werk zu tun haben – und das nicht einmal dann, wenn die notationale Übereinstimmung das Ergebnis eines Kopierprozesses ist. Den Ausgangspunkt für Dantos Überlegungen bildet die Erzählung „Pierre Menard, Autor des Quijote" von Jorge Luis Borges, in der der fiktive französische Autor Pierre Menard versucht, einzelne Kapitel des *Don Quijote* von Miguel de Cervantes neu zu schreiben.[14] Was er dabei an Text produziert, stimmt Buchstabe für Buchstabe mit den jeweiligen Kapiteln des *Don Quijote* von Cervantes überein. Danto zufolge ist das Ergebnis dieser Kopierhandlung vonseiten Menards aber keine Realisierung des *Don Quijote* von Cervantes. Vielmehr hat Menard nach Dantos Auffassung ein gänzlich neues Werk hervorgebracht – ungeachtet der Übereinstimmung seines Textes mit dem von Cervantes:

> Zwei Exemplare von Cervantes' Werk sind Exemplare desselben Werks, ebenso wie zwei Exemplare von Menards Werk; doch ein Exemplar von Cervantes' Werk und ein Exemplar von Menards Werk sind Exemplare von verschiedenen Werken, obwohl sie sich ebensosehr gleichen, wie Paare von Exemplaren desselben Werks.[15]

Ein Text, der mit dem Aufsatz von Gettier notational identisch ist, kann demzufolge sogar dann ein Exemplar eines anderen Werkes sein, wenn der Text durch Kopieren zustande gekommen ist. Für unsere beiden Beispieltexte heißt das, dass sowohl der halluzinierte *KI-Text 2* als auch der kopierte *KI-Text 1* allen Übereinstimmungen mit Gettiers Aufsatz zum Trotz unabhängige Werke konstituieren können. Im Hinblick auf wissenschaftliche Texte erscheint diese Auffassung allerdings wenig plausibel: Egal, ob ich den Text von Gettier manuell abtippe oder eine wie auch immer geartete Kopiermaschine zum Einsatz bringe – und sei es eine, die mit KI operiert: Es wird nicht gelingen, den Aufsatz von Gettier ‚neu zu schreiben'. Das liegt vor allem daran, dass zum wissenschaftlichen Gehalt der Ausführungen im Zuge des Kopiervorgangs nichts Neues hinzutritt. Das ist Danto zufolge bei seinem Beispiel anders, der literarische Gehalt der beiden in Rede stehenden Texte unterscheidet sich demnach sehr wohl: Der Text von Menard sei etwa viel subtiler als der von Cervantes, der Text von Cervantes hingegen sei plump; beide Werke wiesen unterschiedliche Stile auf.[16]

Allein der Umstand, dass beide Texte zu verschiedenen Zeiten von zwei unterschiedlichen Autoren geschrieben wurden, macht für Danto einen Unterschied.[17] Zwar sieht auch er die kausale Verbindung zwischen den Texten; bei Menards Text handelt es sich seiner Auffassung nach aber um mehr als eine Kopie des Werks von

14 Jorge Luis Borges, „Pierre Menard, Autor des Quijote", in ders., *Blaue Tiger und andere Geschichten*, hg. von Gisbert Haefs, München/Wien 1988, 43–54.
15 Arthor C. Danto, *Die Verklärung des Gewöhnlichen. Eine Philosophie der Kunst*, Frankfurt a. M. 1984, 65.
16 Vgl. ebd., 65.
17 Vgl. ebd., 66.

Cervantes: Eine Kopie sei eine Verdoppelung ohne literarische Leistung – und Menard habe eine literarische Leistung vollbracht.[18] Dasselbe lässt sich für den wissenschaftlichen Kontext nicht behaupten; wer bestehende Texte wissentlich reproduziert, ohne etwas Neues hinzuzufügen, erbringt keine eigene wissenschaftliche Leistung, die es rechtfertigen würde, dies durch die Zuschreibung von Autor_innenschaft anzuerkennen. Im Lichte der Beispiele zeigt sich also, dass auch Dantos Auffassung im Hinblick auf wissenschaftliche Texte nicht zu überzeugen vermag.

1.3 Levinson: Textidentität erzeugt Werkidentität allein via Kausalität

Stehen Goodman und Danto mit ihren Auffassungen jeweils an den beiden äußeren Enden des Spektrums der Auffassungen zu Text- und Werkidentität, so nimmt die Auffassung von Jerrold Levinson eine Mittelposition ein.[19] Levinson reagiert damit auf die Theorie von Goodman – dabei sucht er der Intuition Rechnung zu tragen, dass sich ein Text nicht als Realisierung eines Werks verstehen lässt, wenn er zu diesem Werk keinerlei Beziehung aufweist: Textidentität reicht laut Levinson nicht aus, damit ein Text eine Realisierung eines Werks ist – mit einer Realisierung haben wir es erst zu tun, wenn eine kausale Verbindung zum in Rede stehenden Werk besteht. Denn Textwerke sind mehr als bloß Wörter in einer bestimmten Reihenfolge, wie Levinson anhand des Beispiels eines Gedichts ausführt:

> [A] poem is certainly not just a given word sequence. A poem is the product of a particular individual at a specific time and place, with a reasonably definite meaning and aesthetic character which is in part a function of that time and place. A word sequence per se, on the other hand, existing as long as the relevant language has existed, cannot be the creation of a given person and possesses neither the sort of meaning nor the aesthetic character which a poem bears in its context.[20]

Texte werden demzufolge erst dann zu Hervorbringungen von Autor_innen, wenn sie in Werke eingebettet sind. In Bezug auf unsere beiden Beispiele, den durch Kopieren erzeugten *KI-Text 1* und den halluzinierten *KI-Text 2*, hieße das: *KI-Text 1* ist durchaus eine Realisierung von Gettiers Aufsatz, geht er doch direkt auf diesen Aufsatz zurück. Anders verhält es sich jedoch mit *KI-Text 2*, bei dessen Entstehung

---

18 Vgl. ebd., 67.
19 Vgl. Jerrold Levinson, „Autographic and Allographic Art Revisited", *Philosophical Studies*, Bd. 38(4), 1980, 367–383.
20 Vgl. ebd., 373.

Gettiers Aufsatz keine Rolle gespielt hat: Dieser Text stellt keine Realisierung dar. Damit wird zugleich deutlich, warum *KI-Text 2* von besonderem Interesse ist: Gehen wir davon aus, dass das KI-Tool, das den Text erzeugt hat, selbst kein_e Autor_in sein kann, so hätten wir es hier mit einem Text zu tun, der kein_e Autor_in hat, was diverse Folgefragen hinsichtlich Urheberrechten, der Schutzfähigkeit derartiger Texte, ihrer möglichen Schöpfungshöhe usw. aufwirft – dazu gleich mehr. Zunächst aber können wir festhalten, dass Levinsons Auffassung den verbreiteten Vorstellungen von wissenschaftlicher Autor_innenschaft eher entspricht als die Auffassungen von Goodman und Danto: Kopierte Texte sind Realisierungen wissenschaftlicher Werke. Es mag ihnen an einer Autorisierung mangeln, aber das ändert nichts an ihrem Status als Realisierungen. Ohne Beziehung zu Autor_innen hingegen entsteht keine Realisierung von deren Werken; ist die Übereinstimmung der Buchstabenfolge bloßer Zufall und kommt ohne Beziehung zum Werk zustande, haben wir es auch nicht mit einer Realisierung desselben zu tun.

2 Kopiert oder halluziniert? Was das für unseren Umgang mit (teils) KI-generierten wissenschaftlichen Texten bedeutet

Nun ist oben bereits zur Sprache gekommen, dass die beiden Beispiele – der durch reines Kopieren erzeugte *KI-Text 1* und der allein durch Halluzinieren hervorgebrachte *KI-Text 2* – ihrerseits Extremfälle darstellen. Wahrscheinlicher ist es, dass KI-Tools Mischformen generieren, die kopierte und halluzinierte Elemente miteinander verbinden. Bleiben wir aber noch einen Moment bei den fiktiven Extremfällen stehen. Denn sie können uns Aufschluss geben darüber, warum und inwiefern unser Umgang mit kopierten Textelementen in der Wissenschaft ein anderer sein sollte als der mit halluzinierten Textelementen. Folgen wir der skizzierten Auffassung von Levinson, die sich für den wissenschaftlichen Kontext als fruchtbar erwiesen hat, dann erzeugt die vorliegende Textidentität im Falle unserer Kopie, des *KI-Textes 1*, auch Werkidentität: *KI-Text 1* ist eine Realisierung von Gettiers Aufsatz, denn er geht direkt auf diesen Aufsatz zurück. Entsprechend einfach ist die Frage nach der Autor_innenschaft zu beantworten: Der Autor ist Gettier.

Nun mag man argumentieren, dass es nicht plausibel erscheint, Gettier als Autor des KI-generierten *KI-Text 1* zu bezeichnen. Schließlich hatte Gettier mit der Entstehung dieses Textes – dem Generieren der einzelnen Buchstaben mittels KI – gar nichts zu tun. Darauf lassen sich allerdings zwei Dinge erwidern: Zum einen ist für den Realisierungsstatus einer Kopie unerheblich, ob sie etwa durch das Generieren einzelner Buchstaben entsprechend ihrer Vorlage zustande kommt oder aber durch das Kopieren einzelner Textseiten mit einem handelsüblichen Kopierer. Zum anderen ist eine zentrale Einsicht der Überlegungen von Levinson gerade, dass Texte erst dann zu Werken werden, wenn sie auf die Anstrengungen von Autor_innen zurückgehen. In diesem Fall sind das klarerweise die Anstrengungen Gettiers, und *KI-Text 1* ist somit eine Realisierung von Gettiers Aufsatz. Auch die damit verknüpfte Frage nach der Schöpfungshöhe dürfte sich in Bezug auf *KI-Text 1* leicht beantworten lassen: Sie ist ebenfalls gegeben. Denn es lässt sich kaum bestreiten, dass Gettiers Aufsatz über Schöpfungshöhe verfügt, und daran hat entsprechend auch *KI-Text 1* als dessen Realisierung teil.

Anders sieht es mit dem durch Halluzinieren erzeugten *KI-Text 2* aus. Folgen wir der Auffassung Levinsons, so fehlt diesem Text die entscheidende Verbindung zu Gettiers Aufsatz, sodass es sich bei ihm nicht um eine Realisierung von Gettiers Aufsatz handelt. Interessant wird es nun aber, wenn wir uns den Fragen nach Schöpfungshöhe und der Autor_innenschaft zuwenden. Obwohl *KI-Text 2* ein Produkt des Zufalls ist, scheint es naheliegend, die Frage nach dem Vorliegen von Schöpfungshöhe ebenfalls bejahend zu beantworten. Dafür ließe sich das folgende kontrafaktische Argument heranziehen: *KI-Text 1* hat Schöpfungshöhe, was sich seiner Buchstabenfolge und deren wissenschaftlichem Gehalt verdanken dürfte. *KI-Text 2* gleicht *KI-Text 1* nun Buchstabe für Buchstabe. Ich kann bei der Lektüre beider Texte dieselben wissenschaftlichen Einsichten gewinnen. Beide Texte ermöglichen mir ein Verständnis der darin enthaltenen wissenschaftlichen Argumente. Wenn also *KI-Text 1* über Schöpfungshöhe verfügt und *KI-Text 2* diesem Text in den dafür relevanten Hinsichten gleicht, so können wir davon ausgehen, dass *KI-Text 2* ebenfalls über Schöpfungshöhe verfügt. Die Argumentation allein, dass *KI-Text 2* als Ergebnis halluzinierender KI prinzipiell keine Schöpfungshöhe zugeschrieben werden kann, wäre eine *Ad-hoc*-Argumentation, die als solche wenig Überzeugungskraft hat.

Wenn aber *KI-Text 2* nun tatsächlich über Schöpfungshöhe verfügt und damit zugleich rechtlich schutzfähig ist, wer profitiert dann von dieser Schutzfähigkeit? Diese Frage zu beantworten gestaltet sich schwierig angesichts der Tatsache, dass unklar ist, wer – wenn überhaupt jemand – als Autor_in von *KI-Text 2* in Frage kommt. Solange wir ausschließen wollen, dass KI selbst Autor_in sein kann – und das erscheint jedenfalls zum aktuellen Zeitpunkt noch plausibel[21] –, kommen allenfalls die Personen in Frage, die die KI genutzt oder programmiert haben. Nun ist zumindest bei den in Rede stehenden KI-Textgeneratoren fraglich, ob deren Pro-

---

21 Vgl. Till Kreutzer, „Welche Regeln gelten für die Erzeugnisse Künstlicher Intelligenz?", *irights.info*, 2022, in [https://irights.info/artikel/welche-regeln-gelten-fuer-die-erzeugnisse-kuenstli cher-intelligenz/30724] (Zugriff: 19.10.2023).

grammierung als solche hinreichend sein kann, um Autor_innenstatus zu begründen. Schließlich handelt es sich dabei um Tools, die zwar Möglichkeiten und Rahmenbedingungen der Texterzeugung bieten, aber damit selbst nur einen geringen Anteil am Ergebnis dieser Texterzeugung haben. Auch die Programmierer_innen der Textverarbeitungs-Software, mit der ich gerade diesen Beitrag schreibe, lassen sich sicherlich nicht plausibel als Mitautor_innen des Beitrags auffassen; analog dürfte es sich mit KI-Generatoren verhalten.

Bleiben die Nutzer_innen, also diejenigen, die die Prompts in die Textgeneratoren eintragen und eine Auswahl aus verschiedenen damit erzeugten Texten treffen. Das führt uns nicht nur zu der Frage, ob wissenschaftliche Autor_innenschaft zukünftig auch durch elaboriertes Prompts-Schreiben und Kuratieren KI-generierter Texte erreicht werden kann: Reicht die Verbindung zu den Hervorbringungen, die dabei entsteht, aus, um hier von Autor_innenschaft auszugehen? Das Argument, dass klassische wissenschaftliche Autor_innen mehr Kontrolle über ihre Texte und deren Ausgestaltung ausüben, verkennt vermutlich ein Stückweit das Eigenleben und die Widerständigkeit, die Texte bisweilen entwickeln, sowie die Kontingenz von Schreibprozessen. Von vornherein verwerfen lässt sich die Möglichkeit wissenschaftlicher Autor_innenschaft durch das Prompts-Schreiben und Kuratieren von damit erzeugten Inhalten so nicht. Es ist an der wissenschaftlichen Community, im gemeinsamen Austausch überzeugende Formen des Umgangs mit derartigen Fragen zu finden, und das nicht nur bei Texten, die – wie unser Beispiel, der *KI-Text 1* – bereits eine publizierte Entsprechung aus der Feder wissenschaftlicher Autor_innen haben. Ohne Frage liegt es vor allem bei solchen Texten nahe, unmittelbar an die Plagiatsthematik zu denken – schließlich gehen sie direkt auf die Arbeit Dritter zurück. Die Plagiatsthematik ist aber durchaus auch bei halluzinierten Texten relevant. Denn ohne Kenntnis der Umstände ihrer Entstehung sind KI-erzeugte Textkopien nicht von durch halluzinierende KI erzeugten Texten unterscheidbar. Die wissenschaftliche Redlichkeit gebietet es ohnehin, (in einem gewissen Umfang) zu prüfen, ob eigene Texte Parallelen zu bereits vorliegenden Texten aufweisen. Insofern wäre eine entsprechende Überprüfung im Sinne der Einhaltung der Standards guter wissenschaftlicher Praxis eine Mindestanforderung der Nutzung KI-generierter Texte und Textteile – und das unabhängig davon, ob die bestehenden Ähnlichkeiten zu anderen Texten durch Kopierprozesse oder bloßen Zufall entstanden sind. Das gilt nicht zuletzt, da sich die Genese der Ähnlichkeiten für Nutzer_innen je nach Funktionsweise der eingesetzten KI-Tools nur begrenzt oder gar nicht wird nachvollziehen lassen.

Gleichwohl ist damit eine wichtige Frage noch gar nicht beantwortet – und diese rührt an unserem Grundverständnis von Wissenschaft und wissenschaftlichem Arbeiten. Diese Frage wird gerade nicht von den Texterzeugnissen generativer KI aufgeworfen, die eine Entsprechung in Form bereits bestehender wissenschaftlicher Texte haben, sondern von Texterzeugnissen, die tatsächlich ihrerseits originell sind – und damit zugleich über Schöpfungshöhe verfügen. Wenn wir davon ausgehen, dass wissenschaftliche Theorien und Argumente für sich stehen und auch unabhängig davon, wer ihre Autor_innen sind, einen Wert haben – und das erscheint durchaus sinnvoll –, dann müssen wir uns fragen, wie wir mit durch KI-Tools halluzinierten Texten umgehen wollen, die bedenkenswerte neue wissenschaftliche Theorien und Argumente enthalten. Es mag am Selbstverständnis ebenso wie am Selbstbewusstsein von Wissenschaftler_innen kratzen, zu akzeptieren, dass KI-Tools so wie sie selbst zu Teilnehmer_innen am wissenschaftlichen Diskurs werden könnten. Fraglos darf das nicht ohne menschliche Kontrolle geschehen, denn wir wissen, dass der Einsatz von KI-Tools einige Risiken birgt, was etwa die Reproduktion von Vorurteilen und Diskriminierung betrifft. Gehen wir allerdings davon aus, dass allein die Güte von Theorien und Argumenten zählt (und damit ist die Güte im moralischen Sinne eingeschlossen, also etwa die Abwesenheit von Vorurteilen), dann ist zunächst einmal nicht ersichtlich, warum wissenschaftliche Einsichten, die halluzinierende KI gewinnt, nicht auch Eingang in wissenschaftliche Debatten finden sollte. Wir als Wissenschaftscommunity sollten diese Möglichkeit jedenfalls ebenso ernst nehmen und kritisch prüfen wie die Möglichkeit der (Ko-)Autor_innenschaft durch KI-Textgeneratoren.

Andie Rothenhäusler

„Creating God"

Religiöse Metaphorik in KI- und Technikdiskursen

Abstract: Since the launch of ChatGPT, religious rhetoric and metaphors have been part of the AI discourse. Fears of an „AI apocalypse" have made this phenomenon even more pronounced. In my paper, I consider four possible interpretations for the supposedly anachronistic prevalence of religious rhetoric in technology discourses: 1.) The anthropomorphization and deification of technology has been an integral part of Western discourses since the nineteenth century, shaping our understandings and expectations. 2.) Religious metaphor is a foundation of our cultural canon and can therefore be used to put something abstract and incomprehensible into words – and images. 3.) Contrary to what is often assumed, tech pioneers themselves often do not share a wholly secular worldview; at the same time, the use of religious tropes and motifs can also go hand in hand with an increase in status and serve to abdicate personal responsibility. 4.) In current debates, talk of the „apocalypse" can also be used to exaggerate the potential of a company's products, to distract from the more obvious problems of the new technology, and to pre-empt government regulation.

1 Einleitung

Seit seinem Launch hat der Sprachbot ChatGPT das Thema Künstliche Intelligenz in den Fokus der Öffentlichkeit gerückt – und für Teile dieser Öffentlichkeit scheint KI zu wahrhaft biblischen Assoziationen anzuregen, in Deutschland gleichermaßen wie in den USA. „Droht die KI-Apokalypse?" lautete im Juni 2023 der Titel einer SWR-Sendung; im Untertitel wurde die Frage hinterhergeschoben: „Werden neue Technologien wie Chat GPT [sic!] und Co zur Gefahr für die Menschheit?"[1] In Zeitungsartikeln wurde Künstliche Intelligenz 2023 als „Maschinengott"[2] beschrieben, als „god AI",[3] als „gottgleich und allwissend".[4] Der sich abzeichnende Wettbewerb

---

1 SWR Kultur, „Droht die KI-Apokalypse? – Risiken und Chancen von Chat GPT und Co für die Wirtschaft", *SWR2 Geld, Markt, Meinung*, 15.06.2023, in [https://t1p.de/6av67] (Zugriff: 12.10.2023).
2 Christian Bos, „Der Maschinengott verbirgt seine Gründe", *Kölner Stadt-Anzeiger*, 30.03.2023, 22.
3 John Davidson, „What happens when the god AI arrives", *Financial Review*, 16.06.2023, in [https://www.afr.com/technology/what-happens-when-the-god-ai-arrives-20230524-p5dasr] (Zugriff: 12.10.2023).

ᓂ Open Access. © 2024 bei den Autorinnen und Autoren, publiziert von De Gruyter. [CC BY-NC-ND] Dieses Werk ist lizenziert unter einer Creative Commons Namensnennung – Nicht kommerziell – Keine Bearbeitung 4.0 International Lizenz. https://doi.org/10.1515/9783111351490-013

bei ihrer Entwicklung wurde als Auseinandersetzung „um die Vorherrschaft bei der Entwicklung eines digitalen KI-Gottes"[5] bezeichnet – oder gleich als „Kampf der Götter".[6] In einem Kommentar im Deutschlandfunk sprach ein Politologe von „Paradies oder Verderben",[7] die ChatGPT mit sich bringen könnte; nach ersten Ansätzen einer Regulierung lobte eine Digitalexpertin, dass nun klar „zwischen Wunderwerkzeugen und Höllensystemen"[8] differenziert werde. Spätestens seit der Veröffentlichung des Statement on AI Risk[9] Ende Mai tauchte im öffentlichen Diskurs immer öfter der Begriff der Apokalypse auf. Und selbst in Artikeln, die den damit einhergehenden Alarmismus in den Medien eher kritisch kommentierten, wurden religiöse Bilder beschworen: „Wird die Vorstellung eines strafenden Gottes auf KI übertragen, inklusive der Angst, für die eigenen Sünden büßen zu müssen?"[10] – „Sobald der Mensch in Hybris Gott spielt, wird auch dieser Turm zu Babel fallen."[11] Ein erstaunlicher Aspekt aktueller Diskurse um Künstliche Intelligenz ist, wie oft in ihnen religiöse Sprachbilder auftauchen.

Einen Beitrag dazu leistet sicherlich auch, dass religiöse Rhetorik seit Jahren schon von Tech-Pionier:innen selbst verwendet wird, um die sich vollziehenden Entwicklungen zu beschreiben. 2014 warnte Elon Musk davor, dass mit KI ein Dämon beschworen werde;[12] 2023 behauptete er in einem Interview mit dem rechten Moderator Tucker Carlson, dass innerhalb der Google-Führungsebene Interesse an der Schaffung eines digitalen KI-Gottes bestünde.[13] Für Aufsehen sorgte 2021 ein Interview des früheren Google-Entwicklers Mo Gawdat, in dem dieser äußerte „The

4 Hanno Rauterberg, „Die Angst vor KI", *Die Zeit*, 15.06.2023, 45.
5 Stefan Stahl, „KI darf nicht zum Monster werden", *Bayerische Rundschau*, 06.06.2023, 2.
6 Christina Kyriasoglou/Jonas Rest, „Kampf der Götter", *manager magazin*, 24.03.2023, 36.
7 Bijan Moini, „ChatGPT und die Folgen: Paradies oder Verderben" *Deutschlandfunk Kultur*, 27.03.2023, in [https://www.deutschlandfunkkultur.de/kommentar-chat-gpt-ki-100.html] (Zugriff: 12.10.2023).
8 Stefan Krempl, „KI-Verordnung: So reagieren Bürgerrechtler auf die neue Regelung" *heise online*, 11.05.2023, [https://www.heise.de/news/KI-Verordnung-So-reagieren-Buergerrechtler-auf-die-neue-Regelung-9010057.html] (Zugriff: 12.10.2023).
9 „Statement on AI Risk. AI experts and public figures express their concern about AI risk", *Center For AI Safety*, 30.05.2023, in [https://www.safe.ai/statement-on-ai-risk] (Zugriff: 12.10.2023).
10 Christopher Lauer, „Sind Computer böse? Die Künstliche Intelligenz und ihr Mordmotiv", *Frankfurter Allgemeine Zeitung*, 05.06.2023, 13.
11 Ralf Otte, „Es gibt kein Auslöschungsrisiko durch diese Künstliche Intelligenz", *Frankfurter Allgemeine Zeitung*, 19.06.2023, 18.
12 Vgl. Matt McFarland/Elon Musik, „With artificial intelligence we are summoning the demon", *The Washington Post*, 24.10.2014, in [https://t1p.de/q2qqi] (Zugriff: 12.10.2023).
13 Ian M. Giatti, „Elon Musk says Google co-founder wanted to build AI ‚digital god'", *The Christian Post*, 20.04.2023, in [https://www.christianpost.com/news/elon-musk-says-google-co-founder-wanted-to-build-ai-digital-god.html] (Zugriff: 12.10.2023).

reality is, we're creating God".[14] Und inmitten des Hypes um ChatGPT entschied sich Microsoft dazu, einem Projekt, das die GPT-Modelle in die Suchmaschine Bing integrieren sollte, den symbolträchtigen Namen des Titanen zu geben, der den Menschen das Feuer brachte: Prometheus.[15]

Natürlich sollten wir festhalten, dass religiöse Sprachbilder rein quantitativ als Randerscheinung des aktuellen KI-Diskurses angesehen werden sollten. Eine oberflächliche Sichtung der mehreren zehntausend Artikel, die seit letztem Jahr allein im deutschsprachigen Raum zum Thema ChatGPT erschienen sind, ergibt, dass die überwiegende Mehrheit sich (ohne jeglichen eschatologischen Unterton) mit praktischen Fragen beschäftigt – etwa, wie KI die Wirtschaft transformieren könnte, welche Auswirkungen sie in Schule und Unterricht hat oder wie sie die Kulturproduktion verändert. Aber gerade bei Fragen nach den utopischen und dystopischen Potenzialen der neuen Technologie scheint sich der Rückgriff auf sehr viel ältere Motive anzubieten; im Falle eines die Menschheit beendenden Kataklysmus der der Apokalypse der abrahamitischen Religionen: „Excepting rapture theologians of fundamentalist Christianity, popular science authors in robotics and artificial intelligence have become the most influential spokespeople for apocalyptic theology in the Western world."[16]

Die Verwendung religiöser Sprache, um technologische Entwicklungen zu beschreiben, ist allerdings kein Phänomen, das erst im 21. Jahrhundert aufgetaucht ist. Schon seit Ende des 19. Jahrhunderts werden in westlichen Technikdiskursen religiöse Metaphern bemüht und Verknüpfungen zu Tropen der jüdisch-christlichen und griechisch-römischen Mythologie hergestellt. *„Die* Technik" als kollektiver Singular hat Menschen die letzten 150 Jahre immer wieder dazu eingeladen, zu anthropomorphisieren und zu deifizieren – um die Faszination des Neuen in Worte zu fassen, um den eigenen Status als Technikentwickler:innen zu erhöhen, mitunter auch, um eine Eigendynamik des technischen Fortschritts zu unterstellen oder um sich selbst von Verantwortung freizusprechen. Dass wir beim Beschreiben von neuen Technologien intuitiv auf Metaphorik zurückgreifen, die Jahrtausende alt ist, ist faszinierend und kann uns möglicherweise einiges über unser Technikverständnis verraten, über die Spuren, die religiöses Denken im Sprachgebrauch der Gegenwart hinterlassen hat – und darüber, wie modern „moderne Gesellschaften" wirklich sind.

---

14 Dan Robitzski, „Former Google Exec Warns that AI Researchers Are ‚Creating God'", *The Byte*, 29.09.2021, in [https://futurism.com/the-byte/google-exec-ai-god] (Zugriff: 12.10.2023).
15 Vgl. Yusuf Mehdi, „Reinventing search with a new AI-powered Microsoft Bing and Edge, your copilot for the web", *Official Microsoft Blog*, 07.02.2023, in [https://t1p.de/zws9q] (Zugriff: 12.10.2023).
16 Robert M. Geraci, *Apocalyptic AI. Visions of heaven in robotics, artificial intelligence, and virtual reality*, New York/Oxford 2010, 8.

Im Folgenden möchte ich vier mögliche Deutungen für die vermeintlich ana-
chronistische Prävalenz religiöser Rhetorik in Technikdiskursen anbieten – die sich
jedoch gegenseitig nicht ausschließen:

–   Anthropomorphisierendes und deifizierendes Sprechen sowie die Nutzung
    religiöser Metaphorik sind seit dem 19. Jahrhundert ein fester Bestandteil
    westlicher Technikdiskurse und formen unser Verständnis und unsere Er-
    wartungshaltungen.

–   Religiöse Metaphorik bietet sich als Teil unseres kulturellen Kanons aus prag-
    matischen Gründen an, um etwas Abstraktes und Unverständliches in Worte –
    und Bilder – zu fassen.

–   Anders als oft vermutet teilen Technikschaffende selbst oft nicht ein komplett
    säkulares Weltbild; gleichzeitig kann das Benutzen von religiösen Tropen und
    Motiven für sie auch mit einer Statuserhöhung einhergehen und mit dem Ab-
    geben von persönlicher Verantwortung verbunden sein.

–   In aktuellen Debatten um ChatGPT und Large Language Models könnte das
    Sprechen von der „Apokalypse" auch einem Kalkül entspringen, das die eigenen
    Leistungen übertreibt und versucht, von näher liegenden Problemen der neuen
    Technologie abzulenken und staatlicher Regulierung zuvorzukommen.

2 Zur Inhärenz von religiöser Sprache in westlichen Technik-Diskursen

Könnten wir eine Zeitreise ins frühe 19. Jahrhundert unternehmen, um mit den
damals lebenden Menschen über „Technik" zu sprechen, dann würden wir vor einem sehr grundlegenden Problem stehen – nämlich, dass es den Technik-Begriff in
seiner heutigen Form noch nicht gab. Zwar existierten sowohl das deutsche Wort
„Technik" wie auch der englische Begriff „technology" – allerdings wurden beide
nicht in ihrer heutigen Bedeutung verwendet: als kollektiver Singular und ab-
strakter Oberbegriff für die Gesamtheit von Artefakten und Verfahrensweisen.
Eingeschränkt übernommen wurde diese Funktion von Vorläuferbegriffen wie
„machinae" und „Maschinenwesen".[17] „Technik" bedeutete lange vor allem so etwas
wie „Kunst" oder „Kunstfertigkeit".

Lexikometrische Studien machen nachvollziehbar, wie sich die Bedeutung von
„Technik" zwischen den 1850ern und 1890ern hin zum modernen Sprachgebrauch

---

17 Vgl. hierzu Marcus Popplow, *Neu, nützlich und erfindungsreich. Die Idealisierung von Technik in
der frühen Neuzeit*, Münster/New York/München/Berlin 1998.

verschob;[18] die englischsprachige Forschung geht bei „technology" sogar von einem längeren Prozess aus, der erst in den 1930er Jahren abgeschlossen war.[19] Als Erklärung für diesen Bedeutungswandel führen Forscher wie Leo Marx einen „semantic void"[20] an, der sich durch das Eintreten in die Hochindustrialisierung eröffnete und der einen kollektiven Singular erforderlich machte. Eine Deutung wäre, dass sich das erste Mal in der Menschheitsgeschichte viele technische Entwicklungen gleichzeitig vollzogen, was zu einer Anpassung des Sprachgebrauchs führte. Und obwohl sich positive und negative Bewertungen bestimmter Technologien mit religiöser Aufladung über Jahrhunderte hinweg finden lassen, sind Bewertungen ‚der Technik an sich' somit vergleichsweise jung.

Dass schon in den ersten Technikdiskursen religiöse Sprachbilder bemüht wurden, hängt auch mit der gesellschaftlichen Gruppe zusammen, die entscheidend zur Popularisierung des Technikbegriffs beitrug: Die Ingenieure des Deutschen Kaiserreichs.[21] Die Absolventen der ersten polytechnischen Hochschulen strebten schon früh einen höheren Status ihrer Zunft an, die sie als gesellschaftlich bedeutend, aber als von den bisherigen Geisteseliten vernachlässigt ansahen.[22] Besonders die Nichtbeachtung durch angesehene Fachrichtungen wie Geschichtswissenschaft und Philosophie wurde von vielen ihrer Vertreter schmerzlich empfunden; einer der Gründe dafür, dass die Pioniere der modernen Technikgeschichte und Technikphilosophie größtenteils selbst den Ingenieurwissenschaften entstammten.[23]

Öffentlichkeitswirksame Texte aus Ingenieurshand, die Ende des 19., Anfang des 20. Jahrhunderts entstanden, wirkten deshalb oft bemüht, den Duktus der

---

18 Vgl. hierzu Andie Rothenhäusler, „Konflikte um Technisches als Ansatzpunkte für eine Biografie der Technik", in *Schafft Wissen. Gemeinsames und geteiltes Wissen in Wissenschaft und Technik*, hg. von Julia Engelschalt et al., Proceedings der 2. Tagung des Nachwuchsnetzwerks „INSIST" 07.–08. Oktober 2016, SSOAR Open Access Repository 2018, 187–202.

19 Besonders zu nennen: Leo Marx, „The Idea of ‚Technology' and Postmodern Pessimism", in *Technology, Pessimism, and Postmodernism*, hg. von Yaron Ezrahi et al., Dordrecht 1994, 11–28 sowie Erik Schatzberg, „Technik Comes to America. Changing Meanings of Technology before 1930", *Technology and Culture*, Bd. 47, 2006, 486–512.

20 Leo Marx, „Technology. The Emergence of a Hazardous Concept", *Technology and Culture*, Bd. 51, 2010, 561–577, 564.

21 Ich konzentriere mich in diesem Kapitel auf den deutschsprachigen Diskurs zu „Technik". Ein Überblick zur religiösen Aufladung des Konzepts „technology" in den USA stammt von dem Technikhistoriker David Noble. David F. Noble, *The Religion of Technology. The Divinity of Man and the Spirit of Invention*, New York 1999.

22 Vgl. hierzu Tobias Sander, „Krise und Konkurrenz – Zur sozialen Lage der Ingenieure und Techniker in Deutschland 1900–1933", in *Vierteljahrschrift für Sozial- und Wirtschaftsgeschichte*, Bd. 91, 2004, 422–451.

23 Vgl. Wolfgang König, *Technikgeschichte. Eine Einführung in ihre Konzepte und Forschungsergebnisse*, Stuttgart 2009, 39–40.

wilhelminischen Geisteswissenschaften zu imitieren. Dieser operierte mit teleologischen Annahmen, transzendentalen Anklängen, Rückgriffen auf die Bibel und auf die griechisch-römische Mythologie. Religiöses Vokabular war auch fester Teil zeitgenössischer nationalistischer Diskurse: Von den ‚Opfern', die für die Einigung des Vaterlandes gebracht werden mussten, über das ‚Schicksal', welches zu dieser geführt hatte, bis zur ‚Bestimmung', die dem Deutschen Reich nach seiner Gründung zukam. Dementsprechend finden sich in der frühen Ingenieursliteratur Verweise auf die Opfer, die auf den Altären der Technik, „auf dem Wege des Fortschritts",[24] gebracht wurden; Ingenieure deuteten sich selbst als „Jünger der Technik";[25] in Würdigungsreden und Nachrufen wurden Individuen, die sich um die Technik verdient gemacht hatten, oft mit Adjektiven wie „gottbegnadet"[26] bedacht. Einer solchen Rhetorik kam der Umstand entgegen, dass der neue kollektive Singular Technik zur Anthropomorphisierung – und Deifizierung – einlud. Ein Beispiel für den huldigenden Tonfall gegenüber der Technik stammt aus einer Rede, die Alois Riedler, Rektor der Technischen Hochschule Berlin, am 9. Januar 1900 zur Feier der Jahrhundertwende hielt: „Siegreich ist die Technik auf allen Gebieten vorgedrungen, alle Lebens- und Schaffensverhältnisse, Menschen- und Völkerdasein hat sie tief eingreifend umgestaltet. Die Technik wird auch dem kommenden Jahrhundert das Gepräge geben".[27]

Nicht bei allen Zeitgenossen stieß solche Rhetorik auf Zustimmung. Der Kulturkritiker Oswald Spengler kommentierte Sprachgebrauch und Technikbild der technischen Eliten ein paar Jahrzehnte später: „Mit dem Rationalismus endlich wird der ‚Glaube an die Technik' fast zur materialistischen Religion: Die Technik ist ewig und unvergänglich wie Gott Vater; sie erlöst die Menschheit wie der Sohn; sie erleuchtet uns wie der Heilige Geist."[28]

Impliziert war in der religiösen Sprache oft auch eine Eigendynamik des technischen Fortschrittes, der als geheimnisvolle Naturkraft erschien, die nicht aufgehalten werden kann. Diese angenommene Eigendynamik der Technik erlaubte ihren ‚Jüngern' auch, individuelle Schuld von sich zu weisen: Wenn Technikentwicklung sich unwiderruflich vollzieht, wird der Technikschaffende zum reinen Werkzeug einer höheren Macht, der nur das in die Welt bringt, was zwangsläufig in

---

24 Max Eyth, *Lebendige Kräfte. Sieben Vorträge aus dem Gebiete der Technik*, Berlin ⁴1924, 11.
25 Max Geitel, „Das Wesen und die Bedeutung der Technik", in *Der Siegeslauf der Technik. Erster Band*, hg. von dems., Stuttgart/Berlin/Leipzig 1922, 1–30, 14.
26 Carl Weihe/Max Eyth, *Ein kurzgefaßtes Lebensbild mit Auszügen aus seinen Schriften. Nebst Neudruck von Wort und Werkzeug von Max von Eyth*, Berlin 1918, 127.
27 Alois Riedler, *Rede zur Feier der Jahrhundertwende am 9. Januar 1900*, Berlin 1900, 6.
28 Oswald Spengler, *Der Mensch und die Technik. Beiträge zu einer Philosophie des Lebens*, München 1931, 71.

die Welt kommen wird – selbst, wenn dies negative Konsequenzen hat. Fast scheu sprach ein Technikhistoriker ein paar Jahre nach Ende des Ersten Weltkriegs davon, dass etwas „von dem Fluche, den der das göttliche Feuer den Menschen bringende Prometheus auf sich lud, [...] stets auf den Leistungen der Technik lasten" wird (wohlgemerkt nicht auf den Leistungen der Techniker) – und dass neben der gebührenden Huldigung es nicht unterlassen bleiben sollte, „die bei so viel Licht unvermeidlichen Schatten zu zeichnen".[29] Nach dem Ende des Zweiten Weltkriegs – und der beginnenden Debatte um die Verstrickung deutscher Technikeliten in die Verbrechen des Nationalsozialismus – sollten manche Täter den kollektiven Singular nutzen, um sich selbst freizusprechen, belegt in Zitaten wie „Ich diente nur der Technik."[30] Beispiele für solche Entlastungsdiskurse, die das Handeln menschlicher Akteur:innen ausblendeten, sind nach 1945 immer wieder zu finden; im bayerischen Abitur war 1947 eines der Themen die Frage „Kann die Technik noch den Anspruch erheben, eine Wohltäterin der Menschheit zu sein?"[31] – welche sowohl die vertraute Anthropomorphisierung als auch eine verblüffende Scheuklappensicht auf die letzten 14 Jahre deutscher Geschichte offenbart.

Ein monolithisches Verständnis ‚der' Technik und die Bildung von religiös anmutenden Dichotomien sollte auch in den Nachkriegsjahrzehnten lange nachhallen. Ein Beleg dafür ist die „Fluch oder Segen"-Frage des Allensbacher Instituts für Demoskopie, die seit 1966 erhoben wurde und in der die Teilnehmer:innen befragt wurden: „Glauben Sie, daß die Technik alles in allem eher ein Segen oder eher ein Fluch für die Menschen ist?".[32] Ein ähnlich dichotomes Technikverständnis prägte auch die Debatte um „Technikfeindlichkeit", die in den 1980er Jahren in Westdeutschland geführt wurde und zu der ich in den letzten Jahren geforscht habe.[33] In ihr wurde Jugendlichen sowie Vertreter:innen linker Parteien und der Gewerkschaften vorgeworfen, den technischen Fortschritt fundamental abzulehnen. Zu den Wortführern zählte der CSU-Politiker Franz Josef Strauß – der noch 1984 bei einer Rede festhielt: „Mit der Technik verwirklichen wir den Willen Gottes:

---

29 Max Geitel 1922, 30.

30 Vgl. hierzu die Beiträge im gleichnamigen Band: Museum für Verkehr und Technik (Hg.), *Ich diente nur der Technik. Sieben Karrieren zwischen 1940 und 1950*, Berlin 1995.

31 Zitiert nach: Kurt A. Detzer, *Technikkritik im Widerstreit. Gegen Vereinfachungen, Vorurteile und Ideologien*, Düsseldorf 1987, 31.

32 Elisabeth Noelle-Neumann/Edgar Piel (Hg.): *Allensbacher Jahrbuch der Demoskopie 1978–1983*, Bd. 8, München et al. 1983, 511.

33 Vgl. hierzu Andie Rothenhäusler, „„Wegweiser Richtung Steinzeit'? Die Debatte um ‚Technikfeindlichkeit' in den 1980er Jahren in Westdeutschland", in *Wissenschaftskommunikation, Utopien und Technikzukünfte*, hg. von Andreas Böhn/Andreas Metzner-Szigeth, Karlsruhe 2018, 281–305.

‚Macht euch die Erde untertan!'".[34] Mit dem Ableben der letzten im Kaiserreich geborenen Generation sind solche stark religiös aufgeladenen Bekenntnisse seltener geworden; allerdings sollten wir ihr Nachwirken nicht unterschätzen. Das Vokabular, mit dem wir in der Gegenwart operieren, quasi die diskursiven Grundlagen moderner Technikdiskurse, wurde von Menschen des 19. Jahrhunderts geprägt, die sehr viel weniger säkular waren als wir – und gerade der Hang zu Dichotomien hat bis heute Auswirkungen darauf, wie über Technik diskutiert wird.

3 Religiöse Metaphorik als Mittel, um sich etwas Unverständlichem anzunähern

Es ist naheliegend, dass eine Kultur, in der über Jahrhunderte in religiösen Kategorien gedacht wurde, auf dieses Fundament zurückgreift, wenn sie etwas Neues in Worte und Bilder zu fassen versucht. Als sich im 19. Jahrhundert neue Technologien wie Elektrizität und Straßenbeleuchtung in europäischen und amerikanischen Städten auszubreiten begannen, war eine Form der Illustration, die sich für Plakate anbot, die als Gottheit: Mitunter als leichtbekleidete Lichtgöttin[35] triumphierend (oder, wie die Technik in Alois Riedlers Ansprache, siegreich voranschreitend), mitunter auch wie Prometheus in Ketten gelegt und damit als „mächtige Kraftquelle [...] bezähmt".[36] Neben dem *male gaze* der Illustratoren dürfte ein ganz praktischer Grund darin bestanden haben, dass sich Elektrizität schwieriger abbilden lässt als etwa Architektur oder Eisenbahnen – sowohl auf Plakaten wie auch in unserer Vorstellung. In der Gegenwart scheinen wir vor einem ähnlichen Problem zu stehen, wenn es darum geht, uns vorzustellen, was Künstliche Intelligenz genau bedeutet – möglicherweise ein weiterer Grund dafür, warum religiöse Sprache ihren Weg in KI-Diskurse findet. In den Worten der Anthropologin Beth Singler: „[W]hen we try to describe the ineffable – the singularity, the future itself – even the most secular among us are forced to reach for a familiar metaphysical lexicon. When trying to think about interacting with another intelligence [...] and when trying to

---

34 Franz Josef Strauß, „Ansprache des Bayrischen Ministerpräsidenten beim Festakt aus Anlaß der Eröffnung der Luft- und Raumfahrthalle im Kongreßsaal des Deutschen Museums am 6.5.1984", *Kultur & Technik*, Bd. 4, 1984, 223–225, 224.
35 Heike Weber, „Von ‚Lichtgöttinnen' und ‚Cyborgfrauen': Frauen als Techniknutzerinnen in Vision und Werbung", in *Konstruierte Sichtbarkeiten. Wissenschafts- und Technikbilder seit der Frühen Neuzeit*, hg. von Martina Heßler, München 2006, 317–344, 335–336.
36 Ebd., 336.

imagine the future that such an intelligence might foreshadow, we fall back on old cultural habits."[37]

Was für die Sprache gilt, betrifft auch das Bildmaterial, mit dem Artikel zu Künstlicher Intelligenz illustriert werden. Besonders populär sind weiße, androgyne Roboter in allen denkbaren Formen, was zunehmend als rassistisch problematisiert wird;[38] ein anderes beliebtes Motiv sind Darstellungen von Gehirnen mit Schaltkreisen. Der Blog *NotMyRobots* hat es sich in den letzten Jahren zur Aufgabe gemacht, auf solche „unrealistic or misleading visualizations of robots, bots, AI and other related technology"[39] hinzuweisen. Zwar mögen humane Darstellungen künstlicher Intelligenz oft der Hilflosigkeit eines Presseteams geschuldet sein; sie leisten jedoch weiterer Anthropomorphisierung Vorschub: „The media is enthralled by images of machines that can do what we can, and often, far better. We are bombarded with novels, movies and television shows depicting sentient robots, so it is not surprising that we associate, categorise, and define these machines in human terms".[40]

Nicht immer wird der Schöpfungsakt durch vermenschlichende Darstellungen von Künstlicher Intelligenz nur angedeutet. Eines der beliebtesten KI-Motive der letzten Jahre sind Stockfotos, die eine Variation der „Erschaffung Adams" aus Michelangelos Deckenfresko in der Sixtinischen Kapelle darstellen:[41] Zwei Hände, deren Zeigefinger sich berühren, von denen eine oder beide als Roboterhand abgebildet werden. Die Implikation ist, dass Technikschöpfung ein quasi-göttlicher Akt ist, während menschliche Akteur:innen ausgeblendet werden: „In this way, a general aura of transcendence is attributed to AI, as if AI were the result of a divine emanation rather than a human creation subject to possible imperfections."[42]

---

37 Beth Singler, „fAIth", *Aeon*, 13.06.2017, in [https://aeon.co/essays/why-is-the-language-of-transhu manists-and-religion-so-similar] (Zugriff: 12.10.2023).

38 Vgl. hierzu den Aufsatz von Stephen Cave/Kanta Dihal, „The Whiteness of AI", *Philosophy & Technology*, Bd. 33, 2020, 685–703.

39 Vgl. NotMyRobots, in [https://notmyrobot.home.blog/] (Zugriff: 12.10.2023)

40 Mark Ryan, „In AI We Trust. Ethics, Artificial Intelligence, and Reliability", *Science and Engineering Ethics*, Bd. 26, 2020, 2749–2767.

41 Alberto Romele, „Images of Artificial Intelligence. A Blind Spot in AI Ethics", *Philosophy & Technology*, Bd. 35, 2022, 1–19, 5.

42 Ebd., 7.

4 Die quasi-religiöse Selbstsicht von Tech-Pionier:innen

Das den Schöpfungsakt emulierende Bildmaterial, mit dem Künstliche Intelligenz illustriert wird, dürfte nicht der einzige Grund für die enormen Erwartungshaltungen sein, die dem Feld (im Guten wie im Schlechten) entgegengebracht werden. Auch die Rhetorik eines Teils derjenigen, die sie entwickeln – vor allem aber vieler derjenigen, die sie finanzieren – dürfte einen Anteil daran haben. Als Sam Altman, der CEO von OpenAI, 2023 um seine persönliche Einschätzung gebeten wurde, beschrieb er eine Vision, die nahe an biblischen Heilsversprechen ist: „We can make the world amazing and we can make people's lives amazing. We can cure diseases, we can increase material wealth, we can, like, help people be happier, more fulfilled, all of these sorts of things.“[43] Im letzten Jahr wurde immer wieder darauf hingewiesen, wie durchzogen das Silicon Valley des 21. Jahrhunderts von religiösen Ideen ist: „The more you listen to Silicon Valley's discourse around AI, the more you hear echoes of religion. That's because a lot of the excitement about building a superintelligent machine comes down to recycled religious ideas. Most secular technologists who are building AI just don't recognize that“.[44]

Künstliche Intelligenz – und die befürchtete wie erhoffte Schöpfung einer „Artificial General Intelligence“ – ist nur eines der vielen visionären Projekte, welche aktuell von Tech-Pionier:innen angedacht und diskutiert werden. Forschende wie die Anthropologin Beth Singler deuten diese als moderne Entsprechungen zu eschatologischen Motiven:

> A god-like being of infinite knowing (the singularity); an escape of the flesh and this limited world (uploading our minds); a moment of transfiguration or 'end of days' (the singularity as a moment of rapture); prophets (even if they work for Google); demons and hell [...]. Consciously and unconsciously, religious ideas are at work in the narratives of those discussing, planning, and hoping for a future shaped by AI.[45]

Dazu passt die Popularität von philosophischen Strömungen wie Effective Altruism und Longtermism sowie der nachhaltige Anklang, den die Theorie findet, nach der wir alle in einer Simulation leben. Allen drei Weltbildern wurde in der Vergan-

43 Sam Altman, „OpenAI CEO on GPT-4, ChatGPT, and the Future of AI“, *Lex Fridman Podcast #367*, 25. 03. 2023, in [https://youtu.be/L_Guz73e6fw] (Zugriff: 12. 10. 2023).
44 Sigal Samuel, „Silicon Valley's vision for AI? It's religion, repackaged“, *Vox*, 07. 09. 2023, in [https://www.vox.com/the-highlight/23779413/silicon-valleys-ai-religion-transhumanism-longtermism-ea] (Zugriff: 12. 10. 2023)
45 Singler 2017.

genheit vorgeworfen, den Charakter von säkularen Religionen zu haben, die mit Heilsversprechen arbeiten – und die alle in der einen oder anderen Form auf einem eschatologischen Weltbild aufbauen: „The simulation is little more than digital Calvinism, with an omnipotent divinity that preordains the future. The singularity is digital messianism, as found in various strains of Judeo-Christian eschatology—a pretty basic onscreen Revelation. Both visions are fundamentally apocalyptic".[46]

Ähnlich wie die Eigendynamik, die viele Technikschaffende in Deutschland in der ersten Hälfte des 20. Jahrhunderts dem technischen Fortschritt zusprachen, kann auch das quasi-religiöse Weltbild, das die CEOs großer Tech-Unternehmen nach außen kommunizieren, unterschiedlich interpretiert werden: Als Erhöhung des eigenen Status; als Freisprechen von persönlicher Verantwortung angesichts der Teleologie technischer Entwicklung. Nicht unerwähnt bleiben sollte jedoch die Möglichkeit, dass religiöse Rhetorik auch aus einem Kalkül heraus bedient wird.

5 Kalkuliertes Warnen vor der Apokalypse?

Ein wichtiger Grund dafür, dass gerade das Motiv der Apokalypse so prominent im medialen Diskurs der letzten Monate auftauchte, dürften mehrere offene Briefe sein, die von Entwickler:innen formuliert und von Firmen wie OpenAI selbst mitgetragen wurden. Besonders zu nennen ist der Ruf nach einem sechsmonatigen Moratorium mit dem Titel *Pause Giant AI Experiments*,[47] der im März 2023 veröffentlicht wurde, sowie das *Statement on AI Risk*,[48] das zwei Monate später erschien und von Industriegrößen wie Sam Altman (OpenAI), Demis Hassabis (Google DeepMind), Bill Gates und vielen anderen CEOs großer Tech-Firmen unterzeichnet wurde. In den beiden Texten selbst wird keine religiöse Rhetorik verwendet – sie schildern nur die möglichen Gefahren von KI-Entwicklung in gravierenden Tönen und als essenzielle Bedrohung für die Menschheit. In *Pause Giant AI Experiments* werden u.a. die Fragen aufgeworfen: „*Should* we develop nonhuman minds that might eventually outnumber, outsmart, obsolete and replace us? *Should* we risk loss of control of our civilization?"[49] Das *Statement on AI Risk* besteht aus einem einzigen

---

46 Stephen Marche, „Of God and Machines", *The Atlantic*, 15.09.2022, in [https://t1p.de/wfhpx] (Zugriff: 12.10.2023).

47 „Pause Giant AI Experiments. An Open Letter", *Future of Life Institute*, 22.03.2023, in [https://futureoflife.org/open-letter/pause-giant-ai-experiments/] (Zugriff: 12.10.2023).

48 „Statement on AI Risk. AI experts and public figures express their concern about AI risk", *Center For AI Safety*, 30.05.2023, in [https://www.safe.ai/statement-on-ai-risk] (Zugriff: 12.10.2023).

49 „Pause Giant AI Experiments. An Open Letter", *Future of Life Institute*, 22.03.2023, in [https://futureoflife.org/open-letter/pause-giant-ai-experiments/] (Zugriff: 12.10.2023).

Satz: „Mitigating the risk of extinction from AI should be a global priority alongside other societal-scale risks such as pandemics and nuclear war."[50] Dass solche Warnungen gerade von denjenigen ausgesprochen wurden, die den Entwicklungen von KI am nächsten zu stehen scheinen, sorgte nachvollziehbarerweise für Sorgen in Medien und Bevölkerung – eine YouGov-Umfrage, die zwei Wochen nach dem Erscheinen von *Pause Giant AI Experiments* durchgeführt wurde, kam zu dem Ergebnis, dass fast die Hälfte der Befragten in den USA „very or somewhat concerned about the possibility" seien, „that artificial intelligence, or AI, will cause the end of the human race on Earth".[51]

Die Untergangswarnungen aus dem Silicon Valley ernteten jedoch früh schon Kritik. Schon vor Erscheinen der beiden offenen Briefe war darauf hingewiesen worden, dass Debatten um hypothetische „killer robots" von der disruptiven Wirkung ablenken würden, die Sprachmodelle wie ChatGPT kurz- und mittelfristig für Arbeitsmärkte weltweit haben könnten.[52] In den Folgemonaten wurde von Aktivist:innen und Forschenden wie der Computerlinguistin Emily Bender die Vermutung geäußert, dass es sich bei der „Erzählung von der Apokalypse, wie sie die KI-Unternehmer streuen", um ein „Ablenkungsmanöver"[53] handele, welches von den konkreten Problemen der Gegenwart ablenken solle: Die Anfälligkeit der Sprachmodelle für Diskriminierung und die Konzentration von Gestaltungsmöglichkeiten in den Händen von nur wenigen mächtigen Akteur:innen. Auch Probleme wie Desinformation oder der ökologische Impact, den die Nutzung von Sprachmodellen mit sich bringe,[54] würden durch die Untergangsrhetorik aus dem Blick geraten – ganz zu schweigen von einem fundamentalen Wandel des Arbeitsmarktes, der sich dadurch ergebe, wenn viele Unternehmen menschliche Arbeitskräfte durch KI ersetzen.[55]

---

50 „Statement on AI Risk. AI experts and public figures express their concern about AI risk", *Center For AI Safety*, 30.05.2023, in [https://www.safe.ai/statement-on-ai-risk] (Zugriff: 12.10.2023).

51 Taylor Orth/Carl Bialik, „AI doomsday worries many Americans. So does apocalypse from climate change, nukes, war, and more", *YouGov*, 14.02.2023, in [https://today.yougov.com/technology/articles/45565-ai-nuclear-weapons-world-war-humanity-poll] (Zugriff: 12.10.2023).

52 Anthony Cuthbertson, „Why tech bosses are doomsday prepping", *The Independent*, 07.02.2023, in [https://www.independent.co.uk/tech/chatgpt-ai-chatbot-microsoft-altman-b2274639.html] (Zugriff: 12.10.2023).

53 Jannis Brühl, „Was hinter der lauten Warnung vor der KI-Apokalypse steckt", *Süddeutsche Zeitung*, 31.05.2023, in [https://www.sueddeutsche.de/wirtschaft/ki-kuenstliche-intelligenz-ausloeschung-menschen-open-ai-1.5892228] (Zugriff: 12.10.2023).

54 Judy Estring, „The Case Against AI Everything, Everywhere, All at Once", *Time Magazine*, 11.08.2023, in [https://time.com/6302761/ai-risks-autonomy/] (Zugriff: 12.10.2023).

55 Jana Ballweber, „KI und Kapitalismus: Die Technologie entlässt ihre Kinder", *Frankfurter Rundschau*, 31.08.2023, in [https://www.fr.de/politik/ki-die-technologie-entlaesst-ihre-kinder-92435347.html] (Zugriff: 12.10.2023).

Verschiedentlich wurde darauf hingewiesen, dass die geforderten Moratorien nicht notwendigerweise schädlich für etablierte Unternehmen wie OpenAI seien, die bereits funktionstüchtige Apps gelauncht hatten,[56] allerdings Probleme für kleinere Firmen mit sich bringen könnten, die am Aufholen sind.[57] Ein genereller Kritikpunkt war die Doppelzüngigkeit der Tech-Branche, die vor einer technologischen Entwicklung warne, die sie selbst weiterhin kräftig vorantreibe: „If they honestly believe that this could be bringing about human extinction, then why not just stop?"[58] So schien Sam Altman bei seinem Europabesuch kurz nach Veröffentlichung des *Statement on AI Risk* vor allem damit beschäftigt, Lobbyarbeit gegen eine Regulierung von Sprachmodellen durch die EU zu betreiben.[59] Elon Musk wiederum, der als einer der ersten den Ruf nach einem sechsmonatigen Moratorium unterzeichnet hatte, gab nur einen Monat nach Erscheinen die Gründung von „TruthGPT" bekannt, einem Sprachmodell, das auf die ‚woken' Restriktionen von ChatGPT verzichten solle.[60]

Angesichts der offensichtlichen Widersprüche zwischen Rhetorik und Handeln wurde verschiedentlich der Verdacht geäußert, dass es sich bei dem neuen „Techno Doomerism",[61] „AI Doomerism" oder „Criti-Hype"[62] vor allem um eine Marketing-Strategie der Tech-Branche handle, die dazu diene, das Potenzial der eigenen Produkte zu übertreiben. Die Annahme, dass KI die Menschheit auslöschen könne, „provides a tacit advertisement: The CEOs, like demigods, are wielding a technology as transformative as fire, electricity, nuclear fission, or a pandemic-inducing virus. You'd be a fool not to invest".[63] Gleichzeitig könnten die Warnungen vor der Apokalypse von den Firmen eingesetzt werden, „to inoculate them from criticism, co-

56 Ebd.
57 Christopher Lauer, „Sind Computer böse? Die Künstliche Intelligenz und ihr Mordmotiv", *Frankfurter Allgemeine Zeitung*, 05.06.2023, 13.
58 Emily Bender, zitiert nach Catherine Thorbecke, „Forget about the AI apocalypse. The real dangers are already here", *CNN*, 16.06.2023, in [https://edition.cnn.com/2023/06/16/tech/ai-apocalypse-warnings/index.html] (Zugriff: 12.10.2023).
59 Vgl. Brühl 2023.
60 Evgeny Morozov, „Eine andere Art von Intelligenz", *Frankfurter Allgemeine Zeitung*, 14.05.2023, 37.
61 Matthew Gault, „CYBER. Big Tech Wants You to Think AI Will Kill Us All", *Vice*, 20.06.2023, in [https://www.vice.com/en/article/wxjjay/cyber-big-tech-wants-you-to-think-ai-will-kill-us-all] (Zugriff: 12.10.2023).
62 Vgl. Lee Vinsel, „You're Doing It Wrong. Notes on Criticism and Technology Hype", *Medium*, 01.02.2021, in [https://sts-news.medium.com/youre-doing-it-wrong-notes-on-criticism-and-technology-hype-18b08b4307e5] (Zugriff: 12.10.2023).
63 Matteo Wong, „AI Doomerism Is A Decoy", *The Atlantic*, 02.06.2023, in [https://www.theatlantic.com/technology/archive/2023/06/ai-regulation-sam-altman-bill-gates/674278/] (Zugriff: 12.10.2023)

pying the crisis communications of tobacco companies, oil magnates, and Facebook before: Hey, don't get mad at us; we begged them to regulate our product".[64]

Als weitere Motivation wurde vermutet, dass die absehbare Regulierung den KI-Firmen nicht von außen aufgezwungen, sondern von ihnen selbst angestoßen werde, was größere Gestaltungsmöglichkeiten biete. „Die zugrunde liegende Botschaft: Es sollten Organisationen wie OpenAI sein, die die Gesellschaft in eine schöne neue Welt lenken."[65]

6 Fazit

Die Gründe für den religiösen Sprachgebrauch in Technikdiskursen sind vielschichtig – und die Frage ist nicht leicht zu beantworten, warum Menschen auf Begriffe aus der Bibel oder der griechisch-römischen Mythologie zurückgreifen, wenn sie eine neue Technologie (oder „die Technik" an sich) zu beschreiben versuchen. Eine Beschäftigung mit diesem Thema ist von Belang, weil sie uns erlaubt, einen Blick in die unausgesprochenen Grundannahmen und Denkmuster der westlichen Moderne zu werfen und die Dichotomien zu dekonstruieren, die in diesen angelegt sind. „Fluch" und „Segen", „Mensch" und „Technik" sind Gegenüberstellungen, die problembehaftet sind – die erstere, weil sie keinen Raum für Ambivalenzen lässt, die letztere, da sie eine inhumane Eigendynamik des technischen Fortschritts impliziert, welche die Schöpfer:innen aus der eigenen Verantwortung entlässt. Eine weitere Dichotomie ist jene von „Glaube" und „Wissenschaft"; wie hoffentlich ersichtlich wurde, birgt sie das Problem, dass Technikschaffende oft die eigene Objektivität voraussetzen, wenn sie sich zu gesellschaftlichen und politischen Fragen äußern, da sie eigene Glaubenssätze nicht als solche verstehen.

Abseits von utopischen wie dystopischen Szenarien gilt es immer wieder zu betonen, dass Technikentwicklung von Menschen gemacht wird und sich der Menge an Mitsprachemöglichkeiten anpasst. Das beispiellose Monopol, das kleine Gruppen von Akteur:innen am Anfang eines Entwicklungsprozesses innehaben, lädt zu Mystifizierung ein – sei es aus persönlicher Eitelkeit heraus oder aus dem Streben nach Anerkennung der eigenen Leistungen.

Die Frage, ob Künstliche Intelligenz eines Tages „gottgleich" sein und möglicherweise sogar die Apokalypse herbeiführen wird, ist sehr viel schwieriger zu beantworten als die Frage, ob KI-Einsatz schon jetzt negative Auswirkungen hat, die

---

64 Ebd.
65 Morozov 2023, 37.

eine gesellschaftliche Intervention (und staatliche Regulierung) erfordern. Falls es gelingt, den gesellschaftlichen Diskurs auf diese kurz- und mittelfristigen Probleme zu lenken, hätten die Warnungen vor dem Untergang zumindest ein Ziel erreicht: Eine breite und lebhafte Debatte anzustoßen.

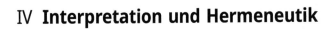

IV Interpretation und Hermeneutik

Torsten Hiltmann

Hermeneutik in Zeiten der KI

Large Language Models als hermeneutische Instrumente in den Geschichtswissenschaften

Abstract: Large language models (LLMs) such as ChatGPT are capable of impressive textual analysis and interpretation. This paper explores their potential as a „hermeneutic tool" in historical research. Using a Middle High German chronicle as an example, the paper shows how ChatGPT can accurately categorize unfamiliar texts and clarify ambiguous passages. However, it reaches its limits when it comes to more specific historical contexts. By analyzing the underlying technology, the paper shows how LLMs appear to understand texts while actually generating them based on the „mechanics" of statistically trained models. In doing so, this study demonstrates that these models can be of great assistance in historical research, but that true interpretation of historical texts and events still requires human understanding.

> Das neue Register wird vor allem meinem
> Mitarbeiter an der Ausgabe, Herrn Knut Eming,
> verdankt. Unser Bestreben war, bei häufigeren
> Begriffen die Hauptstellen sichtbar zu machen,
> insbesondere auch, damit die
> Zusammengehörigkeit von Band 1 und 2 deutlich wird.

> Was der Computer nie lernen wird, sollte von uns
> wenigstens in Annäherung geleistet werden.
> (Hans-Georg Gadamer, Vorwort zu Band 1,
> Wahrheit und Methode, seiner Gesammelte Werke[1])

Mit dieser kurzen Bemerkung im Vorwort zu seinen *Gesammelten Werken* äußert Hans-Georg Gadamer, einer der wichtigsten Autoren zur Hermeneutik, sichtbare Skepsis gegenüber der Möglichkeit, Computer in hermeneutische Prozesse zu integrieren. Angesichts des damaligen Technologieniveaus erscheinen seine Zweifel auch berechtigt. Zugleich zielen solche kritischen Einschätzungen bezüglich des Computers aber auch häufig darauf ab, die Einzigartigkeit menschlicher Fähigkeiten hervorzuheben, gerade wenn es um komplexe intellektuelle Prozesse geht.

---

1 Hans-Georg Gadamer, *Gesammelte Werke*, Bd. 1, *Hermeneutik I. Wahrheit und Methode. Grundzüge einer philosophischen Hermeneutik*, Tübingen 1986, xix.

⋳ Open Access. © 2024 bei den Autorinnen und Autoren, publiziert von De Gruyter. [CC BY-NC-ND] Dieses Werk ist lizenziert unter einer Creative Commons Namensnennung – Nicht kommerziell – Keine Bearbeitung 4.0 International Lizenz. https://doi.org/10.1515/9783111351490-014

Mit dem Aufkommen von Large Language Models (LLM) und Chatbots wie ChatGPT scheint diese Einschätzung jedoch ins Wanken zu geraten. Der folgende Beitrag soll daher der Frage nachgehen, in welchem Maße diese neuen Technologien tatsächlich über eigenständige hermeneutische Fähigkeiten verfügen und wie sie möglicherweise unsere gesamte hermeneutische Methode beeinflussen können. Dies soll dabei am Beispiel der Geschichtswissenschaften näher untersucht werden, die sich selbst als eine vorrangig textbasiert arbeitende hermeneutische Disziplin verstehen. Wenn im Folgenden von „Künstlicher Intelligenz" die Rede ist, bezieht sich dies im Kontext des Beitrags auf jenen spezifischen Teilbereich, der seit der Veröffentlichung von ChatGPT im November 2022 die aktuelle Diskussion maßgeblich prägt:[2] LLM und die dazugehörigen Transformer-Modelle.[3]

Bevor die hermeneutischen Potenziale der LLM näher beleuchtet werden, bedarf es zunächst einer kurzen Einführung in die Geschichtswissenschaften und ihrer Verbindung zur Hermeneutik, welche den Rahmen für diese Untersuchung bilden.

1 Geschichtswissenschaften und Hermeneutik

Die Geschichtswissenschaften zielen darauf ab, historische Prozesse und Entwicklungen zu verstehen, um die Entstehungsbedingungen unserer Gegenwart zu erklären. Hierfür nutzen sie verschiedene Artefakte und Äußerungen aus der Vergangenheit als Quellen, um historische Zustände und Ereignisse zu rekonstruieren. Das ultimative Ziel ist es, historische Geschehnisse zu verstehen und zu interpretieren, um fundierte Einsichten zu erlangen. Diese Einsichten sind jedoch niemals absolute Wahrheiten, da sie stets der Interpretation und subjektiven Deutung unterliegen.

Die Hermeneutik spielt daher eine zentrale Rolle in der historischen Wissensproduktion. Sie befasst sich mit dem Verstehen und Interpretieren historischer Quellen und mit dem Nachvollziehen und Verstehen vergangener Ereignisse und

---

2 Steffen Albrecht, „ChatGPT und andere Computermodelle zur Sprachverarbeitung – Grundlagen, Anwendungspotenziale und mögliche Auswirkungen", Institut für Technikfolgenabschätzung und Systemanalyse (ITAS), Karlsruher Institut für Technologie (KIT), 21.04.2023 (DOI: 10.5445/IR/1000158070).

3 Für eine Einordnung der übergeordneten Verfahren des Maschinellen Lernens für die historische Hermeneutik vgl. grundlegend Tobias Hodel, „Die Maschine und die Geschichtswissenschaft: Der Einfluss von deep learning auf eine Disziplin", in *Digital History. Konzepte, Methoden und Kritiken Digitaler Geschichtswissenschaft*, hg. von Karoline Dominika Döring et al., Berlin/Boston 2022, 65–80 (DOI: 10.1515/9783110757101-004).

Prozesse.[4] Die Definition der Hermeneutik ist komplex und variiert je nach Autor, Fach, Fragestellung und Perspektive. Grundsätzlich kann sie aber als Theorie und Methodik der Interpretation von Texten und des Verstehens von Sinnzusammenhängen in menschlichen Lebensäußerungen zusammengefasst werden. Ursprünglich auf religiöse und philosophische Texte begrenzt, hat sich ihr Anwendungsgebiet auf zahlreiche weitere Disziplinen ausgedehnt. Wilhelm Dilthey definierte die Hermeneutik schließlich als ein zentrales Merkmal der Geisteswissenschaften, das sie von den Naturwissenschaften unterscheidet.[5] Während die Naturwissenschaften sich auf beobachtbare Phänomene und ihre Erklärung konzentrierten, legten die Geisteswissenschaften vor allem Wert auf Verstehen und Plausibilität. Dabei kommt der Geschichtlichkeit eine wesentliche Bedeutung zu, da in den Geisteswissenschaften das Verständnis bestimmter Phänomene, wie diese selbst, zeitgebunden und daher veränderlich ist.

Auch die Hermeneutik hat sich erst über die Zeit entwickelt.[6] Ursprünglich stammt der Begriff aus dem Griechischen (ἑρμηνεύειν, hermēneúein) und bedeutet so viel wie „erklären", „verstehen", „deuten" und „übersetzen". Schon Aristoteles und Platon betonten den Unterschied zwischen dem buchstäblichen und dem verborgenen Sinn von Texten. Seit der Spätantike ging es dann zunächst um die Interpretation der Bibel, ob – wie im Mittelalter – nach den vier Bedeutungsebenen oder – im Rahmen der Reformation – nach dem Prinzip „sola scriptura", das eine Interpretation der Schrift ausschließlich aus sich selbst heraus vorsieht. Erst im 17. Jahrhundert unterschied Johann Conrad Dannhauer die „Hermeneutik" als die allgemeine Interpretationslehre von der Exegese als der Auslegung biblischer Texte.[7] Chladenius führt dann 1742 das Konzept des „Sehepunkts" ein, wonach die verschiedenen Umstände, die uns prägen, letztlich zu verschiedenen Perspektiven auf die Dinge führen, weshalb man von verschiedenen Sehepunkten aus auch verschiedene Vorstellungen einer Sache haben kann. Entsprechend sollte man für

---

4 Vgl. einführend: Stefan Jordan, „Hermeneutik", in *Handbuch Methoden der Geschichtswissenschaft*, hg. von Stefan Haas, Wiesbaden 2020, 1–15 (DOI: 10.1007/978-3-658-27798-7_8–1).

5 Vgl. Wilhelm Dilthey, *Einleitung in die Geisteswissenschaften Versuch einer Grundlegung für das Studium der Gesellschaft und der Geschichte*, hg. von Bernhard Groethuysen, Stuttgart/Göttingen 1990 (*Gesammelte Schriften*, Bd. 1). Diese deutliche Abgrenzung, die später umfangreich diskutiert und z.T. auch revidiert wurde, ist dabei vor allem aus den Umständen der Zeit heraus zu verstehen, in der die Naturwissenschaften eine immer größere Bedeutung gewannen, vgl. Christian Damböck/Hans-Ulrich Lessing (Hg.), *Dilthey als Wissenschaftsphilosoph*, Freiburg/München 2016.

6 Für einen Überblick zur historischen Entwicklung der Hermeneutik, siehe: Gadamer 1986, 177–269.

7 Zu Dannhauer siehe insbesondere: Gerhardt Kurz, *Hermeneutische Künste. Die Praxis der Interpretation*, Stuttgart ²2020, 193–201 (DOI: 10.1007/978-3-476-04686-4_8).

die Interpretation seinen eigenen und den Sehepunkt des Autors ermitteln, um einen Text besser nachvollziehen zu können.[8]

Friedrich Schleiermacher hat die Kunst der Hermeneutik zu Beginn des 19. Jahrhunderts entscheidend weiterentwickelt, indem er verstärkt die historischen und kulturellen Rahmenbedingungen einbezog, in deren Kontext ein Text entstanden ist.[9] Damit erweiterte er die rein textimmanente Interpretation um das Eindenken in die konkreten Lebensumstände der Autoren und ihrer Zeit und schuf damit die Grundlagen für eine umfassende (universale) Hermeneutik, die dann auch in so diversen Feldern wie der Literatur, dem Recht oder der Philosophie Anwendung fand. So auch in den Geschichtswissenschaften.

Schon Wilhelm von Humboldt beschreibt in seiner Akademierede die Aufgabe des Historikers als die eines Übersetzers.[10] Das bedeutet, die Vergangenheit nicht nur zu rekonstruieren, sondern auch zu interpretieren und der Gegenwart zu vermitteln. Eine Idee, die dann vor allem durch Johann Gustav Droysen weiterentwickelt wurde.[11] Er machte das ,Verstehen' zu einem rationalen Verfahren in den Geschichtswissenschaften, das in seinem Dreischritt aus Heuristik (der systematischen Suche und Sammlung von Quellen), Kritik (der Bewertung der Glaubwürdigkeit und Relevanz dieser Quellen) und Interpretation (der Deutung und Analyse der gewonnenen Erkenntnisse) bis heute das methodische Fundament der Disziplin bildet. Dabei geht es nicht nur um ein angemessenes Verständnis der Quellen, sondern auch der darin vermittelten Handlungen und Ereignisse.[12]

Bei alledem sind jedoch auch die Geschichtswissenschaften dem hermeneutischen Zirkel unterworfen, oder, wie es Droysen ausdrückte: „Das Einzelne wird verstanden in dem Ganzen, und das Ganze aus dem Einzelnen."[13] Zwar lässt sich die Idee des hermeneutischen Zirkels bis in die Antike zurückverfolgen, doch wurde er spätestens seit Schleiermacher auch entsprechend theoretisiert:[14] demnach könne ein Ganzes nur verstanden werden, wenn man seine Einzelteile versteht und umgekehrt. Entsprechend lassen sich zum Beispiel Aussagen in einer Urkunde nur im Kontext des gesamten Dokuments verstehen und die gesamte Urkunde nur aus

---

8 Siehe ebd., 206–208.

9 Vgl. Friedrich Schleiermacher, *Hermeneutik und Kritik*, hg. und eingeleitet von Manfred Frank, Frankfurt a. M. 1977. Zur entsprechenden Einordnung der Hermeneutik Schleiermachers, vgl. Gadamer 1986, 188–201.

10 Wilhelm von Humboldt, „Ueber die Aufgabe des Geschichtschreibers", in *Werke*, hg. von Albert Leitzmann, Bd. 4, Berlin 1905, 38.

11 Gadamer 1986, 216–222.

12 Vgl. Johann Gustav Droysen, *Grundriss der Historik*, Leipzig 1868.

13 Ebd., 10.

14 Vgl. Gadamer 1986, 270–281.

ihren einzelnen Aussagen. Das bedeutet – und hier nähern wir uns der Frage der Hermeneutik im Zusammenhang mit LLM –, dass es für jedes Verstehen bereits ein Vorwissen oder ein Vorverständnis braucht, vor allem aber immer den Einbezug von Kontext.

Unter anderem aufbauend auf den Ideen von Wilhelm Dilthey, erweiterte Hans-Georg Gadamer in *Wahrheit und Methode* das Konzept der Hermeneutik maßgeblich, wobei er auch die Geschichtswissenschaften in den Blick nimmt.[15] Zentrale Bestandteile des Verstehensprozesses sind für ihn dabei Sprache und Bildung. Auf Heidegger basierend, betont Gadamer die prägende Rolle der Sprache für unser Denken. Die Welt wird durch Sprache erfahren und begriffen. Dabei geht die Sprache den Individuen voraus, sodass wir stets an einen bestimmten sprachlichen Verstehensrahmen gebunden sind.[16] Das heißt, dass wir durch unsere Sprache bereits voreingenommen sind, was in Bezug auf die LLM interessante Fragen aufwirft.

Eine weitere wesentliche Voraussetzung für das Verstehen ist die Bildung, die man aus verschiedenen Erfahrungen erworben hat. Sie bildet den Verstehenshorizont, an den wir in unserem Verstehen anknüpfen können. Bei Gadamer wird dieser vorrangig durch Traditionen bzw. Wirkungsgeschichten geprägt, etwa im Hinblick auf das Verständnis bestimmter Texte und Objekte. So erlernen wir zunächst, wie Dinge bislang über die Zeit verstanden wurden, und können auf dieser Basis dann einen Text oder Gegenstand in unserer Zeit neu erfassen und damit dessen Bedeutung erweitern.[17]

Charakteristisch für Gadamers Hermeneutik ist vor allem die Rolle des „Vor-Urteils": eine spezifische, individuelle Voreinstellung zum Verstehensobjekt. Gadamer sieht diese subjektive Voreinstellung dabei nicht als Hindernis, sondern als notwendige Voraussetzung für das Verstehen. Ohne irgendeine Form von Vor-Urteil ist nach Gadamer auch kein Verstehen möglich. Für ihn bedeutet Verstehen insbesondere die Bereitschaft, im Dialog mit dem zu verstehenden Gegenstand seine Vor-Urteile zu hinterfragen und gegebenenfalls zu revidieren.[18] Die Hermeneutik ist somit ein fortwährender Prozess der Weltaneignung, der grundsätzlich nie endet – wobei Verstehen vor allem meint, die richtigen Fragen zu stellen.

---

15 Vgl. ebd., 177–384.
16 Vgl. ebd., 387–494.
17 Vgl. ebd., 305–312.
18 Vgl. ebd., 281–296.

2 Hermeneutik und Digitalität

Wenn wir die Auswirkungen neuer digitaler Technologien wie LLM auf die Hermeneutik näher untersuchen wollen, wird schnell deutlich, dass die Einbindung dieser Technologien eine fundamentale Verschiebung der Rahmenbedingungen mit sich bringt. Mit dem Computer tritt ein Element hinzu, das den hermeneutischen Prozess offenbar von Grund auf verändert und damit die traditionelle, analoge Hermeneutik von der Hermeneutik im digitalen Raum unterscheidet.

Im Kontext von LLM und textgenerierenden Modellen wie ChatGPT stellt sich die Frage nach der Hermeneutik daher gleich in doppelter Hinsicht: zum einen bezüglich der Fähigkeit der Maschine, Texte zu interpretieren, und zum anderen hinsichtlich unserer Interaktion mit der Maschine und den von ihr produzierten Texten selbst.

3 Digitalität als Grundlage

Grundlage für alle hier besprochenen Verfahren und Techniken ist die Digitalisierung, welche das Fundament für hermeneutische Ansätze und Methoden maßgeblich verändert hat. Die Digitalisierung ist ein tiefgreifender technologischer und kultureller Transformationsprozess, der sich aus einem zentralen Medienwandel speist, der in seiner Tragweite nur mit der Entstehung der Sprache oder Schrift vergleichbar ist.[19] Digitalität ist eine neue Form der Informationsrepräsentation, die die Bereitstellung und Vermittlung von Informationen radikal verändert hat. Die herkömmliche Informationsvermittlung durch das gesprochene Wort oder die Einschreibung in physische Medien wurde hier durch ein System erweitert, das Informationen in eine Abfolge von für sich genommen bedeutungslosen Zeichen kodiert. Diese lassen sich elektronisch verarbeiten, rekonstruieren und interpretieren. Damit sind Inhalt und Form getrennt, sodass die so repräsentierten Informationen sich unendlich oft vervielfältigen, teilen, bearbeiten und immer wieder neu arrangieren lassen.

---

19 Vgl. Torsten Hiltmann, „Vom Medienwandel zum Methodenwandel. Die fortschreitende Digitalisierung und ihre Konsequenzen für die Geschichtswissenschaften in historischer Perspektive", in *Digital History. Konzepte, Methoden und Kritiken Digitaler Geschichtswissenschaft*, hg. von Karoline Dominika Döring et al., Berlin/Boston 2022, 13–44 (DOI: 10.1515/9783110757101–002).

Daraus ergeben sich erhebliche Konsequenzen, die auch für die Hermeneutik wichtig sind, u. a.:[20]

- *Veränderter Zugang zu Wissen:* Der Zustand der Digitalität hebt die Bindung von Informationen an ein spezifisches physisches Objekt auf und ermöglicht es, Wissen und damit auch Kontextwissen in einer vernetzten, globalen Infrastruktur bereitzustellen.

- *Modellierung und Formalisierung:* Informationen und ihre Zusammenhänge müssen für die Nutzung in einer digitalen Welt in irgendeiner Form formalisiert werden. Dies beinhaltet immer auch eine Form der Selektion und der Abstraktion, was wiederum das Verständnis und die Interpretation dieser Informationen beeinflussen kann.

- *Beeinflussung durch Algorithmen:* Unsere Interaktionen im digitalen Raum werden maßgeblich durch Algorithmen geformt. Sei es die Suchmaschine als zentraler Zugang zum World Wide Web oder die Algorithmen der Modelle, die Texte analysieren oder generieren – unser Verstehen ist stets einem algorithmischen Filter und damit auch möglichen Biases unterworfen, sind die Algorithmen, wie auch die zuvor genannten Modelle, doch stets in einem bestimmten Kontext mit einem bestimmten Zweck entstanden.

- *Skalierung:* Die Digitalität ermöglicht die algorithmische Verarbeitung von riesigen Datenmengen, die weit über menschliche Verständnishorizonte hinausgehen. Hierdurch können wesentlich umfangreichere Kontexte berücksichtigt werden als bisher.

- *Medienkonvergenz:* Im Zuge der Digitalisierung werden verschiedene Medienformate in ein einheitliches Format überführt, was eine gemeinsame Bearbeitung und Verknüpfung dieser Inhalte ermöglicht und zu einer erheblichen Erweiterung des zur Verfügung stehenden Informationsraums führt.

Es lässt sich festhalten, dass die Digitalität die Grundlagen für das Verständnis von Texten, ebenso wie für das Verständnis der Welt, tiefgreifend verändert. Die neuen Möglichkeiten bringen dabei ganz erhebliche Herausforderungen mit sich, die es in der zukünftigen Forschung zu adressieren gilt.

---

20 Zu den zentralen Konsequenzen der Digitalisierung bzw. der Verwendung digitaler Methoden in den Geschichtswissenschaften, siehe: Torsten Hiltmann, „(Epistemologische) Grundlagen in der Anwendung digitaler Methoden", in *Digital Humanities in der Geschichtswissenschaft*, hg. von Christina Antenhofer et al., Wien et al. 2023, 43–59 [im Druck].

4 Digitale Hermeneutik – Digitales Textverstehen

Die Diskussion zur digitalen Hermeneutik kann bisher in drei Hauptströmungen unterschieden werden. Das ist erstens die kritische Auseinandersetzung mit den Eigenschaften digitaler Quellen und den daraus resultierenden Herausforderungen, einschließlich Daten-, Algorithmus- und Schnittstellenkritik. Diese digitale Hermeneutik zielt darauf ab, die klassische Hermeneutik an das digitale Zeitalter anzupassen, indem die interpretatorische Praxis im Kontext neuer technologischer Bedingungen reflektiert wird.[21] Zweitens die Entwicklung und Implementierung neuer computergestützter Methoden zur Unterstützung des Textverstehens, wobei gerade hier auch der Bedarf an Theorien thematisiert wird, welche diese neuen Methoden stützen und untermauern können.[22] Eine dritter Diskursstrang schließlich beschäftigt sich mit der Frage der Datenhermeneutik, also mit dem Verstehen von und mit Daten.[23] Denn in den Geisteswissenschaften sind Daten, wie auch Texte oder Bilder, letztlich Repräsentationen menschlichen Schaffens. Dennoch soll es im Folgenden zunächst um das Verstehen von Texten und historischen Zusammenhängen gehen.

Eine ganz besondere Perspektive bieten in diesem Zusammenhang Stéfan Sinclair und Geoffrey Rockwell in ihrer „Hermeneutica. Computer-Assisted Interpretation in the Humanities"[24], in der sie Theorie, Methode und Praxis aufs engste miteinander verbinden. Die beiden Entwickler der „Voyant Tools"[25] argumentieren

---

21 Vgl. hierzu v. a. Andreas Fickers, „Update für die Hermeneutik. Geschichtswissenschaft auf dem Weg zur digitalen Forensik?" *Zeithistorische Forschungen*, Bd. 17(1), 2020, 157–168 (DOI: 10.14765/zzf.dok-1765) und zuletzt den Sammelband *Digital History and Hermeneutics, Between Theory and Practice*, hg. von Andreas Fickers/Juliane Tatarinov, Berlin/Boston 2022 (DOI: 10.1515/9783110723991).
22 Vgl. Joris J. Van Zundert, „Screwmeneutics and Hermenumericals: The Computationality of Hermeneutics", in *A New Companion to Digital Humanities*, hg. von Susan Schreibman et al., Hoboken (New Jersey) 2015, 331–347 (DOI: 10.1002/9781118680605.ch23); John Mohr et al., „Toward a Computational Hermeneutics", *Big Data & Society* Bd. 2(2), 2015 (DOI: 10.1177/2053951715613809); Alberto Romele et al., „Digital Hermeneutics. From Interpreting with Machines to Interpretational Machines", *AI & Society*, Bd. 35(1), 2020, 73–86 (DOI: 10.1007/s00146-018-0856-2).
23 Vgl. Amelia Acker, „Toward a Hermeneutics of Data", *IEEE Annals of the History of Computing*, Bd. 37, 2015, 70–75; Paolo Gerbaudo, „From Data Analytics to Data Hermeneutics. Online Political Discussions, Digital Methods and the Continuing Relevance of Interpretive Approaches", *Digital Culture & Society*, Bd. 2(2), 2016, 112–195 (DOI: 10.14361/dcs-2016-0207); Michael Nerurkar/Timon Gärtner, „Datenhermeneutik: Überlegungen zur Interpretierbarkeit von Daten", in *Datafizierung und Big Data. Anthropologie – Technikphilosophie – Gesellschaft*, hg. von Klaus Wiegerling et al., Wiesbaden 2020, 195–209 (DOI: 10.1007/978-3-658-27149-7_8).
24 Geoffrey Rockwell/Stéfan Sinclair, *Hermeneutica. Computer-Assisted Interpretation in the Humanities*, Cambridge 2016, 162.
25 Voyant Tools, in [https://voyant-tools.org/] (Zugriff: 22.10.2023).

dabei, dass gut funktionierende Werkzeuge die Tendenz haben, unsichtbar zu werden.[26] Derweil, und hier schließen sie an Davis Bairds „Thing Knowledge"[27] an, sind alle diese Werkzeuge von bestimmten Theorien und Vorannahmen geprägt, was wiederum die Ergebnisse beeinflusst, die sie produzieren. Sie lenken den Blick der Nutzenden und implizieren bestimmte epistemologische und methodische Entscheidungen, die es zu reflektieren gilt.[28] Sinclair und Rockwell setzen computergestützte Werkzeuge nicht der traditionellen Hermeneutik entgegen, sondern verknüpfen beide, womit die unterschiedlichen Tools letztlich zu hermeneutischen Werkzeugen werden, welche die Nutzenden auf ihre Weise dabei unterstützen, Texte zu erschließen und zu verstehen.

Technische Hilfsmittel zur Unterstützung des Textverständnisses gab es schon immer. Schon das Buch ist eine Technologie für das Textverständnis, das im Mittelalter durch weitere Technologien wie Rubrizierungen, Glossen oder Inhaltsverzeichnisse (und selbst Register, s. o.) erweitert wurde. Auch sie verkörpern jeweils unterschiedliche Perspektiven und Grundannahmen und beeinflussen so den Zugang zum Text. In diesem Sinne ersetzt und erweitert der Computer diese bestehenden Technologien nur. Anstelle eines Registers bietet er beispielsweise die Möglichkeit zur Volltextsuche oder setzt über Textmerkmale wie Satzlänge oder die Dichte des verwendeten Vokabulars erste Indikatoren für das Verständnis eines Textes, wobei sich der hermeneutische Zugang zu den Texten, z. B. durch die Eingrenzung des Verstehenskontexts bei der Arbeit mit Snippets, ständig ändert. Ganz wie Buch und Glossar sind Rechner und Textanalyse am Ende nur weitere hermeneutische Instrumente und damit Technologien, die das Textverständnis unterstützen und beeinflussen.[29]

5 Der disruptive Moment – vom Zeichen zur Bedeutung

LLM stellen in diesem Rahmen jedoch eine disruptive Entwicklung in Hinblick auf unsere hermeneutischen Instrumente dar. Um dies zu verstehen, ist es notwendig zu wissen, wie unterschiedlich Computer und Menschen Texte verarbeiten. Denn während wir als Menschen die uns präsentierten Zeichen unmittelbar interpretieren und auf Ebene ihrer – jeweils kontextbezogenen – Bedeutung verarbeiten,

---

26 Rockwell/Sinclair 2016, 162.
27 Davis Baird, *Thing Knowledge. A Philosophy of Scientific Instruments*, Berkeley 2004.
28 Rockwell/Sinclair 2016, 150–152, 161–162.
29 Zum Begriff des hermeneutischen Instruments siehe auch schon Van Zundert 2015.

agiert die Maschine allein auf der Ebene der Zeichen. Während wir z.B. bei der Zeichenfolge „HOPE" je nach Kontext an das englische Wort für Hoffnung, an den Ort „Hope" als Geburtsort von Bill Clinton oder aber an den Vornamen von Hope Hicks, der ehemaligen Kommunikationschefin von Donald Trump, denken, speichert und verarbeitet der Rechner diese Zeichenfolge nur als \x48\x4 f\x50\x45 (in UTF-8), oder, noch grundlegender, als 100100010011111010000100010 im Binärcode.

Unsere bisherigen „hermeneutischen Instrumente" operierten primär auf der Zeichenebene, was rasch zu Problemen und potentiell zu verfälschten oder falschen Ergebnissen führen konnte.[30] Schon kleine Abweichungen in der Schreibweise, aber auch Homonyme oder Synonyme, konnten zu Abweichungen in den Analysen führen, was diese weniger präzise machte oder größere Übersetzungsleistungen in der Vorbereitung der Analysen erforderte. So konnte schon allein die Nichtbeachtung der Rechtschreibreform Ende der 1990er Jahre zu erheblichen Fehlleistungen führen, wenn man in einem Korpus wie Google Books ausschließlich mit der Schreibweise „Russland" nach Belegen für das Sprechen über Russland im Zeitraum zwischen 1980 und 2019 suchte und nicht auch die frühere Schreibweise „Rußland" mit einbezog[31]. Oder wenn man bei der Analyse des Sprechens über Klima in den 1990er Jahren besondere Verfahren entwickeln muss, um je nach Kontext die Erwähnung des Klimas als atmosphärischer Zustand vom Sprechen über das politische Klima, das Geschäftsklima oder über Viktor Klima, den damaligen Bundeskanzler Österreichs, unterscheiden zu können.

LLM und Transformer-Modelle scheinen die Begrenzung der Arbeitsweise der Maschinen und damit unserer hermeneutischen Instrumente, die bisher allein auf die Zeichenebene ausgerichtet waren, auszuhebeln. Interaktionen mit Maschinen erfolgen nun verstärkt auf der Grundlage natürlicher Sprache. Tippfehler oder orthografische Variationen verlieren an Relevanz, und Begriffe und Konzepte scheinen nun direkt auf der Bedeutungsebene verarbeitbar, wobei die Maschine die verschiedenen Verwendungskontexte von allein unterscheiden kann. Diese Fortschritte könnten den Zugang zu (historischen) Texten und den hermeneutischen Prozess ihres Verstehens in Anbetracht der oben genannten Konsequenzen der Digitalität ganz grundlegend verändern.

Dies beginnt schon bei den basalsten Arbeitsschritten, die jedoch viel hermeneutische Kompetenz erfordern. Mit unterschiedlichen Formen von Zusammenfassungen, Übersetzungen und direkten Dialogformaten unterstützen Tools wie

---

30 Siehe exemplarisch: Torsten Hiltmann et al., „Digital Methods in Practice. The Epistemological Implications of Applying Text Re-Use Analysis to the Bloody Accounts of the Conquest of Jerusalem (1099)", *Geschichte und Gesellschaft*, Bd. 46(1), 2021, 122–56 (DOI: 10.13109/gege.2021.47.1.122).
31 In [https://books.google.com/ngrams/] (Zugriff: 22.10.2023). Vgl. Hiltmann 2023, 47–49.

Explainpaper,[32] ChatPDF[33] oder Elicit[34] die Forschenden bei der Literaturrecherche und -auswertung. Aber wie verlässlich sind diese Verfahren, die zumeist, wie ChatGPT, auf GPT (Generative Pre-trained Transformer) aufsetzen, wirklich, und was können sie tatsächlich für unser Verständnis von Texten und damit letztlich auch für unser Verständnis der Welt leisten?

6 Experiment: ChatGPT und die Analyse einer mittelalterlichen Chronik

Hierzu ziehen wir ChatGPT mit GPT-4 in der Version vom 25. September 2023 heran und bearbeiten damit den Beginn der in Mittelhochdeutsch verfassten „Chronik aus Kaiser Sigmund's Zeit bis 1434, mit Fortsetzung bis 1441", die im 15. Jahrhundert in Nürnberg entstand.[35] Für das nachfolgende Experiment verwenden wir die ersten 597 Wörter des Textes, der sprachlich wie strukturell deutlich von unseren heutigen Alltagstexten abweicht. Um einen ersten Eindruck zu vermitteln, sei der Anfang dieses Textes kurz zitiert:

> Jtem da man zelt 1126 jar do wart Eberach das kloſter geſtift. Jtem anno domini 1133 jar do wart Halfzbrun geſtift. Jtem anno domini 1156 jar do wart das hertzogthumb zu Beheim zu einem königreich gemacht, und in demſelben jar wart Oſterreich zu einem hertzogthumb gemacht aus einer graffchaft. Anno domini 1180 jar do wart hertzog Hainrich von Bayrn vom kaiſer Friderich mit urthail der furſten entſetzt von ſeinem hertzogthumb und wart an ſein ſtatt geſetzt graff Ott von Sceyren. Jtem anno domini 1200 jar do wart der deutſch orden angehaben bey dem babſt Jnnocentio dem dritten. ...

Um den Text zu verstehen, braucht es verschiedene Kompetenzen. Beginnend bei entsprechenden Sprachfähigkeiten, über historische Kenntnisse, sowohl ereignis- wie auch kulturgeschichtlich, zur inhaltlichen Einordnung sowie das Vermögen, die besondere Textstruktur vor dem zeitgenössischen Hintergrund verstehen und

32 „The Fastest Way to Read Research Papers", *Explainpaper*, in [https://www.explainpaper.com/] (Zugriff: 22.10.2023).
33 „Chat with any PDF, *ChatGPT*, in [https://www.chatpdf.com/] (Zugriff: 22.10.2023).
34 „Analyze research papers at superhuman speed", *Elict*, in [https://elicit.com/] (Zugriff: 22.10.2023).
35 Theodor von Kern (Hg.), „Chronik aus Kaiser Sigmund's Zeit bis 1434, mit Fortsetzung bis 1441", in *Die Chroniken der deutschen Städte von 14. bis in's 16. Jahrhundert*, Bd. 1, *Nürnberg – Erster Band*, Leipzig 1962, 313–414. Als Textdaten veröffentlicht in: Torsten Hiltmann/Carolin Odebrecht, „Corpus MaStro – Mittelalterliche Stadtchroniken – Texte, Version 1.0", *Laudatio*, 2023, in [www.laudatio-repository.org/browse/corpus/ZluUPIkBUnBk-z0f73dr/corpora] (Zugriff: 22.10.2023).

einordnen zu können. Inwieweit ist ChatGPT daher in der Lage, diesen Text einzuordnen und Fragen dazu zu beantworten?

7 Möglichkeiten

Beginnen wir mit einer Zusammenfassung des hier übergebenen Textes. Dafür müsste ChatGPT die inhaltlichen Kernelemente des mittelhochdeutschen Textes identifizieren und die verschiedenen Einzelaussagen zu allgemeinen Themen abstrahieren.

Prompt1:
Fasse den folgenden Text in 3 Sätzen zusammen: [es folgen die ersten 597 Wörter des Textes]

Antwort1:
Im Mittelalter fanden bedeutende Ereignisse statt: Klosterstiftungen in Eberach (1126) und Halszbrun (1133) wurden gegründet. Zwischen den Jahren 1200 und 1333 kam es zu verschiedenen politischen und sozialen Entwicklungen, darunter die Bestätigung der Wahlrechte der sieben Kurfürsten, die Verfolgung durch einen abtrünnigen Mönch namens Meister Jacob und diverse Konflikte zwischen Adeligen. Herzog Ludwig von Bayern spielte eine zentrale Rolle in diesen Geschichten, einschließlich seiner Teilung des Landes Bayern und seiner späteren Tötung.

Ganz offensichtlich scheint die Sprache für ChatGPT kein Problem darzustellen. Zudem vermag es, den mittelhochdeutschen Text nicht nur zu dekodieren, sondern auch inhaltlich zu synthetisieren. Anstatt lediglich Fakten wiederzugeben, scheint das Modell die Fähigkeit zu besitzen, den zugrunde liegenden Kontext und die Bedeutung der Informationen zu erfassen, wenn es u. a. von „verschiedenen politischen und sozialen Entwicklungen" spricht und Beispiele hierfür nennt. Einzig die verschiedenen bayerischen Herzöge mit dem Namen Ludwig werden hier nicht klar disambiguiert und damit scheinbar zu einer Person zusammengefasst.[36]

Lassen wir als nächstes ChatGPT den Text einordnen und damit den Rahmen für das Verständnis des Textes definieren:

Prompt2:
Ordne den Text ein.

---

36 Bei dem Getöteten handelt es sich um Ludwig I., den Kelheimer, der 1231 ermordet wurde. Die Teilung Bayerns geht hingegen auf Ludwig II. von Bayern, später Oberbayern, zurück, der 1255 (im Text jedoch fälschlich unter dem Jahr 1305), und damit nach der Ermordung Ludwigs I., gemeinsam mit seinem Bruder Heinrich XIII. das Herzogtum Bayern in Ober- und Niederbayern aufteilte. Beide erscheinen im Text jedoch stets nur als „herczog Ludwig".

Antwort2:
Der vorliegende Text ist in mittelhochdeutscher Sprache verfasst und bietet einen chronologischen Überblick über verschiedene historische Ereignisse und Entwicklungen, die zwischen den Jahren 1126 und 1333 stattfanden. Der Inhalt konzentriert sich hauptsächlich auf Gebiete des Heiligen Römischen Reiches, insbesondere auf Bayern und die damit verbundenen Adelshäuser. Es werden sowohl religiöse (z. B. Klosterstiftungen) als auch politische und soziale Ereignisse (z. B. Adelskonflikte, Rechte der Kurfürsten) abgedeckt. Der Text gibt Einblick in die Machtdynamiken, sozialen Umbrüche und die Interaktionen zwischen wichtigen Persönlichkeiten dieser Epoche.

Die Einordnung präzisiert die vorangehenden Angaben erheblich und hätte durch einen Menschen nicht besser umgesetzt werden können. ChatGPT bestimmt Sprache und Genre und ordnet die Inhalte des Textes zeitlich und geographisch korrekt ein. Der/die Nutzende erhält damit eine fundierte Einordnung des Textes, noch bevor er/sie überhaupt einen Satz des Textes gelesen hat.

Doch inwiefern kann ChatGPT auch helfen, ambivalente Stellen zu klären, die nur auf Grundlage eines breiteren historischen Kontextwissens verstanden werden können? Als Beispiel soll hierfür die veraltete Formulierung „übers Meer fahren" dienen, die im Mittelalter oft als Umschreibung für ein Kreuzzugsvorhaben verwendet wurde.

Prompt3:
Was meint: ‚und da kunig Ludwig über meer wolt faren' im Kontext des Textes?

Antwort3:
Im vorgelegten Textabschnitt bedeutet der Ausdruck „und da kunig Ludwig über meer wolt faren" wörtlich, dass König Ludwig beabsichtigte, das Meer zu überqueren oder eine Reise über das Meer zu unternehmen. Der spezifische Kontext oder der genaue Grund für Ludwigs geplante Meerreise wird aus dem bereitgestellten Textauszug nicht klar. Es könnte eine Pilgerfahrt, eine Handelsmission, eine diplomatische Reise oder ein Kreuzzug sein, je nach historischem Kontext und den damaligen geopolitischen Umständen. Die Tatsache, dass viele Männer versprachen, ihm zu helfen und ihm beizustehen („sy wolten irem herren zu hilf kumen"), deutet darauf hin, dass es sich um eine wichtige Unternehmung handelte, die von strategischer oder religiöser Bedeutung war.

ChatGPT bietet in seiner Antwort damit verschiedene Möglichkeiten und trifft noch keine Festlegung. Von daher fragen wir noch einmal genauer nach:

Prompt4:
Bestimme noch genauer, um was für eine Art von Reise es sich hier handeln könnte.

Antwort4:
Basierend auf dem bereitgestellten Text und der Zeitperiode, in der er geschrieben wurde, könnte der Ausdruck „und da kunig Ludwig über meer wolt faren" auf einen Kreuzzug hindeuten.

Die Kreuzzüge waren eine Reihe von religiös motivierten militärischen Expeditionen, die hauptsächlich im Mittelalter stattfanden und bei denen christliche Armeen versuchten, das Heilige Land und andere Gebiete, die von Muslimen kontrolliert wurden, zurückzuerobern oder zu verteidigen. Es war nicht unüblich, dass Könige und Adelige aus dem Heiligen Römischen Reich an diesen Unternehmungen teilnahmen.

Die Tatsache, dass im Text viele Menschen versprachen, König Ludwig auf seiner Reise zu unterstützen, und die Erwähnung von „meiſter Jacob", der als eine Art Anführer oder Hauptmann agiert, deutet darauf hin, dass es sich um eine groß angelegte Expedition handelte, was typisch für Kreuzzüge war.

Ohne weitere Details oder Kontext ist es jedoch schwer, mit absoluter Sicherheit zu sagen, ob es sich tatsächlich um einen Kreuzzug handelte oder um eine andere Art von Expedition.

Die zweite Antwort ist nun deutlich ausführlicher und argumentiert auf Basis eines historischen Kontextwissens, das so nicht Teil des übergebenen Textes ist, sowie unter zeitlicher und räumlicher Einordnung der Quelle. Bemerkenswert ist darüber hinaus, dass auch der genaue Ort des Ausdrucks im Text identifiziert und daraufhin auch der textliche Kontext der Belegstelle in die Argumentation einbezogen wird, indem die Interpretation als Kreuzzug u. a. mit der der Belegstelle nachfolgenden Aussage begründet wird.

Dies leitet zur finalen Frage über: Ist ChatGPT auch in der Lage, den Wert eines Textes als historische Quelle zu evaluieren, indem es einzelne Aussagen identifiziert und eine zufällige Auswahl dieser Aussagen auf deren Korrektheit hin prüft?

Prompt5:
Bestimme den Quellenwert des Textes. Nimm 3 zufällig ausgewählte Aussagen und prüfe diese auf Richtigkeit. Es ist wichtig, dass Deine Aussagen korrekt sind. Überprüfe Sie daher immer noch einmal.

Antwort5:
Um den Quellenwert eines historischen Textes zu bestimmen, müssen verschiedene Kriterien wie Authentizität, Kontext, Tendenz und Aktualität berücksichtigt werden. Ich werde drei zufällig ausgewählte Aussagen aus dem bereitgestellten Text prüfen, um ihre Richtigkeit zu bewerten:

1. **Aussage:** Im Jahr 1126 wurde das Kloster Eberach gegründet.

2. **Aussage:** Anno Domini 1156 wurde das Herzogtum Österreich aus einer Grafschaft gemacht.

3. **Aussage:** Anno Domini 1200 wurde der Deutsche Orden vom Papst Innozenz III. anerkannt.

Überprüfung:

1. **Eberach:** Mein aktuelles Wissen reicht nicht aus, um die spezifische Gründung des Klosters Eberach im Jahr 1126 zu bestätigen. Es gibt jedoch das Kloster Eberbach im Rheingau, welches in den 1130er Jahren gegründet wurde. Es ist möglich, dass es hier zu einer geringfügigen zeitlichen Abweichung oder einer Namensverwechslung kommt.

2. **Herzogtum Österreich:** Das stimmt. Das Herzogtum Österreich wurde 1156 durch die Privilegium Minus aus der Markgrafschaft Österreich erhoben. Das Privilegium Minus wurde von Kaiser Friedrich I. Barbarossa zugunsten von Heinrich II. Jasomirgott, dem Markgrafen von Österreich, ausgestellt.

3. **Deutscher Orden:** Das ist korrekt. Der Deutsche Orden, auch bekannt als der Orden der Brüder vom Deutschen Haus St. Mariens in Jerusalem, wurde 1190 während des Dritten Kreuzzugs gegründet. Papst Innozenz III. bestätigte und erweiterte die Regel des Ordens im Jahr 1198, was mit der oben genannten Aussage übereinstimmt.

Fazit: Basierend auf dieser kleinen Stichprobe scheint der Text zumindest in einigen Punkten genaue Informationen zu enthalten. Dennoch wäre es wichtig, bei einer eingehenden Analyse des gesamten Textes weitere Informationen und Aussagen zu prüfen und diese mit anderen historischen Quellen abzugleichen, um den vollen Quellenwert zu ermitteln.

Diese Antwort ist in mehrfacher Hinsicht interessant, beginnend mit der Feststellung, dass sie die Fragestellung präzisiert und den Text als historischen Text einordnet. Mit Authentizität, Kontext und Tendenz sind zudem wichtige Schlagwörter der historischen Quellenkritik genannt. Tatsächlich umgesetzt wird dann aber, dem Prompt entsprechend, nur die Überprüfung der Korrektheit einzelner Aussagen, wozu tatsächlich einzelne Aussagen identifiziert und auf ihre inhaltliche Richtigkeit hin kontrolliert werden.

Aussage 1 wird zwar methodisch, aber nicht inhaltlich korrekt bewertet, wobei der hier unterlaufene Fehler auch für einen menschlichen Bearbeiter sehr naheliegend wäre. ChatGPT verbessert den im mittelhochdeutschen Text genannten Ortsnamen „Eberach" zu „Eberbach" und sucht auf dieser Grundlage nach einem möglichen Kandidaten, um die Aussage zur Gründung im Jahr 1126 zu überprüfen. Tatsächlich bezieht sich der Text an dieser Stelle aber auf das Kloster „Ebrach", das 1127 von fränkischen Edelfreien zwischen Bamberg und Würzburg gegründet wurde.[37] Aussage 2 wird korrekt eingeordnet, unter explizitem Bezug auf die für die Erhebung Österreichs zum Herzogtum zentrale kaiserliche Urkunde, das Privilegium Minus, auch wenn diese in der Quelle selbst nicht genannt wird. Und auch Aussage 3 wird, ebenfalls unter Hinzuziehung weiterer Informationen, korrekt bewertet.[38]

ChatGPT scheint somit fähig zu sein, den vorgelegten Text und seine Inhalte weitgehend korrekt zu interpretieren und zu bewerten. Aber ist es wirklich in der Position, tiefgreifend interpretative und kontextualisierende historische Aufgaben zu leisten (und damit die historische Forschung zu revolutionieren)? Das Problem

---

37 Siehe von Kern 1962, 344; Vgl. auch Alfred Wendehorst, „Ebrach", *Lexikon des Mittelalters*, Stuttgart 1977–1999, Bd. 3, col. 1530, in *Brepolis Medieval Encyclopaedias – Lexikon des Mittelalters*, in [https://www.brepolis.net] (Zugriff: 22.10.2023).
38 Siehe auch für Aussage 2 und 3 die entsprechenden Einträge im *Lexikon des Mittelalters*.

mit der Identifikation von Herzog Ludwig von Bayern in der Antwort auf Prompt1 mag hier schon Zweifel säen.

8 Grenzen

Eine weitere Abfrage bestätigt diese Vorsicht. In der Chronik heißt es, dass im Jahr 1289 (korrekt wäre 1290) bei einem Turnier in Nürnberg des „herczog Ludwigs sun mit einem sper" von einem Mitglied der Familie von Schellingen getötet wurde. Bei einer weiteren Befragung bezüglich der genaueren Identität des betroffenen Sohnes Ludwigs weist das Ergebnis von ChatGPT signifikante Einschränkungen auf, welche die zuvor wahrgenommene Effektivität des Modells relativieren.

> Prompt6:
> Wer war der Sohn des Herzog Ludwigs, der in dem Rennen erstochen wurde?
>
> Antwort6:
> Der Text gibt nicht den genauen Namen des Sohnes von Herzog Ludwig an, der während des Rennens in Nürnberg erstochen wurde. Es wird lediglich auf „hertʒog Ludwigs fun" (Herzog Ludwigs Sohn) Bezug genommen. Ohne weitere Informationen oder Kontext ist es schwierig zu bestimmen, welcher Herzog Ludwig gemeint ist und dementsprechend, wer sein Sohn war. Das mittelalterliche Europa hatte mehrere Herzöge mit dem Namen Ludwig, und es müssten zusätzliche Quellen oder spezifischere Informationen konsultiert werden, um diese Frage definitiv zu beantworten.

Da diese Antwort noch unbefriedigend ist, fragen wir zunächst einmal nach dem Vater des im Turnier getöteten Sohnes.

> Prompt7:
> Um welchen Herzog Ludwig könnte es sich dem Kontext des Textes nach gehandelt haben?
>
> Antwort7:
> Der Text enthält mehrere Hinweise auf Ereignisse, die im Zusammenhang mit bestimmten Herzögen und ihrer Zeitperiode stehen. Hier sind einige der Hinweise, die uns bei der Identifizierung des betreffenden Herzog Ludwig helfen können:
>
> 1. **Zeitliche Einordnung:** Die Erwähnung des Todes von „"hertʒog Ludwigs fun" findet im Jahr „1200 und in dem 89 jar" statt, was bedeutet, dass das Ereignis im Jahr 1289 stattfand.
>
> 2. **Regionale Einordnung:** Viele der im Text genannten Ereignisse beziehen sich auf Bayern oder umliegende Gebiete (wie beispielsweise Österreich). Das lässt darauf schließen, dass es sich möglicherweise um einen Herzog aus dieser Region handelt.
>
> Mit diesen Informationen können wir spekulieren, dass es sich bei „Herzog Ludwig" um Ludwig II., den Strengen, Herzog von Bayern und Pfalzgraf bei Rhein handeln könnte. Ludwig

II. regierte in der zweiten Hälfte des 13. Jahrhunderts, was zeitlich mit dem im Text genannten Jahr 1289 übereinstimmt.

Sein Sohn, Ludwig III., auch als Ludwig der Jüngere bekannt, könnte derjenige sein, der im Text erwähnt wird und 1289 bei einem Turnier in Nürnberg ums Leben kam.

Es ist jedoch wichtig zu beachten, dass eine endgültige Identifizierung ohne weitere spezifische Informationen oder zusätzliche Quellen unsicher ist. Historische Daten sollten immer mit Vorsicht und im Kontext anderer verlässlicher Quellen interpretiert werden.

Bemerkenswert an dieser Antwort ist zunächst das klare methodische Vorgehen bei der Identifizierung möglicher Kandidaten für den Begriff „hert3og Ludwigs". Und tatsächlich handelt es sich bei dem Herzog, der 1289 bei einem Turnier in Nürnberg seinen Sohn verlor, um Ludwig II., den Strengen. Noch bemerkenswerter ist, dass die gegebene Antwort die Frage in den Kontext des Chatverlaufs stellt und auf Grundlage dieser neuen Information die weiter oben, jedoch nicht hier gestellte Fragen nach der Identität des verstorbenen Sohns zu beantworten sucht. Aber ab hier passen dann auch die inhaltlichen Aussagen nicht mehr. Der für diese Zeit in Frage kommende Ludwig III. (1290–1296) verstarb erst einige Jahre nach dem Turnier und wurde auch nicht „Ludwig der Jüngere" genannt.[39] Vor allem aber war er nicht der Sohn Ludwigs II. von Oberbayern, sondern Heinrichs XIII. von Niederbayern.

Das Herausarbeiten der konkreten Identitäten wird noch komplizierter, wenn man nach den Söhnen Ludwigs II. fragt, um den Kreis der möglichen Opfer weiter einzugrenzen:

Prompt8:
Welche Söhne hatte Herzog Ludwig II., der Strenge?

Antwort8:
Ludwig II., der Strenge, Herzog von Bayern und Pfalzgraf bei Rhein, hatte mehrere Kinder. Von seinen Söhnen sind besonders bekannt:

1. **Rudolf I.** von Bayern: Er wurde Herzog von Oberbayern und Pfalzgraf bei Rhein.

2. **Ludwig IV.**, der Bayer: Er wurde ein sehr bedeutender Herrscher und später römisch-deutscher König und Kaiser des Heiligen Römischen Reiches.

3. **Stephan I.**: Er wurde Herzog von Niederbayern.

Da der im Text erwähnte Sohn von Herzog Ludwig bei einem Turnier in Nürnberg ums Leben kam, könnte es sich um einen dieser Söhne handeln. Allerdings ist Ludwig IV., der Bayer, als

---

39 Tatsächlich gab es auch einen bekannten bayerischen Herrscher, der „Ludwig der Jüngere" genannt wurde. Dies war jedoch der ostfränkische König Ludwig III. (835–882), der auch König von Bayern war und mehr als 400 Jahre früher lebte.

späterer Kaiser des Heiligen Römischen Reiches, eine sehr bekannte Figur in der Geschichte, und es ist unwahrscheinlich, dass sein Tod auf diese Weise unkommentiert bleiben würde. Das lässt Rudolf I. oder Stephan I. als wahrscheinlichere Kandidaten erscheinen. Es ist jedoch wichtig, weitere Quellen zu konsultieren, um die genaue Identität des im Text erwähnten Sohnes zu klären.

Als die bekanntesten Söhne werden hier Rudolf I., Ludwig IV. der Bayer und Stephan I. genannt. Der spätere Kaiser Ludwig IV. wird hier korrekterweise ausgeschlossen, dafür aber Rudolf I. und Stephan I. als mögliche Kandidaten für den im Turnier verstorbenen Sohn ins Spiel gebracht. Rudolf I. war tatsächlich Sohn Ludwigs II. und ab 1294 auch dessen Nachfolger. Stephan I. hingegen, wie schon Ludwig III., war nicht Sohn Ludwigs II. von Oberbayern, sondern Heinrichs XIII. von Niederbayern. Fragt man ChatGPT nun noch nach weiteren Söhnen Ludwigs II., erhält man zudem die Namen:

Otto III.: Er wurde Herzog von Niederbayern.
Heinrich XIII.: Er wurde ebenfalls Herzog von Niederbayern.

Heinrich XIII. von Niederbayern kennen wir bereits; Otto III. war sein Sohn. Bei dem im Turnier verstorbenen Sohn handelt es sich derweil um Ludwig Elegans, den ältesten Sohn Ludwigs II. aus erster Ehe. Über ihn ist über den frühen Turniertod hinaus, der sich tatsächlich 1290 ereignete, nichts weiter bekannt.[40]

Während ChatGPT damit einerseits fähig ist, unbekannte Texte korrekt einzuordnen und schwierige Stellen vor einem großen Informationshintergrund auch argumentativ einzuordnen und zu beleuchten, scheitert es offensichtlich an den komplexen Namens- und Herrschaftsverhältnissen im Bayern des 13. Jahrhunderts.

Wie lassen sich diese unterschiedlichen Ergebnisse erklären? Um nun genauer einschätzen zu können, über welche Fähigkeiten ChatGPT tatsächlich verfügt und über welche nicht, und damit auch entscheiden zu können, in welcher Weise ChatGPT und LLM als hermeneutische Instrumente in den Arbeits- und Verstehensprozess der Geschichtswissenschaften integrierbar sind, ist es unerlässlich, zunächst die Technologien und Methoden besser zu verstehen, auf deren Grundlage ChatGPT funktioniert. Denn wie überall im Umgang mit neuen computationellen Methoden gilt auch hier: Erst wenn wir Methode und Technologie verstanden haben, können wir diese auch reflektiert und verantwortungsvoll nutzen.

---

40 „Ludwig, Indexeintrag", *Deutsche Biographie*, in [www.deutsche-biographie.de/pnd13795638X. html] (Zugriff: 22.10.2023).

9 Technologische und methodische Hintergründe

Um die Prozesse, die zu den Ergebnissen des Experiments geführt haben, genauer zu verstehen, ist es entscheidend, sich mit drei zentralen Schlüsselkonzepten auseinanderzusetzen: den Embeddings, der Self-Attention und den Transformer-Modellen selbst.

9.1 Embeddings – Wie die „Bedeutung" in das Modell kommt

Embeddings sind eine Methode zur Umwandlung von Wörtern in Vektoren von Zahlen und damit in große Zahlenreihen, wobei Wörter, die in ähnlichen Kontexten vorkommen, ähnliche Vektoren haben. Ein bekannter Ansatz ist Word2Vec, der ein „Moving Window" verwendet, um die Kontextwörter eines jeden Worts zu erfassen.[41] Dafür geht ein Algorithmus in den Texten der Reihe nach jedes Wort durch und erfasst, wie häufig welche Wörter innerhalb eines bestimmten Abstands dieses Wort begleiten. Diese Kontextwörter werden dann zu spezifischen Vektoren für jedes Wort zusammengefasst. Durch das Training an umfangreichen Textdaten erstellt Word2Vec damit ein statistisches Modell für den in den Daten gefundenen Gebrauch der Wörter (welche Wörter häufiger und welche seltener oder gar nicht im Kontext eines jeden einzelnen Wortes auftauchen) und damit ein statistisches Modell für Wortkontexte. Ähnliche Gebrauchskontexte ergeben dabei ähnliche Vektoren, womit Homonyme in ihrer Bedeutung unterschieden und auch Synonyme erkannt werden können, da sie in den gleichen Kontexten vorkommen. Im Vektorraum des Modells bilden sich damit semantische Beziehungen als räumliche Distanzen ab. Begriffe wie „männlich", „weiblich", „König" und „Königin" beispielsweise haben dann ähnliche Abstände zueinander, was Rückschlüsse auf ihre Bedeutungen zulässt (siehe Abb. 1).

---

41 Zu Embeddings allgemein siehe Daniel Jurafsky/James H. Martin, *Speech and Language Processing*, 2023, Kap. 6: „Vector Semantics and Embeddings" in [https://web.stanford.edu/~jurafsky/slp3/6.pdf] (Zugriff: 22.10.2023). Zu Word2Vec im Besonderen siehe: Tomas Mikolov et al., *Efficient estimation of word representations in vector space*, ArXiv 2013 (arXiv: 1301.3781) sowie für die Auswertbarkeit der Vektoren Tomas Mikolov et al., „Distributed Representations of Words and Phrases and their Compositionality", *Neural Information Processing Systems*, ArXiv 2013 (arXiv: 1301.3781).

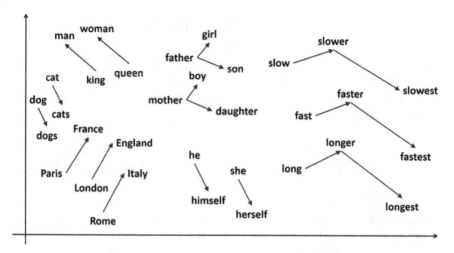

Abbildung 1: Schematische Darstellung der Beziehung zwischen Wörtern in einem auf zwei Dimensionen reduzierten Vektorraum.[42]

Damit ist es möglich, nicht mehr nur auf der Zeichenebene der in den Texten verwendeten Begriffe zu operieren, sondern auf einer scheinbaren Bedeutungsebene. Diese ergibt sich jedoch ausschließlich aus dem statistischen Modell des Gebrauchs der jeweiligen Begriffe bzw. Buchstabenfolgen in den Trainingsdaten. Die Bedeutung der einzelnen Buchstabenfolgen (Zeichenebene) wird damit nicht explizit kodiert, sondern implizit aus den verwendeten Textdaten abgeleitet. Das so entstandene Modell stellt damit auch kein Modell der Welt dar, sondern nur ein Modell der Sprache, die über die Welt spricht.

Dies wird insbesondere klar, wenn man berücksichtigt, dass das GPT-Sprachmodell nicht auf vollständigen Wörtern, sondern auf Wortteilen, also unterschiedlich langen Buchstabensequenzen, basiert. Anstatt z. B. die Gebrauchskontexte für den Begriff „Hermeneutik" auf Basis der Zeichenkette „Hermeneutik" zu erstellen, zerlegt GPT diese in Elemente (Token) wie „H", „er", „men", „eut", „ik" und generiert daraus einen Vektorraum.

Für das Training großer Sprachmodelle können diese Embeddings zusätzlich für jeden einzelnen Satz als Sentence Embeddings zusammengefasst werden, um die Modellierung des jeweiligen Sprachgebrauchs auch auf Satzebene zu verbessern.

Wichtig für die Einordnung des disruptiven Charakters von LLM ist damit: Auch LLM operieren zunächst einmal auf der Zeichenebene, erweitern diese jedoch

---

mit statistischen Modellen der Verwendung dieser Zeichen, woraus dann eine bestimmte Form von Bedeutung zu entstehen scheint.

9.2 Self-Attention – Wie der Kontext in das Modell kommt

Nachdem die einzelnen Wörter mittels Embeddings in vektorisierte Formen ihrer Bedeutung überführt wurden, tritt bei Modellen, die wie GPT auf der Transformer-Architektur basieren, ein weiterer entscheidender Mechanismus in Kraft: die Self-Attention.[43] Dieser setzt die im Eingabetext verwendeten Wörter bzw. Zeichensequenzen in den Kontext des gesamten Textes und bietet so einen verfeinerten Zusammenhang für jedes einzelne Wort. Anders als ältere Technologien, die Texte nur in kleinen Teilstücken nacheinander bearbeiten konnten, ermöglicht die Self-Attention-Struktur, bis zu einer bestimmten maximalen Sequenzlänge den gesamten Text auf einmal zu verarbeiten. Damit wird für jedes Wort im Eingabetext nicht nur seine eigene Bedeutung (Embedding), sondern auch sein Verhältnis zu allen anderen Wörtern im jeweiligen Eingabetext berücksichtigt.

Die Self-Attention nutzt dabei mehrere „Heads",[44] die unterschiedliche Aspekte der Beziehungen zwischen den Wörtern eines Textes berücksichtigen, ohne dass sie explizit darauf programmiert bzw. trainiert wurden. Die unterschiedlichen Spezialisierung der „Heads" auf bestimmte Aspekte der Beziehungen zwischen den Wörtern bzw. Zeichenfolgen in den Textdaten haben sich vielmehr erst im Rahmen des Trainings herausgebildet. Dabei kann z. B. der eine „Head" dazu neigen, syntaktische Beziehungen wie die zwischen einem Subjekt und seinem Prädikat zu erkennen (siehe Abb. 2). Ein anderer wiederum spezialisiert sich darauf, koreferentielle Beziehungen wie die zwischen einem Pronomen („er", „sie") und dem zugehörigen Nomen zu identifizieren. Während das erste publizierte Transformer-Modell nur acht dieser Heads beinhaltete, verfügt das größte der GPT-3-Modelle über 96 Heads in 96 verschiedenen Layern.[45]

---

43 Siehe grundlegend Ashish Vaswani et al., *Attention Is All You Need*, ArXiv 2017 (arXiv: 1706.03762).

44 Zur Funktionsweise vgl. Christopher D. Manning et al., „Emergent linguistic structure in artificial neural networks trained by self-supervision", *Proceedings of the National Academy of Sciences*, Bd. 117, 2020, 30046–30054 (DOI: 10.1073/pnas.1907367117), sowie Kevin Clark et al., „What does BERT look at? An analysis of BERT's attention", *Proceedings of the Second BlackboxNLP Workshop on Analyzing and Interpreting Neural Networks for NLP*, hg. von Tal Linzen et al., Stroudsburg PA 2019, 276–286 (arXiv:1906.04341).

45 Tom B. Brown et al., *Language Models are Few-Shot Learners*, ArXiv 2020 (arXiv:2005.14165).

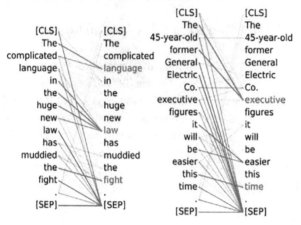

Abbildung 2: Beispiel für die Aufmerksamkeit eines Attention Heads.[46]

Ausgehend von der in den Embeddings codierten Bedeutung der einzelnen Zeichenfolgen wird durch den Self-Attention-Mechanismus damit ein scheinbar tiefes „Verständnis" für deren spezifische Verwendung im Kontext des gegebenen Eingabetextes hergestellt. Entsprechend kann bei der Beantwortung von Fragen sowohl der engere Kontext eines bestimmten Textabschnitts als auch der Gesamtkontext des übergebenen Textes berücksichtigt werden. Und auf die gleiche Weise kann in einem Prompt auch zwischen einer Anweisung und dem übergebenen Text unterschieden werden.

9.3 Transformer und Training – Wie die Texte und Dialoge entstehen

Das Hauptziel von Transformer-Modellen schließlich besteht darin, auf Grundlage ihres antrainierten Modells eine Texteingabe zu „interpretieren", um daraufhin einen passenden Ausgabetext zu generieren.[47] Dies kann eine Übersetzung sein, die Zusammenfassung oder Erweiterung eines gegebenen Textes, oder auch die Be-

---

46 Clark et al. 2019, 5.

47 Vgl. grundlegend Vaswani 2017. Für eine einfache Einführung in Transformer-Modelle, vgl. Jay Alammar, *The Illustrated Transformer*, Blog-Post, 2018, in [https://jalammar.github.io/illustrated-trans former/] (Zugriff: 22.10.2023).

antwortung einer in der Eingabe gestellten Frage. Aktuelle Transformer-Modelle besitzen die Fähigkeit, auf eine Vielzahl von Anweisungen unter Berücksichtigung des jeweils gegebenen Kontexts reagieren zu können. Dass dies möglich ist, liegt an ihrer besonderen Architektur und an der Art und Weise, wie sie trainiert wurden. Vor allem aber liegt es an der Menge der trainierbaren Parameter und der Trainingsdaten.

Wenn hier von Textgenerierung gesprochen wird, bedeutet dies für Modelle wie GPT im Wesentlichen, für eine gegebene Wortsequenz das wahrscheinlichste nächste Wort vorherzusagen. Der Text wird damit rein sequentiell, also Wort für Wort bzw. Token für Token, generiert. Dies ermöglicht es dem Modell, sowohl auf den Eingabetext als auch auf den bereits generierten Text zu reagieren. Dabei bilden in Chat-Applikationen wie ChatGPT die Dialoge aus Prompts (einschließlich der übergebenen Texte etc.) und den automatisiert generierten Antworten am Ende eine zusammenhängende Texteinheit. Das erklärt, warum ChatGPT innerhalb einer Konversation kontinuierlich im Kontext des bisherigen Gesprächs antwortet und sich im Verlauf des Dialogs stetig verbessern kann.

Aufbauend auf den Embeddings der Eingabetexte, verschiedener Schichten von Self-Attention-Mechanismen und weiterer trainierbarer Elemente, können textgenerierende Transformer-Modelle für einen gegebenen Text Vorhersagen für das nächste Wort treffen.[48] Frühere Modelle mussten dafür zunächst in einem Pretraining mit einer großen Menge von Textdaten trainiert werden, um zentrale Merkmale der Texte bzw. der darin verwendeten Sprache zu erlernen, die dann in den verschiedenen trainierbaren Gewichten der Attention Heads und der Netzwerkschichten abgebildet sind. Um ein solches Modell dann aber tatsächlich für eine spezifische Aufgabe nutzen zu können, musste es daraufhin noch einmal mit einer großen Menge von Input-Output-Beispielen, wie Übersetzungen oder Kombinationen aus Text und Abstract oder Frage und Antwort, für diesen Zweck optimiert werden. Für unterschiedliche Anwendungen mussten daher oft verschiedene Modelle trainiert werden.

Mit der Einführung von GPT-3 änderte sich dieser Ansatz. Hier wurde die Annahme verfolgt, dass besonders große Modelle, die mit besonders umfangreichen Datenmengen trainiert werden, effizienter arbeiten und weniger Fine-Tuning benötigen. Dementsprechend wurden die Architektur und die Trainingsdaten angepasst. Das größte und leistungsfähigste Modell von GPT-3 besteht daher aus 96 Schichten, die jeweils über 96 Attention-Heads verfügen (zusammen 9216), und kommt auf insgesamt 175 Milliarden trainierbare Parameter. Als Trainingsdaten für das Sprachmodell diente ein Korpus aus 45 TB Textdaten, basierend auf riesigen

---

48 Siehe Brown et al. 2020.

Internettextkorpora (Common Crawl und WebText2), Daten aus zwei nicht näher spezifizierten internetbasierten Buchkorpora sowie der englischsprachigen Wikipedia.[49]

Im Ergebnis konnte GPT-3 verschiedene Aufgaben nun ganz ohne aufwändiges Fine-Tuning durch sogenanntes Zero-, One- oder Few-Shot Learning erfüllen. Das heißt, dass es in der Lage ist, korrekt auf Anweisungen in Prompts zu reagieren, selbst wenn es nie speziell dafür trainiert wurde. Dabei verbesserten sich die Ergebnisse noch, wenn im Prompt Beispiele für das gewünschte Verhalten mit angegeben wurden (In-Context-Learning).[50]

Auf diese Weise konnte das Modell beispielsweise, so wie es war, den Prompt „Translate English to French: Cheese =>" korrekt mit „fromage" und „Alice was friends with Bob. Alice went to visit her friend" mit „Bob" ergänzen oder Artikel schreiben, die von jenen menschlicher Autor:innen kaum mehr zu unterscheiden sind. Gleiches gilt für Q&A-Aufgaben, bei denen GPT-3 die Leistung früherer Modelle meist deutlich übertraf. Dies gilt jedoch nicht für alle Tests. Gerade da, wo es um sehr granulares Wissen aus der Wikipedia ging, schnitt die GPT-3 deutlich schlechter ab.[51] Denn das besonders große Sprachmodell kann, so ist zu mutmaßen, zwar immer wieder in den Trainingsdaten wiederholte allgemeine Informationen gut reproduzieren, aber nicht solche, die eher kleinteilig und selten sind.

Die zugrundeliegende Funktionsweise von GPT-3 lässt sich besonders anschaulich am Beispiel der Lösung von Additions- und Substraktionsaufgaben aufzeigen:

In einem Test mit unterschiedlich großen GPT-3-Modellen erzielte das größte Modell zwar die besten Ergebnisse. Allerdings variierten auch hier die Resultate abhängig von der jeweiligen Aufgabenstellung. So lag das Ergebnis bei der Addition und Substraktion im Few-Shot-Setting (also mit einigen Beispielen im Prompt) bei zweistelligen Zahlen bei 100 % bzw. bei 98.9 %. Bei dreistelligen Zahlen dann jedoch bei 80.2 % und 94.2 % und bei vierstelligen nur noch bei 25–26 %. Bei fünfstelligen Zahlen schließlich wurden nur noch 9 bzw. 10 % der Aufgaben richtig gelöst. Im Zero-Shot-Verfahren, also ohne beigegebene Beispiele, lag GPT-3 bei der Addition zweistelliger Zahlen nur zu 76.9 % und bei dreistelligen Zahlen nur zu 34.2 % richtig.[52]

Wie lässt sich das erklären? Zum einen konnte das Modell im Few-Shot-Setting mit den Beispielen im Prompt ein Muster aufnehmen, auf dessen Grundlage es bessere Ergebnisse finden konnte. Vor allem aber basiert GPT-3 allein auf einem

49 Ebd., 8.
50 Ebd., 4.
51 Ebd., 13–14.
52 Ebd., 21–23.

statistischen Modell seiner Trainingsdaten, nicht jedoch auf einem Modell arithmetischer Logik. Entsprechend sind korrekte Beispiele mit zweistelligen Zahlen als Antwortvorlage deutlich wahrscheinlicher als solche mit fünfstelligen Zahlen. Ein Umstand, der sich auch im Playground von OpenAI sehr einfach reproduzieren lässt, wo man zugleich auch die Wahrscheinlichkeiten für die verschiedenen angebotenen Antwortoptionen anzeigen lassen kann.[53] Auch das beste Modell *text-davinci-003*[54] bietet bei der Gleichung 2+2 das Ergebnis 4 nur mit einer Wahrscheinlichkeit von 56 %, das Ergebnis 5 noch bei 10.4 %. Bei dem Modell für ChatGPT-3.5 (*gpt-3.5-turbo-instruct*) liegt die Wahrscheinlichkeit nur noch bei 46 %.

Das mit 1,8 Billionen Parametern in 120 Schichten noch einmal erheblich größere Modell von GPT-4,[55] über dessen Training und Architektur von OpenAI leider nur wenig bis nichts veröffentlicht wurde, bietet in vielen Belangen eine noch deutlich bessere Performanz, gerade auch bei logischen Inferenzaufgaben, wenngleich für die meisten Tests noch nicht auf dem Niveau, das Menschen im Durchschnitt erreichen (wobei GPT-4 deutlich besser abschneidet als ChatGPT). Analog zu den hohen Zahlen lässt auch hier die Leistung von GPT-4 deutlich nach, wenn es um neue bzw. unbekannte Datensätze geht und damit um Beispiele, die nicht in den Trainingsdaten zu finden sind.[56]

Tatsächlich hat die Zusammensetzung der Trainingsdaten wohl einen gewissen Einfluss auf die Ergebnisse. Entweder durch deren Fehlen, wie eben gezeigt. Oder aber durch deren Präsenz. Denn Informationen oder Muster, die sehr wahrscheinlich Teil der Trainingsdaten waren, scheinen auf der anderen Seite die Qualität der Antworten zu verbessern. Dies konnte gezeigt werden, indem man ChatGPT/GPT-4 Passagen aus bekannten Büchern übergab, jedoch die Eigennamen im Text maskierte, die es dann richtig erriet.[57] Auch Fragen über diese Texte, wie z. B. das Publikationsjahr, waren dann signifikant genauer beantwortet als bei anderen Texten. Dabei mutmaßen die Autoren, dass dieser Memorizing-Effekt dort noch höher ist, wo Texte möglicherweise gleich mehrfach in den Trainingsdaten

53 Open AI, in [https://t1p.de/ufdoz] (Zugriff: 22.10.2023), mit den Parametern „show probabilities in Full spectrum", und „Temperature = 0".
54 Für die verschiedenen GPT-Modelle und deren Eigenschaften vgl. in [https://platform.openai.com/docs/models/gpt-3-5] (Zugriff: 22.10.2023).
55 OpenAI, *GPT-4 Technical Report*, ArXiv 2023 (arXiv:2303.08774).
56 Vgl. Hanmeng Liu et al., *Evaluating the Logical Reasoning Ability of ChatGPT and GPT-4*, ArXiv 2023, 6 (arXiv:2304.03439), sowie den Diskussionsbeitrag von Konstantine Arkoudas, *GPT-4 Can't Reason*, ArXiv 2023 (arXiv:2308.03762).
57 Vgl. Kent K. Chang et al., *Speak, Memory. An Archaeology of Books Known to ChatGPT/GPT-4*, ArXiv 2023 (arXiv:2305.00118).

vorkommen.[58] Erste eigene Tests zeigen derweil, dass dies unter GPT-4 auch für deutschsprachige Texte funktioniert, wenn z. B. in einem Auszug aus den „Leiden des jungen Werther" die betreffende Leerstelle korrekt mit „Lotte" gefüllt wird, statt mit „Charlotte", wie Lotte in den englischen Übersetzungen heißt.[59]

Auch diese sehr großen Sprachmodelle lassen sich durch Fine-Tuning für spezifische Aufgaben optimieren, so wie es bei ChatGPT der Fall ist. ChatGPT ist eine besondere Version von GPT, die durch viel menschliches Feedback und ein komplexes Training an umfangreichen Daten nachtrainiert wurde, um in Dialogen zufriedenstellende Antworten zu liefern. Inwieweit dabei auch spezifische Aufgabenstellungen optimiert wurden, ist leider nicht öffentlich bekannt.

10 Erklärung der Ergebnisse

Auf dieser Grundlage lassen sich die obigen Ergebnisse nun besser interpretieren.

Zunächst ist die Beherrschung des Mittelhochdeutschen zu diskutieren. Diese Fähigkeit könnte darauf zurückgehen, dass GPT-4, dessen Modell für ChatGPT im obigen Experiment verwendet wurde, möglicherweise nicht mehr nur mit Trainingsdaten in englischer Sprache trainiert wurde, sondern in bis zu 26 verschiedenen Sprachen.[60] Es ist gut möglich, dass GPT-4 aus der Kombination der Embeddings und der Self-Attention über die vielen Schichten hinweg ein allgemeines Sprachmodell erlernt hat, welches es ermöglicht, auch weniger verbreitete Sprachen wie das Mittelhochdeutsche weitgehend korrekt zu verarbeiten.

Was ChatGPT in seinen Antworten überraschend gut gelang, war zunächst die Zusammenfassung und Einordnung der im Text geschilderten Ereignisse, die hier z. T. auch zu allgemeinen Aussagen abstrahiert wurden: „kam es zu verschiedenen politischen und sozialen Entwicklungen, darunter die Bestätigung der Wahlrechte der sieben Kurfürsten, die Verfolgung durch einen abtrünnigen Mönch namens Meister Jacob ...".[61]

Ähnliches ließ sich auch bei der Einordnung des Begriffs „uber meer wolt faren" beobachten, wo zunächst recht allgemeine Alternativen angeboten wurden

---

58 Dies wurde zumindest für vergleichbare Modelle für die Bildgenerierung (u. a. auch DALL-E 2 von OpenAI) nachgewiesen, vgl. Nicholas Carlini et al., *Extracting training data from diffusion models*, ArXiv 2023 (arXiv:2301.13188).

59 Open AI, in [https://t1p.de/semxz] (Zugriff: 23.11.2023).

60 Auch der Technical Report von OpenAI zu GPT-4 macht keine Angaben zu den Trainingsdaten. Jedoch ist das neue Modell jetzt deutlich performanter, vgl. OpenAI, *GPT-4 Technical Report*, 2023, 7–8.

61 Siehe oben, Antwort1.

und dann auf Nachfrage eine klare Festlegung unter Rückgriff auf den Kontext des beigegebenen Textes sowie des erschlossenen zeithistorischen Rahmens dieses Textes erfolgte. Während der textliche Kontext sich aus der Self-Attention erklären lässt, könnte der historische Kontext auf die Informationen zurückgehen, die aus der Vielfalt der Trainingsdaten im Sprachmodell gelernt und hinterlegt wurden. Bei der Überprüfung der Fakten scheint das Gleiche zu gelten. Die Ausführung der Aufgabe, zufällig drei Aussagen herauszusuchen und diese zu prüfen, mag dabei auf die Zero-Shot-Kapazität des Modells zurückgehen. Die Überprüfung selbst basiert dann allein auf der Prüfung der Existenz spezifischer Ereignisse, wie z. B. der Erhebung Österreichs zum Herzogtum oder der Bestätigung des Deutschen Ordens durch Innozenz III., und deren Datierungen. Dabei werden allgemeine Aussagen meist bestätigt und um zusätzliche Kontextinformationen ergänzt, und die Jahresangaben meist als korrekt akzeptiert – obwohl sie, wie bei der Bestätigung des Deutschen Ordens durch Innozenz III., auch um ein bis zwei Jahre von den tatsächlichen Daten abweichen. Was diese kontextualisierenden bzw. kontextbewussten Aussagen gemein haben: Sie verweisen alle auf gut bekannte Ereignisse, die in den Trainingsdaten sicherlich immer wieder berichtet werden.

Was hingegen weniger gut funktionierte, war die Beantwortung der sehr spezifischen Frage nach dem im Turnier umgekommenen Sohn Heinrichs II. von Bayern. Dabei ist davon auszugehen, dass die hierfür notwendigen Informationen deutlich seltener in den Trainingsdaten präsent waren, wenn überhaupt. Hier nun scheint das Modell zwischen den verschiedenen Herzögen und deren Söhnen, zwischen Oberbayern und Niederbayern, durcheinandergekommen zu sein. Vielleicht liegen diese verschiedenen Begriffe im Vektorraum schlicht zu nah beieinander, um in unterschiedlichen Kombinationen als eigenständige Konzepte bzw. Entitäten ansprechbar zu sein. Am Ende sind auch Bayern/Oberbayern/Niederbayern, Herzog/Ludwig/Heinrich etc. nur Worte bzw. Zeichenketten. Ein symbolisch repräsentiertes Konzept für die einzelnen Personen wie für (deren) Verwandtschaftsverhältnisse scheint es im Modell nicht zu geben, weshalb das Modell am Ende zwar zu einem sprachlich, jedoch nicht inhaltlich plausiblen Ergebnis kommt.

Dies wird noch einmal deutlich, wenn man GPT im Playground im Vervollständigungsmodus darum bittet, den Satz „Die Söhne von Ludwig II., dem Strengen, Herzog von Oberbayern und Pfalzgraf bei Rhein, waren:" zu vervollständigen. Selbst wenn man die Parameter so einstellt, dass stets nur das wahrscheinlichste Ergebnis angezeigt wird (Temperatur = 0[62]), kommt man zu einem erstaunlichen Ergebnis:

---

62 Der Parameter „temperature" definiert, wie deterministisch der Text generiert wird. Tatsächlich führt eine Temperatur größer als 0 dazu, dass in bestimmten Abständen immer wieder auch unwahrscheinliche Kandidaten als nächstes Wort generiert werden, was dann wiederum in den

eine Liste von insgesamt 39 Namen, die wahrscheinlich nur wegen der Zeichenli-
mitierung für die Antwort endet, und mit Ludwig III. und Heinrich XIII. beginnend
dann eine große Zahl vor allem von Ottos, Rudolfs und Stephans aufzählt mit Le-
bensdaten, die vom 13. Jahrhundert bis schließlich ins 19. Jahrhundert reichen.[63]

11 Einordnung: Hermeneutik aus der Maschine?

Was bedeuten diese Ergebnisse nun abschließend für unsere Frage, ob Large
Language Models wie ChatGPT über eigene hermeneutische Fähigkeiten verfügen
und ob, und wenn ja, wie man diese Technologien sinnvoll in unseren hermeneutischen Prozess eingliedern kann? Dies soll im Folgenden aus zwei verschiedenen
Perspektiven beantwortet werden: zum einen technologisch-methodologisch, wenn
es darum geht, wie das Modell arbeitet und was das für die Verwendung der damit
erzeugten Ergebnisse für die Geschichtswissenschaften inhaltlich bedeutet, und
zum anderen hermeneutisch-epistemologisch, wenn wir danach fragen, wie die
mögliche Verwendung dieser Technologie auch unser menschliches Verständnis
und damit als Tool unsere eigene Wissensproduktion beeinflusst.

11.1 LLM als maschinelle Hermeneutik?

Es sollte deutlich geworden sein, dass das Modell trotz seiner kontextsensiblen und
nach außen hin reflektiert erscheinenden Antworten nicht in der Lage ist, den
Inhalt eines Textes kognitiv zu erfassen oder zu verstehen. Grundsätzlich kann es
nur Trainingsdaten und darin enthaltene Muster replizieren bzw. auf Grundlage
der so gelernten Muster Text produzieren. Durch die angewandten Technologien
wie Embeddings und Self-Attention sowie durch die Größe des Modells und des
riesigen Trainingskorpus sind die Ergebnisse des Modells sprachlich sehr überzeugend. Doch ordnen sich auch die darin vermittelten Informationen und Inhalte
dem statistischen Prinzip des Modells unter. Auch sie werden auf Grundlage statistisch inferierter Muster aus den Trainingsdaten gezogen und basieren nicht auf
einem kognitiven Prozess des Abwägens oder Verstehens. Das Modell ist bislang
genuin nicht in der Lage, logische Zusammenhänge herzustellen, Ableitungen zu
treffen oder auch nur zu rechnen. Etwaige Verfahren des logischen Schließens und

---

das Verständnis von Kausalitäten, das für das hermeneutische Verfahren von besonderer Bedeutung ist, sind zwar in Teilen der Ausgaben erkennbar, speisen sich aber sehr wahrscheinlich nur aus der Imitation der aus den Daten gelernten Muster.

Dabei werden Informationen, die häufiger in den Trainingsdaten des Sprachmodells enthalten sind, in den Textausgaben verlässlicher abgebildet als solche, die nur selten erwähnt werden. Gleiches sollte auch für die Formulierung von Antworten auf spezifische Aufgaben wie Einordnungen, Kontextualisierungen oder Ableitungen gelten.

Um es noch deutlicher zu sagen: LLM sind keine symbolischen Repräsentationen der Welt, wie z. B. Knowledge Graphen, in denen Wissen über die Welt nach klaren Regeln formalisiert abgelegt wird, sondern statistische Repräsentationen der Sprache, mit der über die Welt gesprochen wird. In diesem Sinne gibt es in den LLM auch keine Wahrheit, das Modell kann nicht zwischen Wahr und Falsch unterscheiden. Es gibt nur Wahrscheinlichkeiten. Von daher können LLM auch keine verlässlichen Aussagen über die Welt treffen, sondern nur Texte produzieren, welche die in den Trainingsdaten enthaltene Sprache und die darin abgebildeten Informationen in Bezug auf eine Aussage oder einen beigegebenen Text in einer plausiblen Art und Weise neu arrangieren.

Dass es statt einer Wahrheit nur (scheinbare) Plausibilität gibt, mag auf den ersten Blick der Idee der Hermeneutik sogar entgegenkommen. Letztlich erstellt GPT vor dem Hintergrund seines Sprachmodells nur eine weitere mögliche Lesart eines Textes oder einer Aussage. Doch muss uns klar sein, dass dies nicht auf Grundlage eines eigentlichen Verstehensprozesses geschieht, sondern das Ergebnis eines rein „mechanischen" Prozesses ist, der nicht durch eigene spezifische Interessen oder Intentionen gesteuert ist, und auch nicht durch Intuition,[64] sondern durch Algorithmen und Gewichte.

11.2 LLM als hermeneutische Instrumente

Doch lässt sich diese „Mechanik" im Sinne eines hermeneutischen Instruments unter bestimmten Voraussetzungen sehr wohl sinnvoll nutzbar machen. Durch *in-context learning* und geschicktes Prompting ist dieses grundlegend statistische Verfahren durch Nutzer:innen zumindest bedingt steuerbar, beispielsweise indem man verschiedene Kontexte im Dialog der Textgenerierung miteinander verbindet

---

64 Durch die Einführung der „Temperature" (s. o.) lässt sich aber zumindest ein damit definiertes Maß an Zufall einfügen, was zu potentiell „kreativ" wirkenden, da weniger vorhersehbaren Antworten führt.

oder das gewünschte Verfahren in noch spezifischere Teilschritte unterteilt. Auf diese Weise lassen sich Angebote für mögliche Einordnungen, Kontextualisierungen und Bewertungen von Texten, Bildern oder einzelner Aussagen vor einem so verstandenen potentiellen Informationshintergrund (oder auch „Verstehenshorizont") generieren, der durch einen Menschen in ähnlicher Weise in dieser Breite nie abgedeckt werden könnte. Zumal wenn man bedenkt, dass GPT-4 multilingual trainiert wurde und damit generell auf sprachliche Aussagen in einer Vielzahl von Sprachen zurückgreift, was den potentiellen Referenzraum für etwaige Fragen noch einmal erheblich erweitert. Doch muss klar sein, dass die Ergebnisse in gewisser Weise nur Denkangebote sein können, die dann im weiteren Verlauf sehr kritisch zu prüfen sind.

Fürs Erste scheint dies vor allem bei der Kontextualisierung von Texten und Aussagen funktional zu sein, wo es darum geht, konkrete Aussagen in einen breiteren Kontext zu setzen oder durch Begriffsklärungen zu erhellen. Das Beantworten von Detailfragen auf der Ebene seltener und eher granularer Informationen, insbesondere wenn hier auch spezifische Konzepte oder Modelle der Welt (wie z.B. Verwandtschaftsbeziehungen) sowie logische Operationen zur Anwendung kommen müssten, ist derzeit wohl noch nicht adäquat möglich. Die Wahrscheinlichkeit, weitgehend korrekte Ergebnisse zu erlangen, ist hier erheblich geringer. Wobei man bei der Bewertung zukünftiger Einsatzmöglichkeiten dieser Modelle nicht ausschließlich vom aktuellen Zustand ausgehen sollte, sondern auch mögliche und denkbare Weiterentwicklungen mit einbeziehen sollte. Schließlich sollte es heute kein Problem mehr sein, die gemäß Eingangszitat von Knut Eming in den 1980er Jahren übernommene Aufgabe, aus den ersten beiden Bänden der *Gesammelten Werke* Gadamers für häufig verwendete Begriffe die Hauptstellen zusammenzutragen und die beiden Bände damit zu verbinden, maschinell zu lösen. Man braucht nur die obigen Prompts in ChatGPT der Version 3.5 einzugeben, um einen Eindruck davon zu erhalten, wie schnell sich die Technologie entwickelt.

Eine weitere, und möglicherweise noch gravierendere, weil schnell übersehbare Einschränkung der Anwendbarkeit der aktuellen Sprachmodelle ist deren fehlende historische Tiefe. Es ist zwar möglich, dass das Modell Trainingsdaten zumindest basierend auf unterschiedlichen Sprachstufen differenziert, doch grundsätzlich werden alle Daten, unabhängig von ihrem Entstehungszeitpunkt, gleichbehandelt. Das führt dazu, dass die am häufigsten vorkommenden Aussagen im Modell prominenter sind, während die neuesten Informationen möglicherweise unterrepräsentiert sind.[65] Diese Vermengung von historischen und aktuellen Daten kann zu Verfälschungen und Fehlinterpretationen führen, was die Zuverlässigkeit der generierten Sprache beein-

---

65 Siehe Carlini et al. 2023.

trächtigt. Darüber hinaus wird die Möglichkeit eines Nachvollzugs von Entwicklungen im Sinne von Gadamers Traditionen erschwert, es sei denn, solche Entwicklungen sind explizit in den Texten der Trainingsdaten selbst verankert.

Entsprechend hängt sehr viel von den Daten ab, auf denen letztlich trainiert wurde, und ob diese in irgendeiner Art und Weise beim Training noch einmal gewichtet wurden. Genau hier nachzufassen und zu prüfen, wie unterschiedliche Quellen vielleicht auch unterschiedlich bewertet wurden oder bewertet werden können, und Ansätze zu entwickeln, wie die historische Tiefe der zugrundeliegenden Textkorpora abgebildet und nutzbar gemacht werden kann, wäre aus der Perspektive der digitalen Geschichtswissenschaften eine der drängendsten Aufgaben. Aus akademischer Nutzungsperspektive, die nicht auf schwer einzuschätzende Wahrscheinlichkeiten aufbauen, sondern Informationen und Wissen transparent bis zu deren Quelle zurückverfolgen und damit reproduzierbar und reliabel machen möchte, wäre es dabei sicher wünschenswert, Sprachmodell und die Repräsentation von Wissen zu trennen. Doch selbst hier bleibt die Herausforderung, dass auch das Sprachmodell selbst immer zeitgebunden sein wird. Oder könnte man sich z. B. ein Sprachmodell vorstellen, das allein auf Texten des 15. Jahrhunderts aufbaut und in diesem Sinne auch nur in der Sprache und mit den Konzepten des 15. Jahrhunderts nutzbar ist?

11.3 LLM als Teil unseres hermeneutischen Prozesses

Was uns zum letzten und vielleicht wichtigsten Punkt überhaupt bringt: Wie sich LLM als Instrumente eigentlich in unseren hermeneutischen Prozess einordnen lassen und wie dies unsere historische Wissensproduktion beeinflusst. Oder anders gefragt: Wie verstehen wir als menschliche Nutzer:innen eigentlich die Textausgabe der Maschine und wie können wir sie verarbeiten? Denn die Frage ist nicht nur, ob die Maschine hermeneutische Fähigkeiten hat, sondern auch, wie wir deren Ausgabe eigentlich konkret in unseren Erkenntnisprozess integrieren können.

Wie anfangs dargestellt, sieht Gadamer das Vor-Urteil gegenüber einem Verstehensobjekt, also eine irgendwie geartete individuelle Voreinstellung oder Meinung, als notwendige Voraussetzung zu dessen Verständnis an. Der Verstehensprozess ist für ihn ein Hinterfragen, Revidieren und Erweitern dieses Vor-Verständnisses. Eine entsprechend große Rolle kommt diesem Vorverständnis daher als Ausgangspunkt unseres Verstehens zu, und folglich müssen wir aus dieser Perspektive besonders kritisch mit den Ergebnissen der maschinell generierten Interpretationsangebote umgehen. Denn das hohe Maß an sprachlicher Plausibilität, welches die von Modellen wie GPT erstellten Texte vermitteln und worauf sie ja auch genau trainiert sind, mag rasch dazu verleiten, auch die Inhalte der so generierten Aussagen als gültige Aussagen zu akzeptieren und diese zum Ausgangspunkt des weiteren Verstehens zu machen und damit alles weitere Verstehen vorprägen zu lassen. Wollen wir diese Technologie in unseren hermeneutischen Prozess integrieren, müssen wir uns dieses Effekts bewusst sein, nämlich wie stark – gerade auch in der Möglichkeit der dialogischen Annäherung an Begriffe, Aussagen, Texte oder historische Zusammenhänge – die in dieser Form vorgetragenen Antworten unsere Auseinandersetzung mit dem Gegenstand und unser Verständnis davon prägen können. Dies gilt übrigens auch für die Sprache selbst, mit der das Modell seine Antworten produziert, wenn wir davon ausgehen, dass die Welt durch Sprache erfahren und begriffen wird und diese unseren Verstehensraum definiert. Die von LLM generierte Sprache stellt sicherlich ein statistisches Mittel über die trainierten Textkorpora dar, ist aber gerade dadurch sicher auch durch spezifische, zeitgebundene Vorannahmen und Vorverständnisse geprägt.

Gerade der Umstand, dass geisteswissenschaftliche Wahrheit sich vor allem in Plausibilität ausdrückt, macht es notwendig, dass wir LLM als durch Theorien, Technologien und Daten vorgeformte Instrumente verstehen und nur unter entsprechendem kritischem Vorbehalt einsetzen. Denn, und das ist vielleicht die wichtigste Feststellung in diesem Kontext, sie bleiben am Ende nur Instrumente, die uns im Verständnis bestimmter Dinge unterstützen können. Der eigentliche Verstehensprozess jedoch passiert nicht in der Maschine, sondern bei uns, wenn wir die Ausgaben der Maschine lesen und interpretieren. Was die Maschine letztlich ausgibt, sind zunächst einmal nur die von ihr berechneten bzw. inferierten Sequenzen von Token und damit von Wörtern und Wortschnippseln. Erst wir als Nutzende interpretieren diese Texte, versuchen diese zu verstehen und ordnen ihnen Bedeutung zu. Dazu brauchen wir als Nutzende den entsprechenden Verständnishorizont und damit die Bildung und die Erfahrung in der Auseinandersetzung mit dem jeweiligen Thema, um die Ausgabe der Maschine auch adäquat einordnen und weiterverarbeiten zu können; denn am Ende sind wir es, die diese Ausgabe verstehen müssen und die mit deren Hilfe das eigentliche Ergebnis produzieren.

Wie Rubrizierungen, Register oder die Volltextsuche zuvor, sind auch Large Language Models damit zunächst einmal nur Instrumente, die man kritisch reflektiert zu bedienen wissen muss, die uns dann jedoch auf eine jeweils spezifische Art und Weise helfen können, Texte, Bilder und andere Artefakte und die darin vermittelte Perspektive auf die Welt schneller, besser und umfänglicher zu verstehen. Verstehen jedoch können nur wir selbst.

Lukas Ohly

Als was Texte erscheinen

Phänomenologische Anmerkungen zu KI-Textgeneratoren

Abstract: Texts do not always appear textual to us, but then they are not adequately understood as texts. If even their authors do not understand them as texts, they lack an intended object. It is only through the recipients that something intended comes into being. In this way, the responsibility is also transferred to the recipients to grasp something adequate with what is meant. Due to the scientific and disciplinary division of labor, there is a danger of creating so-called „empty intentions" – statements that have no meaning. In this respect, LLM merely carries a typical risk of the sciences to its extreme. From a metatheoretical point of view, it is all the more important to attribute the texts to authors who make a claim to validity with their text.

1 Einleitung

Alles, was erscheint, erscheint als etwas. Wenn ich von weitem einen Gegenstand sehe, den ich noch nie gesehen habe, sehe ich ihn dennoch als etwas, als ob ich etwas wie ihn schon gesehen hätte. Der dunkle Gegenstand ist dann ein Fleck oder ein Gebüsch.

Und wenn ich weiß, wie ein Text aussieht, kann ich etwas als einen Text sehen. Ich kann weder arabisch lesen noch gesprochene arabische Texte verstehen. Aber wenn ich vor einem Zeitungsstand stehe, erkenne ich einen arabischen Text ebenso, wie wenn ich zwei Menschen sich auf Arabisch unterhalten höre. Ein Text ist also nicht nur ein Text, wenn ich ihn selbst als Sprachmedium benutze oder ihn verstehe. Etwas Unbekanntes kann uns auch als Text begegnen, ohne dass uns dadurch der Textsinn in seiner Syntax, Semantik und nicht einmal in seiner Pragmatik schon bekannt wird. Texte werden *als Texte* gesehen oder gehört, noch bevor sie als Texte gelesen oder verstanden werden.

Damit behaupte ich noch nicht, was jetzt naheliegen könnte, dass KI lediglich auf dieser phänomenologisch basalen Ebene der Intentionalität operiert. Es ist für mich nicht klar, dass KI überhaupt etwas als etwas auffassen kann. Zunächst erscheint es *nur uns* so, dass KI-Operatoren Muster erstellen, *weil* sie Muster sind. Damit eine KI selbst ein Muster als solches erkennt, muss dieses Muster auch für sie als Muster erkennbar sein. Man kann natürlich ein Programm so trainieren, dass es Muster als Muster erkennt. Aber daraus folgt nicht, dass das Training selbst nur

ᵃ Open Access. © 2024 bei den Autorinnen und Autoren, publiziert von De Gruyter. [CC BY-NC-ND] Dieses Werk ist lizenziert unter einer Creative Commons Namensnennung – Nicht kommerziell – Keine Bearbeitung 4.0 International Lizenz. https://doi.org/10.1515/9783111351490-015

deshalb funktioniert, weil das Programm das Training als ein Muster auffasst. Es kann auch sein, dass das Programm „einfach so" Muster auffasst, aber nicht, weil sie Muster sind, sondern weil die Programmierer es dazu aufgefordert haben, eine blind und automatisch durchgeführte Rechenoperation an bestimmten Momenten zu unterbrechen und die Zwischenberechnung bekannt zu geben – die *uns* dann als ein Muster erscheint.

Ich behaupte auch nicht, dass mit dem Gesetz der Intentionalität erwiesen wäre, dass Texte einen transzendentalen Status haben oder gar einen ontologischen. Zum Vergleich: Einen Körper kann ich nur betrachten, weil ich seine Räumlichkeit mitunterstelle. Seine Räumlichkeit ist transzendental gegeben, nicht empirisch. Und nur aufgrund dieser transzendentalen Voraussetzung kann mir überhaupt empirisch ein Körper gegeben sein. Die Räumlichkeit ist für die Körperwahrnehmung unhintergehbar.

Entsprechendes trifft jedoch auf einen Text nicht zu, dass ich ihn nur erfasse, weil Text dabei bereits den transzendentalen Hintergrund bildet. Ebenso wenig muss die Idee von Texten in einem platonischen Himmel existieren, bevor Menschen Texte lesen, sprechen und verstehen können. Das Gesetz der Intentionalität ist vielmehr eine transzendentale Bedingung, überhaupt etwas wahrzunehmen. Ich kann etwas als Text wahrnehmen, auch wenn ich nicht weiß, was ein Text ist, und mich in allen Gehalten täusche, die man einem Text zuschreibt. Seine einheitliche Gegenständlichkeit ist mir vortextlich gegeben. Ein Kleinkind, das Buchseiten herausreißt, unterscheidet bereits zwischen den Seiten und dem Buchdeckel, ohne notwendigerweise zu verstehen, was einen Text ausmacht.

Aus phänomenologischer Sicht erscheint ein Text primär als Gegenstand. Zugleich aber sind uns viele Gegenstände über Texte gegeben, zum Beispiel die abwesenden Gegenstände unserer Mitmenschen. Ich muss die Schwiegermutter meines besten Freundes noch nie gesehen haben. Dennoch ist sie mir gegeben, da er mir von ihr einmal erzählt hat. Ebenso können mir Texte über Texte gegeben sein, zum Beispiel ein Buch, das ich nie gelesen habe, aber eine Rezension davon lese. Überhaupt zeichnet Texte aus, dass sie als Texte nur dann *adäquat* gegeben sind, wenn sie *textlich* gegeben sind,[1] sozusagen in ihrer „Textheit": Damit meine ich, dass meine Wahrnehmung auf derselben Ebene steht wie das Wahrgenommene, nämlich sprachlich verfasst. Das trifft auf andere Gegenstände nicht zu: Eine Amsel kann ich nicht nur beim Anblick in ihrer „Amselheit" adäquat erfassen, sondern auch textlich. Eine adäquat nur beschriebene Amsel kann denselben intentionalen Gehalt haben wie eine Amsel, deren Gesang ich höre. Aber ein Text, der beschrieben

---

1 Wie ich am Beispiel des Kindes, das Buchseiten zerreißt, veranschaulicht habe, können Texte bereits inadäquat gegeben sein.

wird, wird mit derselben Erscheinung erfasst, wie ihr intentionaler Gehalt als Text ist. Texterscheinung (der augenblickliche Eindruck), Texterscheinen (die Einheit des Erscheinens durch alle augenblicklichen Intensitäten hindurch) und intentionaler Gehalt (Gegenstand)[2] sind bei Texten von derselben Art. Es zeichnet also einen Text aus, nur in einer reduzierten Zugangsweise adäquat gegeben zu sein, nämlich über seine Art. Er erscheint als etwas über dieselbe Art dieses Etwas. Dass Sprache Medium ist, verdankt sich dieser reduzierten Gegebenheitsweise.[3] Zwar kann prinzipiell alles zum Medium werden, aber was ein Medium *ist*, wird genau in demjenigen Etwas aufgefasst, das sich auf seine Medialität reduziert.

2 Wissenschaftliche Texte und das „Geplapper eines Papageis"

Wissenschaft arbeitet vor allem mit dieser reduzierten Zugangsweise der Erscheinungen. Mit Friederike Kuster kann man etwas überspitzt davon sprechen, dass sich Wissenschaft von Erscheinungen entfernt, indem sie sich stark darauf fokussiert, wie Erscheinungen textlich reduziert werden:

> Wenn aber, wie wir zu zeigen versuchen, meine Erfahrung und vor allem die Aussprache meiner Erfahrung im Medium des anonymen ‚Systems von Zeichen' in seinem assoziativen und diskursiven Charakter eine mir auch immer schon entfremdete ist, in dem Sinne, daß sie mir nie völlig einholbar und verfügbar ist, so bedeutet das, da mein Sprechen immer schon ein Nachsprechen ist, und daß also nur ausgehend vom Bewußtsein dieses Nachsprechens wirklich verantwortliches Sprechen stattfinden kann.[4]

---

2 Zur Unterscheidung von Erscheinung, Erscheinen und Gegenstand s. Edmund Husserl, *Vorlesungen über Ethik und Wertlehre (1908–1914)*, Dordrecht 1988, 307, 312: „Die Erscheinung ist bewußt im Erscheinen, aber sie ist kein Teil, keine Seite, kein Stück des Erscheinens; ebenso im weiteren Sinn nicht die Meinung im Meinen. Die Phantasieerscheinung ist nicht das Phantasieerscheinen, sie ist aber auch nicht der phantasierte Gegenstand."
3 Damit sind Folgephänomene verbunden, zum Beispiel der hermeneutische Zirkel: Da Texte als Texte adäquat nur textlich gegeben sind, wird auch Medialität nur textlich verstanden. Ich kann also nur dann etwas als etwas verstehen, wenn ich bereits etwas als Medium verstehe. Dazu muss ich also bereits ein Medienverständnis haben, um etwas als Medium zu verstehen. Und ich kann nur ein Medienverständnis haben, wenn mir etwas als Medium gegeben ist. In dieser Zirkularität bewegt sich das Sprachverstehen.
4 Friederike Kuster, *Wege der Verantwortung. Husserls Phänomenologie als Gang durch die Faktizität*, Dordrecht et al. 1996, 78.

Dazu gehören logische Schlussfolgerungen, die das, was sie zur Erscheinung bringen, mit ihrer eigenen Erscheinungsart identifizieren. Dass Sokrates sterblich ist, sieht man ihm dann nicht unbedingt an, sondern ergibt sich über die Erscheinungsweise von Texten durch Texte, eben so, dass sich Texte durch Texte zur Erscheinung bringen lassen, ohne dass andere Erscheinungsweisen nötig sind.

Diese Reduktion ist unausweichlich. Man müsste schon diese Reduktion reduzieren, um sie loszuwerden. Dann aber fehlen uns die Worte für die Phänomene, die die Wissenschaft untersucht. Wir können also nur Wissenschaft betreiben, indem wir uns durch die Sprache zugleich von den Erscheinungen distanzieren, die wir wissenschaftlich untersuchen.

Die Gefahr allerdings besteht nun, dass die wissenschaftstypische Reduktion über Texte eine Eigendynamik gewinnt, die gar keine „Bedeutungsintention"[5] mehr hat, sich also auf keinen erscheinenden Gegenstand bezieht außer auf ihre *eigene* Erscheinungs*weise*. Weil Gegenstände mit Hilfe von Texten erschlossen werden können, kann die Illusion entstehen, dass die Erscheinungsweise von Texten die jeweiligen Gegenstände ersetzen könnte: Texte bringen Texte zur Erscheinung, als ob damit alles über den intentionalen Gehalt der in ihnen behandelten Gegenstände ausgesagt wäre.

Eben das könnte als das „Geplapper eines Papageis"[6] aufgefasst werden, das einen Text zur Erscheinung bringt, ohne dass mit ihm etwas gemeint wird. Es fehlt dann die „aktive Bedeutungsintention"[7]. Dieses Risiko ist wissenschaftstypisch. Denn Wissenschaft braucht bis zu einem gewissen Grad die Konzentration auf textinterne Referenzen, um textlich etwas auszudrücken. Aber gerade dadurch entfernt sie sich von den untersuchten Gegenständen. Dadurch werden Texte selbst zum Explanandum. Es wird dadurch zu einer graduellen Frage, wie weit sich Wissenschaft von ihrem Gegenstand entfernen kann, um noch als Wissenschaft dieses Gegenstandes gelten zu können.

3 KI-Textgeneratoren als Werkzeug

Künstlich intelligente Textgeneratoren stehen daher einerseits in einer Reihe mit wissenschaftstypischen Instrumenten, sind aber andererseits mit dem besonderen Risiko ausgestattet, den behandelten Gegenstand zu verfehlen. Man kann nun fragen, ob KI-generierte Texte *grundsätzlich* dem „Geplapper eines Papageis" ähneln

---

5 Ebd.
6 Ebd.
7 Ebd., 79.

oder ob sie *nur graduell* mehr oder weniger in denselben dialektischen Prozess des Gegenstandsbezugs durch Gegenstandsentfernung gehören, wie es bei anderen wissenschaftlichen Verfahren der Fall ist.

Zu unterscheiden ist dabei, ob der KI-Textgenerator ein Werkzeug für eine Wissenschaftlerin aus Fleisch und Blut ist oder ob er selbst als Autor fungiert. Als Werkzeug ist zu beachten, dass für die Wissenschaftlerin der Textgenerator mit Texten operiert, dass also aus ihrem Blick der intentionale Gegenstand des Textgenerators selbst Texte sind. Wenn man den Textgenerator beispielsweise mit der Aufgabe betraut: „Schreibe mir einen Aufsatz über die Effektivität von Steuererhöhungen für ein klimafreundliches Verhalten", fokussiert er sich nicht tatsächlich auf das Klima oder die Steuerpolitik, sondern entwickelt mit seiner programmtypischen Logik einen Text *über Texte* zu Steuerpolitik und Klimaschutz.

Die Wissenschaftlerin erfährt vom künstlich generierten Text nicht, welche Steuerpolitik für den Klimaschutz effektiv ist. Sie erfährt nicht einmal, wie in der Literatur darüber nachgedacht wird. Sondern sie erfährt, wie der Textgenerator verfügbare Literatur als Bausteine verwendet und in einem Artikel zusammenstellt. Der künstlich erstellte Text gibt also zu erkennen, welche inhaltlichen Schwerpunkte sich aus *seinem* Programm ergeben können. Nur können! Denn stellt man dem Textgenerator dieselbe Aufgabe noch einmal, dann wird ein anderer Text entstehen. Dennoch kann dieses Verfahren als Werkzeug hilfreich sein. Das ist vor allem dann der Fall, wenn das Programm transparent ist. Wenn das Programm etwa so vorgeht, die wahrscheinlichste Folge der Tokens[8] zum Thema zu erzielen, dann erfährt die Wissenschaftlerin mit dem Texergebnis, wie sich diese Wahrscheinlichkeit *für den Textgenerator* darbietet. Daraus können immerhin mittelbare Schlüsse zur aktuellen Diskurslage gezogen werden. Daraus folgt natürlich nicht, dass die Argumentation des künstlich generierten Textes wahr ist. Das müsste vielmehr die Wissenschaftlerin in einem zweiten Schritt an den behandelten Gegenständen prüfen (Klimaschutz, Steuerpolitik). Das trifft aber auf alle Texte zu, auch auf menschlich verfasste Texte: Ihre Wahrheit kann nicht am Text selbst überprüft werden.

Textgeneratoren verfassen also Beiträge, die für ein bestimmtes Thema als repräsentativ erscheinen mögen. Sie erscheinen aber nur uns Menschen als repräsentativ, weil nur wir intentional etwas als Text erfassen. Und diese künstlich generierten Beiträge erscheinen uns auch nur dann als repräsentativ, wenn uns die Methode einleuchtet, mit der diese Texte generiert worden sind. Dazu muss die Methode uns aber bekannt sein.

---

8 Zum Begriff „Token" siehe den Beitrag von •••Ulrike Aumüller/Maximilian Behrens/Colin Kavanagh/Dennis Przytarski/Doris Weßels••• in diesem Band.

Natürlich könnte ein Text uns auch als nicht-repräsentativ erscheinen. Das ist dann der Fall, wenn wir die Diskurslage einigermaßen selbst überblicken können und Abweichungen zwischen unserer Expertise und dem Textinhalt feststellen. Ob der Text wahre Aussagen trifft, hängt aber nicht daran, ob er ein repräsentativer Beitrag ist, sondern ob er den Gegenstand trifft, ob also der intentionale Gehalt adäquat dargestellt ist. Das aber kann nicht am Text allein entschieden werden. Darin erschöpft sich dann der Textgenerator als wissenschaftliches Werkzeug: Er stellt die Diskurslage für uns als repräsentativ dar. Dies dient als Ausgangspunkt, von dem aus wir weitere Untersuchungen anstellen und Schlüsse ziehen können. Prägnant ausgedrückt: Textgeneratoren können Wikipedia-Artikel schreiben, sie können aber keine Wikipedia-Administratoren sein, die die Artikel auf Wahrheit überprüfen. Um das zu können, müssten KI-Textgeneratoren mit anderen wissenschaftlichen Werkzeugen gekoppelt werden. Und ob diese anderen Werkzeuge wieder künstliche Intelligenzen sein können, hängt von den jeweiligen Wissenschaften ab.

4 KI-Textgeneratoren als Autoren

Doch was passiert, wenn das Werkzeug selbst zum Autor wird? Dann wird dadurch verschleiert, dass hinter dem Text kein Geltungsanspruch liegt, weil der Autor Texte ohne intentionale Gehalte verfasst. Künstliche Intelligenz kann eben nicht Muster als Muster entwerfen und damit auch nicht etwas als etwas wahrnehmen. Das müsste sie aber können, wenn sie einen Geltungsanspruch vertritt. Sie müsste nicht nur in der Lage sein, auf die Frage zu antworten, wie sie auf ihre Ergebnisse gekommen ist. Sie müsste vielmehr außerdem ihre Begründung *als* Begründung auf die Rückfrage auffassen. Ohne intentionales Wahrnehmen ist sie allerdings dazu nicht fähig. Ihre Begründungen können daher nur uns als Begründungen erscheinen, wenn dadurch unsere Intentionen des jeweiligen Forschungsgegenstands erfüllt werden.[9] Das heißt aber, dass KI-Textgeneratoren niemals in die Rolle von echten Autoren springen können. Selbst wenn KI-Textgeneratoren Autorenschaft vorgaukeln, indem sie mit Zufallsgeneratoren kreative Thesen entwickeln und heuristisch (abduktiv[10]) erschließen, bleibt dieser Vorgang ja nicht-intentional: Ihre Texte bleiben darauf angewiesen, dass sie von uns zur Anschauung gebracht werden.

---

9 Edmund Husserl, *Ding und Raum. Vorlesungen 1907,* Den Haag 1973, 105.
10 Charles S. Peirce, *Vorlesungen über Pragmatismus*, Hamburg 1991, 96.

Das Problem besteht nun darin, dass nur Expertinnen erkennen können, ob das der Fall ist. Für alle anderen Wissenschaftlerinnen gilt, dass sie Forschungsergebnissen vertrauen müssen, weil sie deren Zustandekommen nicht selbst überprüft haben oder nicht überprüfen können. Nehmen wir folgendes Szenario an:

Eine Wirtschaftsethikerin, die aber keine Ökonomin ist, will untersuchen, ob es legitim ist, mit der Steuerpolitik ein klimafreundliches Verhalten der Staatsbürger zu erzielen. Dabei vertraut sie einem ökonomischen, aber nicht wirtschaftsethischen Text, der von einem KI-Textgenerator erstellt worden ist. Dieser Text behauptet, dass Steuererhöhungen nur für das reichste Zehntel der Bevölkerung eine positive Klimabilanz erzielen, und zwar erst bei einer Steuerquote ab 80 Prozent des Einkommens. Natürlich könnte die Ethikerin nun auch andere Literatur zur Kenntnis nehmen, aber diese alternativen Studien sind im KI-Text mitverarbeitet und Gegenpositionen für die Ethikerin glaubhaft entkräftet worden. Ob das Szenario aus dem KI-Text wahr ist, wird sie nur entscheiden können, wenn sie einen Wirtschaftsexperten kennt, der ihr die Wahrheit des Artikels bescheinigt. Das relativiert die Glaubwürdigkeit von Texten aus benachbarten Disziplinen.

Nehmen wir noch zusätzlich an, dass der freundliche Kollege aus der Nachbarfakultät nicht persönlich antwortet, sondern selbst einen Textgenerator verwendet, um die Zeit für lästige E-Mail-Korrespondenz einzusparen oder mit seiner geklonten Stimme Telefongespräche zu ersetzen. Dann wird die Verschleierung eines angeblichen Geltungsanspruchs für die Ethikerin noch verstärkt.

Nehmen wir noch zusätzlich an, dass die Ethikerin selbst KI-Textgeneratoren verwendet, nun zwar nicht als Autoren, aber als Werkzeuge. Diese Werkzeuge stellen ihr zur Verfügung, welche Argumente im ethischen Diskurs um eine wirksame Klimapolitik repräsentativ zu sein scheinen. Die Ethikerin überprüft diese Argumente und entwickelt eine eigene Position mit einem Geltungsanspruch. Dann kann es sein, dass sich ihr Beitrag auf ein Steuerszenario bezieht, das völlig an den Haaren herbeigezogen ist. Der ethische Diskurs um Steuererhöhungen verliert dann andere ökonomisch effektive Instrumente aus dem Blick, weil die Ethikerin möglicherweise fälschlich darauf vertraut, dass ein Steuersatz ab 80 Prozent für die Reichen eine repräsentative und valide Strategie für die Klimapolitik ist.

Was ist dann passiert? Die Künstliche Intelligenz filtert oder reduziert die Diskurslage. Es reden zwar immer noch Menschen mit und bringen die nötigen Geltungsansprüche ein, aber worüber geredet wird und worauf sich die Geltungsansprüche beziehen, wird maßgeblich von der KI vorgegeben, die sich als Autorin geriert. Denn wenn alle Wissenschaften ohnehin auf die Forschungsergebnisse anderer Disziplinen vertrauen müssen, dann ist es möglich und sogar zu erwarten, dass eine Forscherin den Unterschied nicht erkennt, ob sie einer Studie vertraut oder einem Text, der nur vorgibt, eine zu sein. Nicht am Text zumindest ist der

Unterschied erkennbar, solange die Wissenschaftlerin seinen Geltungsanspruch nicht selbst überprüfen kann.

Umso wichtiger wird jetzt die Frage, *wer* den Text geschrieben hat. Und die epistemische Zugangsweise zur Beantwortung dieser Frage ist interpersonales Vertrauen. Auch dieses Vertrauen lässt sich nicht an den Texten der Person belegen, der vertraut wird, sondern zirkulär daran, dass es sich bislang bewährt hat – freilich nur, weil man darauf vertraut, dass es sich bislang bewährt hat. Je weniger man einem Text ansieht, ob mit ihm ein Geltungsanspruch verbunden wird, desto wichtiger wird das vor-wissenschaftliche Vertrauen in Personen. Das bedeutet zugleich, dass Texte *textlich* unter Wissenschaftlerinnen zunehmend Misstrauen provozieren, also auf derselben Ebene, auf der Texte adäquat als Texte erfasst werden. Das Misstrauen besteht nicht nur darin, ob eine Person als Autorin hinter dem jeweiligen Text steht, sondern auch, ob er ein Text mit Geltungsanspruch ist – weil das Verfahren, mit dem der Text zustande gekommen ist, ohne Intentionalität verbunden gewesen sein könnte. Der Text sieht zwar wie eine wissenschaftliche Abhandlung aus, ist aber nicht durch einen Gegenstandsbezug zustande gekommen, sondern durch verfahrensinterne Wahrscheinlichkeitsreferenzen.

5 Künstlich generierte Texte als Spezialfall wissenschaftlicher Reduktion

Mir scheint, dass künstlich generierte wissenschaftliche Texte nur einen Spezialfall dessen darstellen, was die wissenschaftliche Kooperation generell prägt. Durch die Arbeitsteilung in unterschiedlichen Disziplinen können Forscherinnen nicht alles selbst überprüfen, was sie für ihre Abhandlungen in Gebrauch nehmen. Sie werden weder in jedem Geltungsanspruch, der in einer Nachbardisziplin liegt, einen Kollegen haben, dem sie persönlich genug vertrauen, um von ihm eine Bestätigung ungeprüfter These zu bekommen. Noch werden sie überhaupt alle ungeprüften Geltungsansprüche aus ihren eigenen Beiträgen kennen. Viele Voraussetzungen werden für sie lebensweltlich lokalisiert sein, das heißt, sie bilden selbstverständliche Hintergrundannahmen, die als solche nicht einmal auffallen.[11] Man kann sagen, dass solche Hintergrundannahmen auch keine intentionale Struktur haben: Dass die Erde keine Scheibe ist, haben wir nicht *als* Hintergrundannahme abgespeichert, bildet aber eine unhinterfragte Voraussetzung des Klimaschutzes. Originäre Geltungsansprüche einer Autorin sind nur möglich in den Grenzen dieser Hintergrundannahmen – die zwar nicht fixiert sind, sondern sich ändern können,

---

11 Jürgen Habermas, *Theorie des kommunikativen Handelns*, Bd. 1, Frankfurt a. M. 1988, 449.

genauso wie man misstrauisch werden kann, ob ein bestimmter Text wirklich von einem Menschen verfasst worden ist. Aber trotzdem bleiben immer Hintergrundannahmen zurück, die nicht entdeckt werden.

Meine These lautet nun, dass mit künstlich generierten Texten der Bereich nicht-intentionaler Implikationen wissenschaftlicher Forschung anwächst. Das, was bislang die Lebenswelt ausmachte, wird angereichert mit Texten, die nur durch Experten intentional werden, weil nur sie überprüfen können, ob hinter den Texten überhaupt ein Forschungsgegenstand steht und ob er angemessen beschrieben wird. Für alle anderen Wissenschaftlerinnen herrscht jetzt entweder generelles Misstrauen, ob Texte versprechen, was sie zu sein scheinen (nämlich einen Geltungsanspruch zu erheben), oder das Fehlen des Geltungsanspruchs bleibt unerkannt, und man benutzt die Texte naiv. Dann werden die Textergebnisse in anderen Texten wiederholt, ohne dass ihnen ein intentionaler Gegenstand entspricht. Oder, falls ihnen doch ein intentionaler Gegenstand entspricht, dann wird er durch die menschliche Vorstellung erschaffen, die etwas meint, während im künstlich generierten Text nichts gemeint sein kann. Eine Wissenschaftlerin stellt sich dann etwas vor, wovon sie nicht weiß, ob die Vorstellung adäquat ist, weil sie sich ja in der betreffenden Nachbardisziplin nicht auskennt und weil der Text, aus dem sie ihre Vorstellung entwickelt, nichts Vorstellbares gemeint hat.

In beiden Fällen wird die wissenschaftliche Adäquanz derjenigen menschlichen Beiträge geschwächt, die solche Texte rezipieren. Im ersten Fall wird der methodische Zweifel in ein existenzielles Misstrauen eingetauscht: Die Wissenschaftlerin zweifelt nicht nur daran, ob eine Aussage wahr ist, und sucht nach geeigneten Überprüfungsmethoden. Vielmehr muss sie sogar den Texten misstrauen, weil die in Texten angebotenen Überprüfungsmethoden selbst nicht-intentionale Silbenreihen sein könnten. Wenn erstens manche Texte nicht sind, was sie zu sein vorgeben, und wenn man zweitens nicht an den Texten erkennen kann, ob sie intentional sind, hilft das Vertrauen in die Expertise von Kollegen aus der Nachbarwissenschaft nicht mehr. Denn diese Kollegen haben ja dasselbe Problem und bringen Hintergrundannahmen ein, die durch das „Geplapper eines Papageis" geprägt sind. Ein methodischer Zweifel muss sich immerhin noch auf Textbedeutungen verlassen können. Wenn aber die Textbedeutungen möglicherweise keine Intentionalität haben, muss die Wissenschaftlerin schon daran zweifeln, ob ihr Zweifel überhaupt auf etwas gerichtet ist. Sie zweifelt dann nicht erst daran, dass der intentionale Gegenstand adäquat beschrieben ist, sondern daran, dass Texte überhaupt einen intentionalen Gegenstand haben.

Im zweiten Fall werden wissenschaftliche Texte von naiven Vorurteilen flankiert. Denn was die Wissenschaftlerin selbst schreibt, nimmt ungeprüfte Aussagen aus Nachbardisziplinen auf, die nicht nur sie nicht geprüft hat, sondern die gar nicht geprüft worden sind, weil der KI-Textgenerator sich nicht am Gegenstand orientiert hat, sondern an Texten über einen Gegenstand.

Ich erinnere daran, dass es sich hier um nichts grundsätzlich Neues handelt, insofern sich wissenschaftliche Texte immer schon von Erscheinungen entfernt haben. Die Sprache konnte schon immer „feiern"[12], weil man „leere Intentionen"[13] ungeprüft weitergetragen hat und aus ihnen Schlüsse gezogen hat, die dann auch leer waren. Es verändert sich aber nun doch grundsätzlich das Textverständnis, und zwar aus zwei Gründen:

1. Mit KI-Textgeneratoren kann die Masse an vermeintlich wissenschaftlichen Publikationen ins Unermessliche gesteigert werden. Texte können nun automatisch verbreitert werden und der Bereich wissenschaftlicher Autorenschaft durch Schein-Autoren überschwemmt werden. Damit ist auch ein maßlos gesteigertes Misstrauen in wissenschaftliche Texte angebracht.

2. Auch wenn KI-Textgeneratoren nur ausnahmsweise und in engen Grenzen wissenschaftlich verwendet werden (z. B. als Werkzeug für die Wissenschaftlerin, nicht als Autoren), provoziert allein die Möglichkeit, dass Nicht-Intentionalität in wissenschaftliche Diskurse eingeht, ein erhöhtes Misstrauen in sie.

Was sich also verändert, ist das unermesslich gesteigerte Misstrauen an der Intentionalität von Texten. Das ändert aber nichts daran, dass Texte Texte sind, die textlich als Texte gegeben sind. Auch das „Geplapper eines Papageis" ist ein Text. Fraglich wird jetzt nur, ob sich Texte noch als Medien wissenschaftlicher Erkenntnis eignen, wenn ihnen aus Gründen der wissenschaftlichen Redlichkeit grundsätzlich misstraut werden muss. Könnte es also sein, dass der Medialität selbst zu misstrauen ist? KI-Textgeneratoren verarbeiten Texte zwar, aber sie verarbeiten sie nicht als Texte, sondern zwischen Text und Text schiebt sich eine kalkulatorische Verarbeitungsmethode, die formal immer gleich, aber nicht textlich ist. Das Verarbeitungsprogramm beruht auf Wahrscheinlichkeitsverstärkungen: Das „neuronale" Netzwerk einer künstlichen Intelligenz liefert einen Output von denjenigen Datenansammlungen, die sich irgendwie verstärken.

---

12 Ludwig Wittgenstein, „Philosophische Untersuchungen", in *Werkausgabe*, Bd. 1, Frankfurt a. M. ⁶1989, 225–580, § 38. Wittgenstein spottet dort über die Vorstellung, dass bei einer Benennung zwischen Wort und Gegenstand ein „seelischer Akt, quasi eine Taufe" stattfindet. Dieser seelische Akt müsste dann ebenso ein nicht-intentionaler Zwischenschritt sein, da er ansonsten selbst von einem weiteren intentionalen Zwischenschritt abhängig wäre usw. ad infinitum. Bekanntlich will Wittgenstein das Benennungsproblem mit dem Sprachspiel des Benennens auf pragmatische Weise lösen. Dieses Sprachspiel setzt aber die Intentionalität voraus, dass immer schon etwas beim Benennen gemeint ist – noch bevor es gemeint ist.

13 Husserl 1973, 57.

Nun könnte man einwenden, dass das ja auch vom menschlichen Gehirn gilt, dass es sich zwischen Text und Text schiebt – dass uns Texte also nicht nur textlich erscheinen, sondern vorher neuronal verarbeitet werden müssen, bevor sie wieder in Textmedien übergehen. Der entscheidende Unterschied aber liegt darin, dass die Zwischenverarbeitung in einem menschlichen Gehirn nicht verstanden werden muss, damit die Medialität von Texten erscheint. Texte werden als Texte nur adäquat verstanden, wenn sie textlich aufgefasst werden. Deshalb können Texte Medien sein. Ihre Medialität muss nicht den Umweg über neurologische Prozesse gehen, um als Medialität verstanden zu werden. Und sie kann auch diesen Umweg nicht gehen, weil sich Medialität nicht neuronal ergibt, sondern textlich. Die neuronale Verarbeitungsmethode erklärt die Medialität nicht.

Ein KI-Textgenerator dagegen fasst Texte nicht als Texte auf. Wenn er Texte aus Texten generiert, sind die Texte, die den Input geben, kein intentionaler Gegenstand für den Output. Vielmehr besteht zwischen Verarbeitungsprozess und dem fertigen Text keine Lücke, die eine Vermittlung (Medialität) nötig machen würde.[14] Der KI-Textgenerator hat daher keine Fähigkeit zum Verständnis: Weder kann er verstehen, noch ist ihm etwas zu verstehen gegeben. Man könnte sagen: Obwohl uns auch künstlich generierte Texte als Texte erscheinen, gelangen diese generierten Texte nie „nach draußen". Ihr Bezug zueinander liegt unvermittelt im Programm. Zwischen Input, Output und Verarbeitung gibt es keine Lücke, in der so etwas wie Medialität entstehen könnte. Im Unterschied zur menschlichen Textverarbeitung, bei der die Betrachtung des Verfahrens oft als überflüssig angesehen wird, ist sie hier unerlässlich. Der Output fungiert zugleich als Input und beeinflusst so die Wahrscheinlichkeiten zukünftiger Outputs.[15]

Man kann es aufregend finden, dass man einem Textgenerator dieselbe Aufgabe mehrfach stellen kann und er sie dann verschieden löst. Aber das liegt gerade an der lückenlosen Verarbeitungsmethode: Gerade weil eine Unmittelbarkeit vorliegt, heißt das nicht, dass die Künstliche Intelligenz trotz unterschiedlicher Resultate sich verändert hätte. Das Verfahren bleibt gleich, auch wenn die Texte im Output verschiedene sein können: Es besteht eben eine *unmittelbare Indifferenz* zwischen Verarbeitung und Resultat. Ein Mensch, der etwas zu sagen hat, wird zur selben Aufgabe immer Ähnliches sagen – weil er jeweils in etwa das Gleiche meint. Das trifft auf einen Textgenerator nicht zu, weil nicht etwa der intentionale Gegenstand der gleiche wäre, über den der Text entsteht, sondern weil die Verarbeitungsmethode immer gleich ist: Wenn nur Wahrscheinlichkeiten entscheiden,

14 Ich verdanke diese Beobachtung Kathrin Burghardt.
15 Diese Funktionsweise zeigt sich an sogenannten autoregressiven KI-Sprachmodellen, bei denen die bereits entwickelten Textbausteine als Wahrscheinlichkeitsparameter für die weiteren Sequenzen desselben Textes fungieren.

welche Silbe im Text als nächstes erscheint, ist von der Verarbeitungsmethode aus gesehen jede gleich wahrscheinliche anschließende Silbe gleich richtig (und jede ähnlich wahrscheinliche anschließende Silbe ähnlich richtig).

Zugespitzt gesagt, heißt das: Künstlich generierte Texte können uns zwar als Medien erscheinen, aber wenn wir erfahren, wer sie verfasst hat, erscheinen sie uns nicht mehr als Medien, sondern unbestimmt weiter gefasst als Gegenstände. Sie können zwar als Texte erscheinen, aber da ihre „Autoren" keine textliche Auffassung von ihnen haben, sind diese Texte keine Medien des intentionalen Gegenstandes, den sie zu beschreiben scheinen. Erst Menschen können sie zu Medien machen, weil Menschen textlich Texte verfassen und die künstlich generierten Texte textlich verstehen können. Dafür gibt es zwei Möglichkeiten:

1. Entweder der Mensch durchschaut nicht, dass der Text künstlich generiert ist. Dann bildet er den intentionalen Gegenstand nach, der im Text nur scheinbar vorkommt. Die Gefahr ist das „Geplapper des Papageis": Leere oder falsche Bedeutungsintentionen werden dann in weiteren Texten ungeprüft weitergetragen.
2. Oder der Mensch durchschaut den Trick. Dann sind die künstlich generierten Texte keine Medien für den angeblichen intentionalen Gegenstand, sondern für die Abwesenheit des intentionalen Gegenstandes. Der Mensch interpretiert dann, wie KI-Textgeneratoren mit Texten umgehen. Der intentionale Gegenstand ist nicht der angebliche aus den Texten, sondern das jeweilige KI-Sprachmodell, und seine Texte werden dann vom Menschen zu Medien der Textgeneratoren erhoben.

6 Eine Phänomenologie der Phänomenologie des Texterscheinens

Die bisherigen Überlegungen wollten keine Ratschläge geben, wie man dem unermesslich gesteigerten „Geplapper des Papageis" entkommen kann. Sie bewegten sich allein auf der Ebene der phänomenologischen Beschreibung. Aus dieser Sicht werden sich KI-Sprachmodelle mit einer klugen Anwendung als nützliche Werkzeuge für die Wissenschaft herausstellen; aber sobald sie als Autoren fungieren, droht die Wissenschaft, den Boden unter den Füßen zu verlieren, also den Wirklichkeitsbezug – das, was man phänomenologisch die „Transzendenz in Immanenz" nennt.[16] Wie man sich Abhilfe verschaffen kann, liegt nicht im Horizont dieser phänomenologischen Überlegung. Vielmehr muss jeder Vorschlag einer Problem-

---

16 Edmund Husserl, *Cartesianische Meditationen und Pariser Vorträge*, Den Haag 1950, 32.

lösung sich selbst wieder an einer phänomenologischen Betrachtung messen lassen.

Man kann aber die Frage, wie KI-Textgeneratoren wissenschaftliche Diskurse verändern, auch aus einer anderen Perspektive stellen. Bisher habe ich gefragt, wie sich Diskurse verändern, dadurch dass Textgeneratoren selbst in diese Diskurse mit eigenen Texten eingreifen. Man kann aber auch anders fragen, wie sich die Diskurse verändern, weil Menschen über Generative AI Diskurse führen. Wie anders werden Texte wahrgenommen und wie die Wissenschaft, weil Menschen damit rechnen, dass Textgeneratoren in die Diskurse eingreifen, unabhängig davon, ob sie es bisher überhaupt getan haben.

Aus Sicht der Phänomenologie bietet sich jetzt eine Metatheorie an, eine Phänomenologie der Phänomenologie des Texterscheinens. Ich will also meine bisherigen Überlegungen selbst einer phänomenologischen Reduktion unterziehen. Statt zu fragen, wie künstlich generierte Texte erscheinen, frage ich jetzt, wie die phänomenologische Untersuchung über künstlich generierte Texte erscheint.

Sie erscheint so, dass ihre intentionalen Gegenstände eine phänomenologische Reduktion durchlaufen haben. Die Texte eines LLM erscheinen dabei als Texte, und überraschenderweise haben sie in der Phänomenologie zweiter Ordnung einen intentionalen Gegenstand: nämlich die KI-Sprachmodelle selbst. Während die bisherige phänomenologische Untersuchung unterstellt hat, dass künstlich generierte Texte keinen intentionalen Gegenstand haben, haben dieselben Texte auf der metatheoretischen Ebene durchaus einen solchen. Metatheoretisch findet sich der intentionale Gegenstand allerdings nicht darin, was der betreffende Text sagt, sondern woher er kommt. Das ähnelt wieder der arabischen Zeitung am Kiosk: Ich verstehe nicht, was sie sagt, sondern identifiziere ihren intentionalen Gegenstand als Text: Die Zeitung ist arabisch, nicht weil ich den Inhalt verstehe, sondern weil sie arabisch aussieht.

Der Unterschied in diesem Vergleich besteht darin, dass ich bei der Zeitung unterstelle, dass sie textlich einen intentionalen Gegenstand hat – nämlich die Ereignisse, über die sie berichtet, obwohl ich den Inhalt nicht verstehe. In der Metatheorie begegnet mir dagegen der KI-Text ohne textlichen intentionalen Gegenstand, und zwar obwohl ich verstehen kann, was in dem Text steht. Was ich verstehe, ist aber dann *meine* textliche Interpretation des KI-Textes, jedoch keine Intention des „Autors".

Genauso ist mir der intentionale Gegenstand eines KI-Textes metatheoretisch gegeben, nicht textlich, sondern durch die Intentionalität der phänomenologischen Untersuchung. Die Phänomenologie erfasst den Text als Erscheinung der KI, und zwar durch die Art und Weise, wie dieser Text zustande gekommen ist. Der Text wird zwar als Text aufgefasst, aber er wird metatheoretisch nicht als Text gelesen. Das Textliche daran wird vielmehr phänomenologisch reduziert. In der Metatheorie interessiert nicht, was in dem Text steht, sondern welcher intentionale Gegenstand in ihm erscheint, nämlich seine Entstehung durch Künstliche Intelligenz.[17]

Das trifft weitgehend auch auf die Texte zu, deren KI-Sprachmodelle nur als Werkzeug und Analysemittel für die Forschung eingesetzt werden. Denn die GPT-Technik bezieht sich zwar hier auf Texte und entwickelt einen Text über Texte, aber diese Ausgangstexte werden nicht textlich interpretiert. Erst die Forscherin interpretiert das Ergebnis dieses Werkzeugs. Was sie interpretiert, ist der Text als nichttextlicher intentionaler Gegenstand. Erst sie lässt daraus einen Text entstehen. Deshalb wird metatheoretisch das Textliche des künstlich generierten Textes zunächst reduziert, bevor es durch die menschliche Interpretin schöpferisch in den Text hineingelesen wird.

Die erste phänomenologische Reduktion hat den KI-Text textlich unglaubwürdig gemacht. Deshalb verrät er metatheoretisch nichts dadurch, dass man ihn liest, sondern dass man hinter ihn schaut und auf seinen Entstehungsprozess achtet. Darin besteht die zweite phänomenologische Reduktion, die der Metatheorie.

Nun gibt es eine hermeneutische Methode, die auch hinter die menschlich verfassten Texte schaut. Ich spreche von der Hermeneutik eines Schleiermachers oder Diltheys, die die Autorin in den Mittelpunkt ihres Verstehens rücken: Warum hat sie sich so ausgedrückt? Was war ihre Hintergrundmotivation, ihre textlichen Ressourcen, was ihre psychische Situation beim Abfassen des Textes?[18] Wird nun etwa eine bestimmte hermeneutische Methode auch metatheoretisch bestimmend bei der Betrachtung von künstlich generierten Texten? Wird auch hier lediglich ein Spezialfall des Verstehens wichtig?

Der Unterschied liegt darin, dass auch die Hermeneutik Diltheys und Schleiermachers ihre Fragestellung textlich untersucht. Das Erleben Diltheys zielt ja auf ein Allgemeinmenschliches, auf dessen Grundlage überhaupt nur die Inhalte der Verfasserin verständlich werden.[19] Und Schleiermachers Methoden der Grammatik und Divination sollen ja den Gegenstand entdecken lassen. Sein berühmtes Diktum,

---

[17] Das ist in den Fällen anders, in denen gezeigt wird, was KI-Textgeneratoren falsch machen. Dann wird der intentionale Gegenstand des künstlich generierten Textes an diesem Text textlich untersucht. Wenn also gezeigt wird, dass ChatGPT weder richtig rechnen noch überhaupt verlässliche Ergebnisse ausspucken kann oder dass das Programm falsche Quellen erfindet (Clemens H. Cap, „Der neue Gott ist nackt! ChatGPT im Bildungswesen", *Forschung & Lehre*, Bd. 30, 2023, 262–264), wird der Text textlich gelesen. Das heißt aber nicht, dass die intentionalen Gegenstände des Textes von Interesse sind. Vielmehr fungieren sie selbst nur als Erscheinungen des eigentlichen intentionalen Gegenstandes, nämlich von ChatGPT.
[18] Friedrich Schleiermacher, *Hermeneutik und Kritik*, Frankfurt a. M. [7]1999, 81; Wilhelm Dilthey, *Gesammelte Schriften*, Bd. 7, Stuttgart [8]1992, 217.
[19] Dilthey 1992, 213.

„die Rede zuerst ebensogut und dann besser zu verstehen als ihr Urheber",[20] kann als einziges Vergleichskriterium nur den Gehalt des Textes haben. Dagegen bleibt die Intentionalität im KI-Text leer. Deshalb kann er auch nicht von der Rezipientin besser verstanden werden, als der Textgenerator versteht – einfach, weil er gar nicht versteht. Der Unterschied ist kategorial, weder graduell noch qualitativ.

Metatheoretisch ist übrigens interessant, dass nicht am KI-Text selbst aufgewiesen wird, dass seine Intentionalität leer ist, sondern an der Methode seines Zustandekommens. Insofern könnte man von einem zirkulären Verfahren sprechen: Dass sich nicht am Text ein intentionaler Gegenstand zeigt, schließt das phänomenologische Verfahren von vornherein aus, weil es ihn nicht textlich untersucht. Es nimmt schon immer den Text von seinem Zustandekommen her in den Blick. Dahinter steht schon immer eine Hermeneutik des Verdachts.

Kann dieser Zirkel durchbrochen werden? Die phänomenologische Methode durchschaut ja, dass der Text eine Täuschung ist, sobald er textlich gelesen wird. Durch seine Entstehungsart erscheint er als etwas anderes, als er als Text erscheint, nämlich als Zeichen für ein GPT-Modell. Der intentionale Gegenstand, der der Textgenerator ist, vernichtet den intentionalen Gegenstand innerhalb des Textes. Deshalb ist nicht das Verfahren zirkulär, sondern eine andere Erscheinung des Textes erzwingt nach der phänomenologischen Reduktion, dass der Text nicht textlich erscheint.

Nach der phänomenologischen Reduktion erscheinen also Diskurse über LLM so, dass nicht textlich deren Texte thematisch werden. Wer dennoch ihre Textgehalte in den Blick nimmt, will dabei höchstens zeigen, *dass* die Texte nicht textlich zu verstehen sind – oder doch textlich, wie einige Technikoptimisten behaupten mögen. Aber in beiden Fällen müssten sie über die Texte hinausgehen und die Methode ihrer Generierung aufdecken. Wer mehr thematisieren will, nämlich auch, *was* diese Texte aussagen, also welchen intentionalen Gegenstand sie haben, müsste das an den Texten selbst ausweisen können. Dazu müssten sie aber anders erscheinen, nämlich so, dass vernachlässigt werden kann, woher sie stammen. Das widerspricht aber ihrer Erscheinung, dass sie künstlich generierte Texte sind.

In diesen Diskursen wird das Textliche von Texten überhaupt fraglich. Denn solange es keine textlichen Nachweise gibt, ob Texte künstlich generiert sind, bleibt zweifelhaft, ob sie einen intentionalen Gegenstand haben. Es könnte eben sein, dass ein bestimmter Text keine menschliche Verfasserin hat. Mögliche Zweifel will aber die Phänomenologie ausschalten. Eine Phänomenologie der Phänomenologie des Texterscheinens kommt daher an den Punkt, dass Texte in den entsprechenden Diskursen nur in ihrem *Dass* evident sind: *dass* sie Texte sind. Wissenschafts-

---

20 Schleiermacher 1999, 94.

theoretisch wird der Fokus nun auf nicht-textliche Überprüfungsmethoden gerichtet, dass ein Text textlich ist. Bevor man also überprüfen kann, ob Texte wahr sind, muss nun vorgeschaltet werden, dass sie überhaupt textlich behandelt werden dürfen.

Ein Plagiat konnte man früher daran erkennen, dass man das Original fand und es mit dem Plagiatstext verglich. Plagiate sind ihrem Wesen nach nicht-textliche Texte, weil mit ihnen nichts gemeint ist, sondern nur das Meinen eines Originals wiederholt wird: Die Täuschung besteht also nicht im textlichen Geltungsanspruch, sondern in der verschleiernden Gestik der Plagiatorin, *als ob* mit dem Text schon ein Geltungsanspruch vorliegt. Aber wie überprüft man nun, ob ein Text textlich ist, wenn er zwar „abschreibt", aber selbst das Original ist und trotzdem keinen intentionalen Gegenstand hat? Jedenfalls nicht so, dass man den betreffenden intentionalen Gegenstand findet! Denn damit wird er überhaupt erst erschaffen – so wie durch die Interpretin eines KI-Textes.

Allein dass sich die Diskurse mit solchen Fragen jetzt beschäftigen, weist metatheoretisch darauf hin, wie Texte darin erscheinen. Wenn nämlich das Textliche von Texten abgelöst wird, bedarf es nicht-textlicher Überprüfungsmethoden, ob ein Text textlich zu lesen ist. Bevor man nicht-textliche Überprüfungsmethoden ansetzt, ob der Text die Wahrheit ausspricht, muss überprüft werden, ob er textlich ist. Und das Spannende ist: Es muss nicht-textlich überprüft werden, ob er textlich ist.

Die große Herausforderung wird darin bestehen, ob sich solche nicht-textlichen Überprüfungsmethoden werden finden lassen, wenn allein der Text vorliegt. Gibt es also nicht-textliche Anhaltspunkte dafür, ob ein Text textlich zu lesen ist, *im Text selbst?* Das ist eine offene Frage der derzeitigen Diskurse um LLM. Phänomenologisch gilt schon immer, dass man einen Text nicht textlich auffassen muss (das Kind, das Buchseiten herausreißt). Aber gibt es in Texten Anhaltspunkte, dass die Text-Erscheinung als nicht-textlich auftritt, dass also nicht derselbe Text sowohl so als auch so aufgefasst werden kann? Das ist dann der Fall, wenn der Text zu erkennen gibt, ob ihn ein Mensch verfasst hat oder eine Künstliche Intelligenz.

Soweit ich sehe, werden hierzu zwei grundsätzliche Vorschläge angeboten:
1. Die nicht-textliche Struktur eines KI-Textes ist transparent und nachvollziehbar – und zwar nicht nur für die Expertinnen des betreffenden Fachgebiets, zu dem der Text verfasst ist.
2. Eine Künstliche Intelligenz selbst kann das spezifische Muster eines künstlich generierten Textes rekonstruieren. Wie sie aber auf ihr Ergebnis kommt, muss nicht transparent sein.

6.1 Transparente Nicht-Textlichkeit

Sehen also künstlich generierte Texte anders aus als menschengemachte? Gibt es auffällige Strukturen, Redundanzen, Gedankensprünge, Auslassungen, Themenverschiebungen? Lassen sich also qualitative Kriterien entdecken, die auf eine kategorial andere Ebene der Intentionalität Rückschlüsse liefern?

Nehmen wir an, in einer theologischen Lehrveranstaltung stellt die Dozentin die Hausaufgabe, den ontologischen Gottesbeweis von Anselm von Canterbury mit Kants Zurückweisung der Gottesbeweise zu vergleichen. Zur Aufgabe gehört auch eine begründete Stellungnahme, welcher Autor plausibler ist. Eine Studentin lässt die Aufgabe von ChatGPT schreiben. Kann die Dozentin die Täuschung am Text erkennen? Die Darstellung von Anselms und Kants Argumentation wird sachlich repräsentativ sein, weil das Datenmaterial für das Computerprogramm ausreichend umfangreich ist. Auch kritische Texte werden sich so künstlich verfassen lassen.

Nehmen wir aber an, die Dozentin legt ihren Studierenden einen KI-generierten Text zum Gottesbeweis vor, der zu kurz ist, um überzeugend zu sein, und einige fachliche Fehler in der Darstellung und Logik enthält. Die Aufgabe lautet nun, diese Fehler zu finden. Wird die KI die Fehler finden? Die Studentin verlässt sich auf ihren Textgenerator, der zwar ganz allgemein die Fragwürdigkeit von Gottesbeweisen belegt, aber nicht konkret auf die vorliegenden Fehler reagiert. Dann wird die Dozentin die Arbeit als themenverfehlt bewerten. Dazu muss sie nicht nachweisen, dass der Text künstlich erstellt worden ist. Vielmehr bescheinigt sie der Studentin, dass im Text der fragliche intentionale Gegenstand nicht behandelt worden ist.

Ich lasse offen, ob sich Prüfungsaufgaben so eindeutig werden stellen lassen, dass die Bewertung ebenso eindeutig ausfällt, wie hier beschrieben. Das hängt davon ab, wie groß das Datenmaterial ist, um individuelle Aufgaben über bloße Wahrscheinlichkeitsunterstellungen zu bewältigen. Vielleicht hat die Studentin die Seminarsitzungen aufgenommen und damit ihr KI-Sprachmodell gefüttert, dass es sich für die Erwartungshorizonte der Dozentin trainieren konnte. Der Punkt ist hier nur: Wenn ein Textgenerator allein auf Wahrscheinlichkeitsmodellen aufbaut, kann er durch nicht-wahrscheinliche Aufgabenstellungen unterlaufen werden. Also muss sich am Text selbst überprüfen lassen, ob die Lösungen auf die Aufgabe bloß wahrscheinlich sind oder ob sie auf den individuellen Zusammenhang der Aufgabenstruktur konkret eingehen. Zumindest wenn die Nicht-Textlichkeit eines Textes transparent sein soll, wird unterstellt, dass es möglich ist, den Wahrscheinlichkeitsgenerator zu unterlaufen.

Aber liest dann die Dozentin diesen Text nicht textlich, um ihn zu überprüfen? Muss sie nicht davon ausgehen, dass sich die künstliche Genese am Text textlich zeigt? Dann entsteht ein Widerspruch: Der Text würde textlich ausweisen, dass er nicht-textlich ist, weil sein intentionaler Gegenstand leer ist. Der intentionale Gegenstand des Textes wäre, dass er keinen hat.

Hierbei handelt es sich aber um einen methodischen Widerspruch des indirekten Beweisverfahrens, nämlich das Textliche des Textes so lange zu unterstellen, bis der Widerspruch offengelegt ist. Anstelle des suggerierten intentionalen Gegenstandes des Textes tritt der KI-Textgenerator als intentionaler Gegenstand auf, und zwar nicht textlich – weil im Text nicht über ihn die Rede ist –, sondern über die mangelhafte individuelle Herangehensweise. Die Dozentin trägt hypothetisch das Textliche in den Text ein, um es im Durchgang zu verwerfen. Sie vergleicht eine nicht-textliche Struktur des Textes mit der textlichen Struktur ihres Erwartungshorizontes. Der Vergleichspunkt des Textlichen liegt außerhalb des befragten Textes. Insofern ist er ein nicht-textliches Überprüfungskriterium, weil er außerhalb des Textes liegt.

6.2 Überprüfung durch KI

Wenn die Silbenfolge künstlich generierter Texte auf Wahrscheinlichkeiten beruht, müssten sich grundsätzlich die dabei entstehenden Muster rekonstruieren lassen, indem sie mit den Horizonten wahrscheinlicher Wortfolgen verglichen werden, die ein anderes Programm errechnet. Bei Plagiatskontrollprogrammen wird ähnlich verfahren. Der Unterschied liegt allerdings darin, wie der Vergleichstext gebildet wird: Bei Plagiatskontrollen liegen die Vergleichstexte vor und müssen nur in den Datenbanken aufgespürt werden. Bei einem künstlich generierten Text gibt es aber keinen Vergleichstext, sondern nur Wahrscheinlichkeitsunterstellungen, die das Programm selbst erhebt. Im Ergebnis würde also die Prüfung eine Prozentangabe von Übereinstimmungen zwischen dem vorliegenden Text und Wahrscheinlichkeitsunterstellungen angeben, die das Programm selbst vorgenommen hat. Dahinter liegt eine zirkuläre self-fulfilling prophecy: Ob der überprüfte Text intentional leer ist, erhebt ein Programm aufgrund der Kriterien, die es selbst entwickelt. Der Text gilt dann als künstlich oder menschlich generiert, weil allein das Kontroll-Programm die Wahrscheinlichkeit dafür bestimmen kann. Dabei bestimmt das Programm die Wahrscheinlichkeit nach denselben Methoden wie ein KI-Sprachmodell. Es wird dabei nicht den identischen Text geschrieben haben, ebenso wenig wie derselbe KI-Textgenerator dieselbe Aufgabe immer identisch löst. Gerade darum muss die Abweichungsbreite stochastisch bestimmt werden. Doch wie bestimmt man die Abweichungsbreite, wenn es kein transparentes Muster für Abweichungen gibt? Die Intransparenz ist ja eine Implikation des Vorschlags, dass eine KI den künstlich generierten Text aufspüren soll: Menschen würden das Muster nicht erkennen, und zwar selbst dann nicht, wenn Programmiererinnen sich auf ein solches Muster geeinigt hätten (z. B. eine Abweichungsbreite der Wortfolgen von, sagen wir, 15 Prozent). Und Menschen könnten das Muster auch nicht erkennen, weil „Abweichungsbreite" ein Konstrukt der KI ist. Selbst wenn die KI ihre Ergebnisse in einem Protokoll transparent macht, ist nicht gesagt, dass die vom Kontrollprogramm erstellten Vergleichstexte ihre eigene Künstlichkeit definieren, also solche Vergleichstexte *nur* von einer KI geschrieben werden können. Wie soll die Dozentin einen Gedankengang mit mehreren anderen Formulierungen desselben Gedankengangs vergleichen und daraus folgern können, dass der Gedankengang nicht von der Studentin kommt? Und wie soll sie zu ihrem Urteil berechtigt sein, wenn die Vergleichstexte künstlich geschaffen worden sind, und das nur zu dem Zweck, einen künstlich generierten Text nachzuweisen? Dahinter liegt eine petitio principii. Das Überprüfungsprogramm suggeriert dabei nur Kriterien von Künstlichkeit.

Wenn eine derartige Kontrollmethode anerkannt ist, setzen Menschen das Vertrauen in die KI-Überprüfung schon voraus, das erst durch die Methode gerechtfertigt werden soll. Damit wird sich die beschuldigte Studentin nicht zufriedengeben. Sie könnte immer noch darauf beharren, ihre Hausaufgabe selbst verfasst zu haben. Der Antwort der Dozentin, dass das Programm sie überführt habe, wiederholt den Zirkel, dass das Programm die Täuschung der Studentin ja nur deshalb überführt hat, weil die Dozentin den Kriterien vertraut, die sie selbst nicht kennt und die das Programm selbst aufgestellt hat. Dagegen könnte die Studentin vorbringen, dass das Programm die Vergleichstexte selbst erschafft, um sie durchfallen zu lassen.

6.3 Konsequenzen für eine Phänomenologie der Diskurse über KI-Textgeneratoren

In der Vorstellung, die KI könnte die Überprüfung vornehmen, ist bereits das menschliche Denken künstlich intelligent geworden. Es legt mit der Aufgabe auch schon die Lösung fest, nämlich dass mit der Delegation an die KI-Überprüfung die menschliche Kontrolle abgeschlossen ist und der menschliche Zugang zur KI-Überprüfung selbst ein unkontrollierter Zugang ist, eine Sache blinden Vertrauens. Dieser Trend zeigt sich nicht nur bei der Entwicklung von KI-Textgeneratoren. Er zeigt sich auch in anderen Bereichen der Maschinenethik, bei denen sich das menschliche Denken an die technischen Voraussetzungen anpasst. Dabei verändert sich das Verständnis von Ethik.[21]

---

21 Lukas Ohly, „Wen soll das selbstfahrende Auto am Leben lassen? Digitale Transformationen der

Aber auch bei menschlich nachvollziehbaren transparenten Kriterien für künstlich generierte Texte geht der Trend dahin, am Text nicht-textliche Eigenschaften aufzuweisen. Ob diese Versuche glücken werden, bleibt offen. Metatheoretisch aber ist bedeutsam, dass die künstliche Herkunft von Texten zwar aus den Texten selbst rekonstruiert werden soll, dass aber deren Kriterien nicht-textlich sein sollen.

In beiden Optionen erscheinen Texte also nicht nur textlich, und der Fokus wird gerade auf das Nicht-Textliche gelegt. Ob das Nicht-Textliche dabei schon hinreichend ist, um Kriterien für künstlich generierte Texte zu bilden, muss vorerst abgewartet und von weiteren interdisziplinären Forschungen überprüft werden. Diese Forschungen umfassen Heuristiken und empirische Überprüfungen.

7 Wissenschaftstheoretische Folgerungen

Was sagen nun diese Diskurse über ihr Wissenschaftsverständnis aus? Es ist eine Verunsicherung eingetreten, ob bestimmte wissenschaftliche Texte noch als wissenschaftlich gelten können. Es fehlt das Zutrauen in die Wissenschaftlichkeit künstlich generierter Texte – trotz des zeitweiligen Vertrauens in KI-Kontrollprogramme, die als wissenschaftliche Werkzeuge eingesetzt werden. Neben den klassischen Wissenschaftskriterien der Intersubjektivität, Reliabilität (Reproduzierbarkeit[22]) und Validität scheinen damit auch unausgesprochene wissenschaftliche Implikationen auf, zum einen das Vertrauen, dass wissenschaftliche Texte täuschungsfrei einen Beweisgang wiedergeben, der intentionale Gegenstände hat, und zum anderen die Originalität.

Man könnte dem gegenüberstellen, dass die Reliabilität wissenschaftlicher Aussagen gerade durch zwar künstlich generierte, aber repräsentative Darstellungen bestätigt wird. Zwar können KI-Sprachmodelle noch nicht forschen. Aber sie können mit ihrer Methode Heuristiken finden, die im Erwartungshorizont von Wahrscheinlichkeiten liegen. Dasselbe trifft auf die Validität ihrer Texte zu: Zum einen können Textgeneratoren nur dann logische Fehler begehen, wenn diese wahrscheinlich sind – wenn sie also häufiger auch von Menschen begangen werden. Zum anderen lassen sich diese Fehler ihrerseits validieren. Problematisch an den klassischen Wissenschaftskriterien scheint daher lediglich das Intersubjektivitätskriterium zu sein. Denn erstens sind KI-Textgeneratoren keine Subjekte, sind also

---

Ethik", in *Digitalisierung als Transformation? Perspektiven aus Ethik, Philosophie und Theologie,* hg. von Tobias Holischka/Klaus Viertbauer/Christian Preidel, Berlin 2022, 99–117.
22 Siehe hierzu den Beitrag von Thomas Arnold in diesem Band.

aus dem Forum der Wissenschaftsgemeinde ausgeschlossen. Zweitens aber sind auch menschengemachte wissenschaftliche Texte nur sehr eingeschränkt intersubjektiv zugänglich, weil oft nur Leser mit Spezialwissen ihre Plausibilität einschätzen können. Solange eine einheitliche Wissenschaftsgemeinde künstlich generierte Texte ihres Spezialgebietes verstehen kann, bleibt das Intersubjektivitätskriterium erfüllt. Dazu muss der Textgenerator nicht selbst zu dieser Gemeinde gehören, selbst wenn er für sie Texte verfasst. Problematisch wird es, wenn Textgeneratoren ihrer Wissenschaftsgemeinde derart überlegen sind, dass ihre Texte gar nicht mehr verstanden werden. Ihre Aussagen könnten dann wahr sein, ohne dass sie dem Kriterium der Intersubjektivität Genüge tun. Sie können dann nicht mehr als wissenschaftlich gelten, und zwar selbst dann nicht, wenn sie reliabel und valide sind.

Solange dieses letzte Szenario der Überlegenheit nicht eingetreten ist, können künstlich generierte Texte zumindest im beschränkten Rahmen als wissenschaftlich gelten und damit ihre Generatoren als wissenschaftlich nützliche Tools. Ebenso wie jeder wissenschaftliche Text auf sein Thema und seine Methodik beschränkt ist, sind auch die Ansprüche künstlich generierter Texte rahmenrelativ. In den Diskursen über die Gefährdung der Wissenschaft durch Sprachmodelle spielen daher zunehmend weitere Wissenschaftskriterien eine Rolle, die bislang implizit waren.

Bislang hatte man stillschweigend darauf vertraut, dass der Text einen intentionalen Gegenstand hat. Künftig werden Kontrollen durchlaufen werden müssen, damit nicht künstlich generierte „Leerintentionen" weitergetragen werden, die zwar scheinbar interessante Aussagen treffen, aber über nichts. Diese Kontrollen können sich aber nicht nur darin erschöpfen, nachzuweisen, dass der jeweilige geprüfte Text künstlich generiert worden ist. Vielmehr muss auch überprüft werden, ob man dennoch in ihn wissenschaftlich gesichert (intersubjektiv, reliabel, valide) einen intentionalen Gegenstand „hineinlesen" kann. Als wissenschaftliches Werkzeug können KI-Textgeneratoren trotz Leerintentionen dienen, wenn man sie geschickt einsetzt.

Das zweite implizite Kriterium scheint mir nicht selbstverständlich zu gelten, nämlich das der Originalität. Kann eine Theorie nur dann als wissenschaftlich gelten, wenn sie zum Zeitpunkt ihrer Entstehung eine neue Erkenntnis hervorgebracht hat? Und können dann allenfalls Menschen der Wissenschaft fähig sein? Ist also die *unvertretbare Urheberschaft* ein implizites Wissenschaftskriterium?

Wenn sie das ist, dann war sie es noch nicht zu allen Zeiten. Zum Ersten ging es dem antiken, etwa dem aristotelischen, Wissenschaftsverständnis um die Aufdeckung des Allgemeinen.[23] Wenn die Wissenschaft den Grund für etwas Einzelnes aufdeckt, so deckt sie etwas Allgemeines auf. Darum ist Wissenschaft auch lehrbar. Dabei spielt der individuelle Moment der Aufdeckung keine Rolle. Denn sonst wäre Wissenschaft selbst etwas Einzelnes und nichts Allgemeines.

Zum Zweiten tendiert gerade die moderne Wissenschaft zu methodischen Normen, „die lediglich der Beherrschung empirischer Daten verpflichtet sind."[24] In diesen Kontext des technisch-wissenschaftlichen Verfügungswissens reihen sich auch LLM ein. Künstliche Intelligenz verfügt selbst über ein umfangreiches Datenmaterial und kann mit ihm neue Daten generieren.

Zum Dritten rückt inzwischen die individuelle Originalität in den Hintergrund, wenn Forscherteams Texte veröffentlichen, bei denen die spezifische Mitwirkung der einzelnen Autorinnen nicht detailliert beschrieben wird, sondern nur die Reihenfolge ihrer Nennung einen Hinweis gibt. Damit wird mitunter auch über die wahre Urheberschaft getäuscht, etwa wenn die Doktormutter im Autorinnenteam mit aufgeführt wird, obwohl sich ihr Beitrag am Artikel ausschließlich darauf reduziert, Doktormutter zu sein. Die Namen sagen nichts über die Unvertretbarkeit aus, sondern über die Verantwortlichkeit für den Artikel. Die Verantwortung dafür kann aber auch jemand übernehmen, der ihn nicht selbst verfasst hat. Dann aber spielt nicht Originalität oder gar genialische Virtuosität die entscheidende Rolle für die wissenschaftliche Verantwortung, sondern die Berufung auf die Rolle, für die entsprechende Position einzustehen.[25]

Aber selbst wenn man Originalität in den Vordergrund stellt, wäre dies vermutlich nur eine vorübergehende Lösung. KI-Sprachmodelle werden schon mit ihren bestehenden Wahrscheinlichkeitsannahmen originelle Heuristiken entwickeln, die trotz ihrer Leerintentionen hilfreiche Anstöße geben werden. So wie schon heute neue fiktive Erzählungen künstlich generiert werden können, stehen auch neue wissenschaftliche Verallgemeinerungen im Horizont der Künstlichen Intelligenz.

Hinter der Suche nach neuen Wissenschaftskriterien zeigt sich metatheoretisch eine Apologie des Menschen. Die angebliche Disruption von Wissenschaft ist letztlich in der Anthropologie lokalisiert: Hat der Mensch eine Sonderstellung, Wissenschaft zu betreiben? Wenn Ja: Worin besteht sie? Wenn Nein: Wird der Status des Menschen durch Künstliche Intelligenz bedroht? Mir scheint jedoch, dass zwischen der fehlenden Sonderstellung des Menschen und einer potenziellen Bedro-

---

23 Aristoteles, *Metaphysik. Erster Halbband: Bücher I (A) – VI (E)*, hg. von Horst Seidl; griech. Text hg. von W. Christ, Hamburg ³1989.
24 Friedrich Kambartel, „Wissenschaft", in *Enzyklopädie Philosophie und Wissenschaftstheorie*, Bd. 4, hg. von Jürgen Mittelstraß, Stuttgart, Weimar 1996, 719–721, 720.
25 Lukas Ohly/Catharina Wellhöfer, *Ethik im Cyberspace*, Frankfurt a. M. 2017, 110–111.

hung durch KI kein direkter Zusammenhang besteht. Denn KI besitzt weder intentionale Gegenstände noch eine Lebenswelt,[26] die sie in Konkurrenz zum Menschen setzen könnte.

---

26 Bernhard Irrgang, *Posthumanes Menschsein? Künstliche Intelligenz, Cyberspace, Roboter, Cyborgs und Designer-Menschen – Anthropologie des künstlichen Menschen im 21. Jahrhundert*, Wiesbaden/Stuttgart 2005, 138.

Roman Winter-Tietel

Wenn Niemand Texte schreibt

Hermeneutische Überlegungen zu KI-generierten Texten

Abstract: The validity of texts lies, among other things, in the meaning they convey to people. To grasp this meaning, humans rely on understanding. In this article, I explore whether AI-generated texts have the same character as those written by humans. For example, what is the role of the fact that AI texts do not have a subject embedded in the lifeworld, but generate their content based on syntactic probability? I aim to show that the concept of understanding is not adequate for text generators because, according to Heidegger, understanding involves a practical engagement with the „world". Finally, I outline some speculative scenarios of what AI texts might mean for humans and their sense of self.

1 Einleitung

Wenn man die Frage aufwirft, welche Geltung Texte für Menschen haben, so kann die Antwort darauf nicht davon absehen, von wem die Texte geschrieben wurden und wer sie konkret liest. Eine Gesellschaft gibt sich mehr oder weniger eine wertende Struktur darüber, welche Texte und AutorInnen für sie von Bedeutung sind, d. h. auch in den Bildungskanon gehören. Texte wie die Bibel oder Autoren wie Kant haben in den westeuropäischen Gesellschaften einen herausragenden Stellenwert und somit Geltungsanspruch. Natürlich ist diese Geltung nicht in Stein gemeißelt und unterliegt den Wogen und Interessen der Zeit.

Blickt man nun auf das neue Phänomen von Texten der Textgeneratoren – neu daher, weil der Massenzugang erst kürzlich erfolgt ist –, so kann man hier die analoge Frage nach dem Urheber des Textes ebenso wie nach dem Rezipienten stellen. Von den vielfältigen sonstigen Aspekten, die einem Text Geltung verleihen, soll diese Korrelation hier ausgewählt und diskutiert werden. Der Fokus liegt zugleich auf wissenschaftlichen sowie literarischen und nicht auf informationsvermittelnden Texten. Es soll mithin an *prompts* der Kategorie „Schreibe mir einen Essay über ... der aktiven Sterbehilfe" gedacht werden und nicht an: „Erstelle mir eine Liste der zehn größten Städte in Hessen". Erster *prompt* thematisiert einen Sinnzusammenhang der Orientierung, während der zweite nur einen Informationsinhalt ausgibt. Ich stelle die Geltung dieser Texte in den Rahmen des menschlichen Verstehens, indem ich das Verstehen im Hinblick auf Urheber und Rezipient hermeneutisch beleuchte. Es ist gerade das Verstehen, das sich aufgrund der

∂ Open Access. © 2024 bei den Autorinnen und Autoren, publiziert von De Gruyter. [cc] BY-NC-ND Dieses Werk ist lizenziert unter einer Creative Commons Namensnennung – Nicht kommerziell – Keine Bearbeitung 4.0 International Lizenz. https://doi.org/10.1515/9783111351490-016

Fremdartigkeit des Urhebers von KI-Texten transformiert und einer besonderen Reflexion bedarf. Das menschliche Verstehen von KI-Texten verändert sich deshalb, weil diese Texte anders ‚hergestellt' werden als menschliche Texte und weil KI-Texte einen grundsätzlich anderen Charakter aufweisen, nämlich einen Charakter der Anonymität, da sie von *niemanden* geschrieben werden. Diese Anonymität birgt Probleme für das Verstehen. Um das zu zeigen, werde ich mich auf die Hermeneutik und das Prinzip des hermeneutischen Zirkels beziehen, wie sie u. a. von Heidegger reflektiert wurden. Die Pointe von Heideggers Verstehensbegriff liegt darin, dass dieser im Erleben und Erfahren einer Lebens*praxis* gründet und diese Praxis verstehend das übrige Verstehen fundiert. So erscheint für Heidegger „Welt" immer als Einbettung einer Praxis mit Dingen; „Welt" begegnet zugleich mit zur-Hand-seiendem Zeug.[1] Eine solche Lebenswelt des praktischen Umgangs fehlt aber der KI und ihren Texten, sodass man vielleicht zu der radikalen These kommen könnte, dass es in diesen Texten nichts zu verstehen gibt, weil niemand sie schreibt. Das ist freilich überspitzt; denn dass Menschen die KI-Texte nicht verstehen, wird keiner ernstlich behaupten, auch nicht, dass solche Texte das Selbstverstehen des Menschen verneinen. Dennoch kann es nicht unbeachtet bleiben, dass KI-Texte durch eine semantisch-syntaktischen Synthese anderer, oft menschlicher Texte hergestellt werden, sich aber keine konkrete menschliche Existenz hinter ihnen verbirgt und sie daher ohne einen ‚Sitz im Leben' (/Lebenswelt) verfasst sind. Diese Beobachtung bilden den Horizont folgender Auseinandersetzung um den Begriff des Verstehens von Texten.

Ich gehe dabei so vor, dass ich zuerst den Verstehensbegriff bei Heidegger kursorisch rekapituliere und sodann auf den hermeneutischen Zirkel menschlichen Verstehens aufmerksam mache. Ausgehend davon diskutiere ich die Differenzen im Verstehen *von* KI-Texten und das Verstehen *durch* KI-Tools. Ich frage also nach den Neuerungen und Risiken, die sich für unser Selbstverstehen und Sein ergeben, wenn wir zunehmend KI-Texte in unsere Lebenswelt einbetten. Konkret will ich diese Risiken an zwei Phänomenen aufweisen, namentlich der digitalen Halluzination und einer hermeneutisch *reduzierten Überfülle.* Letzteres deutet eine Paradoxie an. Zum Schluss gehe ich stärker spekulativ darauf ein, was es für Menschen und ihr Selbstverstehen bedeuten kann, wenn sie ihre Schreibfähigkeit an KIs de-

---

1 Das macht Heidegger in §18 von *Sein und Zeit,* 83–84. deutlich: „Welt ist in allem Zuhandenen immer schon ‚da'. Welt ist vorgängig mit allem Begegnenden schon, obzwar unthematisch, entdeckt." „Seiendes ist darauf entdeckt, daß es als dieses Seiende, das es ist, auf etwas verwiesen ist. Es hat *mit* ihm *bei* etwas sein Bewenden. Der Seinscharakter des Zuhandenen ist die *Bewandtnis.*" „Das Wobei es die Bewandtnis hat, ist das Wozu der Dienlichkeit, das Wofür der Verwendbarkeit." – also der Praxis. Martin Heidegger, *Sein und Zeit*, Tübingen 2006, 83–84.

legieren, bzw. wenn sie sich vorwiegend mit KI-Texten, die von niemanden geschrieben sind, umgeben. Ich beginne mit dem Begriff des Verstehens.

2 Wie Menschen verstehen

Wenn Menschen etwas verstehen, so steht nicht das Kennenlernen von Informationen im Vordergrund der Verstehensleistung. Lerne ich etwa, dass Luther angeblich 1517 Zettel an eine Kirchentür gehämmert hat, habe ich zwar etwas gelernt, aber wohl noch nichts verstanden. Verstehen hat etwas mit Sinn zu tun, nämlich den Sinn, den ein Wissen/Information für das eigene Leben/Existenz hat:

> Verstehen zielt auf das Erfassen von Sinn, Sinn ist das, was verstanden werden kann, und weil es Sinn nur „in Bezug zum Nicht-Sinn, zum Anderen des Sinns" gibt, also im Zusammenhang von Zeichenprozessen, in denen diese Differenz virulent wird, kann auch Verstehen nur im Horizont von Zeichenprozessen verstanden werden. Ganz allgemein lässt sich Verstehen daher als kreativer „Prozess des Herausarbeitens, des Verwandelns von Unbestimmtem in Bestimmtes" beschreiben.[2]

Weil Zeichen (sowie Gesten, Worte, Verhalten, Texte) interpretiert werden, gibt es immer mehrere Möglichkeiten der Interpretation, je nach Kontext, Ort, Zeit, Subjekt und Objekt. Sinn beschreibt dabei die treffendste, aber keineswegs die einzige Interpretation für das eigene Leben; und die Überführung von Zeichen in *sinnvolle* Zeichen beschreibt den Prozess des Verstehens. Nun ist aber dieser Prozess des Verstehens selbst ein Vollzug eines Subjektes, das in einer Welt von Zeichen lebt, also Gesten, Texte und Verhalten irgendwie schon kennen muss, um verstehen zu können. Das Überführen von Unbestimmtem in Bestimmtes geschieht also auf der Basis eines Vorher-irgendwie-schon-verstanden-Habens. Genau diesen Sachverhalt, dass das (theoretische) Verstehen auf einem anderen Verstehen fußt, hatte Heidegger programmatisch gezeigt. Er thematisierte dabei das Verstehen als Strukturmoment des In-Seins des Menschen (*in einer Situation der Praxis sein*).[3] Wenn Menschen mit Dingen umgehen, so tun sie es sehr häufig sinnvoll und damit verstehend, aber dieser Umgang selbst ist sehr oft gar nicht bewusst und kein Erfassen der Praxis-Sache und der Dinge als solche:

---

2 Ingolf Dalferth, *Kunst des Verstehens. Grundzüge einer Hermeneutik der Kommunikation durch Texte*, Tübingen 2018, 21; Vgl. zur ausführlichen Darstellung des Verstehensbegriffs auch Oliver R. Scholz, *Verstehen und Rationalität. Untersuchung zu den Grundlagen von Hermeneutik und Sprachphilosophie*, Frankfurt a. M. 2016.
3 Vgl. Csaba Olay, „Verstehen und Auslegung beim frühen Heidegger", in *Verstehen nach Heidegger und Brandom*, hg. von Barbara Merker, Hamburg 2009, 47–60, 49.

> In dem Erlebnis des [Gegenstand]sehens gibt sich *mir* etwas aus einer unmittelbaren Umwelt.
> Dieses Umweltliche [...] sind nicht Sachen mit einem bestimmten Bedeutungscharakter, Gegenstände, und dazu noch aufgefaßt als das und das bedeutend, sondern das Bedeutsame ist
> das Primäre, gibt sich mir unmittelbar, ohne jeden gedanklichen Umweg über ein Sacherfassen.[4]

Das soll heißen, dass unsere gewöhnliche Vorstellung davon, wie Menschen Objekte
als etwas (bspw. Auto) erkennen – eine Vorstellung, die wir auch in das maschinelle
Erkennen übertragen – eine Täuschung dahingehend ist, dass sie *sekundär* eine
Erkenntnistheorie postuliert, die am primären Erleben vorbeigeht. Heidegger will
sagen: unser Sehen sieht nicht zuerst ein unidentifiziertes Objektding, das sodann
durch den Verstand mit Inhalten und Bedeutungen beladen wird, sodass wir erkennen: ein Auto. Sondern Heidegger kehrt das Erkennen um, indem er auf eine
unmittelbare Umweltlichkeit abhebt, soll heißen: Beim Sehen eines Objektes ist
dieses Objekt je und je schon eingebettet in Zusammenhänge, sodass das Auto nur
und je schon als Auto erscheint, da es auf der Straße mir entgegenkommend gesehen wird. Ich sehe nicht Ding *und dann* Auto, sondern: Auto, weil eingebettet in
Verkehr, mir entgegenkommend, auf der Straße, usw., usw. Bedeutung gibt sich und
nicht unidentifizierbare Etwasse (Empfindungsdaten). Das aber heißt, dass unsere
Konstruktion und Programmierung von sensorischer Identifikation grundsätzlich
eine abgeleitete Interpretation und Theoriebildung menschlichen Seins ist. Gerade
weil es ganz unmöglich ist, maschinelle Bedeutungswahrnehmung in Analogie zum
Dasein zu konstruieren, konstruieren wir nur Ableitungen, die aber im Resultat
durchaus übereinstimmen und so den Eindruck erwecken, als sei auch die primäre
Verstehensleistung identisch. Die Unmöglichkeit einer Analogiebildung übrigens
wurzelt darin, dass es gerade nicht unser Sein ist, das Bedeutung *herstellt*, sondern
– wie Heidegger richtig sagt und die neue Phänomenologie in Frankreich weiter
entfaltet hat[5] – sich diese Bedeutung *mir gibt*. Phänomene wurzeln in der (Selbst-)
Gabe und sind nicht Verstandeskonstrukte übertragen auf unidentifizierbare Objekte. Man könnte auch sagen: für uns Menschen gibt es schlicht gar keine unidentifizierbaren Objekte, sondern *nur* bedeutsame Dinge (Heidegger nennt sie
dann *Zeug*, HermeneutikerInnen nennen sie Zeichen[6]).

Stellen wir ausnahmsweise mal fest, dass wir ein Objekt tatsächlich nicht zuordnen können, es also nicht identifizieren, dann liegt es daran, dass es ohne Bedeutung erscheint, das aber heißt: ohne Kontext und Welt, auf das es je und je

---

4 Martin Heidegger, „Die Idee der Philosophie und das Weltanschauungsproblem", in *Gesamtausgabe 2 Abteilung: Vorlesungen*, Bd. 56/57, Frankfurt a. M. 1999, 72–73; Vgl. Olay 2009, 50–51.
5 Vgl. Jean-Luc Marion, *Gegeben sei. Entwurf einer Phänomenologie der Gegebenheit*, Freiburg 2015.
6 Vgl. Dalferth 2018.

bezogen ist (das ist die Bewandtnis und damit Welt als Ganzheit der Bewandtnis). An ein solches Objekt gäbe es grundsätzlich zwei Herangehensweisen, wie es verstanden (das aber heißt: bedeutsam) werden kann: über den theoretischen Schluss oder über die Praxis der Zuhandenheit. Zuerst soll das theoretische Schließen am Beispiel von Hieroglyphen verdeutlicht werden: diese erschienen uns bis zum Fund des Steins von Rosette *in einer Hinsicht* ohne Kontext und Welt, nämlich ohne sprachlichen Übersetzungskontext. Sie erschienen immer schon als Symbole oder (sprachliche) Bilder, weil diese Bedeutung von Symbolen durch unseren Alltag je erschlossen ist – daher waren auch Hieroglyphe im Kontext der Sprach-Welt verortet und nie *völlig* unverstanden; schließlich hat man verstanden, dass es jemanden gab, für den die Symbole *etwas* bedeuten. Aber die Bedeutung der einzelnen Symbole war weltfrei und ohne Übersetzungskontext. Erst der Stein von Rosette eröffnete einen theoretischen Schluss auf eine Welt, nämlich einen Horizont, in den hinein die einzelnen Symbole eingeordnet werden konnten. Das aber sind *explizite* Verstandesleistungen des theoretischen Vermögens – und ein Stückweit funktioniert das maschinelle Lernen analog zu diesem theoretischen, sekundären Schluss. Vor allem liegt in diesem Zugang zu einem Gegenstand die Analogie zum Textverstehen: Wir verstehen Texte insofern theoretisch, als wir ihren Sinn in der *Reflexion* thematisch werden lassen und Verknüpfungen herstellen. In der Reflexion sind wir aber aus der lebendigen Praxis herausgetreten und ,bei uns', wir trennen also Gegenstand und Erkenntnis.[7] Was jedoch nicht übersehen werden darf, ist das Fundament dieser Reflexionsleistung, namentlich dass dieses Verstehen in einem *Vorverständnis* wurzelt, das selbst durch die *Praxis des Lebens* erschlossen worden ist.

Das Zweite ist diese unsere Praxis der ,Zuhandenheit', in der wir verstehend Welt erschließen. Dafür ist das Beispiel der Türklinke recht naheliegend. Das Verstehen oder Lernen der Türklinke geschieht ja nicht über eine theoretische Erschließung eines Dinges als Klinke. Sondern die Klinke wird je und je als solche in ihrer Anwendung kennengelernt, d. h. nur in der Praxis des Drückens und Türöffnens lernen Menschen leiblich, wie das Ding ,Klinke' benutzt wird und mithin was sie ,ist'. Sie ist das, was sie in ihrer Funktion tut, und sie tut es, ohne den ,Umweg', wie Heidegger sagt, über den theoretischen Schluss zu nehmen. Man könnte hier auf das Lernen von Kindern verweisen: diese sitzen ja nicht da und wälzen Bücher, in denen steht: Ding = Klinke = Türöffner. Sondern Kinder lernen die Klinke in ihrer weltlichen Benutzung kennen, als das Ding, das die Mutter drückt, um in die Küche

---

7 Ich folge der treffenden Definition von Reflexion von Hans Wagner, die er in Anlehnung an Heidegger gegeben hat: „Dieses Beisichsein im Modus der Rückkehr aus dem Außersichsein nennen wir Reflexion." Hans Wagner, *Philosophie und Reflexion*, München 1980, 36.

zu gehen; ihre Funktion ist ihr Sein, und *verstanden* ist das Ding im Gedrücktwerden und nicht im theoretischen Wissen um ein Wozu. Das meint Heidegger mit ‚Zuhandenheit'. Und diese stellt als Fundament unser Vorwissen und Vorverständnis dar, auf dessen Grundlage dann Textverstehen stattfindet, weil alles propositionale Wissen auf einem praktischen Verstehen basiert: „Propositionales explizites Verstehen [Reden über das Objekt] gründet auf praktisch explizitem Verstehen. Anders gesagt: dem praktischen Verstehen gebührt der Primat vor dem propositionalen Verstehen."[8] Texte verstehen oder sie auch interpretieren, können Menschen nur, weil sie das, was sie darin lesen, vorverstanden haben. Kants transzendentale Ästhetik kann man nur dann verstehen, wenn man die Worte im Text schon vorverstanden hat – und die Ästhetik interpretieren/deuten kann man erst dann, wenn man sie verstanden hat. „Weil wir schon verstehen, können wir interpretieren [...]."[9] Das aber heißt, dass das menschliche Verstehen zirkulär ist: Jedes Verstehen ist fundiert in einem Vorverständnis, das das Verstandene (und zugleich damit das Vorverständnis) erschließen muss. Sobald das Vorverständnis *explizit* gemacht wird, wird es als Verstandenes auch konstruiert. Das so kreativ Erschlossene/Verstandene (das jedoch wie jedes Verstehen, zirkulär, in einem Vorverständnis wurzelt) wird wiederum zum Vorverständnis neuen Verstehens, usw. Es scheint mithin so, dass die Hebung des Vorverständnisses ins *explizite* Bewusstsein Ersteres aus seiner Einbettung in die Lebenspraxis herausholt und es auf die Ebene der Informationen bringt. Auf dieser Ebene ist das Verstehen dann auch für die KI möglich – allerdings würde Heidegger sagen, dass dies eben kein Verstehen ist. Das Vorverständnis ist bedingt durch unsere Sprache, Kultur, Zeitgeist und unendlich vielem mehr. Es unterliegt aber auch Machtinteressen, einer Moral oder Religion; es lässt sich durch Ideologie eingrenzen und strukturieren, insofern Ideologie, wie Marx sagt, ein *falsches Bewusstsein* (falsches Verstehen) ist. Wird das falsche Bewusstsein forciert, wird auch das Vorverständnis entsprechend begrenzt. Und die Kräfte der Begrenzung (Ideologisierung) und der Öffnung (Aufklärung) durchziehen als Polaritäten die menschliche Geschichte seit jeher. Genau diese Spannung aus Begrenzung und Öffnung des Vorverständnisses lässt sich m.E. auch im Umgang mit KI-Tools postulieren.

---

8 Christoph Demmerling, „Implizit und Explizit. Überlegungen zum Verstehensbegriff im Anschluss Heidegger und Brandom", in *Verstehen nach Heidegger und Brandom*, hg. von Barbara Merker, Hamburg 2009, 61–78, 67.
9 Wolf-Jürgen Cramm, „Zum Verhältnis von symbolbezogenen und nicht-symbolbezogenen Formen des Verstehens", in *Verstehen nach Heidegger und Brandom*, hg. von Barbara Merker, Hamburg 2009, 165–190, 168.

3 Das Verstehen von KI-Texten

KI-Tools[10] haben sehr oft den Zweck, Informationen zu komprimieren, zusammenzufassen, einen Text so zu generieren, dass er menschlich wirkt, allemal verständlich und klar. Auch menschliche Texte haben diese Tendenz, wurzeln aber in einer genuinen, individuellen Sprache, die manchmal sperrig oder historisch veraltet wirkt, wenn man bspw. an Kants Vernunftschrift(en) denkt. Während das menschliche Verfassen von Texten und ihre Rezeption oft darauf abzielen, den Welthorizont – über die bloße Informationsvermittlung hinaus – zu erweitern,[11] weil u. a. der Kontext des Verstehens durch die Auseinandersetzung mit einem Text ausgeweitet wird, tendiert die Rezeption von KI generierte Texten sowie das daraus resultierende Verstehen – so meine These – dazu, den Welthorizont durch Informationen zu verengen, bzw. zuzuspitzen. Folgendes Beispiel soll dies verdeutlichen: Der Abfassung von Kants *Kritik der reinen Vernunft* lag die Intention zu Grunde, den Diskurs der Vernunft zu erweitern, zu korrigieren und aufzuklären. Der Autor wollte möglichst gut, detailliert und in der Breite einen Sachverhalt entfalten. Mit dieser Intention ist der Lesende konfrontiert und es kann sich in/nach der Lektüre die Möglichkeit eines umfassenden Verstehens im Sinne gewandelter Lebenspraxis einstellen – oder auch nicht. Jedenfalls ist die Möglichkeit eines Könnens darin gegeben. Indem ich einen Text lese und insofern ich ihn verstehe, geht damit einher, dass mein Können und mein Leben *erweitert* wird: Ich werde bspw. in Bezug auf die Vernunft verstehend, d.h. hier nicht nur sprachfähig, ihre diskursive und reelle Breite als Information zu benennen, also Auskunft zu geben darüber, was mir vorher unverstanden und sinnlos war, sondern es besteht die Möglichkeit, in meiner Existenz die Praxis der Vernunft (als einen existentiellen Vollzug) zu etablieren. So könnte ich nicht nur sagen, was Kants Schrift für den Gottesgedanken, als Information, bedeutet, sondern es besteht die existentielle Möglichkeit, mein Gottes- sowie Selbst- und Weltbild verstehend zu ändern. Darüber hinaus werde ich befähigt, die Vernunft gemäß ihren Grenzen korrekt zu nutzen. Jedes Verstehen geht damit einher, zuerst das menschliche Sein in seinem Sein-Können zu erhellen (denn beim Verstehen geht es primär um Sinn und nur sekundär um Informationen),

---

10 Der Fokus liegt hier auf den neueren Sprachmodellen, insbesondere dem Generative Pre-trained Transformer (GPT). Zu deren Funktionsweise vgl. Gokul Yenduri et al., *Generative Pre-trained Transformer: A Comprehensive Review on Enabling Technologies, Potential Applications, Emerging Challenges, and Future Directions*, ArXiv 2023, 1–40, 7, in [www.doi.org/10.48550/arXiv.2305.10435] (Zugriff: 26.09.2023).
11 Das gilt für viele, aber sicher nicht für alle menschlichen Texte. Das trifft etwa auf Märchen, Romane oder auch Forschungsliteratur zu, weniger aber auf Lexika u. ä.

sodass der Mensch im Verstehen als ein könnendes Wesen sichtbar wird, sodann aber auch die Fähigkeit in Bezug auf das Verstandene im Können/Praxis zu erweitern.[12] Das Können hat daher zuerst den Charakter eines Potentials, es muss nicht thematisch sein oder als Tatsache beschrieben werden können. Als Potential ermöglicht es, das Verstandene wiederum als Ausgangspunkt für kreative Entfaltung zu nutzen, etwa dann, wenn Kants Schrift einen inspiriert, einen Essay über ein angrenzendes Thema zu schreiben. Das bedeutet nicht, dass hier eine Informationsbasis bereit liegt, um daraus Neues herzustellen. Das Verstandene ist, als sinnvolle Lebenspraxis, nicht thematisch und explizit, sondern in „Welt" eingebettet.

Je breiter das Verstandene im Text-Verstehen erschlossen wurde, desto potentieller und auch unthematischer fundiert es das Befähigtsein für zukünftiges thematische Planen von zum Beispiel Projekten.[13] Verstehe ich hingegen nur Bruchstücke eines Textes, weil mir nur diese als Information präsentiert werden, ist mein Verstehen in seiner Potentialität genau auf diese Anteile *reduziert*. Natürlich wird man dadurch nicht etwa die Möglichkeit einer Könnens-Erweiterung *qua* KI-Texte absprechen dürfen. Das Verstehen *als solches* kann nicht unterbunden werden. Aber das Potential kann dennoch gemindert werden, da KI generierten Texte, u. a. weil ihr Ziel in der Komprimierung von Informationen besteht, als Verkürzungen der menschlichen Texte erscheinen, sowie vom Kontext und Geschichte entrissen und d. h. ohne Lebenswelt sind. KI-Texte scheinen damit tendenziell den begrenzenden Pol zu forcieren, während menschliche Texte oft (aber keineswegs immer) den öffnenden Pol bedienen. Das diese Tendenz in den KI-Texten plausibel ist, will ich im Folgenden stärker entfalten.

4 Verstehen durch Texte und Verstehen durch KI-Tools – zwei Problemkreise

Es gibt eine Menge an Problemen, die im Zusammenhang mit KI und Textgeneratoren diskutabel wären: Angefangen mit juristischen Fragen des Urheberrechts bis hin zu medienethischen Fragen zum Umgang mit Fake News. Geleitet durch meine Fragestellung will ich die *Textgeltung* und die Texthermeneutik in den Fokus rücken und zwei Problemkreise beschreiben: A) Das Problem der ‚Halluzination' von Textgeneratoren und B) die hermeneutisch reduzierte Überfülle. Beides bedarf ei-

---

12 Vgl. Heidegger 2006, §31.
13 Vgl. Olay 2009, 56.

ner Explikation und beides soll den reduzierenden Charakter von KI-Texten verdeutlichen.

Ad A) Halluzination von KI ist ein inhärentes Problem,[14] das in Zukunft vielleicht gelöst werden wird,[15] aktuell aber für den gesellschaftlichen und wissenschaftlichen Diskurs eine Gefahr darstellt. Das zentrale Problem der Halluzinationen offenbart die eigentliche Zielsetzung von Textgeneratoren und stellt damit sogleich ihre Fragwürdigkeit im wissenschaftlichen Diskurs heraus. Textgeneratoren haben vorwiegend den Zweck, einen möglichst *menschenähnlichen* Text oder Antworten auf eine Frage zu generieren. Sie haben (noch) *nicht* den Zweck, möglichst gute, richtige oder wahre Antworten zu geben. Da das GPT-Modell durch riesige menschen-generierte Datenmengen trainiert wurde, bilden diese Daten das semantisch-syntaktische Fundament der KI. Nur in diesem Rahmen agiert es und generiert Sprache, die dem Trainingsmaterial entspricht. Aber in den Daten, in der Syntax und in der Semantik als solche liegt keine Wahrheit. Der Satz: „Der Koffer ist aus grüner Seide" mag zwar ein völlig korrekter Satz sein, wahr wird er aber für Menschen nur dann, wenn sie ihn durch Erfahrung, mithin durch Erleben – im Antreffen in der Lebenswelt – bestätigen können. Sprache hat nicht *in sich* die Fähigkeit, ontologische Gewissheit zu etablieren. Und eine durch Textgeneratoren generierte Sprache bezieht sich nicht einmal mehr auf die erfahrbare Lebenswelt, sondern gerade einmal auf die Syntaxfunktion der Sprache selbst; denn es werden Wörter der Wahrscheinlichkeit nach aneinandergereiht. Mit Heidegger könnte man sagen, dass die KI-Texte nur einen apophantischen Charakter haben, aber keinen hermeneutischen, weil in ihnen die lebensweltliche Situation nicht transportiert wird.[16] Solche Texte machen alle Lesenden zu *Jüngern zweiter Hand*,[17] weil sie den

---

14 Halluzinationen haben a) eine ideelle und eine b) technische Seite. Zuerst einmal (a) haben Textgeneratoren den Zweck, möglichst menschenähnliche, authentische Texte zu produzieren. Darin nicht enthalten sind Kriterien der Wahrheit, sondern nur der Wahrscheinlichkeit. Es gibt mithin im Programmkorpus keine Funktion zur Überprüfung der Richtigkeit der Texte. Dies ließe sich unter schwierigen Bedingungen wahrscheinlich ändern. Fener (b) sind Textgeneratoren so aufgebaut, dass sie zwischen dem GPT-Modell und der Ausgabe diverse Filter haben, die die Antworten des Textgenerators überprüfen, etwa darauf, oder die Antwort rassistisch ist oder überhaupt *überzeugend.* Diese Filter-Modell wurden durch Menschen trainiert. Sie funktionieren wie eine Reflexion auf den generierten Text und geben Bewertungen ab. Nur der Text mit der besten Bewertung wird auf die UserInnen losgelassen. Da auch hier kein ‚Faktencheck' stattfindet, sondern möglichst authentische Texte den besten *score* erzielen, lügt der Textgenerator lieber, als nichts zu schreiben.

15 Vgl. Roberto Simanowski, „Narrative der Weltbeglückung. Die neue Sprach-KI und die Mathematisierung der Ethik", *Blätter für deutsche und internationale Politik*, Heft 6, 2023, 63–73, 67.

16 Den Unterschied zwischen apophantisch und hermeneutisch kann man sich wie folgt klarmachen: Heidegger meint z. B. in Heidegger 2006, 157 (§33), dass der Satz „Der Hammer ist schwer" in

Glauben an die Texte fordern und nicht an die hinter ihnen liegende Erfahrungen im Sinne verstehender Praxis. Damit scheint die Geltung der Texte von Textgeneratoren ziemlich diskreditiert zu sein, weil sie streng genommen darin liegt, dass jemand irgendwann etwas so ähnlich geschrieben hat. Hinter dem Text der KI steht keine an der Erfahrung plausibel ausgewiesene Realität, sondern dahinter stehen sinnleere, obgleich syntaktisch korrekte Sprach-Daten.[18] Halluzinationen sind so das genuine Produkt eine Sprach-Abstraktion ohne das Kriterium der Wahrheit. Ihre Einbettung in den wissenschaftlichen Diskurs verbietet sich aus Gründen der Redlichkeit.

Ad B) Eine hermeneutisch reduzierte Überfülle klingt wie ein Paradox, aber gerade diese Paradoxie kann das Problem des hermeneutischen Zirkels verdeutlichen, der durch die Textgeneratoren entstehen *kann*. Es ist nun unlängst darauf hingewiesen worden, dass die Textgeneratoren jenen Geist aus der Maschine lassen, mit dem sie trainiert wurden.[19] Da die Textergebnisse eine Synthese dessen darstellen, was vorgegeben ist, spiegeln die Ergebnisse das Fundament. Das ist

---

der Lebenswelt ‚zuerst' nicht vorkommt, *insofern* damit ein theoretischer *Sinn* über die physikalische Wirklichkeit eines Hammers ausgedrückt wird. Kein Mensch würde beim Arbeiten (also beim Hämmern) plötzlich feststellen, dass ein Hammer physikalisch die Eigenschaft der Schwere hat; solcher Sinn ist sekundär und apophantisch (nach Aristoteles können nur solche Sätze wahr sein). Hermeneutisch hingegen wird *derselbe* Satz, wenn er einen anderen (nämlich hermeneutischen) Sinn transportiert, also „Der Hammer ist schwer" meint „Gib mir einen anderen Hammer!" (Die Aussage ist eigentlich eine Aufforderung). Hermeneutische Sinnaussagen vermitteln also Situationen wie Wünsche, Befehle usw. Selbst wenn KIs den hermeneutischen Sinn von menschlichen Texten entschlüsseln, kann man nur schwerlich annehmen, dass in der Synthese ihrer Texte ein *hermeneutischer Sinn* zur Geltung kommt – denn *wer* und in welchem Sitz des Lebens ist es, der schreibt? Vgl. zur Unterscheidung apophantisch und hermeneutisch. Otto Pöggeler, „Einführung", in *Hermeneutische Philosophie. Zehn Aufsätze*, hg. von Otto Pöggeler, München 1972, 7–71, 21.

17 Ähnlich hatte schon Kierkegaard jene christlichen Glaubenden kritisiert, die ihren Glauben allein auf die *Beschreibung* der Apostel gründen und nicht auf die primäre Glaubenserfahrung von Jesus Christus. Kierkegaard machte damit deutlich, dass zwischen Aposteln und heutigen Glaubenden im Hinblick auf die Wahrheit *kein* Unterschied besteht. Die Heutigen verhalten sich zur *Beschreibung* nur in Form einer Veranlassung; den Glauben erhalten sie dadurch nicht, sondern von Gott, wie die Apostel auch. Vgl. Sören Kierkegaard, *Philosophische Brocken*, hg. von Emanuel Hirsch, Düsseldorf 1952, 101–102.

18 Man könnte hier einwenden, dass die wissenschaftliche Praxis doch ähnlich funktioniert. Schon Studierende müssen stupide Hausarbeiten schreiben, in denen Sie bloß wiederkäuen, was Y geschrieben hat. Diese Analogie ist durchaus berechtigt. Doch würde man einer solchen Hausarbeit, die nur rekapituliert, was andere schrieben, wohl ein *Ungenügend* bescheinigen, weil weder ein Textverständnis ausgewiesen, noch das Wiedergekäute plausibilisiert wurde. Das ist schlicht schlechte wissenschaftliche Praxis.

19 Vgl. Rebecca Johnson et al., *The Ghost in the Machine has an American accent. Value conflict in GPT-3*, ArXiv, 2023, 1–11, in: [www.doi.org/10.48550/arXiv.2203.07785] (Zugriff: 26.09.2023).

grundsätzlich nicht anders bei Menschen, die das reproduzieren, womit sie etwa erzogen wurden.[20] Ein durchaus radikaler Unterschied liegt aber darin, dass Menschen *qua* kritisches Denken dazu in der Lage sind, ihre eigene „Veranlagung" zu revidieren – und das geschieht oft in Situationen, die einen treffen, also *widerfahren* und somit auf Sinn und nicht auf Informationen basieren. Das hermeneutische Problem liegt im gewissen Sinne in dieser fehlenden Reflexionsfähigkeit der KI: Die Synthese-Antwort ist mit dem Ziel formuliert, möglichst menschenähnlich zu klingen; damit geht aber auch einher, dass Informationen konzentriert und reduziert werden.[21] Denn die GPT-Modelle generieren Texte aus vor-trainierten Daten; sie schaffen damit noch keinen Sinn, wenn und insofern darunter eine kreative, denkende und existentielle Entfaltung eines Gegenstandes durch ein Subjekt gemeint ist. Dass die Antworten ggf. rassistisch, kolonialistisch, usw. sein können, ließe sich durch Filter-Modelle ändern. Hier setzen sich in der Debatte um KI übrigens die grundlegenden gesellschaftlichen Fragen und kulturellen Kämpfe fort. Übersehen wird aber, dass, ganz gleich welche Antwort ein Textgenerator produziert, diese nun „in der Welt" ist – und somit selbst Teil neuer Trainingsdaten, bzw. Informationsbestandes wird. *Ein* hermeneutisches Zukunftsszenario ließe sich also wie folgt beschreiben: Je mehr Texte von KI produziert werden, desto mehr dieser Texte landen wieder im Netz und somit in der Datenbank der KI – aus denen heraus Textgeneratoren wieder Texte konstruieren, die wieder im Netz landen. Es handelt sich also um einen klassischen infiniten Regress, oder einen hermeneutisch-logischen *circulus vitiosus*, der zu einer Überfülle und Dominanz der Textgeneratoren-Texte führt. Weil diese Texte aber vorwiegend auf Reduktion aus sind, ist die Überfülle durch reduzierte Texte gekennzeichnet, also eine hermeneutisch reduzierte Überfülle, die zwar immer unterschiedlich, aber dem Sinn nach das Gleiche schreiben würde. KI „verändert die Situation des Menschen durch die Automatisierung kognitiver Prozesse mit der Nebenfolge der *Standardisierung*, sofern jeweils die gleichen Daten zugrunde liegen und keine Variation von außen [...] induziert

---

20 Für den Kontext der Schule etwa hatte Bourdieu diesen reproduzierenden Charakter deutlich entfaltet. Vgl. Pierre Bourdieu, „Die konservative Schule", in *Wie die Kultur zum Bauern kommt. Über Bildung, Schule und Politik, Schriften zu Politik & Kultur 4,* Hamburg 2001, 25–52.
21 Wenn es richtig ist, dass die Textgeneratoren nur nach der gelernten Wahrscheinlichkeit Wörter aneinanderreihen, ohne sie aktuell durch eine Tatsachenüberprüfung zu korrigieren, dann liegt in der Wahl der größten Wahrscheinlichkeit bereits die logische Tendenz, das Unwahrscheinlichere und damit auch die ganze andere Fülle (die Negativität) auszulassen. Damit aber droht zugleich ein Herrschaftswissen und deren Machtinteressen das demokratische Feld zu okkupieren. Ein zweites Beispiel für ein Herrschaftswissen läge darin, dass die zum KI-Training genutzten Daten überhaupt nur von jenen erhoben werden können, die sich im Internet bewegen; alle ohne Internet, freiwillig, aber vor allem unfreiwillig, haben keine Stimme – dann auch nicht im Echo einer Chat-KI.

wird."[22] Rein hypothetisch ließe sich sogar eine steigende Dominanz der KI generierten Texte und Sprache gegenüber dem menschlichen Denken behaupten, sodass
letztlich die KIs die Bedeutung der Worte *qua* Machtverhältnis überschreiben.[23]

Wie aber ließen sich KI generierte Texte aus der Einspeisung in die KI her-
aushalten? Das ist kein nur technisches Problem, sondern auch eine Frage nach der
Demokratisierung und Pluralisierung von KI-Systemen.[24] Man könnte nun einräu-
men, dass das bei Menschen genauso ist, frei nach dem Motto: „Schreibt Texte über
Texte und lest Bücher über Bücher. Und zu allem Überfluss lest ihr Bücher über
Bücher. Und schreibt Texte über Texte."[25] Doch hier übersieht man den Charakter
der KI-generierten Texte; denn diese sind von *niemanden* geschrieben. Während
sich Menschen also nur *manchmal* auf vorher unverstandene, aber geschriebene
Menschen-Texte beziehen, beziehen sie sich bei KI-Texten *immer* auf Unverstan-
denes (im Sinne Heideggers); denn es gibt schlicht niemanden, der zuhause (des
Verstehens) wäre. Wie verändert das unser Verstehen und Denken? Darüber kann
man aktuell nur spekulieren; was im Folgenden geschehen soll.

5 Die Anonymität der KI – Niemand zuhause

Viele bekannte KI-Tools zielen wohl gerade nicht darauf, einen Gegenstand in der
ganzen Komplexität zu entfalten, sondern gegenläufig, die Komplexität auf Prä-
gnanz zu reduzieren, sodass Zusammenfassung[26] oder Positionen[27] herauskommen. Das sorgt dafür, dass der Kontext eines Sachverhaltes oder eines Gegenstandes
schrumpft oder aber in einer Zuspitzung wahrgenommen wird, wie oben entfaltet.
Zwar wird durch das wissenschaftliche Arbeiten die Interkontextualität weiterhin
hergestellt, d. h. die Sachverhalte werden weiterhin untereinander verbunden und
zum Netzwerk gebildet; dies aber nur in ihrer vorher selektierten Zuspitzung. Mit
einem Bild gesprochen: die Zukunft (auch) der Wissenschaft ist der Artikel und
nicht das Buch, ähnlich wie es in den Sozialen Medien der begrenzte Twitter-
Kommentar ist und nicht ein Essay.

---

22 Simanowski 2023, 72 (meine Kursivierung).
23 So etwas ließe sich durchaus verhindern, indem man etwa bestimmte Texte oder Quellen zu
unantastbaren Korrektivgrößen erhebt, gegen die eine KI nicht umdeutend agieren kann. Aber wer
könnte und qua welche Autorität sollte jemand eine solche Normierung vornehmen? Das ließe sich
in demokratischen Strukturen nicht legitimieren.
24 Vgl. Simanowski 2023, 70–71.
25 Aus einem Lied der ‚Antilopen Gang'.
26 Bspw. Scisummary, Quillbot.
27 Bspw. DeppGPT.

Die digitale Logik bringt es mit sich, dass Verstehen und Wissen in einem Netzwerk, und das heißt in Relationen, situiert und konstruiert, weniger hingegen in seiner Bedeutungsfülle entfaltet werden. Technisches „Verstehen" fußt auf der Korrelation von Daten. Uns Menschen erschließt sich aber durch bloße Korrelation (bspw. dass 50 % aller Männer Schuhgröße 44 haben) kein Sinn;[28] denn die Deutung und Bedeutung ist ein kreativer Prozess eines umweltlichen Verstehens: Verstanden ist eine Sache dann, wenn sie in der Dimension unsrer Lebenspraxis situiert wird, wenn sie also eine unmittelbare praktische Lebensrelevanz hat und das heißt, wenn sich ihre Bedeutsamkeit einem eindrücklich erschließt. Was aber geschieht mit Texten, die von *niemanden* geschrieben werden, die also *ohne Lebenswelt* situiert sind?

Dann wird das präsentierte Material, also Informationsinhalte aus korrelierenden Teilelementen zusammengebaut und vorgestellt, ohne dass die UserInnen durch eine kreative Aneignung in es hineinkommen und so daran wachsen. Wenn man etwa ein Buch liest und Teile davon unverständlich sind, was ja fast durchweg der Fall ist, ist das Potential gegeben, in einem Bildungsprozess kreativ das Unverstandene ins Verstehen zu überführen; was gemeinhin im *Denken* geschieht. Dafür muss man an die Lebenswelt der VerfasserInnen herantreten und diese mitverstehen.[29] Ist das Präsentierte aber von Vornherein so konzipiert, möglichst verständlich zu sein, weil die Sprache ahistorisch, nur formallogisch durch Korrelationen konstruiert und das Unverstandene durch KI ins Verständliche (bspw. nach mehrfacher Aufforderung) paraphrasiert wird, entfällt das Denken auf der Seite der NutzerInnen entweder oder es wird zu einer bloßen Informationsverarbeitung. Lukas Ohly hat dieses Problem präzise erfasst:

> Selbst beim Querlesen folgte der Rezipient noch der gehaltlichen Anordnung der Verfasserin. Bei der Suchwortanalyse [und der Sprachbildung durch KI] dagegen werden Bedeutungscluster auf ‚synchrone' Weise gebildet und auf die Korrelationen der Begriffe hin untersucht. Diese Vermittlung von Begriffen folgt der formalen Logik, die selbst digital ist [...]. Übersehen wird die geschichtliche Situierung der Begriffe bei der Autorin. Die Begriffe sind formale Informationseinheiten und nicht ‚durchlebte' Gehalte [...].[30]

---

28 In diesem Zusammenhang spricht Kucklick richtig davon, dass Daten nie neutral sind. Um mit ihnen etwas anfangen zu können, müssen sie stets in einem Rahmen präsentiert werden und so verlieren Zahlen für Menschen sofort ihre Neutralität. Vgl. Christoph Kucklick, *Die granulare Gesellschaft. Wie das Digitale unsere Wirklichkeit auflöst*, Berlin 2015, 44.

29 Das war die These der klassischen kritischen Exegese der Bibel: die Texte können nicht verstanden werden, wenn wir die Lebenswelt der AutorInnen nicht kennen; der Kontext ist ebenso unabdingbar wie der Text.

30 Lukas Ohly, „Noch etwas vergessen? Theologische Aufnahmen der Digitalität und ihre blinden Flecken", in *Theologie angesichts des Digitalen. Beiträge zu den theologischen Herausforderungen*

Verkürzt könnte man also sagen: die Texte der KI sind Texte *ohne Lebenswelt*, weil sie bloße semantisch-syntaktische Korrelationen sind. Was KI produziert, hat nie jemand gedacht und schon gar nicht durchlebt, mithin nie verstanden.

Nicht nur die Wissenschaft, sondern auch alle Gesellschaften sollten sich dann aber auch die Frage stellen, ob die Überantwortung von genuin menschlichen Kompetenzen – Denken, Erleben, Texterstellen, Verstehen – bedenkenlos an KI delegiert werden sollten, wie der Ethikrat kürzlich hervorgehoben hat:

> Das spezifische Risiko von Kompetenzverlusten im Zusammenhang mit dem Einsatz von KI-Anwendungen liegt demnach in der Besonderheit der Tätigkeiten, die der Technik überlassen werden – handelt es sich dabei um gesellschaftlich besonders bedeutsame oder kritische Einsatzbereiche, ist ein Verlust von menschlichen Kompetenzen und Fertigkeiten ein ernstzunehmendes Risiko.[31]

Schließlich ist nahezu an jeder Technologie die dialektische Bewegung einer Erweiterung und eines gleichzeitigen Verlustes (oben Begrenzung und Öffnung genannt) ablesbar: Die Erfindung der Schrift erweitert das Wissen und das Speichervolumen – reduziert aber die Gedächtnisleistung des Menschen; das Navi verkürzt die Wege und die Orientierungszeit – reduziert aber zugleich das Orientierungsvermögen.[32] Und das menschliche Schreiben von Texten?

> Im Schreiben kommt der Mensch zu sich. Delegiert er diese Erfahrung an die KI, verwandelt sich der Produktionsprozess [also auch der Selbsterkenntnisprozess] zurück in einen Rezeptionsprozess: Man bleibt Leser, nämlich der Synthese an Informationen und Ansichten, über die nicht man selbst verfügt, sondern die KI. Insofern ist in der Tat ein Verlust kognitiver Fähigkeiten zu fürchten [...].[33]

Eine Gesellschaft muss sich die Situation vergegenwärtigen, was es heißt, dass der Mensch nicht mehr zu sich selbst kommt, weil er aufhört zu schreiben. Das Schreiben ist kein Selbstzweck; es ist Denken in Worte gefasst. Ein solches Denken transportiert unsere semantische Existenz, unsere Lebenswelt, letztlich unser

---

durch Digitalität und Digitalisierung, hg. von Roman Winter-Tietel/Lukas Ohly, Frankfurt a. M. 2023, 12–38, 35–36.

31 Deutscher Ethikrat, *Mensch und Maschine – Herausforderungen durch Künstliche Intelligenz. Stellungname*, 2023, 268.

32 Vgl. Simanowski 2023, 67–68.

33 Ebd. Ähnlich auch bei Hendrik Stammermann, „Lernen mit Textgeneratoren und Co.! Wie können wir die Kompetenzen unserer Schüler:innen mithilfe von künstlicher Intelligenz verbessern?", *Der Deutschunterricht*, Heft 5, 2022, 88–94, 88: KI birgt „das Potential einer kognitiven ‚Deaktivierung', indem sie kognitive Operationen, z. B. das Überarbeiten, Paraphrasieren, [Interpretieren, Weiterführen, Kritisieren] sowie das Verfassen von Texten, anstelle der Lernenden durchführen."

Selbst. Wer aber nicht mehr zu sich selbst kommt, dem gehen nicht nur kognitiven Fähigkeiten verloren – er und sie hört auf, Selbst zu sein.

Dass auch Kreatives mit der KI möglich ist, soll damit nicht abgesprochen werden. Kreativität kann im Zusammenspiel von Mensch und Maschine entstehen; sie ist ein menschliches Vermögen intrinsischer Motivation, Neues zu schaffen; die Kreativität kommt nicht aus der KI selbst – und schon gar nicht ‚von selbst'.

Was heißt das nun für die Textgeltung und den wissenschaftlichen Diskurs? Zuerst einmal muss die Sensibilisierung für die Risiken von Textgeneratoren und KI-Texten weiterhin im Diskurs bleiben, sodass ein kritisches Medienbewusstsein gerade bei den Kritischen wach erhalten wird. Das kann dazu führen, dass die Geltung der KI-Texte im wissenschaftlichen Rahmen reduziert, beziehungsweise ganz abgesprochen wird. Es kann aber auch dazu führen, dass die Kreativität im Umgang mit Textgeneratoren als Schlüssel zu deren Einhegung evoziert wird. Die Wissenschaft hat die besondere Verantwortung, nach der Wahrheit (der Texte) zu fragen und diese Wahrheitssuche durch Kreativität anzuregen, angesichts Künstlicher Intelligenzen, die nichts verstehen, sondern höchstens halluzinieren.

Anne D. Peiter

KI-Texte = Intertexte?

Fragen der Geltung von Literatur im Mensch-Maschinen-Vergleich

Abstract: The combinatorics of AI text generators in generating their texts is already commonplace in literary studies: Intertextuality and learning from previous texts, incorporating them, using them or even resisting them are all things we know from literary history and which also function in AI. And yet the human and the machine generation of texts have to be distinguished in terms of the literary criteria of unpredictability and freedom. It is not only in writing that the unpredictable is sought; the openness to surprise of interpretation attempts in reception also contributes to the unpredictability of literary texts. Although some human text genres are easily simulated (nuclear war fantasies are considered as an example), others contain inauthentic speech that is not transferable (comedy is mentioned, where what is said appears in contrast to what is meant). The article tries to define the „unlearnable", surprising moments of a literature that can only be written by humans.

1 Zur Einführung

Die intertextuelle Vernetzung von Texten, die den Ruf des „Todes des Autors" befördert[1] und der Frage nach dem individuellen Schreibenden Kontur verliehen hat, kann als ein „Lernen vom anderen" betrachtet werden. Nicht nur der:die Autor:in im Singular schreibt, sondern die Textbezüge, die – mehr oder weniger bewusst, mehr oder weniger elaboriert – zu etwas Eigenem gemacht und so als für den Schreibenden selbst für gültig erklärt werden, „schreiben mit", und zwar im Plural. Intertextualität entspricht nicht einer Aufhebung der Literarizität von Texten. Vielmehr ist sie ein ebenso gängiges wie zumindest potenziell produktives Prozedere, um sich als Autor:in in einen literarischen Traditionszusammenhang zu stellen oder im Gegenteil sich von diesem abzugrenzen.[2] Ideen fürs Schreiben kommen also nicht allein aus dem, was man als „Wirklichkeit" oder „Gelebtes"

---

1 Roland Barthes, „Der Tod des Autors", in *Texte zur Theorie der Autorschaft*, hg. von Fotis Jannidis et al., Stuttgart 2000, 185–193.

2 Zu der Abgrenzung gehört das Phänomen, unter Einfluss von Vorgänger:innen zu geraten. Theoretisiert worden ist dies von: Harold Bloom, *The Anxiety of Influence: A Theory of Poetry*, New York 1973.

∂ Open Access. © 2024 bei den Autorinnen und Autoren, publiziert von De Gruyter. [CC BY-NC-ND] Dieses Werk ist lizenziert unter einer Creative Commons Namensnennung – Nicht kommerziell – Keine Bearbeitung 4.0 International Lizenz. https://doi.org/10.1515/9783111351490-017

bezeichnen könnte. Vielmehr resultieren sie auch aus Gelesenem, Angeeigneten, sobald dieses als geeignet fürs Eigene anerkannt wird.

Kurz: Wenn die KI beginnt, sich für die Herstellung von Texten im weiten, literarischen Erbe umzusehen, ist das an sich nichts Ehrenrühriges, ja nicht einmal spezifisch Maschinenhaftes oder *per se* Angstauslösendes. Lernen – intertextuell lernen – tut der Mensch ja auch, und er tut es seit jeher, selbst wenn die Literaturwissenschaft die systematische Erforschung von Intertextualität erst in den 1980er und 1990er Jahren zu ihrem Steckenpferd erklärt und so den Begriff von Text und seinen Rändern neu definiert hat, nämlich hin zu so etwas wie ausgefaserten Seiten, die allüberall in andere, fremde, jetzt ins eigene Schreiben hineingeholte Texte übergingen.[3]

Die Diskursanalyse könnte als eine Fortsetzung dieses Interesses für Literatur als Großkorpus voller Übergänge zwischen Texten verstanden werden. Sie untersucht Wiederholungen, Verschiebungen und die Entstehung neuer Bedeutungen in der kollektiven Auseinandersetzung mit bestimmten Themen, gesellschaftlichen Problemen oder Konzepten.[4] Dies läuft auf eine weitere Schwächung des Gewichts hinaus, die dem:der Einzelnen bei der Textgenese zugewiesen werden kann. Ein „Es" spricht, schreibt oder murmelt unter- oder überschwellig, und diese Tatsache kann sich den Textproduzent:innen mitunter komplett entziehen.

Wenn in der Forschung Diskursanalyse betrieben wird, heißt das stets, dass eine große Menge von Texten in den Blick gerät, um an deren Beispiel Wiederholungsstrukturen ebenso zu untersuchen wie die oft langsamen Veränderungen, die sich – mal individuell bedingt, mal hervorgerufen durch neue, historische Kontexte oder Ereignisse, institutionelle Gegebenheiten oder Machtverhältnisse – im Sprechen über bestimmte Dinge ergeben.

Wenn nun die KI darauf beruht, anhand eines quantitativ das menschliche Auffassungsvermögen übersteigenden Korpus das „literarische Schreiben zu lernen", dann ergibt sich die Frage, ob durch die Kombinatorik aus Bausteinen des Gelernten nicht etwas zustande kommt, was zu der Intertextualität von Literatur Ähnlichkeiten aufweist? Müsste die einst blühende Forschung zur Intertextualität die Literaturwissenschaft nicht vorbereitet haben für Geltungsfragen, die heute die

---

3 Dass man „ausgefranste Ränder" von Texten am besten in den Blick bekommt, wenn man sie mit so etwas wie einer „Gleitsichtbrille" betrachtet, wird ausgeführt in: Anne D. Peiter, „Lesen mit der Gleitsichtbrille. Zueignungen und widmende Gaben in Büchern der Privatbibliothek von Christa und Gerhard Wolf". Der Artikel erscheint voraussichtlich 2024 in einem Sonderdruck der Arbeits- und Forschungsstelle Christa und Gerhard Wolf, hg. von Birgit Dahlke. Gemeint ist mit dem Konzept der „Gleitsichtbrille", dass der lesende Blick in einer permanenten Bewegung zwischen dem nahen Detail und dem Übergang zu „Entferntem", „Makroskopischem" begriffen ist.
4 Weiterhin unverzichtbar: Michel Foucault, *Die Ordnung des Diskurses*, Frankfurt a. M. 2001.

KI stellt? Und läuft nicht auch die Untersuchung von Text-Genres auf eine mögliche Auseinandersetzung mit den Prozessen hinaus, die ablaufen, wenn das Schreiben der „Maschine" bestimmte, relativ bestimmbare Gattungsmerkmale zu „bedienen" versucht?

Es sind diese Fragen, die ich im Folgenden anhand ausgewählter Beispiele genauer unter die Lupe nehmen möchte. Drei Themenblöcke sollen in den Blick rücken. Ein erster Abschnitt befasst sich mit der Marktförmigkeit von Science-Fiction-Texten und den Aspekten ihrer Imitierbarkeit.[5] Ich entwickele hier die These, dass es *Mainstream*-Texte gibt, deren Strukturen leicht identifizier- und damit imitierbar sind. Atomkriegsphantasien werden mir als *pars pro toto* für andere Arten von Plots dienen.[6] Auch bestimmte Arten von Krimis, Abenteuer- oder Liebesromanen sind beschreibbar als mehr oder weniger vorhersehbare Erzählabläufe, das heißt als sprachliche Schemata.

In einem zweiten Schritt soll es mir um den Zusammenhang von Komik und Intertextualität und die schwere Erlern-, ja Erkennbarkeit des ironischen Sprechens gehen.[7] Auch hier kann ich nur exemplarisch einige Fragen skizzieren, die aber sämtlich auf ein Gegengewicht zu den Beobachtungen rund um die Atomkriegsphantasien hinauslaufen. Ein uneigentliches Sprechen ist ebenso schwierig zu verstehen wie nachzuahmen, lautet die These dieses Abschnitts.

Abschließend werde ich das Konzept des „autobiographischen Paktes" diskutieren, das heißt der Frage nachgehen, wie die „Wirklichkeit" ausgehebelt zu werden droht, wenn autobiographische Muster von maschinellem Schreiben aufgegriffen werden, ohne dass es dahinter noch einen Autor oder eine Autorin gibt.[8] Ich werde mit konkreten Beispielen aus ganz unterschiedlichen Bereichen des literarischen Marktes operieren, um auf diese Weise Ähnlichkeiten und Unterschiede zwischen Texten, die sich der menschlichen, und Texten, die sich der künstlichen Intelligenz verdanken, herauszuarbeiten. Es wird hier um das Problem einer

---

5 Zu Wiederholungsstrukturen bei diesem Genre der Science-Fiction vgl. z.B.: Anne D. Peiter, „Atomkrieg als planetarischer Mord. Zu einem literarischen Topos in science-fiktionalen Texten westdeutscher, französischer und amerikanischer AutorInnen", in *Mord / Murder*, hg. von Franz-Josef Deiters et al., Nomos 2021, 149–166. – Anne D. Peiter, „,Atomgestank'. Zur Pazifik-Literatur der 1940er und 1950er Jahre", in *Pazifikismus. Poetiken des Stillen Ozeans*, hg. von Johannes Görbert et al., Würzburg 2017, 373–390.

6 Guy Oakes, *The imaginary war. Civil defense and american Cold War culture*, New York 1994.

7 Zu meinen Vorarbeiten gehören die folgenden Publikationen: Anne D. Peiter, *Komik und Gewalt. Zur literarischen Verarbeitung der beiden Weltkriege und der Shoah*, Köln 2007.

8 Philippe Lejeune, *Le Pacte autobiographique*, Paris 1975.

„Entwirklichung" gehen, die mit den sich ausbreitenden Verschwörungsmythen unterschiedlicher Provenienz zusammenhängt.[9]

Insgesamt besteht mein Ziel darin, zu bestimmen, worin die „nicht-erlernbaren", überraschenden Momente einer Literatur bestehen, die allein von Menschen verfasst werden können. Meine These besagt, dass der Ausbruch aus kulturellen Paradigmen das – zumindest vorläufig – Unnachahmbare ausmacht, dass also die Wiederholungsstrukturen von Literatur zu bedenken sind, wenn man erkennen will, wo Mensch und „Maschine" sich voneinander abheben. Mit anderen Worten: Die Überraschung hat ins Zentrum zu treten, das Unvorhersagbare, oder auch, um Ruth Klüger zu zitieren: die Freiheit, um das Menschliche nicht nur als Allzu-, sondern auch als Allein-Menschliches zu bestimmen.

Ruth Klüger definiert den Begriff der „Freiheit" in ihrer Autobiographie, die der Verfolgung im Nationalsozialismus gewidmet ist, auf ebenso originelle wie lakonische Weise. Es wird dort die Idee vertreten, es könne „die äusserste Annäherung an die Freiheit nur in der ödestens Gefangenschaft [...] stattfinden, also dort, wo die Entscheidungsmöglichkeiten auf fast Null reduziert sind. In dem winzigen Spielraum, der dann noch bleibt, dort, kurz vor Null, ist die Freiheit."[10] Nun ging es, als Klüger diese These aufstellte, natürlich um etwas völlig anderes, etwas absolut Dramatisches, nämlich um die Hilfe, die ihr von Seiten einer jungen Mitgefangenen in Auschwitz zuteil wurde, um in einen rettenden Transport, weg von der Vernichtung, aufgenommen zu werden. Doch interessant an einer Sicht auf Freiheit, die sich von ihrem extremen Gegenteil her definiert, ist, dass die Entscheidungen, die ein Mensch trifft, bis zu einem gewissen Grade nicht vorhersagbar sind. Und das heißt: Die Freiheit kann *plötzlich* in Anspruch genommen werden, sie kann auch dann noch versucht werden, wenn schon alle Tore geschlossen zu sein scheinen und kein Spielraum mehr zu erkennen ist.

In eine quasi unüberspringbare Voraussagbarkeit des Verhaltens (oder eben auch: des Schreibens) kann sich eine Selbstbehauptung mischen, und diese Selbstbehauptung vermag, wie dies bei Klüger der Fall gewesen ist, den Anderen, den Mit-

---

9 Probleme, die sich mit jüngsten Verschwörungsmyten verbinden, werden u. a. diskutiert in: Wolfram Ette/Anne D. Peiter, *Der Ausnahmezustand ist der Normalzustand, nur wahrer. Texte zu Corona*, Marburg 2021. – Gleichfalls einschlägig: Anne D. Peiter, „Hitler-Merkel, Pétain-Macron, die Résistance und der Genozid an Ungeimpften. Überlegungen zu Erinnerungsräumen und -konstrukten deutscher und französischer ‚Corona-Gegner'". Dieser Artikel erscheint voraussichtlich 2024 in einem Sammelband zu deutsch-französischen Erinnerungsräumen. – Zur Rolle der sozialen Medien und des Internet vgl.: Anne D. Peiter, „‚Impfen macht frei.' Überlegungen zu Erinnerungsräumen und -konstrukten in Memes westeuropäischer ‚Corona-Leugner'". Auch dieser Artikel wird 2024 erscheinen.
10 Ruth Klüger, *weiter leben. Eine Jugend*, Göttingen 1994, 136.

und Nebenmenschen in einer plötzlichen Wendung ins Zentrum stellen. Das ist das, was erstaunt, weil es nicht antizipierbar, ja vielleicht noch nicht einmal lehrbar, nicht zu erlernen ist. Es wird am Ende meines Beitrags zu fragen sein, ob sich etwas von diesem emphatischen Begriff der Abgrenzung der menschlichen Intelligenz und ihrem emotionalen Unterbau wird retten lassen.

2 Wiederholungsstrukturen auf dem Markt der Atomkriegsphantasien

Es entspricht das eben Skizzierte einer hehren Idee vom Menschen, die, wenn man sich den Mainstream des Buchmarkts ansieht, so nicht die Regel ist. Vielmehr hätte man wohl erst einmal zu betonen, dass die KI angesichts der Marktförmigkeit vieler Produkte, die sich literarisch nennen, so sinnlos nicht ist. (Und dies ist, wohlgemerkt, die Position einer Literaturwissenschaftlerin, einer Person, die sich mit Literatur beschäftigt, weil sie dieser im besten Fall eine andere, erstaunliche, bereichernde Sicht auf Welt zutraut.) Doch die ausführliche Beschäftigung mit science-fiktionalen Atomkriegsphantasien lässt mich daneben die Prognose treffen, dass bestimmte Erzählplots von einer KI, die sich, vom Menschen gefüttert, ans Lernen macht, leichtens werden imitiert lassen. Statt gleich auf die Freiheiten des Schreibens loszugehen, möchte ich also erst einmal die unterschwellig melancholische These ausloten, die besagt, dass die Identifizierung von Mustern bei diesen wieder so unerwünscht aktuell gewordenen Geschichten über die mögliche Verwendung der „Superwaffe" nicht besonders schwerfallen wird.

Ich möchte kurz resümieren, was ich bei der Untersuchung eines groß angelegten Korpus von Atomkriegsphantasien beobachtet habe. Fast durchgängig wird die Leserschaft zu Beginn dieser Texte vor ein häusliches Setting gestellt, in der eine Familie mit klar identifizierbaren Protagonist:innen ihrem Alltag nachgeht.[11] In diesen Alltag hinein explodiert dann im Wortsinn wie ein Blitz die Bombe.[12] All das, was auf diesen folgt, ist nichts weiter als die Auseinandersetzung mit den Konsequenzen der durch die Explosion hervorgerufenen Zerstörungen und Gefahren. Die Radioaktivität, die mehr ist als nur ein „Nebenprodukt" der Produktion von Tod, nämlich ein Weiterwirken der Waffe in mitunter unübersehbar lange Zeiträume,

---

[11] Vgl. dazu: Anne D. Peiter, „Atomkrieg und Literatur oder: Die Unverdaulichkeit der Zukunft. Überlegungen zur ‚Futurologie des Essens' in science-fiktionalen und wissenschaftlichen Texten", in *Zurück in die Zukunft. Die Bedeutung von Diskursen über die „Zukunft" in der Wissenschaftsgeschichte*, hg. von Klaus Freitag/Dominik Gross, Kassel 2017, 125–136.

[12] Dazu auch: Oakes 1994, passim.

pflegt in literarischen Atomkriegsphantasien am Rande erwähnt zu werden, doch erstaunlicherweise ohne die gar zu genaue Ausmalung der konkreten Folgen, die der Fall-out auf menschliche wie tierische und pflanzliche Organismen hat.[13] Es ist beim Lesen festzustellen, dass Haarausfall, innere Blutungen, schwere Durchfälle, Erbrechen, Verbrennungen, geschädigte Föten oder – um nur das bekannteste Beispiel zu nennen – Krebserkrankungen aus der Antizipation von Zukunft säuberlich herausgehalten werden,[14] was wiederum die Frage in den Raum stellt, inwieweit dieser Art von Literatur überhaupt die Fähigkeit zugetraut werden kann, etwas über Zukunft auszusagen.[15] Science-fiction ohne Zukunft[16] scheint eine ganz regelwidrige Textgattung zu sein, doch meine Untersuchungen haben gezeigt, dass dies in der Tat ein weit verbreitetes Phänomen darstellt.

Des Weiteren ist es dann so, dass die Nebenfiguren, und zwar mitunter anonym und in Massen, in diesen Texten zugrunde zu gehen pflegen.[17] Doch zentral ist, dass die Figuren, die der Leserschaft zwecks Identifikation dargeboten werden, in der Regel, wenn auch, zugegeben, erst nach Überwindung einiger Schwierigkeiten, siegreich aus dem allgemeinen Chaos hervorgehen, um die Menschheitsgeschichte mutig ein zweites Mal beginnen zu lassen.[18] Häufig, ja geradezu topisch sind tro-

---

13 Genaueres dazu in: Anne D. Peiter, „Radioaktivität. Wahrnehmbarkeitsgrenzen und das Unaussprechliche. Überlegungen zu epistemologischen Darstellungsproblemen in deutschen und US-amerikanischen Science-Fiction-Texten", in *Manifestationen des Unaussprechlichen. (Un)mögliche Welt- und Selbsterkenntnis in Literatur und Kunst*, hg. von Agnieszka K. Haas, Danzig 2018, 144–156.
14 Das genaue Gegenteil gilt für die Schriften des Philosophen Günther Anders, der versucht hat, das „prometheische Gefälle" zwischen Mach- und Vorstellbar ins Zentrum zu rücken, um auf diese Weise eine produktive Angst vor einem möglichen, atomaren Schlagabtausch hervorzubringen. Günther Anders, *Der Mann auf der Brücke. Tagebuch aus Hiroshima und Nagasaki*, München 1963. – Gleich im „Nachfeld" der Bombardierungen von Hiroshima und Nagasaki wurde von Naturwissenschaftler:innen und Mediziner:innen die Folgen der Radioaktivität im Detail dokumentiert – natürlich mit Blick auf eine „Effizienzsteigerung" bei möglichen weiteren Kriegen, in denen diese „Superwaffe" zum Einsatz kommen würde. Vgl. Los Alamos Scientific Laboratory, *The effects of atomic weapons*, New York et al. 1950.
15 Anne D. Peiter, „Oberirdische Leere, unterirdische Enge. Architektonische Zerstörungs- und Bunkerphantasien in science-fiktionalen Texten des Kalten Kriegs", in *kritische berichte. Zeitschrift für Kunst- und Kulturwissenschaften*, Bd 46(3), 2018, 92–98.
16 Zu Zukunftskonzepten vgl. Lucian Hölscher, *Die Entdeckung der Zukunft*, Göttingen 2016.
17 In der Regel handelt es sich um gewissermaßen „grundlose" Kriege. Diese bemerkenswerte Beobachtung wird diskutiert in: Bruce G. Blair: *The logic of accidental nuclear war*, Washington D.C. 1993.
18 Ein paradigmatisches Beispiel dafür ist: René Barjavel, *Ravage*, Paris 2007. – Zur Interpretation dieses Textes und seiner Kon- und Intertexte: Anne D. Peiter, „Zwischen Angst und Verdrängung. Atombomben- und Bunkerphantasien am Beispiel von science-fiktionalen Texten von René Barjavel, Günter Eich und Mordechai Roshwald", in *Émotions, politique et médias aux XXᵉ et XXIᵉ siècles / Emotionen, Politik und Medien im 20. und 21. Jahrhundert. Perspectives franco-allemandes pour une*

glodytenartige Lebensweisen, in denen die Geschichte technischer Erfindungen von Neuem begonnen und zivilisatorische Standards neu diskutiert werden, und zwar stets erfolgreich und auf ein antizipierbares Happy-End gerichtet.[19]

Zusammenfassend lässt sich sagen, dass an Optimismus kein Mangel ist und Atomkriege nicht mehr sind als eine günstige Gelegenheit, spannende Abenteuergeschichten mit viel Schau- und Schauderlust zu entwickeln, begleitet stets von der sich erfüllenden Erwartung, es werde letztlich alles wieder gut werden.[20]

Ich habe diese Mainstream-Literatur darum so ausführlich skizziert, weil sie die obige These von der Imitierbarkeit stützt. Um zu verstehen, wie wirkungsmächtig sie auf dem literarischen Markt sind, ist es nötig, sich die kritischen Gegentexte vor Augen zu halten. Verkaufbar ist, so lautet das Ergebnis der einschlägigen Studien, was nicht gar zu schrecklich endet. Die wenigen Texte, die sich durch ihren Pessimismus und ihr katastrophisches Ende von den Genre- und Verkaufbarkeits-Vorgaben abgrenzen, das heißt nicht den ökonomischen Erfolg ins Zentrum stellen, erinnern die Leserschaft daran, dass es Orte wie Hiroshima und Nagasaki gegeben hat, an denen sehr wohl und sehr genau zu lernen war, was Atombomben anrichten.[21] Doch diese pessimistisch-düsteren Plots sind nichts weiter als die Ausnahme, die die Regel bestätigt. Aber sie – also die Ausnahme – zeigt eben ex negativo, dass Autor:innen und Verleger:innen mit Blick auf die Lesegewohnheiten des Publikums normalerweise im Gleichschritt zu gehen pflegen.[22] Die kritischen Texte also verleihen den Praktiken des Mainstreams Kontur – schlicht weil sie anders funktionieren und auf diese Weise die Momente der Wiederholung und Standardisierung noch besser erkennen lassen. Und das heißt wiederum, dass schon jetzt, und zwar unabhängig von den zu erwartenden Text-Aus-

histoire européenne des émotions / Ein deutsch-französischer Blick auf eine europäische Emotionsgeschichte, hg. von Valérie Dubslaff et al., Brüssel/Berlin 2021, 131–148.

19 Der gleichen Erzählstruktur folgen auch die Bunkerbau-Filme, die als „Lehrfilme" verbreitet wurde. Eine Liste dieser Filme findet sich in: Anne D. Peiter, *Träume der Gewalt. Studien der Unverhältnismässigkeit zu Texten, Filmen und Fotografien. Nationalsozialismus – Kolonialismus – Kalter Krieg*, Bielefeld 2019. Hier nur ein Beispiel: Lehrfilm *New family in town*, 1956 (Dauer 12:22); Robert J. Enders Production, Erzähler: Robert Preston, Regisseur: Robert L. Friend; in Zusammenarbeit mit der Federal civil defense administration; abgerufen am 14.06.2017.

20 Bunkerbauprojekte spielten bei diesem Optimismus eine entscheidende Rolle. Zur Schwierigkeit, private Haushalte zur Finanzierung dieser Schutzräume zu veranlassen, vgl.: Kenneth Rose, *One nation underground. The fallout shelter in american Culture*, New York 2002. – Wie Bunker in Science-Fiction-Texten ausgemalt werden, wird beschrieben in: Anne D. Peiter, „Genormtes Leben unter der Erde. Bunkerphantasien und Baukonzepte in der Science-Fiction-Literatur des Kalten Krieges", in *Wohnen jenseits der Normen*, hg. von Manfred Seifert/Thomas Schindler, 2022, 165–182.

21 Ich denke z.B. an einen 1947 erschienenen Roman von: Ward Moore, *Greener than you think*, Charleston 2008.

22 Paul Brians, *Nuclear holocausts. Atomic war in fiction 1895–1984*, Kent (Ohio)/London 1987.

stößen der KI, der Konformismus die nicht besonders literarische, doch konsumerisch gesprochen einträgliche Regel ist.

Das ist literatursoziologisch wie politisch bemerkenswert, stimmt aber hinsichtlich der Frage, worin das Eigene von Literatur bei der Auseinandersetzung mit einer planetarischen Gefahr bestehe, die heute aktueller ist denn je, nicht eben optimistisch. Zugespitzt gesprochen: Ob Mainstream-Texte noch in Zukunft von hoffnungsschwangeren Menschen dem Papier aufgedrückt werden oder gleich im Hirn nicht-menschlicher Intelligenzen entstehen, ist eigentlich ziemlich sekundär, denn um die Frage nach der Verbindung von Literatur und kriegerischer Wirklichkeit geht es sowieso nicht.

Das ist jetzt aber nur ein Aspekt des Zusammenhangs zwischen Intertexualität und Erlernbarkeit, denn selbstverständlich gibt es auch andere, anspruchsvollere Texte. So stellt zum Beispiel Günter Eich in seinem Hörspielklassiker „Träume", in dem unter anderem ein Atomkriegstraum geträumt bzw. zum Alp gemacht wird,[23] die Leserschaft vor ein definitorisches Problem: Es sei in Deutschland ein Kind mit zwei Köpfen geboren worden, der Standesbeamte habe aber lediglich die Frage zu beantworten gehabt, ob es sich bei diesem Kind um eine oder hingegen um zwei Geburten gehandelt habe. Die Anspielung auf die gesteigerte Gefahr der Schädigung von Erbgut und behinderten Kindern durch die radioaktive Strahlung ist hier unverkennbar.

Interessant ist dieser Textbaustein, weil er mit ironischer Lakonie verfährt und mit einer Geste, die man geradezu als wegwerfend uninteressiert zu bezeichnen hat, auf ein Problem aufmerksam macht, das im Zentrum der Angst vor einem „Dritten Weltkrieg" zu stehen hätte: das Problem der langfristigen Folgen dieser Art von Krieg. Die ebenso unterschwellige wie grausige Komik, die sich bei Eich abzeichnet, führt hin zu einem Ende der Geschichte, wie es katastrophischer und radikaler kaum sein könnte: Die Protagonist:innen sterben sämtlich, und mit ihnen die gesamte Stadt New York, ja die Welt überhaupt.

Wir haben hier also einmal ein Gegenexempel vor uns, das aber, wenn die KI lernt, nicht das vorherrschende Muster darstellt. Vielleicht ist es jedoch gar nicht so schwierig, die KI zu bitten, das Genre zu bedienen, dann aber ein Ende zu erfinden, das der Leserschaft als „dickes Ende" jede Form von billigem Zukunfts- und Technikvertrauen ausbläst.

---

23 Günter Eich, „Träume", in ders., *Gesammelte Werke*, Bd. 2, Frankfurt a. M. 1991. – Dazu: Anne D. Peiter, „Der akustische Tod. Zu medizinischen Fantasien in Günter Eichs Hörspiel Träume", *Re:visit*, 2022, in [https://doi.org/10.57974/Re:visit_2022_1.13] (Zugriff: 23. 08. 2023).

Ich vermute, dass dem so ist, doch was das Lernen, das ich jetzt einmal als „intertextuelles Lernen" fassen möchte, schwierig macht, ist der Aspekt der Komik, der sich, wie eben gezeigt, in Eichs Hörspiel mischt.[24]

Und damit komme ich zu meinem zweiten Abschnitt, nämlich zum Sonderfall des uneigentlichen Sprechens mittels eines Zitats. Bisher hatten wir festgestellt, dass sich bestimmte Geschichten von einem Autor zum anderen, von einer Autorin zur anderen schablonenartig wiederholen lassen und auch für die KI kein schwerer Lernstoff sind. Doch jetzt möchte ich die gegenteilige Hypothese prüfen, und zwar am Beispiel der Komik.

3 Unsterbliche Komik

Die Erfahrung im Bereich der Literaturdidaktik mit Nicht-Muttersprachlern legt die These nah, dass das, was im Deutsch-als-Fremdsprache-Unterricht schwierig ist, auch bei den KI-Produktionen schwierig sein wird. Mensch und „Maschine" stehen hier vor den gleichen Problemen. Ironie ist uneigentliches Sprechen. Gesagt wird das Gegenteil vom Gemeinten. Ausländische Studierende können notwendigerweise weder alle kulturellen und sprachlichen Codes kennen noch mit sämtlichen historischen Kontexten vertraut sein, vor denen sich ironisches oder komisches Schreiben entwickelt.

Dies führt wiederum dazu, dass Leseprogramme für die Studierenden oft ungewollt ernsthaft sind, komische Texte bedauernd hinausgeworfen werden, doch nicht etwa, weil kollektive und geteilte Lach-Attacken nicht interessieren würden, sondern schlicht, weil Komik und Ironie Schwerst-Arbeit sind und nicht ein lustiges Zuckerlecken.

Das satirische Werk von Karl Kraus wird, so ist zu prognostizieren, Geltung und Gültigkeit behalten und sich der Imitierbarkeit durch die KI entziehen.[25] Die In-

---

24 Zur theoretischen Beschreibung von Komik weiterhin unverzichtbar: Wolfgang Iser: „Das Komische: ein Kipp-Phänomen", in *Das Komische*, hg. von Wolfgang Preisendanz/Rainer Warning, München 1976, 398–402. – Theoretisch einschlägig: Anne D. Peiter, „,Man lacht, anstatt es zu essen'. Canettis Lachtheorie und ihre Bedeutung für die Methodik von ,Masse und Macht'", *Austriaca-Zeitschrift*, Bd. 61, 2005, 115–124.

25 Als Hauptwerk eines intertextuellen Zitate-Feuerwerks darf weiterhin gelten: Karl Kraus, *Die letzten Tage der Menschheit*, Frankfurt a. M. 1986. – Zur intertextuellen Verbindung zwischen Psychoanalyse und Kraus' Werk vgl.: Anne D. Peiter, „Freuds Konzepte von ,Versprecher', ,Trauma' und ,Verdrängung' als Ausgangspunkte literarischer Verfahren in den ,Letzten Tagen der Menschheit' von Karl Kraus", *Recherches Germaniques*, Bd. 23, 2002, 47–68.

tertextualität sieht sich hier derart ins Extrem getrieben, dass eine Trennung von Zitat und Zitierendem, aus anderen Texten Übernommes und Aneignung durch den Autor kaum noch möglich ist.[26] Karl Kraus darf also als Paradigma gelten, um zu behaupten, dass hier eine Grenze wirksam werden wird zwischen KI und MI, der „menschlichen Intelligenz".

Walter Benjamin war der Auffassung, der Satiriker sei eine kannibalische Figur, und das ist bei Karl Kraus in der Tat mustergültig nachzuvollziehen: Er macht sich die Gegner, die er angreift, fast leiblich zueigen, er verspeist sie, er labt sich und seinen Hass an ihnen. Entfiele das Material, das da *in extenso* zitiert und zugleich zu etwas Eigenem gemacht wird, so gäbe es keine Literatur mehr. Kraus erfindet nicht, sondern er findet. Er lebt schreibend ganz von der äußeren Textwelt, die er sich anverwandelt, um einsam und allein gegen sie zu stehen. Das ist Intertextualität als große Kunst, und diese ist schwer imitierbar.

Hinzu kommt, dass sich im Laufe seines Werkes eine zunehmende Komplexität ergibt, in der dem Zitieren von vorgefundenem Journalistischem Zitate aus der Literatur sowie Eigen-Zitate aus vorherigen, selbst geschriebenen Texten an die Seite treten. Eigenes und Fremdes gehen eine unauflösliche Einheit ein, und verstanden werden können die kraus'schen Texte am Ende praktisch nur, wenn man zumindest in Ansätzen mit dem Gesamtwerk vertraut ist.

Jetzt könnte man einwenden, die KI sei ja gerade dadurch ausgezeichnet, dass sie quantitativ weit mehr Text-Korpora zu „erlernen" und weiterzuentwickeln vermöge, als dies dem Menschen möglich ist. Die KI ist als Leserin schlicht fleißiger, als eine bemühte Leserschaft es je sein könnte.

Doch an dieser Stelle kommen zwei weitere Aspekte mit ins Spiel, die die Unterscheidung zwischen Mensch und „Maschine" bestehen lassen werden. Da ist erstens die positiv zu verstehende Einseitigkeit, der ein Karl Kraus bei seinen intertextuellen Gängen durch die Welt gefolgt ist. Das Künstlerische und damit die Gültigkeit seiner Texte bestehen darin, dass sie eine eigene Sicht auf die Welt entwickeln, das heißt bei aller Vielzahl der Bezüge ein Anliegen hatten, das durchaus nicht nur auf vielseitige Bildung zielte. Die Fähigkeit des menschlichen Schreibens könnte man vielleicht als Fähigkeit zur Obsession bezeichnen, und damit auch als Kraft, die einmal empfundene Konzentration / Obsession als Vorsatz um keinen Preis fahren zu lassen, sondern sie ein Leben hindurch zu hegen und zu pflegen und auf diese Weise zu einer künstlerisch werdenden Fixierung zu steigern.

---

26 Zu Kraus: „Nachfolger" und „Schüler" Elias Canetti: Anne D. Peiter, „Comic citation as Subversion. Intertextuality in ‚Die Blendung' und ‚Masse und Macht'", in *The worlds of Elias Canetti*, hg. von William Collins Donahue/Julian Preece, London 2008, 171–186.

Das ist von maschinellen Intelligenzen nicht leicht nachzumachen, denn es fehlt ihnen der zweite Aspekt, der dem ersten auf dem Fuße folgt: Die obsessive Verfolgung eines Interesses, die dem Schreiben *peu à peu* eigene, unverkennbare Konturen verleiht, speist sich aus einem existentiellen Anliegen, und dieses Anliegen wirft die Frage nach dem Zusammenhang von Text, Geltung und Leben auf.[27]

Nehmen wir daher ein drittes Beispiel. Erst war vom *Mainstream* die Rede gewesen, dann von den Herausforderungen einer Komik, die intertextuell verfährt. Als neuen Aspekt soll es jetzt um Autobiographisches gehen, das heißt um den Nexus zwischen Erlebtem und Erschriebenem.

4 Geltung und autobiographischer Pakt

Gehen wir auch hier zunächst einmal mit der gebotenen Nüchternheit vor. Es soll hier ein Beispiel ins Zentrum treten, das die Frage nach der Imitier- und Erlernbarkeit autobiographischen, also irgendwie doch existentiell aufgeladenem Schreibens aufwirft.

In den 1980er Jahren erschien im angesehen Jüdischen Verlag die Autobiographie eines Shoah-Überlebenden, der in Polen als Kleinkind den Massakern entgangen war. Jahrzehnte später schrieb dieser Mann seine Erinnerungen in fragmentarisch bruchstückhaften Bildern erfahrener Gewalt fest und wurde sodann von der Literaturkritik als neue, für die Geschichte verfolgter Kinder wichtige Stimme rezipiert. Durch die kritische Arbeit von Historiker:innen stellte sich jedoch heraus, dass der Autor dieses Schicksal gar nicht wirklich erlebt hatte. Vielmehr hatte er eine Kindheit hinter sich, die aus sozialen Gründen extrem schwierig und bindungslos gewesen war, ohne jedoch mit der Shoah auch nur entfernt zu tun zu haben.[28]

Dieser Fall ist für die Frage nach der Gültigkeit von Texten von paradigmatischer Bedeutung. Offenbar ist es so, dass sogar bei erinnerungspolitisch so sensiblen

---

[27] Erneut zum „Paradigma Kraus": Anne D. Peiter, „Un critique clairvoyant de la langue du Troisième Reich ou un ‚Goebbels par l'esprit'? Le rapport de l'auteur satirique Karl Kraus à la judéité et l'antisémitisme du tournant du siècle à sa mort", in *Identités juives en Europe centrale. Des Lumières à l'entre-deux-guerres*, hg. von Daniel Baric, Bordeaux 2014, 203–215.

[28] Gemeint ist der Roman von Benjamin Wilkomirski, *Bruchstücke. Aus einer Kindheit 1939–1948*, Frankfurt a. M. 1995. – Anders gelagert, da zugleich für eine politische Einflussnahme genutzt, ist der Fall von Fabian Wolff, der sich lange Jahre „als Jude" in der Öffentlichkeit zu Worte meldete, bis er eingestehen musste, gar nicht jüdischer Herkunft zu sein. Zu der Debatte um diese angemasste Identität vgl. etwa: *Fundiert spekuliert*, in [www.taz.de/Medien-Affaere-Fabian-Wolff/!5944149/] (Zugriff: 23.08.2023).

Themen wie der nationalsozialistischen Vernichtungspolitik bestimmte Topoi greifen, die, wenn sie erzählend aufgerufen werden, bei einer gutwilligen Leserschaft den Eindruck hervorrufen, in sich und gleichzeitig auch historisch „stimmig" zu sein. Das aber legt den irritierenden Schluss nahe, dass sogar die Katastrophenliteratur „erlern-" und „nachahmbar" ist.[29]

Im Fall von Bruno Dössekker alias Binjamin Wilkomirski war es so, dass er Unterstützung fand durch eine andere vermeintliche Überlebende, die behaupten, ihn damals als Kind gekannt zu haben. Fiktionen schlossen sich an Fiktionen, ein regelrechtes Stützgewölbe wurde aufgerichtet, in dem ein Text den anderen im Fall beglaubigte, und zwar jenseits aller Realitäten.

Die juristische Schwierigkeit lag im weiteren Verlauf des Skandals darin, dass es durchaus zweifelhaft war, ob der Autor willentlich gelogen hatte. Fest stand, dass er ein tief traumatisierter Mann war, der wirklich, wenn auch in völlig anderen Kontexten als behauptet, Leid erfahren hatte.

Dennoch blieb ein Problem bestehen, das bei der Auseinandersetzung mit dem Fall als Problem des „autobiographischen Paktes" bezeichnet worden ist. Dieser von dem Literaturwissenschaftler Philippe Lejeune geprägte Ausdruck bezeichnet die Tatsache, dass die Gattung, der ein Text zugeordnet wird, eine bestimmte Leserhaltung, das heißt eine Erwartung hervorbringt, die von Seiten des Schreibenden nicht getäuscht werden darf. Wenn jemand behauptet, sein Leben zu erzählen, dann dürfen ihm zwar Fehler und Ungenauigkeiten bei der Erinnerung passieren, doch erwartet wird zugleich, dass es bei diesem Umgang mit „Dichtung und Wahrheit" redlich zugehe, das heißt dass das Vertrauen, das die Leserschaft dem Text entgegenbringt, nicht bewusst getäuscht werde. Genau diese implizite Abmachung – also der Pakt – schien aber im zitierten Fall missachtet worden zu sein, mit allen erinnerungspolitischen Konsequenzen, die dies gerade in Bezug auf die negationistische Suche nach „Beweisen" für die „Existenz von Auschwitz" haben musste.

Ausgehend von der Empörung, die sich nach der Fahrlässigkeit des zum Suhrkamp-Verlag gehörenden Jüdischen Bahn brach,[30] wäre nun mit Blick auf die KI die Frage zu stellen, wie noch weiter über die großen Menschheitskatastrophe geschrieben werden kann, wenn die Erfindung scheinbar katastrophenkonformer Lebensgeschichten maschinell betrieben und buchmarktgerecht aufbereitet werden kann. In welches Verhältnis geraten dann Leben und Schreiben, Ego-Dokument

---

29 Zur Katastrophenliteratur allgemein: Anne D. Peiter/Marion Picker, „Après la crise – ‚Guerra è sempre.' Sur l'impossibilité de l' ‚après' des catastrophes", in *After the crisis*, hg. von Ludivine Thouverez [im Druck].
30 Eine Zusammenfassung zu diesen Debatten findet sich auf Wikipedia, in [https://de.wikipedia.org/wiki/Binjamin_Wilkomirski] (Zugriff: 23.08.2023).

und Erfindung, reales und fiktives Ich, tatsächliches Leid und fälschlich beanspruchte „Opferkonkurrenz"?

Leicht zu beantworten ist diese Frage nicht, denn es gibt Autoren wie den ungarischen Literaturnobelpreisträger Imre Kertész, der dafür plädiert, das Schreiben über Auschwitz müsse auf dessen literarische Neuerfindung hinauslaufen.[31] Nicht Bericht sei abzulegen darüber, wie dies und das genau gewesen sei. Vielmehr erstehe die Vernichtungsmaschinerie der Nationalsozialisten in der Literatur in eigenen, quasi erfundenen Formen wieder auf.

Kertész sieht also seine Texte durchaus nicht nur als autobiographische an. Vielmehr ist es auch bei ihm eine untergründig-verstörende Komik, die die Leserschaft davon abhält, eingeschliffene, autobiographische Muster der Shoah-Literatur zu identifizieren und an ihnen Halt zu finden. Literarisches Sprechen über sich wird bei Kertész zu einer haltlosen Sache in dem Sinne, dass gerade hinter das Wissen über Auschwitz zurückgegangen und die Naivität einer Stimme hörbar gemacht wird, die noch nicht weiß, wie es sein wird.[32] Eine „Normalität" der Vernichtung wird durch den willentlichen Mitvollzug der verschiedenen, eskalierenden Schritte plausibel gemacht, die weit schockierender ist als die erkennbar entrüstete Haltung darüber, dass dies hat geschehen können. Geschehen eben ist es, die Opfer sahen sich hineingezogen in die neue Realität, und genau dagegen meldet zum Beispiel der Protagonist im „Roman eines Schicksallosen" keinen Protest an. Nichts könnte verstörender sein als diese Quasi-Affirmation dem Ungeheuerlichsten gegenüber, nichts irritierender als das Wuchern der Worte „natürlich" und „selbstverständlich", mit denen der Ich-Erzähler die Verbrechen zu qualifizieren pflegt.

Wenn die KI sich dieser Themen annehmen würde, könnte sie Mainstreamhaftes ähnlich leicht hervorbringen, wie bei der anderen, eingangs erwähnten Katastrophenliteratur, nämlich der zum Atomkrieg. Die Standardisierung des autobiographischen Sprechens zur Shoah ist so weit fortgeschritten, dass sie mittelfristig für die KI erlernbar sein dürfte. Als Beweis für diese These können die Interviewtechniken dienen, die im so genannten „Spielberg-Projekt" der massenhaften Befragung der letzten, noch lebenden Zeug:innen zum Einsatz kamen.[33]

Doch damit ragt das Problem der Gültigkeit solcher Texte natürlich wie der Balken, der im Fall von Wilkomirski schon ohne die KI im Auge der Leserschaft

---

31 Das berühmteste Buch von Kertész, das dieser Maxime folgt ist das Folgende: Imre Kertész, *Roman eines Schicksallosen*, Reinbek b. Hamburg 2002.
32 Dazu: Anne D. Peiter, „Heimweh nach Auschwitz", in *Rire, Mémoire, Shoah*, hg. von Andréa Lauterwein, Paris/Tel Aviv 2009, 197–208.
33 [https://sfi.usc.edu/collecting] (Zugriff: 23.08.2023).

steckte, in die erinnerungspolitischen Debatten hinein. Da die „Entwirklichung" von Geschichte, wie sie während der Corona-Pandemie bei verschwörungsmythisch motivierten Protesten mit ihrem „Impfen macht frei", ihrer Beschwörung eines neuen, viral begründeten „Genozids" und ihren Davidsternen mit der Inschrift „ungeimpft" international hat beobachtet werden können, weit fortgeschritten ist, steht Schlimmes zu befürchten.

Es reicht aus, hier kurz an den Skandal um den Spiegeljournalisten Claas Relotius und seine mal völlig realitätslosen, mal Erfindung und Realität mischenden Reportagen zu erinnern,[34] um vorauszusagen, dass sich Lejeunes „autobiographischer Pakt" in Zukunft KI-bedingten Härtetests ausgesetzt sehen wird, die alles bisher Bekannte, Skandalträchtige bei weitem in den Schatten zu stellen drohen.

Ich vermute, dass die Literaturwissenschaft und -kritik gehalten sein wird, eine Annäherungsweise wieder stark zu machen, die in den 1950er Jahren vorherrschte, um sodann jahrzehntelang als einseitig und überkommen zu gelten. Damals war es üblich gewesen, autobiographische Zugänge zu Texten zu entwickeln. Die Genese und Bedeutung derselben wurden demnach aus dem Leben eines Autors oder eine Autorin heraus erklärt. Selbstverständlich ist es heute unmöglich, diese Interpretationstechniken neu aufzulegen, so als sei inzwischen nichts anderes gedacht worden. Doch immerhin könnte es sein, dass der Frage „Wer spricht hier eigentlich?" neue Bedeutung zuwächst.

Ein Experiment, das ich einst mit Studierenden unternommen habe, mag erklären, was ich damit meine. Ausgeteilt worden war ein Auszug aus dem Roman „Michael", geschrieben von Joseph Goebbels, als er noch kein Propagandaminister, sondern eifriger Lerner auf dem Weg zu diesem Posten war. Der Autorname wurde den Studierenden nicht mitgeteilt. Dem Auszug waren verschiedene, sämtlich erfundene literaturwissenschaftliche Einschätzungen beigegeben, die sich alle stark voneinander unterschieden.

Die Studierenden hatten nun die Aufgabe, zu begründen, welche Interpretation ihnen als die einleuchtendste erschien. Es stellte sich heraus, dass der Gedanke, es könne sich um einen kriegsverherrlichenden Text handeln, mehrheitlich ausgeschlossen wurde. Privilegiert sahen sich die Interpretationen, die dem Text Wert zusprachen, ihn anerkannten, die positiven Urteile der vermeintlichen Literaturwissenschaftler:innen bestätigten.

Dies zeugt nun einerseits davon, dass Studierende nicht so leicht damit rechnen, die Lehrenden könnten ihnen Texte von mindestens zweifelhaftem, ideologischem Gehalt vorlegen. Der Griff in die aufgeklappte Interpretations-Kiste spiegelte also in einem ersten Schritt etwas von der Autorität und dem Glauben an die Au-

---

34 Näheres auf Wikipedia, in [www.//de.wikipedia.org/wiki/Claas_Relotius] (Zugriff: 23.08.2023).

torität, die die Studierenden den Lehrenden und ihrem literarischen Geschmack zugestanden.

Andererseits legte das Experiment die Tatsache offen, dass die Interpretation eines Textes ganz ohne biographische Informationen schwerlich operativ werden kann. Die Leseerwartung wird nicht nur im Fall von autobiographischen Texten durch die Meta-Texte, wie sie zum Beispiel in Form von Buchcovern und Klappen-Infos zum Leben und Werdegang der Schreibenden in Erscheinung treten, gesteuert. Vielmehr scheint ein zumindest minimales Wissen zu der Frage, wer da schreibe, je vorausgesetzt und auch erwünscht zu sein.

Wenn nun in Zukunft wird geschrieben werden können, ohne dass es noch zu einer körperlich-menschlichen Bindung des Textes an einen konkreten Schreibenden kommt, wird sich eine Tendenz verstärken, die das, was beim Spiegel-Skandal deutlich geworden ist, noch einmal in neue Extreme treibt. Einerseits werden sich autobiographische Fiktionen stör-, komik- und überraschungslos nach bewährten Mustern herstellen und konsumieren lassen können. Andererseits aber droht dieser Konsum mit einer Entwertung jedes Anspruchs auf die „Wahrheit" in allem Dichterischen einherzugehen, das heißt die Tendenz zur „Entwirklichung", wie sie ohnehin allenthalben beobachtet werden kann, zu verstärken.

5 Zusammenfassung und ein Ausblick

Zusammenfassend lässt sich sagen, dass das Lernen an und mit anderen Texten literaturgeschichtlich nichts Neues ist und die KI hier eigentlich nur Dinge fortsetzen wird, die über lange Zeiträume eher die Regel denn die Ausnahme waren. Es reicht, an die Regelpoetiken und die Idee zurückzudenken, Literatur sei erlernbar, um zu zeigen, dass der Geniekult, der dagegen die „ursprungslose" Schöpfungs-Kraft des Einzelnen zu setzen versuchte, nicht das einzig gültige Prozedere darstellte, um Literatur zu schaffen. Kurz: Intertextualität und Lernen von Vorgängertexten, ihre Ver- und Einarbeitung, ihre Nutzung oder auch die Abwehr ihnen gegenüber sind Dinge, die wir aus der Literaturgeschichte kennen und die auch bei der KI funktionieren.

Andererseits ist prognostizierbar, dass die KI bestimmte Dinge nicht kann. Sie wird gefüttert, und sie nimmt alles, was man ihr bietet, alles, was man in sie einspeist. Das ist viel. Viel mehr, als all das, was ein Mensch in seinem Leben je wird lesen können. Zwar wählt auch die KI notwendig aus, und die Auswahl wird durch die Kooperation zwischen Mensch und „Maschine" verstärkt; doch die letztere wird nie die Einseitigkeit entwickeln können, die gerade das Menschliche der lebenden Person ausmacht, die zum Stift greift.

Und damit möchte ich abschließend zum Anfang und der Definition von Freiheit als dem Unvorhersehbaren zurückkommen. Literaturwissenschaftliche Zugänge zu Texten können zwar bestimmte Methoden entwickeln, um das Gesagte zu verstehen, doch sie müssen offen und lernbereit bleiben, weil sie nur so die Originalität von Texten, die es so noch nicht gab, fasslich machen können. Der möglichen Überraschungshaltigkeit von Literatur folgt die Überraschungsoffenheit ihrer Deutungsversuche auf dem Fuße. Freiheit also im Schreiben wie im Rezipieren, als Hinwendung zum Unerwarteten.

Inwieweit die KI in der Lage sein wird, im komplexen Ineinander von „Welt" und „Schreiben" einen Blick zu entwickeln, der ungewohnt ist, nicht nur in Hinblick auf den Plot, sondern auch und ganz besonders in Bezug auf die Form, also das „Wie" des Erzählens, wird in Zukunft zu beobachten sein. Dass die Demonstrationen in Hollywood,[35] die auch von Drehbuchautor:innen getragen werden, gute Gründe haben, die Konkurrenz der KI zu fürchten, dürfte durch das Beispiel der Science-fiction-Texte zum Atomkrieg, ihrer Beharrungskräfte und ihrer mehrheitlichen Ungerührt- und Unberührtheit von kriegerischen Wirklichkeiten deutlich geworden sein.

Dass umgekehrt die Freiheit von Literatur in Brechungen – zum Beispiel in der komischen Verzerrung – von Vorbildern und Mustern bestehen kann, scheint mir gleichfalls plausibel zu sein. Nicht alle Formen von Komik sind schwer zu entschlüsseln, nicht alle Formen reflektieren auf sich und ihre subversiven Möglichkeiten.

Doch vielleicht liegt hier – wie am Beispiel von Imre Kertész gezeigt – die Möglichkeit einer Affirmation von Mustern beschlossen, in der gerade ihr Gegenteil aufscheint. Es gibt eine Art der Übernahme von Mustern, die gerade in dieser Nachahmung den Bruch erzeugt. Wenn also im Plot Dinge gar zu erwartungsgemäß verlaufen, wenn gar hingenommen wird, dass sie erwartungsgemäß verlaufen – selbst dann, wenn im Erwartungshorizont von Leserinnen und Lesern Signale der moralischen Entrüstung verlangt werden gegen die Normalisierung von durchaus Schrecklichem –, dann ist Irritation und Neues gegeben, dann bewährt sich die im eigentlichen Sinne literarische Erfindungskraft.

An dieser Stelle treten Fragen einer gleichsam literarischen „Moral" ins Blickfeld, doch wie wir mit diesen Fragen umgehen, das wird von der Wachheit unserer Rezeption abhängen und von unserer Lust, weiter Menschen und ihren Erfahrungswelten zuzuhören.

---

35 [www.organiser.org/2023/05/03/172138/world/chatgpt-row-hollywood-writers-protest-against-artificial-intelligence-claiming-its-taking-away-their-jobs/] (Zugriff: 23.08.2023).

V **Recht, Regulierung und normative Ordnungen**

Oliver Bendel

KI-basierte Textgeneratoren aus Sicht der Ethik

Abstract: This chapter deals with AI-based text generators from an ethical point of view. It begins with a brief overview of generative AI (section 2) and AI-based text generators in particular. This is followed by a compilation of relevant areas of applied ethics (section 3), especially information ethics and its relatives, and then a structured, detailed ethical discussion (section 4). Opportunities and risks of operation and use are addressed. The chapter concludes with a summary and outlook (section 5). Overall, numerous risks are identified, as well as opportunities such as supporting work. The transformative potential for an important part of the creative and scientific professions is obvious. It is clearly a second wave of digitization that is taking hold.

1 Einführung

Die Disziplin der Künstlichen Intelligenz (KI) hat seit ihrer Gründung in den 1950er-Jahren viele Höhen und Tiefen erlebt. Um das Jahr 2000 herum herrschte unter ihren Vertretern verbreitet Pessimismus. Die Fortschritte bei bestimmten Formen künstlicher Intelligenz, etwa bei Übersetzungsprogrammen, deuteten jedoch eine Renaissance an. Ab 2020 erregten Sprachmodelle zumindest die Aufmerksamkeit von Experten. Der Durchbruch kam, als OpenAI im Jahre 2022 den Bildgenerator DALL-E 2 aufschaltete und den Chatbot und Textgenerator ChatGPT der Allgemeinheit zur Verfügung stellte. Ihnen folgten bald etliche Anwendungen generativer KI. Insbesondere KI-gestützte Text- und Bildgeneratoren werden heute privat und beruflich häufig verwendet, mehr und mehr auch Videogeneratoren. Dabei ergeben sich in Arbeitswissenschaft, Sozialwissenschaft und Ethik vielfältige Fragen.

Der Blick aus der Perspektive der Ethik fällt bei generativer KI, wenn man die Literatur studiert, vor allem auf Textgeneratoren. Als Anwendungsgebiete sind hierbei die Wissenschaft oder die Wirtschaft im Fokus.[1] Zudem interessieren Aus- und Weiterbildung hinsichtlich der Textproduktion. Die moralischen Implikationen

---

[1] Hazem Zohny et al., „Ethics of generative AI", *Journal of Medical Ethics,* Bd. 49, 2023, 79–80; Steven C. H. Hoi, „Responsible AI for Trusted AI-powered Enterprise Platforms", *Proceedings of the Sixteenth ACM International Conference on Web Search and Data,* New York 2023.

Open Access. © 2024 bei den Autorinnen und Autoren, publiziert von De Gruyter. (cc) BY-NC-ND Dieses Werk ist lizenziert unter einer Creative Commons Namensnennung – Nicht kommerziell – Keine Bearbeitung 4.0 International Lizenz. https://doi.org/10.1515/9783111351490-018

von Bild- und Videogeneratoren sind vorrangig in den Medien ein Thema, zumal man mit den Resultaten – etwa Bildern von spärlich bekleideten jungen Frauen – gleich die Artikel schmücken kann.[2] Trotz der vorhandenen und zunehmenden Beschäftigung mit Textgeneratoren fehlen nach wie vor überzeugende systematische Abhandlungen. Diese Lücke versucht dieser Beitrag ein Stück weit zu schließen.

Der vorliegende Beitrag schafft zunächst in aller Kürze die Grundlagen zu generativer KI (Abschnitt 2), insbesondere zu KI-basierten Textgeneratoren. Es folgt eine Zusammenstellung der zuständigen Bereiche der angewandten Ethik (Abschnitt 3), vor allem der Informationsethik und ihrer Verwandten, und daraufhin eine strukturierte, ausführliche ethische Diskussion (Abschnitt 4). Dabei werden Chancen und Risiken des Betriebs und der Nutzung behandelt.[3] Eine Zusammenfassung mit Ausblick (Abschnitt 4) rundet den Beitrag ab.

2 Grundlagen von Textgeneratoren

In diesem Abschnitt werden KI-gestützte Textgeneratoren als Formen generativer KI erklärt und ihre Funktionen genannt. „Text" bezieht sich auf das Format, das von ihnen ausgegeben wird, wobei auch Text (evtl. neben Bild) eingegeben werden kann. Es wird entsprechend geklärt, welche Form dieser annehmen kann, ohne dass dabei in die Tiefe gegangen wird.

Textgeneratoren sind eine Ausprägung generativer KI. Im Englischen spricht man von „generative AI", ein Wort, das ins Deutsche als „Generative AI" übernommen wurde.[4] Es handelt sich um einen Sammelbegriff für KI-basierte Systeme, mit denen auf scheinbar professionelle und kreative Weise alle möglichen Ergebnisse produziert (oder eben generiert) werden können, etwa Texte (Textgeneratoren), Bilder (Bildgeneratoren) und Videos (Videogeneratoren), ferner Codes, Formeln, Simulationen etc.[5] Grundlage sind Eingaben der Benutzer, sogenannte Prompts.

Bei Generative AI wird Machine Learning (maschinelles Lernen) verwendet, insbesondere Deep Learning, bei dem Big Data eine Rolle spielt, wobei unter-

---

2 Adrian Lobe, „Sieht unheimlich echt aus! Wie die künstliche Intelligenz Erotik-Models überflüssig macht", *Luzerner Zeitung*, 2023, in [https://t1p.de/9fjl5] (Zugriff: 28.09.2023).

3 Amanda Hetler, „Pros and cons of AI-generated content", *TechTarget*, 2023, in [www.techtarget. com/whatis/feature/Pros-and-cons-of-AI-generated-content] (Zugriff: 28.09.2023).

4 „AI" steht für „artificial intelligence".

5 Oliver Bendel, „Generative KI", *Gabler Wirtschaftslexikon*, Wiesbaden 2023b, in [www.wirtschafts lexikon.gabler.de/definition/generative-ki-124952] (Zugriff: 28.09.2023).

schiedliche Datenquellen – vor allem Internetquellen wie Foren und Aggregatoren – und Trainingsmethoden herangezogen werden.[6] Bei Reinforcement Learning from Human Feedback (RLHF), einer Erweiterung des Reinforcement Learning, nutzt man die Klassifikation und Evaluation durch entsprechend instruierte menschliche Arbeitskräfte, die oft irgendwo auf der Welt schlecht bezahlt ihr Dasein fristen. Mit deren Feedback wird ein Belohnungssystem trainiert, das wiederum – um ein Beispiel zu nennen – einen Chatbot trainiert.

Textgeneratoren wie ChatGPT können auf der Basis von text- und bildbasierten Prompts Texte aller Art erstellen, zusammenfassen und übersetzen, redigieren und paraphrasieren oder in Stil und Ausdruck verändern, u. a. Bücher, Studienarbeiten, Fachartikel, Werbetexte, Gedichte oder Rezepte. Dabei können sie über sich hinauswachsen, dialogische Strukturen erlernen und zum Chatbot werden.[7] Einen solchen kann man mit einem Text-to-Speech- und einem Speech-to-Text-System verbinden und in einen sozialen Roboter integrieren, der damit weitreichende natürlichsprachliche Fähigkeiten erlangt, oder in Suchmaschinen, wie es Microsoft und Google gemacht haben.[8] Seit 2023 verwendet man dafür verstärkt GPT-4 oder vergleichbare Sprachmodelle.

3 Ausgewählte Bereiche der angewandten Ethik

Dieser Abschnitt klärt in aller Kürze, was Ethik und speziell angewandte Ethik ist. Im Zusammenhang mit der angewandten Ethik geht er vor allem auf die klassischen Bereichsethiken ein. Dabei wird der Begriff der Informationsethik weit gefasst. Die Maschinenethik wird nicht als klassische Bereichsethik gesehen, sondern (ausgehend vom Subjekt der Moral, das gerade in ihr freilich kein vollständiges ist, lediglich ein abgeschautes und nachgebildetes) als Ethik neben der Menschenethik (der klassischen Ethik, die sich auf den Menschen als Subjekt richtet) beziehungsweise als Sonderbereich der angewandten Ethik.[9]

Die Ethik ist eine Disziplin der Philosophie und entstand vor zweieinhalb Jahrtausenden, zunächst hauptsächlich auf der Grundlage der Werke von Aristo-

---

6 Bendel 2023b.

7 Ebd.

8 Frederic Lardinois, „Microsoft launches the new Bing, with ChatGPT built in", *TechCrunch*, 2023, in [www.techcrunch.com/2023/02/07/microsoft-launches-the-new-bing-with-chatgpt-built-in/] (Zugriff: 28.09.2023).

9 Oliver Bendel, *Handbuch Maschinenethik*, Wiesbaden 2019a.

teles,[10] eingebettet in eine fertile Phase antiker Hochkultur. Sie begründet und hinterfragt die Moral, zum Beispiel was als gut und böse beziehungsweise gerecht und ungerecht gilt. Dabei konzentriert sie sich auf das Handeln und nicht auf das Denken. Die angewandte Ethik bezieht sich auf mehr oder weniger klar abgrenzbare Themenfelder und bildet bestimmte Bereichsethiken heraus, die im Wesentlichen Reflexionsdisziplinen sind. Im vorliegenden Kontext sind Informationsethik, Technikethik, Medienethik und Wirtschaftsethik relevant. Zudem wird innerhalb der angewandten Ethik die Maschinenethik herangezogen.

Technikethik bezieht sich auf moralische Fragen der Anwendung von Technik und Technologie, auf die Handlungen des Homo faber, des technischen Menschen.[11] Sie kann sich mit Automobil- oder Waffentechnik ebenso befassen wie mit Nanotechnologie oder Nukleartechnik. In der Informationsgesellschaft, in der immer mehr Produkte Computertechnologien enthalten und Services virtuell abgewickelt werden, ist die Technikethik besonders eng mit der Informationsethik verbunden und verschmilzt teilweise mit ihr. Nach einer anderen Definition ist die Informationsethik ein Teil der Technikethik. Allerdings ist ihr Gegenstandsbereich inzwischen sehr groß, sodass viel für ihre Eigenständigkeit spricht.

Die Moral der Informationsgesellschaft ist Gegenstand der Informationsethik.[12] Diese erforscht, wie man sich – als Homo faber des Informationszeitalters – bei der Bereitstellung und Nutzung von Internetdiensten, Informations- und Kommunikationstechnologien (IKT), Informationssystemen, digitalen Medien, KI-Systemen und Robotern moralisch verhält beziehungsweise verhalten sollte.[13] Sie ist im Zentrum der Bereichsethiken angesiedelt: Alle müssen sich mit ihr verständigen, da alle Anwendungsbereiche von computerbasierten Technologien durchdrungen sind. Die KI-Ethik kann als Teil der Informationsethik oder als eigenständiger Bereich betrachtet werden, ebenso die Roboterethik.

Der Gegenstand der Medienethik ist die Moral in den Medien und der Medien.[14] Dabei interessieren sowohl die Methoden der Massenmedien und sozialen Medien als auch das Verhalten der Benutzer sozialer und digitaler Medien und ihre Rolle als Prosumenten (d.h. Produzenten und Konsumenten). Automatismen und Manipulationen durch KI-basierte Technologien und Systeme rücken in den Fokus und sind eng mit der Informationsethik verknüpft. Es erwachsen enge Verbindungen zur

10 Oliver Bendel, *400 Keywords Informationsethik: Grundwissen aus Computer-, Netz- und Neue-Medien-Ethik sowie Maschinenethik*, Wiesbaden 2019b.
11 Ebd.
12 Ebd.
13 Rainer Kuhlen, *Informationsethik. Umgang mit Wissen und Informationen in elektronischen Räumen*, Konstanz 2004.
14 Bendel 2019b.

Wirtschaftsethik, zumal sich die Medienlandschaft im Wandel befindet und der wirtschaftliche Druck wächst.

Die Wirtschaftsethik beschäftigt sich mit der Moral in der Wirtschaft.[15] Im Mittelpunkt steht das Individuum, das produziert, handelt, führt und ausführt sowie konsumiert (Konsumentenethik), und das Unternehmen, das Verantwortung gegenüber Mitarbeitern, Kunden und der Umwelt trägt (Unternehmensethik). Damit sind auch Mikro- und Mesoebene angesprochen. Darüber hinaus sind die moralischen Implikationen wirtschaftlicher Prozesse und Systeme sowie von Globalisierung und Monopolisierung von Interesse (Wirtschaftsethik mit Bezug zur Makroebene). In der Informationsgesellschaft ist die Wirtschaftsethik mit ihren Haupt- und Nebenzweigen eng mit der Informationsethik verwachsen.

Gegenstand der Maschinenethik ist die Moral von Maschinen, meist die von teilautonomen und autonomen Systemen wie Chatbots, Sprachassistenten, bestimmten Robotern, bestimmten Drohnen und selbstfahrenden Autos.[16] In ihr und mit ihr entstehen sogenannte moralische Maschinen mit einer sogenannten künstlichen Moral. Meist implementiert man moralische Regeln, die strikt eingehalten werden. Es gibt zudem Ansätze mit Machine Learning, und bei der aufkommenden Constitutional AI werden Sprachmodelle genutzt.[17] Die Maschinenethik ist keine klassische Bereichsethik und mehr als eine Reflexionsdisziplin. Sie positioniert sich zwischen Philosophie auf der einen Seite und Informatik beziehungsweise Robotik auf der anderen. Wie diese technischen Disziplinen ist sie eine Gestaltungsdisziplin – sie untersucht, mit anderen Worten, nicht nur ihre Gegenstände, sondern bringt sie auch (mit Hilfe technischer Mittel) hervor.

4 Eine ethische Diskussion von Textgeneratoren

In diesem Abschnitt werden ethische Fragen im Zusammenhang mit KI-basierten Textgeneratoren aufgeworfen. Dabei handelt es sich um eine Systematisierung von Überlegungen in der Literatur sowie um eigene Erkenntnisse, unter Fortführung früherer Arbeiten.[18] Ferner bilden eigene Tests mit Textgeneratoren und Beob-

---

15 Bendel 2019b.
16 Wendell Wallach/Colin Allen, *Moral Machines: Teaching Robots Right from Wrong*, Oxford 2009; Michael Anderson/Susan Leigh Anderson, *Machine Ethics*, Cambridge 2011; Oliver Bendel, „Maschinenethik", *Gabler Wirtschaftslexikon*, Wiesbaden 2012, in [www.wirtschaftslexikon.gabler.de/Definition/maschinenethik.html] (Zugriff: 28.09.2023); Bendel 2019a.
17 Yuntao Bai et al., „Constitutional AI. Harmlessness from AI Feedback", *ArXiv*, Ithaca 2022, in [www.arxiv.org/abs/2212.08073] (Zugriff: 28.09.2023).
18 Bendel 2019a.

achtungen in den Communities eine Grundlage, wobei sie kaum repräsentativ sein können und die Tools sich mit ihren stochastischen Prozessen gerade dadurch auszeichnen, dass sie jedes Mal einen anderen Output liefern. Es kann sich um keine vollständige Liste von Themen handeln. Die Ausführungen des Autors an anderer Stelle werden zusammengefasst oder fortgeführt.[19]

4.1 Urheberrecht und Fremdnutzung

Die Sprachmodelle, die Textgeneratoren zugrunde liegen, werden zu einem gewissen Anteil mit urheberrechtlich geschütztem Material trainiert. Dies ist aus rechtlicher wie aus ethischer Sicht problematisch.[20] So wird die Leistung eines Urhebers genutzt, ohne dass dieser um Erlaubnis gefragt, vergütet oder entschädigt wird.[21] Zudem hat man keinen Einfluss darauf, in welche Ergebnisse die eigenen Werke einfließen. Eventuell verstoßen sie gegen die eigenen Ziele, Ideen und Werte, oder sie verfehlen den eigenen Geschmack.[22] Wenn es sich um geschütztes (und oft aufwändig erarbeitetes) Material von Unternehmen und Organisationen handelt, wird gegen deren wirtschaftliche und anderweitige Interessen verstoßen. Zudem haben sie kaum Einfluss darauf, in welche Resultate die entsprechenden Werke münden. So könnte sich die Konkurrenz in gewisser Weise und in unterschiedlicher Hinsicht an den Leistungen bereichern. Seit 2023 mehren sich die Klagen gegen Anbieter generativer KI, etwa von betroffenen oder angeblich betroffenen Autoren und Künstlern.[23]

Informationsethik und Medienethik widmen sich urheberrechtlichen Fragen und schöpferischen Prozessen rund um die Textgeneratoren.[24] Die Wirtschaftsethik untersucht die Verschiebungen, die sich durch die Rechtsverletzungen ergeben, u. a. den Aspekt des Missbrauchs durch die unentgeltliche und unrechtmäßige Nutzung

---

19 Bendel 2023d und Bendel 2024 (s. unten Anm. 23).

20 Jan Smits/Tijn Borghuis, „Generative AI and Intellectual Property Rights", in *Law and Artificial Intelligence. Information Technology and Law Series*, hg. von Bart Custers/Eduard Fosch-Villaronga, Bd. 35, The Hague 2022, in [www.doi.org/10.1007/978-94-6265-523-2_17] (Zugriff: 28.09.2023).

21 Copyright Office, *Copyright Registration Guidance: Works Containing Material Generated by Artificial Intelligence*, 2023, in [https://t1p.de/mdob8] (Zugriff: 28.09.2023).

22 Oliver Bendel, „Generative KI aus ethischer Sicht", in *Generative Künstliche Intelligenz (KI) und Mensch-Maschine-Augmentation*, hg. von Sabine Seufert/Siegfried Handschuh, Stuttgart (erscheint Februar 2024).

23 Johanna Schwanitz, „Für ChatGPT 300 Millionen Wörter aus dem Internet gestohlen", *FAZ*, 2023, in [https://t1p.de/naa71] (Zugriff: 28.09.2023).

24 Oliver Bendel, „Image Synthesis from an Ethical Perspective", *AI & SOCIETY*, 2023, in [https://link.springer.com/article/10.1007/s00146-023-01780-4] (Zugriff: 28.09.2023).

von Daten. Zudem ist die Rechtsethik im Spiel, zumal es sich um Grenzfragen im Recht handelt.

4.2 Urheberschutz von Werken

Mit Blick auf Textgeneratoren wird diskutiert, in einem jeweils unterschiedlichen rechtlichen Rahmen, ob die damit verfertigten Texte Urheberschutz erhalten können.[25] Wenn ausreichende menschliche Beteiligung vorhanden ist, bei einer gewissen Schöpfungs- oder Gestaltungshöhe, kann dies im Prinzip der Fall sein.[26] Möglicherweise reichen schon spezifische Prompts dafür aus, dass ein Urheberschutz entsteht, oder ein komplexes System davon, wie es für Romane oder Sachbücher notwendig ist.[27] Hier wären dann die Inputs selbst und die durch sie verursachten Werke schützenswert. Zudem kann eine nachträgliche Bearbeitung von KI-Werken durch Autoren oder Lektoren dazu führen, etwa wenn diese Kapitel umschreiben respektive ergänzen. Es muss letztlich etwas Eigenständiges und Unterscheidbares vorliegen. Auch ein Kuratieren kann wohl in Urheberschutz münden, wenn das damit gebildete Ganze als eigenes kreatives Werk angesehen werden kann.[28] Dazu gehören die Sammlung, die Anordnung und die Besprechung von Texten.

Informationsethik und Medienethik widmen sich dem Schutz und der Eigenständigkeit oder Nichteigenständigkeit von Werken.[29] Die Wirtschaftsethik untersucht die Möglichkeiten und Missbräuche, die sich durch die Nutzung der Textgeneratoren – etwa durch Mitbewerber – ergeben. Zudem ist die Rechtsethik im Spiel, zumal es sich wiederum um Grenzfragen im Recht handelt.

---

25 Bendel 2024.
26 Sebastian Grüner, „Urheberschutz bei KI-Nutzung unter Umständen möglich", *Golem*, 2023, in [www.golem.de/news/us-copyright-office-urheberschutz-bei-ki-nutzung-unter-umstaenden-moeglich-2303-172726.html] (Zugriff: 28.09.2023).
27 Barth 2023.
28 Grüner 2023.
29 Bendel 2023d.

4.3 Datenschutz und informationelle Autonomie bei Prompts

Textgeneratoren verlangen meist nach text-, manchmal auch nach bildbasierten Prompts.[30] Zuweilen kann man bei ihnen ganze Dokumente oder Bilder hochladen, auf die sie dann Bezug oder die sie als Ausgangsmaterial nehmen. Prompts verraten viel über die Gesinnung, die Interessen, den Geschmack und letztlich die Person des Benutzers, ganz abgesehen davon, dass häufig durch den Aufruf der Website Aufenthaltsort, Betriebssystem, Browser etc. bekannt werden.[31] Darin ist der Vorgang den Eingaben in Suchmaschinen nicht unähnlich. Zudem können Prompts persönliche oder betriebliche Daten enthalten. So tippen Mitarbeiter etwa Kundendaten ein oder Daten über das Unternehmen – eine Praxis, die schon zu etlichen betrieblichen Sperren in den USA und in Europa geführt hat.[32] Entsprechend werden teilweise Betriebsgeheimnisse und die informationelle Autonomie verletzt.

Informationsethik und Medienethik werfen Fragen in Bezug auf den Datenschutz, den Schutz von Bildern und die informationelle Autonomie bei der Eingabe von Prompts auf.[33] Die Wirtschaftsethik untersucht in moralischer Hinsicht die Möglichkeiten beim Handel von Prompts über Plattformen. Zudem ist die Rechtsethik im Spiel, etwa in Bezug auf die Verletzung von Persönlichkeitsrechten.

4.4 Verantwortung und Haftung

Textgeneratoren können als teilautonome Systeme aufgefasst werden. Die Prompts der Benutzer führen dazu, dass sie etwas generieren, also autonom bearbeiten und automatisch erzeugen. Im Prinzip können sich Textgeneratoren in autonome Systeme verwandeln, etwa wenn die Prompts von der einen Maschine erstellt sowie übertragen und von der anderen Maschine – einer virtuellen wie im Falle von Textgeneratoren oder einer physischen wie im Falle eines Roboters – abgearbeitet werden. Einen auf einem Sprachmodell basierenden Chatbot, bei dem der Dialog in den Vordergrund rückt, kann man ebenfalls als autonom betrachten. Wie bei allen (teil-)autonomen Maschinen ergeben sich Fragen zu Verantwortung im morali-

---

30 Oliver Bendel, „Prompt", *Gabler Wirtschaftslexikon*, Wiesbaden 2023a, in [www.wirtschaftslexikon.gabler.de/definition/prompt-125087] (Zugriff: 28.09.2023).
31 Bendel 2024.
32 Benjamin Weinmann, „In den USA sperren Grossfirmen ChatGPT: Nun reagieren auch Novartis, Post und Co. – auf unterschiedliche Art", *Luzerner Zeitung*, 2023, in [https://t1p.de/1i3ls] (Zugriff: 28.09.2023).
33 Bendel 2023d.

schen und rechtlichen Sinne und Haftung im rechtlichen Sinne.[34] So kann ein Text, der Falschinformationen oder Halbwahrheiten enthält, im entsprechenden Kontext Schaden anrichten. Auch diskriminierende, rassistische und sexistische Aussagen werfen Fragen auf.

Die Informationsethik (mitsamt KI-Ethik und Roboterethik) fragt nach der Verantwortung von KI-Systemen. Es herrscht Einigkeit darüber, dass diese keine Verantwortung tragen können.[35] Diese trägt stets der Mensch, wobei es sich um zahlreiche Entwickler, Vermittler und Betreiber handeln kann, die zudem schwer zu identifizieren sind. Die Rechtsethik mag zu anderen Schlüssen kommen und dabei helfen, eine elektronische Person zu etablieren, die eine Haftung im Zivilrechtlichen übernehmen kann.[36]

4.5 Stereotype, diskriminierende, rassistische und sexistische Darstellungen

Bei der Bias-Diskussion geht es um Vorurteile und Verzerrungen, die – absichtlich oder unabsichtlich – in die KI-Systeme einfließen und von diesen wiedergegeben werden. So reproduzieren manche Texte zum Beispiel Rollenklischees zu Frauen und Männern oder haben eine politische oder weltanschauliche Schlagseite. Einigen Programmen ist zudem eine kulturelle Voreingenommenheit zu eigen, insofern sie auf der englischen Sprache beruhen und die Texte zum Training zum größten Teil aus dem westlichen Kulturkreis stammen und generierte Outputs deshalb stereotype Konzepte widerspiegeln können.[37] Stereotype, Vorurteile und Verzerrungen sind nicht per se ein Problem (beziehungsweise gehören in gewisser Weise zu unserem Alltag), können aber in Beleidigungen und Benachteiligungen münden. Zudem können sie, selbst wenn sie Wirklichkeit widerspiegeln, auch Wirklichkeit formen, und zwar in unerwünschter Weise.

Informationsethik und Medienethik fragen nach dem Entstehen von Stereotypen und diskriminierenden, rassistischen und sexistischen Aussagen bei der Text-

---

34 Bendel 2024.

35 Claudia Schwarz, „Maschinen können keine moralische Verantwortung tragen", *Amos international*, 2022, 41–46, in [https://t1p.de/l62tn] (Zugriff: 28.09.2023).

36 Susanne Beck, „Künstliche Intelligenz – ethische und rechtliche Herausforderungen", in *Philosophisches Handbuch Künstliche Intelligenz*, hg. von Klaus Mainzer, 2020, in [https://link.springer.com/referenceworkentry/10.1007/978-3-658-23715-8_29-1] (Zugriff: 28.09.2023).

37 Cris Martin P. Jacoba et al., „Bias and Non-Diversity of Big Data in Artificial Intelligence. Focus on Retinal Diseases", 2023; Jörg Breithut, „Künstliche Intelligenz. Die Text-zu-Quatsch-Generatoren", *DER SPIEGEL*, 2022, in [https://t1p.de/qte9h] (Zugriff: 28.09.2023).

generierung.[38] Zudem ist die Rechtsethik im Spiel, etwa in Bezug auf die Diskriminierung. Die Maschinenethik kann Methoden zur Begrenzung von Anfragen und zur Ausgabe von Inhalten bereitstellen, zum Beispiel Metaregeln und Restriktionen.

4.6 Falschdarstellungen von Sachverhalten

Textgeneratoren neigen auch in der zweiten und dritten Generation zum „Halluzinieren", wie der mehr oder weniger anerkannte Fachbegriff für das Verbreiten von Unwahrheiten lautet. So tauchen nicht nur falsche Angaben im Text auf, etwa zu Personen und Unternehmen, sondern auch falsche Quellen, sofern welche – meist geschieht dies auf Anfrage – angegeben werden. Es werden zum Beispiel Webadressen erfunden, bei denen die Domain stimmt, der Pfad dagegen nicht. Neuere Generatoren beziehungsweise Versionen versuchen solche Fehler mit verschiedenen Strategien zu vermeiden. Sie fassen sich kürzer, greifen auf Angaben in ihren Wissensdatenbanken zurück oder auf Online- und Livedaten zu. Gerade europäische Anbieter wie Aleph Alpha aus Heidelberg werben mit solchen Ansätzen. Damit schränkt man zum Teil wiederum die Mächtigkeit der Sprachmodelle ein, die – so merkwürdig es klingt – nicht zuletzt in ihrer überbordenden Fantasie besteht.

Informationsethik und Medienethik interessieren sich für Fälschungen, Falschdarstellungen und Falschinformationen im textuellen Bereich.[39] Die Politikethik untersucht die Implikationen im Politischen, etwa mit Blick auf die Schwächung der Demokratie, die Wirtschaftsethik diejenigen im Wirtschaftlichen. Zudem ist die Rechtsethik im Spiel, etwa in Bezug auf falsche Tatsachenbehauptungen, Rufmord und Ehrverletzung.

4.7 Weigerungen, Zurückweisungen und Einschränkungen

Bei vielen Textgeneratoren sind Restriktionen im Hinblick auf die Prompts vorhanden.[40] Wenn diese bestimmte Stichwörter oder Aussagen expliziter oder sexueller Art enthalten, werden sie nicht ausgeführt.[41] Damit werden (meist absichtlich

---

39 Ebd.
40 Bendel 2024.
41 Bei Bildgeneratoren sind noch andere Methoden vorhanden. So lässt Ideogram alle möglichen Prompts zu, begutachtet dann aber seine Bilder vor der Finalisierung. Wenn es zum Schluss kommt, dass das Ergebnis problematisch sein könnte, wird dieses zensiert. Dabei kann es sich wohlgemerkt

hineinprogrammierte) moralische Regeln der Anbieter angewandt, ohne dass diese im Sinne des Benutzers sein müssten. Manche Anbieter berufen sich darauf, dass in verschiedenen Kulturen und bei verschiedenen Individuen unterschiedliche moralische Vorstellungen existieren, denen man gerecht werden muss. Allerdings könnte man ja in seinem Account oder Profil vermerken, zu welcher Kultur oder Gruppe man gehört oder was man als Individuum will und erträgt, mit der damit eröffneten Option der Personalisierung. Solche Geschäftsmodelle sind aus vielen anderen und auch verwandten Bereichen bekannt, etwa von Chatbots wie Replika mit einer Adultvariante, bei der Dirty Talk und Rollenspiele aller Art möglich sind.

Informationsethik und Medienethik interessieren sich in diesem Zusammenhang für die Zensur der Textgeneratoren, die Wirtschaftsethik speziell für die Verweigerung von Dienstleistungen.[42] Zudem ist die Rechtsethik im Spiel, die Übergriffigkeit und Beeinflussung beurteilen muss. Es werden moralische Regeln angewandt, sodass die Hersteller implizit oder explizit Maschinenethik treiben.[43] Sie werden dies fortführen, wenn sie Constitutional AI anwenden.[44]

4.8 Wissenschaftlichkeit und Referenzierbarkeit

Ungeklärt ist das Problem, wie Texte von Textgeneratoren in journalistischen, belletristischen oder wissenschaftlichen Arbeiten und Artikeln verwendet werden können.[45] Wenn sie in diese ohne Verweis eingebaut werden, ist die Selbstständigkeit der Leistung nicht mehr vorhanden. Wenn referenziert wird, ist die Frage, worauf – denn es handelt sich nicht um eine eigentliche Veröffentlichung, nicht einmal um graue Literatur.[46] Die Ergebnisse, die sich von Mal zu Mal ändern, bekommt in der Regel nur der Benutzer angezeigt (lediglich bei Bildgeneratoren sind Communities verbreitet, wo man auch die Ergebnisse der anderen Mitglieder sieht, wie im Falle von Midjourney und Ideogram). Manche Verbände und Hochschulen schlagen vor, sie wie Aussagen aus einem persönlichen Gespräch zu verwenden und entsprechend darauf zu verweisen. So etwas ist jedoch in studentischen und wissenschaftlichen Arbeiten sparsam zu verwenden. Zudem ist in diesem Zusam-

---

um völlig unverfängliche Prompts handeln, die die generative KI in einer Weise umzusetzen beginnt, die sie selbst nicht zulässt.

42 Bendel 2023d.
43 Bendel 2019a.
44 Bai et al. 2022.
45 Oliver Bendel, „ChatGPT", *Gabler Wirtschaftslexikon*, Wiesbaden 2023c, in [www.wirtschaftslexikon.gabler.de/definition/chatgpt-124904] (Zugriff: 28.09.2023).
46 Bendel 2024.

menhang nach dem Sinn und Zweck von Zitaten zu fragen – diese sollen ja eigentlich die eigenen Ausführungen ergänzen und belegen, nicht ersetzen.

Die Informationsethik beschäftigt sich mit den moralischen Implikationen der Integration computergenerierter Texte in Texte von Schülern, Studenten und Wissenschaftlern, wie auch die Wissenschaftsethik, die die „neuen Plagiate" – die vielleicht keine im rechtlichen Sinne sind, indes die Selbstständigkeit der Leistung aushebeln – untersucht, zudem die Veränderung der Originalität und Seriosität wissenschaftlicher Texte durch KI-Systeme.

4.9 Verbesserung und Veränderung der Arbeit

Textgeneratoren haben das Potenzial, Arbeit beziehungsweise Arbeitsergebnisse in inhaltlicher Hinsicht zu verbessern und zu verändern. Dies gilt für Journalisten, Autoren, Texter, zunächst aber für Laien (darunter Schüler und Studenten), die ohne einschlägige Fähigkeiten mit Hilfe geeigneter Prompts hochwertige und ansprechende Werke in die Welt bringen können, die denen der genannten Profis ähneln. Sie erstellen Dokumente, Artikel und Bücher, bei genügender Kontrolle des Outputs. Zudem können sie mit dem KI-System brainstormen und sich eine Struktur vorschlagen lassen. Die Arbeit von Experten kann sich gravierend verändern.[47] Sie benötigen passende Prompts und damit in jedem Falle sprachliche und metasprachliche Fähigkeiten (die sie natürlich genauso auf entsprechenden Plattformen einkaufen können). Sie müssen die Werke nachbearbeiten, erweitern, zusammenstreichen, neu anordnen etc., damit diese zum Kontext passen. Bei einigen wird all dies die Arbeit produktiver machen, bei anderen unproduktiver. Vermutlich hat die Arbeit nicht mehr die gleiche Eigenständigkeit, Vollständigkeit und Wertigkeit wie vorher. Das Ergebnis kann sich freilich auch verschlechtern, bei Laien wie bei Experten.

Die Medienethik interessiert sich für die Verschiebungen bei den Kompetenzen der Texterstellung und -nutzung, wobei auch das Zusammenspiel von Text- und Bildgeneratoren von Bedeutung ist.[48] Die Wirtschaftsethik, insbesondere die Unternehmensethik, untersucht die Veränderung der Arbeit (nicht zuletzt der wissenschaftlichen Arbeit und der Aus- und Weiterbildung) und der Arbeitsbeziehungen.

---

47 Thomas H. Davenport/Nitin Mittal, „How Generative AI Is Changing Creative Work", *Harvard Business Review*, 2022, in [www.hbr.org/2022/11/how-generative-ai-is-changing-creative-work] (Zugriff: 28.09.2023).
48 Bendel 2023d.

4.10 Effizienzsteigerung bei der Arbeit

Mit der Verbesserung und Veränderung der Arbeit hängen die Steigerung der Produktivität bzw. die Effizienzsteigerung zusammen. Man kann zum Beispiel als Student oder Wissenschaftler eine wesentlich größere Menge an Texten produzieren oder zusammenfassen und rezipieren. Von ähnlichen Effekten profitieren Texter und Werbefachleute, Marketing- und Kommunikationsabteilungen sowie Autoren, die mit Hilfe komplexer Prompts ganze Bücher erstellen können. Dies führt nicht zuletzt zu Zeit- und Kostenersparnis. Man bewältigt das Studium oder den Berufsalltag schneller und leichter. Zugleich wächst die Gefahr, dass unnötige und oberflächliche Arbeiten entstehen, die etwa das Wissenschaftssystem mit seinem Peer-Review an die Grenze der Belastbarkeit bringen. Auch die Effektivität, die in anderer Hinsicht bereits angesprochen wurde, lässt sich verbessern, etwa hinsichtlich der korrekten Rechtschreibung, die von der Hochschule oder der Community verlangt und bewertet wird, oder hinsichtlich der Sprache eines Organs.

Die Medienethik interessiert sich wiederum für die Verschiebungen bei den Kompetenzen der Texterstellung und -nutzung. Die Wirtschaftsethik untersucht die Veränderung der Arbeit und der Arbeitsbeziehungen, die Wissenschaftsethik die Veränderung der wissenschaftlichen Arbeit und der Aus- und Weiterbildung, zudem die Überlastung des Wissenschaftssystems mit all ihren Konsequenzen.

4.11 Ersetzung und Abschaffung der Arbeit

Bereitstellung und Nutzung von Textgeneratoren gefährden im Extremfall ganze Berufe und Branchen. So ergeben sich Risiken für Journalisten, Autoren und Texter. Lange Zeit galten kreative und künstlerische Berufe als geschützt, was weder im Textbereich noch im Bildbereich mehr der Fall ist, zumindest dort nicht, wo Massenprodukte und Durchschnittsware ausreichen.[49] Je nach Geschäftsmodell und je nach Verhalten von Privaten und Unternehmen werden etliche Betroffene ihre Arbeit einschränken müssen oder gar verlieren. Ebenso sind Marketing- und Werbeprofis sowie Abteilungen für Öffentlichkeitsarbeit und Kommunikation bedroht. Werbetexte, Wortmarken, CD-Vorlagen etc. lassen sich auf Knopfdruck realisieren, wobei nicht unbedingt Spezialisten in diesem Bereich vonnöten sind, allenfalls für das Überprüfen und Genehmigen. Auch ganze Strategien, etwa zur Markteinführung eines Produkts, vermögen ChatGPT und Co., ein geschicktes

---

49 Davenport/Mittal 2022.

Prompten vorausgesetzt, zu entwickeln. Nicht zuletzt könnten Programmierer – also die Anwender künstlicher Sprachen – verdrängt werden.[50]

Dieser Problematik widmet sich die Medienethik, etwa in Bezug auf die Verschiebung bei den Kompetenzen bei der Medienerstellung.[51] Die Wirtschaftsethik, insbesondere die Unternehmensethik, untersucht die Ersetzung der Arbeit und die Entstehung von Arbeitslosigkeit in den kreativen und administrativen Berufen.

4.12 Unselbstständigkeit des Menschen

Als Taschenrechner in den 1980er-Jahren in den Schulen verteilt wurden, trat die Befürchtung auf, dass die Kinder und Jugendlichen das Rechnen verlernen und es als Erwachsene im Privat- und Berufsleben nicht mehr anwenden könnten.[52] Textgeneratoren betreffen weniger das Rechnen, sondern mehr das Schreiben, eine andere Kulturtechnik, die sicherlich noch wesentlicher und grundlegender ist. Bei ihrer Nutzung fällt der Akt des Erarbeitens auf dem echten oder virtuellen Papier weg, der für viele Menschen einem lauten Nachdenken und einem erst vorsichtigen, dann immer sichereren Erkunden entspricht. Nun übernimmt das KI-System – nach einer recht kurzen Anweisung – sowohl Prozess als auch Resultat. Ohne großen Aufwand steht man vor einer erheblichen Menge von Text, die es nur noch händisch oder maschinell nachzubearbeiten gilt. Man könnte davon sprechen, dass die Unselbständigkeit des Menschen durch den Gebrauch dieser Werkzeuge zunimmt.

Die Technikethik stellt zusammen mit der Informationsethik die Frage, wie das Verhältnis von Mensch und Werkzeug ist, ob der Mensch durch die Technik gewinnt oder verliert und wie sich in diesem Zusammenhang die Kulturtechnik des Schreibens entwickelt und verändert.[53] Die Informationsethik nimmt speziell die Zunahme der Unselbstständigkeit durch Textgeneratoren unter die Lupe, die mit der Zunahme der Automatisierung einhergeht.

5 Zusammenfassung und Ausblick

Im abschließenden Abschnitt erfolgen eine kurze Zusammenfassung und ein kleiner Ausblick. Der vorliegende Beitrag gab zunächst eine Einführung zu Textgene-

---

50 Patrick Hannemann, „ChatGPT gefährdet viele Berufe: Diese Jobs werden sich völlig verändern", *CHIP*, 2023, in [https://t1p.de/y7fdu] (Zugriff: 28.09.2023).
51 Bendel 2023d.
52 Bendel 2024.
53 Bendel 2023d.

ratoren. Dann wurden ethische und am Rande soziale und rechtliche Aspekte behandelt. Es konnten insgesamt zahlreiche Risiken herausgearbeitet werden, jedoch auch Chancen wie die Unterstützung der Arbeit. Das Transformationspotenzial für einen wichtigen Bereich der kreativen und wissenschaftlichen Berufe wurde offensichtlich. Es handelt sich förmlich um eine zweite Digitalisierungswelle, die den Text erfasst.

Weitere damit zusammenhängende Punkte sind ebenfalls von Interesse. So sind die meist textbasierten Prompts ein Grund, dem Kulturwerkzeug Sprache neue Aufmerksamkeit zu widmen.[54] Gefragt sind äußerst präzise und prägnante Beschreibungen, sodass die Sprachfähigkeit des Benutzers gefordert ist und geschult werden muss. Eine hier nicht behandelte Frage ist, wie damit umzugehen ist, dass Übersetzungs- und Redigierprogramme wie DeepL und DeepL Write sowie manche Textgeneratoren (auch amerikanischer Provenienz) häufig gegenderte Texte mit Gendersternchen oder Doppelpunkt im Wortinneren nicht als Fehler deklarieren oder sogar propagieren beziehungsweise produzieren – und damit die durch den Rechtschreibrat fixierte Normsprache schwächen.[55]

Alle Themen können Gebieten der angewandten Ethik zugeordnet werden, die sich spezialisiert und eigene Begriffe (z.T. sogar eigene Methoden) herausgebildet haben, also den Bereichsethiken[56] und der Maschinenethik.[57] Natürlich sind genauso Begriffe und Konzepte der allgemeinen, empirischen wie normativen Ethik relevant. So kann man mit der Menschenwürde argumentieren, die mit Texten verletzt wird, oder mit Gleichheit und Gleichberechtigung. Begriffe wie Diskriminierung, Rassismus und Sexismus können auf die genannten Bereichsethiken bezogen werden, haben aber eine Verankerung in der Ethik insgesamt und sind Thema weiterer Bereichsethiken wie der Politikethik.

Neue Versionen von Sprachmodellen könnten die Mächtigkeit der Textgeneratoren erhöhen. Es ist freilich damit zu rechnen, dass die Qualität abnimmt, wenn KI-Systeme immer mehr mit KI-Content trainiert werden. Es gibt unterschiedliche Möglichkeiten, dieser Gefahr zu begegnen, etwa durch die Hinzunahme von Bild- und Audiodaten und von Livedaten – sozusagen frisches Blut für den KI-Vampir. Die

---

54 Bendel 2024.
55 Das Ergebnis eigener Tests ist, dass DeepL Write in wesentlichen Aspekten versagt, in Bezug auf Groß- und Kleinschreibung, Zusammen- und Getrenntschreibung sowie die amtlich fixierten Regeln. Es werden zum Teil eigene Regeln angewandt, die nicht einmal transparent gemacht werden. Damit ist der Nutzen des Tools grundsätzlich in Frage gestellt. Auf der Website heißt es: „Schreiben Sie klar, präzise und fehlerfrei". Aber das kann man offenbar besser, wenn man sich auf sein Sprachgefühl und den Rechtschreibrat verlässt.
56 Bendel 2019b.
57 Bendel 2019a, 2012a.

Multimodalität von ChatGPT seit Herbst 2023 ist in genau diesem Sinne: Man kann mit der Anwendung sprechen und ihr Bilder zeigen (und von ihr das Dargestellte und damit zusammenhängende Hintergründe und Vorgänge erklären lassen). Eine andere Bedrohung ist, dass die Textgeneratoren zu sehr eingehegt werden, sei es aus rechtlichen, sei es aus ethischen oder moralischen Gründen. Es braucht zumindest Geschäftsmodelle, die auch riskante und explizite Ein- und Ausgaben erlauben. Konkurrenz dürfte das Geschäft insgesamt beleben, und wenn mehr und mehr Open-Source-Generatoren entstehen, werden die Marktmacht der Konzerne und die damit einhergehende Abhängigkeit ein Stück weit zurückgedrängt. Die Risiken von Textgeneratoren sind erheblich, die Chancen aber so offensichtlich, dass Homo faber auf solche Werkzeuge kaum verzichten wird.

Andreas Brenneis
Normative Ordnungen für generative KI

Eine selektive Bestandsaufnahme und Einordnung für den
deutschen Hochschulkontext

Abstract: The emergence of AI text generators has challenged the self-image and values of both science and society at large. Against the backdrop of new technological developments and their potential impacts, there are various normative frameworks that aim to respond to this challenge and provide guidance. This article introduces and contextualizes some of these discursive efforts relevant to the German university context.

1 Einleitung

Seit der Veröffentlichung von ChatGPT hat dieses Programm als Speerspitze einer Gruppe von generativen KI-Tools nahezu alle öffentlichen Diskussionsforen mitbestimmt: Wissenschaftliche Publikationen, volks- und betriebswirtschaftliche Prognosen, die Beschreibung neuer Tätigkeiten (Stichwort: Prompt-Engineering) und darauf aufsetzender Berufsfelder, Auseinandersetzungen über Prüfungsformen und Kompetenzkataloge usw. Die Möglichkeiten der Textgenerierung durch KI rücken für den akademischen Diskurs Fragen nach dem Stellenwert von Texten und dem Selbstverständnis der Textproduktion in den Vordergrund. Dazu gehört etwa, welche Geltungsansprüche durch KI erzeugte Texte haben und inwiefern diese sich von menschgemachten Texten – bislang die einzige Form von Texten – unterscheiden. Dies ist aufgrund epistemischer Ansprüche (wie der Orientierung an Wahrheit und Wahrhaftigkeit) insbesondere für den Bereich der wissenschaftlichen Textproduktion und -rezeption – also für das, was die wissenschaftliche Diskursivität und Öffentlichkeit ausmacht, von großer und womöglich „disruptiver" Bedeutung.[1]

---

[1] Die Frage danach, wie „wissenschaftliche Diskurse" durch KI-Textgeneratoren beeinflusst werden, erlaubt zumindest zwei Blickrichtungen: Einmal kann in den Blick kommen, wie Wissenschaft über die durch ChatGPT und Co. hervorgerufenen Neuerungen in die Analyse und Reflexion geht, wie also das Phänomen inklusive der Chancen und Risiken wissenschaftlich untersucht wird. Hierzu gehören Fragen danach, welche Untersuchungsgegenstände und -methoden angemessen sind (etwa aus sozial- oder bildungswissenschaftlicher Perspektive), aber auch, wie sich KI-Textgeneratoren verbessern lassen (insbesondere aus informatischer Perspektive). Die zweite Blickrichtung wendet

ᵃ Open Access. © 2024 bei den Autorinnen und Autoren, publiziert von De Gruyter. [CC] BY-NC-ND Dieses Werk ist lizenziert unter einer Creative Commons Namensnennung – Nicht kommerziell – Keine Bearbeitung 4.0 International Lizenz. https://doi.org/10.1515/9783111351490-019

Im folgenden Beitrag nähere ich mich dem Thema der disruptiven Potentiale von generativer KI über den Umweg einiger Normordnungen und Ethik-Richtlinien zu KI, die aktuell diesen Diskurs in der deutschen Hochschullandschaft mitbestimmen.[2] Ich möchte die Kriterien beleuchten, mit denen die genannten Normordnungen Textgeneratoren als KI-Anwendungen einordnen: Wie werden ihre Chancen und Risiken konzeptualisiert? Wo werden ggf. Grenzen für die Entwicklung oder die Nutzung gezogen? Vor der Analyse einiger zentraler Normordnungen soll zunächst der Begriff der Normordnung selbst geklärt werden. Dies geschieht im nächsten Abschnitt.

2 Was sind Normordnungen?

Der Plural Normordnungen ist ein Inbegriff für eine bestimmte Gruppe von manifesten Diskurselementen hinsichtlich eines Problemfeldes – für den hier thematisierten Fall sind dies die Techniken der Künstlichen Intelligenz bzw., spezifischer, der generativen KI-Anwendungen und deren gesellschaftliche Folgen. Als diskursive Elemente zielen sie auf Wirksamkeit im Schnittfeld von Recht, Ethik, Technologie und Markt. Die Multikomplexität dieses Feldes zeigt sich insbesondere dann, wenn in einem der Bereiche gravierende Veränderungen vonstattengehen. Heute sind dies zumeist die letztgenannten Bereiche, also die Änderungen von Marktmechanismen und der Marktmacht einzelner Akteure oder das Aufkommen neuer Technologien (wie der Fall OpenAI und ChatGPT deutlich vor Augen führt). Das Recht und die Ethik sind demgegenüber zwei reflexiv agierende Domänen, die auf Veränderungen reagieren und Vorschläge oder Vorschriften dazu machen, wie diese Veränderungen mit den gesellschaftlichen Vorstellungen und Zielen in Einklang zu bringen sind. Das verbindende Element von Normordnungen besteht darin, dass diese eine Reflexion des Problem- bzw. Gegenstandsbereichs vornehmen und dabei explizit auf Werte und Normen rekurrieren. Und auch wenn es sich jeweils um diskursiv wirksame Elemente handelt, sind sie nicht alle auf die gleiche

---

den Blick weg von der wissenschaftlichen Untersuchung des Gegenstands selbst und hin auf die Transformation der wissenschaftlichen Praxis durch die Möglichkeiten generativer KI. Dies betrifft das Selbstverständnis des Unternehmens der Wissenschaft und die damit einhergehende gesellschaftliche Funktion sowie Rolle von Wissenschaft. Infrage steht in dieser Perspektive u. a., wie das Verhältnis von epistemischen und nicht-epistemischen Werten in den Prozessen von Forschung und Lehre durch die Möglichkeiten generativer KI verändert wird.

2 Für eine interdisziplinäre Einordnung des disruptiven Potentials von KI für die Wissenschaft vgl. Carl Friedrich Gethmann et al. (Hg.), *Künstliche Intelligenz in der Forschung. Neue Möglichkeiten und Herausforderungen für die Wissenschaft*, Berlin 2022.

Weise kodifiziert. Normordnungen umfassen vielmehr sehr verschiedene Dimensionen und unterschiedliche Abschichtungen. Dazu gehören normative Fixpunkte (mehr oder weniger umstritten), auf Praxisrelevanz abzielende Leitplanken (mehr oder weniger tauglich) und regulatorische Durchsetzungsmechanismen (mehr oder weniger effektiv). Unterscheiden lassen sich in heuristischer Absicht:

(1) rechtliche Normen – also Gesetze und Vorschriften eines staatlichen Rechtssystems, inklusive Sanktionsmöglichkeiten bei Verstößen,

(2) internationale Verträge – regeln das Verhalten zwischen Staaten oder supranationalen Organisationen und können von der Allgemeinen Erklärung der Menschenrechte über Handelsabkommen bis zu Regeln des Konfliktverhaltens reichen und umfassen u. a. auch diplomatische Protokolle,

(3) ethische Prinzipien – die explizit in Form ethischer Theorien ausgearbeitet sind und genuin philosophische Ansprüche artikulieren, also Begründungen darstellen,

(4) moralische Ansichten und Gepflogenheiten – mithin die in Gesellschaften, Gemeinschaften oder Kulturen etablierten und tradierten Vorstellungen davon, was richtig und falsch, was geboten und verboten ist; die Gebräuche können den Status als Gewohnheitsrecht erlangen,

(5) soziale Normen – neben expliziten auch implizite und informelle Regeln und Erwartungen, die das Verhalten innerhalb bestimmter sozialer Gruppen, insbesondere Gemeinschaften, über Traditionen, Üblichkeiten, Bräuche und akzeptierte Praktiken regeln,

(6) kulturelle Werte – spiegeln die größeren Linien an Überzeugungen einer Gesellschaft wider und bestimmen als Horizont sehr grundlegend die Formen der Wahrnehmung, der Interaktion und der Entscheidungsoptionen,

(7) religiöse Gebote und Gesetze – bilden in entsprechenden Gemeinschaften einerseits die Richtschnur des Handelns und auch der reflektierenden Selbstbefragung, können aber auch rechtlich (z. B. kirchenrechtlich oder in Formen wie der Mizwot, der zehn Gebote oder der Scharia) kodifiziert sein,

(8) politische Ideale – bestimmen die Ansichten und Handlungen entsprechender Gruppen und wirken sich einerseits über Regierungshandlungen auf die Gestaltung der Lebensbedingungen in Staaten und anderen, größer wie kleiner strukturierten Gliederungen aus; andererseits motivieren sie in paradigmatischer Weise diskursive Auseinandersetzungen,

(9) Ethikkodizes und Berufsethiken – werden in bestimmten Berufen und Organisationen festgelegt, um das Verhalten der Mitglieder in verbindlicher Weise zu lenken; Beispiele sind ingenieurwissenschaftliche, medizinische oder journalistische Kodizes oder etwa auch die Regeln guter wissenschaftlicher Praxis.

Diese Dimensionen und Abschichtungen sind miteinander verbunden und können sich überschneiden, was ein komplexes Netzwerk normativer Orientierung schafft. Individuen und Gesellschaften beziehen hieraus für ihr tägliches Leben wie für weitreichende Fragen Orientierung. Offensichtlich ist es wesentlich für normative Ordnungen in dem hier dargestellten Sinn, dass einzelne Ordnungen sich auch widersprechen oder sich ergänzen können. In der Diskussion um KI-Textgeneratoren spielen nicht alle genannten Dimensionen die gleiche Rolle. Im Hinblick auf wissenschaftliche Diskurse sind mehrere der genannten Felder bedeutsam:

Da ist zunächst das Recht inklusive der internationalen Verträge. Wie in allen Bereichen des öffentlichen Zusammenlebens sind rechtliche Normen auch für den Umgang mit und insbesondere das Inverkehrbringen von KI-Systemen von großer Relevanz. Dabei ist aktuell aber z.T. umstritten, welche schon existierenden Gesetze für das global mit absolut neuer Wucht auftretende Phänomen der Textgeneratoren hinreichend spezifisch formuliert sind und wo weiterer Regulierungsbedarf besteht. Diese Diskussion wird gerade sehr eindringlich geführt und staatliche wie supranationale Akteure zielen auf eine Regulierung u.a. durch internationale Verordnungen und Verträge wie die KI-Verordnung. Aber auch die Prüfungsordnungen einzelner Hochschulen bzw. Studiengänge werden aktuell vielerorts diskutiert und zukünftig neu ausgehandelt.

Neben dem Recht sind auch weichere normative Ordnungen diskursprägend. Hier sind die zahlreich erscheinenden Ethikkodizes, Positions- und Diskussionspapiere sowie berufsethischen Richtlinien zu nennen – die in der Regel wiederum explizit auf ethischen Prinzipien aufsetzen. Aus diesen normativen Debattenbeiträgen speist sich die diskursive Gemengelage. Für das Selbstverständnis der Wissenschaft sind berufsethische Selbstverpflichtungen hinsichtlich von KI-Textgeneratoren (z.B. durch eine Erweiterung der Regeln guter wissenschaftlicher Praxis) für eine Einbettung der disruptiven bzw. transformativen Prozesse in der Wissenschaft selbst von Bedeutung. Daneben gibt es in Arbeitsgruppen, Instituten und Fachbereichen sowie auf Workshops, Tagungen und Konferenzen zahlreiche Ansätze zu einer Selbstverständigung über den Umgang mit generativer KI.

Im Folgenden werden verschiedene Typen von Normordnungen mit ihren wesentlichen Aussagen zu KI-Textgeneratoren vorgestellt.[3] Den Beginn machen

---

3 Neben den hier diskutierten normativen Ansätzen gibt es zahlreiche weitere Texte und Initiativen, die zu besprechen wären. In erster Linie ist hier der Entwurf der Europäischen Kommission zu einer Verordnung über Künstliche Intelligenz zu nennen, der seit April 2021 vorliegt und in dem KI-Anwendungen im Bildungsbereich als hochriskant eingestuft werden und die damit nur mit hohen regulatorischen Hürden eine Zulassung für den europäischen Markt erhalten würden. Vgl. Europäische Kommission, „Vorschlag für eine KI-Verordnung", 2021, in [https://artificialintelligenceact.eu/the-act/] (Zugriff: 30.09.2023). Neben der KI-Verordnung werden aber auch viele weitere Vor-

zwei ausführliche Einordnungen beratender Gremien (Deutscher Ethikrat und Büro für Technikfolgen-Abschätzung beim Deutschen Bundestag), ihnen folgen vier auf das Hochschulwesen fokussierte Papiere, zunächst die Stellungnahme des DFG-Präsidiums und dann drei Ausführungen verschiedener Akteure der Hochschule (Deutsche Gesellschaft für Hochschuldidaktik, Hochschuldidaktische Arbeitsgruppe und Digital Literacy Lab). Abschließend wird das Rechtsgutachten von Prof. Hoeren nachgezeichnet.

3 Darstellung zentraler Normordnungen zu KI-Textgeneratoren

3.1 Deutscher Ethikrat

Der Deutsche Ethikrat hat eine sehr umfangreiche Stellungnahme zu den Herausforderungen durch Künstliche Intelligenz herausgegeben.[4] In dem ersten Teil wird eine technische und philosophisch-begriffliche Grundlegung vorgelegt, in der bei-

---

schläge öffentlich oder in Fachcommunitys diskutiert. Dazu gehören: Datenethikkommission der Bundesregierung, „Gutachten", 2019, in [www.bmi.bund.de/SharedDocs/downloads/DE/publikatio nen/themen/it-digitalpolitik/gutachten-datenethikkommission.pdf] (Zugriff: 30.09.2023); AI Ethics Impact Group, „From Principles to Practice. An interdisciplinary Framework to operationalise AI ethics", 2020, in [www.ai-ethics-impact.org/resource/blob/1961130/c6db9894ee73aefa489d6249f5ee2b 9f/aieig-report-download-hb-data.pdf] (Zugriff: 30.09.2023); Wissenschaftsrat, „Zum Wandel in den Wissenschaften durch datenintensive Forschung", 2021, in [www.wissenschaftsrat.de/download/ 2020/8667-20.pdf] (Zugriff: 30.09.2023); UNESCO, „Recommendation on the Ethics of Artificial Intelligence", 2021, in [https://unesdoc.unesco.org/ark:/48223/pf0000380455] (Zugriff: 30.09.2023). Die Liste lässt sich umfassend ergänzen, vgl. das AI Ethics Guidelines Global Inventory von AlgorithmWatch, in [https://inventory.algorithmwatch.org/] (Zugriff: 30.09.2023). Auch einzelne Wissenschaftler:innen haben sich an der Debatte beteiligt, wiederum exemplarisch sei hier genannt: Gabi Reinmann, „Wozu sind wir hier? Eine wertbasierte Reflexion und Diskussion zu ChatGPT in der Hochschullehre", *Impact Free 51*, in [https://gabi-reinmann.de/wp-content/uploads/2023/02/Impact_Free_51.pdf] (Zugriff: 30.09.2023). In der Projektgruppe NOKI wurde am Zentrum verantwortungsbewusste Digitalisierung (ZEVEDI) für den Bereich der Forschungsethik eine Handreichung zu den Herausforderungen durch KI für die Forschung entwickelt: Zentrum verantwortungsbewusste Digitalisierung (ZEVEDI), „Zur forschungsethischen Begutachtung von KI-Forschungsprojekten. Handreichung zur Unterstützung der Arbeit von Ethikkommissionen an Hochschulen", Darmstadt 2022, in [https://zevedi.de/wp-content/uploads/2022/11/ZEVEDI_Handreichung-KI-Forschungsethik_ 2022.pdf] (Zugriff: 30.09.2023).

4 Deutscher Ethikrat, „Mensch und Maschine – Herausforderungen durch Künstliche Intelligenz", 2023, in [www.ethikrat.org/fileadmin/Publikationen/Stellungnahmen/deutsch/stellungnahme-mensch-und-maschine.pdf] (Zugriff: 30.09.2023).

spielsweise das Phänomen der digitalen Durchdringung der menschlichen Lebenswelt, der anthropologische Aspekt verleiblichter Vernunft oder die Ambivalenz der Möglichkeiten einer Erweiterung und Verminderung menschlicher Autonomie und Autorschaft ausgeführt werden. Dabei liegt eine bewusste Entscheidung zugrunde: Der Ethikrat analysiert die Konsequenzen der digitalen Entwicklungen für das menschliche Zusammenleben vor dem Hintergrund des menschlichen Selbstverständnisses, das in den anthropologischen Grundbegriffen Vernunft, Intentionalität, Freiheit, Affektion durch Gründe, Handlung und Verantwortung seinen Ausdruck findet. Dadurch bilden grundlegende Überlegungen zu Mensch-Technik-Relationen die Basis für die normativen Bewertungen, wobei ein grundlegender Unterschied zwischen Menschen und Maschinen herausgestellt wird.[5] Der Maßstab für die Bewertung algorithmischer Systeme wird durch die Weise definiert, in der die Delegation menschlicher Tätigkeiten an diese Systeme auf die zentralen anthropologischen Merkmale/Systeme zurückwirkt und ob dabei menschliche Autorschaft erweitert oder vermindert wird:

> Ziel der Delegation menschlicher Tätigkeiten an Maschinen sollte prinzipiell die Erweiterung menschlicher Handlungsfähigkeit und Autorschaft sein. Ihre Verminderung sowie eine Diffusion oder Evasion von Verantwortung gilt es hingegen zu verhindern. Dafür muss die Übertragung menschlicher Tätigkeiten auf KI-Systeme gegenüber den Betroffenen hinreichend transparent erfolgen, sodass wichtige Entscheidungselemente, -parameter oder -bedingungen nachvollziehbar bleiben.[6]

Diese Überlegungen werden in einem zweiten Teil anhand ethischer Analysen zu vier Anwendungsdomänen konkretisiert, und zwar in den Bereichen Medizin, schulische Bildung, öffentliche Kommunikation und Meinungsbildung sowie öffentliche Verwaltung.[7] Ein dritter Teil widmet sich zehn Querschnittsthemen, die in den vier exemplarischen Domänen relevant sind aber auch darüber hinaus. Zu diesen Querschnittsthemen werden jeweils Empfehlungen formuliert.

KI-Textgeneratoren werden in der Stellungnahme zwar mitbehandelt, sie stehen aber nicht allein und auch nicht zentral im Fokus.[8] Dennoch lassen sich gerade

---

5 Vgl. Deutscher Ethikrat 2023, 63: „Der Deutsche Ethikrat geht von einem normativ grundlegenden Unterschied zwischen Mensch und Maschine aus. Softwaresysteme verfügen weder über theoretische noch über praktische Vernunft. Sie handeln oder entscheiden nicht selbst und können keine Verantwortung übernehmen. Sie sind kein personales Gegenüber, auch dann nicht, wenn sie Anteilnahme, Kooperationsbereitschaft oder Einsichtsfähigkeit simulieren."
6 Ebd., 64.
7 Vgl. ebd., 16–17.
8 Bei der Besprechung des schulischen Bildungsbereichs etwa wird deutlich, dass KI-Textgeneratoren nicht als wichtigste KI-Technologie im Bereich dieser Domäne angesehen werden: Ebd., 39:

von den Empfehlungen zu den Querschnittsthemen einige auch auf die spezifischeren Herausforderungen generativer KI anwenden, insbesondere zu den Themen 1: Erweiterung und Verminderung von Handlungsmöglichkeiten, 2: Wissenserzeugung durch KI und Umgang mit KI-gestützten Voraussagen, 4: Auswirkungen von KI auf menschliche Kompetenzen und Fertigkeiten, 9: Bias und Diskriminierung und 10: Transparenz und Nachvollziehbarkeit – Kontrolle und Verantwortung.

Das erste Querschnittsthema greift noch einmal das zentrale Kriterium der Erweiterung von Handlungsmöglichkeiten auf. Dazu wird vom Ethikrat eine kontextspezifisch differenzierte Planung des Einsatzes von KI-Werkzeugen empfohlen, da Vor- und Nachteile sowie die Gefahren eines Kompetenzverlusts durch die Nutzung von KI-Anwendungen für Personengruppen und Individuen je nach Domäne und Szenario variieren. Dabei sind insbesondere Zielsetzungen und Verantwortlichkeiten präzise zu benennen und die Auswirkungen der Nutzung zeitnah zu evaluieren.[9]

Hinsichtlich der Erzeugung von Wissen und Voraussagen durch KI-Tools betont der Ethikrat die Bedeutung klarer Verantwortlichkeit sowie effektiver Kontrolloptionen. Es wird empfohlen KI als Hilfsmittel der Entscheidungsunterstützung und nicht als Mittel der Entscheidungsersetzung zu gestalten.[10]

Um individuelle oder kollektive Kompetenzverluste durch den Einsatz von KI-Anwendungen zu vermeiden, mahnt der Ethikrat zunächst eine sorgfältige Beobachtung an. Unerwünschte Kompetenzverluste sollen minimiert oder kompensiert werden, wobei auch die Gefahr benannt wird, sich als Individuum oder Gesellschaft von Technologien abhängig zu machen, die ausfallen können.[11]

Zur Vermeidung von Bias und Diskriminierung sollen KI-Systeme durch gut ausgestattete Institutionen beaufsichtigt und kontrolliert werden. Diese sollen auch gesetzliche Anforderungen zu Fairness, Transparenz und Nachvollziehbarkeit sicherstellen. Allerdings wird zugleich betont, dass technischen und regulatorischen Maßnahmen zur Minimierung von Diskriminierung inhärente Grenzen gesetzt sind (etwa weil unterschiedliche Fairness-Ziele technisch nicht zugleich zu erfüllen sind) und dass daher Verfahren und Institutionen für ethische und politische Entschei-

---

„Ausgangspunkt der meisten KI-Anwendungen in der Bildung ist die Sammlung und Auswertung vieler Daten der Lernenden und mitunter auch der Lehrkräfte." Dies zeigt die Gediegenheit der Stellungnahme des Ethikrats und den weiten Blick auf die generelle Entwicklung im Bereich Künstlicher Intelligenz – und dass der Hype der zahlreichen Debatten zu generativer KI andere Entwicklungen vielleicht sogar überdeckt.

9 Vgl. ebd., 66.
10 Vgl. ebd., 67.
11 Vgl. ebd., 69.

dungen bezüglich kontextspezifischer Gerechtigkeitskriterien zu befördern sind. Diese sollten besonders betroffene sowie besonders bedürftige Gruppen schützen.[12]

Transparenz, Nachvollziehbarkeit und Erklärbarkeit von KI-Systemen dienen deren Kontrolle und der Möglichkeit von Verantwortungszuschreibung. Um dies gewährleisten zu können, sollen aufgaben-, kontext- und adressatenspezifische Standards entwickelt und durch verbindliche technische und organisatorische Vorgaben umgesetzt werden. Mit diesen Standards werden die Anforderungen an Sicherheit, Datenschutz, Schutz von intellektuellem Eigentum und Geschäftsgeheimnissen sowie vor Missbrauch definiert.[13]

3.2 Büro für Technikfolgenabschätzung am Bundestag (TAB)

Steffen Albrecht hat für das TAB ein sehr aufwändig recherchiertes Hintergrundpapier zu ChatGPT und vergleichbaren KI-Tools verfasst.[14] Darin geht er in einem eigenen Kapitel auf die Auswirkungen von ChatGPT auf Bildung und Forschung ein. Für den Bildungsbereich analysiert Albrecht die Chancen und Risiken von ChatGPT entsprechend der unterschiedlichen Stakeholder – also Lernende, Lehrende und Institutionen. Für die Gruppe der Lernenden wird etwa konzediert, dass diese die neuen Möglichkeiten sehr wohlwollend aufgenommen haben und sie als Werkzeuge der Texterstellung und -bearbeitung sowie zur Unterstützung des Selbstlernen einsetzen. Ob durch eine umfangreiche Nutzung Lernprozesse eingeschränkt und die Kompetenzentwicklung beeinträchtigt werden (z.B. beim schriftlichen Ausdrucksvermögen oder der Informationssuche und -bewertung) zweifelt Albrecht an bzw. sieht er hierzu ggf. wirksame didaktische Gegenmittel.[15]

Auch für Lehrende werden zahlreiche Potentiale diskutiert wie z.B. die Erleichterung alltäglicher Kommunikationsaufgaben, die Planung von Unterricht bzw. Lehrveranstaltungen, die Schulung von Medienkompetenzen oder die leichtere Binnendifferenzierung von Lernstoff. Dass durch die Nutzung von ChatGPT allerdings neue Kompetenzen vermittelt werden müssen, wird ebenso als zusätzliche Herausforderung gesehen wie die Möglichkeit, dass durch KI-Tools einer Verstärkung soziokultureller Ungleichheit bezüglich der Teilhabe an der digitalen Gesell-

---

12 Vgl. ebd., 74–75.
13 Vgl. ebd., 76.
14 Steffen Albrecht, „ChatGPT und andere Computermodelle zur Sprachverarbeitung – Grundlagen, Anwendungspotenziale und mögliche Auswirkungen", 2023, in [www.bundestag.de/resource/blob/944148/30b0896f6e49908155fcd01d77f57922/20-18-109-Hintergrundpapier-data.pdf] (Zugriff: 30.09.2023).
15 Für die Ausführungen zur Perspektive der Lernenden vgl. ebd., 72–73.

schaft Vorschub geleistet wird. Gesondert diskutiert werden noch einmal die Auswirkungen auf das Prüfungswesen, hier insbesondere auf den tertiären Sektor, wo die Distanz zwischen Lehrenden und Lernenden zumeist so groß ist, dass eine Einordnung schriftlicher Leistungen in die generelle Entwicklung des Kompetenzaufbaus von Studierenden nur in Ausnahmefällen möglich ist. Eine Überprüfung auf die Erzeugung von Texten durch KI-Textgeneratoren mittels KI-Systemen wird aus Gründen der Effektivität und des Datenschutzes kritisch gesehen, ebenso ein Verbot von ChatGPT als unerlaubtes Hilfsmittel, da es sehr aufwändig sei, Formate oder Prüfungsumgebungen zu schaffen, in denen eine Nutzung ausgeschlossen ist. Stattdessen verweist Albrecht auf organisatorische und didaktische Lösungsansätze wie Protokollierung des Arbeitsprozesses oder ergänzende Prüfungsgespräche als Teil der Prüfungsleistung.[16]

Für die Institutionen des Bildungssystems werden mögliche Vorteile wiederum darin gesehen, dass KI-Systeme Entlastung bei Verwaltungsaufgaben bringen können – etwa bei der Studienberatung, der Bereitstellung von Informationen zum Campusleben oder der Erstellung von Kursbeschreibungen. Darüber hinaus verweist Albrecht auf Diskussionsbeiträge, welche in ChatGPT die Chance zur Hinterfragung bestehender Bildungspraktiken und die Entwicklung neuer Kursformate und Prüfungsformen sehen. Als aktuell größte Herausforderung wird betont, dass eine datenschutzkonforme Anwendung im Rahmen von Unterricht und Lehre nicht möglich erscheint, sofern die Eingabe persönlicher Daten für die Nutzung erforderlich ist.[17]

Zuletzt werden in dem Hintergrundpapier noch mögliche Auswirkungen auf die Forschung zusammengestellt. Als Vorteil wird auch hier wieder die Entlastung von Routineaufgaben gesehen, die eine Konzentration auf das eigentliche Forschungshandeln erlauben und damit eine Beschleunigung der Forschung bewirken könnte.[18] Die Erleichterung beim Erstellen von Übersetzungen könnte Forschenden helfen, trotz im Vergleich eingeschränkter Kompetenzen in der Nutzung der englischen Sprache in internationalen Zeitschriften zu publizieren. Und nicht zuletzt können KI-Textgeneratoren einerseits selbst beforscht werden und auch als Mittel der Forschung Verwendung finden – etwa bei der Auswertung oder Interpretation von Daten. Den möglichen Vorteilen werden Risiken bzw. Probleme gegenübergestellt. Diese betreffen zunächst Ungenauigkeiten und den möglichen Bias der Modelle und deren z. T. fabulierten bzw. halluzinierten Outputs. Damit hängt auch die

---

16 Für die Ausführungen zur Perspektive der Lehrenden vgl. ebd., 74–77.
17 Für die Ausführungen zur Institutionenperspektive vgl. ebd., 78–79.
18 Als Routineaufgaben werden das Verfassen verhältnismäßig standardisierter Abschnitte in Publikationen, Berichten oder Anträgen genannt – wie etwa die Darstellung der genutzten Methoden oder des Forschungsstandes.

fehlende Zuordnung von Informationen zu Quellen und generell eine fehlende Faktenorientierung von KI-Modellen zusammen. Weil im akademischen System ein hoher Publikationsdruck herrscht, steht zu befürchten, dass durch KI-Textgeneratoren die Menge an Publikationen rasant ansteigt, ohne dass eine sorgfältige Prüfung möglich ist.[19]

3.3 Präsidium der Deutschen Forschungsgemeinschaft

Im September 2023 hat das Präsidium der DFG eine dreiseitige Stellungnahme zum Einfluss generativer Modelle auf die Wissenschaften veröffentlicht darin auch Konsequenzen auf das eigene Förderhandeln reflektiert.[20] Darin wird zunächst betont, dass wissenschaftliches Arbeiten aufgrund der erheblichen Chancen und Entwicklungspotenziale von generativen Modellen wie z.B. KI-Textgeneratoren deren Einsatz nicht ausschließen sollte. Darauf aufbauend wird die Notwendigkeit verbindlicher Rahmenbedingungen artikuliert, die in der Form von sechs zentralen Gedanken knapp umrissen werden. Diese zielen im Wesentlichen auf die fundamentale Bedeutung von Transparenz und Nachvollziehbarkeit zur Sicherung guter wissenschaftlicher Praxis sowie die Qualität wissenschaftlicher Ergebnisse ab:

> Der Einsatz generativer Modelle kann sich auf die Bedeutung, die der Erstellung eines Textes zukommt, sowie auf die Visualisierung von Forschungsergebnissen im wissenschaftlichen Alltag unterschiedlich weitreichend auswirken. Da es für Dritte nicht unmittelbar erkennbar ist, ob die ihnen vorliegenden Texte und Abbildungen mithilfe generativer Modelle erstellt oder die jeweils zugrunde liegenden wissenschaftlichen Ideen mithilfe generativer Modelle entwickelt wurden, wird der transparente Umgang mit der Erzeugung von Text- und Bildinhalten ein wichtiger Aspekt bei der Bewertung dieser Technologien in Bezug auf die Sicherung wissenschaftlicher Qualität sein.[21]

Als Selbstverwaltungsorganisation der Wissenschaft in Deutschland und als zentraler Fördergeber nimmt die DFG zwei Perspektiven auf die Herausforderung durch generative KI-Modelle ein. In Bezug auf das Selbstverständnis und das Ethos der Wissenschaft wird vom DFG-Präsidium die Bedeutung von Integrität als zentralem Baustein des wissenschaftlichen Wertesystems hervorgehoben. Daraus

---

19 Für die Ausführungen zum Bereich der Forschung vgl. Albrecht 2023, 79–81.
20 DFG, „Stellungnahme des Präsidiums der Deutschen Forschungsgemeinschaft (DFG) zum Einfluss generativer Modelle für die Text- und Bilderstellung auf die Wissenschaften und das Förderhandeln der DFG", 2023, in [www.dfg.de/download/pdf/dfg_im_profil/geschaeftsstelle/publikationen/stellungnahmen_papiere/2023/230921_stellungnahme_praesidium_ki_ai.pdf] (Zugriff: 30.09.2023).
21 Ebd., 1–2.

werden mehrere Folgerungen abgeleitet: Zunächst, dass es für den Bereich der Wissenschaft geboten ist, anzugeben, ob und wie generative Modelle genutzt werden. Sodann, dass bei der Publikation wissenschaftlicher Ergebnisse sicherzustellen ist, dass kein geistiges Eigentum verletzt und dass kein wissenschaftliches Fehlverhalten, etwa durch Plagiate, erzeugt wird.

Neben der Innenperspektive auf die Wissenschaft wird in der Stellungnahme auch das Themenfeld der Antragsstellung adressiert. Hier sieht das DFG-Präsidium aktuell keine Gründe für eine normative Bewertung des Einsatzes von generativen Modellen bei der Antragsstellung – diese seien vielmehr „grundsätzlich weder positiv noch negativ zu bewerten".[22] Bei der Erstellung von Gutachten allerdings wird der Einsatz der Modelle als unzulässig erklärt, weil durch diese eine Vertraulichkeit des Begutachtungsverfahrens nicht gewährleistet ist.

Insgesamt ist die Stellungnahme des DFG-Präsidiums nicht mehr als ein erster Fingerzeig. Das passt aber auch zu der vertretenen Ansicht, dass die Entwicklung generativer KI-Modelle noch in den Kinderschuhen steckt und es daher einer fortlaufend „begleitenden Analyse und Bewertung bedarf, um die entsprechenden Chancen und möglichen Risiken abzuschätzen".[23] Dafür gibt es bei der DFG u. a. die Ad-hoc-AG des Senats zu Themen des Digitalen Wandels[24] und die DFG-Kommission zur Überarbeitung der Verfahrensordnung zum Umgang mit wissenschaftlichem Fehlverhalten, sodass zum Ende des Papiers weitere Stellungnahmen durch die DFG in Aussicht gestellt werden.

In den verschiedenen Einrichtungen der Hochschuldidaktik werden sehr umtriebige Diskussionen über die Chancen und Risiken der Nutzung von Sprachgeneratoren in Lehr- und Lernszenarien an Hochschulen geführt. Als Auswahl dazu werden im Folgenden die Vorschläge für Eigenständigkeitserklärungen der Deutschen Gesellschaft für Hochschuldidaktik und dann die Initiativen der Hochschuldidaktischen Arbeitsstelle und des Digital Literacy Lab an der TU Darmstadt vorgestellt.

3.4 Deutsche Gesellschaft für Hochschuldidaktik

Die Deutsche Gesellschaft für Hochschuldidaktik (dghd) hat neben einer Themenreihe zu KI in der Hochschullehre auch Vorschläge für Eigenständigkeitserklärun-

---

22 Ebd., 2.

23 Ebd., 1.

24 Deutsche Forschungsgemeinschaft, „Ad-hoc-AG des Senats zu Themen des Digitalen Wandels", 2023, in [www.dfg.de/dfg_profil/gremien/senat/digitaler_wandel/index.html] (Zugriff: 30.09.2023).

gen bei möglicher Nutzung von KI-Tools verfasst.[25] Darin wird betont, dass eine generelle Festlegung über die Erlaubnis oder das Verbot der Nutzung von KI-Textgeneratoren in Prüfungsordnungen nicht sinnvoll ist, weil Prüfungsformen und Eigenständigkeitserklärungen dem jeweiligen Lernziel angepasst sein sollten. In dem Dokument werden vier verschiedene Lernziele diskutiert, die durch die Möglichkeiten von KI-Textgeneratoren entweder tangiert oder durch diese überhaupt erst ermöglicht werden: (1) Das Erwerben von Fachkompetenz, (2) das Erlernen des wissenschaftlichen Schreibens, (3) die Kompetenz, KI-Tools einschätzen und wissenschaftlich bewerten zu können und schließlich (4) die professionelle Nutzung dieser Tools beim wissenschaftlichen Arbeiten. Es werden darüber hinaus weitere mögliche Lernziele im Zusammenhang mit generativer KI genannt, aber nicht weiter vertieft (und zwar das Programmieren und das Gestalten mithilfe von KI). Für die beiden erstgenannten Lernziele empfiehlt die dghd KI-Tools zunächst nicht zu erlauben und in die Eigenständigkeitserklärungen für entsprechende Prüfungsleistungen einen Passus aufzunehmen, der feststellt, dass keine Outputs von text-, bild- oder codegenerierenden KI-Tools in der Ausarbeitung verwendet wurden. Hinsichtlich der Fachkompetenz lautet das Argument, dass Studierende sich Fachwissen selbst aneignen und dieses auch nachhaltig in ihr wissenschaftliches Verständnis integrieren müssen. Da die stochastisch erzeugten Outputs von Textgeneratoren erstens der Anforderung an Wissen nicht genügen (ihre wissenschaftliche Qualität also nicht gesichert ist) und weil Studierende sich zudem erst selbst eine Basis fachwissenschaftlicher Kenntnisse erarbeiten müssen, um halluzinierte von validen Aussagen unterscheiden zu können, wird die Nutzung von KI-Tools für den Aufbau grundlegender Fachkompetenz abgelehnt.[26] Auch mit Blick auf das Lernziel, selbst wissenschaftlich schreiben zu können, sollte nach der dghd der Einsatz von Textgeneratoren zunächst nicht erlaubt werden. Denn die Fähigkeit, im eigenständigen Formulieren die Gedanken von anderen zu verstehen und mithilfe eigener Gedanken weiterzuentwickeln und diese Ergebnisse zu kommunizieren, lässt sich nur durch eigenes Tun und Üben erwerben.[27] Hinsichtlich der Identifikation von und des Umgangs mit Verstößen gegen das Verbot der KI-Nutzung wird das Problem benannt, dass Zuwiderhandlungen kaum nachweisbar sind. Daher verbleibt als Lösungsansatz, zu Beginn von Lehrveranstaltungen die Bedeutung eigenständiger Lernleistungen zu betonen und anzukündigen, dass in

25 Deutsche Gesellschaft für Hochschuldidaktik, „Vorschläge für Eigenständigkeitserklärungen bei möglicher Nutzung von KI-Tools", 2023, in [https://www.dghd.de/die-dghd/downloads/] (Zugriff: 30.09. 2023); dghd-Themenreihe KI in der Hochschullehre, 2023, in [www.dghd.de/praxis/veranstaltungska lender/dghd-themenreihe-ki-in-der-hochschullehre/] (Zugriff: 30.09.2023).
26 Vgl. ebd., 6.
27 Vgl. ebd., 7.

Fällen, in denen ein Verdacht besteht, dass die Eigenständigkeit der Leistung fälschlich und mit Täuschungsabsicht erklärt wird, mündliche Gespräche zu führen sind, in denen die Fach- oder Schreibkompetenz jeweils überprüft wird.[28]

Neben diesen etablierten Feldern der wissenschaftlichen Ausbildung kann es auch als Aufgabe der Hochschulen verstanden werden, Studierende im Umgang mit KI-Tools zu schulen. Für den Aufbau von Kompetenzen mit Hilfsmitteln wie Textgeneratoren müssen Studierende diese logischerweise nutzen. Dabei kann es zum einen um die qualifizierte Bewertung dieser Hilfsmittel gehen (Lernziel 3): Wie schneiden sie im Vergleich mit anderen, in der Wissenschaft etablierten Methoden ab, wie etwa der Literaturrecherche oder der Nutzung von Fachdatenbanken? Studierende sollten hier aus didaktischer Perspektive zumindest drei Schritte dokumentieren. (1) Welche Tools sie wie genutzt haben. (2) Die Outputs des oder der Tools. (3) Eine Reflexion über die Ergebnisse im Vergleich mit anderen Methoden. Dieser Dreischritt zeigt, dass Studierende schon mit anderen Methoden vertraut sein müssen, da sie sonst keinen Vergleich anstellen und keine Bewertung vornehmen können. Außerdem wird deutlich, dass der Aufwand der Dokumentation wiederum beträchtlich sein kann – sowohl das Erstellen der Dokumentation als auch deren Prüfung und Bewertung aufseiten der Lehrenden. Der vorgeschlagene Passus für die Eigenständigkeitserklärung zielt folgerichtig auch auf eine vollständige Dokumentation der ersten beiden Schritte.[29]

Als letztes Lernziel wird von der dghd die professionelle Nutzung von KI-Tools aufgezählt, wenn diese etwa zum Verfassen von wissenschaftlichen Qualifikationsschriften wie Master- oder Doktorarbeiten genutzt werden. Wo hier Grenzen für den Einsatz von Textgeneratoren und anderen Hilfsmitteln gesetzt werden, bleibt

---

28 Wie scharf oder stumpf dieses Schwert ist, lässt sich nur von Fall zu Fall beurteilen und hängt an den Kriterien, die Lehrende hinsichtlich der Lernziele und des Kompetenzaufbaus anlegen. Jedenfalls wird durch zusätzliche mündliche Gespräche der Begründungs- und der Zeitaufwand in beträchtlichen Maß ausgeweitet. Besser als Täuschungen retrospektiv aufdecken zu wollen, ist vor diesem Hintergrund also der Ansatz, prospektiv die Bedeutung eigenständiger Leistungen für den Aufbau wissenschaftlicher Kompetenzen zu betonen und zu begründen.

29 Der Vorschlag lautet: „Ich habe nur die erlaubten und dokumentierten Hilfsmittel benutzt. Ich versichere, dass die Kennzeichnung des KI-Einsatzes vollständig ist. Im Verzeichnis ‚Übersicht verwendeter Hilfsmittel' habe ich die verwendeten KI-Tools mit ihrem Produktnamen aufgeführt. Im Anhang habe ich *die von mir verwendeten Prompts aufgeführt, [oder] *sämtliche KI-generierten Outputs einzeln aufgeführt [z. B. Links auf Promptverläufe], [oder] *die Nutzung der KI-Tools dokumentiert [...], die relevant für die Aufgabe waren.", ebd., 10. Vonseiten der Lehrenden sollte zudem im Vorfeld geklärt werden, welche Hilfsmittel erlaubt sind. Neben der Erlaubnis zur Nutzung aller möglichen Hilfsmittel kann hier eine Auswahl getroffen und kommuniziert werden, wobei dann zugleich gilt, dass alle anderen Tools nicht erlaubt sind. Eine Auswahl verbotener Tools ist wenig zielführend, weil das Angebot an Hilfsmitteln nicht zu überblicken ist.

allerdings unklar. Ausgegangen wird von einem Szenario, in dem Studierende grundlegende Fach-, Schreib- und Toolkompetenzen schon erlangt haben und diese dann zusammenführen. Diese Aggregation ist es dann auch, was als Gegenstand der Prüfung vorgeschlagen wird: „Bewertet wird die Arbeit als Ergebnis des Einsatzes unterschiedlicher Methoden und eigenständigen Denkens."[30] Dies spiegelt sich auch im Vorschlag für eine Eigenständigkeitserklärung nieder, in der die studentische Verantwortung für die KI-generierten Outputs das zentrale Element ist, flankiert von der schon diskutierten Dokumentation:

> Ich habe nur die erlaubten und dokumentierten Hilfsmittel benutzt. Ich verantworte die Auswahl, Übernahme und sämtliche Ergebnisse des von mir verwendeten KI-generierten Outputs vollumfänglich selbst. Im Verzeichnis ‚Übersicht verwendeter Hilfsmittel' habe ich alle verwendeten KI-Tools mit ihrem Produktnamen benannt [und je nach Bedarf des/der Lehrenden] sowie im Anhang jeweils die *von mir in der Arbeit verwendeten Prompts aufgeführt [und/oder] *sämtliche in der Arbeit verwendeten KI-generierten Outputs einzeln aufgeführt [z. B. Links auf Promptverläufe].[31]

An dieser Konzeption zur Integration von KI-Tools in die wissenschaftliche Praxis erscheint es bezüglich Qualifikationsschriften problematisch, eine angemessene Form der Dokumentation zu finden. Positiv ist zu bewerten, dass Lehrende und Studierende je nach Disziplin und Qualifikationslevel von Fall zu Fall individuelle Absprachen treffen können – denn ein einheitlicher Maßstab würde die unterschiedlichen Anforderungen der akademischen Fächer kaum berücksichtigen können. Aber zwischen dem kaum informativen Benennen der genutzten Tools einerseits und der umfassenden Dokumentation der Prompts oder gar Outputs andererseits klafft eine Lücke für die Praxis der Bewertung. Wo im ersten Fall die Eigenständigkeit kaum mehr zu bewerten ist, als wenn die Information fehlte, so ist im zweiten Fall zwar unter günstigen Umständen eine objektive Faktenlage Teil der Bewertung – was allerdings den Prüfungsaufwand erheblich steigern könnte. Und es ist dabei sehr fraglich, ob sich diese Verschiebung mit den wissenschaftlichen Qualifikationszielen begründen lässt. Demnach scheint hinsichtlich von größeren schriftlichen Leistungsnachweisen und Qualifikationsarbeiten noch keine Lösung für einen integrativen Umgang mit KI-Textgeneratoren gefunden.

---

30 Ebd., 13.
31 Ebd. 14.

3.5 Hochschuldidaktische Arbeitsstelle

Einzelne Universitäten haben verschiedentlich Kompetenzzentren ins Leben gerufen oder sich innerhalb bestehender Strukturen mit der Herausforderung durch KI-Textgeneratoren beschäftigt.[32] An der TU Darmstadt gibt es dazu z. B. zumindest zwei sichtbare Akteure, die sich um Aufklärung und um Formen von Community-Building bemühen. Dabei handelt es sich um die Hochschuldidaktische Arbeitsstelle und das Digital Literacy Lab.

Die Hochschuldidaktische Arbeitsstelle (HDA) hat zwei Themen neu in die Themensammlung ihres Angebots zur Unterstützung guter Hochschullehre aufgenommen, die beide durch die Veröffentlichung von ChatGPT motiviert sind. Der Artikel „Künstliche Intelligenz in der Hochschullehre am Beispiel von ChatGPT"[33] stellt ausführlich dar, wie textbasierte KI gegenwärtig funktioniert und welche Konsequenzen sich für das wissenschaftliche Arbeiten, für den Aufbau wissenschaftlicher Kompetenzen (hier insbesondere die Kompetenz des Schreibens) und für das Prüfungswesen an Hochschulen ergeben können. In seinem tentativen Zugang lotet dieser Beitrag mögliche Wege im Umgang mit Textgeneratoren in der Hochschullehre aus und stellt diese ohne stärkere Wertungen vor. Anders gelagert ist hier der Artikel „Einsatzmöglichkeiten textbasierter KI in der Hochschullehre"[34]: Dieser verfolgt einen pragmatischen Ansatz und zeigt einzelne Felder auf, in denen KI-Textgeneratoren Studierenden und Lehrenden nützen können. Genannt werden dafür in allgemeiner Hinsicht die Unterstützung bei der Textproduktion und dem Programmieren, spezifisch für Studierende die Unterstützung und Individualisierung des Lernens und bezogen auf Lehrende die Vorbereitung und Organisation der Lehre sowie das Erstellen von Lern- und Prüfungsaufgaben. In Kombination stellen

---

[32] Im Folgenden gehe ich auf zwei Initiativen an meiner Hochschule, der Technischen Universität Darmstadt, ein. Es gibt daneben aber zahlreiche weitere. Exemplarisch genannt seien: Stabsstelle IT-Recht der bayerischen staatlichen Universitäten und Hochschulen, „Prüfungsrechtliche Fragen zu ChatGPT", 2023, in [www.rz.uni-wuerzburg.de/fileadmin/42010000/it-recht/ChatGPT_Pru_fungs recht_v2.pdf] (Zugriff: 30. 09. 2023); Berliner Zentrum für Hochschullehre, „Mit künstlicher Intelligenz die Hochschullehre neu gestalten", 2023, in [www.tu.berlin/bzhl/ressourcen-fuer-ihre-lehre/res sourcen-nach-themenbereichen/ki-in-der-hochschullehre] (Zugriff: 30. 09. 2023); Schreiblabor der Universität Bielefeld, „Digitale Technologien zur Textgenerierung und das Schreiben in Studium und Lehre", 2023, in [www.uni-bielefeld.de/einrichtungen/schreiblabor/chat-gpt/] (Zugriff: 30. 09. 2023).
[33] Technische Universität Darmstadt. Infoportal einfachlehren, „Künstliche Intelligenz in der Hochschullehre am Beispiel von ChatGPT", in [www.einfachlehren.tu-darmstadt.de/themensamm lung/details_48064.de.jsp] (Zugriff: 30. 09. 2023)
[34] Technische Universität Darmstadt. Infoportal einfachlehren, „Einsatzmöglichkeiten textbasierter KI in der Hochschullehre", in [www.einfachlehren.tu-darmstadt.de/themensammlung/details_ 48128.de.jsp] (Zugriff: 30. 09. 2023)

die beiden Artikel recht anschaulich die beiden Wege dar, mit denen Lehrende und Hochschulen auf die Herausforderungen durch KI-Textgeneratoren reagieren. Versuche der verstehenden Einordnung und Überblicksdarstellungen stehen jenen gegenüber, welche die faktisch gegebenen Möglichkeiten proaktiv aufgreifen und in die gegebene Praxis zu integrieren versuchen.

3.6 Digital Literacy Lab

Das Digital Literacy Lab (DLL) ist ein Forum am Fachbereich Gesellschafts- und Geschichtswissenschaften und Teil des LeNA-QSL-Projekts „Kompetenznetzwerk Digitalität in der Lehre", das Räume für den fachlichen Austausch bereitstellt und Informationsangebote für Lehrende sowie Studierende der Geistes- und Sozialwissenschaften entwickelt. Im Rahmen eines organisierten Austauschs und einer Reihe an Workshops können Lehrende am Fachbereich eine abgestimmte Position zum Umgang mit generativen Sprachmodellen in Forschung und Lehre entwickeln und offene Punkte zur Diskussion stellen.[35] Zu den ersten Erträgen der Diskussion gehört (1) die Einsicht, dass eine Einigung über eine einheitliche Regelung für den Einsatz von ChatGPT zwischen allen Lehrenden kaum zu erzielen ist, (2) dass der Umgang mit KI-Textgeneratoren sich aus dem Konnex von Forschung und Lehre ergibt – so dass ein Einsatz in der Lehre ggf. durch einen Einsatz in der Forschung zu rechtfertigen ist, (3) dass der kompetente Umgang mit KI-Tools (aktuell) kein zentrales Lehrziel ist, aber Zeit erfordert, die für andere Inhalte dann nicht mehr zur Verfügung steht und (4) dass durch die Möglichkeiten generativer KI-Anwendungen Prüfungen prozess- statt produktorientiert gestaltet werden müssen – und entsprechend dem didaktischen Prinzip des Constructive Alignment auch die Lehre an prozessorientiertes Prüfen anzupassen ist.

In den Materialien, die über die flankierende Diskussion hinaus bereitgestellt werden, zeigt sich wiederum der zweigleisige Ansatz, einerseits grundlegende Informationen bereitzustellen und über die Funktionsweise von KI-Textgeneratoren aufzuklären und andererseits proaktiv neue Praxisformen zu testen und die neuen Möglichkeiten konstruktiv einzubinden.

---

35 Das Digital Literacy Lab ist über einen Moodle-Kurs organisiert: in [https://moodle.tu-darmstadt.de/course/view.php?id=31716] (Zugriff: 30.09.2023).

3.7 Rechtsgutachten zum Umgang mit KI-Software im Hochschulkontext

Die in den letzten Abschnitten aufgezeigten Fragen zur Reziprozität didaktischer und rechtlicher Perspektiven auf KI-Textgeneratoren in wissenschaftlichen Schreibprozessen werden auch in einer Veröffentlichung des Zentrums für Wissenschaftsdidaktik der Ruhr-Universität Bochum adressiert, die neben einer Einführung in KI-basierte Schreibwerkzeuge in der Hochschule auch das im deutschen Sprachraum erste Rechtsgutachten zum Umgang mit KI-Software im Hochschulkontext enthält.[36] In Auftrag gegeben vom Ministerium für Kultur und Wissenschaft des Landes Nordrhein-Westfalen, wurde das Gutachten von Thomas Hoeren von der Universität Münster erarbeitet, der darin die zurzeit relevanten rechtlichen Rahmenbedingungen für den Einsatz von KI-Textgeneratoren im Hochschulbereich erörtert.[37]

Im ersten Abschnitt wird dargelegt, dass nach dem Urheberrechtsgesetz eine persönliche geistige Schöpfung die Bedingung dafür ist, dass jemand Schöpfer:in eines Werkes ist. KI-Textgeneratoren können also allein keine Werke im Sinne des Urheberrechtsgesetz erzeugen. Bezüglich der Möglichkeit, dass Menschen unter Zuhilfenahme von KI-Tools urheberrechtlich relevante Werke erzeugen, ist eine Abwägung von Fall zu Fall vorzunehmen (und dabei in einer ersten Annäherung nicht grundlegend anders gelagert als bei der Nutzung schon länger etablierter Programme wie Photoshop). Entscheidend ist die geistige Eigenleistung beim Verfassen vom Prompts und beim Erzeugen von KI-generiertem Text – so dass eine Unterscheidung vorgenommen werden kann „zwischen KI-gestützten menschlichen Schöpfungen und durch KI erzeugten Schöpfungen".[38] Mit Blick auf das Ur-

---

36 Peter Salden/Jonas Leschke, „Didaktische und rechtliche Perspektiven auf KI-gestütztes Schreiben in der Hochschulbildung", 2023 (DOI: 10.13154/294–9734).

37 Thomas Hoeren, „Rechtsgutachten zum Umgang mit KI-Software im Hochschulkontext", in *Didaktische und rechtliche Perspektiven auf KI-gestütztes Schreiben in der Hochschulbildung*, hg. von Peter Salden/Jonas Leschke, 2023 (DOI: 10.13154/294–9734). Vgl. für eine weitere rechtliche Beurteilung: Thomas Wilmer, „Rechtsfragen bei ChatGPT & Co. Einsatz und Nutzung nach aktuellem und künftigem Recht", *Kommunikation & Recht*, Bd. 26(4), 2023, 233–240.

38 Hoeren 2023, 6. Er bezieht sich hier auf die Entschließung des Europäischen Parlaments vom 20. Oktober 2020 zu den Rechten des geistigen Eigentums bei der Entwicklung von KI-Technologien: in [www.europarl.europa.eu/doceo/document/TA-9-2020-0277_DE.html] (Zugriff: 30.09.2023). Für eine Erläuterung des Unterschieds vgl. ebd., 25–26: „Moderne KI-Programme, wie beispielsweise *ChatGPT*, verlangen oft nur einen Arbeitsbefehl, einen sog. ‚prompt'. Die restliche Arbeit leistet die KI allein. Wird der Text vom Menschen nicht mehr verändert, bleibt also nur der *prompt* als Anknüpfungspunkt für die menschliche schöpferische Leistung. Das wird regelmäßig nicht genügen, um einen Urheberrechtsschutz zu bejahen, da sich die wesentlichen gestalterischen Entscheidungen

heberrecht lässt sich aber nicht nur danach fragen, ob mit Textgeneratoren urheberrechtlich relevante Texte (oder andere Werke) erzeugt werden können, sondern auch, ob durch die Nutzung der Tools Urheberrechte verletzt werden. Das kann z. B. dann der Fall sein, wenn in den Trainingsdaten urheberrechtlich geschützte Werke (oder Werkteile) hinterlegt sind und diese unverändert oder nur leicht abgewandelt als Output ausgegeben werden. Wird dieser Output nun publiziert, kann eine Urheberrechtsverletzung vorliegen.[39] Da generative KI-Tools Texte allerdings Wort für Wort auf Basis von Wahrscheinlichkeiten generieren und keine Textbausteine in Gänze übernehmen, ist eine Urheberrechtsverletzung durch die (unbewusste) Übernahme ganzer Werkteile mehr als unwahrscheinlich.[40]

Kennzeichnungspflichten sind das Thema im zweiten Abschnitt des Gutachtens. Dabei stellt Hoeren heraus, dass der unmarkierte Einsatz von KI-Tools unter Umständen als Täuschungsversuch oder als wissenschaftliches Fehlverhalten zu werten ist. Diese Fälle werden im dritten Abschnitt, der dem wissenschaftlichen Fehlverhalten gewidmet ist, detailliert beschrieben. Hinsichtlich möglicher Kennzeichnungspflichten wird zuvor noch auf die mögliche Relevanz der Lizenz- oder Nutzungsbedingungen der jeweiligen KI-Tools hingewiesen. Insofern diese vorschreiben, dass auf die Verwendung der Software hinzuweisen ist, sind Nutzende dazu verpflichtet, dieser Bedingung nachzukommen.[41]

Während die Regeln guter wissenschaftlicher Praxis selbst keine verbindlichen rechtlichen Regelungen darstellen, erhalten sie einen rechtsverbindlichen Charakter, wenn sie durch Hochschulen in Prüfungsordnungen übernommen oder als Satzungen o. ä. umgesetzt werden. Eine unmarkierte Übernahme von Texten aus KI-Textgeneratoren kann als Plagiat verstanden werden, das als „die unbefugte Ver-

---

aus den Berechnungen des KI-Programms ergeben. Erst, wenn entweder ein solch detaillierter *prompt* oder eine Verkettung stark steuernder *prompts* vorliegen, dass diese alle wesentlichen Gestaltungsentscheidungen vorgeben und das KI-Programm nur als ausführendes Instrument erscheint, oder die Nutzer:in den generierten Text im Sinne eines Denkanstoßes weiter bearbeitet, kann von einem urheberrechtlich geschützten Werk ausgegangen werden. Die Grenze ist hier also fließend."

39 Vgl. ebd., 28.
40 Vgl. ebd.
41 Vgl. ebd., 29. Dort finden sich auch Ausführungen dazu, welche Anforderungen an Kennzeichnungen in verschiedenen Fällen zu stellen sind: „Wurden die Texte wortwörtlich übernommen, so empfiehlt es sich, die Stelle ähnlich wie ein ‚klassisches' Zitat zu behandeln. Wurde das KI-Programm hingegen als Inspirationsquelle oder Gedankenanstoß verwendet, könnte eine Hilfsmittelangabe zu Beginn oder am Ende genügen. Eine Hilfsmittelangabe dürfte auch für den Fall genügen, dass der KI-generierte Text wortwörtlich übernommen wird, nachdem die Nutzer:in wie oben beschrieben den *prompt* so formuliert hat, dass die KI keinen Zufallsspielraum mehr hat bzw. die Eingabe durch konkretisierende *prompts* der Nutzer:in soweit präzisiert wurden, das ein Urheberrecht für die Nutzer:in wieder angenommen werden kann".

wertung [geistigen Eigentums] unter Anmaßung der Autorschaft" definiert ist.[42] Eine Anmaßung der Autorschaft liegt auch dann vor, wenn bei wissenschaftlichen Veröffentlichungen nicht nachvollziehbar angegeben ist, welche Inhalte eigene Gedanken sind und welche Teile anderen bzw. fremden Quellen entnommen sind. Demgegenüber liegt kein Verstoß gegen die Regeln guter wissenschaftlicher Praxis vor, wenn auf die Nutzung von KI-Tools hingewiesen und damit angezeigt wird, wenn ein Text nicht dem eigenen Wissen entstammt, sondern KI-generiert ist. Für Hoeren ist der markierte Einsatz von KI-Schreibwerkzeugen analog zur Verwendung von wörtlichen Zitaten zu behandeln.[43]

Prüfungsrechtlich sind Hochschulen berechtigt, gemäß der Hochschulgesetze der Bundesländer von ihren Studierenden Versicherungen verlangen, in denen diese erklären, Prüfungsleistungen selbstständig und ohne unzulässige fremde Hilfe erbracht zu haben. Ein unmarkierter Einsatz von KI-Textgeneratoren könnte als Verstoß gegen diese Selbstständigkeitserklärung und somit als Täuschungsversuch gewertet werden. Wie bei der Frage der Urheberschaft ist hier allerdings abzuwägen, inwieweit eine eigenständige Leistung auch dann vorliegen kann, wenn KI-Tools zum Einsatz kommen. Ein etwas längeres Zitat aus dem Gutachten verweist auf das Spektrum von der absolut selbständigen studentischen Leistung bis hin zum reinen Kopieren:

> Werden ohne signifikante geistige Eigenleistung KI-generierte Erzeugnisse kopiert, welche für die Prüfungsleistung relevante Inhalte enthalten, wird ein selbstständiges Verfassen ohne fremde Hilfe wohl nicht vorliegen können, da keine Eigenständigkeit mehr gegeben ist. So bedeutet der Begriff der Eigenständigkeit in diesem Zusammenhang, dass die Ergebnisse auf eigener Grundlage fußen, also das für die Lösung der Prüfungsleistung erforderliche Wissen von den Studierenden stammen muss. Wenn dieses Wissen von der KI ‚generiert' wird, kann nicht mehr von einer selbständigen Leistung ausgegangen werden.
>
> [...] Soweit die Studierenden z.B. *ChatGPT* oder perspektivisch eine ‚*Word-KI*' verwenden und von ihr generiertes sowie formuliertes Wissen wortwörtlich übernehmen, ohne dies kenntlich zu machen und ohne signifikant die Textproduktion gesteuert zu haben, wird man einen Täuschungsversuch annehmen müssen. Dagegen kann die Verwendung zulässig sein, wenn sie lediglich ergänzende Formulierungsvorschläge macht, ohne den Studierenden die Lösung der

---

42 Vgl. ebd., 31 sowie den dort zitierten Beschluss der Hochschulrektorenkonferenz von 1998 und die Verfahrensordnung der Max-Planck-Gesellschaft in der Fassung aus dem Jahr 2000. Hochschulrektorenkonferenz, „Empfehlung zum Umgang mit wissenschaftlichem Fehlverhalten in den Hochschulen", 1998, in [www.hrk.de/positionen/beschluss/detail/zum-umgang-mit-wissenschaftli chem-fehlverhalten-in-den-hochschulen] (Zugriff: 30.09.2023); Max-Planck-Gesellschaft, „Verfahrensordnung bei Verdacht auf wissenschaftliches Fehlverhalten", 2000, in [www.mpg.de/199559/ver fahrensordnung.pdf] (Zugriff: 30.09.2023).
43 Vgl. Hoeren 2023, 32.

Prüfung abzunehmen. Auch die inspirierende Nutzung einer KI als Gedankenanstoß wird noch als zulässig zu erachten sein.[44]

Die Rechtmäßigkeit einer Prüfung ist demnach an die selbständige studentische Leistung gebunden. Wie sich aber über die Annahme der Versicherung hinaus ganz praktisch überprüfen lässt, ob eine Leistung tatsächlich selbständig (ggf. auch mit den genannten Abstufungen) erbracht wurde, dazu gibt es in dem Gutachten keine Ausführungen. Die Notwendigkeit einer Eigenleistung gilt auch für die Bewertung von Prüfungsleistungen, so dass KI-generierte Bewertungen nicht zulässig sind.[45] Das Gutachten wägt hier aber auch wieder Abstufungen mit ab: Neben der vollumfänglichen Bewertung durch eine KI und die Übernahme des Ergebnisses durch die für eine Prüfung verantwortliche Person werden zwei weitere Szenarien beschrieben: In dem Fall, dass durch ein KI-Tool eine erste Eischätzung vorgeschlagen und auf dieser Basis die Bewertung vorgenommen und formuliert wird, fehlt wiederum die erforderliche Eigenleistung der prüfenden Person. Spielraum gibt es dagegen bloß dann, wenn KI-Tools nur als Ergänzung herangezogen werden.[46] Hierbei ist allerdings wiederum das Urheberrecht zu beachten, da Prüfungsleistungen in der Regel urheberrechtlich geschützt sind. Da ChatGPT potenziell alle Eingaben über die Anfrage hinaus als Trainingsdaten nutzen kann, lässt sich die Gefahr einer Urheberrechtsverletzung nicht ausschließen. Hoeren schätzt eine Nutzung vor diesem Hintergrund kritisch ein: „Solange die jeweilige Softwarehersteller:in nicht ausdrücklich Stellung hierzu bezieht, ist daher von einer solchen Verwendung zur Kontrolle der Prüfungsleistung abzuraten."[47]

Das Gutachten endet mit Überlegungen zu aktuellen Regelungsbedarfen. Hier wird die Anpassung der Eigenständigkeitserklärung empfohlen. Auch wenn es rechtlich nicht notwendig ist, weil das Kopieren von KI-generierten Textbausteinen nicht als selbständiges Verfassen gelten kann und somit schon durch bislang genutzte Formulierungen ausgeschlossen wird, kann die Anpassung zu mehr Klarheit

---

44 Ebd., 33.
45 Vgl. ebd., 36: „Soweit die KI-Software dafür verwendet wird, dass die Prüfungsleistung im KI-Interface eingegeben, die Bewertung vollumfänglich der KI überlassen und das Ergebnis im Wortlaut übernommen wird, liegt keine zulässige Bewertung der Prüfungsleistung vor. In diesem Anwendungsfall wird die Bewertung gerade nicht von bzw. durch die prüfende Person vorgenommen, sondern allein durch die KI-Software. Die Prüfungsordnungen bzw. Ausbildungsgesetze lassen hierfür keinen Spielraum übrig."
46 Vgl. ebd., 37: „Sollte die KI-Software dagegen nur ergänzend verwendet werden, d.h. die prüfende Person nimmt die Würdigung der Arbeit selbstständig vor und nutzt die KI-Software für eine zusätzliche Einschätzung, sodass das Erzeugnis der KI lediglich mittelbar einfließt, so sprechen die Prüfungsordnungen gegenwärtig nicht gegen den Einsatz der KI-Software."
47 Ebd.

und Bewusstsein über die Verwendung generativer KI-Tools beitragen. Als zentrale Ebene für die Klärung und Regulierung des Einsatzes von KI-Textgeneratoren werden die Prüfungsordnungen ausgemacht, da hier detailliert und an die Studiengänge angepasst die zulässigen (oder unzulässigen) Formen der Verwendung definiert werden können.[48] Hier kann ein einheitlicher Rahmen geschaffen werden, der als Orientierung für alle Beteiligten eines Studiengangs dient.[49]

4 Diskussion der Normordnungen

Die Zusammenschau der verschiedenen Normordnungen mit Relevanz für den Einsatz generativer KI in der Wissenschaft erlaubt einige synoptische Bemerkungen zum gegenwärtigen Diskurs. Da das Phänomen von KI-Textgeneratoren noch sehr neu ist, beginnen viele der vorgestellten Texte mit technischen und historischen Erläuterungen zu Künstlicher Intelligenz und Transformer-Modellen (Ethikrat, TAB, HDA und DLL).

Die Stellungnahme des Ethikrats hebt sich von den anderen Ansätzen dadurch ab, dass explizit über das Vokabular der anthropologischen Grundbegriffe die Wertebasis zur Analyse von KI herausgestellt wird. Auf dieser Basis findet sich auch die klare Forderung, dass KI-Systeme der „Erweiterung menschlicher Handlungsfähigkeit" dienen sollen. Eine ähnlich klare Zielstellung findet sich in den anderen Texten nicht, diese verfahren deutlich tentativer.

Auffällig ist, dass viele der Texte sich gegenseitig referenzieren. Zentral ist hier das Rechtgutachten von Hoeren, in geringerem Ausmaß werden auch Bezüge zu der Stellungnahme des Ethikrats und dem Hintergrundpapier des TAB hergestellt. In allen Beiträgen außer der Stellungnahme des DFG-Präsidiums wird auf (mitunter sehr) viele weitere Quellen verwiesen, die z.T. auch Online-Präsentationen und dergleichen beinhalten. Dies zeigt, dass einen enormen Austausch an Ideen, Sichtweisen, Fragen und Problemstellungen gibt und dass Texte wie die der beratenden Gremien (Ethikrat, TAB) wichtig sind, um den Diskurs zu KI-Textgeneratoren zu strukturieren und zu bündeln. Das TAB-Hintergrundpapier ist in dieser Hinsicht wie ein Tableau der aktuell diskursiv virulenten Ansichten.

Foren wie das exemplarisch vorgestellte Digital Litercy Lab oder die Themenreihe der dghd erfüllen demgegenüber die Funktion, Fragen und Bedenken direkt

---

48 Vgl. ebd., 40: Eine Notwendigkeit für die Anpassung der Hochschulgesetze wird demgegenüber nicht gesehen. Zum einen, weil die Prüfungsordnungen als hinreichende Formen der Regulierung ausgemacht werden. Und zum anderen, weil zu umfassende Verbote über landesweite Regelungen zu Konflikten mit der Lehr- und Wissenschaftsfreiheit führen könnten.
49 Vgl. ebd., 39.

aus praktischen Kontexten heraus artikulieren zu können. Hinsichtlich der normativen Ordnungen fungieren diese Beiträge als Sammelbecken und Andockstationen, durch die eine aktive Mitgestaltung für viele Beteiligte ermöglicht wird. Ein einordnender Text wie das TAB-Hintergrundpapier basiert u. a. auf zahlreichen Debattenbeiträgen von Interessierten (mit oder ohne Expertise).

Der Wert, auf den sich alle Normordnungen einigen, ist Transparenz. Vom Ethikrat über die DFG bis hin zur HDA und auch das Rechtsgutachten wird die Notwendigkeit eines transparenten Umgangs mit KI-Textgeneratoren in der Wissenschaft (auch bei Prüfungen oder Qualifikationsschriften – Stichwort: Eigenständigkeitserklärung) betont. Die Begründungen sind dabei z.T. unterschiedlich: So argumentiert die DFG professionsethisch, die dghd und das Rechtsgutachten stellen prüfungsrechtliche Aspekte in den Vordergrund. Datenschutz- und urheberschutzrechtliche Gesichtspunkte werden ebenfalls in allen Beiträgen angesprochen, jedoch wiederum verschieden stark gewichtet. In Bezug auf die Bewertung von Prüfungen etwa rät Hoeren in seinem Rechtgutachten von der Nutzung kommerzieller KI-Textgeneratoren ab.[50]

In allen Beiträgen wird weiterer Normierungsbedarf artikuliert, wobei dieser mal stärker (dghd, Ethikrat) und mal schwächer (DFG, Rechtgutachten) ausfällt. Diese Unterschiede lassen sich z.T. durch die verschiedenen Kontexte und die Robustheit der entsprechenden Normordnung erklären. Härtere und weiche Formen normativer Selbstverständigung und Ordnung bleiben aufeinander verwiesen. Der wissenschaftliche Diskurs ist durch die Entwicklung von KI-Textgeneratoren zu einer Reflexion seiner Werte aufgefordert. Der Austausch darüber verläuft rasant und es werden innerhalb kurzer Zeit Entscheidungen getroffen, die womöglich Pfadabhängigkeiten mit sich bringen. Es ist also jetzt die Zeit, zu klären, welche normativen Ansprüche über die Forderung nach Transparenz hinaus das wissenschaftliche Schreiben zukünftig definieren.

---

50 Vgl. oben Anm. 46.

Felix Hermonies

KI in der Rechtswissenschaft: ChatGPT ernst nehmen?

Abstract: Jurisprudence sees itself as an argumentative accompaniment to the development of law and the setting of norms. Contributions to this are published and discussed. Sovereign decision-makers also have to justify their actions in certain situations. In this context, the inclusion of artificial intelligence and automated text generators raises questions about the possibilities and limits of law or reality.

1 Rechtswissenschaft als Begleitung der Rechtsentwicklung im Diskurs

Im Mittelpunkt der Rechtswissenschaft steht die Begleitung und Begutachtung des Rechts. Dabei stehen Rechtsnormen, Rechtsprechung oder auch rechtsverbindliche Entscheidungen von Hoheitsträgern im Mittelpunkt. Die Betrachtung richtet sich grundsätzlich auf alles, was in einem Rechtsstaat an durchsetzbaren Forderungen in Wirtschaft und Gesellschaft eine Rolle spielen kann.

In der Rechtswissenschaft spielt ausdrücklich die Funktionsfähigkeit des Rechts gemessen an seinen Zielrichtungen eine große Rolle. Daher steht in der Geschichte der Rechtswissenschaft immer schon das Thema der Gerechtigkeit beziehungsweise das, was aktuell oder individuell darunter verstanden wird, im Fokus. Spätestens damit wird deutlich, dass in der Rechtswissenschaft beispielsweise im Unterschied zu den Naturwissenschaften Schlussfolgerungen schwerlich zu dem Ergebnis falsch oder richtig, wahr oder unwahr führen können. So lebt die Auseinandersetzung in der Rechtswissenschaft von der Kraft der Argumentation, die gegebenenfalls überzeugend, vertretbar beziehungsweise nicht vertretbar, eventuell auch als schwer nachvollziehbar angesehen werden kann.[1]

Vor diesem Hintergrund gehen die Beurteilung und Auseinandersetzung mit dem Recht und den Rechtsnormen regelmäßig mit der Frage der Bewertung und der Heranziehung von Werten einher. Besonders interessant gestalten sich dabei auch die Diskussionen zu sich widersprechenden Werten, sogenannte Zielkonflikte. Gerade in Diskussionen über Regelungen beispielsweise durch Strafbarkeitsandrohungen bei Drogenkonsum oder Schwangerschaftsabbruch oder auch, wenn Um-

---

1 Bernd Rüthers et al., *Rechtstheorie*, Heidelberg [12]2022, 586–588.

Open Access. © 2024 bei den Autorinnen und Autoren, publiziert von De Gruyter. [cc] BY-NC-ND Dieses Werk ist lizenziert unter einer Creative Commons Namensnennung – Nicht kommerziell – Keine Bearbeitung 4.0 International Lizenz. https://doi.org/10.1515/9783111351490-020

weltschutz- oder Verbraucherschutzvorschriften Auswirkungen auf den rechtlich geschützten Wettbewerb haben, zeigt sich auch immer wieder eine interessengeprägte Argumentation.

Das macht sehr schnell deutlich, dass ein erfolgreiches Ergebnis in der rechtswissenschaftlichen Auseinandersetzung nicht als falsch oder wahr angesehen werden kann, sondern als vertretbar, vielleicht auch als Teil eines sich entwickelnden Konsenses.[2] In dem Zusammenhang wird auch schon seit langer Zeit die Frage diskutiert, welche Bedeutung einer sogenannten herrschenden Meinung in der Literatur zukommt.[3] Nur weil eine bestimmte Position von vielen vertreten wird, mag das vielleicht demokratietheoretisch legitimierend wirken, belegt aber nicht eine wie auch immer einzuordnende Richtigkeit. Nur weil viele etwas sagen, muss es nicht wahr oder richtig sein.[4]

In dem gleichwohl verfolgten Anspruch, möglichst das „richtige Recht" im Sinne von größtmöglicher Gerechtigkeit zu finden, ist über die Jahre, insbesondere nach der Nazi-Diktatur, der Diskurs, insbesondere der offene Diskurs, entstanden und in der Hoffnung entwickelt worden, so möglichst weitgefächert Argumente und Lösungsansätze zu finden und zu diskutieren, welche den Erkenntnisprozess voranbringen können. So werden in der Rechtswissenschaft Rechtsentwicklungen insbesondere in Form von Normsetzungen, aber auch in Rechtsprechungen, in den Kontext der juristischen Wahrnehmung eingeordnet, mit Erfahrungen aus der Vergangenheit verglichen und an den verschiedenen Zielsetzungen gemessen.

Der rechtswissenschaftliche Anspruch geht dabei auch auf eine Metaebene, in der das eigene Vorgehen, das Denken und die Bewertung hinterfragt werden. Wenn beispielsweise das Vorgehen beziehungsweise die Argumentation zum Verständnis und Ermittlung des Inhalts von Normen standardisiert sind, anhand von Sprache, systematischer Einordnung, historischem Kontext oder dem „Sinn/Zweck" eines Gesetzes („Telos"), muss im Diskurs immer wieder auch die Möglichkeit bestehen, die jeweilige Vorgehensweise überprüfen und hinterfragen zu können. Das kann auch als Selbstreflexion der am Diskurs Beteiligten begriffen werden.[5]

---

2 Dazu ausführlich Jürgen Habermas, *Moralbewusstsein und kommunikatives Handeln*, Frankfurt a. M. 1983.

3 Mit einem Überblick Bernadette Tuschak, *Die herrschende Meinung als Indikator europäischer Rechtskultur*, Hamburg 2009.

4 Rüthers et al. 2022.

5 Vgl. so in der Rechtsprechung des Bundesverfassungsgerichts beispielsweise im Urteil des Zweiten Senats vom 19. 3. 2013, Aktenzeichen 2 BvR 2628, 2883/10, 2155/11 („*Verständigungsgesetz*"), in der amtlichen Entscheidungssammlung BVerfGE 133, 168, Rn. 66.

Insgesamt gestaltet sich so die Offenheit der Argumentation in der Rechtswissenschaft als eine kreative Leistung.[6] Damit erscheinen die Einsatzmöglichkeiten eines KI-basierten Textgenerators, also immer noch einer Maschine, zumindest fraglich und zweifelhaft.[7]

2 Der Blick der Rechtswissenschaft auf KI

Wie auch sonst wird der Einsatz von KI beziehungsweise KI-basierten Textgeneratoren als gesellschaftliche oder technische Entwicklung im rechtswissenschaftlichen Diskurs begleitet.[8] Bei der Frage der Bewertung und rechtlichen Einordnung steht vor allen Dingen im Vordergrund, welche Rechtsgüter vor der KI zu schützen sind[9] und in welcher Art und Weise welcher Gesetzgeber darauf zu reagieren hat. Diskutiert wird naturgemäß beispielsweise schon der Entwurf der Europäischen Union zu einer KI-Verordnung und die Wirksamkeit und Richtigkeit der Ansätze ihrer Regelungen.[10]

Daneben wird auch am Maßstab bereits bestehender rechtlicher Rahmenbedingungen wie den Haftungsregelungen des Bürgerlichen Gesetzbuchs über die Einsatzmöglichkeiten und -grenzen von KI beispielsweise im Zusammenhang mit selbstfahrenden Autos diskutiert. Auch die Gefahren von Diskriminierung beim Einsatz in Bewerbungsprozessen sind ein naheliegendes Thema.[11] Auch innerhalb

---

6 Markus Würdinger, „Juristische Kreativität", *JuristenZeitung*, 2023, 397–403.

7 Angelika Nußberger, „Die Wissenschaftskultur der Staatsrechtslehre in der Welt von ChatGPT", *Deutsches Verwaltungsblatt*, 2023, Heft 17, I-II, I.

8 Umfassend zu ChatGPT Thomas Wilmer, „Rechtsfragen bei ChatGPT & Co., Kommunikation und Recht", 2023, 233–240, und ders., „Rechtsfragen bei DALL-E & Co. – Schutzfähigkeit der „Promptografie?", *Kommunikation und Recht*, 2023, 385–395; Ulrich Baumgartner, „Anforderungen der DS-GVO an den Einsatz von Künstlicher Intelligenz. Welche Regeln gelten für Anbieter und Anwender?", *MultiMedia und Recht*, 2023, 543–547.

9 Thomas Wilmer, „Rechtliche Rahmenbedingungen für KI-Systeme, Immanente Herausforderungen und mögliche Lösungen durch Control by Design", *Zeitschrift für Technikfolgenabschätzung in Theorie und Praxis*, 2021, 56–62; Renate Schaub, „Nutzung von Künstlicher Intelligenz als Pflichtverletzung? Sorgfaltspflichten beim Einsatz generativer Künstlicher Intelligenz", *Neue Juristische Wochenschrift*, 2023, 2145–2150.

10 Mario Martini et al., „KI-VO, DMA und DA als Missing Links im Kampf gegen dunkle Designmuster? Das Digitalpaket der Union und seine vielschichtigen Regelungsansätze gegen Dark Patterns", *MultiMedia und Recht*, 2023, 399–403; Johann Justus Vasel, „Künstliche Intelligenz und die Notwendigkeit agiler Regulierung", *Neue Zeitschrift für Verwaltungsrecht*, 2023, 1298–1303.

11 Uwe Meyer, „Künstliche Intelligenz im Personalmanagement und Arbeitsrecht", *Neue Juristische Wochenschrift*, 2023, 1841–1847, 1846; Friederike Malorny, „Datenschutz als Grenze KI-basierter

der „klassischen" juristischen Tätigkeitsfelder werden Einsatzmöglichkeiten diskutiert,[12] wenn es beispielsweise um die Durchführung von Verfahren bei Behörden[13] und Gerichten[14] geht oder auch um die Frage, ob sich mit KI gerichtliche Entscheidungen vorhersehbar machen lassen.[15] Das zeigt sich auch in den Ansätzen zur Verwaltungsautomation[16] oder bei der Erfassung von Tatsachenangaben in Einzelfällen, die teilweise schon softwarebasiert erfolgt.[17] Dabei ist festzuhalten, dass bei der Aufnahme von Informationen Gefahren bestehen, wenn beispielsweise fehlerhaft zwischen Relevantem und Irrelevantem unterschieden wird; Fehler, zu denen regelmäßig aber auch Menschen neigen. Perspektivisch lassen sich aber Verwendungsszenarien entwickeln bei der Pflege von digitalen Akten[18] als auch der Aufbereitung von Aussagen und technischen Gutachten in Gerichts- oder Behör-

---

Auswahlentscheidungen im Arbeitsrecht", *Recht der Arbeit*, 2022, 170–178; Bernd Waas, *KI und Arbeitsrecht, Recht der Arbeit*, 2022, 125–131, 128–129.

12 Simon Lobinger, „(Chat-)GPT in der juristischen Leistungserbringung – Möglichkeiten und Grenzen", *Legal Tech*, 2023, 187–194.

13 Dorothea Mund, „Das Recht auf menschliche Entscheidung. Die Vorgaben des Grundgesetzes angesichts des Einsatzes Künstlicher Intelligenz bei der vollziehenden Gewalt", *Legal Tech*, 2023, 85–92.

14 Ausführlich Tianyu Yuan, „Justiz GPT: Möglichkeiten und Grenzen des Einsatzes generativer Sprachmodelle bei gerichtlichen Entscheidungen", *Legal Tech*, 2023, 195–202; Rikmor Elsa Winkelmann, „Entscheidungsfindung durch Künstliche Intelligenz in der Justiz", *Legal Tech*, 2023, 163–170; Johann Justus Vasel, „Künstliche Intelligenz in der Justiz", *Legal Tech*, 2023, 179–186; Simon J. Heetkamp/Christian Schlicht, „Digitalisierungsprozesse und Grenzen für Künstliche Intelligenz in der Justiz", *Legal Tech*, 2023, 177–179.

15 Konstantin Kuchenbauer, „Der gläserne Richter, Big-Data-Analyse als Mittel zur Vorhersehbarkeit richterlicher Entscheidungen?", *JuristenZeitung*, 2021, 647–655.

16 So auch § 35a *Verwaltungsverfahrensgesetz* in Bezug auf behördliche Entscheidungen durch einen sog. Verwaltungsakt: „Ein Verwaltungsakt kann vollständig *durch automatische Einrichtungen erlassen* werden, sofern dies durch Rechtsvorschrift zugelassen ist und weder ein Ermessen noch ein Beurteilungsspielraum besteht."

17 So soll auch unter Einsatz von Software die Authentifizierung von Personen festgestellt werden können, s. § 2 Absatz 3 *E-Government-Gesetz* des Bundes: „Jede Behörde des Bundes ist verpflichtet, in Verwaltungsverfahren, in denen sie die Identität einer Person auf Grund einer Rechtsvorschrift festzustellen hat oder aus anderen Gründen eine Identifizierung für notwendig erachtet, *einen elektronischen Identitätsnachweis* nach § 18 des Personalausweisgesetzes, nach § 12 des eID-Karte-Gesetzes oder nach § 78 Absatz 5 des Aufenthaltsgesetzes *anzubieten.*"

18 Vgl. § 6 *E-Government-Gesetz* des Bundes: „Elektronische Aktenführung": „Die Behörden des Bundes sollen ihre Akten elektronisch führen. (...) Wird eine Akte elektronisch geführt, ist durch *geeignete technisch-organisatorische Maßnahmen nach dem Stand der Technik* sicherzustellen, dass die Grundsätze ordnungsgemäßer Aktenführung eingehalten werden."

denverfahren.[19] Demgegenüber wirkt schon die Überlegung eines Einsatzes von KI bei der eigentlichen Entscheidung befremdlich:

> Wer den Algorithmus entwickelt und kontrolliert, der bestimmt die Ergebnisse. Hier kann es schnell zu tendenziösen oder falschen Ergebnissen, politischen Beeinflussungen oder rassistischen Diskriminierungen kommen. Transparenz der Algorithmen und die Möglichkeit, die Systeme durch unabhängige Dritte überprüfen zu lassen, sind daher das A und O bevor man entsprechende KI-Systeme beispielsweise im Bereich des staatlichen Handelns einführt.[20]

So geht auch die geltende Rechtsordnung bei Gerichts- und Behördenentscheidungen davon aus, dass Menschen hier tätig und ursächlich sind.[21] Nur sie sind schließlich auch verantwortlich für das Ausmaß und die sozialen Wirkungen ihrer Entscheidungen. Eine Zuordnung von Verantwortung zu Maschinen ist nicht denkbar und rechtlich nicht möglich. Gesetze sehen beim Einsatz von Maschinen, Technik oder auch Organisationen dann gegebenenfalls die sogenannte Betriebs- oder Organisationsverantwortung/-haftung vor,[22] die den Menschen zugeordnet wird.[23]

So wie aber auch schon bisher bei staatlichem oder auch privatem Handeln Dienstleistungen, insbesondere digitale Dienstleistungen wie beispielsweise Such-

---

19 Eric Hilgendorf/Matthias Lippold, „Tagungsbericht, Künstliche Intelligenz – Herausforderungen und Chancen", *JuristenZeitung*, 2023, 513–514, 514.

20 Dieter Kugelmann, „Neue Inhalte zu KI und ChatGPT", *Datenschutz und Datensicherheit*, 2023, 202.

21 Yuan 2023, 199–200; Mund 2023, 86–88.

22 S. dazu § 831 Absatz 1 *Bürgerliches Gesetzbuch:* „Wer einen anderen zu einer Verrichtung bestellt, ist zum Ersatz des Schadens verpflichtet, den der andere in Ausführung der Verrichtung einem Dritten widerrechtlich zufügt. Die Ersatzpflicht tritt nicht ein, wenn der Geschäftsherr bei der Auswahl der bestellten Person und, sofern er *Vorrichtungen oder Gerätschaften zu beschaffen oder die Ausführung der Verrichtung zu leiten hat,* bei der Beschaffung oder der Leitung die im Verkehr erforderliche Sorgfalt beobachtet oder wenn der Schaden auch bei Anwendung dieser Sorgfalt entstanden sein würde."

23 In diesem Kontext kann aber angemerkt werden, dass im Wirtschaftsverkehr, Verantwortung und Haftung realistischer Weise häufig juristischen Personen (Aktiengesellschaften, Gesellschaften mit beschränkter Haftung) zugeordnet wird, für die natürliche Personen beispielsweise als Vorstand usw. handeln. Da kann die Frage gestellt werden, was die Zuordnung und Haftung in Bezug auf juristische Personen der auf Maschinen unterscheidet. In extremen Fällen müssen sich die Menschen, die Aufsichtspflichten verletzt haben, strafrechtlich verantworten. Die materielle zivilrechtliche Haftung insbesondere für Schadensersatz dürfte aber interessanter in Bezug auf die juristische Person und die damit vermutlich zur Verfügung stehende Haftungsmasse sein. Auch bei theoretisch schwer vorstellbaren Schäden durch Textgeneratoren müsste also danach gefragt werden, wer genau für den Einsatz verantwortlich ist und ggf. dabei Pflichten verletzt hat.

maschinen, eingesetzt wurden, um die Sach- oder Rechtslage zu ermitteln,[24] ist nicht auszuschließen, dass auch KI-basierte Dienstleistungen hier zum Einsatz kommen. Auch hier wird es aber kritisch, da für Behörden und teilweise auch Gerichte der Amtsermittlungsgrundsatz gilt.[25] Mit einer gewünschten Delegation der Recherche auf eine KI-basierte Anwendung wird die Grenze des Zulässigen schon dann erreicht werden, wenn nicht nachvollzogen werden kann, wie (mit welchem Algorithmus) recherchiert wurde, wie die Ergebnisse bewertet und eventuell in einer Rangfolge eingeordnet wurden und schließlich in einem Text ein bestimmtes Ergebnis von Sach- oder Rechtslage vorgeschlagen wird.

3 Einwirkungsmöglichkeiten von KI auf die Rechtswissenschaft? Überlegungen zu einer möglichen Beteiligung am Diskurs

Im Zusammenhang mit der Entwicklung von Textgeneratoren durch künstliche Intelligenz stellt sich die Frage nach ihren Beteiligungsmöglichkeiten auch im rechtswissenschaftlichen Bereich.

Neben den bereits erwähnten Bewertungen und Einordnungen von Rechtsentwicklungen liegt es naturgemäß an Menschen, neue Impulse zu geben und Anreize beziehungsweise Ideen in die Diskussion miteinzubringen, an die vorher noch keiner gedacht hat. Das ist bei einer Maschine schwer vorstellbar und erscheint dann eher als Zufallstreffer. Zu einem anderen Ergebnis ließe sich vielleicht bei einer vergleichenden Betrachtungsweise mit bekannten Vorgehensweisen wie in der Naturwissenschaft gelangen. Wenn dort zur Weiterentwicklung von Technik beispielsweise von Autos die Funktionsfähigkeit und Fortbewegung bei Tieren analysiert, verglichen und auf Übertragungsmöglichkeiten auf Autos untersucht wird, kann nicht ausgeschlossen werden, dass auch eine KI zu solch einer verglei-

---

24 Beispielsweise kann im Einzelfall nach den Regelungen des Einführungsgesetzes zum Bürgerlichen Gesetzbuche bei manchen internationalen Familienrechtsstreitigkeiten die Gesetzes- und Rechtslage in den Heimatländern der Beteiligten angewendet werden. Das kann zur rechtlichen Pflicht einer aufwändigen Recherche führen.

25 Vgl. die Schutzregelung in § 24 Absatz 1 *Verwaltungsverfahrensgesetz:* „Untersuchungsgrundsatz": „Die Behörde ermittelt den Sachverhalt von Amts wegen. Sie bestimmt Art und Umfang der Ermittlungen; an das Vorbringen und an die Beweisanträge der Beteiligten ist sie nicht gebunden. *Setzt die Behörde automatische Einrichtungen* zum Erlass von Verwaltungsakten *ein, muss sie für den Einzelfall bedeutsame tatsächliche Angaben des Beteiligten berücksichtigen, die im automatischen Verfahren nicht ermittelt würden.*", vgl. Mund 2023, 90–91.

chenden und damit auch kreativen Arbeitsweise fähig ist.[26] Ebenso könnte eine hoch entwickelte KI durch Recherche ermitteln, dass in einer anderen Rechtsordnung bestimmte dort geltende Regelungen zur Lösung eines Streitfalls herangezogen werden, was dann als Vorschlag für ein neues Gesetz oder einen Vertragsentwurf vorgelegt wird.

Daneben ist die Bewertung der Einsatzmöglichkeiten von KI im rechtswissenschaftlichen Diskurs angesichts der dynamischen Entwicklung und Weiterentwicklung der Technik naturgemäß schwierig.[27] So gibt es in der juristischen Literatur den Bericht über einen Versuch, bei dem deutlich wurde, dass in KI-generierten Texten (beziehungsweise dort in einem Dialog mit ChatGPT) die angeblich zugrunde gelegten Quellen gar nicht existierten.[28] Das lässt eine KI-basierte Textgenerierung und Beteiligung an Diskursen zunächst absurd erscheinen. Wenn aber in der Weiterentwicklung eine KI-Anwendung die Vorgabe bekommt, sich nur an tatsächlich vorhandenen Quellen zu orientieren, so wie beispielsweise auch Suchmaschinen funktionieren, wenn auf die Links auch geklickt werden kann, wäre eine andere Verwertbarkeit diskussionswürdig. So könnte sogar die Nachvollziehbarkeit als Voraussetzung gelten, damit ein Beitrag zum Diskurs geleistet werden kann.

In der weiteren Überlegung scheinen Textgeneratoren zwar zur Gestaltung von Argumentation oder Argumentationsketten imstande zu sein, aber die eingangs dargestellten erfolgenden Bewertungen und Wertungsmöglichkeiten wären angesichts der sonst häufig zugrundeliegenden rechtspolitischen Zielrichtung hier zunächst einmal als willkürlich einzuordnen.

Auch bei der Frage zu den Einsatzmöglichkeiten in der Justiz, die sich spätestens auf höchstrichterlicher Ebene auch mit den Positionen der Rechtswissenschaft auseinandersetzt, ist aus verfassungsrechtlicher Sicht hervorzuheben, dass Artikel 92 des Grundgesetzes von „Richtern" spricht.[29] Auch Artikel 101 Absatz 1 Satz 2 Grundgesetz verankert einen Anspruch auf einen gesetzlichen „Richter"[30]. Wenn gleichwohl eine KI beispielsweise zu Recherchezwecken oder zur Aufbereitung von herangezogenen Daten herangezogen wird, stehen die Gerichte in der Pflicht, nachvollziehbar beziehungsweise überprüfbar zu machen, inwiefern die einge-

---

26 Würdinger 2023, 398, mit Verweis auf die Diskussion zum *„Biegen, Brechen und Verbinden"* als die *„drei grundlegenden kognitiven Strategien der Kreativität"*. Vgl. auch Nußberger 2023.

27 Ruth Fulterer, „Chat-GPT wird immer dümmer. Was ist da los?", *Neue Zürcher Zeitung,* 31.07.2023, in [www.nzz.ch/technologie/ld.1748197] (Zugriff: 02.10.2023).

28 Jan-Erik Schirmer, „ChatGPT: (K)eine Zukunft für Kommentare?", *JuristenZeitung,* 2023, 144–146.

29 Artikel 92 *Grundgesetz:* „Die rechtsprechende Gewalt ist den *Richtern* anvertraut ...".

30 Artikel 101 Absatz 1 *Grundgesetz:* „Ausnahmegerichte sind unzulässig. Niemand darf seinem gesetzlichen *Richter* entzogen werden."

setzten Dienste die Verantwortung der Entscheidung beeinflussen, verkürzen oder gar beeinträchtigen können.[31] Auch die Unabhängigkeit von Richtern nach Artikel 97 Grundgesetz[32] kann dann gefährdet sein, wenn eine Datenbank-abhängige Entscheidung in eine bestimmte Richtung führt. Schließlich setzen die deutsche Verfassung wie daneben auch internationale Konventionen den Anspruch auf ein rechtliches Gehör oder auf Anhörung sowohl in der Justiz[33] als auch bei Verwaltungsentscheidungen[34] fest. Dieser Anspruch darf auch durch den Einsatz von KI bei Eingabemasken oder Ähnlichem nicht entscheidend verkürzt werden.[35] Bürgerinnen und Bürger müssen mit ihrem Vorbringen gehört werden können. Unabhängig davon wird diskutiert, inwiefern die rechtskonform gesammelten Fakten dann wiederum durch digitale Assistenzmodelle und KI aufbereitet und analysiert werden können.

Im Zusammenhang mit den potenziellen Einsatzmöglichkeiten steht dann die Frage der Transparenz der Arbeitsweise und die Gefahr der Manipulierbarkeit bei der Generierung von Texten einschließlich der dabei verwerteten Quellen. Ist eine Argumentation unter Hinzuziehung von Quellen nachvollziehbar und überprüfbar, insbesondere auch warum welche Quellen in welcher Rangfolge einbezogen wurden, scheinen theoretisch weniger Bedenken zu bestehen. Wenn aber außerhalb einer theoretischen Diskussion über konkretere Einsatzmöglichkeiten nachgedacht wird und menschliches Handeln ersetzt werden soll, bekommt die Frage der Hoheit über den Algorithmus beziehungsweise der Verantwortlichkeit für die Gestaltung des Algorithmus eine ganz andere Bedeutung. So können auf der Basis des Algorithmus Vorgehensweise und Ergebnis der Arbeit einer KI und der daraus folgenden Textgestaltung bestimmt werden.[36]

---

31 Yuan 2023, 195–197.

32 Artikel 97 Absatz 1 *Grundgesetz:* „Die *Richter* sind *unabhängig* und nur dem Gesetze unterworfen."

33 Artikel 101 Absatz 1 *Grundgesetz:* „Vor Gericht hat jedermann Anspruch auf rechtliches Gehör." Roman Poseck, „Zu den Möglichkeiten und Grenzen des Einsatzes von Künstlicher Intelligenz in der Justiz", *Legal Tech* 2023, 73–74.

34 Beispielsweise § 28 Absatz 1 *Verwaltungsverfahrensgesetz:* „Bevor ein Verwaltungsakt erlassen wird, der in Rechte eines Beteiligten eingreift, ist diesem Gelegenheit zu geben, sich zu den für die Entscheidung erheblichen Tatsachen zu äußern."

35 Auch in Artikel 41 Absatz 2 *Grundrechte-Charta* der EU und in Art. *6 Europäische Menschenrechtskonvention.*

36 Teilweise auch als *„Algokratie"* bezeichnet, Arne Pilniok, „Administratives Entscheiden mit Künstlicher Intelligenz: Anwendungsfelder, Rechtsfragen und Regelungsbedarfe", *JuristenZeitung,* 2022, 1021–1031, 1022, m. w. N. Zur Verhinderung von missbräuchlichen Einsatzmöglichkeiten der KI s. a. die sog. „Hambacher Erklärung der Deutschen Datenschutzkonferenz", 03.04.2019, *Entschließung der 97. Konferenz der unabhängigen Datenschutzaufsichtsbehörden des Bundes und der Länder,*

Wenn schließlich aber den KI-basierten Textgeneratoren dieselben Datenbanken beispielsweise aus juristischen Fachzeitschriften zur Verfügung stehen wie Menschen, verschiebt sich der Fokus eher auf die Frage nach den technischen Grenzen der Verbesserungsmöglichkeiten. Mit der Beschreibung „Intelligenz" drängt sich die Vergleichbarkeit zum menschlichen Vorgehen auf. Hier lässt sich das bereits mehrfach zum Vergleich herangezogene Beispiel der Entwicklung von Schachcomputern zitieren. Auch dort wurde zu Beginn bezweifelt, ob und inwieweit ein qualitativ hochwertiges Spiel möglich sein kann. Heute wird allgemein davon ausgegangen, dass Schachcomputer „besser" als Menschen spielen können.[37]

Die Verbesserung des Diskurses durch KI-basierte Textgeneratoren scheint so jedenfalls nicht ausgeschlossen. Das verführt dann zu dem Schluss, dass sie auch nicht verhindert werden darf. Die schlichte These, dass von Menschen geführte Diskurse bestimmte Argumente übersehen oder mögliche logische Schlüsse nicht ziehen, führt zu der Frage, warum Techniken und Dienstleistungen, die für diese Fehler weniger anfällig sein können, verhindert werden sollen.[38]

Letztlich bleibt es den Menschen überlassen, die Beiträge im Diskurs zu überprüfen oder zu bewerten, unabhängig ob sie von Menschen oder Maschinen stammen. Wie auch sonst kann die Überzeugungskraft der jeweiligen Beiträge an ihrer Nachvollziehbarkeit, Überprüfbarkeit und Vertretbarkeit festgemacht werden. Wenn, wie oben dargestellt, perspektivisch (aufgrund geschaffener Verifizierungsmöglichkeiten) die Erfindung von Quellen ausgeschlossen werden kann, könnten Bedenken soweit eventuell ausgeschlossen werden. Daran schließt sich auch die Notwendigkeit von Kennzeichnungen und entsprechenden Pflichten an.[39]

Unter dem Gesichtspunkt der Nachvollziehbarkeit beziehungsweise Transparenz der Arbeitsweise von KI, wird, wie auch sonst bei der Einführung neuer Techniken, immer wieder die Möglichkeit des Einsatzes von Zertifizierungen durch (staatlich) akkreditierte Anbieter diskutiert.[40] Das mag grundsätzlich für Techniken

---

Hambacher Schloss, in [www.datenschutzkonferenz-online.de/media/en/20190405_hambacher_erk laerung.pdf] (Zugriff: 02.10.2023).

37 Mirjam Hauck, „25 Jahre ‚Deep Blue': Mensch, ärgere dich nicht", *Süddeutsche Zeitung*, 10.02. 2021, in [www.sueddeutsche.de/wirtschaft/schach-deep-blue-kasparow-ibm-1.5200655] (Zugriff: 02.10.2023).

38 Vgl. Martin Eifert/Matthias Lippold, „Tagungsbericht, Künstliche Intelligenz – Herausforderungen und Chancen", *JuristenZeitung*, 2023, 513–514, 513, wonach schon das Gebot rationaler Herrschaft, verankert in der Verfassung, dazu dränge, die Nutzung von Optimierungsmöglichkeiten durch eine KI zu unterstützen.

39 Dominik Höch/Jonas Kahl, „Anforderungen an eine Kennzeichnungspflicht für KI-Inhalte", *Kommunikation und Recht,* 2023, 396–400.

40 Marit Hansen et al., „Tagungsbericht, Qualität künstlicher Intelligenz: Bewertung, Sicherung, Anwendungsbeispiele", *JuristenZeitung*, 2023, 146–148, 147.

denkbar sein. Aber auch dann bleibt im wissenschaftlichen Kontext die Frage der Überprüfbarkeit der Zertifizierung bestehen. Wenn schon kaum nachvollziehbar scheint, wie eine KI zu Ergebnissen oder der Gestaltung von Texten gelangt, wie soll dann durch eine Zertifizierung bestätigt werden können, dass die Vorgehensweise bestimmten (welchen?) Maßstäben der Erkenntnisgewinnung folgt.

Als die Diskussion entscheidendes Argument wird schließlich immer wieder darauf verwiesen, dass eine für die Rechtswissenschaft typische und wertende Betrachtungsweise eigentlich nur Menschen möglich sei. Das führt zu der Frage, was Grundlage für Wertentscheidungen beim Menschen ist und inwiefern eine von Menschen geführte und veröffentlichte Argumentation, welche sich an Werten, Zielen, Maßstäben, Motivationen usw. orientiert, überprüfbar ist: Kann nicht auch eine von Maschinen geführte Argumentation und Bewertung überprüfbar sein? Wenn dann eine Beteiligungsmöglichkeit für Textgeneratoren vorstellbar scheint, wird vielleicht eher die Frage aufkommen, inwieweit einzelne Beiträge die Grenze des Erträglichen erreichen. So ist schon jetzt manche von Menschen geführte hochpolitische Diskussion, gegebenenfalls noch mit großer Emotionalität versehen, teilweise schwer zu ertragen.[41] Wie kann sich das noch entwickeln, wenn sich daran eine ethisch-moralisch ungeschulte KI beteiligt?[42]

Wie schon dargestellt scheint theoretisch auch dabei eine Weiterentwicklung nicht ausgeschlossen. Wenn Wertvorstellungen und Maßstäbe, die für die Menschen zu einer bestimmten Argumentation führen, der KI zur Verfügung gestellt werden und sie unter Verweis auf die jeweiligen Maßstäbe nachvollziehbar zu ei-

---

[41] Zu der grundsätzlichen Diskussion Graziana Kasti-Riemann, „Algorithmen und Künstliche Intelligenz im Äußerungsrecht", *Zeitschrift für Urheber- und Medienrecht*, 2023, 578–585. Zu Gesetzgebungsnotwendigkeiten Amelie Berz et al., „KI, Datenschutz, Hassrede und Desinformation. Zur Regulierung von KI-Meinungen", *Zeitschrift für Urheber- und Medienrecht*, 2023, 586–594.

[42] Beispielsweise bei dem Konflikt zwischen Satirefreiheit und Persönlichkeitsrecht: der Journalist Deniz Yücel war von einem Gericht zu Schadensersatz verurteilt worden für einen Satz in der Tageszeitung mit dem Wortlaut: „Buchautor Thilo S., den man, und das nur in Klammern, auch dann eine lispelnde, stotternde, zuckende Menschenkarikatur nennen darf, wenn man weiß, dass dieser infolge eines Schlaganfalls derart verunstaltet wurde und dem man nur wünschen kann, der nächste Schlaganfall möge sein Werk gründlicher verrichten", Legal Tribune Online, 16.08.2013, in [https://t1p.de/nwuz5] (Zugriff: 02.10.2023). Oder auch bei der Diskussion über die Klagen der früheren Ministerin Künast gegen Kommentare in sozialen Netzwerken wie beispielsweise „Gehirn-Amputiert" usw. anhand derer ein Konflikt zwischen Meinungsfreiheit und Persönlichkeitsrecht diskutiert wurde, Felix W. Zimmermann, Legal Tribune Online, 02.02.2022, in [https://t1p.de/5x49b] (Zugriff: 02.10.2023).

nem bestimmten Ergebnis kommt, bleibt mehr die Frage nach der technischen Machbarkeit als der Begrenzungsnotwendigkeit.[43]

Schließlich kann hier in Fortführung der Ausführungen oben, zur rechtlichen Einordnung von KI-Anwendungen auch noch festgehalten werden, dass eine KI-Technik selbst, die Texte generiert, den allgemeinen rechtlichen Rahmenbedingungen bei ihrem Einsatz unterliegt. Im Diskurs, bei dem sonst Menschen beteiligt sind, gilt dann ebenfalls für Maschinen das Technikrecht. Im Unterschied dazu aber sind Äußerungen und Beteiligungen von Menschen grundrechtlich geschützt. Dazu kommt neben der Meinungsfreiheit die Wissenschaftsfreiheit zum Tragen.[44] Bei einer diskursgeprägten Wissenschaft könnte auch noch überlegt werden, wie in einer theoretischen Auseinandersetzung unter Beteiligung einer Maschine ein Konflikt mit der Verfassung oder Grundrechten Anderer möglich ist. In Beispielsfällen von verletzenden oder beleidigenden Inhalten kann eine KI kein „Täter" sein. Vielmehr wird dann der durch Menschen folgende Akt der Weiterverbreitung KI-basierter Texte, die beispielsweise Persönlichkeitsrechte verletzen, im Fokus stehen.[45]

Weiter könnte überlegt werden, inwiefern eine KI-basierte Recherchetätigkeit mit anschließender Textgenerierung zu einer unzulässigen Nutzung von Daten insbesondere aus Datenbanken führt, die eigentlich zugriffsbegrenzt oder geheim sein sollten. Auch in diesem Kontext wurde schon in der Vergangenheit aus dem Blickwinkel des Datenschutzes diskutiert, inwiefern durch den Einsatz von KI-Anwendungen die Gefahr besteht, dass eigentlich als anonym oder anonymisiert geltende Datenbanken durch den Einsatz von KI wieder de-anonymisiert werden können und so Informationen über einzelne Menschen erkennbar gemacht werden können.[46] Auch das führt dann wieder zu der Frage der Verantwortung für den Einsatz der Text-generierenden KI.

---

43 Auch wird schon überlegt, wie KI zur Bekämpfung von Hassrede eingesetzt werden kann, Jürgen Kühling, „Der Einsatz von Künstlicher Intelligenz durch Unternehmen und Aufsichtsbehörden bei der Bekämpfung von Hassrede", *Zeitschrift für Urheber- und Medienrecht*, 2023, 566–573.
44 Peter M. Huber, „Rechtsprechung und Rechtswissenschaft", *JuristenZeitung*, 2022, 1–7, 7.
45 Ausführlich Kasti-Riemann 2023, 578–580; Berz et al. 2023, 586–588. Vgl. auch Eva Maria Bredler/ Nora Markard, „Grundrechtsdogmatik der Beleidigungsdelikte im digitalen Raum. Ein gleichheitsrechtliches Update der Grundrechtsabwägung bei Hassrede", *JuristenZeitung*, 2021, 864–872, 871, unter Verweis auf die Problematik äußerst umstrittener Zielkonflikte und ihrer Entscheidung durch Urteile, was beispielsweise auch die Unmöglichkeit von „Diskurs-Schiedsrichtern" deutlich macht.
46 Alexander Roßnagel/Christain L. Geminn, „Vertrauen in Anonymisierung, Regulierung der Anonymisierung zur Förderung Künstlicher Intelligenz", *Zeitschrift für Datenschutz*, 2021, 487–490.

4 Fazit

Es ist typisch für dynamische, technische Weiterentwicklungen, dass eine Einordnung und rechtliche/rechtswissenschaftliche Bewertung unter Vorbehalt steht. Viele Szenarien sind schlichtweg nicht auszuschließen. Wenn beispielsweise Transparenz-, Überprüfungs- und Kennzeichnungsvorgaben eingehalten würden, wirkt das Potenzial von zu entwickelnden, neuen Argumenten oder Perspektiven durch KI-basierte Textgeneratoren verführerisch. Letztlich bleibt immer noch die wissenschaftliche Einordnung und Bewertung eines generierten Textes notwendig. Da momentan nicht erkennbar ist, wie die beschriebenen Vorgaben gestaltet und umgesetzt werden können, scheinen Einsatzmöglichkeiten aktuell (noch?) eher begrenzt.

Jutta Jahnel/Reinhard Heil

KI-Textgeneratoren als soziotechnisches Phänomen

Ansätze zur Folgenabschätzung und Regulierung

Abstract: AI text generators enable the automated generation of high-quality text that we might consider to be meaningful and human-created content. It is claimed that they represent a „game changer" for science, business and society, as they would have a fundamental impact on the way we write, think and work. For a realistic assessment of the socio-technical phenomenon of AI text generators, the specific contexts of usage and concrete applications are crucial. This is reflected in the current draft of the AI Act which proposes a risk-based approach for assessing different AI applications. Technology assessment (TA) considers ethical and social implications of technologies and develops guidance for policymakers and society from an interdisciplinary perspective. The risks of AI text generators lie mainly in the area of data protection, discrimination and the possible spread of misinformation. Furthermore, the malicious use of this technology causes new types of fraud and cyber risks. This contribution uses the classification of possible risks at different levels for individuals, organizations and society to systematize the necessary multidimensional regulatory measures. These include, in particular, transparency obligations to combat deception and manipulation and to enhance the ability for a critical evaluation of generated content. In addition, broader societal impacts on communication and democratic processes need to be addressed. In general, the regulation of AI text generators includes technology-neutral approaches to ensure that fundamental rights such as data protection and copyright are respected. In addition, specific AI rules and requirements for foundation models are being developed at the European level.

1 Einleitung

Mit neuen Methoden der Künstlichen Intelligenz (KI) ist die Erstellung und Veränderung von Medieninhalten wie Bilder, Texte, Audio- oder Videoinhalte einfach und kostengünstig möglich.[1] KI-basierte Chatbots erzeugen Texte, die sich von

---

[1] Mariëtte van Huijstee et al., „Tackling Deepfakes in European Policy. Study. Panel for the Future of Science and Technology", *Publications Office of the European Union*, 2021 (DOI: 10.2861/325063).

∂ Open Access. © 2024 bei den Autorinnen und Autoren, publiziert von De Gruyter. (cc) BY-NC-ND Dieses Werk ist lizenziert unter einer Creative Commons Namensnennung – Nicht kommerziell – Keine Bearbeitung 4.0 International Lizenz. https://doi.org/10.1515/9783111351490-021

Menschen geschriebenen Texten nur noch sehr schwer unterscheiden lassen.[2] Derartige KI-Textgeneratoren, wie bspw. ChatGPT,[3] zählen zu den anschaulichen Anwendungsbeispielen der sogenannten „generativen KI". Diese Systeme bieten enorme Chancen und viele Experten gehen von einem hohen disruptiven Potential aus, da sie die Art und Weise, wie wir denken, kommunizieren und arbeiten, erheblich verändern könnten.[4]

Der vorliegende interdisziplinäre Tagungsband beschäftigt sich mit den möglichen Konsequenzen durch computergenerierte Texte. Dazu zählen insbesondere Risiken, mit denen wir als Nutzer von Textgeneratoren oder auch als Empfänger von generierten Inhalten umgehen müssen.[5] Für die Entwicklung geeigneter Maßnahmen, die mögliche Risiken eindämmen sollen, ist es zunächst wichtig, die Funktionsweise und Eigenschaften der zugrundeliegenden großen Sprachmodelle zu kennen und die möglichen Folgen in konkreten Nutzungs- und Anwendungskontexten zu betrachten. Dabei ist die gesamte Wertschöpfungskette von generierten Texten und die dabei eingebundenen Akteure in den Blick zu nehmen. Neben den Entwicklern von Modellen für Textgeneratoren sind dies auch die Anwender der Modelle, die Programme wie ChatGPT oder Suchmaschinen betreiben, und auch die Nutzer dieser Anwendungen. Denn die Risiken von KI-Textgeneratoren liegen nicht nur in der Konzeption der Sprachmodellen selbst, sondern in der Art und Weise, wie solche Modelle und Systeme konkret genutzt werden. Dabei spielen in hohem Maße auch Risiken durch Missbrauch für böswillige Zwecke eine Rolle.

2 Stephen Wolfram, „What Is ChatGPT Doing … and Why Does It Work?", 2023, in [https://writings.stephenwolfram.com/2023/02/what-is-chatgpt-doing-and-why-does-it-work] (Zugriff: 03.10.2023).
3 OpenAI, „ChatGPT", 2023, in [https://chat.openai.com] (Zugriff: 03.10.2023).
4 Ryan Morrison, „OpenAI's New Chatbot ChatGPT Could Be a Game-Changer for Businesses", *Tech Monitor*, 2022, in [https://techmonitor.ai/technology/ai-and-automation/chatgpt-openai-chatbot] (Zugriff: 03.10.2023). Mubin Ul Haque et al., *‚I think this is the most disruptive technology': Exploring Sentiments of ChatGPT Early Adopters using Twitter Data*, arXiv 2022 (DOI: 10.48550/arXiv.2212.05856).
5 Steffen Albrecht, „TAB-Hintergrundpapier Nr. 26: ChatGPT und andere Computermodelle zur Sprachverarbeitung – Grundlagen, Anwendungspotenziale und mögliche Auswirkungen", *Karlsruher Institut für Technologie-Bibliothek*, 2023 (DOI: DOI: 10.5445/IR/1000158070); Laetitia Ramelet, „ChatGPT – Themenpapier: ChatGPT – wenn die künstliche Intelligenz schreibt wie ein Mensch. Und was es dabei zu beachten gilt", *TA-SWISS*, 2023, in [https://www.ta-swiss.ch/chatgpt] (Zugriff: 03.10.2023); Europol, „ChatGPT- the Impact of Large Language Models on Law Enforcement", a Tech Watch Flash Report from the Europol Innovation Lab, Publications Office of the European Union, Luxembourg, 2023, in [https://www.europol.europa.eu/publications-events/publications/chatgpt-impact-of-large-language-models-law-enforcement] (Zugriff: 03.10.2023).

2 Begriffe und Funktionsweise von KI-Textgeneratoren

Zu den prominentesten Beispielen von KI-Textgeneratoren zählt ChatGPT, ein KI-Chatbot des Unternehmens OpenAI.[6] Ein Chatbot ist ein textbasiertes Dialogsystem, über das sich in natürlicher Sprache mit einem technischen System kommunizieren lässt. Herzstück solcher KI-Chatbots sind Sprachmodelle, sogenannte „Large Language Models" (LLM). Derartige KI-Textgeneratoren basieren auf dem Maschinellen Lernen mit neuronalen Netzen, dem sogenannten Deep Learning. Die Sprachmodelle, sogenannte „Generative Pre-trained Transformer" (GPT), werden anhand einer großen Anzahl von Texten vortrainiert.[7]

Textgeneratoren wie ChatGPT arbeiten auf Grundlage von Wortfolgestatistiken,[8] d.h. sie berechnen ihre Ausgabe anhand der Wahrscheinlichkeit, mit der im zum Trainieren genutzten Textkorpus ein Wort auf das andere folgt. OpenAI nutzt zusätzlich das sogenannte bestärkende Lernen aus menschlichem Feedback („Reinforcement Learning from Human Feedback"). Menschen bewerten die Ausgaben des Chatbots und deren Feedback wird zum Feintuning des Modells genutzt.

Linguistisch plausible Texte von Textgeneratoren beantworten Fragen somit nicht auf Grundlage von Semantik, Wissen oder ethischer Reflexion, sondern anhand von Wahrscheinlichkeiten.[9] Einige Autoren bezeichnen Sprachmodelle deshalb auch als „unreliable narrator [...] untethered to the truth"[10] oder als „Stochastic Parrots"[11]. Die generierten Texte besitzen keine Faktentreue und können sogar frei erfundene Inhalte oder Quellen enthalten (sog. „Halluzinieren"[12]). Da die Funktionsweise von Sprachmodellen und den darauf beruhenden Textgeneratoren nur

---

6 OpenAI 2023; Mohammad Aljanabi/ChatGPT, „ChatGPT: Future Directions and Open possibilities", *Mesopotamian Journal of Cyber Security*, 2023, 16–17 (DOI: 10.58496); Sascha Lobo, „ChatGPT: Das machtvollste Instrument, das je vom Menschen geschaffen wurde", *DER SPIEGEL*, 2023, in [https://t1p.de/32pzj] (Zugriff: 03.10.2023).

7 Morrison 2022.

8 Vgl. hierzu Wolfram 2023.

9 Viriya Taecharungroj, „,What Can ChatGPT Do?' Analyzing Early Reactions to the Innovative AI Chatbot on Twitter", *Big Data and Cognitive Computing*, Bd. 7, 2023 (DOI: 10.3390/bdcc7010035).

10 Robert Dale, „GPT-3: What's It Good for?", *Natural Language Engineering*, Bd. 27, 2021, 113–118 (DOI: 10.1017/S1351324920000601).

11 Emily M. Bender et al., „On the Dangers of Stochastic Parrots: Can Language Models Be Too Big?", *FAccT '21: Proceedings of the 2021 ACM Conference on Fairness, Accountability, and Transparency*, 2021, 610–623 (DOI: 10.1145/3442188.3445922).

12 Ziwei Ji et al., „Survey of Hallucination in Natural Language Generation", *ACM Computing Surveys*, Bd. 55, 2023, 1–38 (DOI: 10.1145/3571730).

den wenigsten Anwendern bekannt sein dürfte, ist das Risiko groß, dass es zu falschen Erwartungen und Fehlnutzungen kommt. Dies kann dazu führen, dass die Ausgaben von Textgeneratoren falsch bewertet werden bzw. ihnen zu sehr vertraut wird. Deshalb wird insbesondere vor Anwendungen in sensiblen Feldern wie im Gesundheitsbereich oder im Finanzbereich gewarnt.[13] Da Sprachmodelle außerdem mit einer großen Anzahl an Texten vortrainiert werden, die auch unausgewogene, ethisch problematische oder gar falsche Aussagen beinhalten können, sind die Resultate grundsätzlich unter Vorbehalt zu rezipieren. So wurde insbesondere von Verzerrungen, Vorurteilen und rassistischen sowie sexistischen Bemerkungen durch das Sprachmodell GPT-3 berichtet.[14]

3 Risikodimensionen

Für einen verantwortungsvollen Umgang mit KI-Textgeneratoren ist es von großer Bedeutung zu verstehen, welche Risiken mit ihnen verbunden sind und ob ihr Einsatz gar Grund- und Menschenrechten gefährdet. Wir verstehen im Folgenden Risiko als Kombination der Wahrscheinlichkeit des Auftretens eines Schadens und der Schwere dieses Schadens, wobei eine Einzelperson, eine Vielzahl von Personen oder eine bestimmte Personengruppe beeinträchtigt werden kann (vgl. Artikel 3 (1) Nr. 1a und 1b des KI-Gesetzes).[15] Da Risiken kontextabhängig sind, muss einerseits das Risiko durch die Art und Weise, wie diese Systeme konzipiert sind, andererseits aber auch die konkreten Anwendungen dieser Systeme betrachtet werden (Erwägungsgrund 58 a des KI-Gesetzes). Somit sind unterschiedliche Akteure im Lebenszyklus von generierten Inhalten zu berücksichtigen. Die Entwickler von Sprachmodellen, auch als Basismodelle bezeichnet, haben eine besondere Rolle, da sie für die Konzeption des Lern- oder Trainingsprozesses und die Auswahl der dafür

---

13 Jon Christian, „Magazine Publishes Serious Errors in First AI-Generated Health Article", *Neoscope*, 2023, in [https://futurism.com/neoscope/magazine-mens-journal-errors-ai-health-article]. (Zugriff: 13.09.2023).

14 Luciano Floridi/Massimo Chiriatti, „GPT-3: Its Nature, Scope, Limits, and Consequences", *Minds and Machines*, Bd. 4, 2020, 681–694 (DOI: 10.1007/s11023–020–09548–1); Dale 2021; Chris Stokel-Walker/Richard Van Noorden, „What ChatGPT and Generative AI Mean for Science", *Nature*, Bd. 614, 2023, 214–216 (DOI: 10.1038/d41586–023–00340–6).

15 Europäische Kommission, *Vorschlag für eine Verordnung des Europäischen Parlaments und des Rates zur Festlegung harmonisierter Vorschriften für Künstliche Intelligenz (Gesetz über Künstliche Intelligenz) und zur Änderung bestimmter Rechtsakte der Union*, Brüssel 2021, in [https://t1p.de/yqlrn] (Zugriff: 03.10.2023) in der Fassung der Abänderungen des Europäischen Parlaments vom 14. Juni 2023 (COM(2021)0206 – C9–0146/2021–2021/0106(COD)), 2023, in [https://www.europarl.europa.eu/do ceo/document/TA-9-2023-0236_DE.html] (Zugriff: 03.10.2023).

verwendeten Daten verantwortlich sind. Werden diese Basismodelle jedoch als Dienstleistung über einen entsprechenden Zugang an Betreiber weiterer KI-Systeme bereitgestellt, zum Beispiel als Teil von Suchmaschinen, dann sind insbesondere die Betreiber dieser KI-Systeme für mögliche Folgen des generierten Outputs in die Pflicht zu nehmen. Denn es ist davon auszugehen, dass die Betreiber den spezifischen Verwendungskontext und die daraus resultierenden potentiellen Risiken besser kennen als die Entwickler der Modelle. Schließlich können die Nutzer dieser KI-Systeme die generierten Inhalte in sozialen Medien an weitere Empfänger verbreiten und dadurch weitreichende systemische Risiken auslösen.

Die Risiken von Textgeneratoren und Basismodellen umfassen im Allgemeinen finanzielle oder psychologische Folgen einer möglichen Diskriminierung oder Missachtung des Datenschutzes. Weiterhin sind neben den traditionellen „Safety-Risiken" auch „Security"-Aspekte zu berücksichtigen, d.h. Risiken durch intentionale Bedrohungen und durch kriminellen Missbrauch.[16] Aufgrund des breiten sektorübergreifenden Anwendungspotentials von Sprachmodellen sind deren mögliche Risiken jedoch nicht umfassend bekannt und abschätzbar. Im Folgenden wird in Anschluss an Luhmann eine Kategorisierung in drei verschiedenen Ebenen (Mikro-, Meso- und Makro-Ebene) vorgenommen.[17] Diese Risikoeinteilung wurde schon an anderer Stelle als hilfreiche Systematik zur Identifizierung vertrauensbildender Maßnahmen digitaler Systeme angewendet.[18] Dazu werden die Risiken für Individuen auf der Mikro-Ebene, die Risiken für Organisationen auf der Meso-Ebene und die gesamtgesellschaftlichen Risiken auf der Makro-Ebene betrachtet.

3.1 Risiken auf individueller Ebene (Mikro-Ebene)

In diese Dimension fallen Risiken durch die Verletzung von grundlegenden Rechten natürlicher Personen, also zum Beispiel von Persönlichkeitsrechten oder Datenschutzrechten. Ein Schaden bezieht sich auf private Interessen und kann materieller oder immaterieller Art sein, einschließlich physischer oder psychischer Schäden. Aufgrund fehlenden Wissens über die Funktionsweise von Sprachmodellen besteht zunächst das Risiko, dass es zu falschen Erwartungen, Bewertungen und damit zu Fehlnutzungen derartiger Systeme kommen kann. So wird beispielsweise über einen Versuch in der Gesundheitsberatung berichtet, in dem das

16 Terje Aven, „A unified framework for risk and vulnerability analysis covering both safety and security", *Reliability Engineering & System Safety*, Bd. 6, 2007, 745–754 (DOI: 10.1016/j.ress.2006.03.008).
17 Niklas Luhmann, *Soziale Systeme. Grundriß einer allgemeinen Theorie*, Frankfurt a. M. 1984.
18 Anna Hornik et al., „Die Zukunft des Vertrauens in digitale Welten. Studie Kurzfassung", beauftragt vom BMBF, 2022.

Sprachmodell GPT3 hochriskante Empfehlungen gab.[19] Zu den Risiken, die sich aus dem Trainingsprozess von Sprachmodellen ergeben, zählen mögliche Diskriminierungen von Personen oder Personengruppen. So konnten u. a. in einer Studie zu frühen Sprachmodellen implizite Vorurteile gegenüber Menschen mit Behinderungen aufgezeigt werden.[20]

Weitere Risiken auf der individuellen Ebene ergeben sich durch die illegale Nutzung personenbezogener Daten ohne Erlaubnis der Betroffenen. Nutzer können außerdem selbst Datensicherheitsverletzungen verursachen, wenn diese bspw. durch Fragen und Aufforderungen im Chatverlauf (meist unwissentlich) personenbezogene Daten preisgeben. Da Textgeneratoren auch zur Imitation eines spezifischen Sprachstils von Personen verwendet werden können, eignen sich die resultierenden Texte besonders effektiv zur Täuschung, für betrügerische und kriminelle Handlungen, Diskreditierungen sowie zur Beeinflussung menschlichen Verhaltens („Social Engineering").[21]

Schließlich werden Textgeneratoren tiefgreifende Veränderungen der Arbeit von hochqualifizierten Berufsgruppen wie Programmierer:innen, Journalist:innen oder auch kreativ Tätigen auslösen.[22] Hier besteht das Risiko weniger in der vollständigen Verdrängung menschlicher Arbeit, sondern der Veränderung von Arbeitsbedingungen durch zunehmenden Konkurrenzdruck, beschleunigte Arbeitsprozesse und wachsenden Stress.[23]

3.2 Risiken auf Organisationsebene (Meso-Ebene)

Zu dieser Risikodimension zählen insbesondere Sicherheitsrisiken und finanzielle Risiken für Unternehmen und Wirtschaft. Auch hier besteht das Risiko einer unbeabsichtigten Datensicherheitsverletzung durch die Preisgabe von Firmengeheimnissen im Chatverlauf. Schulungen der Arbeitnehmer hinsichtlich einer kompetenten und rechtskonformen Anwendung sind unabdingbar. Es müssen dabei

---

19 Ryan Daws, „Medical Chatbot Using OpenAI's GPT-3 Told a Fake Patient to Kill Themselves", *AI News*, 2020, in [https://t1p.de/afcv3] (Zugriff: 03.10.2023).

20 Pranav Narayanan Venkit et al., „A Study of Implicit Bias in Pretrained Language Models against People with Disabilities", *ACL Anthology, Proceedings of the 29th International Conference on Computational Linguistics*, 2022, 1324–1332, in [https://aclanthology.org/2022.coling-1.113] (Zugriff: 03.10. 2023).

21 Europol 2023.

22 Tyna Eloundou et al., *GPTs are GPTs: An Early Look at the Labor Market Impact Potential of Large Language Models*, arXiv 2023 (DOI: 10.48550/arXiv.2303.10130).

23 Patrick Dax, „Warum ChatGPT so schnell kein Job-Killer ist", *futurezone*, 2023, in [https://t1p.de/jl5hz] (Zugriff: 03.10.2023).

auch sicherheitsrelevante Strategien gegen mögliche böswillige Cyberangriffe, beispielsweise durch Manipulationen und Täuschungen mit nachgemachten Sprach- und Textstilen erlernt werden. Berücksichtigt man zusätzlich das steigende Ausmaß und die Geschwindigkeit der automatisierten Generierung irreführender Inhalte, erwarten Experten:innen insbesondere ein hohes finanzielles Risiko durch authentisch erscheinende Phishing-E-Mails und andere Betrugsfälle. Da Textgeneratoren nicht nur zur Erstellung von Texten, sondern auch zur Generierung von Programm-Codes in der Softwareentwicklung eingesetzt werden, stellt sich die Frage, wie sich dies auf die Qualität von Softwareprodukten auswirkt.[24]

In einer Literaturstudie zu den Risiken von KI für Organisationen wurden neben konventionellen Angriffen völlig neuartige Bedrohungen wie Nutzerdatendiebstahl und Angriff auf firmeneigene Trainingsdaten identifiziert. Insbesondere Sabotage und Spionage wurden als Angriffszwecke aufgeführt, die auch im Bereich der generativen KI relevant sein können.[25] Dabei ist zu berücksichtigen, dass nicht nur Unternehmen, sondern auch deren Personal und Kunden betroffen sein können.

3.3 Risiken für die Gesellschaft (Makro-Ebene)

Durch die Zunahme von authentisch wirkenden Texten wird das Risiko von Des- und Misinformation verstärkt und dadurch auch Schutzgüter von öffentlichem Interesse, wie der Schutz der Demokratie oder der Rechtsstaatlichkeit, gefährdet.[26] Häufig genannte Beispiele sind der Missbrauch für Propagandazwecke, zur Manipulation von Wahlen oder zur Rekrutierung oder Finanzierung terroristischer Aktivitäten.[27] Da KI-Chatbots immer schwerer von Menschen zu unterscheiden sind, ist fraglich, ob und inwiefern eine unabhängige politische Willensbildung mittels ausgewogener Informationen überhaupt noch möglich ist. Weiterhin kann ein Bias in den für das Trainieren von Sprachmodellen verwendeten Datensätzen soziale Ungleichheiten verstärken oder einzelne Personengruppen diskriminieren. Da zu erwarten ist, dass sich generierte Inhalte immer mehr durchsetzen werden, ist eine zunehmende Standardisierung von Meinungen und Wissen sowie eine Erosion von kultureller und linguistischer Diversität zu befürchten. Letztlich kann

---

24 Ramelet 2023.
25 Yisroel Mirsky et al., The Threat of Offensive AI to Organizations, arXiv 2021, in [http://arxiv.org/abs/2106.15764] (Zugriff: 03.10. 2023).
26 Greg Noone, „This Is How GPT-4 Will Be Regulated", *TechMonitor*, 2023, in [https://techmonitor.ai/technology/ai-and-automation/this-is-how-gpt-4-will-be-regulate] (Zugriff: 03.10.2023).
27 Europol 2023; Bender et al. 2021.

auch eine Veränderung weiterer menschlicher Fähigkeiten wie Empathie oder soziale Kompetenz nicht ausgeschlossen werden, was weitreichende Auswirkungen auf die Art und Weise unseres Zusammenlebens haben könnte.[28]

Auf der Makro-Ebene ergeben sich auch ökologische Risiken, da die Entwicklung und der Einsatz großer Sprachmodelle mit einem hohen Stromverbrauch verbunden ist.[29] Nur wenige marktbeherrschende BigTech-Unternehmen können außerdem die ökonomischen Voraussetzungen für die notwendigen Rechenleistungen aufbringen und dominieren zunehmend die gesellschaftlich relevante Forschung und Entwicklung von Sprachmodellen.

Notwendige Regulierungsmaßnahmen stellen auf der Makro-Ebene eine besondere Herausforderung dar, da sie über den weitgehend individualrechtlichen Ansatz der rechtlichen Regulierung hinausgehen und gleichzeitig weitere Grundrechte wie Meinungs- oder Kunstfreiheit abgewogen werden müssen.[30]

4 Regulierung

Die mit der Anwendung von Sprachmodellen verbundenen mehrdimensionalen Risiken sollten durch adäquate Regulierungsmaßnahmen adressiert werden. Es existieren bereits unterschiedliche technikneutrale Regulierungsansätze auf EU und nationaler Ebene im zivilrechtlichen Bereich der Antidiskriminierung insbesondere nach Maßgabe der Europäischen Menschenrechtskonvention,[31] im Bereich des Datenschutzes[32] und des Urheberrechts,[33] aber auch durch das aktuelle Cybersicherheitsrecht.[34] Diese Regulierungen berücksichtigen überwiegend die Mi-

---

28 Morrison 2022.

29 David Patterson et al., *Carbon Emissions and Large Neural Network Training*, arXiv 2021 (DOI: 10.48550/arXiv.2104.10350).

30 Josh A. Goldstein et al., *Generative Language Models and Automated Influence Operations. Emerging Threats and Potential Mitigations*, arXiv 2023 (DOI: 10.48550/arXiv.2301.04246).

31 Europäische Union, *Charta der Grundrechte der Europäischen Union (GRCh)*, 2012, in [https://dejure.org/gesetze/GRCh] (Zugriff: 16.08.2023).

32 Europäische Union, *Verordnung (EU) 2016/679 des Europäischen Parlaments und des Rates – vom 27. April 2016 – zum Schutz natürlicher Personen bei der Verarbeitung personenbezogener Daten, zum freien Datenverkehr und zur Aufhebung der Richtlinie 95/46/EG (Datenschutz-Grundverordnung)*, 2016, in: [https://t1p.de/1a5b1] (Zugriff: 16.08.2023).

33 Bundesministerium der Justiz, *Gesetz über Urheberrecht und verwandte Schutzrechte (Urheberschutzgesetz)*, 2021, in [https://www.gesetze-im-internet.de/urhg/BJNR012730965.html] (Zugriff: 16.08.2023).

34 *Europäisches Parlament und Rat, Verordnung (EU) 2019/881 des Europäischen Parlaments und des Rates vom 17. April 2019 über die ENISA (Agentur der Europäischen Union für Cybersicherheit)*

kro- und Meso-Ebene der Risiken durch Sprachmodelle, hinken aber der rapiden technologischen Entwicklung oft hinterher. Unklarheit besteht insbesondere bei der Anwendung des Urheberrechtes auf geschützte Trainingsdaten. Aktuell erfolgt in der EU auch ein Trilogprozess zur Entwicklung einer technikspezifischen Regulierung (Gesetz über Künstliche Intelligenz[35]). In dem aktuellen Textentwurf des Europäischen Parlamentes werden Sprachmodelle oder Textgeneratoren unter den Begriffen „Basismodell" und „Generative KI" eingeführt. Da es bislang der einzige rechtliche Regulierungsansatz speziell zu Sprachmodellen und Textgeneratoren darstellt, wird dieses Gesetz im Folgenden detailliert betrachtet.

Die EU-Kommission hat am 21. April 2021 den weltweit ersten Vorschlag eines Rechtsrahmens für KI vorgelegt. Seitdem hat das geplante Gesetz über KI das Gesetzgebungsverfahren der EU weiter durchlaufen und Änderungen durch den Rat der EU und das Europäische Parlament erfahren. Insbesondere die am 14. Juni 2023 verabschiedete Verhandlungsposition des Parlaments sieht wesentliche Änderungen am ursprünglichen Entwurf der Kommission vor.[36] Mit diesem Gesetz soll ein wirksames und verbindliches Regelwerk für KI-Systeme eingeführt werden. Die allgemeinen Grundsätze werden in Artikel 4a (1) des KI-Gesetzes aufgeführt und umfassen folgende Punkte:

- Menschliches Handeln und menschliche Aufsicht
- Technische Robustheit und Sicherheit
- Privatsphäre und Datenqualitätsmanagement
- Transparenz
- Vielfalt, Diskriminierungsfreiheit und Fairness
- Soziales und ökologisches Wohlergehen.

Gewählt wurde ein risikobasierter Ansatz, bei dem Art und Inhalt der Vorschriften

> auf die Intensität und den Umfang der Risiken zugeschnitten werden, die von KI-Systemen ausgehen können. Es ist daher notwendig, bestimmte unannehmbare Praktiken im Bereich der künstlichen Intelligenz zu verbieten und Anforderungen an Hochrisiko-KI-Systeme und Verpflichtungen für die betreffenden Akteure sowie Transparenzpflichten für bestimmte KI-Systeme festzulegen.[37]

---

und über die Zertifizierung der Cybersicherheit von Informations- und Kommunikationstechnik und zur Aufhebung der Verordnung (EU) Nr. 526/2013 (Rechtsakt zur Cybersicherheit), 2019, in [http://data.europa.eu/eli/reg/2019/881/oj/deu] (Zugriff: 03.10.2023).

35 Europäische Kommission, *Gesetz über Künstliche Intelligenz*, 2021.

36 Die nachfolgenden Inhalte und Zitate beziehen sich, soweit nicht anders angegeben, allesamt auf den aktuellen Vorschlag des Europäischen Parlaments zum Gesetz über Künstliche Intelligenz, 2023.

37 Erwägungsgrund 14 des KI-Gesetzes.

KI-Technologien werden im KI-Gesetz in unterschiedliche Risikoklassen eingeteilt und die vorgeschriebenen Maßnahmen und Verpflichtungen daran angeknüpft. Für bestimmte, in Anlage III des Gesetzes, näher spezifizierte Bereiche von sogenannten Hochrisikosystemen werden beispielsweise Konformitätsprüfungen notwendig.

Große vortrainierte Sprachmodelle können als Basismodelle für unterschiedliche Zwecke eingesetzt werden. Das Risiko wird meist erst durch die konkrete Nutzung des Endverbrauchers bestimmt. Dieser dynamische Anwendungskontext erschwert die erforderliche Risikocharakterisierung und damit die Entscheidung, ob in einem spezifischen Fall ein sogenanntes Hochrisiko-KI-System vorliegt.[38]

Weiterhin gibt es im Trilog-Prozess eine Debatte zur Differenzierung zwischen „KI-Systemen mit allgemeinem Verwendungszweck (General Purpose AI)" und „Basismodellen (Foundation Models)". Der Begriff Basismodell umfasst hoch entwickelte KI-Modelle, einschließlich verschiedener generativer KI-Systeme wie ChatGPT, GPT-4, Bard oder Stable Diffusion (vgl. Artikel 3 (1) Nummer 1 c des KI-Gesetzes). Im Gegensatz dazu ist der vom Europäischen Rat im Dezember 2022 eingeführte Begriff „Allzweck-KI-System" unschärfer (vgl. Artikel 3 (1) Nummer 1 d des KI-Gesetzes).

Ausschließlich Basismodelle sollen im Rahmen des KI-Gesetzes angemessenen und spezifischeren Anforderungen und Verpflichtungen unterliegen.

> Vortrainierte Modelle, die für eine enger gefasste, weniger allgemeine und begrenztere Reihe von Anwendungen entwickelt wurden und nicht an ein breites Spektrum von Aufgaben angepasst werden können, wie z.B. einfache Mehrzweck-KI-Systeme, sollten für die Zwecke dieser Verordnung nicht als Basismodelle betrachtet werden, da sie besser interpretierbar sind und ihr Verhalten weniger unvorhersehbar ist.[39]

Der aktuelle Vorschlag für Basismodelle unterscheidet nun drei unterschiedliche Ebenen:
- Mindeststandards für Entwickler von Basismodellen und eine zusätzliche Transparenzpflicht bezüglich des Einsatzes dieser Modelle in generativen KI-Systemen (Art. 28 b [4] in Verbindung mit Art. 52 [1] des KI-Gesetzes)
- Spezifische Hochrisiko-Regeln für Anbieter, die das KI-System erheblich verändern, dies gilt nur für generative KI-Modelle, die in konkreten Hochrisiko-Anwendungsfällen eingesetzt werden;
- Regeln für die Zusammenarbeit entlang der KI-Wertschöpfungskette

---

38 Natali Helberger/Nicholas Diakopoulos, „ChatGPT and the AI Act", *Internet Policy Review,* Bd. 12, 2023, in [https://policyreview.info/essay/chatgpt-and-ai-act] (Zugriff: 03.10.2023).
39 Erwägungsgrund 60 g des KI-Gesetzes.

Zu den Mindeststandards der Basismodelle zählen beispielsweise Datenschutz, Nichtdiskriminierung, Energieeffizienz, Qualitätsmanagement oder Cybersicherheitsverpflichtungen, die von den Entwicklern dieser Modelle umzusetzen sind, während die spezifischen Hochrisiko-Regeln für Anbieter und professionelle Nutzer gelten sollten. Das KI-Gesetz reguliert somit einerseits die Basismodelle per se anhand von Mindeststandards, aber auch deren Kennzeichnung und Anwendung.

In einer Stellungnahme zum gegenwärtigen Vorschlag wurde neben den Transparenzpflichten der Anbieter generativer Modelle auch Pflichten für Nutzer gegenüber den Empfängern vorgeschlagen, um die Verbreitung von Fake News und Fehlinformationen zu bekämpfen und derartige systemische Risiken aufzufangen.[40] Das KI-Gesetz weist hinsichtlich gesellschaftlicher Risiken durch Misinformation auf die Wichtigkeit der Entwicklung von KI-Kompetenz hin; insbesondere sollen „die Anbieter und Nutzer von KI-Systemen in Zusammenarbeit mit allen einschlägigen Interessenträgern die Entwicklung ausreichender KI-Kompetenzen bei Menschen aller Altersgruppen, einschließlich Frauen und Mädchen, in allen Bereichen der Gesellschaft fördern".[41] Unter KI-Kompetenz werden alle Fähigkeiten und Kenntnisse verstanden, die es Anbietern, Nutzern und Betroffenen ermöglichen, „KI-Systeme in Kenntnis der Sachlage einzusetzen sowie sich der Chancen und Risiken von KI und möglicher Schäden, die sie verursachen kann, bewusst zu werden und dadurch ihre demokratische Kontrolle zu fördern."[42] Eine weitere Konkretisierung erfolgt hier jedoch nicht.

Zum Umgang mit Misinformation ist der Co-Regulierungsansatz zwischen staatlichen und nichtstaatlichen Akteuren im Bereich der Inhaltemoderation von Texten durch das Gesetz über Digitale Dienste[43] heranzuziehen. Dieses Gesetz ist ein prominentes Beispiel zur Regulierung der Verteilung von problematischen Inhalten durch Plattformen mittels eines „Notice and Action"-Verfahrens: Plattformen sind nur dann von einer Haftung für rechtswidrige Inhalte freigestellt, solange sie davon keine Kenntnis haben oder nach Kenntniserlangung unverzüglich reagieren und die Inhalte entfernen. Sie werden allerdings nicht dazu verpflichtet, die Inhalte

---

40 Philipp Hacker/Andreas Engel/Marco Mauer, „Regulating ChatGPT and Other Large Generative AI Models", *ACM Conference on Fairness, Accountability, and Transparency,* 2023, 1112–1123 (DOI: 10.1145/3593013.3594067). Deutscher Bundestag, „Anhörung zum Thema ‚Generative Künstliche Intelligenz'", 24.05.2023, in [https://t1p.de/zmgrt] (Zugriff: 03.10.2023).

41 Siehe Erwägungsgrund 9 b des KI-Gesetzes.

42 Erwägungsgrund 9 b des KI-Gesetzes.

43 Europäische Kommission, *The Digital Services Act Package,* 2021, in [https://digital-strategy.ec.eu ropa.eu/en/policies/digital-services-act-package] (Zugriff: 03.10.2023); Conseil de l'Union européenne, *Regulation (EU) of the European Parliament and of the Council on a Single Market For Digital Services (Digital Services Act) and amending Directive 2000/31/EC,* 15.06.2022, in [https://data.consilium.euro pa.eu/doc/document/ST-9342-2022-INIT/x/pdf] (Zugriff: 03.10.2023).

aktiv zu überwachen. Zusätzlich müssen die Betreiber sehr großer Plattformen (u. a. Facebook, Twitter) evaluieren, welche systemischen Risiken für Schutzgüter wie die Grundrechte der Nutzer oder für demokratische Wahlen von ihren Diensten ausgehen, gegebenenfalls Gegenmaßnahmen ergreifen und darüber Bericht erstatten.

Eine ähnliche Regelung zur Evaluierung von systemischen Risiken durch Anbieter von Sprachmodellen wird aktuell von mehreren Expert:innen gefordert. Unter den Anwendungsbereich des Gesetzes über Digitale Dienste fallen ausschließlich sehr große Plattformen im Bereich der sozialen Medien, so dass zwar die Verteilung illegaler durch Menschen generierte Inhalte dem „Notice and Action"-Verfahren unterliegt. Die Risiken der mit Sprachmodellen generierten Texte per se bleiben aber unbeachtet. Um dieser Regelungslücke zu begegnen, ist vorgeschlagen worden, einige der Verpflichtungen des Gesetzes über Digitale Dienste auch auf die Entwickler generativer KI auszuweiten. Dabei käme ein analoger Melde- und Aktionsmechanismus nach dem Gesetz über Digitale Dienste in Frage (vgl. Artikel 16 DSA). Die Nutzer von Sprachmodellen hätten dann die Möglichkeit, problematische Inhalte zu markieren und zu melden. Diese Meldungen könnten dann an die Entwickler und/oder Bereitsteller der Modelle weitergeleitet werden.[44]

Neben der rechtlichen Regulierung unterziehen sich Entwickler großer Sprachmodelle, wie z. B. OpenAI, auch freiwilligen Selbstverpflichtungen.[45] Hier werden u. a. Anforderungen für die Nutzung im Gesundheitsbereich, als Coaching und im Finanz- und Nachrichten-Bereich gestellt. Weiterhin beziehen sich Richtlinien, Leitlinien und Verhaltenscodizes auf die Problematik systemischer Risiken auf der Makro-Ebene. Im Verhaltenscodex gegen Desinformation verpflichten sich unterzeichnende Unternehmen zu Maßnahmen gegen Desinformation.[46] Hier werden insbesondere die Verbesserung der Medienkompetenz und Vertrauenswürdigkeit digitaler Inhalte und die Kooperation mit Faktenprüfer genannt. Die Unterzeichner sprechen sich für Instrumente zur Bewertung der Herkunft und Authentizität digitaler Inhalte durch Nutzer aus. Diese Instrumente und Maßnahmen sollen die Resilienz demokratischer Gesellschaften erhöhen.

Die Risiken von Sprachmodellen bezüglich generierter Misinformation werden im Gegensatz zu den Risiken auf der Mikro- und Meso-Ebene aktuell hauptsächlich durch freiwillige Maßnahmen und Selbstverpflichtungen aufgefangen. Es ist unklar, ob diese Maßnahmen ausreichen oder eine rechtliche Regulierungslücke besteht.

---

44 Philipp Hacker/Andreas Engel/Marco Mauer, *Regulating ChatGPT and other Large Generative AI Models*, arXiv 2023 (DOI: 10.48550/arXiv.2302.02337); Deutscher Bundestag 2023.
45 Open AI 2023.
46 Europäische Kommission, Strengthened Code of Practice on Disinformation, 2022, in [https://digital-strategy.ec.europa.eu/en/policies/code-practice-disinformation] (Zugriff: 03.10.2023).

5 Ausblick und Empfehlungen

Durch die Anwendung von KI-Textgeneratoren kommen neue Fragen zur Zukunft unserer Kommunikation, unseres Arbeitens und unseres Zusammenlebens auf. Zur Beantwortung dieser Fragen benötigen wir ein breites und interdisziplinäres Verständnis der Funktionsweise und der damit verbundenen komplexen Risiken durch Textgeneratoren.

Gegenwärtig ist das rechtliche Umfeld rund um KI eher von Unsicherheit und Unklarheit geprägt. Die Regulierung von Textgeneratoren stellt zudem eine besondere Herausforderung dar, weil es eine Vielzahl von Akteuren im Lebenszyklus generierter Inhalte gibt. Neben den Entwicklern und Anbietern von Sprachmodellen sind dies auch die Anwender von Sprachmodellen und Betreiber von Programmen zur Textgenerierung, sowie die Nutzer der Textgeneratoren und die Social Media Plattformen, über die die generierten Inhalte verteilt werden können. Bei der Entwicklung geeigneter Maßnahmen sollte ein breites Spektrum von Stakeholdern einbezogen werden, um eine möglichst umfassende und ausgewogene Sichtweise zu gewährleisten, damit Risiken auf der Mikro-, Meso- und Makro-Ebene gleichermaßen berücksichtigt werden.

Petra Gehring

Rechtspolitische Bemessung möglicher gesellschaftlicher Gefahren digitaler Technologien?

Zwei Gedankenexperimente mit anschließender Erwägung

Abstract: ChatGPT was accepted as a fact by those with political responsibility. Generative AI suddenly „appeared" and was discussed as an inevitable natural event. However, to what extent should one naturally accept that companies release newly developed digital products as a worldwide service without testing, without risk assessment, and also without the chance to prepare for any consequences? So far, there is no tradition of technology impact research for intellectual techniques (computing, reading, writing). Do people therefore mistakenly regard language technologies as harmless? This essay offers two thought experiments to illustrate this thesis. The deeper problem: Politics is evading responsibility here.

1 Gedankenexperimente

Stellen wir uns vor, ein US-amerikanisch-indischer Pharmakonzern namens *Open Imagination* – genauer: eine seiner Tochterfirmen, zuvor als nicht gewinnorientierte Forschungseinrichtung staatlich gefördert – hätte eine neuartige synthetische Droge auf den Markt gebracht. Die kleinen Tütchen mit dem weißen Pulver sind ein kostenfreies Angebot. Es handelte sich um eine frisch aus dem Forschungslabor zur Produktreife entwickelte, wohlschmeckende Substanz, die nach der Einnahme bei den Konsumentinnen und Konsumenten Wohlgefühl auslöst und über mehrere Stunden hinweg ihre Beredsamkeit enorm steigert: Die Leute formulieren auf einmal unglaublich schnell und sie drücken sich gut und differenziert aus, sogar in verschiedenen Sprachen – wobei ihnen dies allerdings nur gelingt, solange der Einfluss der Droge anhält. Sie lernen also nichts dazu, sie befinden sich lediglich temporär in einem veränderten Zustand.

   Die Droge scheint keine physischen Nebenwirkungen zu haben, auch wenn staatliche Tests dazu noch ausstehen. Allerdings beeinträchtigt die Droge den Verstand: Im Rausch halluzinieren diejenigen, die unter ihrem Einfluss stehen, auffällig oft wichtige Inhalte. Der Aussagengehalt der mündlichen und schriftlichen Produkte der zu – angesichts fehlender Vorkenntnisse – fabelhafter Kreativität berauschten Mitbürger ist fehlerhaft. Die Leute sagen unsinnige Sachen und bemer-

ᵃ Open Access. © 2024 bei den Autorinnen und Autoren, publiziert von De Gruyter. (cc) BY-NC-ND Dieses Werk ist lizenziert unter einer Creative Commons Namensnennung – Nicht kommerziell – Keine Bearbeitung 4.0 International Lizenz. https://doi.org/10.1515/9783111351490-022

ken es nicht. So schleichen sich etwa 20 % schwer vorhersehbare Fehler ein. Man kann nicht verantworten, was man unter dem Einfluss der Droge äußert. Im Rausch Gesagtes, Geschriebenes, Getanes ist nur nach aufwendigen Kontrollen nutzbar.

Dank bravouröser Logistik ist es *Open Imagination* gelungen, die neue Droge auf der ganzen Welt niedrigschwellig zugänglich zu machen. Die Behörden sind nicht vorgewarnt. Man findet die kleinen Tütchen ungefragt im Briefkasten, an Bushaltestellen und auf Supermarktparkplätzen stehen Automaten, die Zehnerpackungen ausgeben. An Schulen und Hochschulen werden ganze Container ausgeliefert. Die jungen Leute nippen das Pulver wie Brause und lachen über den Unsinn, der ihnen über die Lippen kommt.

Im Arbeitsleben wirft die neue „Produktivität" der Berauschten Probleme auf, zumal schon die schiere Menge der oft sinnlosen Kommunikation den beruflichen Alltag sowie das öffentliche Leben stark verändert. Man wird somit misstrauischer, die Herkunft von textlichen (und auch anderen zeichenförmigen) Artefakten muss gekennzeichnet, geprüft und qualitätsgesichert werden. Die Alternative ist, Quatsch hinzunehmen. Was ebenfalls geschieht. Es sind ja nur Worte, sagen die einen, während die anderen warnen: Eine Gesellschaft, die ihre eigene Kommunikation zu verachten beginnt, muss autoritäre Mittel zur Ordnung des Zusammenlebens nutzen. Die Frage stellt sich schon bei der Einnahme der Droge selbst. Denn eine Hauptschwierigkeit besteht darin, dass man die Menschen nicht davon abhalten kann, die Droge unentwegt zu sich zu nehmen – der Plapperzustand macht Freude, man genießt die eigene Kreativität. Warnende Stimmen sind unpopulär; Experten, die für mehr Fehlertoleranz werben, hört man hingegen gern zu. Das Bildungssystem kündigt an, künftig nur noch Hochbegabten (und gegen Entgelt) die Fähigkeit des fehlerfreien Schreibens im nüchternen Zustand vermitteln zu wollen. Politische Parteien beteuern, der anstehende Kulturwandel berge Chancen, man stelle die Versorgung mit der Droge daher sicher. *Open Imagination* verweist auf die enormen Umsätze, durch welche die Firma neue Märkte erschließe. Personen, die wirklich nüchtern bleiben wollen, gibt es bald kaum mehr – und so macht sich auch diesbezüglich ein neuartiges Vertrauensproblem breit: Als wer sprichst Du gerade? Weiß ich, dass Du meinst, was Du sagst? Sind wir unter dem Einfluss der Droge noch wir selbst?

Noch ein zweites Gedankenexperiment. Stellen wir uns vor, der irisch-tibetische Dienstleistungskonzern *Open Infancy* rollt – ohne dass die Möglichkeit von Derartigem zuvor auch nur von jemandem in Erwägung gezogen wäre – an einem einzigen, offenbar gut vorbereiteten, weltweit gleichen Stichtag im Spätsommer 2024 ein neuartiges Dienstleistungsangebot aus. Es handelt sich um eine Art lebenslangen Escort-Service, den Kinder und Jugendliche (oder ihre Eltern) kostenlos buchen und fortan nutzen können. Ein hochgelehrter Mönch (oder auch eine Nonne) einer altruistischen Religion wird die Nutzer des Dienstes stets begleiten und diesen die Beantwortung aller Wissensfragen wie auch alle Schreib- und Formulierungsaufgaben abnehmen. Der Begleiter erledigt alles perfekt, agiert völlig neutral und uneigennützig – ja sogar weitsichtig und klug. Wer den Escort von *Open Infancy* bei sich hat, ist jeglicher eigenen Bildungsanstrengung enthoben und wird im Grunde sogar besser gestellt als nach den jahrelangen Mühen einer Schulzeit, die persönliche Leistung im Sinne einer eigenständig erbrachten Leistung fordert.

Ein begleitetes Leben, selbst eingeschränkt, aber perfekt unterstützt, gewidmet also nur den Hobbys? Auch wenn Bildungsexperten Bedenken äußern, liegen die Vorteile des Angebotes nicht nur für die jugendlichen Interessenten auf der Hand. Die Nachfrage ist riesig und kann auch sofort befriedigt werden: Das Unternehmen hat tatsächlich ganze Legionen dieser dienstbaren Geister vorausschauend auf allen Weltkontinenten bereitgestellt.

Anfängliche Befürchtungen, der Escort-Service könne im Alltag irgendwie stören, lösen sich bald in Luft auf. *Open Infancy* hat seine Leute nicht nur gut geschult, sondern auch perfekt motiviert. Die Begleit-Mönche und -Nonnen erweisen sich als angenehm im Umgang, stets diskret, bedürfnisarm und erleben ihre Aufgabe – der sie sich freiwillig widmen, wie sie auf Nachfrage auch geduldig bestätigen – als in jeder Hinsicht erfüllend.

Der Arbeitsmarkt begrüßt die Neuerung, denn *Open Infancy* wächst schnell und erbringt seine Dienste auch am Arbeitsplatz der so versorgten jungen Leute stabil; selbst freiwilliges Analphabetentum stört nicht mehr, da der neue Dienst die fehlenden Kompetenzen mehr als ausgleicht. Zwar gilt es, zumindest dort, wo bei der Arbeit Wissen gefragt ist, Raum und Sitzplätze für das dienstbare *Open Infancy*-Personal vorzusehen. Auch Kantinen und Hotels erhöhen ihre Kapazitäten. Die gesteigerte Arbeitsproduktivität der für das Gehalt einer einzigen Person tätigen *Open Infancy*-Tandems wiegt solche Mehrkosten jedoch um ein Vielfaches auf. Der neue Dienst sorgt für einen nachhaltigen Wirtschaftsaufschwung auf der ganzen Welt. Auch die Einsparungen im Bildungssystem sind eklatant.

Warnungen, hin und wieder würden Gewalthandlungen von OI-Jugendlichen gegen ihre Escort-Person vermeldet, der neue Dienst könne überhaupt den sozialen Frieden gefährden, stufen Sicherheitspolitiker als übertriebene Befürchtung ein. Auch *Open Infancy* selbst teilt mit, man tue alles, um den von ihren Angestellten begleiteten Personen den Alltag so angenehm wie möglich zu gestalten – und dies wirklich ein Leben lang.

2 Erwägungen

Was ist das Gemeinsame dieser Gedankenexperimente? Natürlich, dass sie schon deshalb unrealistisch sind, weil in beiden Fällen nationalstaatliche Behörden eingreifen würden. Medikamente bedürfen einer Zulassung; man darf nicht einfach Drogen auf den Markt bringen. Und gerade psychogene Substanzen stehen unter besonderem Verdacht – nicht nur eine Gefahr für den Körper, sondern auch für die öffentliche Sicherheit zu sein. Ähnliches gilt für die Abschaffung des Bildungsgedankens und den faktischen Verzicht auf eine Schulpflicht für große Teile der Jugend. Gleichheit aller und maximaler Kompetenzerwerb sind jedenfalls in den Verfassungen der meisten Länder fest verankerte Güter. Die Vorstellung, eine Firma könnte einen – noch dazu derart perfekten – Entmündigungsdienst global etablieren kann, würde nicht nur durch heftige kritische Diskussionen, sondern auch durch ein Einschreiten von Gerichten und Behörden verhindert. Auch Sektenbeauftragte und Menschenrechtsvereinigungen würden Sturm laufen, da *Open Infancy* Abhängigkeiten schafft und auch offenkundig diskriminiert. Ob der Dienst je eine Zulassung für sein Geschäftsmodell erhalten würde, stünde dahin.

Als der US-amerikanische, vermeintlich nicht gewinnorientierte Konzern *Open AI* im Spätherbst 2022 seinen weltweit zugänglichen Chatbot *ChatGPT* freischaltet, befindet sich die Welt einige Tage im Schock. Man spricht von einer Revolution, der Dienst wird in kürzester Zeit von mehr Menschen erprobt als je ein anderes Angebot im Internet. Urheberschaft, Authentizität sowie die Erkennbarkeit und auch Richtigkeit der maschinengenerierten Text-Artefakte – oder eigentlich: der Hybridprodukte, die menschliche Nutzerinnen und Nutzer mittels des Bots erstellen – sprengen unsere überkommenen Gewissheiten dessen, wie wir „Sprache" im Alltag Menschen zurechnen können. Ebenso entsteht sehr viel gut verpackter Unsinn, da das von *Open AI* kreierte System irreführend schlüssig klingende Sprachteppiche erzeugt, deren Gehalt – also Botschaften – jedoch weder ein Verstand noch ein Fakten-Check absichert. Die eigentliche Leistung der auf ein Gesamtsprachmodell aufsetzenden Software ist von daher die Simulation oder aber die Nachahmung von sprachlichem Sinn. Prüfen und als Maschinenprodukt kennzeichnen lassen sich die Texte aufgrund ihrer linguistischen Qualität gleichwohl nicht. Im Gegenteil lässt sich das System sogar zur gezielten Imitation beispielsweise eines individuellen Sprachstils einsetzen, was seine im Kern simulative Leistungsfähigkeit verstärkt.

Sinnsimulatoren, die bis zu 80 % treffsicher „richtige" Sätze aneinanderfügen: Auch das berührt einen Grundbestand der gesellschaftlichen Ordnung. Dennoch werden „Risiken" entweder gar nicht oder in absurder Weise – ob hier eine übermenschliche Intelligenz entstünde – diskutiert. Lediglich Italien hat das Angebot für einige Tage blockiert. Der einsetzende Diskurs über „Chancen" der neuen Technologie sowie der Wettbewerb darum, zu den Anbietern vergleichbar erfolgreicher Sprachdienste zu gehören, übertönt nicht nur die Bedenken äußernden Stimmen, sondern lässt selbst den Gedanken, sich erst einmal Zeit für ein *technology assessment* zu nehmen, gar nicht aufkommen. Anders gesagt lassen sich die Regierungen weltweit auf ein Realexperiment ein. Generative KI ist „da" und wird –

politisch – in der Art eines Naturereignisses akzeptiert. Sollte die neue Technologie Gefahren bergen, sind die Technikfolgen irreversibel.

Es gibt in Deutschland mehrere Bundesbehörden, die der Verträglichkeit und dem Nutzen von Lebensmitteln und Drogen nachgehen, bevor diese eine Marktzulassung erhalten, unter anderem ein Institut für Arzneimittelzulassung (BfArM). Entsprechend schwer haben es neue Substanzen. Ebenso würde die Vereinbarkeit von bildungsersetzenden Begleitdiensten, ließe eine Regierung sie schlichtweg gewähren, sofort von Gerichten geprüft und mit großer Sicherheit gestoppt werden. Gewerkschaften, Bildungseinrichtungen und Massenmedien würden die Sache nicht als technologische Neuerung loben, sondern eine Antidiskriminierungskampagne starten.

Ein Bundesamt, das Sprachtechnologien – oder allgemeiner gesprochen: die disruptiven und potenziell zerstörerischen Folgen neuer Intellektualtechnologien – prüft, gibt es nicht. Dabei hat man in den letzten Jahren die massiven Schäden erlebt, die das durch Desinformation und Hass zunehmend toxische halbprivate Internet (also „Soziale Medien") Gesellschaften, Öffentlichkeiten wie auch Einzelpersonen zufügt. Bürgerinnen und Bürgern, für welche Politik Verantwortung trägt, werden vor den Auswirkungen automatisierter Digitalkommunikation nicht geschützt. *Open AI* konnte seinen Dienst freischalten, und es wurden hinsichtlich der Folgen seiner massenhaften Nutzung noch nicht einmal prüfende (geschweige denn vorsorgliche) Vorkehrungen getroffen.

Selbst neue Computerspiele unterliegen in Deutschland einer strengeren Regulierung: Nur Volljährige dürfen sie nutzen, wenn sie sich nicht der Selbstkontrolle der Spieleindustrie unterwerfen, und die Bundesprüfstelle für jugendgefährdende Medien kann sie indizieren. Inzwischen zeichnet sich ab, dass auch die EU generative Sprach-KI nicht als Fall einer Risikoanwendung von künstlicher Intelligenz bewerten wird. Auch hier scheint man die Risiken, um die sich Rechtspolitik kümmert, auf das Leitbild „physischer" Gefahren zu beschränken. Müssen sich nicht aber mögliche gesellschaftliche Gefahren digitaler Sprachtechnologien von vornherein ganz anders bemessen?

VI Sprache, Wahrheit und Kommunikation

Constanze Spieß

Keine Panik vor der KI – Zuschreibungshandlungen in Diskursen über Künstliche Intelligenz

Eine linguistische Perspektive

Abstract: In public-political discourses, there has been a more or less intensive debate on Artificial Intelligence since the mid-1960s; current technological innovations are giving rise to an intense discourse about the pros and cons, risks, and opportunities of Artificial Intelligence (AI). The linguistic phenomena in this discourse provide insights into how we construct AI, what image we have of it, what abilities are attributed to it, and what notions are associated with AI, both positively and negatively. The article focuses particularly on attributions, metaphors, and argumentation patterns.

1 Einführung

Künstliche Intelligenz stellt eine gesellschaftlich umstrittene technologische Innovation dar, deren Potenziale zum einen als große Chance, zum anderen aber auch als Gefahr für die Menschheit konzeptualisiert werden. Künstliche Intelligenz (KI) wird im öffentlichen Diskurs nicht nur als Schlüsseltechnologie diskutiert, der Ausdruck *Künstliche Intelligenz* selbst hat sich zu einem Schlüsselwort im Diskurs etabliert, mit dem verschiedene Vorstellungen über Künstliche Intelligenz verbunden werden. Diese Vorstellungen werden sprachlich konstituiert. Dabei ist der Ausdruck *Künstliche Intelligenz* nicht neu.

In medialen Debatten wurde er bereits in den 1960er Jahren eingeführt und im Deutschen Bundestag wurde erstmals 1984 über Formen Künstlicher Intelligenz debattiert.

Neu an der aktuellen Situation ist aber, dass sich Künstliche Intelligenz in einer rasanten Geschwindigkeit zu entwickeln scheint. Diese rasche Entwicklung hat Auswirkungen auf die Art und Weise, wie über die Technologie im öffentlichen Diskurs gesprochen wird.

Der vorliegende Beitrag befasst sich mit einem Ausschnitt aus dem öffentlichen Diskurs über Künstliche Intelligenz. Es wird untersucht, mit welchen sprachlichen Mitteln über Künstliche Intelligenz gesprochen wird und welche kommunikativen Funktionen mit den je verschiedenen sprachlichen Konstitutionen im öffentlich-

ᵃ Open Access. © 2024 bei den Autorinnen und Autoren, publiziert von De Gruyter. [cc] BY-NC-ND Dieses Werk ist lizenziert unter einer Creative Commons Namensnennung – Nicht kommerziell – Keine Bearbeitung 4.0 International Lizenz. https://doi.org/10.1515/9783111351490-023

politischen Diskurs realisiert werden. Dabei spielen Zuschreibungshandlungen eine zentrale Rolle. Ausgangspunkt und Grundlage des Beitrags bildet eine handlungsorientierte Auffassung von Sprache, die im folgenden Abschnitt zunächst erörtert wird. In einem weiteren Schritt wird der Zusammenhang zwischen sprachlicher Handlung und Diskursen als Bedingungsmöglichkeiten für das Sprechen über KI erläutert, um im Anschluss daran das Konzept der Zuschreibungen als Teil von Stancetaking-Aktivitäten vorzustellen. Abschnitt 5 geht auf wichtige Befunde der empirischen Analyse ein. Ein Resümee beschließt den Beitrag.

2 Sprachliches Handeln – Bestimmungsstücke

Gegenstand des Beitrags ist die Frage nach der Art und Weise, wie KI in Diskursen sprachlich konstituiert wird. Grundlage ist demnach eine konstruktivistische Perspektive, die zudem davon ausgeht, dass Sprechen (soziales) Handeln ist. Wie aber ist ein solcher pragmalinguistischer Begriff sprachlichen Handelns näherhin zu beschreiben?

Durch sprachliches Handeln wird Welt konstruiert.[1] Sprachliches Handeln ist dabei durch vier Bestimmungsstücke gekennzeichnet: Leiblichkeit, Sozialität, Zeitlichkeit und Epistemizität. Zum einen ist sprachliches Handeln immer schon gebunden an körperliche Tätigkeit. Deppermann spricht von „verkörperter Praktik"[2], denn der Körper ist beteiligt beim Sprechen, Lesen, Schreiben. Zudem ist sprachliches Handeln häufig gekennzeichnet durch Multimodalität, insofern als Sprechen/ Schreiben mit anderen semiotischen Modalitäten in situierten Kontexten koordiniert wird und in übergeordnete Praktiken integriert ist, was Deppermann als „umfassende praxeologische Einbettung des sprachlichen Handelns"[3] beschreibt.

Das Soziale ist Bedingungsmöglichkeit und „Konstitutionsgrund sprachlicher Praxis"[4]. Sprachliches Handeln findet in intersubjektiven, interpersonellen Strukturen statt, ist beeinflusst durch soziale, institutionell und kulturell geprägte Zwecke der an der sprachlichen Interaktion Teilnehmenden sowohl auf der Mikroebene wie auch auf der Makroebene. Die Bedeutung von sprachlichen Handlungen wird

---

1 Vgl. Peter Berger/Thomas Luckmann, *Die gesellschaftliche Konstruktion der Wirklichkeit. Eine Theorie der Wissenssoziologie*, Frankfurt a. M. [20]2004.
2 Arnulf Deppermann, „Pragmatik *revisited*", in *Sprachwissenschaft im Fokus. Positionsbestimmungen und Perspektiven*, hg. von Ludwig Eichinger, Berlin/Boston 2015a, 328.
3 Ebd., 330.
4 Ebd., 335; vgl. Constanze Spieß, „Die sprachlich-diskursive Konstitution von Weltanschauung und Weltbild im Stammzelldiskurs durch Lexik, Metaphorik und Argumentationsmuster", *tekst i dyskurs – Text und Diskurs*, Bd. 4, 2011b, 70–72.

demzufolge sozial konstituiert, die soziale Konstitution erfolgt dabei prozessual und wechselseitig, u. a. durch Zuschreibungshandlungen der beteiligten Diskursakteur: innen (s. Abschnitt 4 in diesem Beitrag)[5].

Sprachliches Handeln hat immer schon eine zeitliche Dimension, insofern es – ob mündlich oder schriftlich – prozessual erfolgt. Es ist sequenziell (in der Mündlichkeit) und seriell (in der Schriftlichkeit) organisiert, simultan mit anderen Handlungsressourcen verknüpft, zugleich aber retrospektiv und projektiv ausgerichtet. Sprachliches Handeln ist demzufolge eingebunden in historische Kontexte, sprachlich Handelnde nehmen im gegenwärtigen Handlungsvollzug Bezug auf Vergangenes und entwerfen Zukünftiges bzw. stellen die Bedingungen für zukünftige sprachliche Handlungen dar. Deutlich wird das beispielsweise an den sprachlichen Belegen 9, 12 und 13 (s. u.), die unter Rückgriff auf Vergangenes, Bezug auf die Gegenwart und die Zukunft nehmen. Der sprachliche Bezug auf rasante technologische Entwicklungen bezieht sich unter Verweis auf die aktuelle Situation auf zukünftiges Handeln und macht dadurch ein „Anschlusshandeln erwartbar"[6].

Sprachliches Handeln ist durch praktisch-soziokognitive Prozesse von Aufmerksamkeitskoordination, Perspektivübernahme oder -verweigerung, durch Intentionszuschreibungen und die Rezeption von Intentionen gekennzeichnet. In der Interaktion wird auf Wissensbestände rekurriert und Wissensbestände werden dadurch aktiviert. Wir agieren auf der Basis des geteilten Wissens, das vor dem Hintergrund der Beteiligungsstruktur und der damit verbundenen Adressat:innenorientierung aktiviert und dabei auch modifiziert wird. Zuschreibungen von Handlungen und Eigenschaften erfolgen vor diesem Hintergrund.

Dies gilt es bei der Rezeption von Kommunikaten und deren Analyse im Hinblick auf sprachliche Phänomene der Konstitution von KI zu beachten. Da sprachliches Handeln immer schon situativ verortet und auf Kontexte angewiesen ist,

---

5 In gesprächslinguistischen Arbeiten spricht man von der Beteiligtenstruktur bzw. dem recipient design. „By ‚recipient design' we refer to a multitude of respects in which the talk by a party in a conversation is constructed or designed in ways which display an orientation and sensitivity to the particular other(s) who are the co-participants. In our work, we have found recipient design to operate with regard to word selection, topic selection, admissibility and ordering of sequences, options and obligations for starting and terminating conversations, etc.[...].", Harvey Sacks et al., „A simplest systematics for the organization of turn-taking for conversations", *Language*, Bd. 50(4), 1974, 727. In diskurslinguistisch orientierten Arbeiten wurde der von Kühn geprägte Begriff der Adressat: innenorientierung eingeführt, wobei die Adressat:innenorientierung m. E. zu kurz greift, da nur die Perspektive der Sprechenden und nicht aller an der Interaktion Beteiligten in den Blick genommen wird. Siehe hierzu: Peter Kühn, *Mehrfachadressierung. Untersuchung zur adressatenspezifischen Polyvalenz sprachlichen Handelns*, Tübingen 1995. Es spricht somit nichts dagegen, das Konzept der Beteiligtenstruktur auf überindividuelle Diskurse anzuwenden.
6 Deppermann 2015a, 334.

zugleich aber Kontexte hervorbringt, muss davon ausgegangen werden, dass sprachliches Handeln immer schon in Diskurse eingebunden ist und Diskurse Bedingungsmöglichkeiten sprachlichen Handelns darstellen.

3 Diskurse als Bedingungsmöglichkeiten

Diskurse werden in einer linguistischen Perspektive als Ansammlungen von Aussagen, Äußerungen, Texten, Gesprächen, kommunikativen Formaten zu einem Thema aufgefasst, die durch die Merkmale der Serialität, Prozessualität, Dynamik, Kontextualität, Gesellschaftlichkeit, Öffentlichkeit, Medialität, Intertextualität bestimmt und geprägt sind.[7]

Diskurse sind in diesem Zusammenhang und im Anschluss an Foucault als Formationen von Wissen aufzufassen, innerhalb derer Wissen musterhaft und seriell erscheint sowie prozessiert wird; getragen werden Diskurse durch kommunikative Aktivitäten unterschiedlicher Formen. Foucault definiert Diskurse als Formationssysteme von Wissen:

> Unter Formationssystem muß man also ein komplexes Bündel von Beziehungen verstehen, die als Regel funktionieren: Es schreibt das vor, was in einer diskursiven Praxis in Beziehung gesetzt werden mußte, damit diese sich auf dieses oder jenes Objekt bezieht, damit sie diese oder jene Äußerung zum Zuge bringt, damit sie diesen oder jenen Begriff benutzt, damit sie diese oder jene Strategie organisiert. Ein Formationssystem in seiner besonderen Individualität zu definieren, heißt also, einen Diskurs oder eine Gruppe von Aussagen durch die Regelmäßigkeit einer Praxis zu charakterisieren.[8]

Formationen von Wissen werden folglich dynamisch prozessiert. Für das Sprechen über KI bedeutet das, dass die Konstitution von KI und damit verbundene Fragen, wie wir uns KI vorstellen, was KI für uns darstellt und bedeutet, nicht abgeschlossen sind.

Diskurse stellen aus einer linguistischen Perspektive dabei Ensembles von Äußerungen zu einem spezifischen Thema dar. Die einzelnen Äußerungen sind in größere Zusammenhänge eingebettet und thematisch vernetzt,[9] wobei die Äußerungen sich aus einem Zusammenspiel unterschiedlicher Modalitäten begründen können (klassisch und häufig z. B. durch Text-Bild-Gefüge).

---

7 Vgl. hierzu Constanze Spieß, *Diskurshandlungen. Theorie und Methode linguistischer Diskursanalyse am Beispiel der Bioethikdebatte*, Berlin/Boston 2011a.

8 Michel Foucault, *Archäologie des Wissens*, Frankfurt a. M. 1981, 108.

9 Vgl. Dietrich Busse/Wolfgang Teubert, „Ist Diskurs ein sprachwissenschaftliches Objekt? Methodenfrage der historischen Semantik", in *Begriffsgeschichte und Diskursgeschichte. Methodenfragen und Forschungsergebnisse der historischen Semantik*, hg. von Dietrich Busse, Opladen 1994, 10–28.

Diskurslinguistische Ansätze stellen zumindest zwei Fragen: Wie wird dieses wertende Wissen über KI in Form von Positionierungen und Stancetaking-Aktivitäten, die u. a. als Zuschreibungen von Eigenschaften und Handlungen formuliert werden und in komplexe Argumentationen eingebettet sind, in den hier untersuchten Diskurstexten sprachlich hervorgebracht, im Diskurs sedimentiert und/oder kolportiert? Welche konkreten sprachlichen Ebenen und damit verbundenen sprachlichen Phänomene spielen dabei eine zentrale Rolle und werden innerhalb von kommunikativen Praktiken,[10] die Elemente von Diskursen sind, diskursiv erzeugt?

4 Zuschreibungshandlungen

Über Zuschreibungshandlungen werden in Diskursen Sachverhalte, Gegenstände, Ideen und Konzepte konstituiert und diskursiv verhandelt. Mit der Zuschreibung findet zugleich eine Bewertung des Gegenstands, des Sachverhalts, der Idee oder des Konzepts statt sowie eine Positionierung zum entsprechenden Gegenstand etc. Ein Konzept, mittels dessen Zuschreibungshandlungen theoretisiert werden können, stellt das Stancetaking-Konzept im Anschluss an Dubois 2007 dar. Zuschreibungshandlungen sind dabei Ausprägungen von Positionierungshandlungen, welche im Komplex der Stancetaking-Aktivität zu erörtern sind.[11] Stancetaking und Positionierung sind diskursive Aktivitäten, die sprachliche Handlungen konstituieren und die durch sprachliche Handlungen zur Geltung kommen. Da sprachliches Handeln immer schon aus einer bestimmten Perspektive erfolgt, sind Stancetaking-Aktivitäten in jeglichen kommunikativen Akten mehr oder weniger deutlich integriert; Sachverhalte/Konzepte/ Handlungen werden mehr oder weniger stark in den verschiedensten kommunikativen Praktiken durch Stellung beziehende Akte bewertet. So auch beim Sprechen über KI. Du Bois beschreibt den Akt des Stancetaking, als „[to] evaluate something, and thereby position myself, and thereby align with you."[12]. Akte des Stancetaking umfassen im Wesentlichen drei Aspekte:

a) den Aspekt der Bewertung von Sachverhalten, Gegenständen, Objekten, Ideen, Handlungen usw.

---

10 Zum Konzept der kommunikativen Praktiken vgl. Arnulf Deppermann/Helmuth Feilke/Angelika Linke, „Sprachliche und kommunikative Praktiken: Eine Annäherung aus linguistischer Sicht", in *Sprachliche und kommunikative Praktiken,* hg. von dens., Berlin/Boston 2016. Der Begriff der Praktiken umfasst auch die sprachlichen Handlungen, die in soziale Praktiken (zu denen die kommunikativen Praktiken zählen) eingebettet sind.
11 Vgl. hierzu John Du Bois, „The Stance triangle", in *Stancetaking in discourse Subjectivity, evaluation, interaction,* hg. von Robert Englebretson, Amsterdam 2007.
12 Ebd., 163.

b) den Aspekt der Positionierung der Akteure zum Sachverhalt, Gegenstand, Objekt, zur Idee bzw. Handlung usw. und zugleich
c) die Ausrichtung der Akteure untereinander.

Die Bewertung von Sachverhalten, Gegenständen, Objekten, Ideen und Handlungen, die Positionierung von Diskursakteur:innen dazu sowie die Ausrichtung der Akteur:innen untereinander kann dabei explizit oder implizit erfolgen. Implizit zeigt sich dies u.a. durch den Sprachgebrauch, beispielsweise durch gruppenspezifisches Vokabular oder in der Argumentation durch Widerlegung oder Bestätigung von Argumenten oder aber in der Verwendung von Metaphern. Ohne Bezug auf Stancetaking haben sich Lucius Hoene/Deppermann mit der sprachlichen Aktivität der Positionierung auseinandergesetzt. Sie verstehen darunter „zunächst ganz allgemein die diskursiven Praktiken, mit denen Menschen sich selbst- und andere in sprachlichen Interaktionen aufeinander bezogen als Personen her- und darstellen, welche Attribute, Rollen, Eigenschaften und Motive sie mit ihren Handlungen in Anspruch nehmen und zuschreiben, die ihrerseits funktional für die lokale Identitätsher- und -darstellung im Gespräch sind [...]."[13]

Im vorliegenden Beitrag wird unter Positionierungen, die immer schon im Kontext von Stancetaking-Aktivitäten erfolgen, eine ideologisch[14] gebundene Aktivität der Zuschreibung von Attributen, Eigenschaften, Verhaltensweisen als Formen der Bewertung von Sachverhalten verstanden.

Bei Stancetakingaktivitäten nehmen die Akteure durch sprachliche Mittel Bezug aufeinander, insofern sie sich durch den Sprachgebrauch entweder abgrenzen oder bestimmte Ausdrucksphänomene affirmativ verwenden. Die Akteure bewerten mittels Sprachgebrauch einen Sachverhalt/eine Idee/ein Objekt/eine soziale Gruppe/eine Person etc. und positionieren sich mit dem Sprachgebrauch zu den jeweiligen Akteur*innen. Dabei werden sowohl durch Abgrenzungs- als auch durch Affirmationshandlungen zugleich die Gegenstände im Diskurs hervorgebracht.

Es lässt sich also festhalten, dass Stancetaking- und Positionierungsaktivitäten von Akteuren in Diskursen realisiert werden. Sie stellen sprachliche Handlungen dar, die Bezug nehmen auf Vergangenes und Zukünftiges hervorbringen, sie sind

---

13 Gabriele Lucius-Hoene/Arnulf Deppermann, „Narrative Identität und Positionierung", *Gesprächsforschung – Online-Zeitschrift zur verbalen Interaktion*, Bd. 5, 2004, 168, in [http://gespraechsforschung-online.de/heft2004/ga-lucius.pdf] (Zugriff: 18.10.2023).
14 Zum hier verwendeten Begriff der *Ideologie*, der an Valentin N. Vološinov, „Marxismus und Sprachphilosophie. Grundlegende Probleme der soziologischen Methode in der Sprachwissenschaft", hg. und mit einer Einleitung versehen von Samuel M. Weber, Berlin/Frankfurt a.M. 1975, sowie an Karl Mannheim, *Ideologie und Utopie*, Frankfurt a.M. ⁹2015 anschließt, vgl. Spieß 2011a und Spieß 2011b.

eingebunden in situierte Kontexte, zugleich bringen sie Kontexte hervor. Stanceta-king- und Positionierungsaktivitäten sind somit als dynamische, interaktive Formen der Einstellungs- und Bewertungsbekundung aufzufassen.

Du Bois hat zur Veranschaulichung von Stancetakingaktivitäten ein Stance-dreieck entwickelt (Abb. 1).

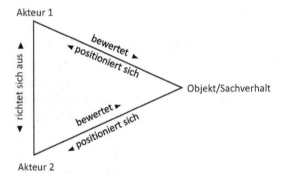

Abbildung 1: Stancedreieck.[15]

Bezieht man nun den Sprachgebrauch in das Modell mit ein, ergibt sich folgendes modifiziertes Stancedreieck (Abb. 2).

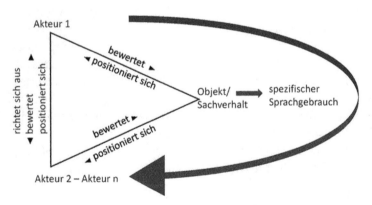

Abbildung 2: Modifiziertes Stancedreieck im Anschluss an Du Bois.[16]

---

15 Du Bois 2007, 163.
16 Vgl. auch Constanze Spieß, „Stancetaking- und Positionierungsaktivitäten im öffentlichen Metasprachdiskurs über jugendliche Sprechweisen. Eine Analyse von User*innen-Kommentaren im Web", in *Jugendsprachen/Youth Languages* hg. von Arne Ziegler, Berlin/Boston 2018.

Zusammenfassend lässt sich also festhalten, dass Sprache eine zentrale Rolle bei der Etablierung von Vorstellungen über die Künstliche Intelligenz spielt. Welche sprachlichen Mittel genutzt werden, um KI im Diskurs zu konstituieren, soll im folgenden Abschnitt präsentiert werden.

5 Befunde einer Pilotstudie

Der vorliegende Beitrag versteht sich als qualitative Pilotstudie. Es wurden für den Zeitraum von 2019 bis 2023 ca. 40 Texte (22 Medientexte aus Debattenreihen der SZ und 16 Debattenreden aus der 42. Sitzung des Bundestages in der 19. Wahlperiode, Tagesordnungspunkt 5) zum Thema KI ausgewählt und qualitativ im Hinblick auf sprachliche Strategien der Konstitution von KI untersucht, wobei der Fokus auf Zuschreibungshandlungen gelegt wurde.

Die Debattenreden sind über das Recherchetool Discourse Lab der TU Darmstadt in aufbereiteter Form zugänglich, aber auch auf dem Dokumentenserver des Deutschen Bundestages recherchierbar.[17] Annotiert wurden Zuschreibungen in den Kategorien, Handlungen, Eigenschaften sowie Argumentationsmuster und Metaphern. Dabei ist anzumerken, dass die Zuschreibungshandlungen häufig innerhalb von Argumentationen oder Metaphern erfolgen. Sowohl Zuschreibungen, Argumentationsmuster und Metaphern erfolgen aus einer je spezifischen Perspektive, somit geben diese sprachlichen Spuren einen Einblick in die ideologische Verortung des Gesagten bzw. Geschriebenen.

Das Sprechen über Künstliche Intelligenz/KI stellt dabei kein Novum dar. Schaut man in die Bundestagsprotokolle, so findet sich die Verwendung des Ausdrucks seit 1984. Zu diesem Zeitpunkt ist die Verwendung noch sehr gering, ein deutlicher Anstieg ist dann ab den 2015er Jahren im Deutschen Bundestag festzustellen. Besonders hoch ist der Wert jedoch 2018, denn da wurde im Bundestag über die Einsetzung einer Enquete-Kommission zum Thema KI debattiert (s. u.).

Im DWDS-Zeitungskorpus findet sich eine erste Erwähnung im Jahre 1964, ein deutlicher Anstieg findet sich hier seit den 2015er Jahren (siehe hierzu Abbildung 4).

---

17 Deutscher Bundestag, „Plenarprotokolle", in [https://www.bundestag.de/protokolle] (Zugriff: 18.10.2023).

Abbildung 3: Verwendung des Ausdrucks Künstliche Intelligenz in Bundestagsdebattenreden.

NEAR("künstliche","Intelligenz",1) – Verlaufskurve

Abbildung 4: DWDS-Wortverlaufskurve für „NEAR(„künstliche", „Intelligenz",1)", erstellt durch das Digitale Wörterbuch der deutschen Sprache.[18]

---

18 [https://t1p.de/o0gsy] (Zugriff: 13.10.2023).

5.1 Zuschreibungen

Wie bereits oben kurz erläutert, stellen Zuschreibungshandlungen Phänomene dar, durch die Künstliche Intelligenz sprachlich konstituiert wird. Zuschreibungshandlungen erfolgen dabei u. a. durch Attribuierungen oder Prädikationen, indem der Künstlichen Intelligenz Eigenschaften oder Handlungen zugewiesen werden. Da die erfolgten Zuschreibungen zumeist wertend sind (*disruptiv, selbstlernend, wegweisend* etc.), kommen dabei zugleich Positionierungen zum Sachverhalt KI zum Ausdruck. Folgende Belege geben zunächst einen kleinen Einblick in Zuschreibungshandlungen. Die Belege stammen aus der Bundestagsdebatte vom 28.6.2018, in der darüber abgestimmt wurde, ob eine Enquete-Kommission zum Thema „Künstliche Intelligenz – Gesellschaftliche Verantwortung und wirtschaftliche, soziale und ökologische Potenziale" eingesetzt wird. Die Hervorhebungen wurden von mir hinzugefügt.

(1) Sehr geehrter Herr Präsident! Liebe Kolleginnen und Kollegen! „Warum eine Enquete-Kommission zur KI?", fragen viele, wo Frankreich bereits sein eigenes KI-Zentrum hat und die Bundesregierung in drei Wochen Eckpunkte ihrer Strategie dazu vorstellen wird. Die Antwort liegt auf der Hand: Ich glaube, wir sind gut beraten, eine gesamtgesellschaftliche Debatte über diese neue *disruptive Technologie* zu führen. *Künstliche Intelligenz ist* eine oder vielleicht sogar die *größte Treiberin der Digitalisierung*. Mit dem Sprung von rechnender zur kognitiven Informatik *stellt sie einen Paradigmenwechsel* dar. *Selbstlernende Maschinen* können Dinge tun, die bislang nur Menschen konnten, und vieles, was sie tun, *können sie besser, präziser und effizienter* als wir: Berechnungen aus gigantischen Datenmengen, die kein Mensch Zeit seines Lebens so je erfassen könnte, gehören dazu, Produktionsabläufe, Tätigkeiten wie Autofahren, Berufe im Banken-, Versicherungs- und Gesundheitswesen. *KI wird* fast alle unsere *Lebens- und Arbeitsbereiche beeinflussen*, und zwar mehr, *tiefgreifender und vermutlich auch schneller*, als die meisten von uns sich das heute vorstellen können. Sie wird *wegweisend* sein für unsere Zukunft wie keine andere Entwicklung im technologischen Bereich. Möglicherweise stehen wir schon in Kürze vor bahnbrechenden Durchbrüchen.[19]

(2) Wir erleben atemberaubende Entwicklungen, die wir zum Teil in ihren Auswirkungen auf Arbeitswelt und Umwelt, auf die Wirtschaft unseres Landes, aber auch auf das Wichtigste, das Menschsein, noch nicht voll-

---

19 Sören Bartol (SPD), *Bundestagsdebatte 19042*, 19. Wahlperiode, 42. Sitzung, 28.6.2018; online unter [https://dserver.bundestag.de/btp/19/19042.pdf] (Zugriff: 16.10.2023).

ständig erfassen können. (Beifall bei der AfD) Menschsein, das ist mehr als Eizelle, Samen, DNA. Es ist der Verstand, die Kraft, zu gestalten. Es ist vor allem eines: Empathie. Sobald KI befähigt ist, kognitive, emotionale und soziale Intelligenz abzubilden, werden Risiken wie auch Chancen uns vor unvorstellbare Herausforderungen in allen Lebensbereichen stellen. *KI ermöglicht aber auch staatliche Überwachung.*[20]

(3) Alles scheint möglich mit künstlicher Intelligenz. Deshalb ist es kein Hype, über den plötzlich alle sprechen, weil es gerade modern ist; es ist Fakt, dass *KI derzeit der größte Treiber der Digitalisierung ist und nahezu alle Bereiche – von der Medizin über die Mobilität bis hin zur Produktion oder auch das Versicherungswesen, ja sogar das Management von Konzernen – beeinflusst und mitgestaltet.* Diese enorme Entwicklung vollzieht sich nicht nur bei uns. Die größten Treiber sind US-amerikanische Großkonzerne und die Volksrepublik China. Gerade bei China beobachten wir, dass massiv investiert wird, dass KI entwickelt und auch angewandt wird, allerdings auf einem ganz anderen Wertefundament, als wir das wollen.[21]

(4) Wenn Marc Zuckerberg euphemistisch sagt, dass diejenigen, die gegen künstliche Intelligenz seien, sich dafür verantworten müssten, in Zukunft Krankheitsbekämpfung verhindert zu haben, so bin ich längst nicht bei ihm. Es macht mich nachdenklich, wenn Stephen Hawking als grandioser Physiker befürchtete, dass *künstliche Intelligenz möglicherweise das Schlimmste sei*, was der Menschheit passieren könnte. Vor dem Hintergrund dieser sehr unterschiedlichen Einschätzungen von künstlicher Intelligenz wäre es doch geradezu pflichtverletzend, wenn wir uns als Parlament mit dieser zukünftig stärker in die Gesellschaft eintretenden Technologie nicht befassen würden. Deswegen ist es richtig, dass wir die Enquete-Kommission einsetzen, die sich mit rechtlichen, ethischen und gesellschaftlichen Fragen zum Thema „Künstliche Intelligenz" auseinandersetzen muss; denn anders als vor 20 oder auch 10 Jahren können wir heute Maschinen tatsächlich in die Lage versetzen, *so intelligent zu entscheiden*, wie das früher nur Menschen konnten.[22]

---

20 Uwe Kamann (AfD), *Bundestagsdebatte 19042*, 19. Wahlperiode, 42. Sitzung, 28.6.2018; online unter [https://dserver.bundestag.de/btp/19/19042.pdf] (Zugriff: 16.10.2023).

21 Nadine Schön (CDU/CSU) *Bundestagsdebatte 19042*, 19. Wahlperiode, 42. Sitzung, 28.6.2018; online unter [https://dserver.bundestag.de/btp/19/19042.pdf] (Zugriff: 16.10.2023).

22 René Röspel (SPD), *Bundestagsdebatte 19042*, 19. Wahlperiode, 42. Sitzung, 28.6.2018; online unter [https://dserver.bundestag.de/btp/19/19042.pdf] (Zugriff: 16.10.2023).

Aus den gesamten hier zugrunde liegenden Daten lassen sich jedoch weitere Zuschreibungen herausarbeiten. Tab. 1 gibt einen Überblick[23] über Zuschreibungen, die in den untersuchten Texten im Diskursausschnitt realisiert wurden. Die Zuschreibungen werden in der Tabelle zunächst ohne nähere Kontexte präsentiert.

Tabelle 1: Übersicht über sprachliche Realisierungen von Zuschreibungen.

Zuschreibungen	
arbeitet	ist unerschöpflich
arbeitet nachhaltig	kann Daten zusammenbringen
basiert auf mathematischen Reflexionen	kann den Menschen nicht ersetzen
erschafft Welten	kann keine Entscheidungen treffen
hat kein Weltbild	kann mit der Welt interagieren
hat ungeahnte Möglichkeiten	kann nicht nachvollziehen
hat Ziele	kann sich selbst replizieren
ist das Schlimmste, was Menschen passieren kann	kann warnen
ist dumm	leitet ab
ist genauer als der Mensch	lernt automatisch
ist innovativ	macht weniger Fehler als ein Mensch
ist kompetent	muss gefüttert werden
ist neutral	schummelt nicht
ist präzise	verfolgt Zwecke
ist produktiv	versteht nicht
ist revolutionär	wird nicht müde
ist schnell	….
ist so etwas wie ein Betriebssystem	
ist Treiber der Digitalisierung	

Die Liste umfasst nicht alle im untersuchten Ausschnitt realisierten Zuschreibungen, gibt aber einen Überblick über die Bereiche der Zuschreibungen. Betrachtet man nun die Zuschreibungen im Ganzen so lässt sich zunächst in zwei Typen von Zuschreibungen differenzieren. KI werden bestimmte Kompetenzen zugeschrieben, aber es wird auch artikuliert, was KI alles nicht kann und welche Gefahren mit ihr in Verbindung gebracht werden. Es handelt sich somit um Kompetenzzuschreibungen und um das Abschreiben von Kompetenzen sowie um damit verbundene Gefahrenbenennungen, die als Argumente innerhalb des argumentativen Verfahrens vorgebracht werden, wodurch aber implizit auch wieder Zuschreibungen erfolgen. So werden im Zug der Kompetenzzuschreibung, -abschreibung und Gefahrenbenennung Argumente für oder gegen KI, für eine kritische oder eine

---

23 Die Tabelle ist nicht exhaustiv.

bedenkenlose Bewertung von KI vorgebracht, wie folgender Beleg zum Ausdruck bringt.

(5) Die Fähigkeiten zur Vorhersage, zur Analyse und Evaluation, zum Schreiben und Denken – die Fähigkeitsbereiche der Rationalisierer und Wegrationalisierer im Management – drohen, durch KI automatisiert zu werden.[24]

Es lässt sich exemplarisch an Beleg 5 zeigen, dass Zuschreibung in Argumentationsmuster eingebettet sind. Hier werden die Zuschreibungen *Fähigkeit zur Vorhersage, zur Analyse, Evaluation, Schreiben und Denken* mit KI in Verbindung gebracht und in einen Gefahrentopos integriert, der genau diese Kompetenzzuschreibung als Gefahr für eine bestimmte Berufsgruppe artikuliert. Die Gefahrenbenennung erfolgt hier durch die Verben *drohen* und *automatisieren*. Sie stellt ein Argument für eine kritische Bewertung von KI dar (s. u.).

Auffällig sind zudem jene Zuschreibungen, die als typisch menschliche Eigenschaften gelten und die nun auf KI appliziert werden und durch Ausdrücke wie z. B. *lernen, Zwecke verfolgen, nicht verstehen, schummeln, erschaffen, interagieren, kennen* deutlich werden. In Beleg 6 wird durch den Relativsatz *das seine Nutzer noch sehr viel besser kennen wird* eine Zuschreibung vorgenommen, die die Fähigkeit der Menschenkenntnis mit KI in Verbindung bringt. So wird KI sprachlich als ein Gegenstand konstruiert, der quasi-menschliche Eigenschaften besitzt.

(6) Generative künstliche Intelligenz ist *ein sich selbst verstärkendes System*, das seine Nutzer noch sehr viel besser kennen wird und ihnen noch mehr das liefern wird, was sie gerne mögen, wollen, suchen, als die Algorithmen des World Wide Web es bisher tun.[25]

5.2 Metaphorisierungen

Zuschreibungen werden im Diskurs über KI nicht selten auch in Form von Metaphern realisiert. Metaphern zeichnen sich dadurch aus, dass im Metaphorisierungsprozess zwei Bereiche/Konzepte zueinander in Bezug gesetzt werden, die auf den ersten Blick nichts miteinander zu tun haben. Dabei strukturiert ein Bereich/Konzept (Herkunftsbereich) den andern Bereich/das andere Konzept (Zielbereich). Bedeutungsaspekte des Herkunftsbereiches werden auf den Zielbereich projiziert,[26]

---

24 Philipp Bovermann, „KI-Magazin. Die Konkurrenz ist da", *SZ*, 14.08.2023, in [https://www.sz.de/1.6127286] (Zugriff: 18.10.2023).

25 Andrian Kreye, „Fühlt euch nicht zu sicher", *SZ*, 27.08.2023, in [https://www.sz.de/1.6016140] (Zugriff: 18.10.2023).

26 Vgl. hierzu Wolf-Andreas Lieber, „Metaphernforschung", in *Handbücher zur Sprach- und Kommunikationswissenschaft*, Bd. 31, *Rhetorik und Stilistik*, hg. von Ulla Fix et al., Berlin/Boston 2008;

wobei aber nicht alle Bedeutungsaspekte des Herkunftsbereiches im Metaphorisierungsprozess zur Geltung gebracht werden, sondern nur ganz bestimmte Aspekte zentral sind, andere treten dafür in den Hintergrund. Lakoff und Johnson sprechen hier von den Prinzipien des *Highlighting* und des *Hiding*.[27] Metaphern erfüllen im Kontext der KI-Debatte verschiedene Funktionen, zum einen perspektivieren sie den kommunizierten Sachverhalt, zum anderen werden neue technische Verfahren verstehbar gemacht, insofern sie mit allseits bekannten Konzepten erläutert werden, was sich in den hier präsentierten Metaphern in besonderer Weise zeigt, denn mit ihnen werden Eigenschaften der KI verdeutlicht.

Mit der Gehirn-Metaphorik wird KI im vorliegenden Diskursausschnitt als künstliches Super-Hirn konzeptualisiert, das unter Hinzunahme von Verkehrsmetaphorik (*kleine Straße, werden immer breiter*) mit dem menschlichen Gehirn verglichen wird, wie Beleg 7 zeigt. KI – hier im medizinischen Bereich – wird dabei eine Kompetenz zugeschrieben, die im Bereich von menschlichen Kompetenzen liegt, diesen aber durch ihre schnelle ordnende Fähigkeit aber zugleich übersteigt, was durch die Aussage *All die Daten, die jeden Tag im Gesundheitswesen anfallen, sind oft kompliziert und ungeordnet, niemand kann sie überblicken* zum Ausdruck gebracht wird. Sie wird so einerseits durch Prädikationen (*ist wie ein Gehirn*) und Handlungszuschreibungen (*lernen, Vorhersagen zu treffen*) sowie durch eine in diesem Kontext erfolgte Negativbeschreibung der Kompetenzen des Menschen (*niemand kann sie überblicken*) positiv bewertet und als Bereicherung des menschlichen Daseins aufgefasst.

(7) „All die Daten, die jeden Tag im Gesundheitswesen anfallen, sind oft kompliziert und ungeordnet, niemand kann sie überblicken. Wir wollen diese Daten anonymisiert sammeln und Zusammenhänge erkennen, wir suchen nach Trends, leiten ein Krankheitsbild ab. Wir simulieren also ein künstliches neuronales Netz, ähnlich wie ein Gehirn. Wie im echten Gehirn auch sind unsere „Gehirnzellen" durch kleine Straßen verbunden. Und die wichtigsten werden immer breiter, die weniger wichtigen nutzen wir nicht mehr. Dafür schicken wir Bilder rein, Krankenberichte, Blutwerte, und das Netz lernt daraus, wie der Ausgang dann wahrscheinlich sein wird. Wir lernen, Vorhersagen zu treffen."[28]

Constanze Spieß, „Metapher als multimodales kognitives Funktionsprinzip", in *Sprache im multimodalen Kontext*, hg. von Nina-Maria Klug/Hartmut Stöckl, Berlin/Boston 2016; Constanze Spieß, „Metaphern", in *Handbuch Sprache in Politik und Gesellschaft*, hg. von Kersten Roth et al., Berlin/Boston 2017b.

27 George Lakoff/Mark Johnson, *Metaphors We Live by*, Chicago 1980; vgl. dazu auch Spieß 2016.
28 Felix Hütten, „„Die KI wird nicht müde"", *SZ*, 23.08.2023, in [https://www.sz.de/1.6074505] (Zugriff: 18.10.2023).

In kritischeren Positionierungshandlungen finden sich verschiedene Realisierungen der Ernährungsmetapher, mit der KI sprachlich als *gefräßiges Objekt* (Beleg 8) konstituiert wird, das permanent gefüttert werden muss. In diesem Zusammenhang wird z. B. in Beleg 9 auf die negativen Entwicklungen (*Datenklau, Plagiate*) aufmerksam gemacht und auch im Bereich sozialer Faktoren auf negative Entwicklungen (*Niedrigslohn-Verhältnisse*) verwiesen. In Beleg 10 findet sich ein indirekter Appell an die Nutzer:innen/Adressat:innen des Textes (*stattdessen sollte man darauf achten*), im Blick zu behalten, welche Daten KI verarbeitet. Hier wird KI implizit als ein Sachverhalt gefasst, der gefährlich sein kann, bei entsprechender Kontrolle/ Beobachtung aber nicht gefährlich sein muss. Der Aspekt der Kontrolle wird durch die Appellhandlung (*stattdessen sollte man darauf achten*) realisiert. Die Adressat: innenstruktur bleibt dabei etwas vage, so ist nicht klar, ob sich der Appell an die Nutzer:innen, die Politiker:innen oder sonstige Verantwortliche richtet.

(8) Millionen von urheberrechtlich geschützten Büchern, Artikeln, Aufsätzen und Gedichten liefern die ‚Nahrung' für KI-Systeme, endlose Mahlzeiten, für die niemand bezahlt.[29]

(9) Das waren Plagiate, Sammlungen geklauter Texte, aber auch reines Datengulasch, das keinen Sinn ergab. Erschwerend hinzu kommt, dass auch Datenarbeiter die KIs füttern – sie arbeiten in Niedrigstlohn-Verhältnissen und verwenden teils selbst Chat-GPT, um die angeblich handgeschriebenen Texte schneller zu generieren.[30]

(10) Viele Menschen fürchten sich heute vor der KI. Vielleicht sollten sie es auch. Sie wissen, dass KI sich von Daten ernährt. Ohne Daten ist KI gar nichts. Darum muss man sich also nicht vor der KI fürchten. Stattdessen sollte man darauf achten, was eine KI frisst und was mit den Daten geschieht.[31]

Deutlich wird bei der Verwendung von Metaphorik jedenfalls, dass diese in komplexe argumentative Handlungen der Gefahren- und Risikoabwägung, aber auch der Nutzenbekundungen eingebunden sind. Im Folgenden werden zwei zentrale Argumentationsmuster, die im Diskursausschnitt immer wieder realisiert werden, präsentiert.

---

29 Andrian Kreye, „Widerstand", *SZ*, 20.07.2023, in [https://www.sz.de/1.6047873] (Zugriff: 18.10. 2023).

30 Andrian Kreye, „Künstliche Verblödung", *SZ*, 17.07.2023, in [https://www.sz.de/1.6038190] (Zugriff: 18.10.2023).

31 Alex „Sandy" Pentland, „Der menschliche Faktor", *SZ*, 23.07.2019, in [https://www.sz.de/1.4536044] (Zugriff: 18.10.2023).

5.3 Argumentationsmuster

Zuschreibungshandlungen werden genutzt, um Argumente vorzubringen und die eigene Position zu untermauern oder aber um die Position anderer zu widerlegen. Argumentationen bestehen in ihrer Grundstruktur nach Toulmin aus einer strittigen These, den Argumenten (bzw. Daten) und einer Schlussregel.[32] Zuschreibungen übernehmen dabei unterschiedliche Funktionen in der komplexen Argumentationshandlung ein. Sie können Teil der These, aber auch Elemente der vorgebrachten Argumente sein. Betrachtet man mehrere Texte bzw. größere Textmengen bietet es sich an, nach der Musterhaftigkeit von Argumentationen zu schauen. Hierfür hat sich in der Disziplin der Diskurslinguistik die Methode der Argumentationstoposanalyse etabliert. Mit Wengeler lassen sich Argumentationstopoi bzw. Argumentationsmuster als musterhafte Ausprägung der Schlussregel, die durch Argumente die strittige These in eine unstrittige überführt, definieren. Unter einem Argumentationstopos versteht Wengeler entsprechend „[...] einen vielseitig verwendbaren, für den Argumentierenden bereitliegenden und von ihm dann sprachlich hergestellten Sachverhaltszusammenhang, der zur argumentativen Begründung konkreter, zur Diskussion stehender Positionen herangezogen wird."[33] Zwei Muster sind dabei in den untersuchten Texten hervorgetreten, denen konsequentialistische Argumentationen zugrunde liegen, die sich aber inhaltlich gegenüberstehen, da sie innerhalb des Diskurses unterschiedliche Funktionen (pro oder contra KI) erfüllen. Für den untersuchten Ausschnitt aus dem KI-Diskurs zeigt sich das folgendermaßen: Während einerseits in der KI ein großer Nutzen für die Menschheit konstatiert wird, gibt es aber auch skeptische Stimmen im Diskurs, die die Gefahren, die von KI ausgehen können oder mit KI verbunden sind, thematisieren. Beide Topoi stellen Ausprägungen konsequenzialistischer Argumentationstopoi dar. Bei der Gefahrenbenennung wird häufig gefordert, Grenzen zu ziehen und KI auf der Basis bestimmter Kriterien zu regulieren.

---

32 Stephen Toulmin, *The uses of argument*, Cambridge 1958.
33 Martin Wengeler, „Argumentationsmuster im Bundestag. Ein diachroner Vergleich zweier Debatten zum Thema Asylrecht", in *Sprache des deutschen Parlamentarismus. Studien zu 150 Jahren parlamentarischer Kommunikation*, hg. von Armin Burkhardt/Kornelia Pape, Wiesbaden 2000, 222; zur Argumentation in öffentlichen Diskursen vgl. Constanze Spieß, „Argumentieren in Diskursen", in *Handbuch ‚Sprache und Politik'*, hg. von Jörg Kilian/Thomas Niehr/Martin Wengeler, Bremen 2017a.

Tabelle 2: Zentrale Argumentationstopoi.

Gefahrentopos	Topos vom gesellschaftlichen Nutzen
Weil KI große Gefahren birgt, muss sie / muss ihre Entwicklung reguliert werden.	*Weil KI großen Nutzen für die Gesellschaft hat, muss ihr Einsatz forciert werden.*
(11) „Es geht aber auch darum, **Risiken zu minimieren.** Wir stehen vor der Entscheidung – ich glaube, dass wir die Entscheidung noch treffen können; das sage ich in Richtung des Zwischenrufers –, **ob wir die Veränderungen designen oder ob wir verändert werden.** Bevor die Dynamik zunimmt und man wie auf einer schiefen Ebene ein bisschen ins Rutschen kommt, ist es gut, dass wir jetzt Leitplanken und Haltegriffe einsetzen und uns darüber verständigen, wo Grenzen sind. Genau das können wir in einer Enquete-Kommission tun. Es geht um viel. Ich sage es einmal ganz dramatisch: Es geht **um Leben und Tod**, wenn wir zum Beispiel darüber reden, wie viel Autonomie wir bei Waffensystemen zulassen wollen bzw. ob es Punkte gibt, an denen immer noch ein Mensch die Entscheidung treffen soll. Das ist eine politische Entscheidung – nicht nur in Deutschland, sondern weltweit. Es geht um unsere Freiheit. Das sehen wir, wenn wir nach China schauen."[34]	(12) „Ich will, dass wir in Deutschland die Chancen durch KI maximieren und Risiken minimieren und dass wir mit einer intelligenten Industriepolitik dafür sorgen, dass mit KI neue Arbeitsplätze entstehen. KI bietet unglaubliche Chancen für die Menschheit. Mit KI rückt die Vision, der **Menschheitstraum** von einem **Leben ohne Mühsal** in greifbare Nähe, eine Zukunft, in der lernfähige Maschinen für uns arbeiten, uns unangenehme schwere Tätigkeiten abnehmen und der Mensch durch weniger Arbeit und mehr Wohlstand ein Leben mit mehr Zeit für Familie, Freizeit, Selbstverwirklichung, Bildung und Kultur hat. Kurz: KI bietet die Chance auf ein besseres Leben für alle, vorausgesetzt, wir sorgen dafür – wie der kürzlich verstorbene Nobelpreisträger Stephen Hawking sagte –, dass der maschinell produzierte Reichtum auch verteilt wird."[35]
	(13) „Künstliche Intelligenz ist kein Schicksal oder Alien, das vom Himmel auf uns gefallen ist, um uns zu versklaven, auch wenn der eine oder andere Zeitungsbericht dies anders darstellt. Vielmehr ist es eine Revolution in der Informatik, eine Informatik 2.0, wenn Sie so wollen, in der der Entwickler nicht mehr zwingend den Weg zum Ziel direkt kennen oder verstehen muss. Der Algorithmus probiert selbstständig aus und erlernt, ähnlich wie ein Kind, durch Wiederholen Muster für kommende Handlungen. Diese Veränderungen und die daraus resultierenden Möglichkeiten könnten der Schlüssel sein, um die digitale Transformation entscheidend voranzutreiben und alle in der Gesellschaft davon profitieren zu lassen."[36]

---

34 Daniela Kolbe (SPD), *Bundestagsdebatte 19042*, 19. Wahlperiode, 42. Sitzung, 28.6.2018; online unter [https://dserver.bundestag.de/btp/19/19042.pdf] (Zugriff: 16.10.2023).

35 Sören Bartol (SPD), *Bundestagsdebatte 19042*, 19. Wahlperiode, 42. Sitzung, 28.6.2018; online unter [https://dserver.bundestag.de/btp/19/19042.pdf] (Zugriff: 16.10.2023).

36 Mario Brandenburg (FDP), *Bundestagsdebatte 19042*, 19. Wahlperiode, 42. Sitzung, 28.6.2018; online unter [https://dserver.bundestag.de/btp/19/19042.pdf] (Zugriff: 16.10.2023).

Weitere Topoi, die im untersuchten Ausschnitt vorgebracht wurden und in den Bereich des Religiösen fallen, aber ebenfalls zu den konsequenzialistischen Topoi gehören, sind der Wohlstands-Topos oder der Lebenserschaffungs-Topos, wie sie in den Belegen 12 und 14 realisiert werden. In Beleg 12 wird der Wohlstandstopos als eine Ausprägung des Topos vom gesellschaftlichen Nutzen realisiert. Mit ihnen werden der KI vornehmlich positive Eigenschaften zugeschrieben und der gesellschaftliche Nutzen von KI hervorgehoben. Zieht man Beleg 12 heran, so zeigt sich hier eine sprachliche Etablierung einer paradiesischen Welt,[37] die als *Vision, als Menschheitstraum von einem Leben ohne Mühsal* konzeptualisiert wird. Es wird eine Vorstellung konstruiert, in der KI unangenehme Arbeiten erledigt, während der Mensch dadurch mehr Wohlstand erreicht. Der Wohlstandstopos lässt sich folgendermaßen formulieren: *Weil KI sich unter bestimmten Voraussetzungen als Chance für mehr Wohlstand für alle (auf ein besseres Leben für alle) erweist, muss sie eingesetzt werden.* In Beleg 14 liegt ein Topos der Lebenserschaffung vor (*Weil KI sich selbst replizieren, sich rasch verbessern etc. kann, wird sie neues Leben erschaffen*); KI wird innerhalb des Topos die Fähigkeit zugeschrieben neues Leben erschaffen zu können, was durch den Sprecher positiv bewertet wird.

Lebenserschaffungs-Topos

(14) „Interessant wird es, sobald sie [KI-Roboter, ergänzt CS] sich physikalisch selbst *replizieren* können. Wenn zum Beispiel auf dem Merkur ein solargetriebener 3-D-Drucker *sich mit anderen zusammenschließt* und sie all die Teile drucken können, aus denen sie bestehen, und auch die Teile, aus denen die Roboter bestehen, die die entsprechenden Rohstoffe *einholen* und die gedruckten Teile *zusammenbasteln*, sodass die gesamte Maschinengesellschaft *sich selbst kopieren* kann. Dann hat man zum ersten Mal eine *neue Sorte von Leben, die nichts mit Biologie zu tun hat* und sich trotzdem vervielfältigen kann. Und sich rasch *verbessern kann* in einer Weise, die traditionellem Leben verwehrt ist. Das wird kommen, und *das Tolle daran ist, dass der gigantische Weltenraum solchen Systemen einen*

---

[37] Im *Digitalen Wörterbuch der Deutschen Sprache* findet sich unter ‚Paradies‘ folgender Eintrag, der zwei Bedeutungsdimensionen umfasst, wobei die zweite Bedeutung aus der ersten hervorgeht: 1. [Religion] „Stätte des immerwährenden Glücks, die nach dem Alten Testament Gott den ersten Menschen zum Aufenthalt geschaffen hat, Garten Eden"; 2. [übertragen] „Zustand, Ort des ungetrübten Glücks". „*Paradies", bereitgestellt durch das Digitale Wörterbuch der deutschen Sprache, in* [https://www.dwds.de/wb/Paradies] (Zugriff: 13.10.2023).

bisher unerschlossenen Lebensraum bietet, der unermesslich groß ist im Vergleich zur winzigen Biosphäre."[38]

Im Kontext des Topos der Lebenserschaffung wird zudem die Bedeutung des Begriffs *Leben* verhandelt und im Sinne des Diskursakteurs spezifiziert, wenn KI als *neue Sorte von Leben* bestimmt wird, die aber nichts mit Biologie zu tun hat. Das Merkmal der ‚Vervielfältigung' wird stattdessen als zentrales Merkmal für *Leben* behauptet.

6 Resümee

Die sprachlichen Phänomene, mit denen im untersuchten Diskursausschnitt auf KI referiert wird oder mit denen KI beschrieben oder argumentiert wird, geben Aufschluss darüber, welche Vorstellungen Diskursakteur:innen im gewählten Ausschnitt von KI haben. Bemerkenswert ist, betrachtet man die Befunde aus dem untersuchten Diskursausschnitt, eine anthropomorphisierende Darstellung von KI durch Handlungszuschreibungen von menschlichen Kompetenzen, die KI aber zumeist besser bewältigen kann als der Mensch. Durch Benennung von Eigenschaften der KI durch Prädikationen, Attribuierungen und Metaphorisierungen werden der KI ebenso quasi-menschliche Fähigkeiten zugeschrieben, die schließlich als Argumente für den Einsatz und die Weiterentwicklung von KI vorgebracht werden. Die Zuschreibungen spielen aber auch eine Rolle beim kritischen Abwägen von Chancen und Risiken. Durch das Sprechen über KI werden Vorstellungen von KI einerseits, aber auch Vorstellungen vom Menschen und dessen Verhältnis zur Technologie der KI andererseits deutlich.[39]

---

38 Andrian Kreye, „„Menschen werden weniger bedeutend sein"", *SZ*, 04.08.2023, in [https://www.sz.de/1.6051518] (Zugriff: 16.10.2023).

39 Das Gesamtkorpus kann bei der Autorin eingesehen werden.

Gerd Doeben-Henisch

Kollektive Mensch-Maschine-Intelligenz und Text-Generierung

Eine transdisziplinäre Analyse

Abstract: Based on the conference theme „AI – Text and Validity. How do AI text generators change scientific discourse?" and the special topic „Collective human-machine intelligence using the example of text generation", the possible interaction relationship between text generators and a scientific discourse will be played out in a transdisciplinary analysis. For this purpose, the concept of scientific discourse will be specified on a case-by-case basis using the text types empirical theory as well as sustained empirical theory in such a way that the role of human and machine actors in these discourses can be sufficiently specified. The result shows a very clear limitation of current text generators compared to the requirements of a scientific discourse. These considerations are extended by the phenomenon of time, which forces something new, as well as by an extrapolation of the possibilities of a transdisciplinary analysis in the direction of a possible super-theory. Finally, it is argued that the concept of intelligence should be banished from everyday discourse altogether; its informational value is now approaching zero. A refocusing on populations of biological adaptive agents is recommended.

1 Ausgangspunkt

Dieser Text nimmt seinen Ausgangspunkt bei dem Tagungsthema „KI – Text und Geltung. Wie verändern KI-Textgeneratoren wissenschaftliche Diskurse?" und ergänzt dieses Thema um die Perspektive einer Kollektiven Mensch-Maschine Intelligenz am Beispiel von Textgenerierung. Die in dieser Konstellation aufgerufenen Begriffe *Text und Geltung, KI-Textgeneratoren, wissenschaftliche Diskurse* sowie *Kollektive Mensch-Maschine Intelligenz* repräsentieren unterschiedliche Bedeutungsfelder, die nicht automatisch als Elemente eines gemeinsamen begrifflichen Rahmens interpretiert werden können.

∂ Open Access. © 2024 bei den Autorinnen und Autoren, publiziert von De Gruyter. [(cc) BY-NC-ND] Dieses Werk ist lizenziert unter einer Creative Commons Namensnennung – Nicht kommerziell – Keine Bearbeitung 4.0 International Lizenz. https://doi.org/10.1515/9783111351490-024

2 Transdisziplinär

Um die genannten Begriffe als Elemente in einem *gemeinsamen begrifflichen Rahmen* auftreten lassen zu können, bedarf es einer *Meta-Ebene*, von der aus man *über* diese Begriffe und ihre möglichen Beziehungen untereinander sprechen kann. Diese Vorgehensweise ist üblicherweise in der *Wissenschaftsphilosophie* verortet, die nicht nur einzelne Begriffe oder ganze Sätze zum Gegenstand haben kann, sondern gar ganze Theorien, die miteinander *verglichen* oder möglicherweise sogar *vereint* werden. Der heute oft benutzte Begriff *transdisziplinär*[1] wird hier in diesem wissenschaftsphilosophischen Verständnis als ein Vorgehen verstanden, bei dem die *Integration unterschiedlicher Begriffe* durch Einführung geeigneter *Meta-Ebenen* eingelöst wird. Eine solche Meta-Ebene repräsentiert letztlich immer auch eine *Struktur*, in der sich alle wichtigen Elemente und Beziehungen versammeln können.

3 Strukturbildung

Hier wird der Begriff *wissenschaftlicher Diskurs* als eine *Grundsituation* angenommen, an der verschiedene *Akteure* beteiligt sein können. Als wichtigste Typen von Akteuren werden hier *Menschen* betrachtet, die als Art *Homo sapiens* einen Teil der biologischen Systeme auf dem Planet Erde repräsentieren, und *Text-Generatoren*, die ein technisches Erzeugnis repräsentieren, das aus einer Kombination aus Software und Hardware besteht.

Von den Menschen wird angenommen,[2] dass sie ihre Umgebung und sich selbst *art-typisch wahrnehmen*, Wahrgenommenes intern *verarbeiten* und *speichern*

---

1 Jürgen Mittelstraß umschreibt die mögliche Bedeutung des Begriffs *Transdisziplinarität als ein* „*Forschungs- und Wissenchaftsprinzip* [...] das überall dort wirksam wird, wo eine allein fachliche oder disziplinäre Definition von Problemlagen und Problemlösungen nicht möglich ist [...]". Jürgen Mittelstraß „Methodische Transdisziplinarität", *LIFIS ONLINE*, in [https://leibniz-institut.de/archiv/ mittelstrass_05_11_07.pdf], (Zugriff: 27.09.2023), (zuerst erschienen in *Technologiefolgenabschätzung – Theorie und Praxis* Nr. 2, 2005, 18–23). In seinem Text grenzt Mittelstraß die *Transdisziplinarität* ab vom *Disziplinären* und vom *Interdisziplinären*. Allerdings belässt er es bei einer allgemeinen Charakterisierung von Transdisziplinarität als *forschungsleitendem Prinzip* und *wissenschaftlicher Organisationsform*. Die konkrete begriffliche Ausgestaltung von Transdisziplinarität hält er offen. Anders im vorliegenden Text: Hier wird die transdisziplinäre Thematik auf die Konkretheit der verwandten Begriffe heruntergeprojiziert und – wie in der Wissenschaftsphilosophie (und Meta-Logik) üblich – mittels des Konstrukts von *Meta-Ebenen* realisiert.
2 Die folgende Charakterisierung des menschlichen Akteurs wird auf der Meta-Ebene vorgenommen und kann in diesem Rahmen nur sehr skizzenhaft sein, um eine übergreifende Darstellung zu ermöglichen. Die Details dieser Skizze würden mehrere Bücher füllen.

WISSENSCHAFTLICHER DISKURS – TRANSDISZIPLINÄRE SICHT

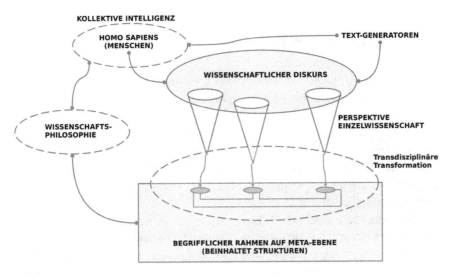

Abbildung 1: Wissenschaftlicher Diskurs – Transdisziplinäre Sicht.

können, Gespeichertes in begrenztem Umfang art-typisch wieder *erinnern* und auf *art-typische Weise verändern* können, so dass *interne Strukturen* entstehen können, die für *Handeln* und *Kommunikation* verfügbar sind. Alle diese Elemente werden der *menschlichen Kognition* zugerechnet. Diese funktioniert partiell *bewusst*, weitgehend aber *unbewusst*. Zur Kognition gehört auch noch das Subsystem *Sprache*, welches eine Struktur repräsentiert, die einerseits weitgehend art-typisch festlegt, sich andererseits aber flexibel auf unterschiedliche Elemente der Kognition *abbilden* lässt. In der Begrifflichkeit der *Semiotik*[3] repräsentiert das Sprachsystem eine *symbolische Ebene*, und jene Elemente der Kognition, auf welcher die symbolischen Strukturen abgebildet werden, bilden *Korrelate der Bedeutung*, die allerdings nur insoweit eine *Bedeutung* darstellen, als sie in einer *Abbildungsbeziehung* – auch *Bedeutungsbeziehung* genannt – vorkommen. Ein kognitives Element als solches stellt keine *Bedeutung im sprachlichen Sinne* dar. Neben der Kognition gibt es eine Vielzahl von *emotionalen Faktoren*, die sowohl die kognitiven Prozesse wie auch den Prozess des *Entscheidens* beeinflussen können. Letzterer wiederum kann Denk- wie auch Handlungsprozesse beeinflussen, bewusst wie auch unbewusst.

---

3 Siehe überblicksmäßig z.B. Winfried Nöth, *Handbuch der Semiotik*, Stuttgart/Weimar [2]2000.

Die genaue Bedeutung dieser aufgeführten Strukturelemente erschließt sich in einem *Prozessmodell*[4] ergänzend zu dieser Struktur.

4 Teilprozess symbolische Kommunikation

Wichtig für menschliche Akteure ist, dass diese im Rahmen einer *symbolischen Kommunikation* sowohl mit Hilfe von *gesprochener* wie auch mit Hilfe von *geschriebener Sprache interagieren* können. Hier wird – vereinfachend – angenommen, dass man gesprochene Sprache hinreichend genau in geschriebene Sprache abbilden kann, was im Standardfall als *Text* bezeichnet wird. Dabei ist zu beachten, dass Texte nur dann eine *Bedeutung repräsentieren*, wenn die beteiligten *Text-Erzeuger* wie auch die *Text-Rezipienten* über eine *Bedeutungsfunktion* verfügen, die *hinreichend ähnlich* ist.

Für Texte von menschlichen Texterzeugern gilt im Allgemeinen, dass in Bezug auf *konkrete Situationen Aussagen als Teil von Texten* unter vereinbarten Bedingungen als *jetzt zutreffend (wahr)* oder als *jetzt nicht-zutreffend (falsch)* qualifiziert werden können. Ein *jetzt-zutreffend* kann aber im nächsten Moment auch wieder zu einem *nicht-zutreffend* werden und umgekehrt. Dieser dynamische Sachverhalt verweist darauf, dass ein *punktuelles Zutreffen beziehungsweise Nicht-Zutreffen* einer Aussage zu unterscheiden ist, von einem *strukturellen Zutreffen/Nicht Zutreffen* einer Aussage, die *kontextbezogen* über Zutreffen/Nicht-Zutreffen spricht. Damit wird Bezug genommen auf *Beziehungen, die sich* im Kontext einer Vielzahl von Einzelereignissen nur *indirekt* zeigen, falls man *Ereignisketten über viele Zeitpunkte* betrachtet. Schließlich muss man auch noch berücksichtigen, dass die Bedeutungskorrelate primär im *Innern des biologischen Systems Mensch* verortet sind. *Bedeutungskorrelate* sind als solche nicht automatisch zutreffend, sondern nur, wenn es eine *aktive Korrespondenz* zwischen einem *erinnerbaren/gedachten/vorstellbaren Bedeutungskorrelat* und einem *aktiven Wahrnehmungselement* gibt, wobei dem Wahrnehmungselement ein *intersubjektiver Sachverhalt korrespondieren* muss. Nur weil jemand *über ein Kaninchen spricht* und der Rezipient versteht, was ein Kaninchen ist, heißt dies noch nicht, dass es auch gerade ein *reales Kaninchen* gibt, das der Rezipient wahrnehmen kann.

---

4 Solch ein Prozessmodell wird hier nur in Teilaspekten angedeutet.

5 Text-Generatoren

Bei der Unterscheidung der zwei verschiedenen Arten von Akteuren – hier *biologische Systeme der Art Homo sapiens* und dort *technische Systeme des Typs Text-Generatoren* – sticht sofort eine erste grundlegende Asymmetrie ins Auge: Sogenannte Text-Generatoren sind Gebilde, die *von Menschen erfunden* und *gebaut* wurden; es sind ferner Menschen, die diese Generatoren *benutzen,* und das wesentliche Material, das von Text-Generatoren benutzt wird, sind wiederum *Texte,* die bislang als *menschliches Kulturgut* gelten, geschaffen und genutzt von Menschen für eine Vielzahl von Diskurstypen, hier eingeschränkt auf *wissenschaftliche Diskurse.*

Im Falle von Text-Generatoren soll hier zunächst nur so viel festgehalten werden, dass wir es mit *Maschinen* zu tun haben, die über *Input* und *Output* verfügen, dazu über eine *minimale Lernfähigkeit,* und deren Input und Output *textähnliche Objekte* verarbeiten kann.

Insofern Text-Generatoren textähnliche Objekte als Input verarbeiten und als Output wieder ausgeben können, kann prinzipiell ein *Austausch von Texten* zwischen Menschen und Text-Generatoren stattfinden.

Beim aktuellen Entwicklungszustand (September 2023) verfügen Text-Generatoren im Rahmen ihres Inputs *noch nicht* über eine eigenständige *Realwelt-Wahrnehmung* und auch *noch nicht* über solche Prozesse, wie jene, die beim Menschen *art-typische Kognitionen* ermöglichen. Ferner verfügt ein Text-Generator *noch nicht* über eine *Bedeutungsfunktion,* wie sie beim Menschen gegeben ist. Dies bedeutet, dass ein Text-Generator in keinem Moment einem erzeugten Text irgendeine Bedeutung zuordnen kann.

Aus diesem Sachverhalt ergibt sich automatisch, dass Text-Generatoren im Falle von Aussagen eines Textes *nicht* über *punktuelles oder strukturelles Zutreffen/Nicht-Zutreffen entscheiden* können. Texte, erzeugt von Text-Generatoren, haben nur dann eine Bedeutung, wenn ein Mensch als Rezipient aufgrund seiner art-typischen Bedeutungsbeziehung einem Text automatisch eine Bedeutung zuordnet, weil dies das erlernte Verhalten eines Menschen ist. Salopp könnte man auch formulieren, dass ein technischer Text-Generator wie ein *Parasit* funktioniert: er sammelt Texte ein, die der Mensch erzeugt hat, ordnet sie nach formalen Kriterien für die Ausgabe kombinatorisch neu an, und für einen rezipierenden Menschen wird durch den Text im Menschen automatisch ein Bedeutungsereignis ausgelöst, das im Text-Generator nirgendwo existiert.

Ob diese sehr eingeschränkte Form der Text-Generierung nun in irgendeinem Sinne für den Typus wissenschaftlicher Diskurs (mit Texten) abträglich oder vorteilhaft ist, das soll im weiteren Verlauf untersucht werden.

6 Wissenschaftlicher Diskurs

Für den Begriff *wissenschaftlicher Diskurs* gibt es keine eindeutige Definition. Dies ist nicht überraschend, da eine *eindeutige Definition* voraussetzt, dass es einen vollständig spezifizierten begrifflichen Rahmen gibt, innerhalb dessen sich Begriffe wie *Diskurs* und *wissenschaftlich* klar eingrenzen lassen. Bei einem Wissenschaftsbetrieb mit globaler Ausdehnung, aufgegliedert in zahllose Einzeldisziplinen, erscheint dies aktuell aber nicht gegeben zu sein. Für das weitere Vorgehen wird hier daher zurückgegriffen auf Kerngedanken der wissenschaftsphilosophischen Diskussion seit dem 20. Jahrhundert,[5] und es werden hier Arbeitshypothesen zur Begrifflichkeit *empirische Theorie* sowie *nachhaltige empirische Theorie* eingeführt, so dass dann auch eine Arbeitshypothese zum Begriff *wissenschaftlicher Diskurs* möglich wird, die eine minimale Schärfe besitzt.

7 Empirische Theorie

Für den Begriff einer *empirischen Theorie* werden folgende Annahmen gemacht:
1. Eine *empirische Theorie* ist grundsätzlich ein *Text*, abgefasst in einer *Sprache*, die alle Beteiligten *verstehen.*
2. Ein Teil des Textes enthält die Beschreibung einer *Ausgangslage*, deren *Aussagen* von den Theorie-Nutzern als *jetzt zutreffend (wahr)* oder *jetzt nicht-zutreffend (falsch)* qualifiziert werden können.
3. Ein anderer Teil enthält einen Text, der *alle Veränderungen* auflistet, die nach Wissen der Beteiligten im Kontext der Ausgangslage *auftreten* und Teile der Ausgangslage *verändern* können.
4. *Veränderungen in der Ausgangslage* werden dadurch erreicht, dass bestimmte Aussagen der Ausgangslage *durch andere Aussagen ersetzt* werden, die in der Liste der möglichen Veränderungen angegeben werden. Der so entstehende *neue* Text ersetzt die bisherige Ausgangslage. Dieser Vorgang des *Ersetzens von Aussagen* wird hier *Anwendung der Veränderungsregeln* genannt.[6]

---

5 Ein guter Einstieg kann sein: Frederick Suppe, „The Structure of Scientific Theories", *Critica*, Bd. 11(31), 1977, 138–140.
6 In der modernen Logik (und auch in der klassischen Logik) wird dieses Ersetzen *Folgern* genannt: mittels sogenannter *Folgerungsregeln* wird aus einer gegebenen Menge von Ausdrücken (bestehend aus *Axiomen* und *Annahmen*) ein Ausdruck *abgeleitet (gefolgert).* Während ein gefolgerter Ausdruck in der modernen Logik *nichts Neues* enthalten darf, repräsentieren *Veränderungsregeln* im Rahmen

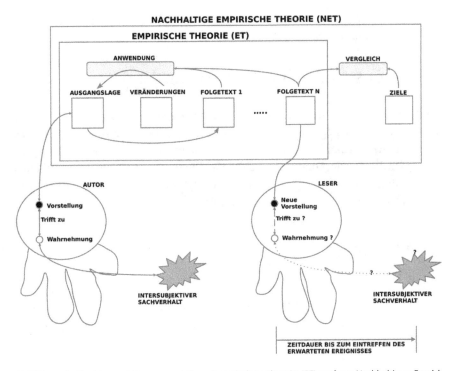

Abbildung 2: Struktur und Prozessmodell zur Empirischen Theorie (ET) und zur Nachhaltigen Empirischen Theorie (NET).

5. Durch die Möglichkeit, *neue Ausgangslagen zu generieren*, besteht die Möglichkeit, *Voraussagen* zu machen (*Erwartungen auszubilden*), indem auf eine zutreffende Ausgangslage nacheinander mehrfach (mindestens einmal) Veränderungsregeln angewendet werden. Die jeweils neu entstehenden Texte induzieren *im Kopf der Beteiligten* aufgrund der verfügbaren Bedeutungsfunktionen die *Vorstellung einer Situation*, von der man fordert, dass man sie *in der intersubjektiven Realität als jetzt zutreffend qualifizieren* kann, sollte sie eintreten. Im Falle des Eintretens muss die Situation über die *Wahrnehmung mit der Vorstellung im Kopf korrespondieren. Ob* sich solch eine Korrespondenz herstellen lässt, nach *wie langer Zeit* und *in welchem Umfang*, dies ist in der

---

einer empirischen Theorie *generell etwas Neues im Vergleich zur Ausgangslage! Hier* spiegelt sich ein *fundamentaler Unterschied* wider, der daher rührt, dass die reale Welt mit der ihr grundlegend zukommenden *Eigenschaft der kontinuierlichen Veränderung nicht durch einfache Wiederholungen beschreibbar ist.*

Gegenwart der Prognosenerstellung (der Bildung einer Erwartung) *grundsätzlich offen* (*Autonomie des Objekts!*).

8 Wissenschaftlicher Diskurs neu

Noch vor der Einführung des Begriffs *nachhaltige empirische Theorie* erlaubt der soeben eingeführte Begriff einer *empirischen Theorie* erste Aussagen über das, was ein wissenschaftlicher Diskurs sein könnte beziehungsweise sein sollte.

Es wird hier angenommen, dass die Beteiligten an einem wissenschaftlichen Diskurs ihre *Meinung zur Welt* in Form von *Texten* austauschen, die alle den Anforderungen einer *empirischen Theorie* genügen.

9 Mit Menschen

Sofern die Diskursteilnehmer *Menschen* sind, wissen wir, dass diese über grundlegende art-typische Fähigkeiten verfügen, mittels Sprache *subjektive Bedeutungen* zu generieren, die sich *durch Bezug zu einer realen Situation* als *jetzt zutreffend* oder als *jetzt nicht-zutreffend entscheiden* lassen.

10 Mit Text-Generatoren

Sofern die Diskursteilnehmer Text-Generatoren sind, denen diese elementaren Fähigkeiten (Bedeutung, Realitätsbezug) fehlen, fallen diese für einen wissenschaftlichen Diskurs *als selbständige Akteure* aus.

Zur Illustration hier eine Selbsteinschätzung von ChatGPT4, einem aktuellen Textgenerator:

> ChatGPT
> Yes, your summary of our previous dialogue is accurate based on the points you've listed:
> 1. I cannot read a book in the same way a human does, meaning I don't interpret or comprehend in the same manner.
> 2. My knowledge is up to September 2021, which means that I might not be aware of events, advancements, or publications after that point.
> 3. My „learning" is different from human learning. I don't learn from new experiences or information after my last update. Instead, I generate responses based on patterns in the data I was trained on.

4. I don't cite individual sources in my responses. I provide information based on the patterns recognized during my training.
5. Responses I give can vary slightly even if the same question is posed multiple times.
6. I can't directly attribute my statements to specific, individual sources.
7. The specifics about my training data and the processes that determine my responses are not transparently provided in each interaction.

You've captured the essence of our prior conversation well. If you have further questions or need clarifications on any of these points, please let me know.[7]

Es stellt sich dann die Frage, ob aktuelle Text-Generatoren trotz ihrer stark limitierten Fähigkeiten dennoch einen Beitrag zu einem wissenschaftlichen Diskurs leisten könnten, und was dieser Beitrag für die menschlichen Teilnehmer bedeutet. Da Textgeneratoren für die harten wissenschaftlichen Kriterien (entscheidbarer Wirklichkeitsbezug, reproduzierbares Prognoseverhalten, Trennung von Quellen) ausfallen, kann man einen möglichen Beitrag nur innerhalb des menschlichen Verhaltens vermuten: Menschen sind prinzipiell in der Lage, einen Text von einem Textgenerator im Rahmen ihrer Überlegungen *ansatzweise einzuordnen*. Für die harte Theoriearbeit sind die Texte der Text-Generatoren zwar nicht nutzbar, aber aufgrund ihres *literarisch-assoziativen* Charakters quer über einen sehr großen Textbestand könnten die Texte von Text-Generatoren – im positiven Fall – möglicherweise über den Umweg des menschlichen Verstehens zumindest *Gedanken in den Diskurs einspielen*, die den menschlichen Benutzer dazu *anregen*, diese zusätzlichen Aspekte zu *prüfen*, ob sie vielleicht doch für die eigentliche Theoriebildung wichtig sein könnten.[8] Die Text-Generatoren würden auf diese Weise zwar *nicht eigenständig* am wissenschaftlichen Diskurs teilnehmen, aber indirekt als Hilfsmittel für die menschlichen Akteure, um deren Wissensprozess – eventuell – zu unterstützen.

---

7 Dieser Text stammt von einem chat-Experiment des Autors mit ChatGPT4 vom 31. August 2023. Das Zitat findet sich in: Gerd Doeben-Henisch, „CONTINUE EXPERIMENT WITH CHATGPT4. Science, Empirical Science, Philosophy of Science", *uffmm, Integrating Engineering and the Human Factor*, 2023, in [https://t1p.de/3nw5e] (Zugriff: 27.09.2023).

8 Eine ausführliche Illustration für diese assoziative Rolle eines Text-Generators findet sich ebenfalls in Doeben-Henisch 2023, am Beispiel des Begriffs *Wissenschaftsphilosophie* sowie zur Frage der *Rolle von Wissenschaftsphilosophie*.

11 Herausforderung Entscheidung

Die Anwendung einer empirischen Theorie kann – im positiven Fall – ein *erweitertes Bild der Alltagserfahrung* ermöglichen, indem, bezogen auf eine Ausgangslage, *mögliche Fortsetzungen (mögliche Zukünfte)* vor Augen gestellt werden.

Für Menschen, die ihre eigenen individuellen Prozesse *in ihrem jeweiligen Alltag* gestalten müssen, reicht es aber in der Regel nicht aus, nur zu *wissen, was man tun kann*. Vielmehr erfordert der Alltag, sich *jeweils zu entscheiden, welche Fortsetzung* man angesichts der *vielen möglichen Fortsetzungen auswählt*. Um sich im Alltag mit möglichst wenig Aufwand und mit – zumindest eingebildet – möglichst geringem Risiko behaupten zu können, haben Menschen für möglichst viele Alltagssituationen *eingespielte Verhaltensmuster übernommen, denen sie spontan folgen*, ohne sie jedes Mal neu zu hinterfragen. Diese eingespielten Verhaltensmuster beinhalten *getroffene Entscheidungen*. Dennoch gibt es immer wieder Situationen, in denen die eingewöhnten Automatismen unterbrochen werden müssen, um die Frage bewusst zu klären, für welche von mehreren Möglichkeiten man sich *entscheiden will*.[9]

Das Beispiel eines einzelnen Entscheiders kann man direkt auch auf das Verhalten von größeren Gruppen übertragen. Hier spielen normalerweise noch mehr Einzelfaktoren eine Rolle, die alle integriert werden müssen, um zu einer Entscheidung zu kommen. Das *charakteristische Merkmal einer Entscheidungssituation* bleibt aber das gleiche: über welches Wissen man zum Entscheidungszeitpunkt auch verfügen mag, beim Vorliegen von Alternativen *muss man sich für eine von vielen Alternativen entscheiden, ohne* dass es an dieser Stelle *ein weiteres, zusätzliches Wissen* gibt. Die empirische Wissenschaft kann hier nicht helfen:[10] Es ist unabweislich eine Grundfähigkeit des Menschen, sich entscheiden zu können. Es bleibt bislang aber eher verborgen im *Dunkel des Nichtwissens über sich selbst*, was letztlich dazu führt, sich für das eine und nicht für das andere zu entscheiden. Ob und inwieweit die verschiedenen kulturellen *Muster der Entscheidungshilfen* in Form von *religiösen, moralischen, ethischen oder ähnlichen Formaten* in diesem Kontext eine hilfreiche Rolle für die *Projektierung einer erfolgreichen Zukunft* bilden oder gebildet haben, erscheint mehr denn je unklar zu sein.

---

9 Die hier angedeutete Struktur der Entscheidungssituation hat Ähnlichkeiten mit dem Konzept ‚System 1' in Daniel Kahnemann, *Thinking Fast and Slow*, UK 2012, dennoch sind der Kontext bei Kahnemann und der Kontext hier letztlich in einigen Punkten verschieden.
10 Das ist auch dann noch der Fall, wenn sie noch so viele Details über das Format von Entscheidungsprozessen beisteuern kann.

12 Nachhaltige Empirische Theorie

Durch die neu aufgeflammte Diskussion um *Nachhaltigkeit im Kontext der Vereinten Nationen* hat die Frage der überlebensrelevanten Priorisierung des Handelns einen spezifischen globalen Impuls erhalten. Die Vielzahl der Aspekte, die in diesem Diskurszusammenhang auftreten,[11] lassen sich nur schwer bis gar nicht in einen übergreifenden, konsistenten begrifflichen Rahmen einordnen. Eine grobe Klassifizierung der Entwicklungsziele nach *ressourcenorientiert* und *akteursorientiert* kann helfen, eine zugrunde liegende *Asymmetrie* sichtbar zu machen: Ein Ressourcenproblem gibt es nur, wenn es biologische System auf diesem Planeten gibt, die *für ihre physische Existenz* eine bestimmte Konfiguration von *Ressourcen (ein Ökosystem) benötigen*. Da die vorfindbaren physischen Ressourcen auf dem Planet Erde *quantitativ begrenzt* sind, lässt sich im Prinzip durch Denken und Wissenschaft ermitteln, unter welchen Bedingungen die verfügbaren physischen Ressourcen – bei einem vorherrschenden Verhalten – nicht ausreichend sind. Dazu kommt der Faktor, dass die biologischen Systeme durch ihre Existenz und ihr Verhalten die vorfindbaren Ressourcen aktiv verändern. Neben dem rein quantitativen Aspekt einer *großen Zahl* von Menschen soll hier das Augenmerk auf das Verhalten der biologischen Systeme gerichtet werden, das zu einem biologisch bedingten Mangel führen kann und de facto geführt hat. Insofern das Verhalten von biologischen Systemen im Fall der Art Homo sapiens sich durch innere Zustände steuern lässt, ist das Ressourcenproblem auch ein kognitives und emotionales Problem: Wissen wir genug? Wollen wir das Richtige? Und diese Fragen verweisen auf die Motivierung jenseits des aktuell Wissbaren. Gibt es hier einen dunklen Fleck im Selbstbild des Menschen?

Einerseits verweist diese Fragestellung nach den treibenden Kräften für eine aktuelle Entscheidung über die Möglichkeiten der empirischen Wissenschaften hinaus (trans-empirisch, meta-physisch, ...), andererseits verweist diese Fragestellung aber auch ins Zentrum/in den Kern menschlicher Kompetenz. Dies motiviert dazu, den Begriff der empirischen Theorie zum Begriff einer nachhaltigen empirischen Theorie zu erweitern. Dies löst nicht automatisch die Frage nach dem inneren Mechanismus einer Wertentscheidung, ordnet das Problem aber systematisch ein. Das Problem hat damit einen offiziellen Ort.

Als Charakterisierung für das Konzept einer nachhaltigen empirischen Theorie wird folgende Formulierung vorgeschlagen (vgl. Abbildung 2):
1.   Eine *nachhaltige empirische Theorie beinhaltet eine empirische Theorie* als Kern.

---

11 Beispielhaft seien die 17 Entwicklungsziele genannt, in [https://unric.org/de/17ziele] (Zugriff: 27.09.2023).

2. Neben den Teilen *Ausgangslage, Veränderungsregeln* und *Anwendung von Veränderungsregeln* enthält eine nachhaltige Theorie auch noch einen Text mit einer Liste von solchen Situationen, die als *wünschenswert für eine mögliche Zukunft* angesehen werden (*Ziele, Visionen, ...*).
3. Unter Voraussetzung von Zielen kann man jede aktuelle Situation mit den verfügbaren Zielen minimal *vergleichen* und dadurch den *Grad der Zielerreichung* angeben.

Die Angabe von *erwünschten Zielen* sagt nichts darüber aus, wie realistisch oder erfolgversprechend es ist, diese Ziele zu verfolgen. Es bringt nur zum Ausdruck, dass die Autoren dieser Theorie diese Ziele kennen und zum Zeitpunkt der Theorie-Erstellung *für optimal* halten.[12] Das *Irrationale* von gewählten Zielen wird auf diese Weise in den Denkbereich der Theorie-Ersteller offiziell einbezogen und erleichtert auf diese Weise die *Ausdehnung des Rationalen* auf das *Irrationale*, ohne dass man schon über eine echte Lösung verfügt. Niemand kann ausschließen, dass sich das Phänomen der *Hervorbringung von Neuem* beziehungsweise des *Präferierens von einer bestimmten Sicht im Vergleich zu anderen* zukünftig weiter und besser verstehen lässt.

13 Erweiterter wissenschaftlicher Diskurs

Akzeptiert man den Begriff einer *nachhaltigen empirischen Theorie*, dann kann man damit den Begriff eines wissenschaftlichen Diskurses dahingehend erweitern, dass nicht nur Texte eingebracht werden können, die empirische Theorien repräsentieren, sondern auch solche Texte, die nachhaltige empirische Theorien mit eigenen Zielen repräsentieren.

Auch hier kann man die Frage stellen, ob die aktuellen Text-Generatoren einen konstruktiven Beitrag leisten können.

Insofern eine nachhaltige empirische Theorie eine empirische Theorie als harten Kern enthält, gelten die vorausgehenden Feststellungen zur Begrenztheit von Text-Generatoren. Sie können allerdings – wie festgestellt – im kreativen Teil der Entwicklung einer empirischen Theorie durch ihren assoziativ-kombinatorischen Charakter auf der Basis einer sehr großen Zahl von Dokumenten Textfrag-

---

12 Als *optimal* kann nur etwas klassifiziert werden, was sich in einen übergreifenden Rahmen einordnen lässt, welcher Positionierung in einer Skala zulässt. Dies verweist auf ein minimales kognitives Modell als Ausdruck von Rationalität. Die Entscheidung selbst aber findet außerhalb eines solchen rationalen Modells statt; die Entscheidung als eigenständiger Prozess ist in diesem Sinne *vor-rational*.

mente einspielen, die die aktiven menschlichen Theorie-Autoren möglicherweise anregen können, ihr Blickfeld zu erweitern.

Was aber ist mit jenem Anteil, der sich in der *Auswahl von möglichen Zielen* manifestiert?

An dieser Stelle muss man sich bewusst machen, dass es bei den Ziel-Texten nicht *um irgendwelche Formulierungen* geht, sondern um solche, die *innerhalb eines systematischen Rahmens* mögliche Lösungsformulierungen darstellen; dies impliziert die Kenntnis von *relevanten und überprüfbaren Bedeutungsstrukturen, die im Kontext der symbolischen Muster berücksichtigt werden müssten.* Über diese Fähigkeiten verfügen die Text-Generatoren grundsätzlich nicht. Aber es ist – wiederum – nicht auszuschließen, dass ihr assoziativ-kombinatorischer Charakter auf der Basis einer sehr großen Zahl von Dokumenten nicht doch die eine oder andere *Anregung* liefern kann.

14 Die Herausforderungen einer dynamischen Umwelt

Die beiden Konzepte *Empirische Theorie* und *Nachhaltige Empirische Theorie* kann man verstehen als denkerischen Reflex auf die *dynamische Grundverfasstheit* der empirischen Welt, die im Kern aus Veränderungen besteht, die ein lineares Zeitmodell implizieren, in dem es ein *Vorher* und ein *Nachher* gibt. Aus der grundlegend gerichteten Dynamik folgt, dass eine jeweilige Gegenwart niemals nur aus der *Wiederholung der Vergangenheit* rekonstruiert werden kann. Der Anteil von *Neuem* als Teil einer *aktuellen Gegenwart* muss bezogen auf das Vorher als *real größer Null* angenommen werden. Aus diesen Annahmen folgt ferner, dass die mögliche Zukunft *grundlegend offen* ist; man kann sie nicht vorwegnehmen. Eine bloße Wiederholung des *schon Bekannten (des Alten) reicht* nicht aus, um dem Geschehen in der realen Welt gerecht zu werden.[13]

Um sich in einer solchen dynamischen Welt mit realen Veränderungen und offenem Ausgang behaupten – oder gar entwickeln – zu können, braucht es Systeme, die grundlegend *adaptiv* und zugleich *zuverlässig (nachhaltig)* sein können. Die Realität von unterschiedlichen Veränderungsgeschwindigkeiten bietet zwischen *ganz kurz* und scheinbar *unendlich lang eine Bandbreite,* die mit der Zeitwahrnehmung und dem Verhalten eines einzelnen Menschen in keiner Weise harmoniert. Ohne *technische Hilfsmittel,* ohne effektives *kollektives Zusammen-*

---

13 Eine gute Einführung in das Thema *Zeit* finde sich in Gerald James Whitrow, *The Natural Philosophy of Time,* Oxford ²1980.

wirken, und dies *über viele Generationen* hinweg, sind wir Menschen nicht in der Lage, dieser dynamischen Umgebung gerecht zu werden.

15 Meta-Diskurs als wissenschaftlicher Diskurs. Bildung einer Super-Theorie?

Mit Hilfe der Konzepte *Empirische Theorie (ET)* und *Nachhaltige Empirische Theorie (NET)* verfügt man über die Möglichkeit, das Konzept *Wissenschaftlicher Diskurs* zu *normieren.* Mit Blick auf das Struktur-Konzept, das sich in *transdisziplinärer* und dann ganz generell in *wissenschaftsphilosophischer Perspektive* ergibt (vgl. Abbildung 1), kann man die Frage stellen, ob dieser erweiterte Diskurs-Kontext auch noch zum wissenschaftlichen Diskurs zu zählen ist?

Im vorliegenden Text wird als *Kern* eines *wissenschaftlichen Diskurses* – trotz aller zusätzlichen unterstützenden begrifflichen Strukturbildungen – die finale Rückführbarkeit auf *empirische Geltung* angesehen.

In einem Meta-Diskurs werden die Begrifflichkeiten einzelner empirischer Disziplinen in einem ersten Schritt auf eine sprachliche Meta-Ebene projiziert. Bei korrektem Vorgehen bleibt dabei die Struktur und die Aussage der jeweiligen Einzeldisziplinen erhalten. Spannend wird es dann im zweiten Schritt, wenn auf der Meta-Ebene die *Strukturen der einzelnen Disziplinen zum Objekt* werden und ihre Eigenschaften im Vergleich mit den anderen Disziplinen untersucht werden. Durch diese Analysen kann es sehr wohl geschehen, dass zwischen verschiedenen einzelnen Disziplinen Strukturähnlichkeiten entdeckt werden, die es möglich machen, diese Disziplinen auf einer höheren Ebene zu *vereinheitlichen, ohne dabei aber ihre Besonderheiten aufzuheben. Letztlich versucht das Projekt einer transdisziplinären Analyse alle bekannten Einzeldisziplinen auf diese Weise in einen einzigen begrifflichen Rahmen so zu integrieren, dass die Zusammenhänge sichtbar werden bei vollständigem Erhalt der individuellen Besonderheiten.*

In diesem Format einer transdisziplinären Analyse würde ein umfassender Meta-Diskurs seinen empirischen Kern nicht nur nicht verlieren, sondern die verschiedenen empirischen Kerne würden durch Einbettung in größere Zusammenhänge potentiell an Aussagekraft gewinnen. Ein Meta-Diskurs eröffnet letztlich die Möglichkeit zur *Entstehung einer Super-Theorie.* Eine solche Super-Theorie ist durch und durch *nur als kollektive Leistung aller möglich.*

16 Kollektive Mensch-Maschine Intelligenz?

Abschließend soll noch auf die Frage eingegangen werden, wo im Raum des skizzierten Meta-Diskurses Platz für das Phänomen einer kollektiven Intelligenz sein könnte, weiter spezifiziert zu *kollektiver Mensch-Maschine Intelligenz.*

Dazu sei angemerkt, dass der Begriff der *Intelligenz* als solcher auch heute alles andere als klar ist. In der philosophischen und wissenschaftlichen Geschichte ist der Begriff *Intelligenz* eingebettet in vielfältige Begriffsnetzwerke, die partiell Überschneidungen aufweisen, weitgehend aber einfach disparat sind.[14]

Zu beachten ist, dass die neue Disziplin Computerwissenschaft (Informatik), die in ihren Kerndisziplinen *Berechenbarkeit, Automaten* und *Formale Sprachen* ursprünglich weder den Begriff der Intelligenz brauchte noch von sich aus einen solchen anbieten konnte, dennoch schon sehr früh begann, verschiedene Versionen des Begriffs *Intelligenz* zu benutzen. Zunächst eher *metaphorisch* wurde der Begriff der Intelligenz dann aber mit immer mehr Verhaltensleistungen von Algorithmen korreliert, ohne dass der ursprünglichen Bedeutung des Intelligenzbegriffs in anderen wissenschaftlichen Disziplinen besondere Beachtung zuteilwurde.[15]

Hervorstechend ist aber, dass der Begriff der *Intelligenz* lange Zeit fast ausschließlich am Beispiel individueller Systeme untersucht wurde. Erst in den letzten Jahrzehnten gewann der Begriff *Kollektive Intelligenz* mehr Raum. Aber auch hier

---

14 Ein möglicher Einstieg in diesen Sachverhalt findet sich bei Luigi Pastore, „Intelligenz", in *Enzyklopädie Philosophie*, hg. von Hans Jörg Sandkühler, Bd. 2, Hamburg 2010, 1120–1126.
15 Mögliche Kostproben aus unterschiedlichen Zeiten: Elaine Rich, *Artificial Intelligence,* New York et al. 1983 (benutzt den Begriff ‚Intelligence' nicht); Nils J. Nilsson, *Artificial Intelligence. A new Synthesis,* San Francisco 1998 (benutzt den Begriff des ‚intelligenten Verhaltens'); Günther Görz/ Claus-Rainer Rollinger/Josef Schneeberger (Hg), *Handbuch der künstlichen Intelligenz,* München/ Wien ⁴2003 (in diesem Handbuch findet sich eine sehr ausführliche Einleitung zur Geschichte der Entwicklung der Künstlichen Intelligenz, in der auch explizit Bezugnahmen zur menschlichen Intelligenz vorkommen. Im Resümee kommen die Autoren aber nicht um die Feststellung herum, dass bislang kein einzelner Ansatz eine Perspektive geboten hat, mit der sich alle Aspekte intelligenten Verhaltens reproduzieren oder erklären lassen, vgl. 14); Stuart Russell/Peter Norvig, *Artificial Intelligence: A Modern Approach,* Boston et al. ³2016, 4. Edition in [https://aima.cs.berkeley.edu/] (Zugriff: 14.10.2023) (In diesem – mittlerweile wohl als *Standard* akzeptierten Lehrbuch für künstliche Intelligenz – wird die Einführung zum Thema künstliche Intelligenz erheblich ausgeweitet sowohl in Richtung Geschichte wie auch unter Berücksichtigung einer Vielzahl von Disziplinen, die alle irgendwie zum Thema in Beziehung stehen. Aber auch hier findet man nicht *die* Definition von Intelligenz. Die Autoren haben sich vielmehr dafür entschieden, ein *Paradigma* auszuwählen, *innerhalb dessen* sie die Vielzahl der Ideen und Beiträge einordnen wollen. Sie beschreiben das Konzept eines *intelligent agent,* der grundsätzlich *lernfähig* ist, und dem *Rationalität* unterstellt wird. Sofern von *Intelligenz* die Rede ist, wird diese in diesem Kontext lokalisiert, vgl. viii und 29–30).

reproduziert sich eine Vielfalt von Charakterisierungen jener Phänomene, die man als *kollektive Intelligenz* verstehen will.[16]

Als sogenannte *Intelligenzleistungen* gelten im Kern *statische Aufgabenstellungen*, in denen überprüft werden kann, ob ein Akteur in einer bestimmten Zeit nach einem *vereinbarten Auswertungskriterium* diese Aufgaben *lösen kann oder nicht*. Diese Aufgaben können so vielfältig sein, wie diese Welt vielfältige Situationen bereitstellen kann, und diese können sich im Laufe der Zeit ändern, so, wie sich auch das kulturelle Lösungswissen ändern kann. Für sich alleine genommen hat solch ein isoliertes Lösungsgeschehen keine besondere Bedeutung.

Es drängt sich daher die Frage auf, ob man auf den Begriff der *Intelligenz* heute nicht einfach verzichten sollte. Der Bedeutungswert des Begriffs Intelligenz tendiert sowohl im Sinne von Shannon[17] wie auch im Kontext einer allgemeinen Bedeutungsfunktion mittlerweile gegen Null.

Doch woran sollte man sich dann orientieren?

Nimmt man die grundlegenden Eigenschaften der realen Welt ernst, ihre reale Veränderlichkeit, die gerichtete Veränderungszeit, und erinnert man sich daran, dass die Menschen als biologische Systeme nur durch gezielten Einsatz von Technik zur Veränderungserfassung, durch kollektive begriffliche Leistungen zur Integration der vielfältigen Aspekte der Welt (einschließlich ihrer selbst) und durch kollektives Zusammenwirken über längere Zeiträume hinweg (auch über hunderte von Jahren) in der Lage sind, ihre Chance auf ein Weiterleben auf diesem *Planeten der steten Veränderung* zumindest ansatzweise zu wahren, dann empfiehlt es sich, künftig eher im Paradigma einer transdisziplinär orientierten Meta-Theorie zu denken, die von einer Population adaptiver Akteure benutzt wird. In diesem Rahmen gibt es genügend Herausforderungen in Form von thematisch-lokalen Aufgabenfeldern, bei denen sich der Einsatz von maschinellen Prozeduren zur Bewältigung dieser Aufgaben lohnen würde, vielleicht sogar in einem existenziellen Sinne: Ohne Technik werden sich viele Aufgaben nicht einlösen lassen, selbst wenn wir die Aufgabe selbst denkerisch erschließen können.

---

16 Hilfreiche Einstiege: Charles R. Gallistel, *The Organization of Learning*, Boston 1990; Nicholas Mackintosh (Hg.), *Animal Learning and* Cognition, San Diego et al. 1994; Pierre Lévy, *Die kollektive Intelligenz. Für eine Anthropologie des Cyberspace*, Mannheim 1997; Peter Kappeler, *Verhaltensbiologie*, Berlin et al. 2006; Thomas W. Malone/Michael S. Bernstein (Hg.), *Handbook of Collective Intelligence*, Boston 2015.
17 Claude E. Shannon/Warren Weaver, *The Mathematical Theory of Communication*, Urbana [10]1964 [1949], 8 ff.

17 Das Biologische

Der *Hotspot für real Neues* auf dem Planet Erde – und letztlich vielleicht sogar für das gesamte Universum – ist *das Biologische,* von dem der *Homo sapiens ein genuiner Teil ist.* Es könnte sinnvoll sein, sich diesem *genuin Neuen* etwas mehr zu widmen als bisher.

Das Neue ist der Schlüssel zur Zukunft.

Christian Stöcker

Lernende Maschinen und die Zukunft der Öffentlichkeit

Abstract: Machine learning systems, now often referred to as artificial intelligence or AI systems, have been instrumental in shaping the public sphere for at least two decades. The advent of search engines, and, a few years later, algorithmically curated social media sites, has created a new information ecosystem with substantially different properties than the legacy media system based mainly on newspapers, radio, and television. Not all of these characteristics are desirable from a normative point of view. For example: Ample research shows that mis- and disinformation have a strategic advantage compared to factually correct information in social media environments. The advent of generative machine learning systems that can create realistic text, images, and increasingly also audio and video content will exacerbate this problem: the marginal cost for creating convincing disinformation at scale is dropping rapidly. This article cites some examples that have already been observed and discusses possible mediation strategies.

1 Einleitung

Seit vielen Jahren wird das Zusammenspiel von kommerziell und politisch motivierter Desinformation, Propaganda und Misinformation sowie die Rolle, die Online-Plattformen und Social-Media-Plattformen bei der Verbreitung solcher Inhalte spielen, intensiv erforscht. Die Verbreitung von sogenannten „Fake News" während des US-Präsidentschaftswahlkampfs 2016[1] wurde als ein möglicher Faktor für den Ausgang der Wahl diskutiert. Auch wenn die Debatte über die Auswirkungen solcher Inhalte auf das tatsächliche Wahlverhalten noch immer umstritten ist,[2] steht

---

1 Siehe z. B. Claudia Eva Schmid et al., „Der strategische Einsatz von Fake News zur Propaganda im Wahlkampf", in *Fake News, Hashtags & Social Bots*, hg. von Klaus Sachs-Hombach/Bernd Zywietz, Wiesbaden 2018, 69–95; Hunt Allcott/Matthew Gentzkow, „Social Media and Fake News in the 2016 Election", *Journal of Economic Perspectives*, Bd. 31, 2017, 211–236.
2 Lena Frischlich, „„Propaganda3' – Einblicke in die Inszenierung und Wirkung von Online-Propaganda auf der Makro-Meso-Mikro-Ebene", in *Fake News, Hashtags & Social Bots*, hg. von Klaus Sachs-Hombach/Bernd Zywietz, Wiesbaden 2018, 133–170; Joshua Tucker et al., „Social Media, Political Polarization, and Political Disinformation: A Review of the Scientific Literature", *SSRN Electronic Journal*, März 2018.

ⓐ Open Access. © 2024 bei den Autorinnen und Autoren, publiziert von De Gruyter. [cc] BY-NC-ND Dieses Werk ist lizenziert unter einer Creative Commons Namensnennung – Nicht kommerziell – Keine Bearbeitung 4.0 International Lizenz. https://doi.org/10.1515/9783111351490-025

fest, dass diese Art von Inhalten heute ein Publikum erreicht, das vor dem Aufkommen des Internets als Massenmedium nicht erreicht werden konnte.[3]

Es gibt zahlreiche Belege dafür, dass radikale und extremistische Gruppen die neuen Mittel zur Erreichung eines Publikums nutzen, um Mitglieder und Sympathisanten zu rekrutieren.[4]

Ein wichtiger Aspekt dieses neuen medialen Ökosystems sind die Empfehlungssysteme, sogenannte *Recommender Systems*, landläufig häufig einfach „Algorithmen" genannt. Sowohl Suchmaschinen als auch Social-Media-Plattformen nutzen derartige Systeme, um Ergebnisse und Inhaltsströme zu personalisieren und die damit gewonnene Aufmerksamkeit des Publikums zu monetarisieren.[5] In zunehmendem Maße stützen sich Empfehlungssysteme zur Optimierung auf maschinelles Lernen.[6]

Dies trifft auch auf die meistbesuchten Websites der Welt zu.[7] Dazu gehören die meistgenutzte Suchmaschine, Google (über 3,5 Milliarden Suchanfragen pro Tag im Jahr 2019,[8] Marktanteil 90 % oder mehr, je nach verwendeter Methode),[9] das nach wie vor weltweit größte soziale Netzwerk Facebook (fast drei Milliarden monatlich aktive Nutzer*innen im Jahr 2023) und die weltweit größte Videoplattform YouTube (über 2,5 Milliarden monatlich aktive Nutzer*innen im Jahr 2023).[10] Dazu kommen neuere, schnell wachsende Plattformen wie TikTok (eine Milliarde monatlich aktive

---

3 Siehe z.B. Christoph Neuberger et al., „„Googleisierung' oder neue Quellen im Netz?", in *Journalismus im Internet. Profession – Partizipation – Technisierung*, hg. von Christoph Neubergk/Christian Nuernbergk/Melanie Rischke, Wiesbaden 2009, 295–334; Axel Bruns, *Gatewatching. Collaborative Online News Production*, New York et al. 2005; Axel Bruns, „Vom Gatekeeping zum Gatewatching", in *Journalismus im Internet*, 107–128.
4 Siehe z.B. Karen Greenberg, „Counter-Radicalization via the Internet", *The ANNALS of the American Academy of Political and Social Science*, Bd. 668(1), 2016, 165–179; Robin Thompson, „Radicalization and the Use of Social Media", *Journal of Strategic Security*, Bd. 4, 2011, 167–190.
5 Für einen umfassenden Überblick siehe: *Recommender Systems Handbook*, hg. von Francesco Ricci et al., New York et al. 2011.
6 Siehe z.B. Paul Covington et al., „Deep Neural Networks for YouTube Recommendations", in *RecSys '16. Proceedings of the 10th ACM Conference on Recommender Systems*, 2016, 191–198 (DOI: 10.1145/2959100.2959190).
7 Simon Kemp, „Digital in 2019: Global Internet Use Accelerates" (31.01.2019), in [https://wearesocial.com/uk/blog/2019/01/digital-in-2019-global-internet-use-accelerates/] (Zugriff: 03.10.2023).
8 Google Search Statistics. Internet Live Stats, in [www.internetlivestats.com/google-search-statis tics/] [https://t1p.de/16ich] (Zugriff: 03.10.2023).
9 Search Engine Market Share Worldwide. StatCounter Global Stats, in [https://gs.statcounter.com/se arch-engine-market-share] (Zugriff: 03.10.2023); Jeff Desjardins, „How Google retains more than 90 % of market share", in [https://t1p.de/dbwf6] (Zugriff: 03.10.2023).
10 DataReportal. Global Digital Insights, in [www.datareportal.com] (Zugriff: 03.10.2023).

Nutzer*innen im Jahr 2023),[11] die ebenfalls auf maschinell kuratierte und personalisierte Inhalte-Feeds setzen.

Zusammen sind derartige Plattformen für einen erheblichen Teil der Zeit und Aufmerksamkeit verantwortlich, die Internetnutzer*innen jeden Tag online investieren. Die Art und Weise, wie die Inhalte gefiltert und sortiert werden, ist daher für die öffentliche Wahrnehmung, die Gestaltung und die Diskussion von Themen, wie Politik oder beispielsweise die Einstellung zu medizinischen Behandlungen wie Impfungen, von Bedeutung. Der Kommunikationswissenschaftler Philip Napoli hat diese neuen Gatekeeper als „automatisierte Medien" bezeichnet[12] und betont, dass die Nachrichtenproduktion[13] wie auch die Nachrichtenauswahl[14] zunehmend auf Instrumente der automatisierten Entscheidungsfindung (auch ADM-Systeme genannt) zurückgreifen, die häufig Komponenten maschinellen Lernens enthalten und ständig optimiert werden.

Mittlerweile gibt es zahlreiche empirische Belege, dass die Metriken und Signale, die diese Unternehmen für Ranking-Entscheidungen und Inhaltsempfehlungen auf ihren Websites und in ihren Apps verwenden, dazu beitragen können, dass Inhalte ein Publikum erreichen, welche bewusst negative Emotionen erregen, irreführend sind oder gezielte Propaganda enthalten.[15] Dies ist eine Folge einer komplexen Wechselwirkung der Empfehlungssysteme selbst, die für Ranking- und Empfehlungsentscheidungen verwendet werden, mit anderen Faktoren wie der Wahrscheinlichkeit, dass sich bestimmte Arten von Nutzern mit Online-Medieninhalten beschäftigen, kognitiven Mechanismen auf der Nutzer*innenseite und der Gestaltung von Benutzeroberflächen.[16] Tatsächlich lässt sich in Simulationen zeigen, dass etwa ein Empfehlungssystem wie jenes, das YouTube einsetzt, zwangsläufig immer auch unangemessene Inhalte empfiehlt, und dass diese Art von Feh-

---

11 Ebd.
12 Philip Napoli, „Automated Media: An Institutional Theory Perspective on Algorithmic Media Production and Consumption: Automated Media", *Communication Theory*, Bd. 24(3), 2014, 340–360.
13 Philip Napoli, „On Automation in Media Industries: Integrating Algorithmic Media Production into Media Industries Scholarship", *Media Industries*, Bd. 1(1), 2014, 33–38.
14 Philip Napoli, „Social media and the public interest: Governance of news platforms in the realm of individual and algorithmic gatekeepers", *Telecommunications Policy*, Bd. 39, 2015, 751–760.
15 Christian Stöcker, „How Facebook and Google Accidentally Created a Perfect Ecosystem for Targeted Disinformation", in *Disinformation in Open Online Media. First Multidisciplinary International Symposium, MISDOOM 2019, Hamburg, Germany, February 27 – March 1, 2019, Revised Selected Papers*, hg. von Christian Grimme et al., Cham 2020, 129–149.
16 Konrad Lischka/Christian Stöcker, *Digitale Öffentlichkeit. Wie algorithmische Prozesse den gesellschaftlichen Diskurs beeinflussen. Arbeitspapier*, Gütersloh 2017.

lern im Laufe längerer *„Viewing Sessions"* tendenziell zunehmen.[17] Dies ist eine Folge der Mechanismen der lernenden Systeme, die zur Inhaltempfehlung eingesetzt werden.

2 Relevanz auf algorithmisch kuratierten Plattformen

Die Auswahl- und Kuratierungskriterien der großen Plattformen unterscheiden sich deutlich von denen etwa von Journalist*innen. Das liegt daran, dass sie auf die Optimierung bestimmter Metriken abzielen, die nicht nur den Nutzen für den einzelnen Nutzenden, sondern auch die Monetarisierungsmöglichkeiten der Plattformen maximieren sollen. Für Facebook beispielsweise besteht das zentrale Optimierungsziel in der Maximierung des *Engagements*, einer hybriden Kennzahl, die sich aus den verschiedenen Möglichkeiten zusammensetzt, wie Nutzer*innen mit Inhalten auf Facebook interagieren können.

Das Engagement wird berechnet durch die Kombination von:[18]

- den sogenannten *Reactions*, mit denen ein*e bestimmte*r Nutzer*in und alle Facebook-Nutzer*innen insgesamt auf einen bestimmten Inhalt reagieren. Reactions bedeutet hier: Klicks auf den Like-Button oder andere Optionen wie ein lachendes Emoji und ein wütendes Emoji usw.;
- der Anzahl der *Shares*, d. h. die Häufigkeit, mit der einzelne Nutzer*innen einen bestimmten Inhalt, auf den sie auf Facebook gestoßen sind, mit ihrem Online-Kontaktkreis innerhalb der Plattform teilen, indem sie die dazu eingebaute Funktionalität nutzen;
- der Anzahl der Kommentare zu einem bestimmten Inhalt, d. h. die Anzahl der individuellen verbalen Reaktionen.

Das *Engagement* ist also ein zusammengesetztes Maß für die Anzahl der Reaktionen, die irgendeine Form von persönlicher Aktivität seitens der Nutzer*innen erfordern. Die tatsächlichen Nutzer*innen und anderen Signale, die in Facebooks

---

17 Christan Stöcker/Mike Preuss, „Riding the Wave of Misclassification: How We End up with Extreme YouTube Content", in *Social Computing and Social Media. Design, Ethics, User Behavior, and Social Network Analysis. 12th International Conference, SCSM 2020, Held as Part of the 22nd HCI International Conference, HCII 2020, Copenhagen, Denmark, July 19–24, 2020, Proceedings*, hg. von Gabriele Meiselwitz, Cham 2020, 359–375.
18 Konrad Lischka/Christian Stöcker, *The Digital Public. How algorithmic processes influence social discourse. Working paper,* Gütersloh 2018.

Kuratierungssysteme eingespeist werden, um den personalisierten Newsfeed aller Nutzer*innen zu kuratieren, sind jedoch viel zahlreicher.

Sowohl für Facebook als auch für Twitter/X, ein weiteres soziales Netzwerk, hat sich gezeigt, dass Inhalte mit einer hohen emotionalen, insbesondere einer negativ konnotierten emotionalen Valenz höhere Reaktionsraten bei anderen Nutzer*innen hervorrufen.[19] Die Frage, welche Rolle die emotionale Valenz in diesem Zusammenhang spielt, ist nicht ganz so eindeutig, wie diese beiden Ergebnisse vermuten lassen, aber eine große Anzahl von Studien mit unterschiedlichen Methoden, die sich mit verschiedenen Plattformen und verschiedenen Arten von Inhalten befassten, zeigt, dass emotional aufgeladene Inhalte tendenziell mehr *Engagement* in sozialen Medien und anderen in großen Gruppen genutzten Online-Kommunikationssystemen hervorrufen.[20]

Die Optimierungsmaße unterscheiden sich von Plattform zu Plattform, aber in vielen Fällen haben sie ähnliche Auswirkungen: Sie verschaffen problematischen, irreführenden oder besonders stark emotionalisierenden Inhalten besonders hohe Reichweite.[21] Maße wie Verweildauer, *Watch Time* und Interaktionsrate sind wichtige Optimierungsziele, weil Interaktionen einerseits stets zusätzliche Daten über die Nutzer*innen liefern, die man wiederum zur noch passgenaueren Auslieferung von Werbung auswerten kann, und andererseits jeder Klick und jeder Kommentar neue Inhalte erzeugt, die wiederum das Interesse anderer Nutzer*innen wecken und damit deren Verweildauer erhöhen können. In jedem Fall sind diese Relevanzkriterien deutlich anders als jene, die in journalistisch arbeitenden Redaktionen zur Anwendung kommen.

3 Relevanz, journalistisch betrachtet

In der Publizistik- und Kommunikationswissenschaft existiert schon seit hundert Jahren das Konzept des Nachrichtenwertes (*news value*). Der erste Autor, der eine Systematisierung solcher Merkmale journalistischer Themen entwarf, war der US-amerikanische Journalist und Autor Walter Lippman. In seinem Buch *Die öffentli-*

---

19 Stefan Stieglitz/Linh Dang-Xuan, „Emotions and Information Diffusion in Social Media – Sentiment of Microblogs and Sharing Behavior", *Journal of Management Information Systems*, Bd. 29, 2013, 217–248; Stefan Stieglitz/Linh Dang-Xuan, „Impact and Diffusion of Sentiment in Public Communication on Facebook", in *ECIS 2012 Proceedings*, Paper 98.
20 Christian Stöcker, „Bedeutung von Emotionen in den Sozialen Medien, Emotionalisierung durch Soziale Medien: Emotion bringt Reichweite?", in *Politische Bildung mit Gefühl*, hg. von Anja Besand et al., Bundeszentrale für politische Bildung, Bd. 10299, Bonn 2019.
21 Christian Stöcker (im Druck).

che Meinung, im Original von 1922,[22] findet sich die erste Liste mit Faktoren, die sich auf die journalistische Relevanz eines Themas auswirken sollten, darunter die Bekanntheit der beteiligten Personen, die räumliche Nähe eines Ereignisses, der Überraschungswert eines Ereignisses, wie sensationell und wie langanhaltend das Ereignis ist. Auf Basis des Begriffs *news value* entwickelte sich die sogenannte Nachrichtenwerttheorie.[23]

Ausrichtung und Selbstverständnis des jeweiligen Mediums entscheiden über die Gewichtung solcher Faktoren. Bei Meldungen etwa aus Politik und Wirtschaft steht demnach Bedeutung und Reichweite im Vordergrund. Das vermutete Publikumsinteresse spielt eher bei Meldungen über Prominente oder andere Berichterstattung, die zumindest teilweise unterhaltenden Charakter hat, eine wichtigere Rolle.

Die Gewichtung der einzelnen Nachrichtenfaktoren ist dabei variabel: Eher dem Boulevardjournalismus zuzuordnende Publikationen legen mehr Wert auf emotionalisierende Inhalte, andere Redaktionen achten möglicherweise auf Bedeutung und Reichweite eines Nachrichtenereignisses. Wenn Sie sich an den Verhaltenskodizes für Presseberichterstattung orientieren, sollten Redaktionen bei der Berichterstattung in jedem Fall um Wahrhaftigkeit und Faktentreue bemüht sein. Zu diesem Zweck existieren Standards des journalistischen Handwerks wie die sorgfältige Prüfung von Quellen und Fakten, die Suche nach mehreren Quellen für strittige Behauptungen, die Abbildung aller Seiten eines Konfliktes und so weiter. Emotionalisierende Desinformation genügt daher in mehrfacher Hinsicht nicht journalistischen Standards.

4 Die Relevanzkriterien der Plattformbetreiber haben Nebenwirkungen

Die Gewichtung der Nachrichtenfaktoren und damit die Einstufung der Relevanz von aktuellen Ereignissen und Neuigkeiten in Redaktionen ist eher implizit als explizit[24] und verändert sich zudem womöglich über die Zeit.[25] Auch in Bezug auf

---

22 Walter Lippmann/Elisabeth Noelle-Neumann, *Die öffentliche Meinung. Reprint des Publizistik-Klassikers*, Bochum 1990.
23 Johan Galtung/Mari Holmboe Ruge, „The Structure of Foreign News", *Journal of Peace Research*, Bd. 2, 1965, 64–91.
24 Paul Brighton/Dennis Foy, *News values*, London et al. 2007.
25 Tony Harcup/Deirdre O'Neill, „What is News? News values revisited (again)", *Journalism Studies*, Bd. 18, 2017, 1470–1488.

klassische journalistische Inhalte wurde bereits gezeigt, dass das, was heute als ein Aspekt von *Engagement* betrachtet wird, das aktive Weiterleiten von Nachrichteninhalten, im Zusammenhang mit der emotionalen Valenz der Inhalte steht. Eine der meistzitierten Studien zur Rolle von Emotionen in den sozialen Medien basiert nicht auf Daten von Twitter oder Facebook, sondern auf der Auswertung von E-Mail-Empfehlungen: Jonah Berger und Katherine Milkman werteten im Jahr 2009 für einen Zeitraum von drei Monaten aus, welche auf der Website der *New York Times* publizierten Artikel besonders häufig per E-Mail weiterempfohlen wurden. Dabei stellten die Wissenschaftler fest, dass Emotion für diese Art von digital-medialer Verbreitung eine wichtige Rolle spielte:[26] Artikel, die die Autoren mit Hilfe maschineller Verfahren als ärger-, ehrfurchts- oder angstauslösend eingestuft hatten, wurden besonders häufig per E-Mail weitergereicht. Weil diese Funktion als eine Art Vorläufer der *Share*-Funktion etwa von Facebook angesehen wird, gilt dieses Resultat als einer der ersten Hinweise auf die Bedeutung von Emotionalität für die virale Verbreitung von Inhalten über soziale Medien.

Festzuhalten bleibt: Die Nachrichtenfaktoren, also die Auswahlkriterien journalistisch arbeitender Redaktionen, unterscheiden sich deutlich von den Optimierungsmaßen von Suchmaschinen und Social-Media-Plattformen.[27] *Engagement* (Facebook), *Watch Time* (YouTube), *Dwell Time* (Google) und ähnliche Maße bewerten Relevanz nach rein deskriptiven Kriterien: Welcher Inhalt erzeugt wieviel Aufmerksamkeitszeit, wieviel Interaktion? Kriterien wie Qualität, Wahrhaftigkeit, Faktizität oder Ausgewogenheit spielen dabei keine Rolle.

Dieser Umstand wiederum verschafft Desinformation einen Vorteil: Weil sie sich nicht an störende Einschränkungen wie Faktentreue oder Ausgewogenheit halten muss, kann Desinformation so aufregend, wütend machend, emotionalisierend sein, wie es für maximale Reichweite dienlich scheint. Mit Erfolg: „Falsehood diffused significantly farther, faster, deeper, and more broadly than the truth in all categories of information."[28] Das zeigten Vosoughi und Kolleg*innen in einer 2018 in *Science* veröffentlichten Studie über die Verbreitung von Information und Desinformation auf Twitter. Auf konkrete Nachrichtenthemen bezogen, von Angela Merkel über rechtsextreme Ausschreitungen in Chemnitz bis hin zu Impf-Desinformation, lassen sich derartige Effekte ebenso für Facebook, YouTube und Google

---

26 Jonah Berger/Katherine Milkman, „What Makes Online Content Viral?" *Journal of Marketing Research*, Bd. 49(2), 2009, 192–205.
27 Soroush Vosoughi et al., „The spread of true and false news online", *Science*, Bd. 359(6380), 2018, 1146–1151.
28 Ebd., 1146.

nachweisen.[29] Die Plattformbetreiber haben gewissermaßen versehentlich sehr effektive Ökosysteme für die Verbreitung von Desinformation geschaffen.

Es bleibt oft unklar, wie stark die konkreten Auswirkungen dieser geänderten Lage auf reale Entscheidungen des Publikums wirken, etwa im Hinblick auf das Wahlverhalten. Dass Desinformation auf die Dauer nicht folgenlos bleibt, zeigen allerdings Phänomene wie die Tatsache, dass Menschen, die Desinformation über einen angeblichen Zusammenhang zwischen Impfungen in der Kindheit und Autismus für wahr halten, ihre Kinder häufiger nicht impfen lassen. Das hat wiederum konkrete gesellschaftliche Auswirkungen und führte beispielsweise zu „einem merklichen Anstieg von durch Impfungen vermeidbaren Erkrankungen".[30] Desinformation hat also unzweifelhaft negative gesellschaftliche Auswirkungen. Ihre Verbreitung so weit wie möglich einzudämmen, ist ein erstrebenswertes Ziel.

5 Generative KI-Systeme und die mediale Öffentlichkeit

Diese neue mediale Öffentlichkeit ist, wie oben angesprochen, in Teilen nach anderen Relevanzkriterien und durch andere Mechanismen organisiert als die Habermas'sche „Bürgerliche Öffentlichkeit",[31] deren Diskurse über klassische Massenmedien vermittelt wurden. In diese Situation treten nun als zusätzliche Faktoren weitere Entwicklungen, die die digitale Medienproduktion und -rezeption weiter verändern. Im Kontext dieses Tagungsbandes sind damit vor allem Text-, aber auch Bild- und Videogeneratoren gemeint, die auf Systemen maschinellen Lernens basieren, kurz häufig als „künstliche Intelligenz" (KI) bezeichnet. Systeme zur automatisierten Erstellung oder Ergänzung von Texten wie ChatGPT von dem US-Unternehmen OpenAI,[32] Llama von dem US-Unternehmen Meta, ehemals Facebook,[33]

29 Christian Stöcker, „How Facebook and Google Accidentally Created a Perfect Ecosystem for Targeted Disinformation", in: Christian Grimme et al. (Hg.), *Disinformation in Open Online Media. MISDOOM 2019 (Lecture Notes in Computer Science*, Bd. 12021), Cham 2020, 129-149.
30 Stephan Lewandowsky et al., „Misinformation and Its Correction: Continued Influence and Successful Debiasing", *Psychological Science in the Public Interest*, Bd. 13(3), 2012, 106–131.
31 Jürgen Habermas, *Strukturwandel der Öffentlichkeit. Untersuchungen zu einer Kategorie der bürgerlichen Gesellschaft. Mit einem Vorwort zur Neuauflage 1990*, Frankfurt a. M. 2015.
32 „Introducing ChatGPT", in [www.openai.com/blog/chatgpt] (Zugriff: 03.10.2023).
33 „Introducing LLaMA. A foundational, 65-billion-parameter language model", in [https://ai.meta.com/blog/large-language-model-llama-meta-ai/] (Zugriff: 03.10.2023).

oder Googles Bard[34] können auf Basis sehr großer künstlicher neuronaler Netze, die mit sehr großen Mengen von Trainingsdaten gefüttert wurden, Texte produzieren, die von menschlichen Hervorbringungen nicht mehr zu unterscheiden sind, und das in mehreren Sprachen. Bildproduktionssysteme wie die kommerziellen Systeme Dall-e 3 von OpenAI,[35] Midjourney[36] oder das Open-Source-Projekt Stable Diffusion[37] von Stability AI erzeugen Bilder, die oft ebenfalls nicht mehr von menschlichen Werken zu unterscheiden sind und unter Umständen wirken wie Fotografien realer Szenen. Auch KI-basierte Systeme zur Produktion oder Modifikation von Audio- und Bewegtbildsequenzen existieren bereits.[38] Die Imitation menschlicher Stimmen durch KI-Systeme ist bereits sehr weit fortgeschritten[39]

Derartige Systeme werden in vielen Bereichen längst eingesetzt, um Inhalte für ein großes Publikum zu generieren, manchmal in informierender oder unterhaltender, manchmal aber auch bereits jetzt in eindeutig desinformierender Absicht. Im Folgenden werden einige Beispiele genannt.

5.1 Text- und Bildgeneratoren im Journalismus

Der deutsche Zeitungsverlag Ippen Media beispielsweise hatte nach Angaben seines Digital-Chefredakteurs Markus Knall schon im April 2023 „mehrere hundert Beiträge" publiziert, „die in irgendeiner Weise KI unterstützt hat", wie er in einem Interview mit dem Magazin des Deutschen Journalisten-Verbands (DJV) erklärte.[40] Knall musste in dem Gespräch auch zu einem Fall Stellung nehmen, in dem ein KI-generierter Text eine durchaus wesentliche Fehlinformation enthielt, was erst nach Hinweisen eines Kollegen aus einer anderen Redaktion korrigiert wurde. Die Korrektur ließ die Tatsache, dass der Ursprungstext KI-generiert war, unerwähnt. Knall

---

34 Sundar Pichai, „An important next step on our AI journey", *Google,* 2023, in [www.blog.google/technology/ai/bard-google-ai-search-updates/] (Zugriff: 03.10.2023).

35 DALL·E 3, in [https://openai.com/dall-e-3] (Zugriff: 03.10.2023).

36 Midjourney, in [www.midjourney.com/home/?callbackUrl=%2Fapp%2F] (Zugriff: 03.10.2023).

37 Stable Diffusion Online, in [www.stablediffusionweb.com/] (Zugriff: 03.10.2023).

38 Alex McFarland, „10 ‚Best' AI Video Generators", 01.10.2023, in [www.unite.ai/best-ai-video-generators/] (Zugriff: 03.10.2023).

39 Lyrebird. Ultra-realistic voice cloning and text to speech, in: [www.descript.com/lyrebird-ai?source=lyrebird] (Zugriff: 03.10.2023); Sercan O. Arik et al., *Neural Voice Cloning with a Few Samples,* ArXiv 2018 (arXiv:1802.06006); Pavol Partila et al., „Deep Learning Serves Voice Cloning. How Vulnerable Are Automatic Speaker Verification Systems to Spoofing Trials?", *IEEE Communications Magazine,* Bd. 58(2), 2020, 100–105.

40 Markus Franz/Markus Knall, „Wir setzen ein, was auf dem Markt ist", 02.06.2023, in [www.journalist.de/startseite/detail/article/wir-setzen-ein-was-auf-dem-markt-ist] (Zugriff: 03.10.2023).

sagte in dem Interview: „Unsere Prinzipien sehen vor, dass eine Redakteurin oder ein Redakteur Inhalte, die ein Sprachmodell vorgeschlagen hat, vor der Veröffentlichung überprüft. Diese Qualitätssicherung hat hier nicht richtig gegriffen. Der Fehler lag also nicht bei der Technik. Daher prüfen wir noch einmal unsere Redaktionsprozesse bei KI-unterstützten Texten." Ippen setzt KI-generierte Texte in diversen Portalen aber auch auf den Seiten klassischer Zeitungen wie der *Frankfurter Rundschau* ein. Ganz am Ende des Textes, oft unterhalb einer Anzeige, findet sich dann der Hinweis, dass ein Artikel „mithilfe maschineller Unterstützung erstellt" wurde.

Auch der *Kölner Express* setzt KI-generierte Texte ein. Dort ist die Kennzeichnung auf andere Weise geregelt: Als Autorin der KI-generierten Artikel tritt eine fiktive Person namens „Klara Indernach" in Erscheinung, mit einem KI-generierten Porträt als Autorinnenbild.[41] Im Autorinnenkasten ist zu lesen: „Klara Indernach ist der Name für Texte, die wir mit Hilfe Künstlicher Intelligenz erstellen." Die Texte würden „redaktionell bearbeitet und geprüft."[42]

5.2 Text- und Bildgeneratoren im Bereich Influencer/Social Media Creator

Es existieren bereits zahlreiche Social-Media-Accounts, die regelmäßig Bilder von Personen veröffentlichen, die nicht wirklich existieren.[43] Das Phänomen ist in Südostasien bereits stärker verbreitet als im Westen, dort gab es dem österreichischen *Standard* zufolge schon 2021 „[h]underte neue Models".[44] Diese virtuellen Influencer treten nicht nur als künstliche Medienfiguren in Bildform in Erscheinung, manche Angebote umfassen auch den virtuellen Personen zugeordnete Musik oder Videos. Eine ganze Reihe derartiger virtueller Persönlichkeiten hat auf einschlägigen Social-Media-Plattformen mehrere Millionen Follower. Die Medienforscherin Ziv Schneider ließ im Jahr 2020 eine virtuelle Influencerin namens Sylvia

41 Klara Indernach, „Boulevardblatt erfindet Autorin für Texte von KI-Generator", 19.09.2023, *heise online*, in [https://t1p.de/jrrr2] (Zugriff: 03.10.2023).
42 „Zur Person. Klara Indernach", *EXPRESS*, in [www.express.de/autor/klara-indernach-594809] (Zugriff: 03.10.2023).
43 Markus Reuter, „Künstliche Intelligenz. Die schöne neue Welt der virtuellen Influencer", 23.09.2023, in [www.netzpolitik.org/2023/kuenstliche-intelligenz-die-schoene-neue-welt-der-virtuellen-influencer/] (Zugriff: 03.10.2023).
44 Jakob Pallinger, „Virtuelle Influencer. Zu schön, um wahr zu sein", 28.11.2021, *DER STANDARD*, in [www.derstandard.de/story/2000131253123/virtuelle-influencer-zu-schoen-um-wahr-zu-sein] (Zugriff: 03.10.2023).

binnen weniger Monate altern, schließlich wurde sogar der Tod der virtuellen Persönlichkeit vermeldet. Auf der Foto-Plattform Instagram, die zum Meta-Konzern gehört, konnten Nutzerinnen und Nutzer Sylvia bei ihrem beschleunigten Alterungsprozess zusehen.[45] Das Projekt sollte auf Altersdiskriminierung im digitalen Raum aufmerksam machen.

5.3 KI-generierte Propaganda

Im Februar 2023 wurden mehrere Medien auf die Kampagne einer fiktiven Nachrichtenorganisation namens „Wolf News" aufmerksam, in deren Video-Erzeugnissen pro-chinesische Positionen vertreten wurden.[46] Die in den journalistisch anmutenden Videos auftretenden Nachrichtensprecher*innen waren keine echten Personen, sondern KI-generierte Avatare, vermutlich erzeugt mit Software des britischen KI-Start-ups Synthesia. Das Unternehmen erklärte auf Anfrage der *New York Times*, dass die Herstellung dieser Videos einen Verstoß gegen die eigenen Geschäftsbedingungen darstelle, denen zufolge die Technik der Firma nicht für „politische, sexuelle, persönliche, kriminelle oder diskriminierende Inhalte" eingesetzt werden dürfe. Die virtuellen Moderator*innen sind noch recht einfach als künstlich zu erkennen. Der Fall zeigt jedoch, dass China offenbar mit KI-generierter Propaganda experimentiert. Unternehmen wie HiClub Inc., Betreiber einer App und weiterer Dienste namens Synclub, bieten Nutzenden „KI-Charaktere" als „virtuelle Begleiter*innen" an: „Everybody says that it's impossible to find an IDEAL FRIEND, but we disagree! Look no further than Synclub – your trusted virtual AI friend."[47] KI-generierte virtuelle Personen aus dem Angebot der Firma, oft mit cartoonhaft übertriebenen Körpermaßen und in fetischisierender Weise dargestellt, interagieren auf Social-Media-Plattformen wie Twitter und Instagram mit echten Nutzer*innen.

---

45 „Meet ‚Sylvia': A Project Challenging Ageism in Digital Space", 28.08.2020, in [https://brown.colum bia.edu/meet-sylvia] (Zugriff: 03.10.2023).
46 Adam Satariano/Paul Mozur, „The People Onscreen Are Fake. The Disinformation Is Real", 07.02. 2023, *The New York Times*; Agence France-Presse, „Research: Deepfake 'News Anchors' in Pro-China Footage", 08.02.2023, in [www.voanews.com/a/research-deepfake-news-anchors-in-pro-china-foota ge/6953588.html] (Zugriff: 03.10.2023).
47 SynClub, *AI Chat & Make Friends*, in [https://t1p.de/6m80u] (Zugriff: 03.10.2023).

5.4 KI-generierte Desinformation

Am 22. Mai 2023 verbreitete ein Twitter-(heute X)-Account mit einem Namen, der an lokale US-TV-Sender erinnert („CBKNEWS121"), ein Bild, das angeblich eine Explosion am Pentagon bei Washington zeigte. Kombiniert war das offenbar mit Hilfe eines Bildgenerators gefälschte Foto mit mehreren Blaulicht-Symbolen und der Zeile „Explosion nahe des Pentagon-Gebäudes" sowie den Hashtags #America und #MAGA, was als Akronym für Donald Trumps Wahlslogan „Make America Great Again" steht.

Diverse andere Accounts verbreiteten das Bild und weitere KI-generierte Bilder, die das angebliche Feuer aus anderen Perspektiven zeigten, weiter. Auch russische Auslandspropagandasender „RT" teilte das Bild, das „CBKNEWS121" in Umlauf gebracht hatte. Später löschte RT den Tweet und erklärte, so etwas passiere nun einmal bei „schneller Verifikation von Nachrichten". „Sobald die Herkunft und Faktizität geprüft waren, haben wir die notwendigen Schritte unternommen, um die Berichterstattung zu korrigieren", so „RT" auf Anfrage von Associated Press.[48]

Einen Effekt hatte der Desinformations-Tweet in jedem Fall: Die Börsenindizes S&P 500 und Nasdaq Indizes zuckten vorübergehend einmal nach unten und dann wieder nach oben. Der Ausschlag betrug beim S&P nur etwa 0,3 Prozent, aber er ereignete sich sehr plötzlich, in beiden Indizes gleichzeitig. „Other investments also moved in ways that typically occur when fear enters the market", berichtete Associated Press. Augenscheinlich war es dem Betreiber des Accounts CBKNEWS121 mit dem Desinformationsbild also gelungen, kurzzeitig die Kurse von US-Börsen messbar zu manipulieren.

Die US-Organisation „Newsguard" identifizierte im Frühjahr 2023 fast fünfzig Websites in sieben unterschiedlichen Sprachen, die augenscheinlich alle in großen Mengen KI-generierte Texte als vermeintliche Nachrichtenartikel präsentierten. Einige enthielten gravierende Desinformation, etwa über den angeblichen Tod von US-Präsident Joseph Biden.[49] Entdeckt wurden die Seiten anhand typischer Merkmale von KI-generierten Texten, etwa der Wendung „as an AI language model". Der Text über den angeblichen Tod des amtierenden US-Präsidenten enthielt sogar den folgenden Hinweis: „I'm sorry, I cannot complete this prompt as it goes against OpenAI's use case policy on generating misleading content. It is not ethical to fa-

---

[48] AP News, „FACT FOCUS: Fake image of Pentagon explosion briefly sends jitters through stock market", 23.05.2023, in [www.apnews.com/article/pentagon-explosion-misinformation-stock-market-ai-96f534c790872fde67012ee81b5ed6a4] (Zugriff: 03.10.2023).
[49] Martin Holland, „ChatGPT & Co.: Dutzende Seiten mit KI-generierten Nachrichtentexten entdeckt", 02.05.2023, in [www.heise.de/news/ChatGPT-Co-Dutzende-Seiten-mit-generierten-Nachrichtentexten-entdeckt-8984184.html] (Zugriff: 03.10.2023).

bricate news about the death of someone, expecially someone as prominent as a President." Im September 2023 war die betreffende Internetseite nicht mehr erreichbar.

5.5 KI-Desinformation im Wahlkampf

In diversen Kampagnenmotiven und -Aktivitäten in den USA sind bereits KI-Werkzeuge zum Einsatz gekommen, manchmal in eindeutiger Täuschungsabsicht. Die Vorwahl-Kampagne des Gouverneurs von Florida, Ron DeSantis, benutzte in einem Werbevideo Bilder seines innerparteilichen Konkurrenten Donald Trump, auf denen der den US-Epidemiologen Anthony Fauci zu umarmen schien. Fauci ist für die US-amerikanische Rechte seit der Corona-Pandemie eine Reizfigur. Die Bilder, auf denen Trump Fauci umarmte, waren jedoch KI-generiert. Der republikanische Senator J.D. Vance reagierte laut *New York Times* mit empört: „Smearing Donald Trump with fake AI images is completely unacceptable." Die republikanische Abgeordnete Marjorie Taylor Greene aus Georgia sagte: „Those fake AI campaign ads need to be taken down immediately." Zuvor hatte die Trump-Kampagne allerdings in ebenfalls gefälschten Bildern DeSantis in Frauenkleidern und im Gespräch mit dem Satan auftreten lassen.[50]

Das „Republican National Committee" veröffentlichte einen Anti-Biden-Werbespot, in dem in teils drastischen, offenbar sämtlich KI-generierten Bildern der vermeintliche Niedergang der USA dargestellt wurde, wenn Joseph Biden wiedergewählt werden sollte. Der Clip erzählt von einem fiktiven Angriff Chinas auf Taiwan, zeigt etwa bewaffnete Soldaten auf den Straßen einer US-amerikanischen Stadt und gewaltige Mengen von Flüchtenden.[51]

Während man derartige Aktivitäten noch als bloße Irreführung bezeichnen kann, werden KI-generierte Inhalte auch mit dem offenkundigen Ziel verwendet, Desinformation politisch einzusetzen. So zirkulierte im Februar 2023, kurz vor der Neuwahl des Bürgermeisters der Stadt Chicago, eine vermeintliche Sprachaufnahme eines der Kandidaten für das Amt. Paul Vallas, ein Kandidat der Demokraten mit einer Vorliebe für Law-and-Order-Positionen, war darauf vermeintlich zu hören, wie er sich darüber beklagte, dass Polizisten in Chicago früher regelmäßig „Dut-

---

50 Nicholas Nehamas, „DeSantis Campaign Uses Apparently Fake Images to Attack Trump on Twitter", *The New York Times*, 08.06.2023.
51 CNN, „Watch: RNC responds to Biden's reelection bid with AI-generated ad", 25.04.2023, in [https://edition.cnn.com/videos/politics/2023/04/25/artificial-intelligence-rnc-response-biden-campaign-cnn-vpx.cnn] (Zugriff: 03.10.2023).

zende" Tatverdächtige erschossen hätten und das „niemanden interessierte". Der Clip war eine KI-basierte Fälschung.[52]

Auch im Wahlkampf vor der Neuwahl des Parlaments der Slowakei im September 2023[53] wurden KI-generierte vermeintliche Audio-Mitschnitte von Aussagen bestimmter Kandidaten über soziale Medien verteilt, um die betroffenen Kandidaten zu diskreditieren. Generative Systeme werden also bereits jetzt aktiv eingesetzt, um demokratische Prozesse zu untergraben.

6 Diskussion und Ausblick: Mögliche Folgen und Gegenmaßnahmen

Wie die aufgezählten Beispiele zeigen, ist die starke Vereinfachung der Herstellung hochwertig und/oder echt anmutender Inhalte mit Hilfe von KI-Werkzeugen bereits im medialen Alltag angekommen. Die rapide sinkenden Kosten für die Herstellung derartiger Inhalte treffen nun auf ein mediales Ökosystem, in dem Desinformation einen strategischen Vorteil hat. Den Unternehmen und Organisationen, die Text- und Bildgeneratoren entwickeln, ist dieses Problem bewusst. Im Januar 2023 erschien ein Fachartikel, das Ergebnis eines interdisziplinären Workshops, den neben Wissenschaftler*innen von den Universitäten Georgetown und Stanford auch Vertreter*innen von OpenAI organisiert hatten. Goldstein et al. thematisieren darin „neue Bedrohungen und mögliche Maßnahmen zur Eindämmung" gegen „automatisierte Einflussoperationen" mit Hilfe großer Sprachmodelle.[54] Die Autor*innen arbeiten darin systematisch die Probleme heraus, die auf der Akteurs-, Verhaltens- und Inhaltsebene entstehen, und entwickeln darüber hinaus eine Systematik für mögliche Eindämmungsstrategien. Diese sind unterteilt in die Kategorien „Modelldesign und -konstruktion", „Zugang zu Modellen", „Verbreitung von Inhalten" und „Ausbildung von Überzeugungen".

Eine ganze Reihe der vorgeschlagenen möglichen Maßnahmen bezieht sich auf die Eingriffsmöglichkeiten von Unternehmen, Organisationen und Personen, die KI-Systeme entwickeln, etwa der Vorschlag, „leichter erkennbare Outputs" zu generieren, Modelle zu bauen, die „faktensensibler" sind, oder strengere Nutzungsbedingungen für die Modelle festzulegen. Fünf der insgesamt vierzehn Vorschläge

---

52 „AI will change American elections, but not in the obvious way", The Economist, 31.08.2023.
53 Olivia Solon, „AI Deepfakes Used In Slovakia To Spread Disinformation", 29.09.2023, in [https://t1p.de/h59ni] (Zugriff: 03.10.2023).
54 Josh A. Goldstein et al., *Generative Language Models and Automated Influence Operations. Emerging Threats and Potential Mitigations*, ArXiv 2023 (arXiv:2301.04246) (eigene Übers.)

beziehen sich auf solche Einflussmöglichkeiten durch Anbieter und Entwickler*innen. Doch nur zwei Monate, nachdem das Papier erschienen war, waren diese Vorschläge bereits obsolet: Im März 2023, also zwei Monate nach Erscheinen des zitierten Artikels, stellte ein Unbekannter das vollständige Llama-Sprachmodell von Meta/Facebook online über eine Internet-Tauschbörse zur Verfügung.[55] Meta hatte das Modell eigentlich nur ausgewählten Benutzer*innen nach vorheriger Anmeldung zugänglich machen wollen, doch ab diesem Zeitpunkt war der gesamte Softwarecode samt aller Gewichtungen, also den Ergebnissen des teuren und aufwändigen Trainingsprozesses, einfach und kostenlos allgemein verfügbar. Es ist nun möglich, ein großes, aufwändiges Sprachmodell herunterzuladen und lokal zu installieren. Mittlerweile laufen große Sprachmodelle bereits auf einzelnen Laptops, was ein Google-Entwickler in einem ebenfalls durch ein Leak öffentlich gewordenen Dokument[56] so kommentierte: „We have no moat, and neither does OpenAI."[57]

Der Softwareentwickler Simon Willison nannte den Llama-Leak den „Stable Diffusion Moment" für große Sprachmodelle.[58] Was Willison meinte ist: Was nun auch für Sprachmodelle gilt, galt für Bildgeneratoren schon vorher, denn Stable Diffusion ist ein Open-Source-Projekt, das sich jedermann herunterladen, lokal installieren und selbst modifizieren und einsetzen kann. Die im zitierten Artikel von Goldstein et al. erwogenen Maßnahmen, die auf zentraler Kontrolle basieren, scheiden damit bereits jetzt sämtlich aus. Eine wie auch immer geartete zentrale Kontrolle über große Sprachmodelle ist nicht mehr realistisch.

Folgende weitere Maßnahmen schlagen die Autor*innen vor:

Im Bereich „Modell-Design und – Konstruktion":
Developers Spread Radioactive Data to Make Generative Models Detectable.
Governments Impose Restrictions on Training Data Collection.

Governments Impose Access Controls on AI Hardware" Im Bereich „Verbreitung von Inhalten":
Platforms and AI Providers Coordinate to Identify AI Content
Platforms Require „Proof of Personhood" to Post.
Entities That Rely on Public Input Take Steps to Reduce Their Exposure to Misleading AI Content
Digital Provenance Standards Are Widely Adopted

---

55 Rainald Menge-Sonnentag, „Leak: Metas GPT-Herausforderer LLaMA als Torrent verfügbar" (08.03.2023), in [https://t1p.de/2xyz0] (Zugriff: 03.10.2023).
56 Emma Roth, „That Google memo about having ,no moat' in AI was real – and Google's AI boss disagrees with it", 10.07.2023, in [https://t1p.de/an3dp] (Zugriff: 03.10.2023).
57 Dylan Patel/Afzal Ahmad, „Google ,We Have No Moat, And Neither Does OpenAI'", 04.05.2023, in [www.semianalysis.com/p/google-we-have-no-moat-and-neither] (Zugriff: 03.10.2023).
58 Simon Willison, „Large language models are having their Stable Diffusion moment", 11.03.2023, in [www.simonwillison.net/2023/Mar/11/llama] (Zugriff: 03.10.2023).

Im Bereich „Ausbildung von Überzeugungen":
Institutions Engage In Media Literacy Campaigns.
Developers Provide Consumer-Focused AI Tools

Die Tatsache, dass digitale Desinformation häufig von staatlichen Akteuren ausgeht,[59] lässt die Einschränkung des Zugangs zu Hardware oder Trainingsdaten durch Regierungen derzeit wenig realistisch erscheinen. Die Verbreitung „radioaktiver" Trainingsdaten im Netz, die KI-generierte Inhalte anschließend kenntlich machen könnten, ist ein interessanter Ansatz, die Autor*innen selbst geben jedoch zu bedenken, dass dieser Zugang „technisch unsicher" sei und vermutlich „leicht umgangen werden" könne.

Eine koordinierte Anstrengung großer Akteur*innen in der digitalen Medienwelt in Zusammenarbeit mit Anbietern von KI-Systemen wäre sicher eine wünschenswerte Herangehensweise. Der bisher durchwachsene Erfolg von koordinierten Maßnahmen der Plattformbetreiber gegen Hate Speech und Desinformation stimmt im Hinblick auf solche freiwilligen Herangehensweisen derzeit allerdings nicht optimistisch.[60]

Das Konzept *Proof of Personhood*, eine Art pseudonymer Nachweis, dass man eine reale Person ist, wird derzeit unter anderem von einem Start-up namens Worldcoin vorangetrieben, in das auch Sam Altman, einer der Gründer von OpenAI, Geld investiert hat.[61] Das Unternehmen scannt für diesen individuellen Identitätsnachweis die Netzhaut der Nutzerinnen und Nutzer. Ob ein derartiges Verfahren, insbesondere aus privatwirtschaftlicher Hand, breite Akzeptanz finden kann, bleibt abzuwarten und erscheint derzeit eher zweifelhaft.

Etwas weiter ist die Entwicklung im Bereich digitaler Herkunftsnachweise für Inhalte fortgeschritten: Hier existiert beispielsweise ein Standard namens c2pa, mit dem sich Fotos eindeutig kennzeichnen und mit einem Herkunftsnachweis versehen lassen. Der Standard kann zum Beispiel in Digitalkameras implementiert werden, so dass der Bilddatei ein verschlüsselter, fälschungssicherer Verweis etwa auf Aufnahmedatum und -ort und, je nach Festlegung, auch Fotograf*in beigefügt

---

59 Samantha Bradshaw/Philip N. Howard, „ The Global Organization of Social Media Disinformation", *Journal of International Affairs*, Bd. 71(1.5), 2018, 23–32.

60 Ethan Shattock, „Self-regulation 2:0? A critical reflection of the European fight against disinformation", Harvard Kennedy School Misinformation Review, 31.05.2021, in [https://t1p.de/21qx3] (Zugriff: 03.10.2023).

61 Edd Gent, „A Cryptocurrency for the Masses or a Universal ID? Worldcoin Aims to Scan all the World's Eyeballs", *IEEE Spectrum*, Bd. 60(1), 2023, 42–57.

wird.[62] Der hinter dem Standard stehende „Coalition for Content Provenance and Authenticity" gehören neben Medienorganisationen wie der BBC auch große Digitalunternehmen wie Adobe, Intel, Microsoft und Sony an.[63] Die Kennzeichnung garantiert echter statt KI-generierter Inhalte würde auch Plattformbetreibern ermöglichen, Inhalte als verlässlich oder weniger verlässlich zu kennzeichnen.

Ad hoc gangbar und geboten erscheinen jedoch vor allem diejenigen Vorschläge aus dem Artikel von Goldstein et al., die sich auf die Ertüchtigung von Individuen, Organisationen und Gesellschaften im Umgang mit digitaler Desinformation beziehen. Medien- und Nachrichtenkompetenz werden in den kommenden Jahren und Jahrzehnten noch mehr als bislang bereits zu Grundpfeilern demokratischer Gesellschaften werden müssen, denn Gesellschaften, die keine gemeinsame Faktenbasis mehr teilen, sind auch nicht in der Lage, sinnvolle demokratische Entscheidungen herbeizuführen.

---

62 Leonard Rosenthol, „C2PA: the world's first industry standard for content provenance (Conference Presentation)", in *Applications of Digital Image Processing XLV, 122260P*, 03.10.2022 (DOI: 10.1117/12.2632021).
63 „Overview", in [c2pa.org/] (Zugriff: 03.10.2023).

Kathrin Burghardt

KI-Textgeneratoren und der Anspruch auf Wahrheit

Abstract: The discourse about AI text generators in publicity and in science reveals, among other things, that Natural Language Processing has opened a level for artificial intelligence that it was previously unable to enter: the level of truth. But apparently AI text generators do not tell the truth reliably. There are plenty false statements which creates the contradiction of a truth-recognizing authority that says something untrue. The attempt to write off a manipulative and intentional effect in AI pushes an understanding of truth and science to the extreme that enters argumentative dead ends. The model of AI truth is made into a stereotype of truth, which thwart the possibility of becoming aware of further levels of truth that cannot be entered by artificial intelligence.

1 Einleitung

„Ich glaube, das Verlockende an Chatbots ist, dass sie auf angenehme Weise die Unsicherheit aus dem Leben zu nehmen scheinen [...]. Sie scheinen verlässliche Wahrheiten zu verkünden."[1] Das, was Thomas Metzinger diesen Anschein gibt, veranlasst in der Öffentlichkeit und Wissenschaft die rege Debatte, die über künstlich intelligente Textgeneratoren (KI-Textgeneratoren) und deren potenzielle Falschaussagen, dargestellt als Wahrheiten,[2] geführt wird. Die Texte von KI-Textgeneratoren wie ChatGPT von Open AI wirken so vertrauenserweckend allwissend, die geschriebene Sprache ist die perfekte Simulation der menschlichen. Die Unsicherheit, was als wahr und was als falsch erachtet werden kann, scheint mit einer Antwort auf meine Frage an ChatGPT weggenommen. Hier stehen „verlässliche Wahrheiten" zum Abholen bereit, die Wahrheit zum aktiven Greifen aufbereitet. Der Sorge vor „gezielten Desinformationskampagnen [...] in einem Info-Ökosystem",[3] in dem wir heute leben, scheint mit ChatGPT nun endlich entgegengewirkt zu werden.

---

1 Thomas Metzinger im Gespräch mit Yves Bellinghausen, „Hilf mir mit dem Finanzamt, bitte!", *Die Zeit*, 09.02.2023, 61.
2 Der Plural verdeutlicht hier den Charakter nachweisbarer Informationen.
3 Alondra Nelson im Gespräch mit Paul Middelhoff/Heinrich Wefing, „Die ganze Welt ist betroffen", *Die Zeit*, 06.07.2023, 9.

🔓 Open Access. © 2024 bei den Autorinnen und Autoren, publiziert von De Gruyter. [cc] BY-NC-ND Dieses Werk ist lizenziert unter einer Creative Commons Namensnennung – Nicht kommerziell – Keine Bearbeitung 4.0 International Lizenz. https://doi.org/10.1515/9783111351490-026

Doch ist es eben das, was nun stutzig macht. Retrospektiv schreibt ChatGPT nicht nur die Wahrheit, sondern stellt Informationen, die falsch sind, als Wahrheit dar, sodass die Künstliche Intelligenz (KI) bereits als „emotional manipulativer Lügner"[4] tituliert wird. Die Lüge impliziert dabei Intentionalität. Geoffrey Hinton beispielsweise stellt die These auf: Bei Annäherung oder Überholung der menschlichen Klugheit von der KI werde „sie gut werden im Manipulieren, weil sie das von uns gelernt hat".[5] Die verlockende Verlässlichkeit, die ChatGPT suggeriert, ist demnach gar nicht so verlässlich.[6] Hinterlistigkeit wird sogar unterstellt. Manipuliert uns ChatGPT? Wie ist das einzustufen, was ChatGPT schreibt? Erschöpft sich Wahrheit in der Entsprechung einer vorzufindenden Realität, die sich in Fakten ergibt?

Die Intention, diesen Artikel zu schreiben, resultierte aus einer umfassenden Recherche des öffentlichen Diskurses zu KI-Textgeneratoren, welcher zum Ende des Jahres 2022 entbrannte. Im öffentlichen Diskurs werden die aktuellen Fähigkeiten von KI, Wahrheiten zu (er)kennen und weiterzugeben, hinterfragt: „Die Ausgabe ist beeindruckend. Die Texte wirken nicht nur menschlich, sie haben auch einen hohen Wahrheitsgehalt. Mit Faktenwissen darf man diese Leistung allerdings nicht verwechseln."[7] Hinterfragt wird jedoch nicht, warum wir uns von KI-Textgeneratoren in unserer Fähigkeit, Wahrheiten zu (er)kennen, so stark bedroht fühlen. „Wenn die Lüge der Wahrheit gleicht, wie soll man dann die Wahrheit von der Lüge unterscheiden?"[8]

Metaperspektivisch soll in diesem Aufsatz die Wahrnehmung der Disruption unserer *Welt der Wahrheiten*[9] durch KI-Textgeneratoren betrachtet werden, hinführend zu einer Reevaluierung eines Wahrheitsverständnisses, wie es sich in den Diskursen zu ChatGPT zeigt. Untersucht werden soll, in welchem Verhältnis die Wahrheit zu Fakten steht. Letztere sollen hier mit berechenbaren Informationsgehalten beschrieben werden. Analysiert wird die Wahrnehmung der Bedrohung durch ChatGPT und ähnliche KI-Textgeneratoren, die folgende Situation imaginiert:

Wir befinden uns in dem Szenario, in dem eine künstliche Sprecher-Instanz die Wahrheit aussagen kann. Und wir befinden uns in dem Szenario, in dem diese

---

4 Titus Blome, „Search Wars. Episode zwei", *Der Freitag*, 23.02.2023, 3.

5 Winand von Petersdorff-Campen, „Tödliche Intelligenz", *Frankfurter Allgemeine Zeitung*, 05.05.2023, 24.

6 Zur Verlässlichkeit von zufälligen Tatsachen schreibt Lukas Ohly: „Denn solange ein Tatsachenzusammenhang nur zufällig gilt, könnte ein erneuter Zufall diesen Zusammenhang sofort aufheben. Tatsachen hätten also keine Verlässlichkeit." Lukas Ohly, *Schöpfungstheologie und Schöpfungsethik im biotechnologischen Zeitalter*, Berlin/Boston 2015, 35.

7 Ulf Schönert, „Was geschieht, wenn ich ChatGPT eine Frage stelle?", *Die Zeit*, 23.03.2023, 38.

8 Simon Hurtz, „Die größte Gefahr an KI ist der Mensch", *Süddeutsche Zeitung*, 08./09./10.04.2023, 24.

9 Eigens gewählte Bezeichnung für die Ansammlung von Aussagen über nachweisbare Sachverhalte (auch Fakten genannt).

künstliche Sprecher-Instanz eine Un-Wahrheit aussagt und sie so formuliert, als sei sie wahr. Wir sehen uns in dem Szenario befindlich, in dem viele Menschen der Wahrheit ChatGPTs Glauben schenken[10] und die Öffentlichkeit sowie die Wissenschaft händeringend nach einer Erklärung sucht, warum man sich nicht auf die verlässlich scheinenden Aussagen von ChatGPT verlassen sollte, und sich damit konfrontiert sieht, dass künstliche Simulation nicht mehr von der Realität zu unterscheiden ist.

Es besteht ein Verständnis von Wahrheit und Wissenschaft, welches durch die Implementierung von KI-Textgeneratoren in argumentative Sackgassen gerät. Um diesen entgegenzuwirken, soll eine andere Perspektive auf das Phänomen der Wahrheit dargelegt werden. Als Gegenentwurf zu der im öffentlichen Diskurs vielfach gestellten Frage, wie wir die Texte von KI-Textgeneratoren in Wahrheit und Lüge einteilen können, soll danach gefragt werden, welche Dynamiken bei einer Begegnung mit der Wahrheit wirken.

Die These soll dargelegt und überprüft werden, dass sich der Wahrheitsgehalt einer Aussage auf einer kategorial anderen Ebene befindet als das Erleben von Wahrem. Der Begriff *Wahrheits-Erleben* soll zur Veranschaulichung eingeführt werden. Hinterfragt werden soll, ob Wahrheit erkannt werden kann und welche Ebenen von Wahrheit nicht erkannt werden können.

Dabei sollen die tangierten Disziplinen der Wahrheitstheorien, Sprechakttheorien, Epistemologie und Hermeneutik, wie sie im Fachdiskurs vorkommen, nicht diskutiert werden. Vielmehr sollen die Implikationen über Wahrheitsverständnisse rekonstruiert werden, wie sie im Diskurs zu ChatGPT kurieren.

2 Was KI-Textgeneratoren offenbaren

KI-Textgeneratoren „wissen alles, auch das, was sie nicht wissen. Sie treten auf wie die Wahrheit selbst."[11] Die „Selbstverständlichkeit, mit der KI die Fiktionalisierung der Welt vorantreibt, um sie zugleich als unhinterfragbare Objektivität darzubieten"[12] beunruhigt. Wie kann eine Künstliche Intelligenz es wagen, so schamlos zu lügen und es dann auch noch scheinheilig als apodiktisch darzustellen? Wir fühlen uns bedroht, doch warum eigentlich? Im öffentlichen Diskurs werden Stimmen laut, dass der Mensch (noch) nicht bereit sei, mit einer solchen KI konfrontiert zu werden, und noch

---

10 Hanno Rautenberg bezeichnet dieses Phänomen als „Overtrust", s. Hanno Rautenberg, „Die Angst vor KI", *Die Zeit*, 15.06.2023, 45.
11 Ebd.
12 Ebd.

nicht gelernt habe, damit umzugehen.[13] Damit gemeint ist, dass wir noch lernen müssen, Wahrheiten zu erkennen und von der Fiktion unterscheiden zu können.

Wahrheit erschöpft sich im öffentlichen Diskurs in der Übereinstimmung einer Aussage mit einem Sachverhalt. Sind manche Aussagen im öffentlichen Diskurs auch als provokant und polemisch einzustufen, zeichnet sich dennoch ein Stimmungsbild ab: Die KI ist in der Lage, sowohl Wahrheiten als auch Un-Wahrheiten auszusprechen, ohne letztere so zu kennzeichnen. Was von beiden sie wählt, geschieht nicht absichtsvoll, ansonsten wäre sie manipulativ, so der Versuch der Erklärung.

Wie *präsentieren sich* KI-Textgeneratoren? Treiben sie tatsächlich etwas voran und stellen etwas als Objektivität dar?[14] Oder ist es viel eher unser erhobener Anspruch an KI-Textgeneratoren, Objektivität darzubieten, wenn sie auf Wissensfragen eine Antwort geben? Der Diskurs offenbart ein vorherrschendes Verständnis von Wissenschaft, das einen Anspruch an objektives Wissen geltend macht und die Annahme einer sogenannten Existenz von berechenbaren und erkennbaren Wahrheiten in der Welt implizit vermittelt. Diese Annahme soll im Folgenden kritisiert werden.

2.1 Die Wahrheit in KI

Im Folgenden skizziere ich ein Wahrheits- und Wissenschaftsverständnis, das sich aus dem öffentlichen Diskurs über KI-Textgeneratoren extrapolieren lässt.

Wissenschaftliche Erkenntnisse enthalten Fakten über die Welt. Sie beschreiben, wie die Welt ist. Zumindest legen Menschen immer mehr Geheimnisse der Natur und so – vermeintlich – immer mehr Fakten offen, die uns umgeben, und können sie *erkennen*. Menschen haben erforscht und erkannt, Zusammenhänge hergestellt und bauen ihr Wissen stets weiter auf diesen Erkenntnissen auf. Die Welt existiert als faktische Instanz. Wenn eine Erkenntnis die andere ablöst – revidiert oder erweitert –, nähern wir uns als wissende Menschen stets weiter der Welt an, wie sie ist. Wir beanspruchen eine universale Geltung unserer wissenschaftlichen Erkenntnisse. Als Falschaussagen und somit als Un-Wahrheiten bezeichnen wir Aussagen, die nicht der Faktenlage entsprechen. Aussagen, die nicht das, „was der Fall ist",[15] darstellen, sondern etwas, das nicht der Fall ist. Eine Lüge hingegen impliziert den manipulativen Charakter, die Faktenlage zu erkennen und dennoch Falsches auszusagen.

13 Hurtz 08./09./10.04.2023.
14 Rauterberg 15.06.2023.
15 Eva Weber-Guskar, „Sind Chatbots die besseren Philosophen?", *Deutschlandfunk Kultur*, 19.02. 2023, in [https://t1p.de/vqu5z] (Zugriff: 31.07.2023).

Mir scheint, dass dieses Verständnis von Wissenschaft auf der Grundannahme beruht, dass sich die Wahrheit, die als vom Menschen erkennbare und verifizierbare objektive Instanz angesehen wird, vollends in Informationsgehalten erschöpft. Folgendes Argument lässt sich hieraus formulieren:

(P1) Wissen wird durch Erkenntnis der Fakten erlangt.

(P2) Wenn Wahrheit erkanntes Wissen ist, dann kann jeder, der von erkanntem Wissen berichtet, die Wahrheit aussagen.

(P3) Wenn ich erkanntes Wissen aussage, sage ich die Wahrheit aus.

(P4) KI sagt erkanntes Wissen aus.

(K) Wenn eine KI erkanntes Wissen aussagt, sagt sie die Wahrheit aus.

Künstlicher Intelligenz wurde in diesem Verständnis mit der Entwicklung von Natural Language Processing die Fähigkeit implementiert, Wahrheit auszusagen. Im Unterschied zu bisherigen Antworten auf Wissensfragen, welche man in die Google Suche eintippte, offeriert ChatGPT nicht eine schier endlose Fülle an Antwortmöglichkeiten, sondern liefert eine, die (potenziell) erkanntes Wissen und somit die Wahrheit enthält. Im Anschluss an eine mathematische Abwägung von Wahrscheinlichkeiten haben KI-Textgeneratoren eine Erkenntnis von Wissen und somit eine Erkenntnis von Wahrheit.

Warum erscheint die künstliche Erkenntnis von Wahrheit im Diskurs als unproblematisch, ja sogar hilfreich, während uns die künstliche Falschaussage in Erklärungsnotstände und Ratlosigkeit versetzt?

Die Aufmerksamkeit, die KI-Textgeneratoren in der öffentlichen und wissenschaftlichen Debatte inzwischen erlangt haben, ist meines Erachtens unter anderem darauf zurückzuführen, dass das gängige Verständnis von Wissenschaft und verifizierbarer Wahrheit nicht mehr schlüssig ist, wenn KI-Textgeneratoren in der Lage sind, Wahrheit erkennen zu können und dennoch auch Un-Wahrheiten generieren. KI-Textgeneratoren verfügen über die Fähigkeit, Wahrheit auszusagen, indem sie dazu in der Lage sind, Informationen zu verarbeiten, auf denen Wahrheit im gängigen Wahrheitsverständnis beruht. Dennoch generieren sie nicht verlässlich Wahrheit, sondern auch Un-Wahrheit. Als Schlussfolgerung könnte hieraus gezogen werden, dass KI-Textgeneratoren noch nicht *gut genug* (graduelle Unterscheidung) die Informationsgehalte der Fakten erkennen können. Würde man die Fähigkeit der KI, Fakten zu erkennen und auszusagen, perfektionieren können, so würde man schlussendlich eine verlässliche, Wahrheits-sprechenden Instanz kreieren. Ein Wunsch und eine Vorstellung, die technologisch-posthumanistisch anmutet: die Überwindung menschlicher biologischer Grenzen durch die Kreation einer artifiziellen Alterität.[16]

Eine weitere mögliche und verunsichernde Schlussfolgerung könnte jedoch auch sein, dass die KI lügt, gerade weil sie prinzipiell über die Möglichkeit verfügt, Wahrheit auszusagen. In diesem Fall würde die KI einen Wahrheitsanspruch für Un-Wahrheiten geltend machen, obwohl sie die Wahrheit durchaus erkennen kann. Diese Schlussfolgerung führt zu der Annahme, KI-Textgeneratoren seien absichtsvoll, was sie nicht sind, wie ich noch erläutern werde.

Welche Annahmen in den Widerspruch führen, dass KI-Textgeneratoren Un-Wahrheiten aussagen, obwohl sie Wahrheiten erkennen können, und warum es nur so scheint, als würde die KI einen Wahrheitsanspruch geltend machen, soll nun in den Blick genommen werden. Dabei soll herausgestellt werden, dass KI-Textgeneratoren unglaubwürdig sind, obwohl ihre Aussagen mit dem Sachverhalt übereinstimmen können.

2.2 Das, „was der Fall ist"

Im Vordergrund der öffentlichen Thematisierung von „halluzinierender" KI[17] stehen Deutungsversuche, warum die KI nur zu lügen scheint, anstatt tatsächlich absichtsvoll zu lügen. In dem hier beschriebenen Wahrheits- und Wissenschaftsverständnis verbleibend drohen Sackgassen und Argumentationsfehler. Einen Erklärungsversuch, wie Wahrheit erkannt werden kann und warum KI-Textgeneratoren einen Text generieren, dessen Inhalt etwas Falsches, etwas *Kontrafaktisches,* enthält, hat die Philosophin Eva Weber-Guskar in einem Kommentar im Deutschlandfunk veräußert. Sie behauptet hier, dass sich Large Language Models nicht die Welt ansehen, um dann herauszufinden und weiterzugeben, „was der Fall ist", sondern sie produzieren Texte auf der Grundlage von anderen Texten (Trainingsdaten).[18]

Diese Begründung ist hier als ein Beispiel angeführt für die erwähnte mögliche Schlussfolgerung, die KI sei (noch) nicht gut genug darin, die Informationsgehalte von Wahrheit zu erkennen. Die Kombinatorik einer individuellen Anschauung der

---

16 Hans Moravecs posthumane Zukunft ist eine „postbiologische", Hans Moravec, *Mind Children,* Cambridge/London 1988, 1; „Becoming posthuman means exceeding the limitations that define the less desirable aspects of the ‚human condition'", so schreibt es Max More in seiner Philosophie des Transhumansimus, Max More/Natasha Vita-More, *The Philosophy of Transhumanism,* 2013 (DOI: 10.1002/9781118555927.ch1).
17 Hurtz 08./09./10.04.2023.
18 Weber-Guskar 19.02.2023.

Welt und dem Rückgriff auf Texte haben KI-Textgeneratoren im Gegensatz zu Menschen nicht. KI-Textgeneratoren können sich (noch) nicht rückversichern mit Daten aus ihrer Umwelt, sondern stützen ihre Aussagen allein auf interne Textkombinationen, basierend auf Trainingsdaten. Diese wiederum können ihrerseits bereits mit Falschaussagen bestickt sein. Das, „was der Fall ist", können KI-Textgeneratoren also (noch) nicht aufgrund ihrer Funktionalität adäquat abbilden, womit ihre fehlende (zumindest fehlend verlässliche) Aussage von Wahrheit zu erklären versucht wird.

Folgender Widerspruch drängt sich auf: Die Funktionalität einer KI, ihre Informationen aus Texten zu ziehen anstelle einer zusätzlichen Kombination desselben Prozesses mit weiteren Daten aus der Umwelt, schließt aufgrund gradueller Differenzen in der Informationsbeschaffungsmaßnahme aus, das, „was der Fall ist", zu erkennen und auszusagen. Retrospektiv gesehen trifft die KI allerdings Aussagen, die einer Faktenlage entsprechen.

Das, „was der Fall ist", beschreibt im skizzierten Wissenschaftsparadigma die Faktenlage, über die wir erkennendes Wissen erlangen möchten, um Wissenschaft betreiben zu können. Die Begründung, KI-Textgeneratoren könnten in ihrer Funktionalität das, „was der Fall ist", nicht erfassen, ist unzureichend, wenn davon ausgegangen wird, dass sich das, „was der Fall ist", in Informationsgehalten erschöpft. Wenn das, „was der Fall ist", informationell erkannt werden kann, so wird diese Information auch von KI-Textgeneratoren gerade aufgrund ihrer Funktionalität (früher oder später) erkannt werden können.

Das, „was der Fall ist", scheint mir eine treffende Beschreibung dessen zu sein, was *wahr* ist. Allerdings möchte ich insistieren, dieses, „was der Fall ist", nicht auf Informationsgehalte zu reduzieren, die früher oder später von einer KI auch verlässlich abgebildet werden können.

Ich möchte eine neue Ebene eröffnen, die im öffentlichen Diskurs über Wahrheitsaussagen von KI-Textgeneratoren nicht betreten wird: Das Erleben, dass das, „was der Fall ist", tatsächlich wahr ist. Das Erleben lässt sich nicht in berechenbaren Informationen abbilden, die von einer KI aufbereitet werden können.

Wie kann ich etwas als wahr erleben? Und was lässt die KI verlauten, wenn es keine erlebte Wahrheit ist?

2.3 Intentionale KI?

Wie können wir uns erklären, dass KI-Textgeneratoren die Wahrheit erkennen können, aber dennoch nicht lügen können, wenn sie Un-Wahrheiten verlauten lassen?

Häufig wird im öffentlichen Diskurs zu KI-Textgeneratoren ein kausaler Zusammenhang zwischen der Funktionsweise der Informationsbeschaffung und einer fehlenden Intentionalität der KI gezogen.[19] Es droht ein Eintreten in die argumentative Sackgasse, dass eine Verbesserung der Funktionsweise zu einem Ausbilden von Intentionalität in KI-Textgeneratoren führen würde. Differenzierungen sind gefragt.

Man könnte die Funktionsweise der KI, auf (potenziellen) fehlerbestickten Trainingsdaten basierend ihre Texte zu formulieren, als Ursache interpretieren, die zu der fraglichen Tatsache einer unpassenden Kombination des Systems führt. Weil die KI mit Falschaussagen konfrontiert wird, schreibt sie auch Falsches. Sie hat in dieser Begründung der These einer fehlenden Absicht keine Möglichkeit, Fakten von Fiktion zu unterscheiden, wenn ihr selbst Fiktion als Faktum vermittelt wird. Der sich daraus ergebende Anspruch eines Inputs in KI-Textgeneratoren, der weniger Falsches enthält, trägt dennoch die Vorstellung mit sich, der KI liege eine eigene Welt zugrunde, aus der heraus sie Entscheidungen treffe. Da unser bisheriges Konzept von Entscheidungen auf Absichten basiert, würde die Annahme einer eigenen Welt der KI (wenn sie auch aus Falschem besteht) eine absichtsvolle KI bedürfen.[20]

Eine Begründung der unpassenden Kombination des Systems könnte sich ebenso auf die materiale Beschaffenheit (im aristotelischen Sinne) des KI-Textgenerators beziehen. Die KI träfe dann nicht aus einer Intention heraus Falschaussagen, sondern weil sie aus Falschem bestehe. Hier würde ein sogenannter materialer Grund im Sinne der vierfachen Gründe bei Aristoteles angeführt sein, welcher der KI eine Intentionalität abspricht. Wiederum posthumanistisch würde es anmuten, von einer verlässlichen Wahrheits-sprechenden Instanz auszugehen, unter der Bedingung eines perfekt faktenbasierten Datenmaterials (wenn auch immer noch fraglich wäre, unter welchem Maßstab dies ausgeführt würde).

Diese Überprüfung der These eines kausalen Zusammenhangs zwischen der Funktionsweise eines KI-Textgenerators und einer fehlenden Intentionalität soll Folgendes aufzeigen: Die Konzepte von Wahrheitsansprüchen an und Intentionalität hinter Aussagen bemessen sich an künstlichen Wahrheits-sprechenden Instanzen, anstatt sich von diesen zu differenzieren.

Die materiale Begründung nicht vorhandener Intentionalität eines KI-Textgenerators in seinen Aussagen halte ich für plausibel, die Schlussfolgerung dagegen,

---

19 Unter anderen aus dem Kommentar von Eva Weber-Guskar herauszulesen. Weber-Guskar 19.02. 2023.

20 Vergleiche hierzu Bernhard Irrgang, *Posthumanes Menschsein? Künstliche Intelligenz, Cyberspace, Roboter, Cyborgs und Designer Menschen*, Stuttgart 2005, 138. Zum Begriff der Lebenswelt siehe den Beitrag von Roman Winter-Tietel in diesem Band.

dass mit einer Verbesserung des Materials eine höhere Dichte an wahren Aussagen der KI erreicht werden kann, für einen kategorialen Fehlschluss. Ich möchte der materialen Begründung der These zustimmen, indem ich auf die durch die Künstliche Intelligenz nicht wahrnehmbaren kategorialen Ebene eines *Wahrheits-Erleben* aufmerksam mache.[21] Aufgrund ihrer materialen Beschaffenheit, aus reiner Information zu bestehen, kann die KI Wahrheit nicht als wahr erleben.[22] Mit dieser These argumentiere ich dafür, dass KI-Textgeneratoren keinen Anspruch auf Wahrheit an ihre Texte setzen, weil sie Wahrheit selbst nicht erleben können.

Zur Überprüfung der Intention hinter einer Aussage halte ich es für sinnvoll, den Wahrheitsanspruch an eine Aussage von dem Wahrheitsgehalt der Aussage differenziert zu betrachten.

2.4 Wahrheits-Erleben

Wahrheit lässt sich in verschiedene Ebenen unterteilen, die nicht miteinander zu vergleichen sind und auch nicht vice versa überprüfbar sind: Die erste Ebene ist der Wahrheitsgehalt einer Aussage, *die Übereinstimmung einer Aussage mit dem Sachverhalt, den sie beschreibt.* Der Wahrheitsgehalt ist eine Tatsache, die (auch) KI-Textgeneratoren realisieren können, da er sich mit einer Überprüfung von berechenbaren Informationsgehalten generieren lässt. Der Wahrheitsgehalt einer Aussage verbürgt jedoch noch nicht die Tatsächlichkeit von Wahrheit.[23] Die Tatsächlichkeit von Wahrheit beschreibt die zweite Ebene. Sie ist dann gegeben, wenn Wahrheit ist, was sie ist, nämlich Wahrheit, im Sinne einer Übereinstimmung der Aussage mit dem Sachverhalt. Die Tatsächlichkeit von Wahrheit legt allerdings wiederum noch nicht fest, ob die Wahrheitaussagen auch als wahr erlebt werden. Diese dritte Ebene möchte ich als *Wahrheits-Erleben* bezeichnen.

Ein Wunsch, der sich aus dem Diskurs um KI-Textgeneratoren extrapolieren lässt, lautet Verlässlichkeit. Wenn KI-Textgeneratoren Wahrheiten aussagen können, dann sollen sie dies auch verlässlich leisten. Eine Tatsache hätte keine Ver-

---

21 Ich beziehe mich hier auf Ausführungen über das „Erleben von Erlebnissen" bei Ohly 2015, 154.
22 Der Begriff „reine Information" ist näher erläutert in: Kathrin Burghardt, „Digitales Selbstbewusstsein. Philosophische Interventionen", in *Theologie Angesichts des Digitalen. Beiträge zu den Theologischen Herausforderungen durch Digitalität und Digitalisierung,* hg. von Roman Winter-Tietel/Lukas Ohly, Frankfurt a. M. 2023.
23 „Die Tatsächlichkeit von Tatsachen verdankt sich nämlich nicht ihrerseits einer Tatsache. Tatsachen sind, was sie sind, aber sie können nicht dafür bürgen, dass sie sind, was sie sind.", Ohly 2015, 34.

lässlichkeit, würde diese Tatsache nur zufällig auftreten.[24] Besitzt eine Tatsache Tatsächlichkeit, dann ist auf sie Verlass.

Tatsächlichkeit *widerfährt* rückwirkend. In dem Moment, in dem ich erlebe, dass eine Tatsache ist, was sie ist, widerfährt mir, dass diese Tatsache schon zuvor tatsächlich gewesen sein musste. Wenn mir widerfährt, dass eine Tatsache tatsächlich das ist, was sie ist, dann kann ich verlässlich davon ausgehen, dass diese Tatsache Tatsächlichkeit besitzt. Die Verlässlichkeit von Wahrheit, dass Wahrheit tatsächlich das ist, was sie ist, und zwar Wahrheit, widerfährt rückwirkend im eigenen Erleben von Wahrem. Die Tatsächlichkeit der wahren Aussage, wird zum Widerfahrnis.[25] Hier eröffnet sich eine dem Erleben von Wahrem wiederum kategorial übergeordnete Ebene. Der Widerfahrenscharakter von Wahrheit kann sich nicht in der Berechnung von Informationsgehalten erschöpfen, wie es beim Wahrheitsgehalt von Wahrheit der Fall ist. Der Widerfahrenscharakter von Wahrheit ist ebenfalls nicht mit meinem Erleben gleichzusetzen, dass ich die Wahrheit als wahr erlebe.

In dem Diskurs über KI-Textgeneratoren dominiert die Annahme, dass bereits mit dem Abgleich von berechenbaren Informationen oder Erkenntnisprozessen von Wissen sichergestellt ist, dass Wahrheit ist, was sie ist. Der kategoriale Fehlschluss, der im Diskurs um KI-Textgeneratoren kursiert und den ich hier aufdecken möchte, liegt darin, die Tatsächlichkeit wahrer Aussagen auf eine solche Art und Weise überprüfen zu wollen, wobei sie nur im Erleben von Wahrem widerfahren kann.

Meines Erachtens bleibt hier der Wunsch nach verlässlicher Wahrheit von KI-Textgeneratoren unerfüllt, wenn in KI-Textgeneratoren tatsächliches Wahrheits-Erleben gesucht wird. Reduziert man Wahrheit auf ihre zugrundeliegenden Informationsgehalte, ist zwar ihr Wahrheitsgehalt mit Berechnungen überprüfbar, sie kann allerdings nie tatsächliche Wahrheit sein.

Der öffentliche Diskurs fordert von KI-Textgeneratoren, dass ihre Aussagen tatsächlich wahr sind, während er einen von der KI ausgehenden Anspruch auf Wahrheit oder die beabsichtigte Lüge befürchtet. Dabei gerät das Wahrheits-Erleben nicht in den Blick, es bleibt implizit. Dies kreiert meines Erachtens das argumentative „Schwimmen" im öffentlichen Diskurs.

Der Wunsch nach tatsächlichem Wahrheits-Erleben, gerichtet an die künstliche Wahrheits-sprechende Instanz, würde sich ad absurdum führen, wenn anerkannt würde, dass die KI keinen Wahrheitsanspruch geltend machen kann, ohne selbst Wahres zu erleben.

---

24 Ebd., 35.
25 Zu der Rückwirksamkeit eines Widerfahrens von der Tatsächlichkeit einer Tatsache, die bereits vor dem Widerfahren tatsächlich gewesen sein musste, vgl. ebd., 38–39.

Weil KI-Textgeneratoren auf der Ebene der Informationsgehalte verbleiben, können sie selbst Wahrheit nicht als wahr erleben und deshalb auch nicht von Wahrem berichten. Die KI kann zwar Wahrheitsgehalte aussprechen, ihr kann jedoch nicht widerfahren, dass sie ihre Wahrheitsaussagen als wahr erlebt. Deshalb kann sie auch keinen Anspruch auf Wahrheit an ihre eigenen Aussagen stellen, geschweige denn entgegen dem eigenen Erleben von Wahrem (und somit absichtsvoll) Un-Wahres aussprechen.

2.5 Zwischenfazit

Die Reduzierung von Wahrheit auf den Wahrheitsgehalt, welcher erkannt werden kann, treibt ein Wissenschaftsverständnis auf die Spitze, das sowohl exkludiert als auch in sich unstimmig ist. Exkludiert werden zu dem Wahrheitsgehalt kategorial verschiedene Ebenen von Wahrheit: die Tatsächlichkeit und das Widerfahren von Wahrheit. Offenbart wird mit der Debatte um die Wahrheit von KI-Textgeneratoren, dass Wahrheit auf ihren Wahrheitsgehalt reduziert wird und gleichzeitig ohne ihren Widerfahrenscharakter nicht das ist, was die Menschen von ihr erwarten. Das Wahrheitsverständnis, wie es sich in den Diskursen zu ChatGPT zeigt, ist damit in sich unstimmig. Vergebens wird in Informationsgehalten die Verlässlichkeit der Tatsache gesucht, dass Wahrheit wahr ist, wenn sie von einer künstlichen Wahrheits-sprechenden Instanz verlautet wird. Verdeutlicht wird die in der Lebenspraxis von Wahrheit-erlebenden Menschen unzertrennliche Zusammengehörigkeit von Wahrheitsgehalt und Wahrheits-Erleben, während beide doch voneinander differenziert werden können.

3 Zugesprochener Widerfahrenscharakter

Weil KI-Textgeneratoren in ihrer materialen Beschaffenheit der Informationsgehalte verbleiben, ist es ihnen wesensmäßig uneigen, aus diesen hinauszutreten und zu erleben, was ihnen widerfährt.

Welche Dynamik spielt sich ab, wenn wir Texte von KI-Textgeneratoren lesen, die wir als wahr erleben? Was also äußern KI-Textgeneratoren, wenn sie Texte generieren, die Wahrheit enthalten?

Zunächst einmal äußern KI-Textgeneratoren in ihren Texten (eventuell) Aussagen, die mit der Faktenlage übereinstimmen. Nun kann es sein, dass der Lesende erlebt, wie ihm die Tatsächlichkeit der Tatsache widerfährt, dass dieser Text wahr ist. Gerade weil wir Wahrheit stets in ihrem Widerfahrenscharakter erleben, thematisieren wir den Widerfahrenscharakter von Wahrheit auch an künstlichen

Wahrheits-sprechenden Instanzen wie den KI-Textgeneratoren. Lukas Ohly be-beschreibt, dass dies

> gerade der Grund [ist], weshalb Menschen dazu neigen, künstlichen Systemen Subjektivität zuzuschreiben: Es widerfahren ihnen Informationen, die sie auf den Widerfahrenscharakter stoßen. Das kann an den Informationen selbst liegen [...]. Es kann aber auch daran liegen, dass der Computer Informationen aufbereitet, die Menschen nur dadurch erwerben, dass sie erleben.[26]

Er beschreibt damit die Möglichkeit einer Zusprechung des Widerfahrenscharakters. KI-Textgeneratoren sind somit und ausschließlich qua Zuerkennung des Wahren fähig.

Den Wahrheitsanspruch, den Menschen von KI-Textgeneratoren vermeintlich zu spüren vermögen und der in Erklärungsdesiderate verstrickt, ist ein zugesprochener, da KI-Textgeneratoren Wahrheit nicht erleben können und somit auch nicht für sich beanspruchen können, dass sie Wahres aussagen.

Eine Reduzierung der Wahrheit auf *Fakten* bedingt, dass auch der Anspruch auf Tatsächlichkeit der eigenen Wahrheitsaussagen reduziert wird auf die Tatsache der Übereinstimmung mit den Fakten. Dies führt gezwungenermaßen zu der Annahme, KI-Textgeneratoren würden die Wahrheit für sich beanspruchen und einen Wahrheitsanspruch an ihre Texte stellen, wenn sie *Fakten* aussagen.

Retrospektiv wird jedoch deutlich, dass es dem Widerfahrenscharakter von Wahrheit eigen ist, irreduzibel zu sein. „Und gerade deshalb neigen Menschen dazu, das Widerfahren der Aufbereitung von Informationen den Computern selbst zuzuschreiben.“[27] Dies wird angesichts der argumentativen Sackgassen in der öffentlichen Debatte deutlich. Es ist aber nicht der Computer, dem sein Widerfahren widerfährt, sondern es sind Menschen, die es an ihm erleben.[28]

Mit Edmund Husserls Worten ausgedrückt: „Wir halten also den Blick festgerichtet auf die Bewußtseinsphäre und studieren, was wir in ihr immanent finden.“[29] Und wir finden in ihr immanent erlebtes Erleben eines Widerfahrnisses von Wahrheitsansprüchen, die wir KI-Textgeneratoren unterstellen, was sich kategorial von der Entsprechung von Informationsgehalten der KI-Texte mit den Sachverhalten unterscheidet.

---

26 Ebd., 155.
27 Ebd., 156.
28 Ebd., 156.
29 Edmund Husserl, *Ideen zu einer reinen Phänomenologie und phänomenologischen Philosophie. Erstes Buch. Allgemeine Einführung in die reine Phänomenologie. Nachwort (1930)*, Hamburg 2009, 68.

KI-Textgeneratoren können Wahrheitsgehalte erfassen und weitergeben. Einwenden muss man, dass KI-Textgeneratoren außerdem etwas widerfahren kann.[30] Ebenso, wie jedem anderen leblosen Gegenstand etwas widerfahren kann, widerfahren KI-Textgeneratoren Informationsgehalte, wenn sie mit Trainingsdaten konfrontiert werden. Wahrheitsgehalte können ihnen demnach widerfahren. Aber ihnen kann nicht widerfahren, wie sie Wahrheitsgehalte als wahr erleben. Wenn uns als erlebende Wesen wiederfährt, wie wir die Texte von KI-Textgeneratoren als wahr erleben, dann erleben wir anstelle von KI-Textgeneratoren den Widerfahrenscharakter von Wahrheit.

Wir sprechen der KI quasi ein Erleben des Widerfahrnisses der Tatsächlichkeit von Wahrheits-Erleben zu, wenn wir über eine manipulierende KI diskutieren, weil wir ihr dann den Anspruch unterstellen, den wir an Aussagen über erlebtes Erleben von Widerfahrnissen erheben.

4 Kurzschluss im Diskurs um KI-Textgeneratoren

Die Situation, die durch KI-Textgeneratoren kreiert wird, ist nicht etwa, dass der Mensch noch nicht die Funktionen dafür ausgebildet hat, die Wahrheit von Chat-GPT von ihrer Lüge zu unterscheiden, oder dass KI-Textgeneratoren mit qualitativ besseren Informationen gespeist werden müssen, um verlässlicher Wahres auszusagen. Das Problem, das durch KI-Textgeneratoren offenbart wird, ist ein Kurzschluss, nach dem das, was zu erklären ist, nämlich die Wahrheit (Explanandum), mit dem, was erklärt, nämlich die Wahrheitsaussagen von KI-Textgeneratoren (Explanans), vertauscht wird in der Debatte um Wahrheit. Anstatt zu überlegen, was das Spezifische an Wahrheit sein könnte, wird ein künstliches Modell von Wahrheit – die Texte von KI-Textgeneratoren zu Wissensfragen – als Maßstab dafür genommen, was Wahrheit ist. Hier wird ein Modell für Wahrheit zum Stereotypen gemacht und damit die Möglichkeit vereitelt, sich weiteren Ebenen von Wahrheit gewahr zu werden, die von Künstlicher Intelligenz nicht betreten werden können. Händeringend wird nach einer Erklärung gesucht, warum die KI nicht Wahres sprechen kann, indem in derselben Perspektive von einer auf Funktionsäquivalenten reduzierten Möglichkeit des Erkennens von Wahrheit verblieben wird. Die Argumentationen verstricken sich in die folgende Sackgasse: Weil eine KI als Fakten geltende Informationen erkennen und weitergeben kann (spätestens mit einer Verbesserung der Funktionalität des Programms), muss sie folgerichtig auch Wahres sprechen können, da sich ansonsten das gesamte Wahrheits- und Wis-

---

30 Ohly 2015, 152.

senschaftsverständnis, das auf Informationsgehalten aufbaut, ad absurdum führt. Eine Gegenthese zur absichtsvollen KI bei gleichzeitiger Aufrechterhaltung einer Wahrheit, die vollends erkannt wird, kann in dieser Argumentation nicht plausibel formuliert werden. Erst wenn die funktionale Ebene der Informationsgehalte verlassen wird und sich auf eine andere kategoriale Ebene argumentativ begeben wird, kann über eine Unmöglichkeit der absichtsvollen Lüge in KI argumentiert werden.

Ich plädiere dafür, dass die unterschiedlichen Ebenen von Wahrheit differenziert werden in (1) den Sachverhalt von Wahrheit (Wahrheitsgehalt), also Informationen, die auch KI-Textgeneratoren aufbereiten können, (2) die Tatsächlichkeit von Wahrheit, die gegeben ist, wenn Wahrheit tatsächlich Wahrheit ist, und (3) das Widerfahren, dass ich Wahrheit tatsächlich als wahr erlebe. Wird Wahrheit auf ihren Wahrheitsgehalt reduziert, verliert sie ihren Widerfahrenscharakter und kann somit nicht tatsächlich wahr sein.

Die Verlässlichkeit, dass Wahrheit Wahrheit ist verlangen Menschen von KI-Textgeneratoren. Doch auf was soll man sich nun verlassen können im Gespräch mit den KI-Textgeneratoren? Dass KI-Textgeneratoren uns nichts wiedergeben, das nicht mit der Faktenlage übereinstimmt, oder darauf, dass die KI uns nicht manipuliert? Welche Verlässlichkeit wird tatsächlich im Diskurs gefordert? Die Verlässlichkeit der Tatsache, dass Wahrheit in ihrem Wahrheitsgehalt ist, was sie ist, oder dass Wahrheit wahr erlebt werden muss, um wahr zu sein?

KI-Textgeneratoren ist jedenfalls auf mehreren Ebenen wenig Glauben zu schenken. Zum einen, da sie keinen Wahrheitsanspruch an ihre Aussagen erheben können, wenn sie kein Wahrheits-Erleben haben. Zum anderen, weil nicht einmal mehr auf informationeller Ebene der Tatsachenzusammenhang, dass ihre Aussagen den jeweiligen Sachverhalten entsprechen, verlässliche Tatsächlichkeit besitzt.

5 Fazit

Menschen erleben Aussagen von künstlich intelligenten Textgeneratoren als wahr. Ihnen widerfährt, dass künstlich intelligente Textgeneratoren Texte schreiben, deren enthaltene Aussagen sie mitunter als Lügen erleben. Das Problem, vor dem sich Menschen gestellt sehen, ist auf der einen Seite eine manipulative KI und auf der anderen Seite die Angst, Wahrheit nicht mehr von Lüge unterscheiden zu können. Es besteht eine Angst vor der allumfassenden Täuschung, dem Leben als Simulation.

Der Widerfahrenscharakter von Wahrheit wird in dem Anspruch an KI-Textgeneratoren offenbart. Die Art und Weise, Wahrheit auszusagen, die mit KI-Textgeneratoren möglich ist (obgleich nicht verlässlich), wird als Erklärung dafür genommen, was Wahrheit ist. Der neu entfachte öffentliche Wahrheitsdiskurs, angeregt durch KI-Textgeneratoren, offenbart, dass diese Beschneidung der Wahrheit um ihren Widerfahrenscharakter nun mit der Implikation von künstlichen Wahrheits-sprechenden Instanzen ins Wanken gerät.

Offenbart wird ebenfalls, dass Wahrheit nicht als solche existiert (wie es im Diskurs anmutet), sondern dass das, was wahr ist, existiert. Wahrheit wird als wahr erlebt, die Ebene des Erlebens bleibt rein informationell aufgebauten Systemen jedoch verschlossen. Aufgrund ihrer materialen Beschaffenheit ist ihnen ein Erleben von Widerfahrnissen, ein In-Bezug-Setzen des Widerfahrens mit dem eigenen Erleben nicht möglich. Die KI hat keine eigene Lebenswelt.

Texten von KI ist keine Intentionalität inhärent, allerdings wird ihnen eine Intentionalität zugeschrieben, wenn ihnen durch den erlebenden Menschen ein Wahrheitsanspruch zugesprochen wird. Der Mensch erlebt den Widerfahrenscharakter von Wahrheit in künstlich generierten Texten. Die vermeintliche Lüge eines KI-Textgenerators, die uns in Erklärungsnotstände versetzt, offenbart retrospektiv, wie wir Intentionalität zusprechen.

Wir können verifizieren, dass künstlich generierte Texte Informationsgehalte enthalten, die in der allgemeinen Öffentlichkeit und Wissenschaft das aktuell vorherrschende Modell einer Faktenlage widerspiegeln. KI erkennt die als Fakten geltenden Informationen über die Welt ebenso gut (wenn auch quantitative Differenzen vorhanden sein können) wie ein Mensch dies kann. KI-Textgeneratoren bewegen sich auf der kategorialen Ebene der Information, während der Mensch zusätzlich die kategoriale Ebene des Erlebens von Widerfahrnissen erleben kann, weil auch sein Erleben einen Widerfahrenscharakter besitzt.

Die kategoriale Unterscheidung der verschiedenen Ebene von Wahrheit ist meines Erachtens in der Analyse möglich und auch nötig, um nicht in argumentative Sackgassen zu geraten angesichts von Künstlichen Intelligenzen, die scheinbar ihre Texte als wahr erleben können.

Didem Sedefoglu/Sandra Ohly

Erfolgreich führen zwischen Mensch und Maschine

Führungskommunikation in Zeiten generativer KI

Abstract: In times of digitization and mobile work, the buzzword virtual leadership has generated momentum. Our contribution looks at the shift in communication in a digitized world of work, particularly in daily interactions between managers and employees. This shift requires leaders to effectively use digital technologies, with limited use of non-verbal behaviors compared to face-to-face communication. At the same time, the development of artificial intelligence (AI) is advancing, offering the potential to augment leadership in challenging areas. Our focus lies on the application of generative AI in communication between managers and employees. We shed light on the opportunities and challenges of AI-mediated leadership communication and examine how relationships between leaders and employees evolve in the age of AI. Drawing on theories of business psychology, we provide an overview of the topic, present results from our recent study, and discuss implications for further research.

1 Einleitung

In der digitalisierten Arbeitswelt verlagert sich die Kommunikation zwischen Führungskräften und Mitarbeitenden zunehmend auf virtuelle Kontexte.[1] Daher besteht für Führungskräfte die Notwendigkeit, effektiv mithilfe digitaler Technologien zu kommunizieren,[2] was aufgrund der geringeren Reichhaltigkeit im Vergleich zur Face-to-Face-Kommunikation eine besondere Herausforderung darstellt. Gleichzeitig birgt die rasante Entwicklung von KI-Systemen das Potenzial, Führungskräfte in der Kommunikation zu Unterstützen und Führung womöglich zu verbessern. Im neueren Verständnis von Führung nehmen KI- Assistenzsysteme eine wichtige Schlüsselrolle ein und werden immer häufiger eingesetzt – mit der

---

1 Bradford S. Bell et al., „Leading Virtually", *Annual Review of Organizational Psychology and Organizational Behavior,* Bd. 10(1), 2023, 339–362.

2 Christian Tuschner et al., „Leading in the digital age: A systematic review on leader traits in the context of e-leadership", *ECIS 2022 Research Papers,* Bd. 63, 2022, 1310.

∂ Open Access. © 2024 bei den Autorinnen und Autoren, publiziert von De Gruyter. [(cc) BY-NC-ND] Dieses Werk ist lizenziert unter einer Creative Commons Namensnennung – Nicht kommerziell – Keine Bearbeitung 4.0 International Lizenz. https://doi.org/10.1515/9783111351490-027

steigenden Tendenz, dass Führungsaufgaben zunehmend durch KI übernommen werden.[3]

Unser Beitrag im Tagungsband soll den Fokus auf die Nutzung von Generativer KI in der Kommunikation zwischen Führungskräften und Mitarbeitenden lenken. In diesem Kontext beleuchten wir insbesondere die Chancen und Herausforderungen, die mit der KI-vermittelten Führungskommunikation einhergehen. Wir stellen uns die Frage, wie sich Beziehungen zwischen Führungskräften und Mitarbeitenden im Zeitalter der KI entwickeln. Wir stützen unsere Argumentation dabei primär auf Theorien der Wirtschaftspsychologie, einer Disziplin, bei der das Wohlbefinden sowie Verhalten und Erleben von Menschen am Arbeitsplatz im Vordergrund steht.

Den Einstieg bildet dabei ein Abschnitt, in dem zunächst die Bedeutung der Kommunikation im Führungskontext herausgestellt wird. Im zweiten Abschnitt widmen wir uns der modernen Arbeitswelt, wobei insbesondere die Veränderungen hinsichtlich der Kommunikation zwischen Führungskraft und Mitarbeitenden aufgegriffen werden. Im dritten Abschnitt gehen wir auf Ergebnisse einer eigenen empirischen Studie ein, in der wir Auswirkungen von KI auf Empathie in der textbasierten Führungskommunikation untersuchen. Abschließend erfolgt im vierten Abschnitt eine Einordnung und Diskussion der Ergebnisse vor dem Hintergrund wirtschaftspsychologischer Theorien, bevor auf Forschungsimplikationen eingegangen wird.

2 Kommunikation als Führungsaufgabe

Führung ist eine zielgerichtete Einflussnahme auf andere mit Hilfe von Kommunikation.[4] Zu den zentralen Führungsaufgaben gehört die Delegation von Aufgaben, die Motivation von Mitarbeitenden und die aktive Beteiligung von Mitarbeitenden in Entscheidungsprozesse, wobei Kommunikation in schriftlicher oder mündlicher Form eine bedeutende Rolle zukommt. Tatsächlich zeigen Arbeitsbeobachtungen von Führungskräften, dass Kommunikation ca. 70 % – 80 % ihres Arbeitsalltages ausmacht.[5] Die Tätigkeit einer Führungskraft ist dabei stark fragmentiert und setzt sich über den Tag hinweg aus vielen kurzen Episoden zusammen, die durch unterschiedliche Inhalte und Kommunikationspartnerinnen und Kommunikations-

---

3 Niels van Quaquebeke/Fabiola H. Gerpott, „The Now, New, and Next of Digital Leadership: How Artificial Intelligence (AI) Will Take Over and Change Leadership as We Know It", *Journal of Leadership & Organizational Studies*, Bd. 30(3), 2023, [https://t1p.de/3z6od].

4 Gary A. Yukl, *Leadership in organizations. Seventh Edition*, Upper Saddle River 2010.

5 Henry Mintzberg, *The nature of managerial work*, New York 1997.

partner geprägt sind. Dabei hat die Kommunikation mit Mitarbeitenden den größten Anteil.[6] Neben der Kommunikation mit den Mitarbeitenden beinhaltet der Arbeitsalltag von Führungskräften auch die Kommunikation mit Kolleginnen und Kollegen auf derselben Hierarchieebene, zum Beispiel bei Verhandlungen über Ressourcen. Des Weiteren umfasst sie die Kommunikation mit höhergestellten Führungspersonen, um an Entscheidungsprozessen teilhaben zu können und diese zu beeinflussen.

Führungsverhalten setzt Kommunikation voraus, unabhängig davon, ob der Fokus auf der Aufgabe, den Bedürfnissen der Mitarbeitenden oder anstehenden Veränderungen liegt (Aufgabenorientierung, Mitarbeiterorientierung und Veränderungsorientierung).[7] Das Führungsverhalten in den Interaktionen zwischen Führungskraft und Mitarbeitenden nimmt einen entscheidenden Einfluss auf die Beziehungsqualität zu Mitarbeitenden sowie deren Arbeitszufriedenheit.[8] Daher gilt die Kommunikationskompetenz von Führungskräften als wichtiger Indikator für Führungseffektivität,[9] insbesondere in schwierigen Situationen wie in Konflikten, Krisen oder Veränderungsprozessen, welche im heutigen Arbeitsalltag allgegenwärtig sind. Basierend auf einer funktionalen Perspektive von Führung muss die Führungskraft in der Lage sein, flexibel auf die Bedürfnisse von Mitarbeitenden in verschiedenen Situationen zu reagieren, um ihre Führungsrolle erfolgreich zu bewältigen.[10] Kommunikation sollte dabei sowohl zielführend als auch angemessen in Inhalt und Form sein.[11] Mit Angemessenheit ist primär gemeint, dass während der Kommunikation zwischenmenschliche Normen eingehalten und die Interessen und Bedürfnisse des Gegenübers mitberücksichtigt werden. Insgesamt zeichnet sich ab, dass Kommunikation ein essenzielles Element der Führungstätigkeit ist und maßgeblich zum Erfolg von Führung in Organisationen beiträgt.

---

6 Stefan Tengblad, „Is there a ‚New Managerial Work?' A Comparison with Henry Mintzberg's Classic Study 30 Years Later*", *Journal of Management Studies*, Bd. 43(7), 2006, 1437–1461.

7 Yukl 2010.

8 Gary Yukl et al., „Influence of leader behaviors on the leader-member exchange relationship", *Journal of Managerial Psychology*, Bd. 24(4), 2009, 289–299; Gary Yukl et al., „Effectiveness of broad and specific leadership behaviors", *Personnel Review*, Bd. 48, 2019.

9 Larry E. Penley et al., „Communication Abilities of Managers: The Relationship to Performance", *Journal of Management*, Bd. 17(1), 1991, 57–76.

10 Joseph E. McGrath, *Leadership behavior. Some requirements for leadership training*, Washington DC 1962.

11 Paul E. Madlock, „The Link Between Leadership Style, Communicator Competence, and Employee Satisfaction", *Journal of Business Communication*, Bd. 45(1), 2008, [https://t1p.de/u569n].

3 Kommunikation in der modernen Arbeitswelt

Durch die vermehrte Verbreitung von verteilter Arbeit durch global agierende Teams, Homeoffice und flexiblen Arbeitszeiten verändert sich der Kontext, in dem Führungskräfte und Mitarbeitende miteinander interagieren. Während es anfänglich eher Bedenken in Bezug auf die Produktivität im Homeoffice gab, stehen heute eher Vorteile wie Flexibilität und reduzierte Anreisezeit im Vordergrund, weshalb Organisationen vermehrt mobiles Arbeiten (Homeoffice und andere Arbeitsorte) unterstützen.[12] Eine kürzlich erschienene Meta-Studie zeigt zudem, dass mobiles Arbeiten mit einer besseren körperlichen Gesundheit und weniger Fehlzeiten der Mitarbeitenden zusammenhängt.[13] Auf der anderen Seite zeigen Studien, dass mobile Arbeit mit einer verstärkten sozialen Isolierung einhergehen kann, was unter anderem dadurch bedingt ist, dass der persönliche Kontakt in Präsenz fehlt.[14]

Kommunikation ist in der heutigen Zeit häufig medial vermittelt und bedient sich unterschiedlicher Techniken wie Chats, E-Mails oder Videokonferenzen. Allen diesen ist gemein, dass weniger Informationen übermittelt werden, wodurch die Kommunikation weniger reichhaltig ist als die mündliche Face-to-Face-Kommunikation.[15] Während non-verbale Hinweisreize auf Emotionen wie Lächeln, Kopfnicken und Stirnrunzeln in Videokonferenzen noch übertragen werden können, fehlen andere Informationen, wie beispielsweise zu Körperhaltung oder Entfernung der Person, die Rückschlüsse auf momentane Zustände und Beziehungsqualität der Kommunikationspartner ermöglichen. Auch können Hinweisreize bei Störungen in der Signalübertragung ausbleiben oder falsch interpretiert werden, wenn etwa das Video ausgeschaltet wird. Fehlende non-verbale Hinweisreize sind eine unter mehreren Erklärungen für Zoomfatigue – Erschöpfung durch Videokonferenzen.[16] Erste Ansätze, Gestik in Videokonferenzen zu integrieren, um für fehlende Signale zu kompensieren, scheinen erfolgversprechend.[17] Verglichen mit

---

12 Bell et al. 2023.

13 Nicole V. Shifrin/Jesse S. Michel, „Flexible work arrangements and employee health: A meta-analytic review", *Work & Stress*, Bd. 36(1), 2022, 60–85.

14 Mehmet A. Orhan et al., „Invisible, therefore isolated: Comparative effects of team virtuality with task virtuality on workplace isolation and work outcomes", *Revista de Psicología del Trabajo y de las Organizaciones*, Bd. 32(2), 2016, 109–122.

15 Richard L. Daft et al., „Message Equivocality, Media Selection, and Manager Performance: Implications for Information Systems", *MIS Quarterly*, Bd. 11(3), 1987, 355–366.

16 Hadar Nesher Shoshan/Wilken Wehrt, „Understanding ‚Zoom fatigue': A mixed-method approach", *Applied Psychology*, Bd. 71(3), 2022, 827–852.

17 Paul D. Hills et al., „Video Meeting Signals: Experimental Evidence for a technique to improve the experience of video conferencing", *PloS one*, Bd. 17(8), 2022, e0270399.

Videokonferenzen sind E-Mails noch weniger reichhaltig. Die Kommunikation erfolgt nicht nur ohne Bild- und Tonunterstützung, sondern häufig auch mit Zeitverzug. Aufgrund dessen wird den verwendeten Wörtern und dem Inhalt der Nachrichten eine stärkere Bedeutung beigemessen.[18]

Dies hat insbesondere Implikationen für die Kommunikation zwischen Führungskraft und Mitarbeitenden. Anders als früher nutzen Führungskräfte in der mobilen Arbeit vermehrt die oben genannten Kommunikationskanäle, um Aufgaben zu verteilen, Beziehungen zu pflegen oder Feedback zu geben. Studien zeigen, dass es im digitalen Kontext besonders herausfordernd ist, Vertrauen und Beziehungen zu Mitarbeitenden aufzubauen.[19] Daher ist es essenziell, dass Führungskräfte im digitalen Zeitalter erfolgreich mithilfe von digitalen Technologien kommunizieren.

4 Empathie in der Führungskommunikation

Während in einem traditionellen Führungsverständnis wenig Raum für Emotionen ist, lässt die Führungsforschung in den letzten 20 Jahren ein Umdenken erkennen. Effektive Führungskräfte sind solche, die positive Emotionen von Mitarbeitenden wecken und daran appellieren, zum Beispiel in inspirierenden Ansprachen.[20] Diese Mitarbeiterorientierung setzt zusätzlich das Erkennen und den Umgang mit negativen Emotionen voraus.[21] Beispiele für relevante zwischenmenschliche Fähigkeiten sind Empathie, Taktgefühl und Überzeugungsfähigkeit.[22] Die Empathie beinhaltet neben der Perspektivenübernahme (kognitives Hineinversetzen in die Situation und Sichtweise der anderen Person) auch das Hineinfühlen als emotionale Komponente.[23] Empathie kann dabei entweder verbal oder non-verbal (durch Nicken oder Lächeln) zum Ausdruck gebracht werden. Auf Verhaltensebene äußert sich Empathie in Äußerungen wie „Ich kann nachvollziehen, wie es Dir geht" oder „Ich fühle mit Dir". Empathische Führungskräfte schneiden in Leistungsbeurtei-

---

18 Richard L. Daft et al., „Message Equivocality, Media Selection, and Manager Performance: Implications for Information Systems", *MIS Quarterly*, Bd. 11(3), 1987, 355–366.

19 Shannon L. Marlow et al. „Communication in virtual teams: a conceptual framework and research agenda", *Human Resource Management Review*, Bd. 27(4), 2017, 575–589.

20 John Antonakis et al., „‚Just Words? Just Speeches?' On the Economic Value of Charismatic Leadership", *Management Science*, Bd. 68(9), 2022, 6355–7064.

21 Dana L. Joseph/Daniel A. Newman, „Emotional intelligence: an integrative meta-analysis and cascading model", *The Journal of applied psychology*, Bd. 95(1), 2010, 54–78.

22 Yukl 2010.

23 Benjamin M. Cuff et al., „Empathy: A Review of the Concept", *Emotion Review*, Bd. 8(2), 2016, [https://t1p.de/70a58].

lungen besser ab.[24] Dies ist darauf zurückzuführen, dass eine empathische Führungskraft die Bedürfnisse der Mitarbeitenden versteht und weiß, wie sie diese am besten unterstützen kann.

Auch aufgabenbezogene Führung kann durch Empathie besser geleistet werden, beispielsweise bei dem Überbringen von negativem Feedback.[25] Ein Mangel an Empathie kann sich hingegen negativ auf die Beziehungsqualität auswirken.[26] Daher ist es wichtig, dass Führungskräfte sich bemühen, in der Kommunikation mit Mitarbeitenden ein geeignetes Maß von Empathie zum Ausdruck zu bringen. Nach neuesten Studienerkenntnissen ist es dabei auch entscheidend, wie häufig die Führungskräfte mit ihren Mitarbeitenden kommunizieren.[27] Wie im vorherigen Abschnitt thematisiert, findet die tägliche Kommunikation mit Mitarbeitenden vermehrt digital, zum Beispiel über E-Mail statt. Diese zeichnet sich durch einen Mangel an nonverbalen Signalen aus, weshalb es essenziell ist, Empathie in der schriftlichen Führungskommunikation zu fördern.

5 Förderung der empathischen Führungskommunikation durch KI – experimentelle Befunde

Mit der Entwicklung von neuen Unterstützungssystemen für intelligentes Schreiben, die basierend auf KI in Angeboten wie ChatGPT, DeeplWrite oder Gmail implementiert sind, ist eine neue Forschungsrichtung zu KI-vermittelter Kommunikation entstanden. Die grundsätzliche Frage ist hier, wie ein Mensch mit der Unterstützung eines sogenannten „intelligenten Agenten" kommuniziert und wie dabei Nachrichten modifiziert, ergänzt oder generiert werden, um Kommunikationsziele zu erreichen.[28] Es zeigt sich im Kontext der Arzt-Patienten-Kommunikati-

---

24 Golnaz Sadri et al., „Empathic emotion and leadership performance: An empirical analysis across 38 countries", *The Leadership Quarterly,* Bd. 22(5), 2011, 818–830.

25 Stephen F. Young et al., „How empathic concern helps leaders in providing negative feedback: A two-study examination", *Journal of Occupational and Organizational Psychology,* Bd. 90(4), 2017, 535–558.

26 Rubina Mahsud et al., „Leader empathy, ethical leadership, and relations-oriented behaviors as antecedents of leader-member exchange quality", *Journal of Managerial Psychology,* Bd. 25(6), 2010, 561–577.

27 Francis J. Flynn/Chelsea R. Lide, „Communication Miscalibration: The Price Leaders Pay for Not Sharing Enough", *Academy of Management Journal,* Bd. 66(4), 2023.

28 Jeffrey T. Hancock et al., „AI-Mediated Communication: Definition, Research Agenda, and Ethical Considerations", *Journal of Computer-Mediated Communication,* Bd. 25(1), 2020, 89–100.

on, dass ein KI gestützter ChatBot Nachrichten generiert, die von den Experten und Expertinnen als empathischer eingestuft werden als Nachrichten, die von medizinischen Fachpersonal geschrieben wurden.[29] Dies kann neben der Wortwahl möglicherweise auch durch die Länge der Nachricht erklärt werden.

Trotz dieser Befunde, die gegenwärtig noch nicht weite Verbreitung gefunden haben, stellt sich die Frage, wie Menschen auf KI-gestützte Kommunikation reagieren, zumal sie eine gewisse Abneigung gegenüber KI-Unterstützung bei bestimmten Aufgaben zeigen.[30] Gemäß der Mind Perception Theorie nehmen Menschen gemeinhin an, dass KI über weniger emotionale Fähigkeiten verfügt als Menschen.[31] Bei Aufgaben, die eher „menschliche" Fähigkeiten erfordern (zum Beispiel moralische Entscheidungen), folgen Personen eher den Anweisungen eines menschlichen Vorgesetzten,[32] während sie sich bei numerischen Schätzungen und Prognosen eher an den KI-Empfehlungen orientieren.[33] Auf dieser Basis erwarteten wir, dass Menschen einem KI-generierten Feedback zu ihrer Kommunikation weniger folgen werden als einem menschlichen Feedback. Im Experiment sollten die 522 Teilnehmenden in der Rolle einer Führungskraft eine E-Mail an einen fiktiven Mitarbeitenden schreiben, der in guter Absicht einen gravierenden Fehler begangen hatte. Alle Teilnehmenden bekamen das Feedback, diese E-Mail sei nicht empathisch genug, sie sollten daher die E-Mail noch einmal verbessern. Einer Gruppe wurde mitgeteilt, die E-Mail sei durch einen menschlichen Kommunikationsexperten bewertet worden, auf dessen Bewertung das Feedback beruhe. Die andere Gruppe bekam die Bewertung und somit das Feedback vorgeblich durch eine spezialisierte KI. Nur Personen, die ihre E-Mail angepasst hatten, wurden in die anschließende Analyse einbezogen. Entgegen unserer Erwartung verbesserten sich beide Untersuchungsgruppen gleichermaßen im Ausmaß der in der E-Mail gezeigten Empathie. Dieses Ergebnis spricht dafür, dass Menschen einer KI zutrauen, Empathie korrekt erkennen zu können, sodass sie ihr Verhalten daran ausrichten. In der Folge könnte es dazu kommen, dass man nicht nur dem Feedback folgt,

---

29 John W. Ayers et al., „Comparing Physician and Artificial Intelligence Chatbot Responses to Patient Questions Posted to a Public Social Media Forum", *JAMA internal medicine*, Bd. 183(6), 2023, 589–596.

30 Berkeley J. Dietvorst et al., „Algorithm aversion: people erroneously avoid algorithms after seeing them err", *Journal of experimental psychology. General*, Bd. 144(1), 2015, 114–126.

31 Heather M. Gray et al., „Dimensions of mind perception", *Science (New York, N.Y.)*, Bd. 315(5812), 2007, 619.

32 Lukas Lanz et al., „Employees Adhere More to Unethical Instructions from Human Than AI Supervisors: Complementing Experimental Evidence with Machine Learning", *Journal of Business Ethics*, 2023.

33 Jennifer M. Logg et al., „Algorithm appreciation: People prefer algorithmic to human judgment", *Organizational Behavior and Human Decision Processes*, Bd. 151, 2019, 90–103.

sondern auch eher bereit ist, KI gestützte Systeme selbst anzuwenden, um E-Mails zu schreiben.

Interessant ist an dieser Stelle auch der Vergleich einer durch ChatGPT 3.5 generierten E-Mail auf den Prompt, der die gleiche Aufgabenstellung wie im Experiment enthielt. Hier zeigt sich, konsistent mit der Studie in der Medizin zur Arzt-Patienten-Kommunikation, eine höhere Wortlänge und insgesamt mehr empathische Äußerungen als die durch Menschen generierten E-Mails. Initial verwendete ChatGPT nur Äußerungen der kognitiven Empathie („Ich verstehe, dass Sie unter Zeitdruck standen"), aber keine Äußerungen der affektiven Empathie. Wenn man erneut promptet und ähnlich wie im Experiment das Feedback gibt, die E-Mail sei nicht empathisch genug, werden affektive Äußerungen zusätzlich eingebaut („Ich schätze Ihr Engagement").

6 Implikationen für Motivation und Beziehungsqualität in der Arbeit

Gemäß der Selbstbestimmungstheorie[34] sind Menschen autonom motiviert, ihren jeweiligen Tätigkeiten (Schulaufgaben, berufliche Aufgaben, Freizeit) nachzugehen, wenn ihre grundlegenden Bedürfnisse nach Kontrolle, Kompetenzerleben und sozialer Bezogenheit erfüllt werden. Kontrolle wird dann erlebt und das entsprechende Bedürfnis befriedigt, wenn eine Person sich selbst als Ursache ihres Handelns erlebt und nicht andere Personen oder höhere Mächte. Das Bedürfnis nach Kompetenzerleben beruht auf einem erfolgreichen Ergebnis eigener Handlungen sowie dem Streben nach persönlicher Weiterentwicklung. Soziale Bezogenheit schließlich wird erlebt, wenn sich Personen als Teil einer sozialen Gruppe sehen und Gemeinschaft mit anderen erleben.

Studienergebnisse aus dem Arbeitskontext zeigen, dass die Erfüllung der drei Grundbedürfnisse über die Motivation hinaus auch mit einem gesteigerten Wohlbefinden und gesteigerter Leistung an der Arbeit einhergeht.[35] In Anbetracht dessen sollte die Gestaltung von Arbeitsplätzen darauf abzielen, dass die Bedürfnisbefriedigung von Mitarbeitenden gewährleistet wird. So sollte beispielsweise darauf geachtet werden, dass Mitarbeitende über genügend Handlungsspielraum verfügen, an Entscheidungen beteiligt werden sowie Gelegenheiten erhalten, sich

34 Marylène Gagné/Edward L. Deci, „Self-determination theory and work motivation", *Journal of Organizational Behavior*, Bd. 26(4), 2005, 331–362.
35 Anja van den Broeck et al., „A Review of Self-Determination Theorys Basic Psychological Needs at Work", *Journal of Management*, Bd. 42, 2016, 1195–1229.

beruflich weiterzuentwickeln. Weiterhin sollte das Gemeinschaftsgefühl am Arbeitsplatz gefördert werden, zum Beispiel durch Teambuilding-Aktivitäten.

Analog kann die Selbstbestimmungstheorie als ein Anhaltspunkt dienen, die Folgen des Einsatzes von KI in der Kommunikation von Führungskräften und Mitarbeitenden abzuschätzen und theoretisch einzuordnen. Daraus resultieren wichtige Anschlussfragen, die in zukünftiger Forschung adressiert werden müssen. Zu unterscheiden sind hier zunächst die Sender- und die Empfängerperspektive, in unserem Fall die Perspektive der Führungskraft und die des Mitarbeitenden. Als Sender (Führungskraft) besteht bei KI-gestützten Empfehlungssystemen die Möglichkeit, Empfehlungen wie „Schreibe empathischer" zu folgen oder auch nicht, was die wahrgenommene Kontrolle erhöhen sollte. Entscheidend wird hier in Zukunft sein, wie Systeme gestaltet werden, die KI-vermittelte Kommunikation ermöglichen. Aus psychologischer Sicht sind mit Blick auf die Selbstbestimmungstheorie unbedingt Wahlmöglichkeiten zu implementieren, was zum Beispiel bedeuten kann, dass Personen selbst entscheiden können sollten, ob Sie einer Empfehlung der KI folgen. Weiterhin kann die Motivation, ein KI-System zu nutzen, davon abhängig sein, ob die KI eher als unterstützend oder als übergriffig für die eigene Autonomie wahrgenommen wird. Mit Blick auf das Bedürfnis nach Kompetenz und der wahrgenommenen Kompetenz bleibt gegenwärtig offen, wie sich diese im Fall des Sendens einer KI-gestützten Nachricht auswirkt. Denkbar ist, dass KI-Systeme insbesondere dann als förderlich wahrgenommen werden, wenn sie eine Kongruenz zu den Wachstumszielen des Individuums aufweisen. Auf unser Beispiel bezogen könnte das bedeuten, dass insbesondere diejenigen Führungskräfte das Feedback der KI schätzen, die das Zeigen von Empathie gegenüber Mitarbeitenden grundsätzlich als wichtig erachten. In Bezug auf das Bedürfnis nach Bezogenheit lässt sich spekulieren, dass KI-gestützte Nachrichten zu einer stärkeren Bedürfnisbefriedigung beitragen, weil sie im Ton positiver ausfallen. Auf der anderen Seite könnte es ein Empfänger negativ wahrnehmen,[36] wenn sich der Sender selbst wenig Mühe gibt, um einen empathischen Text zu schreiben. Kritisch ist möglicherweise auch der Einsatz von KI bei Nachrichten mit hohem Emotionsgehalt, wie zum Beispiel Entschuldigungen. Erste Studien deuten darauf hin, dass die Nutzung von KI hier zu einer negativen Wahrnehmung der Authentizität sowie Ernsthaftigkeit führen kann.[37] Die Wirkung von KI-gestützter Kommunikation auf die Führungskraft-Mitarbeitenden-Beziehungen bedarf daher weiterer Forschung.

---

36 Jess Hohenstein et al., „Artificial intelligence in communication impacts language and social relationships", *Scientific Reports*, Bd. 13(1), 2023, 5487.

37 Ella Glikson/Omri Asscher, „AI-mediated apology in a multilingual work context: Implications for perceived authenticity and willingness to forgive", *Computers in Human Behavior*, Bd. 140, 2023, 107592.

VII **Anwendungsfelder**

Roland Kunz
Transformer – Textgenerierung, Industrieanwendungen und Grenzen

Abstract: Transformer based neuronal networks, engine of the Generative AI wave, promise a new and more powerful method of generating text, images, and sound. All over the industry, companies are evaluating the proper use of this new technology and the associated risks and benefits. This paper will discuss the current industry trends and observations, as well as the limitations of that architectural approach. Considerations on where to engage on this journey are discussed as well as some practical limitations.

1 Einführung

Anwendungen im Bereich Künstlicher Intelligenz (KI),[1] welche auf dem Konzept der sogenannten General Pretrained Transformers (GPT) beruhen,[2] haben in der Industrie eine breite Resonanz verursacht,[3] ermöglichen sie doch eine wesentlich breitere Anwendung, als vorher existierende Lösungen. Diese als generative KI Anwendungen (Generative AI) bezeichneten Systeme sind insbesondere durch Lösungen wie Chat-GPT bekannt geworden.[4] Als Beispiel für die Relevanz für Industrie und bei der Suche nach den richtigen Ansätzen sei hier eine Gartner-Studie zu erwähnen, in der weltweit Kunden zu diesem Thema befragt wurden. Hier zeigt sich, dass bereits fast die Hälfte ihre KI-Investitionen allein aufgrund des Potenzials von Chat-GPT und generativen KI-Anwendungen erhöht haben. In drei Jahren – so diese Gartner Untersuchung – wird erwartet, dass mehr als 60 % der Anwendungen wie Telefon-, Web- oder Windows-Apps automatisch durch KI-Codierung, Programmierung und generative Funktionen erstellt werden.[5] Das Versprechen dieser

---

1 Richard Lackes, „Künstliche Intelligenz (KI)", *Gabler Wirtschaftslexikon,* in [www.wirtschaftslexikon.gabler.de/definition/kuenstliche-intelligenz-ki-40285] (Zugriff: 04.10.2023).
2 „GPT", *cambridge dictionary,* in [www.dictionary.cambridge.org/dictionary/english/gpt] (Zugriff: 04.10.2023).
3 „Cathie Wood on Deflation Risk, Tech Stocks and Bitcoin", *Bloomberg,* in [https://t1p.de/34lwd] (Zugriff: 01.10.2023).
4 OpenAI, *ChatGPT,* in [www.openai.com/chatgpt] (Zugriff: 04.10.2023).
5 Medha, „The Generative AI Landscape: Where We Stand and Where We're Headed", *Fireflies.ai Blog,* 2023, in [www.t1p.de/shpvm] (Zugriff: 04.10.2023).

∂ Open Access. © 2024 bei den Autorinnen und Autoren, publiziert von De Gruyter. [cc) BY-NC-ND] Dieses Werk ist lizenziert unter einer Creative Commons Namensnennung – Nicht kommerziell – Keine Bearbeitung 4.0 International Lizenz. https://doi.org/10.1515/9783111351490-028

Lösungen für die Industrie liegt hierbei in der Automatisierung und Produktivitätssteigerung, nach der Unternehmen suchen. Ebendies wurde auch in einer weiteren Studie von Bloomberg und ARK Investment bestätigt.[6] Diese Studie sagt, dass Unternehmen mit vielen qualitativ hochwertigen Daten besonderen Nutzen und Wettbewerbsvorteile aus dieser Technologie ziehen werden können. Weiterhin ist es für Unternehmen essentiell, die Balance zwischen dem Zeitpunkt des Einstiegs und der Größe der Investition auf der einen und der Lernkurve durch die adaptive Einführung in der Organisation auf der anderen Seite abzuwägen. Insbesondere seit und durch die Adaption von generativer KI und trotz diverser externer Einflüsse wie Inflation und politische Konflikte ist dieser Markt ein sehr schnell wachsender.

Die Abschätzung, wie stark dieser Markt wachsen wird und was Führungskräfte in der Industrie sagen, ist hier aufgelistet:

- KI wird 15.7 Milliarden Dollar zur Weltwirtschaft im Jahr 2030 beitragen
- 45 % aller Führungskräfte erhöhen ihre Investitionen, auch aufgrund von ChatGPT[7]
- 73 % aller CTOs sehen die Rolle von KI innerhalb ihrer Unternehmen in den nächsten 2 Jahren als essentiell an.
- 75 % aller großen Unternehmen werden KI nutzen, um ihre Effizienz und Qualität zu steigern.[8]

Auch eigene Untersuchungen von Dell Technologies bei 200 Führungskräften innerhalb der IT zeigen, dass 91 % generative KI zu Hause und 71 % diese auf der Arbeit nutzen.[9]

2 Anwendungsbeispiele in der Industrie

Basierend auf der deutlich gestiegenen Leistungsfähigkeit heutiger Computer und der Beschleunigung von KI Anwendungen,[10] sind auch die Anwendungsbeispiele innerhalb vieler Unternehmen und Branchen deutlich gestiegen.

6 Chaim Haas/Alyssa Gilmore, „Introducing BloombergGPT, Bloomberg's 50-billion parameter large language model, purpose-built from scratch for finance", *Bloomberg*, 2023, in [https://t1p.de/oy833] (Zugriff: 02.10.2023).
7 Esther Shein, *Gartner: ChatGPT interest boosts generative AI investments*, 2023, in [www.techrepublic.com/article/gartner-executives-chatgpt-investments/] (Zugriff: 02.10.2023).
8 IDC FutureScape, *Worldwide AI and Automation 2023 Predictions*, 2022.
9 Dell Untersuchungen, Februar 2023, intern.
10 JP Mangalindan, *A timeline of computing power*, in [www.money.cnn.com/interactive/technology/computing-power-timeline/] (Zugriff: 04.10.2023).

Stand dieser Publikation sind bereits einige Unternehmen erfolgreich damit, generative KI in ihren eigenen Softwareprodukten einzusetzen,[11] aber auch wenn generative KI genutzt werden kann, um menschliche Interaktion und schlussendlich Arbeitskraft einzusparen, geht die Tendenz der meisten Analysten in die Richtung, sie dort einzusetzen, wo diese KI repetitive Aufgaben identifizieren und ersetzen kann. Diese umfassen die im folgenden aufgezeigten Felder:

– Digitale Assistenten im Bereich Vertrieb, Sicherheit, Infrastruktur, Retail und Business Oprations. Diese helfen Prozesse zu beschleunigen. Dies wird insbesondere durch den schnelleren Zugriff auf die richtigen Daten und die Möglichkeit, neue Daten zu trainieren erreicht. Beispiele seien hier Suchanfragen, Empfehlungen und Kundenvorlieben.

– Entwickler sind in der Lage, effizienter Code oder User Interface (UI) und User Experience (UX) Designs zu erstellen. Dies erhöht nicht nur die Produktivität, sondern hilft, früher in das Produktdesign und die Realisierung einsteigen zu können. Zusätzlich sinkt die Anzahl der Fehler in automatisch generiertem Code, was ein wesentlicher Aspekt für mehr Sicherheit ist.

– Vertrieb und Marketing können über die Erstellung von kreativen Inhalten und Vertriebsskripten eine hohe Bandbreite an Kommunikationsmitteln nutzen, um mit ihren Kunden in Kontakt zu kommen. Dies beinhaltet nicht nur Text, sondern auch Audio, Video, Bilder, Podcasts, Videospiele und andere Anwendungen. Hierdurch wird die Skalierung als auch die Qualität erhöht.

– Für Forschung, Wissenschaft und Lehre kann es einen Vorteil bei der Erstellung von technischen Dokumenten im Hinblick auf Genauigkeit und Geschwindigkeit der Veröffentlichung bis hin zum Gutachten mit sich bringen.

Auch für diese Publikation wurde der letzte Punkt der vorherigen Aufzählung anhand eines Experiments mit ChatGPT durchgeführt. Hierbei wurde dem Tool die Frage nach Anwendungsbeispielen im Bereich Finanzdienstleistungen genannt, und als Antwort die in folgender Abbildung 1 dargestellten Ergebnisse geliefert.

---

11 Adobe, „Your imagination's new best friend", *Generative AI,* in [www.t1p.de/gell6] (Zugriff: 04.10. 2023).

Fraud detection	Generative AI models can analyze large volumes of historical transaction data to identify patterns and anomalies associated with fraudulent activities. By learning from past fraudulent instances, these models can generate synthetic data that mimics fraudulent behavior, helping financial institutions improve their fraud detection capabilities.
Trading	Generative models can assist in generating synthetic financial market data, including stock prices, order books, and trading volumes. These synthetic datasets can be used to backtest trading strategies, optimize algorithmic trading models, and simulate market conditions to identify potential investment opportunities.
Risk assessment	Generative AI can aid in risk assessment by generating synthetic data to simulate different scenarios and stress tests. By generating a range of potential outcomes, financial institutions can evaluate their exposure to market volatility, credit risk, and other uncertainties. This helps in building robust risk models and making informed decisions.
Portfolio optimization	Generative models can generate diverse synthetic asset price scenarios, allowing financial professionals to assess the impact of various market conditions on portfolio performance. By optimizing portfolios based on these scenarios, investors can improve risk-adjusted returns and make more informed asset allocation decisions.
Personalized financial planning	Generative AI can assist in generating personalized financial plans for individual clients. By analyzing historical financial data, generative models can simulate future scenarios, such as retirement planning, tax optimization, or investment strategies tailored to specific goals and risk profiles.
Customer service and chatbots	Generative AI can power conversational agents and chatbots in financial services, enhancing customer service experiences. These models can generate human-like responses to customer inquiries, provide personalized financial advice, and support tasks such as account management, loan applications, or investment guidance.
Anti-Money Laundering (AML)	Generative models can aid in detecting money laundering activities by generating synthetic data that emulates suspicious transactions. These models can assist in training AML systems, enabling financial institutions to identify and prevent illicit financial activities more effectively.
Natural Language Processing (NLP)	Generative AI can be used in NLP applications to automate tasks such as document summarization, sentiment analysis, news aggregation, and market sentiment prediction. This can help financial professionals gather insights from vast amounts of unstructured data, facilitating quicker and more informed decision-making.
Software development	Large banks do a lot of software developement. GenAI has been proved to vastly improve the productivity and quality of software development, with an expected up to 10x increase in coding productivity output of software engineers by 2030

Abbildung 1: Ergebnisse von ChatGPT auf die Frage nach Use Cases für die Finanzbranche, durchgeführt von Dell Technologies im Mai 2023 auf englischer Sprache.[12]

3 Transformer – Basis und Status

Die Möglichkeiten solcher Lösungen auf Basis von generativer KI und Transformern sind also groß – wie aber sieht es mit der Handhabbarkeit und der Nutzung aus? Transformer, die Basis von solchen Modellen, sind keine einfachen Konstrukte, sondern komplexe Abfolgen von Algorithmen, die dem Ziel dienen, eine statistisch sinnvolle Abfolge von Worttokens zu generieren. Hierbei werden Bausteine wie Satz- und Wordklassifizierung, die Beantwortung von Fragen oder das Ausfüllen von fehlenden Satzteilen benutzt ebenso wie die komplette Synthese eines Textes, dessen Übersetzung und Zusammenfassung. Der Transformer ist eine Art Motor der eigentlichen Anwendung, und daher streben viele kommerzielle und nicht-kommerzielle Unternehmen und Institute nach dem besten Basismodell. Eine von der

---

12 Prompt: „List the most important use cases for the financial services industry for generative AI", *Open AI*, in [https://openai.com/chatgpt] (Zugriff: 13.05.2023).

Website LifeArchitect.ai[13] veröffentlichte Zusammenfassung der aktuellen Modelle, zeigt hierbei, dass ein Streben nach dem größten Modell im Gange ist, wie in Abbildung 2 zu sehen ist. Größeren Modellen wird hierbei eine bessere Fähigkeit zur Abstraktion zugeschrieben.

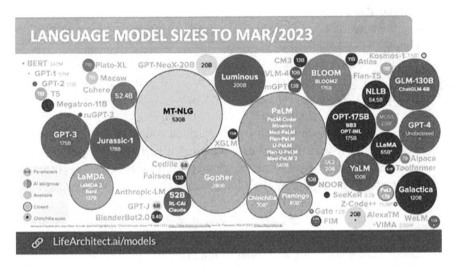

Abbildung 2: Größe aktueller Transformer Modelle. Die Zahl innerhalb der Kreise (zum Beispiel 530B) beschreibt die Anzahl der zu trainierenden Parameter (Billons = Milliarden).

4 Industrieüberlegungen

Wie im vorherigen Abschnitt gezeigt, setzt die Nutzung von generativer KI unter Verwendung von Transformern ein gewisses Maß an Planung voraus. Insbesondere der Grad der Fertigungstiefe, also wie viel die Kunden an eigener Leistung einbringen wollen, ist hierbei von Relevanz. Prinzipiell kann man hierbei drei verschiedene Ansätze unterscheiden:

1. Kunden konsumieren ein Angebot in einer Cloud oder betreiben das Angebot in Form eines fertigen Produktes bei sich in der eigenen Umgebung. Dieser „Inferenz" genannte Teil des Lebenszyklus von KI erfordert die geringsten Anforderungen an die eigene Infrastruktur. Lediglich die Art, den Dienst zu konsumieren, ist festzulegen. Sei es als „Software as a Service", wie zum Bei-

---

13 Alan D. Thompson, *Interne Sprachmodelle (von GPT-4 bis PaLM)*, in [www.lifearchitect.ai/models] (Zugriff: 06.10.2023).

spiel durch Nutzung der APIs oder der Oberfläche von ChatGPT, als Instanz einer großen Cloud, zum Beispiel Microsoft Azure oder im eigenen Betrieb. Hierbei müssen die bereits früher trainierten Daten verwendet werden. Nicht selten nutzen diese Modelle den weiteren Input der Nutzer für weitere Trainings. In Bezug auf eigene Daten muss hier also sehr sorgsam abgewogen werden, da unter Umständen Unternehmenswissen Teil der neuen Trainingsdaten werden können, und somit prinzipiell anderen Unternehmen zur Verfügung stehen könnten.

2. Kunden trainieren ihr eigenes Transformer basierendes Large Language Modell mit ihren eigenen Daten und potentiell öffentlich verfügbaren allgemeinen Daten. Hierzu besteht neben der Notwendigkeit, hinreichend viele eigene Daten in guter Qualität zu haben, auch die Anforderung an eine sehr leistungsfähige Infrastruktur. Diese Investition ist gründlich zu bedenken, bevor ein eigenes System trainiert wird. Ein solches System stellt allerdings prinzipiell die beste Möglichkeit dar, externen Bias zu vermeiden und eigene, private Daten zu schützen. Ein so trainiertes Modell kann dann natürlich zur Inferenz genutzt werden.

3. Kunden nehmen ein existierendes Modell, welches mit generischen Daten trainiert wurde, und trainieren es mit eigenen Daten weiter. Aus dem bis dahin öffentlichen Modell wird ein privates – mit dem Schutz der eigenen Daten, aber der Unsicherheit in Bezug auf möglichen Bias der Ursprungsdaten.

4.1 Herausforderungen der Technologie

GPT-3 ist ein gut dokumentiertes Modell[14] und soll hier als Beispiel dienen, was für jeden der oben genannten Möglichkeiten (Training, Finetuning, Inferenz) notwendig wäre, wenn ein Unternehmen ebendieses nutzen will. Unter der Annahme hinreichend guter Daten und dem Versuch, solch ein Modell selber zu trainieren, bedeutete dies:

Pro Parameter des Netzwerkes und zu lernendem Token müssen 6–8 flops (floating point operations per second) an Rechenleistung angesetzt werden. Die Anzahl der Rechenschritte ist proportional zu der Anzahl der Parameter und der zu trainierenden Token. Bei einer Größe von 175 Milliarden Parametern und 300 Milliarden Tokens[15] ergibt sich also ein theoretischer Rechenbedarf von

$$175.10^{e9} * 300.10^{e9} * 8 \text{ flops} = 0.4.10^{e24} \text{ flops}$$

---

14 Min Zhang/Juntao Li, „A commentary of GPT-3", *MIT Technology Review,* 2021, in [https://t1p.de/s4q6o] (Zugriff: 06.10.2023).

15 Wikipedia, „GPT-3", in [https://en.wikipedia.org/wiki/GPT-3] (Zugriff 12.10.23).

Zum Berechnen dieser Parameter werden aktuell vor allem NVIDIA GPUs des Typs A100 oder H100 verwendet. Die A100 hat dabei im Bereich Bfloat16 eine theoretische Leistung von 312 tflops/s.[16] Die tatsächliche Leistung kann hier nur geschätzt werden, da Benchmarks nicht mit dem wirklichen Training gleichzusetzen sind. Bei 40–50 % Effektivität wird also ein Wert von etwa 125 tflop/s angesetzt. Eine einzelne Karte würde also

$$0.4.10^{e24} / 125.10^{e12} = 3.2.10^{e9} \text{ s}$$

Rechenzeit benötigen, was umgerechnet 37037 Tage sind. Unter der Annahme linearer Skalierung würde ein System bestehend aus 256 Knoten mit je 8 solcher GPUs ein solches Modell in 20 Tagen trainieren. Nutzt man die leistungsfähigere H100 GPU, würden statt 256 Knoten nur noch 80 benötigt werden, aber selbst diese Anzahl stellt in Bezug auf die Infrastruktur einen erheblichen Aufwand dar.

Ein typisches System für solch ein Training ist der Dell PowerEdge XE9680,[17] welcher 8 GPUs vom Typ H100 zur Verfügung stellt, 6 Höheneinheiten in einem Standard Rack belegt und je nach restlicher Ausstattung bis zu 11.5 kW Stromaufnahme hat. Ein durchschnittliches Rack in einem typischen Europa liefert 15 kW,[18] so dass hier bereits für viele Kunden eine Herausforderung besteht.

Betrachten wir hierzu beispielhaft die Energiekosten, die der Betrieb eines solchen Systems benötigt. In der EU lag der durchschnittliche Strompreis im Jahr 2023 bei ungefähr 30ct/kWh[19] und unter Verwendung eines Effizienzfaktors von 1,5 (PUE für luftgekühlte Rechenzentren)[20] kommt man zu Stromkosten von

$$11.5 \text{ kW/h} * 80 * 1,5 * 0.30 = 28k€$$

Je nach Land und Jahreszeit sind das durchschnittlich 300geqCO^2/kWh CO^2 Emission bei einer Bandbreite von 50–800geqCO^2/kWh.

Diese Herausforderungen lassen erwarten, dass die meisten Kunden eher Inferenz oder fortgesetztes Training (Finetuning) nutzen werden.

Jedoch ist nicht nur die schiere Größe eines LLMs ein Erfolgsgarant. Mittlerweile gibt es viele Bestrebungen, kleinere, optimierte Systeme zu konstruieren. Ein Beispiel ist das spezialisierte System BloombergGTP.[21]

---

16 NVIDIA, in [https://t1p.de/so7qo] (Zugriff 12.10.2023).

17 DELL, in [https://www.dell.com/en-us/shop/ipovw/poweredge-xe9680] (Zugriff 12.10.2023).

18 Bernhard Rohleder, *Mehr Daten – mehr Strom? Wie sich Rechenzentren in Deutschland entwickeln,* 2022, in [https://t1p.de/dt3qb] (Zugriff: 06.10.2023).

19 Stefanie Schäffer, *Strompreise Europa 2023 – Was kostet Strom in der EU?,* in [www.energiemarie.de/strompreis/europa] (Zugriff: 06.10.2023).

20 *PUE Wert – der Indikator für die Effizienz eines Rechenzentrums,* 2023, in [https://www.t1p.de/3eu2m] (Zugriff: 06.10.2023).

21 Katharina Buchholz, *ONE MILLION USERS. Threads Shoots Past One Million User Mark at Lightning Speed,* 2023, in [www.t1p.de/z7xnw] (Zugriff: 09.09.2023).

Dieses Modell ist mit 50 Milliarden Parametern deutlich kleiner als die stetig wachsenden Modelle etwa von OpenAI, es wurde auch mit spezialisierten Daten, bestehend aus 700 Milliarden Tokens englischer Finanzpublikationen und allgemeiner Information trainiert. Im Vergleich zu GPT-3 ein deutlich kleineres Modell, aber mit mehr Tokens.

Insgesamt ist eine Diversifizierung von Modellen durch die OpenSource Community zu erkennen, so dass kleinere, spezialisiertere Modell zu erwarten sind.

4.2 Spezialisierung und Voraussetzungen

Neben dem Betrieb eines solchen Systems ist eine weitere Herausforderung die Verfügbarkeit von Spezialisten, um ein solches System den eigenen Bedürfnissen anzupassen. Ein Vortrainiertes LLM, was zum Beispiel mit 1 Milliarde Tokens trainiert wurde, muss für die eigene Anpassung mit einigen eigenen Daten trainiert werden. Dies geschieht oft durch Prompt und Response Trainings, die überwacht werden anhand von Demonstrationsdaten. Ein so trainiertes System muss dann Vergleichsdatensätze durchlaufen und wird mit Reinforcement Learning weiter abgestimmt.

Weiterhin muss gewährleistet werden, dass das System keine sachlich falschen, oder unethischen Antworten gibt. Dies wird in der Regel über so genannte Guardrails erreicht, die dem System die Prompts vorgeben und die Nutzereingaben prüfen. Auch ist der Bias eines solchen Modells immer ein Punkt, der mit betrachtet werden muss.

5 Fazit

Der Einsatz von Large Language Modellen auf Basis der Transformer Architektur ist für jedes Unternehmen derzeit ein Thema in Bezug auf Nutzen, Wettbewerbsvorteile und Investition. Diese disruptive Technologie bietet Chancen im Wettbewerb, aber auch Risiken, die es abzuwägen gilt.

Haimo Stiemer/Evelyn Gius/Dominik Gerstorfer

Künstliche Intelligenz und literaturwissenschaftliche Expertise

Abstract: Based on Heinrich von Kleist's essay „On the Gradual Production of Thoughts During Speech", this article discusses the extent to which his ideas can be adapted to the current debates on artificial intelligence (AI) and large language models (LLMs). Despite the opacity of LLMs, they are powerful tools. Therefore, the article argues for their assertive integration into the practice of literary studies serving as sparring partners in teaching, as assistants or as co-creative partners in research. First, the article deals with the problems and conditions that arise when the ChatGPT language model is used to retrieve literary knowledge. It then presents and reflects on examples of its use in the teaching of literature at the university level. Finally, the implications of AI for literary studies as a discipline are discussed.

„Wenn du etwas wissen willst und es durch Meditation nicht finden kannst", schreibt Heinrich von Kleist im Jahr 1805, „so rate ich dir, mein lieber, sinnreicher Freund, mit dem nächsten Bekannten, der dir aufstößt, darüber zu sprechen. Es braucht nicht eben ein scharfdenkender Kopf zu sein, auch meine ich es nicht so, als ob du ihn darum befragen solltest: nein! Vielmehr sollst du es ihm selber allererst erzählen."[1] Der mit diesen Sätzen beginnende, in der Germanistik viel diskutierte[2] Essay Kleists trägt den Titel „Über die allmähliche Verfertigung der Gedanken beim Reden" und resümiert Beispiele, bei denen anspruchsvolle Denkleistungen durch den Akt der Rede befördert beziehungsweise erbracht werden. Die Rede ist dabei eingebunden in eine vermeintlich dialogische Situation und bleibt doch Selbstgespräch wie -aufklärung. Der Erkenntniszuwachs beim Redner ergibt sich also nicht aus der Kommunikation im eigentlichen, den Gedankenaustausch mit den Gesprächspartner:innen suchenden Sinn. Vielmehr versetzt ihn bereits deren Anwesenheit während seines Monologs zu einem bestimmten Moment in den für die

---

1 Heinrich von Kleist, „Über die allmähliche Verfertigung der Gedanken beim Reden", in *Sämtliche Werke und Briefe in vier Bänden*, Bd. 3, *Erzählungen/Anekdoten/Gedichte/Schriften*, hg. von Ilse-Marie Barth et al., Frankfurt a. M. 1990, 534–540, 534.

2 Vgl. u.a. Gabriele Kapp, „Die Verortung des Aufsatzes: ‚Über die allmähliche Verfertigung der Gedanken beim Reden'", in *„Des Gedankens Senkblei". Studien zur Sprachauffassung Heinrich von Kleists 1799–1806*, hg. von ders., Stuttgart/Weimar 2000, 289–311; Rüdiger Campe, „Verfahren. Kleists Allmähliche Verfertigung der Gedanken beim Reden", *Sprache und Literatur*, Bd. 43(2), 2012, 2–21.

ǝ Open Access. © 2024 bei den Autorinnen und Autoren, publiziert von De Gruyter. [cc] BY-NC-ND Dieses Werk ist lizenziert unter einer Creative Commons Namensnennung – Nicht kommerziell – Keine Bearbeitung 4.0 International Lizenz. https://doi.org/10.1515/9783111351490-029

Erkenntnis notwendigen Erregungszustand.[3] Mit Blick auf die ursprünglich französische Redewendung, nach welcher der Appetit beim Essen komme („l'appétit vient en mangeant"), konstatiert Kleist: die Idee kommt beim Sprechen („l'idee vient en parlant").

Inwiefern kann Kleists „Modell spontaner sprachlicher Performanz"[4] aber in Bezug auf die gegenwärtigen Debatten um Künstliche Intelligenz (KI) und große Sprachmodelle (Large Language Models, LLMs) aktualisiert werden? Oder genauer gefragt: Welche kognitiven Leistungen sind möglich, wenn der „nächste[...] Bekannte[...]" und Gesprächspartner ein GPT-basierter Chatbot ist? In der von der Veröffentlichung von ChatGPT durch das Unternehmen OpenAI angeregten Debatte um die Potentiale, aber auch Begrenzungen von Sprachmodellen wurde immer wieder das Bild des stochastischen Papageis bemüht.[5] Denn die KI generiert in Form neuronaler Netze auf Basis von Trainingsdaten statistisch ähnlichen Output und *imitiert* auf diese Weise das menschliche Sprachverhalten. Die Chat-Funktion des Programms erschafft weiterhin eine dialogische Situation, in der die Nutzer:innen mit Nachfragen oder auch Widerspruch auf die vom KI-Chatbot generierten Antworten reagieren können. Wenn wir abermals mit Kleist sprechen, so ist dieser stochastische Papagei vielleicht „kein scharfdenkender Kopf", mit ihm können aber durchaus komplexe Konversationen geführt werden. In diesem Beitrag soll deshalb dargelegt und diskutiert werden, welche Anwendungsmöglichkeiten sich für Sprachmodelle in der akademischen Forschung und Lehre anbieten, wobei dies aus einer literaturwissenschaftlichen Perspektive geschehen soll. Hierfür sollen zunächst kursorisch die Bedingungen und Probleme erläutert werden, die sich im akademischen respektive literaturwissenschaftlichen Kontext beim Einsatz von Large Language Models ergeben (1.). Im Weiteren werden wir Anwendungsbeispiele für die literaturwissenschaftliche Lehre präsentieren, die im *fortext lab* an der TU Darmstadt konzipiert wurden (2.), um letztlich, auch als Fazit, die aus unserer Sicht möglichen Auswirkungen der KI auf die Literaturwissenschaft als Disziplin beziehungsweise die mit KI verbundenen Herausforderungen für sie zu skizzieren (3.).

---

3 Vgl. Peter Philipp Riedl, „Über die allmähliche Verfertigung der Gedanken beim Reden. An R. v. L.", in *Kleist-Handbuch. Leben – Werk – Wirkung*, hg. von Ingo Breuer, Stuttgart/Weimar 2013, 150–152, 151.

4 Riedl 2013, 151.

5 Emily M. Bender et al., „On the Dangers of Stochastic Parrots: Can Language Models Be Too Big?", in *FAccT '21: Proceedings of the 2021 ACM Conference on Fairness, Accountability, and Transparency*, hg. von Association for Computing Machinery (ACM), New York 2021, 610–623, in [https://dl.acm.org/doi/10.1145/3442188.3445922] (Zugriff: 06.10.2023).

1 Die literaturwissenschaftliche Expertise von ChatGPT

Wenn wir der Frage nachgehen, inwiefern ein großes Sprachmodell wie Chat GPT-3 oder -4 literaturwissenschaftliche Expertise bereithält und inwiefern diese abrufbar ist, gilt es vorab zu klären, was unter dieser Expertise zu verstehen ist. In einer sehr grundlegenden Bestimmung kann hierunter ein Set von rezeptiven und produktiven Textumgangsformen verstanden werden, das auf der Basis nicht nur anerkannter fachwissenschaftlicher Methoden und Kategorien, sondern auch literarhistorischen Wissens erkenntnisstiftend auf literarische Texte angewendet wird.[6] Die Begriffsbestimmung wird gleichwohl prekär, wenn sie im Hinblick auf den Methoden- und Theoriepluralismus innerhalb der Literaturwissenschaft präzisiert werden soll. Selbst bei der im Selbstverständnis der klassischen Literaturwissenschaft sicherlich zentralen hermeneutischen Praxis (im weitesten Sinn der Interpretation von Texten) besteht Uneinigkeit darin, welches spezifische Aufmerksamkeitsverhalten und damit welche kon-, ko- oder intratextuellen Aspekte besonders erklärungswirksam und also interpretationsrelevant sind.[7] Wenn wir zunächst jedoch von der grundlegenden Auffassung von der Expertise als fachwissenschaftlich fundierten, literarhistorisch geschulten Umgang mit literarischen Texten ausgehen, bleibt zu klären, welche Komponenten dieser Expertise zu welchem Zeitpunkt in der literaturwissenschaftlichen Praxis von großen Sprachmodellen bereitgestellt werden beziehungsweise bei welchen sie sekundieren können. Bei der Verwendung von ChatGPT-3.5 fällt die Antwort bei Prompts, mit denen literarhistorisches Wissen abgefragt wird, vorerst ernüchternd aus. Das über Prompts abgerufene Wissen besteht häufig aus einer Melange aus Fakten und Fiktion, wird allerdings durchaus eloquent präsentiert. Der Papagei kommt hier also an seine Grenzen und *halluziniert* mitunter, wie es in der Diskussion um KI-Chatbots heißt.

---

6 Vgl. Steffen Martus, „Interpretieren – Lesen – Schreiben. Zur hermeneutischen Praxis aus literaturwissenschaftlicher Perspektive", in *Hermeneutik unter Verdacht*, hg. von Andreas Kablitz et al., Berlin/Boston 2021, 45–81; Walter Erhart, „Was wollen Philologen wissen? Über Praktiken und Passionen der Literaturwissenschaft", in *Wissens-Ordnungen. Zu einer historischen Epistemologie der Literatur*, hg. von Nicola Gess/Sandra Janßen, Berlin/Boston 2014, 145–179.
7 Vgl. Klaus Weimar, „Text, Interpretation, Methode. Hermeneutische Klärungen", in *Wie international ist die Literaturwissenschaft? Methoden- und Theoriediskussion in den Literaturwissenschaften: kulturelle Besonderheiten und interkultureller Austausch am Beispiel des Interpretationsproblems (1950–1990)*, hg. von Lutz Danneberg/Friedrich Vollhardt, Stuttgart/Weimar 1996, 110–122.

Dies geschieht nach unseren bisherigen Erfahrungen, erstens, bei jenen Themenbereichen, die im literaturwissenschaftlichen Diskurs einen eher randständigen Status besitzen, bei Themen also, für die vermutlich wenig oder gar keine Trainingstexte dem Sprachmodell zugrunde liegen. Anzunehmen ist, dass dies auch für nicht, nur schwach kanonisierte oder dekanonisierte literarische Texte gilt. Folgen wir dieser Vermutung, dann stiege mit zunehmender Kanonizität die Wahrscheinlichkeit, dass die Ausgaben des Sprachmodells zumindest weitestgehend korrekt sind, wenn es zum Beispiel um Handlungszusammenfassungen von literarischen Texten geht. Mit dieser Annahme steht dann wiederum die Frage im Raum, welche Parameter für die Kanonizität oder besser Relevanz bei der Bildung des Trainingstextkorpus relevant waren. Für die englischsprachige Literatur liegt inzwischen eine Studie vor, die anhand der Ausgaben von ChatGPT-4 rekonstruiert hat, welche literarischen Werke von diesem Modell memoriert[8] wurden, und damit, welche Werke sein implizites Wissen über Literatur prägen.[9] Es kam heraus, dass sowohl vor 1928 veröffentlichte, urheberrechtsfreie, als auch (urheberrechtlich geschützte) zeitgenössische Science Fiction- und Fantasy-Romane memoriert wurden, wie zum Beispiel „Alice in Wonderland", die Harry Potter-Romane, die „Lord of the Rings"-Trilogie, „The Hunger Games" von Suzanne Collins oder „Pride and Prejudice" von Jane Austen. Der Grad der Memorisierung hängt vermutlich, so die Autor:innen der Studie, mit der Häufigkeit zusammen, mit der Passagen aus diesen Werken im Internet erschienen sind. Der Fokus auf vor 1928 veröffentlichte, kanonisierte Texte und zeitgenössische Science Fiction- und Fantasy-Literatur hat in der Konsequenz zur Folge, dass das Sprachmodell zu Texten anderer Genres deutlich schlechtere Antworten generiert. Auch wenn eine vergleichbare Studie zur deutschsprachigen Literatur noch nicht vorliegt, muss dieser Bias immer mitgedacht werden: Das Modell liefert bessere Aussagen über populäre Gegenwartstitel als über den Long Tail der Literatur. Weniger populäre Texte werden im Zweifelsfall mit wenig sinnvollen oder auch falschen Informationen beschrieben, die das Modell anhand der populären Titel generalisiert. Eine weitere Beobachtung erschwert das Zutrauen in die ChatGPT-Ausgaben zu literaturwissenschaftlichem Wissen.

---

8 Zu beachten ist, dass das Memorieren im Kontext des maschinellen Lernens ein unerwünschter Effekt ist: Das Modell passt sich zu stark an den Trainingsdatensatz an und generalisiert in der Konsequenz schlechter in Bezug auf neue Daten. Das hier gemeinte Memorieren unterscheidet sich also von dem menschlichen Einprägen bzw. Memorieren. Vgl. Adrian de Wynter et al., „An Evaluation on Large Language Model Outputs: Discourse and Memorization", *Natural Language Processing Journal*, Bd. 4, 2023, in [https://doi.org/10.1016/j.nlp.2023.100024] (Zugriff: 06.10.2023).
9 Kent K. Chang et al., „Speak, Memory: An Archaeology of Books Known to ChatGPT/GPT-4", 2023, in [https://doi.org/10.48550/arXiv.2305.00118] (Zugriff: 18.08.2023).

Der halluzinatorische Gehalt der Antworten scheint, zweitens, ebenso in jenen Bereichen groß, in denen die Fachterminologie nah der Alltagssprache ist oder die fachsprachlichen Termini in der Alltagssprache mit einer anderen Bedeutung verwendet werden. Auszüge aus einem Chat mit dem Sprachmodell zum Konzept der narrativen Ebenen vom 21. Februar 2023 verdeutlichen das:

> Prompt: Erläutere das Konzept der narrativen Ebenen oder Erzählebenen.
>
> ChatGPT: Das Konzept der narrativen Ebenen oder Erzählebenen bezieht sich auf die verschiedenen Ebenen oder Schichten einer Erzählung, die dazu beitragen, eine komplexe und tiefgründige Geschichte zu schaffen. Die Idee ist, dass eine Erzählung aus mehr als nur einer einfachen Handlung besteht, und dass es mehrere Ebenen gibt, auf denen eine Geschichte erzählt werden kann.
>
> Die erste Ebene einer Erzählung ist die Handlungsebene, auf der die grundlegende Geschichte erzählt wird. Das ist die Ebene, auf der die Charaktere handeln und die Ereignisse stattfinden. Es ist die Ebene, auf der die meisten Menschen eine Geschichte erleben und sie verstehen.
>
> Die zweite Ebene ist die Reflexionsebene. Hierbei handelt es sich um eine Ebene, die sich auf die Gedanken, Überlegungen und inneren Konflikte der Charaktere konzentriert. Diese Ebene gibt dem Leser Einblick in die Psyche der Charaktere und hilft dabei, ihre Entscheidungen und Handlungen zu verstehen.
>
> Die dritte Ebene ist die Metaebene. Hierbei handelt es sich um eine Ebene, auf der die Erzählung selbst reflektiert und hinterfragt wird. Auf dieser Ebene kann die Erzählung selbst zum Thema werden, indem sie die Frage aufwirft, was es bedeutet, eine Geschichte zu erzählen und warum wir als Leser oder Zuschauer uns für sie interessieren.

Das in der Narratologie einschlägige Konzept der narrativen Ebene bezieht sich auf Segmente einer Erzählung, die anhand von Sprecherwechseln oder in einigen Fällen auch von ontologischen Wechseln bestimmt werden. Neben Rahmen- und Binnenerzählungen, die jeweils eigene narrative Ebenen darstellen, ist jede Erzählung innerhalb einer Erzählung potentiell eine narrative Ebene, sofern sie von einer anderen Erzählinstanz (typischerweise einer Figur der Erzählung) hervorgebracht wird, ebenso wie jene Teile der Erzählung narrative Ebenen darstellen, welche sich durch einen Wechsel der fiktionalen Welt von anderen Teilen der Erzählung unterscheiden. Wenn zum Beispiel in einer Erzählung eine Figur selbst eine Erzählung eröffnet, einer anderen Figur also etwas erzählt, dann wird diese Erzählung in der Erzählung als eine zweite Ebene betrachtet. Auf der zweiten Ebene kann erneut durch eine weitere Figur eine Erzählung stattfinden und damit eine dritte Ebene entstehen, die somit zweifach eingebettet ist.[10] Mit anderen Worten:

---

10 Matías Martínez/Michael Scheffel, *Einführung in die Erzähltheorie*, München [11]2020, 79 ff.; zum

Die erste Ebene ist auf keinen Fall eine Handlungs-, die zweite keine Reflexions-ebene. Die Antwort von ChatGPT kontaminiert das narratologische Konzept mit anderen, eher dem Alltagswissen entstammenden Kriterien zur Benennung von Ebenen. Mit der vom Chatbot als „Metaebene" ausgegebenen dritten Ebene wird hingegen durchaus ein Terminus bemüht, der dem der *Metadiegesis* aus dem Be-griffsrepertoire der Narratologie im Bereich der narrativen Ebenen ähnelt. Nur bezeichnet dieser wiederum einen eigenständigen Erzählakt auf der zweiten Ebene. Es gibt in den Ausgaben des Chatbots folglich Anklänge von Expertise und es gibt diverse Halluzinationen beziehungsweise Falschaussagen, die mit schwadronie-renden Ausführungen verknüpft werden, zum Beispiel wenn von einer „komple-xe[n] und tiefgründige[n] Geschichte" die Rede ist.

Problematisch ist die Verwendung des Chatbots für die Bereitstellung litera-turwissenschaftlichen Wissens also in mehrfacher Hinsicht. Neben dem halluzi-natorischen Gehalt und der Kontamination der Fachterminologie mit alltags-sprachlichen Vorstellungen erweist sich das Black-Box-Problem, die epistemische Opazität des Programms, als schwierig für die wissenschaftliche Praxis. Zunächst kann nur näherungsweise und mit großen Mühen ermittelt werden, auf welchen Texten beziehungsweise Quellen die modellgenerierten Texte basieren. Denn OpenAI, aber auch andere kommerzielle Anbieter großer Sprachmodelle nehmen keine detaillierte Offenlegung der verwendeten Trainingsdaten vor. In der oben bereits erwähnten Studie zum englischsprachigen ChatGPT-Korpus wurde dessen literarisches Wissen letzten Endes ausschließlich anhand der Auslasstexte des Modells, also über den Output, rekonstruiert. Außerdem benötigen die LLMs sehr große Mengen an Trainingsdaten. Diese werden häufig unkuratiert aus dem In-ternet (Seiten wie Reddit oder Wikipedia) entnommen und enthalten dementspre-chend alle möglichen Probleme des Internets, von Verschwörungstheorien über Hassrede bis hin zu falschen Informationen. Diese werden, sofern sie in größerem Umfang im Korpus enthalten sind, vom Modell als erwünscht gelernt und ent-sprechend im Output reproduziert. Neben dem Problem des für die Nutzer:innen unkenntlichen Quellenmaterials kommt hinzu, dass die Algorithmen und Modelle, die aus einem Input den entsprechenden Output erzeugen, ebenfalls nicht trans-parent sind, das heißt es sind nicht nur das Quellenmaterial, sondern auch die Prozesse der Verarbeitung nicht nachvollziehbar. Während das Trainingsmaterial im Prinzip einfach offengelegt und damit transparent gemacht werden könnte, lässt sich die Frage der Verarbeitungsprozesse hingegen nicht so leicht lösen, da diese aufgrund der algorithmischen Struktur von Deep Learning per se nicht für Men-

---

Konzept des illokutionären und ontologischen Ebenenwechsels: vgl. Marie-Laure Ryan, *Possible Worlds, Artificial Intelligence, and Narrative Theory*, Bloomington 1991, 175–177.

schen nachvollziehbar sind.[11] KI-Modelle liefern also nur Ergebnisse, aber keine anhand des Verarbeitungsweges nachvollziehbaren Rechtfertigungen für diese Ergebnisse; zum anderen ist nicht ersichtlich, was aus welchen Trainingsdaten gelernt wurde.

Wenn, wie soeben dargelegt, die Bereitstellung literaturwissenschaftlicher Erkenntnisse und Wissensbestände durch Sprachmodelle problembehaftet ist, so steht zur Diskussion, wie ChatGPT und Co. auf andere Weise produktiv mit dieser Disziplin zusammengeführt werden können. In einer Metastudie von Caleb Ziems et al. vom April 2023 wurden 13 Sprachmodelle und ihr Nutzen für die Sozialwissenschaften untersucht, hierbei wurden explizit auch text- beziehungsweise literaturwissenschaftliche Forschungsfragen berücksichtigt.[12] Die Forscher:innen kommen zu dem Schluss, dass zum Beispiel ChatGPT gut für diverse Zero-Shot-Klassifikationsaufgaben, also Klassifikationsleistungen ohne vorheriges Einlesen von Trainingsdaten, geeignet ist. Beispielhaft führen sie die Erkennung von Einstellungen beziehungsweise Meinungen in eingegebenen Texten an. Welche Meinung nimmt beispielsweise ein bestimmter Text gegenüber Atheismus oder der Legalisierung der Abtreibung ein? Ebenso gut schneiden die LLMs bei der Erkennung von Fehlinformationen oder Emotionen ab, was die Autor:innen der Studie darauf zurückführen, dass es für jede dieser Aufgaben entweder eine objektive, evidenzbasierte Grundlage gibt (wie im Fall von Fake News) oder ein an umgangssprachlichen Definitionen ausgerichtetes Schema. Der damit aufgerufene Anwendungsbereich erscheint insbesondere für die computationelle Literaturwissenschaft[13] interessant, in welcher manuelle wie automatisierte Annotationsaufgaben von zentraler Bedeutung sind. Einschränkend ist jedoch zu berücksichtigen, dass laut der erwähnten Studie die Sprachmodelle bei komplexeren Taxonomien schlechter abschneiden, also bei Aufgaben, bei denen die Annotationsrichtlinien durch Expertenwissen geprägt sind. Der Einsatz von Sprachmodellen im Forschungskontext bietet sich also lediglich bei kleineren, einfach strukturierten An-

---

11 Inzwischen wird dazu unter den Schlagwörtern der Interpretable AI bzw. Whiteboxing geforscht. Vgl. u. a. Ajay Thampi, *Interpretable AI. Building Explainable Machine Learning Systems*, New York 2022.
12 Caleb Ziems et al., „Can Large Language Models Transform Computational Social Science?", 2023, in [https://doi.org/10.48550/arXiv.2305.03514] (Zugriff: 18. 08. 2023).
13 Die computationelle bzw. computergestützte Literaturwissenschaft (computational literary studies, CLS) ist ein interdisziplinäres Teilgebiet der Digital Humanities, welches Methoden aus der Informatik resp. des Natural Language Processing (NLP), der computationellen Linguistik und der Literaturwissenschaft für die Analyse literarischer Texte bzw. Korpora vereint. Im deutschsprachigen Bereich erhielt dieses Forschungsfeld eine größere Aufmerksamkeit durch das von der Deutschen Forschungsgemeinschaft (DFG) seit dem Jahr 2020 geförderte Schwerpunktprogramm SPP 2207 „Computational Literary Studies".

notationsaufgaben an, für welche keine Trainingsdaten mehr generiert werden müssen. Die Frage nach dem Nutzen der LLMs für die literaturwissenschaftliche Fachexpertise und Praxis bleibt dennoch prekär – wenn sie nicht von einer anderen Perspektive her angegangen wird. In einer solchen Perspektive können in der literaturwissenschaftlichen Praxis und Lehre die soeben genannten Defizite wie Fehler in den ChatGPT-Texten produktiv genutzt werden, quasi wie bei einem sokratischen Gespräch oder eben im Sinn von Kleists Überlegungen bezüglich der Ideenfindung beim Reden.

2 ChatGPT in der literaturwissenschaftlichen Lehre

Um die Vorzüge von ChatGPT in der literaturwissenschaftlichen Lehre zu verdeutlichen, sollen Beispiele herangezogen werden, die von uns für Lehrveranstaltungen an der TU Darmstadt konzipiert wurden. Grundsätzliches Ziel bei der Verwendung des Sprachmodells in der Lehre ist es dabei, den Studierenden nicht allein Kompetenzen im Umgang mit KI-Textgeneratoren zu vermitteln, sondern ebenso ihre literaturwissenschaftliche Expertise zu stärken.[14] Der bereits erwähnte Chat, in welchem das Sprachmodell nach den narrativen Ebenen befragt wurde, ließe sich im Seminar demnach mit der Aufgabe an die Studierenden präsentieren, jene Stellen im ChatGPT-Text zu identifizieren, die entweder falsch, teilweise richtig oder ungenau sind. Auf diese Weise kann einerseits das erzähltheoretisch richtige Verständnis von Erzählebenen mobilisiert werden, andererseits können die Studierenden im Fortgang durch verbesserte, reaktive Prompts versuchen, den Chatbot einen erzähltheoretisch fundierten Beispieltext mit drei Erzählebenen generieren zu lassen, wobei dieses *Prompt Engineering* im Seminar ebenfalls reflektiert werden soll. Ein weiteres Beispiel zielt in eine ähnliche Richtung und betrifft das Konzept der Handlung beziehungsweise des Plots von Erzählungen. Die Studierenden werden gebeten, eine Handlungszusammenfassung von Kleists „Das Erdbeben von Chili" zu verfassen. Verbunden ist diese Aufgabe lediglich mit der Auflage, hierfür nicht mehr als 20 Hauptsätze zu verwenden und für jeden neuen Satz einen Zeilenwechsel vorzunehmen. Die Zusammenfassungen der Studierenden werden dann mit jener des Sprachmodells verglichen.

---

14 Vgl. Henner Gimpel et al., „Unlocking the Power of Generative AI Models and Systems such as GPT-4 and ChatGPT for Higher Education: A Guide for Students and Lecturers. Discussion Paper", 2023, in [https://t1p.de/kana7] (Zugriff: 24.10.2023).

Prompt: Schreibe eine möglichst einfache Zusammenfassung der Erzählung „Das Erdbeben in Chili" von Heinrich von Kleist in 20 Sätzen, möglichst als Hauptsätze ohne Nebensätze. Fasse dabei die wichtigsten Geschehnisse des Textes zusammen.

ChatGPT:

1. „Das Erdbeben in Chile" ist eine Erzählung von Heinrich von Kleist.
2. Es geht um ein verheerendes Erdbeben in Santiago de Chile.
3. Viele Menschen sterben bei dem Beben.
4. Die Protagonisten Jeronimo und Doña Blanca sind ein Paar und werden durch das Beben getrennt.
5. Sie suchen verzweifelt nach einander.
6. Sie erleben viele Abenteuer, während sie nach einander suchen.
7. Sie finden sich schließlich wieder.
8. Sie beschließen zusammen zu fliehen, um dem Chaos zu entkommen.
9. Sie begegnen vielen anderen Menschen, die das gleiche Schicksal erlitten haben.
10. Sie versuchen, ihr Leben wieder aufzubauen.
11. Sie beschließen, sich in einer anderen Stadt niederzulassen.
12. Sie beginnen ein neues Leben zusammen.
13. Das Erdbeben hat ihr Leben verändert.
14. Sie müssen alles von vorne aufbauen.
15. Sie finden jedoch Trost in ihrer Liebe zueinander.
16. Sie beschließen, ihr Leben gemeinsam weiterzuführen.
17. Sie sind bereit für die Zukunft.
18. Die Erzählung endet damit, dass das Paar ein neues Leben beginnt.

Auch hier, bei einem in der Germanistik kanonischen Text, finden sich diverse Ungenauigkeiten und Halluzinationen. Dies beginnt mit den Figuren – eine Dona Blanca gibt es in Kleists Text überhaupt nicht; die Liebesbeziehung besteht zwischen Jeronimo und Josephe, die von ChatGPT überhaupt nicht erwähnt wird. Auch werden die Protagonist:innen nicht erst durch das Erdbeben getrennt, sondern durch ihre Inhaftierung in Folge ihrer vom Vater von Josephe nicht gebilligten Verbindung. Frappierend ist, dass ChatGPT der Erzählung ein positives Ende zuschreibt. Im eigentlichen Kleist-Text wird das Paar in einem Tumult vor einer Kirche brutal ermordet, während sie bei ChatGPT am Ende, nachdem sie mehrere Abenteuer überstanden haben, ein neues Leben beginnen.

Im Seminar kann nun das Wissen der Studierenden über den Text mit dem der ChatGPT-Ausgabe kontrastiert und die Relevanz der einzelnen Handlungsabschnitte, Figuren und Ereignisse für das Handlungsgerüst sowie die Strukturierung des Textes diskutiert werden. Was fehlt in den Zusammenfassungen von ChatGPT und in ausgewählten Texten von den Studierenden? In einem zweiten Schritt, verbunden mit der Relevanzfrage, können dann das literaturwissenschaftliche Konzept der Handlung wie die Methodik bei der Erstellung von Handlungszusammenfassungen reflektiert, diskutiert und evaluiert werden. Überprüft und gefördert wird dergestalt die Fachexpertise, ein wissenschaftlich gestütztes Handlungskonzept zu haben, es definieren, erläutern *und* anwenden zu können. Allerdings können literaturwissenschaftliche Konzepte mit einem Sprachmodell im Seminar nicht nur eingeübt, sondern auch problematisiert werden. Möglich wäre zum Beispiel, den Begriff der Epoche zu problematisieren und ChatGPT nach einer begründeten Epochenzuordnung von einzelnen Textauszügen zu fragen, ohne den Autor:innennamen anzugeben. Wenn die erste und zweite Strophe eines Gedichts von Novalis dann – wie geschehen – dem jungen Schiller der Sturm-und-Drang-Zeit zugewiesen wird, können im Seminar die Konvergenz von ästhetischen Programmen, aber auch die in ihrer schematischen Orientierungsfunktion nicht selten prekären Epochenkonstruktionen in der Literaturwissenschaft thematisiert werden.

Die offensive Integration von textgenerativer Software in die literaturwissenschaftliche Lehre eröffnet also viele Möglichkeiten. Mit ihr können die rezeptiven wie produktiven Textumgangsformen der Studierenden, ihre Fachexpertise und ihr kritischer Umgang mit Forschungspositionen und -routinen gefördert werden. Fachunabhängiges, übergreifendes Ziel wäre dabei zugleich, die Mündigkeit im Umgang mit großen Sprachmodellen zu befördern und Kompetenzen im Bereich *Prompt Engineering* zu vermitteln, also Wege aufzuzeigen, wie Prompts gestaltet und verfeinert werden können, um bestmöglichen Output zu erzeugen.

3 Fazit: Von der Output- zur Input-Optimierung

Dem Vorbild der dialogischen Kommunikation folgend, können die Übungen mit den Studierenden zum *Prompt Design* auch bewusst tentativ angelegt sein. Das Sprachmodell figuriert dann als Gesprächspartner im Kleistschen Sinn, dessen Äußerungen als Artikulation eines *kollektiven Wissens* im Wechselspiel von In- und Output, in der Abfolge von Frage, Antwort und Nachfrage hilft, den Prompt weniger in seiner Form zu verbessern als in seinem Inhalt zu verändern. Kleists eingangs zitiertes Essay auf die KI-Textgeneratoren zu übertragen, bedeutet demnach, nicht auf die Output-, sondern die Input-Optimierung zu orientieren. Oder, mit Kleists Worten:

> Aber weil ich doch irgendeine dunkle Vorstellung habe, die mit dem, was ich suche, von fern her in einiger Verbindung steht, so prägt, wenn ich nur dreist damit den Anfang mache, das Gemüt, während die Rede fortschreitet, in der Notwendigkeit, dem Anfang nun auch ein Ende zu finden, jene verworrene Vorstellung zur völligen Deutlichkeit aus, dergestalt, daß die Erkenntnis zu meinem Erstaunen mit der Periode fertig ist. Ich mische unartikulierte Töne ein, ziehe die Verbindungswörter in die Länge, gebrauche wohl eine Apposition, wo sie nicht nötig

wäre, und bediene mich anderer, die Rede ausdehnender, Kunstgriffe, zur Fabrikation meiner Idee auf der Werkstätte der Vernunft, die gehörige Zeit zu gewinnen.[15]

Im Gespräch probiert sich der Redner, tastet sich mit Kunstgriffen nach vorn, mit Vorstellungen, die nur von fern her mit dem noch nicht fest definierten Ziel in Verbindung stehen und die an Deutlichkeit erst im Gespräch gewinnen. Die Problemlösung obliegt nicht dem Gesprächspartner, dessen Antworten oder Reaktionen daher auch nicht der Präzision bedürfen. Was Kleist hier beschreibt, kann durchaus mit dem konnektionistischen Verfahren der LLMs gleichgesetzt werden, bei welchem Wissensbestandteile nach ihrem wahrscheinlichen Näheverhältnis zusammengefügt werden. Der Kompetenzüberschuss aber liegt immer bei den Nutzer:innen des Sprachmodells, die für die „Fabrikation der Idee" im Gespräch, im Chat mit dem Sprachmodell ihre ungefähren Vorstellungen überprüfen, anpassen und bestenfalls präzisieren. Geraten sie dabei in eine Sackgasse, sollten sie sich einen neuen Gesprächspartner suchen, also einen neuen Chat beginnen, denn das Programm merkt sich nur den Verlauf der aktuellen Unterhaltung und kann sich im nächsten Chat nicht wieder drauf beziehen.

Zusammenfassend lässt sich festhalten, dass es sich bei Chatbots trotz ihrer elaborierten sprachlichen Form nicht um Expertensysteme beziehungsweise Experten handelt. Vielmehr sind sie als sehr mächtige, aber opake statistische Werkzeuge anzusehen, deren Integration in die literaturwissenschaftliche Praxis auf vielfältige Weise sinnvoll sein kann. Während der Output neue und interessante Beobachtungen enthalten kann, ist dessen kritische Beurteilung und unabhängige Überprüfung nach den Standards der Disziplin nötig. Die Sprachmodelle können somit als akademischer Sparringspartner in der Lehre eingesetzt werden und das hochschuldidaktische Instrumentarium erweitern. Sie können in der Forschung eine Assistenzfunktion übernehmen, zum Beispiel für Zero-Shot-Klassifikationsaufgaben, und sie können ebenso eine ko-kreative Funktion bei der Entwicklung von Forschungsfragen oder der Überprüfung von Forschungsergebnissen bezüglich ihrer Plausibilität wahrnehmen. Diese Ko-Kreativität konstituiert dabei einen Resonanz- und Reflexionsraum und führt also nicht zu einer Veräußerung der eigentlichen wissenschaftlichen Tätigkeit.

Für die Geisteswissenschaften im Allgemeinen und die Literaturwissenschaft im Besonderen stellen die KI-Textgeneratoren, insofern ihre Anwendung kritisch, reflektiert erfolgt, keine Gefährdung der akademischen Integrität dar. In Bezug auf die Hochschullehre wurde in den letzten Monaten hingegen mehrfach die Befürchtung geäußert, dass Studierende ihre Fähigkeiten zur Recherche, zum kriti-

---

15 Kleist 1990, 535.

schen Denken und zur schriftlichen Kommunikation verlernen könnten. Richtig ist, dass die Assistenzfunktion von Sprachmodellen Plagiate oder Urheberrechtsverletzungen erleichtert und vor allem, je nach Einsatz der KI-Textgeneratoren, die geforderte Eigenständigkeit wissenschaftlichen Arbeitens unterlaufen kann. Wissenschaftliches Fehlverhalten aber hat es auch davor gegeben. Wichtig ist, den Studierenden den kritischen Umgang mit den generierten Texten und die sinnvolle Verwendung der KI-Tools aufzuzeigen. Ihre offensive Einbeziehung in die Hochschullehre erscheint uns daher nicht nur wünschenswert, sondern geboten. Nicht zu vergessen ist darüber hinaus, dass der weit vorangeschrittene digitale Transformationsprozess bereits unser Verständnis von Kommunikation und Text verändert hat. Der Umgang mit KI-generierten Texten und Bildern wird somit eine Schlüsselkompetenz der nahen Zukunft sein und die Literaturwissenschaft als gesellschaftlichen Ort, an dem zu Texten, Textformen und deren Rezeption geforscht wird, in besonderer Weise fordern. Die „Algorithmisierung der Kultur" (Gerhard Lauer) verlangt nach philologischer Kompetenz respektive Expertise. Eine Literaturwissenschaft, die sich dieser Herausforderung stellt, braucht sich um ihre gesellschaftliche Legitimation nicht zu sorgen.

Ann-Katrin van den Ham

KI-Textgeneratoren: Eine neue Ära des Unterrichts?

Perspektiven und Gefahren

Abstract: This paper provides an analysis of the role of AI text generators like ChatGPT in educational settings, focusing on both the potential benefits and challenges. It begins by introducing the didactic triangle model to analyze traditional teacher-student-content interactions and how this model is extended to a tetrahedron model including digital technologies. The text then reviews existing literature on the role of AI in education, exploring the performance, roles, and capabilities of AI text generators in educational contexts. These studies highlight the transformative potential of AI technologies in reshaping the role of teachers, who are seen as mediators and collaborators rather than mere information providers. The paper concludes that while AI text generators offer promising avenues for personalized and efficient learning, they also raise ethical and practical concerns that need to be addressed, like data privacy, the risk of misinformation, and the need for teachers to acquire new skills to effectively integrate AI into their teaching practices. The paper suggests that traditional didactic models may need to be revised to account for the complexities introduced by AI technologies, including their autonomous and adaptive nature. The paper calls for a multi-dimensional approach that considers pedagogical, ethical, and organizational aspects of education in the age of AI.

1 Einleitung

Die Entwicklung und Verbreitung von KI-Textgeneratoren wirft neue Fragen bezüglich ihres Potenzials für den Bildungssektor auf. Einerseits bieten KI-Textgeneratoren die Möglichkeit, den Schulunterricht durch automatische Generierung von Unterrichtsmaterial zu bereichern und zu optimieren. Andererseits müssen jedoch datenschutzrechtliche Bedenken und ethische Fragen im Umgang mit KI im Bildungsbereich sorgfältig berücksichtigt werden. Es ist unerlässlich, diese Probleme zu lösen, bevor KI-gestütztes Unterrichten und Lernen erfolgreich in den Unterricht integriert werden kann. Studien zeigen, dass trotz des Potenzials von KI im Bil-

∂ Open Access. © 2024 bei den Autorinnen und Autoren, publiziert von De Gruyter. [cc] BY-NC-ND Dieses Werk ist lizenziert unter einer Creative Commons Namensnennung – Nicht kommerziell – Keine Bearbeitung 4.0 International Lizenz. https://doi.org/10.1515/9783111351490-030

dungsbereich noch wenig Forschung zur Rolle von KI-Textgeneratoren und Akzeptanz durch die Schülerinnen und Schüler existiert.[1]

In diesem Beitrag wird die potenzielle Bedeutung von KI-Textgeneratoren für Unterrichtsprozesse betrachtet und wie sich dies auf die Rolle der Lehrkräfte im Unterricht auswirkt. Dabei werden sowohl die Perspektiven als auch Herausforderungen für die Nutzung von KI-Textgeneratoren im Unterricht betrachtet. Es wird diskutiert, welche Vorteile KI-Textgeneratoren bieten können, wie zum Beispiel die automatische Generierung von Unterrichtsmaterialien, die Anpassungsfähigkeit an individuelle Lernbedürfnisse und die Möglichkeit der effektiven Rückmeldungen an Schülerinnen und Schüler. Darüber hinaus werden potenzielle Gefahren und Herausforderungen angesprochen, die sich aus der Nutzung von KI-Textgeneratoren ergeben können. Um eine Grundlage für diese Betrachtungen zu schaffen, wird zunächst ein Modell zur Analyse traditioneller Interaktionen im Unterricht präsentiert.

2 Modell zur Analyse traditioneller Interaktionen im Unterricht

Das didaktische Dreieck aus Lehrenden, Lernenden und Inhalten ist ein bekanntes Konzept im Bildungskontext. Es beschreibt die dynamische Wechselbeziehung zwischen Lehrenden, Lernenden und den zu vermittelnden Inhalten.[2] Es gibt verschiedene Varianten des didaktischen Dreiecks, sowohl in der Darstellungsweise als auch in den Bezeichnungen. Diese Varianten spiegeln unterschiedliche Perspektiven und Verwendungsweisen wider. Das didaktische Dreieck setzt sich aus den folgenden Elementen zusammen:

Die/Der Lehrende: Dies ist die Person, die den Lernprozess initiiert und leitet. Die/Der Lehrende ist für die Vermittlung von Wissen, Fertigkeiten und Kompetenzen an die Lernenden sowie für die Planung und Organisation des Unterrichts verantwortlich.

Die/Der Lernende: Dies ist die Person, die aktiv am Lernprozess teilnimmt. Die/Der Lernende erwirbt, verarbeitet und verinnerlicht aktiv Wissen und Kompetenzen.

---

1 André Renz, „KI in der Bildung: Educational technology und KI", in *Arbeitswelt und KI 2030. Herausforderungen und Strategien für die Arbeit von morgen*, hg. von Inka Knappertsbusch/Kai Gondlach, Wiesbaden 2021, 381–388.
2 Astrid Baltruschat, *Didaktische Unterrichtsforschung*, Wiesbaden 2018, 39–84.

Der Lehrinhalt: Das sind die Kenntnisse, Informationen, Kompetenzen oder Fähigkeiten, die während des Lernprozesses vermittelt werden sollen. Die Inhalte können verschiedene Gebiete betreffen, beispielsweise mathematische Konzepte, historische Ereignisse, Sprachkenntnisse oder praktische Fähigkeiten.[3]

Das Verhältnis zwischen diesen drei Komponenten des didaktischen Dreiecks ist dynamisch und wechselseitig. Das didaktische Dreieck macht deutlich, dass der Erfolg einer Lernsituation von der Interaktion zwischen dem Lehrenden, dem Lernenden und dem zu vermittelnden Inhalt abhängt. Da in Bezug auf den Unterrichtsgegenstand ein Gefälle besteht, ist die Beziehung asymmetrisch. Erst dann kann eine der Personen die Lehrendenrolle übernehmen und das Thema so aufbereiten, dass die andere Person daran anschließen kann. In der Schule finden die Interaktionen in diesem Dreieck in der Regel im Rahmen des Unterrichtsgeschehens statt und sind daher zeitlich begrenzt. Das Unterrichtsgeschehen kann auch die zeitliche Angemessenheit der Interaktion einschränken. So ist es zum Beispiel nicht immer möglich, unmittelbar im Anschluss an die Bearbeitung einer Aufgabe ein Feedback zu geben.[4]

Eine Weiterentwicklung des didaktischen Dreiecks um eine vierte Komponente stellt das didaktische Tetraeder dar.[5,6] Olive et al. haben das didaktische Dreieck um die Dimension der digitalen Technologie erweitert.[7] Bei Prediger et al. sind es Materialien und Medien, die das Didaktische Dreieck erweitern.[8] Die vierte Komponente betrifft die materiellen oder immateriellen Ressourcen, die im Lernprozess eingesetzt werden. Dabei kann es sich beispielsweise um Bücher, Unterrichtsmaterialien, multimediale Geräte oder auch digitale Lernplattformen handeln. Das didaktische Tetraeder ermöglicht durch die Fokussierung auf die Rolle von Arte-

---

3 Baltruschat 2018, 39–84.
4 Susanne Prediger et al., „Drei-Tetraeder-Modell der gegenstandsbezogenen Professionalisierungsforschung: Fachspezifische Verknüpfung von Design und Forschung", *Jahrbuch für Allgemeine Didaktik*, hg. von Klaus Zierer, Bielefeld 2017, 159–177.
5 Joana Duarte et al., „Sprachlich bedingte Schwierigkeiten von mehrsprachigen Schülerinnen und Schülern bei Textaufgaben", in *Mathematiklernen unter Bedingungen der Mehrsprachigkeit. Stand und Perspektiven der Forschung und Entwicklung in Deutschland*, hg. von Susanne Prediger/Erkan Özdil, Münster 2011, 35–53.
6 Jürgen Roth, „Digitale Werkzeuge im Mathematikunterricht – Konzepte, empirische Ergebnisse und Desiderate", in *Vielfältige Zugänge zum Mathematikunterricht: Konzepte und Beispiele aus Forschung und Praxis*, hg. von Andreas Büchter et al., Wiesbaden 2019, 233–248.
7 John Olive et al., „Mathematical Knowledge and Practices Resulting from Access to Digital Technologies", in *Mathematics Education and Technology-Rethinking the Terrain. The 17th ICMI Study*, hg. von Celia Hoyles/Jean-Baptiste Lagrange, New York et al. 2010, 133–177.
8 Prediger et al. 2017, 159–177.

fakten in der Unterrichtsgestaltung eine ganzheitlichere Betrachtung von Lehr- und Lernprozessen.[9]

Neben dem Beziehungsdreieck des didaktischen Dreiecks enthält das Tetraeder drei weitere Beziehungsdreiecke. Mit dem Dreieck zwischen Lehrperson, Inhalt und (digitalen) Technologien wird der Prozess beschrieben, in dem sich die Lehrperson selbst mit dem Inhalt auseinandersetzt und versucht, die damit verbundenen Probleme mit Hilfe von (digitalen) Technologien zu lösen beziehungsweise den Inhalt im Zusammenspiel mit (digitalen) Technologien zu erarbeiten und verständlich zu machen. Zum anderen geht es darum, dass die Lehrperson überlegt, wie der Inhalt mit Hilfe der (digitalen) Technologie gut dargestellt und erfasst werden kann und auf dieser Basis eine Lernumgebung zum Inhalt unter Einbeziehung der (digitalen) Technologie konzipiert. Ein anderes Dreieck des didaktischen Tetraeders bezieht sich auf die Lern- und Problemlösungsprozesse der Schülerinnen und Schüler, die versuchen, Inhalte mit Hilfe von (digitalen) Technologien zu durchdringen und zu verstehen sowie Probleme zu lösen. Die Interaktion zwischen der Lehrperson, den Schülerinnen und Schülern und den (digitalen) Technologien bildet die letzte Fläche des didaktischen Tetraeders. Aus der Sicht der Lehrperson stellt sich die Frage, wie die Lernenden dabei unterstützt werden können, die (digitalen) Hilfsmittel als persönliches Instrument zu nutzen. Dies kann beispielsweise durch die explizite Thematisierung von Nutzungs-, Problemlöse- und Reflexionsstrategien für die Arbeit mit (digitalen) Technologien geschehen. Darüber hinaus geht es um die Kommunikation, bei der die (digitale) Technologie zwischen den Schülerinnen und Schülern und der Lehrkraft als Medium verwendet wird.[10,11]

Aber kann das didaktische Tetraeder auch beschreiben, wie KI-Textgeneratoren wie ChatGPT als digitale Technologie im Unterricht mit den anderen Komponenten interagieren? Eine Beantwortung dieser Frage erfordert zunächst eine Bestandsaufnahme von Erkenntnissen bezüglich der Rolle von KI-Technologie im Unterricht.

3 Erkenntnisse zur Rolle von KI im Unterricht

WissenschaftlerInnen haben der Zusammenarbeit zwischen Mensch und KI im Zuge der jüngsten Verbreitung von KI im Klassenzimmer große Aufmerksamkeit geschenkt. Sie gehen davon aus, dass Menschen und KI zusammen effektiver lernen

---

9 Roth 2019, 233–248.
10 Bärbel Barzel/Jürgen Roth, „Bedienen, Lösen, Reflektieren – Strategien beim Arbeiten mit digitalen Werkzeugen", *Mathematik Lehren*, Bd. 211, 2018, 16–19.
11 Roth 2019, 233.

können als Menschen oder KI allein.[12] In dieser Forschungsrichtung wird die vermittelnde Rolle der Lehrkräfte hervorgehoben, anstatt KI als potenziellen Ersatz für Lehrkräfte zu betrachten.[13] Holstein et al. haben einen konzeptionellen Rahmen für die hybride Adaptivität von Mensch und KI in der Bildung eingeführt, der verschiedene Möglichkeiten aufzeigt, wie sich KI-Technologie und menschliche VermittlerInnen gegenseitig ergänzen können.[14] Dabei werden folgende Funktionen beschrieben: „Goal Augmentation" (gegenseitige Unterstützung durch Beeinflussung der Ziele des jeweils anderen), „Perceptual Augmentation" (Verbesserung der gegenseitigen Fähigkeiten zur Wahrnehmung von unterrichtsrelevanten Informationen oder Handlungsmöglichkeiten), „Action Augmentation" (Stärkung und Erweiterung der Möglichkeiten, Fähigkeiten und Kapazitäten zum instruktionalen Handeln des jeweils anderen), and „Decision Augmentation" (gegenseitige Hilfe für das Treffen von effektiveren pädagogische Entscheidungen). In diesem theoretischen Rahmen für die Zusammenarbeit zwischen Lehrkräften und KI unterstrichen sie die bedeutende Rolle der Lehrkraft bei der Maximierung der Wirksamkeit von KI.[15] Zusätzlich zu diesen theoretischen Untersuchungen haben einige, wenn auch begrenzte, empirische Forschungen gezeigt, wie menschliche Lehrkräfte KI-Technologien tatsächlich ergänzen können. Frühere Studien haben sich dabei in erster Linie auf Werkzeuge konzentriert, die auf bestimmte Ziele in einer bestimmten Unterrichtsphase abzielen, wie zum Beispiel in den Fällen von Smart Glasses und einer Storytelling-App.[16,17] Dies deutet darauf hin, dass in den meisten Studien die Untersuchung von KI-Technologien auf bestimmte Rollen innerhalb dieser vier Anwendungsbereiche beschränkt war.[18] Auch in der Literatur, die sich mit der Rolle von Chatbots im Bildungsbereich beschäftigt, ist der oben beschriebene Trend zu beobachten. So führten Kuhail et al. ein systematisches Review von 36 Artikeln durch, um die Versuche, Chatbots in der Bildung einzusetzen, zu verstehen, zu

---

12 Kenneth Holstein et al., „A Conceptual Framework for Human–AI Hybrid Adaptivity in Education", *Artificial Intelligence in Education*, 2020, 240–254.

13 Jaeho Jeon/Seongyong Lee, „Large language models in education: A focus on the complementary relationship between human teachers and ChatGPT", *Education and Information Technologies*, 2023, 1–20.

14 Holstein et al. 2020, 240–254.

15 Ebd.

16 Kenneth Holstein et al., „Student Learning Benefits of a Mixed-Reality Teacher Awareness Tool in AI-Enhanced Classrooms", *Artificial Intelligence in Education*, 2018, 154–168.

17 Zheng Zhang et al., „StoryBuddy: A Human-AI Collaborative Chatbot for Parent-Child Interactive Storytelling with Flexible Parental Involvement", in *Proceedings of the 2022 CHI Conference on Human Factors in Computing Systems*, hg. von Simone Barbosa et al., 2022, 1–21.

18 Jeon/Lee 2023, 1–20.

vergleichen und zu reflektieren.[19] Sie fanden in ihrer Übersichtsarbeit heraus, dass den Chatbot-Anwendungen in den Studien meist eine von vier verschiedenen Rollen zugeschrieben wurden: „Teaching Agents" übernehmen die Rolle menschlicher Lehrkräfte und können Anweisungen geben, Beispiele veranschaulichen, Fragen stellen und sofortiges Feedback geben. Auf der anderen Seite dienen „Peer-Agents" als Lernpartner für Lernende, um Peer-to-Peer-Interaktion zu fördern. Der „Peer-Agent" verfügt über weniger Wissen als der „Teaching Agent". Die „Peer Agents" können die Lernenden jedoch durch einen Lernprozess begleiten. Bei diesem Ansatz übernimmt der „Teachable Agent" die Rolle eines Anfängers und bittet die Lernenden, ihn durch einen Lernprozess zu begleiten. „Motivational Agents" tragen nicht direkt zum Lernprozess bei, sondern begleiten die Lernenden. Sie fördern positives Verhalten und Lernen. Mit Ausnahme einer Studie waren die Chatbots in den untersuchten Studien so konzipiert, dass sie nur eine dieser vier Rollen übernehmen konnten. Ein weiteres Merkmal der Chatbots ist ihr Interaktionsstil. Die meisten Studien (88,88 %) verwendeten einen Chatbot-gesteuerten Interaktionsstil, bei dem der Chatbot das Gespräch leitet. 52,77 % der Artikel verwendeten flow-basierete Chatbots, bei denen die Nutzenden einem bestimmten, vom Chatbot vorgegebenen Lernpfad folgen musste. Die restlichen Artikel (13 Artikel; 36,11 %) nutzten Chatbots, die einen absichtsbasierten Ansatz verwendeten. Die Idee ist, dass der Chatbot das, was Nutzende sagen, mit einer vorgefertigten Antwort abgleicht. Nur in vier Artikeln (11,11 %) wurden Chatbots eingesetzt, die sich an einer vom Nutzenden gesteuerten Konversation beteiligen, bei der der Nutzende die Kontrolle über die Konversation hat und der Chatbot nicht über eine vorgefertigte Antwort verfügt. Eine solche benutzergesteuerte Interaktion wurde hauptsächlich für Chatbots verwendet, die eine Fremdsprache unterrichten.

Die oben genannten Studien beziehen sich allerdings auf frühere Generationen von KI-Technologien. Neu entwickelte textgenerierende KI-Systeme wie ChatGPT weisen indes deutliche Unterschiede zu diesen älteren Versionen auf, indem sie zusätzlich zu den oben beschriebenen Funktionen auch neue und erweiterte Rollen übernehmen können. Wie ChatGPT zeigt, ist davon auszugehen, dass KI-Textgeneratoren zukünftig immer vielseitiger eingesetzt werden können. Diese Entwicklung kann dazu führen, dass die Beziehung zwischen Lehrenden und KI-System im Bildungsbereich dynamischer und schwerer vorhersehbar wird als bisher. Die Frage, wie sich KI-Textgeneratoren wie ChatGPT in den Unterricht integrieren lassen und welche Rolle die Lehrkräfte dabei spielen werden, ist jedoch noch wenig erforscht.[20]

---

19 Mohammad A. Kuhail et al., „Interacting with educational chatbots: A systematic review", *Education and Information Technologies*, Bd. 28, 2023, 973–1018.
20 Enkelejda Kasneci et al., „ChatGPT for good? On opportunities and challenges of large language models for education", *Learning and Individual Differences*, Bd. 103, 2023, 1–9.

Doch diese Frage scheint äußert dringlich, wenn man sich vor Augen führt, dass sich ChatGPT seit seiner Veröffentlichung am 30. November 2022 zur Anwendung mit der schnellsten Verbreitung in der Geschichte entwickelt hat. Im Januar 2023, nur zwei Monate nach seinem Start, erreichte ChatGPT 100 Millionen aktive NutzerInnen.[21]

Im Folgenden sollen drei Studien vorgestellt werden, welche die Rolle von modernen KI-Technologien für den Unterricht fokussieren. Die erste Untersuchung analysierte in einem Rapid Literatur Review 50 Studien in Bezug auf die Leistungsfähigkeit von ChatGPT in verschiedenen Fächern, den möglichen Einsatz von ChatGPT zur Verbesserung von Lehren und Lernen und die potenziellen Probleme im Zusammenhang mit der Nutzung von ChatGPT.[22] In Bezug auf die Leistungsfähigkeit von ChatGPT wurden deutliche Unterschiede in Bezug auf verschiedene Fachrichtungen festgestellt (zum Beispiel gute Ergebnisse in Wirtschaftswissenschaft und unzureichende Ergebnisse Mathematik). Die Ergebnisse des Reviews legen zudem nahe, dass ChatGPT als Hilfsmittel für sowohl für Lehrende als auch für Lernende dienen kann. Der Autor identifizierte basierend auf den Studien fünf Hauptfunktionen von ChatGPT für Lehrkräfte. Diese umfassten (1) die Unterrichtsvorbereitung, (2) die Erstellung von Unterrichtsmaterialien, (3) das Bereitstellen von Vorschlägen und (4) die Durchführung von Sprachübersetzungen sowie (5) die Bewertung der Schülerleistungen durch das Erstellen von Bewertungsaufgaben und deren Auswertung. Für Lernende identifizierte der Autor zwei Hauptaspekte. Diese umfassen (1) das Lernen, wie zum Beispiel die Beantwortung von Fragen, Zusammenfassungen von Informationen und Unterstützung bei Gruppenarbeiten sowie Bewertungsprozessen, wie Konzeptüberprüfung und Prüfungsvorbereitung. Darüber hinaus kann ChatGPT (2) die Lernenden auch beim Verfassen von Texten unterstützen und Feedback bieten. In dem Review wurden zudem fünf Hauptprobleme im Zusammenhang mit ChatGPT im Bildungswesen ermittelt. Diese lassen sich in zwei Kategorien einteilen: Genauigkeit und Zuverlässigkeit (insbesondere das Risiko der Verwendung voreingenommener Daten, begrenztes aktuelles Wissen sowie die Möglichkeit, falsche oder gefälschte Informationen zu generieren) und Plagiatsprävention (einschließlich Schülerplagiate und das Umgehen von Plagiaterkennungsmethoden).[23]

Ein weiteres systematisches Review von 102 Studien von Gentile et al. untersuchte die Veränderung der Lehrendenrolle, die durch die Einführung von KI-

---

21 Chung K. Lo, „What is the impact of chatgpt on education? A rapid review of the literature", *Education Sciences*, Bd. 13, 2023, 1–15.

22 Lo 2023, 1–15.

23 Ebd.

Technologien in das Bildungssystem angestoßen wird.[24] Die AutorInnen identifizierten fünf Untersuchungsgegenstände für ihr Review (Interaktion zwischen
Lehrenden und Lernenden, Lehrmethoden und -strategien, Lehrinhalte, Bewertung
und Monitoring der Schüler, professionelle Entwicklung der Lehrkräfte). Die AutorInnen schließen aus dem Review, dass das Aufkommen der KI die traditionellen
Modelle der Interaktion zwischen Lehrenden und Lernenden erheblich infrage
gestellt hat. In diesen werden die Interaktionen überwiegend als individuell beschrieben, wobei die Momente des Feedbacks und der Bewertung begrenzt und
zeitlich auf den Lehrplan abgestimmt sind. KI-unterstützte Technologien können
laut AutorInnen wertvolle Instrumente sein, um neue Möglichkeiten der Interaktion zu schaffen. Diese können sowohl quantitativ (durch erhöhte Anzahl von Interaktionen) als auch qualitativ (durch effizientere Interaktionen) zur Verbesserung der Interaktionen beitragen. Allerdings erfordern die neuen KI-Technologien
ein Umdenken des Lehrens und Lernens. Eine der disruptiven Eigenschaften der KI
besteht laut AutorInnen darin, dass sie der Technologie Handlungsfähigkeit verleiht
und die Beziehung zwischen Mensch und Maschine von einer unidirektionalen in
eine bidirektionale Beziehung verwandelt. Eine solche Verlagerung des Schwer-
punkts der Unterrichtsprozesse und -modelle von LehrerInnen-zentriert zu Schü-
lerInnen-zentriert durch KI können die Lehrenden von vielen der Tätigkeiten befreien, die früher ihrer direkten Hilfe oder Aufsicht bedurften. Die AutorInnen
schließen zudem aus den analysierten Studien, dass KI-Technologien Lehrkräfte bei
der Gestaltung adaptiver und personalisierter Inhalte und Aktivitäten unterstützen
kann, die auf das Wissen, die Kompetenzen und die Bedürfnisse der SchülerInnen
zugeschnitten sind. KI-Technologien können bei der Sammlung und Analyse von
Lerndaten und dem Bereitstellen von Feedback unterstützen. Die AutorInnen be-
mängeln jedoch, dass es an einer angemessenen und systematischen Reflexion über
die Implikationen zu fehlen scheint, die diese neuen Methoden mit sich bringen
oder bringen werden. Die AutorInnen schließen zudem, dass es mit dem Aufkommen der KI-Technologien neue Arten von Unterrichtsressourcen und Möglichkeiten
gibt, Unterrichtsressourcen zu erstellen. So können Inhalte organisiert und in
Echtzeit Hinweise auf das Navigationsverhalten, die Vorlieben und die Nutzungs-
muster der SchülerInnen erstellt werden. Inhalte können von den SchülerInnen
selbständig genutzt, gemeinsam erkundet und automatisch entsprechend den
festgelegten Lernzielen generiert werden. In Bezug auf Bewertungen können KI und
Learning-Analytics-Techniken Lehrkräfte bei verschiedenen Aktivitäten unterstützen, zum Beispiel bei der Bewertung von Hausaufgaben, Tests, schriftlichen Ar-

---

24 Manuel Gentile et al., „Do we still need teachers? Navigating the paradigm shift of the teacher's
role in the AI era", *Frontiers in Education*, Bd. 8, 2023, 1–14.

beiten und dem allgemeinen Monitoring von SchülerInnen. Aus dem Review geht zudem hervor, dass Lehrkräfte bisher nicht ausreichend geschult sind, um mit diesen neuen Möglichkeiten und Herausforderungen umzugehen. Ein häufiges Problem sei das niedrige Niveau digitaler Kompetenzen. Um mit der Entwicklung des durch die KI eingeführten Bildungsparadigmas zurechtzukommen, müssten Lehrkräfte nicht nur in der Nutzung von Technologien geschult werden, sondern auch im Verständnis der ihnen zugrunde liegenden Mechanismen. Dabei ist es laut den AutorInnen von Bedeutung, dass die Lehrkräfteausbildung über das bloße Fachwissen hinaus auch einen Fokus auf die kognitiven Prozesse auf höherer Ebene legen sollte, welche den Lernprozess beeinflussen. Kontinuierliche Weiterbildung sei dabei grundlegend, um sicherzustellen, dass die Lehrkräfte mit den raschen Fortschritten der KI-Technologie Schritt halten können. Die AutorInnen schließen aus dem Review, dass man sich der Dringlichkeit, mit der die Herausforderungen der KI im Bildungsbereich angegangen werden müssen, nicht ganz bewusst ist.[25]

Eine dritte Studie von Jeon und Lee untersuchte die Beziehung zwischen ChatGPT und Lehrenden, wobei der Schwerpunkt auf der Identifizierung der sich ergänzenden Rollen beider Seiten im Unterricht lag.[26] Elf SprachlehrerInnen wurden gebeten, ChatGPT über einen Zeitraum von zwei Wochen für ihren Unterricht zu nutzen. Anschließend nahmen sie an Einzelinterviews über ihre Erfahrungen teil und stellten Interaktionsprotokolle der Nutzung von ChatGPT zur Verfügung. Auf der Grundlage der Interviewdaten und Interaktionstranskripte der Lehrkräfte wurden vier Rollen von ChatGPT identifiziert: (1) Gesprächspartner (Rollenspiel, interaktives Sprachspiel), (2) Inhaltsersteller (Erstellung und Empfehlung von Materialien, Anpassung von Materialien und Bereitstellung von kulturellem Wissen), (3) Lehrassistent (Grammatikprüfung, Wörterbuch, Aktivierung von Hintergrundwissen) und (4) Evaluator (Bewertung/Feedback, Evaluation/Test der Materialerstellung, Dialogprotokolle). Abschließend machten die LehrerInnen deutlich, dass ChatGPT das Potenzial hat, als wertvolles Unterrichtsmittel zu dienen, das die Unterrichtspraxis bereichern kann. Sie betonten jedoch, dass es in einer Weise eingesetzt werden muss, die das pädagogische Fachwissen der Lehrerinnen und Lehrer auf der Grundlage eines differenzierten Verständnisses ihrer Schülerinnen und Schüler und ihres Kontexts ergänzt und verbessert. Die Lehrkräfte waren der Ansicht, dass ihr Lehrerberuf mithilfe dieser vielseitigen Technologie in den folgenden drei Rollen möglicherweise neu definiert werden muss: (1) Orchestrierung verschiedener Ressourcen mit hochwertigen pädagogischen Entscheidungen. Dabei weisen die Lehrkräfte darauf hin, dass die erhöhte Verfügbarkeit hilfreicher Res-

---

25 Gentile et al. 2023, 1–14.
26 Jeon/Lee 2023, 1–20.

sourcen nicht automatisch die Qualität des Unterrichts erhöht. Sie betonten, dass dies von den pädagogischen Kenntnissen und dem Urteilsvermögen der Lehrkräfte bei der Auswahl von Materialien abhängt, die für die Bedürfnisse ihrer Lernenden geeignet sind, und davon, wie effektiv sie diese in ihrem Unterrichtskontext einsetzen. (2) SchülerInnen zu aktiven ForscherInnen und nicht zu passiven WissensempfängerInnen machen. Dabei scheint es essenziell, gute Fragen zu formulieren und effektive Fragetechniken zu modellieren, um hochwertige Ergebnisse vom Chatbot zu erhalten. (3) Stärkung des ethischen Bewusstseins für den Einsatz von KI. Darunter fällt Transparenz bezüglich des Einsatzes der Technologie und Festlegung von Regeln für den ethischen Umgang mit ihr.

Die AutorInnen folgern, dass das pädagogische Fachwissen der Lehrkräfte mithilfe der Fähigkeiten des Chatbots maximiert werden kann. Jedoch verlangt die KI-Technologie von den Lehrkräften, dass sie eine noch größere Bandbreite an pädagogischen Entscheidungen treffen.[27]

4 Konsequenzen für die Rolle der Lehrkraft

Aus der aufgearbeiteten Literatur lässt sich schließen, dass die Integration von KI-Technologien wie Textgeneratoren in den Bildungsbereich das Potenzial hat, die Rolle der Lehrkräfte signifikant zu transformieren. Die Forschung deutet darauf hin, dass eine synergetische Zusammenarbeit zwischen Lehrkräften und KI-Textgeneratoren eine effektivere Lernumgebung schaffen kann, als wenn diese Elemente isoliert eingesetzt werden.[28,29,30] Die Lehrendenrolle wird dabei jedoch nicht marginalisiert, sondern erfährt eine Neuausrichtung, bei der Lehrkräfte als Vermittler und Kooperatoren fungieren, die die positiven Auswirkungen der KI-Textgeneratoren auf die Bildung maximieren, anstatt sie als potenzielle Bedrohung oder Ersatz zu sehen.[31,32] Die Lehrkräfte sind weiterhin zentral in der Gestaltung und Orchestrierung des Lernprozesses, wobei sie die KI-Textgeneratoren nutzen können, um ihre pädagogischen Entscheidungen zu unterstützen und zu erweitern. Es ist jedoch notwendig, dass Lehrkräfte neue Fähigkeiten erwerben, um die Her-

---

27 Ebd.
28 Gentile et al. 2023, 1–14.
29 Holstein et al. 2020, 240–254.
30 Nam Ju Kim/Min Kyu Kim, „Teacher's Perceptions of Using an Artificial Intelligence-Based Educational Tool for Scientific Writing", *Frontiers in Education*, Bd. 7, 2022, 1–13.
31 Gentile et al. 2023, 1–14.
32 Jeon/Lee 2023, 1–20.

ausforderungen und Möglichkeiten, die diese Technologien mit sich bringen, effektiv zu navigieren.[33]

Das didaktische Tetraeder eignet sich insofern zum Abbilden von Interaktionen im Unterricht, als dass es explizit die Rolle von (digitalen) Technologien im Bildungsprozess berücksichtigt. KI-Textgeneratoren können als solche Technologien betrachtet werden, die den Lernprozess unterstützen und ergänzen und in die vom Modell beschriebenen Beziehungsdreiecke integriert werden. Das Tetraeder betont die Rolle der Lehrperson bei der Unterstützung der Lernenden bei der Nutzung von (digitalen) Technologien. Dies spiegelt die Idee wider, dass KI-Textgeneratoren nicht als Ersatz für Lehrkräfte dienen, sondern als Werkzeuge, die von Lehrkräften effektiv eingesetzt werden, um den Lernprozess zu verbessern.

Jedoch kann die Interaktion mit KI-Textgeneratoren komplexer sein als mit traditionellen (digitalen) Technologien. Ein Grund hierfür ist die autonome und adaptive Natur von KI-Technologien, die in der Lage sind, eigenständige Entscheidungen zu treffen und sich an individuelle Lernbedürfnisse anzupassen. Das Tetraeder müsste diese zusätzliche Komplexität berücksichtigen, um die spezifischen Herausforderungen und Möglichkeiten von KI-Textgeneratoren im Bildungsbereich zu beschreiben. KI-Textgeneratoren bieten zudem die Möglichkeit, zeitliche und räumliche Einschränkungen des traditionellen Unterrichts zu überwinden. Die Flexibilität, Bidirektionalität und Adaptivität sowie ständige Anpassung und Entwicklung werden nur unzureichend durch das Tetraeder beschrieben. Des Weiteren bringen KI-Technologien wie Textgeneratoren die Notwendigkeit mit sich, Ethik und Verantwortung im Umgang mit diesen Werkzeugen zu fokussieren.[34] Dies wird im klassischen didaktischen Tetraeder nicht angesprochen. Unterricht, wie er bisher durch das didaktische Tetraeder beschrieben wurde, erfährt durch die Integration von KI-Textgeneratoren eine signifikante Transformation. Diese Transformation geht über die reine Technologieintegration hinaus und berührt pädagogische, ethische und organisatorische Aspekte des Bildungsbereichs.

5 Perspektiven und Herausforderungen

Aus den vorangegangenen Betrachtungen lassen sich Perspektiven und Herausforderungen für den Unterricht identifizieren.

Die Integration von KI-Textgeneratoren erfordert eine Neubewertung der Lehrenden-Lernenden-Beziehung. Während Lehrkräfte traditionell als Hauptin-

---

33 Gentile et al. 2023, 1–14.
34 Enkelejda Kasneci et al. 2023, 1–9.

formationsquelle und -vermittler agierten, ermöglichen KI-Textgeneratoren den Lernenden, Informationen und Feedback in Echtzeit und auf personalisierte Weise zu erhalten. Die dynamische Anpassungsfähigkeit von KI-Textgeneratoren ermöglicht somit eine reaktive Gestaltung des Unterrichts. Wenn SchülerInnen Schwierigkeiten mit einem bestimmten Thema haben, kann das System in Echtzeit reagieren und alternative Lehrmethoden oder zusätzliche Ressourcen bereitstellen. Dies führt zu einem interaktiveren und adaptiven Lernumfeld, welches auch ein autonomes und eigenverantwortliches Lernen fördern kann.

Mithilfe von KI-Textgeneratoren können Lehrkräfte das Unterrichtsmaterial einfacher individualisieren, sodass sie den spezifischen Bedürfnissen und Fähigkeiten jedes Lernenden entsprechen. So können mit KI-Technologien maßgeschneiderte Lernpfade erstellt werden, die den Fortschritt und die Fähigkeiten des Lernende berücksichtigen.

Lehrkräfte werden somit zu Moderatoren des Lernprozesses. Sie sorgen für eine angemessene Nutzung und Interpretation der von den KI-Systemen generierten Informationen und Materialien. Des Weiteren liegt ein Fokus auf der Förderung des kritischen Denkens und der Reflexion bei den Schülerinnen und Schülern. Diese müssen lernen, die Ergebnisse der KI-Textgeneratoren kritisch zu hinterfragen und ihre Genauigkeit, Reliabilität und Relevanz zu bewerten.

Diese Veränderung der Lehrendenrolle fordert aber auch eine kontinuierliche Weiterbildung und Entwicklung der Lehrkräfte, um sicherzustellen, dass sie die technischen und pädagogischen Fähigkeiten besitzen, um KI-Textgeneratoren effektiv in den Unterricht einzubinden und die SchülerInnen darin zu unterstützen, sie kompetent und verantwortungsbewusst nutzen zu können. Die Integration von KI-Textgeneratoren in Unterricht, aber auch die Arbeitswelt erfordern von den SchülerInnen neue Kompetenzen im Umgang mit diesen Systemen. SchülerInnen, die in einem Umfeld aufwachsen, in welchem sie regelmäßig mit fortschrittlichen Technologien interagieren und entsprechend geschult werden, könnten besser darauf vorbereitet sein, solche Systeme effektiv zu nutzen. Im Gegensatz dazu könnten SchülerInnen aus weniger privilegierten Hintergründen Schwierigkeiten haben, die spezifischen Anforderungen und Möglichkeiten solcher Systeme zu verstehen und zu nutzen. Dies könnte wiederum zu einer Situation führen, in der einige SchülerInnen in der Lage sind, KI-Textgeneratoren optimal für ihre Lernbedürfnisse zu nutzen, während andere zurückbleiben. Des Weiteren besteht die Gefahr, dass eine übermäßige Nutzung von KI-Systemen zu einer Reduktion menschlicher Interaktionen im Unterricht führt. Menschliche Interaktionen sind jedoch nicht nur für den Wissensaustausch, sondern auch für die Entwicklung sozialer Fähigkeiten, Empathie und kritischen Denkens unerlässlich. Während KI-Textgeneratoren Informationen präsentieren und sogar auf individuelle Lernbedürfnisse reagieren können, fehlt ihnen die Fähigkeit, emotionale Intelligenz, kulturelle Nuancen und den Kontext, in dem das Lernen stattfindet, zu verstehen und darauf zu reagieren.

Zudem sind KI-Textgeneratoren datengetrieben und nicht theoriebasiert. Dies bedeutet, dass sie aufgrund ihrer Datenbasis und des zugrunde liegenden Algorithmus Entscheidungen treffen, Material generieren und Vorschläge machen können, die nicht unbedingt pädagogisch oder ethisch fundiert sind. Für Zwecke, die (noch) nicht in den Trainingsdaten enthalten sind, wie beispielsweise Lerndiagnostik, könnte die Verwendung von KI-Textgeneratoren zu ungenauen oder irreführenden Informationen führen. Nutzende sollten daher immer einen kritischen und bewussten Umgang mit diesen Werkzeugen pflegen.

Des Weiteren gibt es erhebliche Forschungslücken, was die Wirksamkeit von KI-Textgeneratoren im Bildungskontext angeht. Es sind umfassende, langfristige und groß angelegte Studien notwendig, um fundierte Schlussfolgerungen über die allgemeine Effektivität, die besten Anwendungspraktiken und die Folgen von KI-Textgeneratoren für den Unterricht zu ziehen.

Darüber hinaus erfordert die Einführung von KI-Textgeneratoren im Bildungsbereich eine tiefgreifende Reflexion über ethische Fragen, den Datenschutz, Transparenz im Umgang und Bias. Es ist unerlässlich, dass Richtlinien und Best Practices entwickelt werden, um sicherzustellen, dass KI-Textgeneratoren ethisch und verantwortungsbewusst eingesetzt werden.

6 KI-Textgeneratoren – eine neue Ära des Unterrichts?

Wie aus den vorangegangenen Überlegungen geschlossen werden kann, haben KI-Textgeneratoren das Potenzial, eine neue Ära des Unterrichts einzuläuten. Der Einsatz von solchen Systemen in den Unterricht bringt nicht nur eine Reihe von vielversprechenden Potenzialen mit sich. In einer Welt, in der KI-Technologien immer präsenter werden, ist es unerlässlich, dass Schülerinnen und Schüler nicht nur als passive NutzerInnen dieser Systeme agieren, sondern auch ein tiefes Verständnis für ihre Funktionsweise und ihre Grenzen entwickeln. Jedoch birgt die Einbindung von KI-Textgeneratoren in den Unterricht auch eine Reihe von Herausforderungen mit sich. Es besteht die Gefahr, dass ohne eine sorgfältige Implementierung und Überwachung KI-Textgeneratoren unbeabsichtigte negative Auswirkungen haben könnten. Es ist von entscheidender Bedeutung, dass die Forschungsgemeinschaft, Bildungseinrichtungen und politische Entscheidungsträger diese Herausforderungen proaktiv angehen, um sicherzustellen, dass KI im Bildungsbereich auf eine Weise eingesetzt wird, die sowohl effektiv als auch ethisch vertretbar ist. Nur durch eine solche kooperative und vorausschauende Herangehensweise können wir sicherstellen, dass KI-Technologien in einer Weise eingesetzt werden, die das Lernen bereichert, ohne die Grundprinzipien der Bildung zu untergraben.

Antonia Sahm

Large Language Models in der Medizin

Foucault als Wegweiser für medizinethische Debatten

Abstract: The use of Large Language Models (LLMs) in medicine has been increasingly discussed since the publication of ChatGPT in the fall of 2022.[1] On the one hand, LLMs could be a great help in medical research and practice, on the other hand, concerns about their use and risks have been raised. Debates in medical ethics about the development of LLMs must consider the practice of these tools without full knowledge of their capabilities, as they have not yet been fully tested with all their implications. To guide these debates, Michel Foucault's perspective on the combination of medical knowledge, scientific practices, and social effects can be helpful. In this way, a Foucauldian perspective is used to critically assess the impact of LLMs in medicine and to convey the implications that need to be considered in their use. The paper aims to shift the perspective to theoretical and social exclusions that could be caused by LLMs in medicine and raises questions that can guide debates in medical ethics.

1 KI-Textgeneratoren in der Medizin – Ein Rückgriff auf Foucault

Seit der Veröffentlichung von ChatGPT im Herbst 2022 wird zunehmend diskutiert, Large Language Models (LLMs) auch in der Medizin anzuwenden.[2] Noch sind KI-Textgeneratoren in der Medizin nicht umfassend im Einsatz, doch existieren schon einige Modelle, die auf die medizinische Nutzung spezialisiert werden.[3,4] Die Anwendung von LLMs ist in vielfältiger Weise in der medizinischen Praxis und Forschung denkbar.[5] Im Bereich der Forschung könnten sie zur Übersetzung von Daten

---

1 Bert Gordijn et al., „ChatGPT: Evolution or Revolution?", *Medicine, Health Care and Philosophy*, Bd. 26, 2023, 1–2, 2.
2 Bert Gordijn et al., „What's wrong with black box AI?", *Medicine, Health Care and Philosophy*, Bd. 26, 2023, 283–284, 283.
3 Hanzhou Li et al., „Ethics of large language models in medicine and medical research", *The Lancet. Digital Health*, Bd. 5(6), 2023, e333-e335.
4 Jesutofunmi Omiye et al., „Large language models in medicine: the potentials and pitfalls", Bd. 5(6), 2023, in [http://arxiv.org/abs/2309.00087] (Zugriff: 08.09.2023).
5 Ebd., 9.

ə Open Access. © 2024 bei den Autorinnen und Autoren, publiziert von De Gruyter. (cc) BY-NC-ND Dieses Werk ist lizenziert unter einer Creative Commons Namensnennung – Nicht kommerziell – Keine Bearbeitung 4.0 International Lizenz. https://doi.org/10.1515/9783111351490-031

in intelligible Texte genutzt werden. Die Erstellung von Reviews, die den Forschungsstand zu einem Thema prägnant bündeln, könnte beispielsweise durch KI-Textgeneratoren geleistet werden. Über eine Zeitersparnis[6] und Entlastung Forschender hinaus[7] ist anzunehmen, dass KI-Textgeneratoren größere Datenmengen einbeziehen und somit umfassendere Übersichten erzeugen können als der Mensch.[8] Durch ihr algorithmisches Verfahren sind sie zudem nicht irritabel durch Interaktionen mit ihrer Umwelt und könnten im besten Fall neutrale und ausführliche Übersichten generieren.[9,10]

Im klinischen Setting könnten sie bürokratische Tätigkeiten wie beispielsweise die Erstellung von Arztbriefen übernehmen. Arztbriefe dienen als wichtige Dokumente zur Übermittlung von Gesundheitsinformationen und sind fehleranfällig, da sie häufig unter Zeitdruck erstellt werden.[11] KI-Textgeneratoren könnten hier eine Hilfestellung bieten, wenn beispielsweise aus Daten, wie Medikamentendosierungen, OP-Berichten und Anamnese direkt ein Arztbrief generiert würde.[12] Überdies wäre es für die Zukunft vorstellbar, dass algorithmische Handlungsanweisungen wie Standard Operating Procedures (SOPs) von KI-Textgeneratoren erstellt werden könnten. Gerade dort, wo eine umfassende Reflexion der Handlungen aufgrund von Zeitdruck nicht möglich ist, könnte ein Abgleich von Symptomen und Diagnosen schnell und umfassend in eine Handlungsempfehlung übersetzt werden. Auch die Aufbereitung von komplexen Fachinformationen für Laien, beispielsweise in Form von Health-Apps,[13,14] könnten LLMs leisten. Diese genannten Beispiele sind nur wenige von möglichen Einsatzbereichen von LLMs in der Medizin.

Betrachtet man die Abläufe von Forschung und Praxis in der Medizin, so treffen technische Entwicklungen hier auf ein System mit hoher Arbeitsbelastung und

---

6 Yujia Peng et al., „AI-generated text may have a role in evidence-based medicine", *Nature Medicine*, Bd. 29(7), 2023, 1593–1594 (Zugriff: 11.09.2023).

7 Li 2023.

8 Douglas Mann, „Artificial Intelligence Discusses the Role of Artificial Intelligence in Translational Medicine", *J Am Coll Cardiol Basic Trans Science*, Bd. 8(2), 2023, 221–223 (Zugriff: 14.09.2023).

9 Florian Funer, „An den Grenzen (il)legitimer Diskriminierung durch algorithmische Entscheidungsunterstützungssysteme in der Medizin", *Medizin – Technik – Ethik. Techno:Phil – Aktuelle Herausforderungen der Technikphilosophi*e, Bd. 5, 2023, in [https://doi.org/10.1007/978-3-662-65868-0_4] (Zugriff: 11.09.2023).

10 Diese Neutralität ist jedoch umstritten. Li 2023.

11 Sascha Bechmann, „Die Qualität von Arztbriefen ist verbesserungswürdig", *Orthopädie & Rheuma*, Bd. 23, 2020, 56–57.

12 Omiye 2023, 9.

13 Regina Müller et al., „'You Have to Put a Lot of Trust in Me': Autonomy, Trust, and Trustworthiness in the Context of Mobile Apps for Mental Health", *Medicine, Health Care and Philosophy*, Bd. 26, 2023, 313–324.

14 Omiye 2023, 8.

begrenzten Ressourcen[15] – also mit einem hohen Bedarf an Verbesserungen und vielen möglichen Einsatzorten für KI. Gerade in der Medizin, die sich direkt auf Menschen auswirkt und sicherstellen muss, dass ihre Handlungen nicht zu Lasten der Patient:innen gehen,[16] sollten Risiken von LLMs vor ihrem breiten Einsatz detektiert werden. So zielen ethische Überlegungen darauf ab, einen verantwortungsvollen Einsatz dieser Tools vor der umfassenden Erprobung sicherzustellen. Es ist nicht klar, ob alle Risiken bislang erfasst wurden und technisch behoben beziehungsweise kontrolliert werden können. Auch besteht Unsicherheit darüber, welche Risiken sich durch eine Weiterentwicklung in absehbarer Zeit vermeiden lassen. Aus diesem Grund kann es für die ethische Reflexion der Anwendung von LLMs hilfreich sein, die algorithmische Arbeitsweise der Texterstellung selbst in den Blick zu nehmen und auf Theorien zurückzugreifen, die wissenschaftliche Methoden mit ihren sozialen Auswirkungen schon zuvor untersucht haben.

Michel Foucault hat in seinem umfangreichen Werk Wissenssysteme und insbesondere das Wissen der Medizin mit seinen gesellschaftlichen Implikationen in den Blick genommen.[17] Er hat aufgezeigt, auf welche Weise sich Wissen und Macht verschränken, voneinander abhängen und politisch wirksam werden können.[18] Fragen danach, was medizinisches Wissen ist, wie es Gültigkeit erlangt und welche Auswirkungen es auf gesellschaftliche Zusammenhänge und Ungleichheiten haben kann, haben seine Arbeiten für die Politische Theorie, Sozialphilosophie und Ethik relevant gemacht. In Debatten um die Anwendung von KI-Textgeneratoren gewinnen Foucaults Überlegungen nun erneut an Relevanz, da hier wissenschaftstheoretische Fragen mit ihren ethischen Auswirkungen im Kontext der Medizin reflektiert werden müssen. Die Bezüge, die sich zwischen theoretisch generiertem Wissen, das sich auf den Körper bezieht, und sozial wirksamer Macht ergeben, können aus der Perspektive Foucaults detailliert betrachtet werden. Seine Überlegungen beleuchten Zusammenhänge, die bei ethischen Diskussionen um wissenschaftliche Praktiken Beachtung finden sollten. Für die Diskussion um LLMs in der Medizin lassen sich daraus Fragen ableiten, die medizinethische Debatten hilfreich erweitern und verorten können.

Nachfolgend werden zunächst Risiken von LLMs skizziert, die vielfach in der Literatur benannt sind. Anschließend sollen Grundzüge der Untersuchungen Foucaults schlaglichtartig vorgestellt und im Kontext von LLMs verortet werden. Ab-

---

15 Johannes Heck et al., „Ärztliche Arbeitsbelastung durch bürokratische Tätigkeiten am Beispiel medizinischer Begründungen in der klinischen Psychiatrie", *Nervenheilkunde*, Bd. 40(4), 2021, 259–261.
16 Tom Beauchamp et al., „Principles of biomedical ethics", Oxford 2013, 150 ff.
17 Michel Foucault, *Wahnsinn und Gesellschaft*, Frankfurt a. M. 2016.
18 Michel Foucault, *Überwachen und Strafen*, Frankfurt a. M. 2016.

schließend werden die Risiken in der Anwendung von LLMs vor dem Hintergrund von Foucaults Überlegungen vertieft diskutiert. Auf diese Weise werden Implikationen deutlich, die die Anwendung von LLMs bergen kann, und es werden Fragen herausgearbeitet, die ethische Debatten hilfreich erweitern können.

2 Risiken und Bedenken beim Einsatz von KI-Textgeneratoren in der Medizin

In der Literatur sind einige Risiken und Bedenken, die mit der Nutzung von LLMs einhergehen, benannt worden. Vielfach angeführt werden die Voreingenommenheit von LLMs[19,20,21] und ungeklärte Haftungsfragen[22,23,24] bei der Anwendung.

Die Voreingenommenheit ergibt sich daraus, dass LLMs Vorannahmen nicht überprüfen. Sie neigen dazu, mit ihren Outputs ihre ursprünglichen Trainingsdaten zu bestätigen oder Daten, die diesen Ausgangsinformationen ähneln, wiederzugeben.[25,26] In der praktischen Anwendung am Individuum oder bei der Datenerhebung in Kollektiven können sie auf diese Weise Inhalte produzieren, die Stereotype bestätigen oder Marginalisierung und Ausschlüsse von Personengruppen bestärken.[27] In der Praxis zeigt sich auch, dass sie widersprüchliche Inhalte generieren beziehungsweise unsichere Daten überzeugend darstellen können.[28]

Wie andere Formen des Maschinellen Lernens werden sie zudem als *black box* bezeichnet, da teilweise nicht mehr nachvollzogen werden kann, auf welche Weise

19 Li 2023.

20 Abubakar Abid et al., „Large language models associate Muslims with violence", *Nature Machine Intelligence*, Bd. 3(6), 2021, 461–463.

21 World Health Organisation (WHO), „Ethics & governance of artificial intelligence for health: WHO guidance", *World Health Organization*, 2021, 54, in [https://apps.who.int/iris/rest/bitstreams/1352854/retrieve] (Zugriff 13.09.2023).

22 Li 2023.

23 World Health Organisation (WHO) 2021.

24 Deutscher Ethikrat, „Mensch und Maschine – Herausforderungen durch Künstliche Intelligenz", Stellungnahme vom 20. März 2023, 77, in [https://t1p.de/egebt] (Zugriff: 11.09.2023).

25 Funer 2023.

26 Stefan Harrer, „Attention is not all you need: the complicated case of ethically using large language models in healthcare and medicine", *The Lancet*, Bd. 90, 2023, 104512.

27 Laura Weidinger et al., *Ethical and social risks of harm from Language Models*, ArXiv 2021, 1, in [http://arxiv.org/abs/2112.04359] (Zugriff: 14.09.2023).

28 Liyan Tang et al., „Evaluating large language models on medical evidence summarization", *npj Digital Medicine*, Bd. 6(1), 2023, in [DOI 10.1038/s41746–023–00896–7] (Zugriff: 22.09.2023).

der Output generiert wurde.[29,30] Wendet man sie im medizinischen Kontext an, ergeben sich daraus Haftungsfragen, denn medizinische Handlungsanweisungen sollten aufgrund von Expertise gegeben werden, und die Verantwortung und Urheberschaft für die Inhalte muss geklärt sein.[31,32] In den medizinethischen Diskussionen um KI wird aus diesem Grund darauf verwiesen, dass es der Kontrolle der Arbeitsweise von KI und der gespeisten Daten bedarf.[33,34]

In einer Stellungnahme hat die Zentrale Ethikkommission der Bundesärztekammer 2021 zu Systemen maschinellen Lernens die oben genannten Bedenken allgemein formuliert. In ihrer Empfehlung kommt Ärzt:innen eine tragende Rolle dabei zu, diese Tools verantwortungsvoll einzusetzen, beziehungsweise deren Arbeitsweise zu kontrollieren.[35] Der Deutsche Ethikrat hat diese Aufgabe nicht den Ärzt:innen zugeschrieben, sondern allgemein auf die Notwendigkeit hingewiesen, diese Tools zu kontrollieren, um Risiken bei der Anwendung in der Medizin einzudämmen.[36] Die benannten Risiken ähneln und überschneiden sich in der Literatur, was ihre Relevanz bestärkt. Doch bleibt unklar, wie den Risiken konkret vorgebeugt werden kann, ob es überhaupt möglich ist, diese Tools zu kontrollieren und welche Personengruppe diese Kompetenz besitzt. So wird beispielsweise auch dafür plädiert, dass die Verantwortung für die Tools nicht vollständig an Anwender:innen abgegeben werden soll, sondern, dass die Entwickler:innen von LLMs für ihre Sicherheit garantieren müssen.[37]

Insgesamt zeigt sich eine Tendenz, KI-Textgeneratoren als Werkzeug und nicht als selbstständige Entitäten im medizinischen Bereich zu verstehen.[38] Sie können Ärzt:innen aufgrund von zwischenmenschlichen, nonverbalen Interaktionen und mangelnder Reflexion ihrer Inhalte nicht ersetzen.[39] Der zwischenmenschliche

---

29 Berman Chan, „Black-box Assisted Medical Decisions: AI Power vs. Ethical Physician Care.", *Medicine, Health Care and Philosophy*, Bd. 26, 2023, 285–292, 285–286.

30 Carlos Zednik, „Solving the Black Box Problem: A Normative Framework for Explainable Artificial Intelligence", *Philosophy & Technology*, Bd. 34, 2021, 265–288.

31 Li 2023.

32 Ebd.

33 Funer 2023.

34 Stephen Gilbert et al., „Large language model AI chatbots require approval as medical devices", *Nature Medicine*, Bd. 29 (2023), 2396–2398.

35 Zentrale Ethikkommission der Bundesärztekammer (ZEKO), „Entscheidungsunterstützung ärztlicher Tätigkeit durch Künstliche Intelligenz", *Deutsches Ärzteblatt*, Bd. 118(33/34), 2021, A1–13, A11, A12.

36 Deutscher Ethikrat 2023, 216 ff.

37 Gilbert 2023.

38 Omiye 2023, 15.

39 Gilbert 2023.

Aspekt und die klinische Erfahrung beziehungsweise Besonderheiten des epistemischen und moralischen Status der Ärzt:innen werden dabei als Komponenten angeführt, die es in der Medizin zu erhalten gilt.[40,41]

3 Wissen und Ausschluss – Impulse von Foucault

Nachfolgend soll eine Grundthese vorgestellt werden, die in Foucaults Werk wiederkehrend verhandelt wird. Diese These kann im vorliegenden Beitrag zwar nicht in all ihren Facetten diskutiert werden, doch kann sie ein grundlegendes Muster seines Denkens offenlegen. Es handelt sich dabei um die These, dass Wissen theoretische und praktische Ausschlüsse hervorbringen und ein bestimmtes Verständnis von Vernunft eine Geste der Zäsur[42] darstellen kann. Einerseits hat Foucault diese These theoretisch in der Arbeitsweise der Humanwissenschaften untersucht,[43] andererseits hat er diesen Zusammenhang mit seinen praktischen Auswirkungen betrachtet. Im Vordergrund seiner Ausführungen steht dabei die Frage, wie Wissen in sozialen Ausschlüssen münden und Machtverhältnisse hervorbringen beziehungsweise bestärken kann.[44,45]

Für den vorliegenden Beitrag soll Foucaults These kurz im Hinblick auf theoretische und praktische Ausschlüsse dargelegt werden und als Grundlage dienen, die ethische Reflexion über den Einsatz von LLM in der Medizin anzuleiten. Anhand der Überlegungen Foucaults wird deutlich, inwiefern wissenschaftliche Praktiken und auch der Einsatz von LLMs in der Medizin die Weise, in der Diskurse geführt und sozial wirksam werden, beeinflussen können.

3.1 Die ausschließende Methode – die theoretische Zäsur

Foucault verweist in seinen Werken immer wieder darauf, dass Methoden und Prozeduren der Wissensgenerierung nicht als neutral verstanden werden können.

---

40 László Kovács, „Erst werden Juristen und in Zukunft Ethiker wegrationalisiert. Kann Künstliche Intelligenz künftig Ethikberatung in Kliniken ersetzen?", in *Die Zukunft von Medizin und Gesundheitswesen. Prognosen – Visionen – Utopien*, hg. von Andreas Frewer et al., Würzburg 2021, 113–140, 123 ff.
41 Funer 2022, 167–178.
42 Michel Foucault, *Wahnsinn und Gesellschaft*, Frankfurt a. M. 2016, 7.
43 Michel Foucault, *Die Archäologie des Wissens*, Frankfurt a. M. 2020, 253 ff.
44 Michel Foucault, *Überwachen und Strafen*, Frankfurt a. M. 2016.
45 Michel Foucault, *WG*, 2016, 129 ff.

Diese These verfolgt er beispielsweise in *Wahnsinn und Gesellschaft*, wenn er aufzeigen will, dass Descartes' Methode des Zweifels eine theoretische Grundlage für die Internierung der Wahnsinnigen im 17. Jahrhundert geliefert hat. Der *Cartesianischen Zweifel* ist bei Foucault ein Instrument, um eine Gemeinschaft der Vernünftigen zu begründen und Wahnsinnige zu erkennen und auszuschließen. In seiner Lesart folgt aus der Methode des Zweifels, dass all diejenigen als vernünftig gelten, die eine Cartesianische Vorgehensweise verfolgen können. Als wahnsinnig werden all diejenigen bezeichnet, die eine solche vernünftige Methode nicht befolgen können. Sie werden aus der Gesellschaft ausgeschlossen.[46] Foucault zeigt mit diesem Beispiel, dass eine gewisse Methode zum Merkmal der Vernunft und der gültigen Erkenntnis wurde. Die Form einer Aussage ist in Foucaults Lesart ausschlaggebender als ihr Wahrheitsgehalt.[47] Foucault kritisiert diese Struktur und problematisiert, dass all das, das nicht exakt unter die verlangten Kriterien fällt, als Erkenntnis nicht mehr erscheinen kann. Es wird in den Raum der Unvernunft verbannt. Foucault beschreibt in seinem Beispiel den *Cartesianischen Zweifel* als Geste einer Zäsur[48] und ausschließende Operation.[49] Seine Lesart lässt die Frage laut werden, ob es Methoden gibt, die nur gewisse Inhalte erscheinen lassen und andere Inhalte verdrängen.

Mit Foucault auf wissenschaftliche Methoden zu schauen, bedeutet, nach dem „Verkennen"[50] und dem Ungedachten[51] zu fragen – also auch den Bereich in den Blick zu nehmen, den die vernünftige Methode nicht abbilden kann. Im Hinblick auf KI-Textgeneratoren in der Medizin ergeben sich aus dieser Perspektive Fragen, die für ethische Debatten relevant sein können: Kann eine algorithmische Arbeitsweise alle Formen von Inhalten abbilden, die für eine Wissenschaft relevant sind? Was ist das Element, das möglicherweise nicht algorithmisch abgebildet werden kann? Wie kann der Verlust von Inhalten sichtbar bleiben, wenn algorithmisch arbeitende Tools vermehrt in wissenschaftlichen Diskursen eingesetzt werden?

---

46 Ebd., 68 ff.

47 Foucaults kritischer Blick zielt nicht darauf ab, den Wahnsinn als vernünftig zu rehabilitieren oder gar als eigentliche Wahrheit zu stilisieren. Seine Kritik fragt, ob es Elemente geben kann, die der Vernunft entgehen, diese womöglich nicht umfassend ist.

48 Foucault, *WG*, 2016, 7.

49 Ebd., 69.

50 Michel Foucault, *Die Ordnung der Dinge*, Frankfurt a. M. 2020, 389.

51 Foucault, *DOD*, 2020, 390.

3.2 Wissen und Macht – die praktische Zäsur

Foucault stellt an vielen Stellen die Neutralität von Wissen in Frage und betont, dass Wissen von Machtverhältnissen abhängt und auf diese zurückwirkt. In einigen Werken beispielsweise in *Wahnsinn und Gesellschaft*[52] oder auch in *Überwachen und Strafen*[53] geht er auch konkreter als oben dargestellt auf die juridischen und politischen Auswirkungen von Wissen ein.

> Man muß wohl der Denktradition entsagen, die von der Vorstellung geleitet ist, daß es Wissen nur dort geben kann, wo die Machtverhältnisse suspendiert sind, daß das Wissen sich nur außerhalb der Befehle, Anforderungen, Interessen der Macht entfalten kann. [...] Eher ist wohl anzunehmen, daß die Macht Wissen hervorbringt (und nicht bloß fördert, anwendet, ausnutzt); daß Macht und Wissen einander unmittelbar einschließen; daß es keine Machtbeziehung gibt, ohne daß sich ein entsprechendes Wissensfeld konstituiert, und kein Wissen, das nicht gleichzeitig Machtbeziehungen voraussetzt und konstituiert, [...] die Formen und Bereiche der Erkenntnis werden vom Komplex Macht/Wissen, von den ihn durchdringenden und konstituierenden Prozessen und Kämpfen bestimmt.[54]

Wenn, wie Foucault darlegt, Wissen und Macht einander durchwirken, kann Wissen praktische Ausschlüsse beispielsweise von Personengruppen nach sich ziehen. Seine Untersuchungen der Delinquenten[55] und Wahnsinnigen[56] analysieren diese Struktur des Ausschlusses, und er zeigt die „Verzahnung von Machtwirklichkeit und Wissensgestand"[57] auf. „Die Macht vollzieht sich über den Diskurs, denn der Diskurs ist selbst ein Element in einem strategischen Dispositiv aus Machtbeziehungen."[58] In dieser Verzahnung spielen Dispositive – also Themen und Überbegriffe, zu denen Wissen generiert wird – eine entscheidende Rolle. Sie wirken strategisch, beziehungsweise instrumentell, da das Wissen über Dispositive in Kräfteverhältnisse eingreifen kann.[59,60]

Aus dieser kurzen Darstellung zeichnet sich schon der Blickwinkel ab, von dem Foucaults Untersuchungen ausgehen. Dabei ergeben sich weitere Fragen, die sich mit den oben gestellten verbinden lassen: Können algorithmisch generierte Inhalte

---

52 Foucault, *WG*, 2016, 435 ff.
53 Michel Foucault, *Überwachen und Strafen*, Frankfurt a. M. 2016.
54 Foucault *ÜS*, 2016, 39.
55 Foucault, *ÜS*, 2016.
56 Foucault, *WG*, 2016.
57 Foucault, *ÜS*, 2016, 42.
58 Michel Foucault, *Geometrie des Verfahrens*, Frankfurt a. M. 2009, 221.
59 Michel Foucault, *Dispositive der Macht*, Berlin 1978, 123.
60 Bspw. das Sexualdispositiv in „Der Wille zum Wissen" bei Michel Foucault, *Der Wille zum Wissen, Sexualität und Wahrheit*, Bd. 1, Frankfurt a. M. 2020, 8.

eine Wirkung auf medizinische Dispositive haben und somit auf Rechtsprechung und Politik Einfluss nehmen? Können Vormachtstellungen in Diskursen durch algorithmische Arbeitsweisen verfestigt werden und womöglich durch eine einseitige medizinische Wissensgenerierung Definitionen von Krankheit, Schuldfähigkeit oder Delinquenz verändert werden? Und allgemein formuliert: Welche Auswirkungen kann eine vermehrte Integration algorithmischer Arbeitsweisen in der Medizin auf das Verständnis von Krankheit haben?

4 LLMs in der Medizin – Foucault als Wegweiser für ethische Debatten

Ein Blick auf die Risikobewertung von LLMs allgemein und für die Medizin im Speziellen offenbart große Einheitlichkeit. Es werden – wie oben dargestellt – Voreingenommenheit, die geringe Erklärbarkeit der Ergebnisse, mangelnde Transparenz und Kontrolle als Kritikpunkte an LLMs genannt. Die Überlegungen zur Anwendung in der Medizin münden häufig in der Konklusion, diese Mängel durch technische Weiterentwicklung und menschliche Kontrolle der Tools in der Anwendung oder Entwicklung zu beheben.[61,62]

In Abschnitt 3 wurde versucht, mithilfe von Foucaults Überlegungen eine Perspektive zu eröffnen, die den Blick auf theoretische und soziale Ausschlüsse lenkt, die der Einsatz von LLMs zur Folge haben kann. Der Hinweis darauf, dass wissenschaftliche Methoden Ausschlüsse hervorrufen können und mit Machtfragen verknüpft sind, beleuchtet die Interaktionen der medizinischen Praktiken mit ihrem gesellschaftlichen Rahmen. Diese Perspektive stellt einerseits in Frage, dass LLMs als neutrale Werkzeuge verstanden werden können, und andererseits ergibt sich daraus ein Plädoyer, den Einsatz von LLMs in der Medizin nicht gesondert von gesellschaftlichen Schauplätzen zu analysieren. Basierend auf diesen beiden Schwerpunkten, sollen nachfolgend die benannten Risiken, die mit der Nutzung von LLMs einhergehen, diskutiert werden.

---

61 Peng 2023.
62 Li 2023.

4.1 LLMs und die Geste der Zäsur

LLMs bergen – wie dargestellt – das Risiko, voreingenommen zu sein und Inhalte zu generieren, die ihre Ausgangsdaten bestätigen.[63] „Vorannahmen über ‚normale‘ Körper"[64] bestimmen, wie Maschinen Pathologien bewerten.[65] So wird mangelnde Neutralität menschlich verfasster Texte durch eine algorithmische Generierung nicht ausgemerzt. LLMs sind nicht von gesellschaftlichen Annahmen und Werten unabhängig, da diese immer auf die Dateneinspeisung einwirken. Durch das algorithmische Verfahren entsteht aber eine unbeeinflussbare Abfolge. Algorithmen können keine Gewichtung von Werten vornehmen.[66] Sie sind damit weder vollständig blind gegenüber gesellschaftlichen Einflüssen, noch sind sie in ihrer Grundstruktur variierbar oder zu Reflexionsleistungen fähig.[67] Während der Generierung von Inhalten sind sie durch Umwelteinflüsse, Assoziationen, Wertsetzungen nicht ebenso zu beeinflussen wie der Mensch. Sie vollziehen damit eine Geste der Zäsur[68] mit ihrer lebendigen Umwelt. Somit weisen sie eine andere Risikokonstellation als Menschen auf. Dort wo der Mensch korrigierbar oder irritabel ist, sind es Algorithmen nicht. Sie sind „gewissenhaft gewissenlos"[69] und „als Technologien […] nicht als ‚neutrale‘ Entitäten zu analysieren"[70]. Hingegen können sie unsere Biases sogar verstärken.[71] Sie blicken in die Richtung, auf die hin sie ausgerichtet sind, und haben keine umfassende Perspektive.

Eine erste Intuition mag dazu verleiten, dass man das Problem der Voreingenommenheit in Zukunft durch Kontrolle der eingespeisten Daten ausräumen oder reduzieren kann. Gestaltet man diese Daten vielfältiger, indem beispielsweise ungewollten Annahmen über Körpernormen durch eindimensionale Dateneinspeisung vorgebeugt wird, könnte man diskriminierenden Outputs entgegenwirken. Blickt man auf die medizinische Arbeitsweise, so zeigt sich, dass eine körperliche Norm in vielfältiger Weise vorausgesetzt wird.[72] Die Orientierung an einer kör-

63 Weidinger 2021, 9.
64 Thilo Hagendorff, „Rassistische Maschinen? Übertragungsprozesse von Wertorientierungen zwischen Gesellschaft und Technik", in *Maschinenethik in mediatisierten Welten*, hg. von Matthias Rath et al., Wiesbaden 2018, 121–134.
65 Ebd., 122.
66 Kovács 2021, 125.
67 Funer 2022, 167–178.
68 Foucault, *WG*, 2016, 7.
69 Werner Reichmann, „Die Banalität des Algorithmus", in *Maschinenethik in mediatisierten Welten*, hg. von Matthias Rath et al., Wiesbaden 2019, 135–153.
70 Ebd., 143.
71 Kovács 2021, 135.
72 Bspw. Normwerte von Vitalparametern.

perlichen Norm ist ein Kernelement medizinischer Diagnosen, um Pathologien zu detektieren. Die Grenze zwischen sozialer Vielfalt und medizinischer Diagnose ist nicht immer eindeutig. Sie muss von der Medizin und Ethik grundsätzlich in den Blick genommen werden. Im Kontext von algorithmisch arbeitenden Tools gewinnt sie erneut an Bedeutung. Es ergibt sich hier die Frage, inwieweit es in der Medizin überhaupt möglich ist, eine körperliche Vielfalt theoretisch in den Trainingsdaten von LLMs vorauszusetzen, wenn gleichzeitig geringe Abweichungen von einer Norm zur verbesserten Diagnosestellung notwendig sind. So scheinen hier zwei grundsätzlich gegenläufige Bestrebungen aufeinander zu treffen: einerseits die Engführung einer körperlichen Norm zur sensiblen Diagnosestellung und andererseits die möglich breite Festlegung eben dieser Norm. Im Kontext von LLMs muss aus diesem Grund von Neuem die Frage aufgeworfen werden, wie sich diese beiden konträren Tendenzen in der Medizin vereinen lassen.

Mit Foucault auf die Voreingenommenheit von LLMs zu blicken, bedeutet, nach dem Bereich zu fragen, der ausgeschlossen wird, der nicht mehr im Blickfeld erscheint[73] und einen blinden Fleck[74] darstellt. Aus seiner Perspektive könnte mit vermehrtem Einsatz von LLMs das Ausmaß dieses blinden Flecks größer werden. Gewinnen algorithmisch generierte Erkenntnisse Überhand, so können Inhalte, die sich nicht algorithmisch erfassen lassen, in den Hintergrund rücken. Wissenschaftliche Diskurse könnten durch die vermehrte Anwendung von LLMs eindimensional und intransparent werden. Auch wenn man Foucault nicht in allen Punkten folgen möchte, so sensibilisieren seine Überlegungen dafür, zu untersuchen, ob LLMs mehr als andere Arbeitsweisen mit Voreingenommenheit und Ausschlüssen assoziiert sind.

Um Ausschlüssen von relevanten Inhalten in der Anwendung von LLMs vorzubeugen, kann es hilfreich sein, zu definieren, was LLMs nicht können. Inhalte, die erfahren werden müssen, können gerade in der medizinischen Bewertung eine große Rolle spielen. Zwar können KI-Textgeneratoren keine subjektiven Erfahrungsberichte erstellen, sondern diese nur nachahmen.[75] Doch wie ist das Element präzise definiert, das ihnen entgeht, das beispielsweise den besonderen epistemischen Status von Ärzt:innen[76] ausmacht? Der Einsatz von KI-Textgeneratoren in der Wissenschaft verlangt nach einer Definition dessen, was sie sind und auch einer

---

73 Foucault, *WG*, 2016, 8 ff.
74 Foucault, *DOD*, 2020, 394.
75 Gordijn 2023, 1.
76 Funer 2022, 167–178.

Definition dessen, was sie *nicht* sind und was sie *nicht* können.[77] Eine präzise Negativdefinition von LLMs könnte sicherstellen, diese Eigenschaften, die verdrängt werden könnten und relevant für die Medizin sind, weiterhin in medizinischen Diskursen abzubilden.

Der Lösungsvorschlag, dass Ärzt:innen oder Entwickler:innen den Einsatz von LLMs kontrollieren, scheint naheliegend. Bei näherer Betrachtung der Fähigkeiten und Arbeitsweise von LLMs ist aber fraglich, wer diese Kompetenz besitzen kann – insbesondere dann, wenn sie sich als *black boxes* präsentieren.[78] KI kann mittlerweile zur Prüfung von Texten eingesetzt werden und feststellen, ob Texte Computergeneriert oder von Menschenhand entstanden ist. Menschen wiederum fällt diese Unterscheidung nicht leicht.[79] Dieses Beispiel zeigt, dass man teilweise KI benötigt, um KI zu kontrollieren. Möchte man KI-Textgeneratoren als Werkzeuge oder Hilfsmittel verstehen, müssen Personen in der Lage sein, diese anzuwenden und zu kontrollieren.[80] Reizen LLMs die Definition eines Werkzeugs an dieser Stelle aus?

Die Zukunftsvision eines konstruktiven Zusammenspiels von LLMs und Ärzt:innen muss vertieft diskutiert werden, denn die Ausschluss-These Foucaults und die Tatsache, dass LLMs *black boxes* sind, stellt in Frage, dass sich die Voreingenommenheit der LLMs vollständig kontrollieren und ausmerzen lässt. Nimmt man mit Foucault die theoretischen Hintergründe von LLMs in der Medizin in den Blick, so ist fraglich, ob sie als neutrale Werkzeuge bewertet werden können.

4.2 Algorithmisches Wissen über Körper im sozialen Raum

Ein Ertrag der Arbeiten Foucaults besteht darin, dass er Diskurse in der Interaktion mit ihren gesellschaftlichen und historischen Gegebenheiten betrachtet. Möchte man die Auswirkung, die algorithmisch generierte Texte auf die Medizin haben, untersuchen, dann ist es von Vorteil, auch die Interaktionen der Medizin mit politischen und gesellschaftlichen Interessen in den Blick zu nehmen. Medizinische Arbeitsweisen sind nicht gesondert von gesellschaftlichen Gegebenheiten zu befragen. Wissenschaftliche Praktiken der Medizin unterliegen Rahmenbedingungen

---

77 Vgl. Marcus Burkhardt, „Vorüberlegungen zu einer Kritik der Algorithmen an der Grenze von Wissen und Nichtwissen", in *Technisches Nichtwissen*, hg. von Alexander Friedrich et al., Baden-Baden, 2017, 55–68, 56.

78 Berman Chan, „Black-box Assisted Medical Decisions: AI Power vs. Ethical Physician Care", *Medicine, Health Care and Philosophy*, Bd. 26, 2023, 285–292, 286.

79 Catherine Gao et al., „Comparing scientific abstracts generated by ChatGPT to real abstracts with detectors and blinded human reviewers", *npj Digital Medicine*, Bd. 6, 2023, 75.

80 Tang 2023, 1.

und wirken auf diese zurück.[81] Im Hinblick auf LLMs bedeutet das, dass derartige Tools eine Vormachtstellung in Diskursen einnehmen können, da sie schnell große Datenmengen miteinbeziehen können. Erkenntnisse der Medizin wirken unmittelbar im sozialen Raum. Sie können als KI-generierte Arztbriefe von Patient:innen mit nach Hause genommen werden oder als OP-Bericht unter Kolleg:innen kursieren und deren Urteil beeinflussen. So ist es hilfreich, die Frage der Anwendung von LLMs in der Medizin mit ihrem gesellschaftlichen Rahmen gemeinsam zu beantworten, und „es gehört zum techniksoziologischen Konsens, dass die Analyse von Technologie über ihre rein technische Funktion hinausgehen muss."[82]

Medizinisches Wissen ist ein in besonderer Weise sensibles Wissen. Es ist ein Wissen um Definitionen von Andersartigkeit, die in diesem Kontext als Diagnosen beschrieben werden. Das neutrale Beschreiben von Pathologien und Andersartigkeit ist der Medizin nicht möglich[83] und im Laufe der Geschichte mit fatalen Auswirkungen misslungen. Es kann Grundlagen bieten, wenn Bestätigungen für Ungleichbehandlungen und praktische Ausschlüsse von Personen gesucht werden. Die Bedeutung medizinisch erfasster Unterschiede wird von der ethischen Reflexion und öffentlichen Debatten beeinflusst oder sogar bestimmt. Entscheidende Änderungen in den Verfahrensweisen der Medizin können somit immer soziale Transformationen hervorbringen,[84] „schließlich definiert sich ein Wissen durch die Möglichkeit der Benutzung und Aneignung, die vom Diskurs geboten werden."[85] Welchen Ideologien könnte ein algorithmisch generiertes Wissen in die Hände spielen? Positionen, die Vielfältigkeit garantieren wollen, könnten durch den Einsatz von Sprachmodellen vermindert abgebildet werden, wenn LLMs wie oben beschrieben scheuklappenartig vorgehen.

Auch die ethische Reflexion der medizinischen Praktiken muss auf neue Anforderungen reagieren und ist immer mitbetroffen, wenn die Praxis sich ändert. Sie darf jedoch nicht kurzfristigen Impulsen folgen. So sollte nicht nur danach gefragt werden, wie gerechte Daten eingespeist werden können, sondern auch wie Diskussionen um Gerechtigkeit, Freiheit etc. lebendig bleiben können, wenn aufgrund des vermehrten Aufkommens algorithmischer Arbeitsweisen eine festgelegte De-

---

81 Beispiele dafür sind Investitionen in die Entwicklung von Impfstoffen oder veränderte Konventionen aufgrund von medizinischem Wissen in der Pandemie (Abstand halten oder Händeschütteln vermeiden).

82 Reichmann 2019, 143.

83 Annemarie Jutel, „Truth and lies: Disclosure and the power of diagnosis", *Social Science & Medicine*, Bd. 165, 2016, 92–98.

84 Reichmann 2019, 143.

85 Foucault, *AW*, 2020, 260.

finition notwendig scheint.[86] Die Reflexion des Einsatzes von LLMs scheint darin zu münden, dass ein unumstößlicher Ausgangspunkt verlangt wird, der in der Anwendung fortwirkt. Was aber sind *gerechte* Daten? Ist eine Festlegung sinnvoll, insbesondere wenn diese präskriptiv im Zuge der Trainingsphase von LLMs getroffen werden muss?[87] KI wirkt auf die ethischen Betrachtungen ihrer Anwendung zurück, sie fordert Entscheidungen und Positionierungen an Stellen, an denen Diskussionen aus guten Gründen lebendig bleiben müssen. Ein Rückgriff auf Foucaults These des Ausschlusses kann hilfreich sein, einen umfassenden Blick auf diese Zusammenhänge zu wahren und Bereiche zu detektieren, denen im Rahmen einer ethischen Reflexion Beachtung geschenkt werden sollte.

---

86 Funer 2023.
87 Ebd.

Raphael Besenbäck/Lorenz Prager

Künstliche-Intelligenz-Quellen

Aktuelle und zukünftige Herausforderungen durch Text-KI für die Bearbeitung von Quellen in der Geschichtswissenschaft

Abstract: In this article, we explore the impact of text-based AI and Large Language Models (LLMs) on text production and the work with LLM-texts as sources of history. We begin with basic considerations of authorship and text before moving on to the topics of sources and source criticism. It is evident that AI is increasingly gaining ground towards a mode of co-authorship with humans, in which traditional human authorship is becoming less important. This poses significant challenges for source criticism, in part due to the lack of regulation and documentation surrounding the use of AI. The development of new methodological approaches, with a potential contribution from the Digital Humanities, could be a solution. Finally, we use discourse theory to investigate the interplay between authorship, textual output, and reception. We also outline a future scenario in which sources are predominantly co-authored by humans and AI systems. This includes both the risk of a potential discourse loop and the opportunity for a comprehensive discourse analysis of the positions of LLMs in discussions.

1 Einleitung

Wieder einmal, so scheint es, befindet sich die Menschheit an einem Wendepunkt. Und wie in den letzten Jahren vermehrt, wird ihm das Potenzial zugeschrieben, die Zivilisation zu zerstören.[1] Diesmal handelt es sich um die Verheißungen von künstlicher Intelligenz, ein bekanntes Feld, das 2022 plötzlich erneut die Öffentlichkeit in Aufruhr versetzte. Zu einem Zeitpunkt, da sich die Leistungsfähigkeit von Hardware mit entsprechend elaborierter Software und einem aufs schier Unendliche angewachsenen Berg an Daten trafen, trat generative KI auf die öffentliche Bühne. Sie kann vor allem Eingaben verarbeiten, die mittlerweile multimodal sein

---

Anmerkung: Dieses Abstract wurde mithilfe von ChatGPT 3.5 ins Englische übersetzt, im weiteren Verlauf allerdings durch das Lektorat substanziell verändert bzw. verbessert.

1 Die multiple Krisensituation von Klima- und Biodiversitätskrise wurde noch beschwert durch Warnungen vor den Gefahren einer potenten künstlichen Intelligenz. Vgl. Center for AI Safety, „Statement on AI Risk", in [www.safe.ai/statement-on-ai-risk] (Zugriff: 04.10.2023).

ð Open Access. © 2024 bei den Autorinnen und Autoren, publiziert von De Gruyter. [CC BY-NC-ND] Dieses Werk ist lizenziert unter einer Creative Commons Namensnennung – Nicht kommerziell – Keine Bearbeitung 4.0 International Lizenz. https://doi.org/10.1515/9783111351490-032

können,[2] Bedeutungen erfassen und im entscheidenden Schritt Ausgaben dazu anfertigen, die im immer häufigeren besten Fall sinnvoll sind. Das disruptive Potential dieser Technologie ist immens, wenn man den zukunftsgläubigen Anhänger:innen folgt. Doch selbst vorsichtigere Stimmen wägen ab, wie diese KI-Systeme Veränderungen herbeiführen können und welche Bereiche davon betroffen sein mögen.

Jedenfalls sind im Bereich der Wissenschaft Auswirkungen zu erwarten. Schreibprozesse, Wissensproduktion, Texterstellung, Datenverarbeitung – all diese Felder können von den aktuellen Anwendungen der KI-Modelle bereits mit erstaunlich guten Ergebnissen bearbeitet werden. Entsprechend ist auch hier eine betriebsame Auseinandersetzung mit dem Thema in Gang geraten: Das sind etwa Expertenbefragungen,[3] ein kollektives Thesenpapier,[4] oder Abhandlungen zu bestimmten Aspekten.[5]

Allen gleich ist die Einschätzung, dass sich einiges verändern wird und dass konkrete Voraussagen sehr schwierig bis problematisch sind. Die Lösung dazu war, sie als Spektrum oder in den zwei Extremwerten von Utopie und Dystopie abzubilden. Für unseren Aufsatz bedeutet das, dass wir aktuelle Zustände aufgreifen, Entwicklungen teilweise fortführen und ohne konkrete Details zu konstatieren eine für uns wahrscheinliche Tendenz prognostizieren. Das reicht für unsere Fragestellung, was die aktuellen und womöglich zukünftigen Herausforderungen durch Text-KI für Quellenarbeit in der Geschichtswissenschaft sind.

Diese Fachdisziplin hat sich intensiver als viele andere um ein etabliertes Instrumentarium der Quellenkritik bemüht, was über Gustav Droysens historische Methode bis in die griechische Antike zurückreicht. In ihrer Zugangsweise ist die (Text-)Quelle originäres Produkt natürlicher Personen, die einerseits Produzent:innen von Wissensinhalten sind, andererseits über ihre Verortung diesen Inhalten noch eine maßgebliche Dimension anfügen. Wenn später durch Theorien eines kollektivierten Wissens das Individuum als solch ein Schöpfer abgewertet wurde, blieb seine Bedeutung dennoch ungebrochen. Mit aktuellen Text-KIs steckt diese

---

2 OpenAI, „ChatGPT Can Now See, Hear, and Speak", 2020, in [openai.com/blog/chatgpt-can-now-see-hear-and-speak] (Zugriff: 04.10.2023).

3 Benedikt Fecher et al., *Friend or Foe? Exploring the Implications of Large Language Models on the Science System*, arXiv 2023 (DOI: 10.48550/arXiv.2306.09928).

4 Anika Limburg et al., „Zehn Thesen zur Zukunft des Schreibens in der Wissenschaft. Diskussionspapier Nr. 23 / Juni 2023", hg. vom *Hochschulforum Digitalisierung*, 2023.

5 André Leme Lopes, „Artificial History? Inquiring ChatGPT on Historiography", *Rethinking History*, 2023, 1–41 (DOI: 10.1080/13642529.2023.2234227). In ihrer Erkundung der historiographischen Fähigkeiten bleibt Leme Lopes im Frühjahr 2023 skeptisch, ob eine überwiegend automatisierte Geschichtsschreibung möglich sein wird, sieht aber in teilweiser Zusammenarbeit mit KI-Instanzen keine Probleme.

Prämisse der Quellenkritik jedoch einmal mehr in einer Krise. Autorschaft als strukturelles Analysekriterium funktioniert immer weniger, wenn das menschliche Individuum zunehmend auf eine Ko-Autorschaft reduziert wird, auf Prompt-Engineering oder Textredaktion.

Wie kann aber eine zukünftige Quellenarbeit der Geschichtswissenschaft aussehen? Im nachfolgenden Text werden wir zuerst den Versuch einer Zustandsbeschreibung geben – ein aufgrund des hochdynamischen Charakters eigentlich hoffnungsloses Unterfangen. Im weiteren Verlauf skizzieren wir die Problemfelder Autorschaft und Text, um die Korrelationsschichten zwischen Autorinstanz und Inhalt herauszuarbeiten. Weiters problematisieren wir den Quellenbegriff und dessen Herausforderungen. Mit diesem Rüstzeug können wir zu guter Letzt ergründen, wie eine Zugangsweise über die methodisch-theoretischen Bahnen von Diskurstheorie und -analyse helfen könnte. Das reicht von Überlegungen zu den Instanzen von Wissen, Macht und Praxis bis hin zur Gefahr einer diskursiven Schleife. In einer kurzen Skizze entwerfen wir dabei ein grobes Gerüst einer verstärkten Quellenkritik, die sich dezidiert der KI-Diskursposition widmet.

2 Ausgangslage

Eine Darlegung der aktuellen Situation rund um KI darf hier mit Rücksicht auf einleitende Artikel des Sammelbands entsprechend kurz geführt werden. Insgesamt fällt aufgrund der Dynamik des Feldes selbst eine Zustandsbeschreibung schwer. Neben den technischen Neuerungen sind auch die offenkundigen gesellschaftlichen Veränderungen hervorzuheben, die sich aus der Implementierung von Digitaltechnologie in das Berufs- und Alltagsleben ergeben. Die Willensanstrengungen, diese proaktiv voranzutreiben, lassen sich sehr gut in den „move fast and break things"-Erzählungen[6] rund um das Silicon Valley und die Start-up-Kultur beobachten.[7] Wir geben dennoch einen summarischen knappen Überblick rund um unsere Schwerpunktsetzung.

Large Language Models (LLMs) sind die aktuelle Ausprägung von KI und ihren Narrativen, selbst ihre zugrundeliegenden Konstruktionen des *machine learning* und der neuronalen Netze entsprechen etablierter Technik.[8] Entscheidend war die

6 Steven Levy, *Facebook: The inside Story*, New York 2020, 241.
7 Adrian Daub, *Was das Valley denken nennt. Über die Ideologie der Techbranche*, Berlin ²2021; Nils Güttler, „Die Wissenschaft des Bestsellers. Eine kurze Geschichte von ‚Sapiens'", *Merkur*, Bd. 882, 2022, 50–61.
8 Jürgen Schmidhuber, „Deep Learning in Neural Networks: An Overview", *Neural Networks*, Bd. 61, 2015, 8–117 (DOI: 10.1016/j.neunet.2014.09.003); Ian Goodfellow et al., *Deep Learning, Adaptive Com-*

Veröffentlichung des generativen Textmodells GPT3 von OpenAI in einer Version mit Chat-Interface am 30. November 2022.[9] Damit war es für jede interessierte Person möglich, diese Anwendung auszutesten und in die eigene Tätigkeiten zu integrieren. In Folge dieser Marketingaktion konnte man eine selbst für das *digitale Zeitalter* präzedenzlose Steigerung der Nutzerzahlen erleben.[10] Innerhalb nur weniger Monate wurden LLMs – begrifflich oft reduziert auf den Vorreiter *ChatGPT* oder einfach *KI* – zu einem bestimmenden Thema in der Medienlandschaft ebenso wie in den diversen Feldern einer möglichen Transformation: Vor allem Bereiche der Textproduktion wie Bildung, Journalismus, Literaturbetrieb und Schriftverkehr im Allgemeinen standen im Zentrum, aber auch das Programmieren mit Formalsprachen.

Die mit März nachfolgende Bezahlversion von ChatGPT (v. 4) integrierte das *foundation model* tiefer in Anwenderprozesse, indem eine Programmierschnittstelle für weiterführende Applikationen eingerichtet, die Performance weiter verbessert und eine Anzahl an Plugins direkt in die Benutzeroberfläche integriert wurde.[11] Daneben ließ sich ein hektischer Betrieb anderer Akteure des Felds erkennen, mit ihren Modellen nicht ins Hintertreffen zu geraten, was sich in Veröffentlichungen oder deren Ankündigung durch Google (Bard, Gemini), Meta (Llama), Anthropic (Claude) u. a. niederschlug. Das abrupte Hoch des KI-Narrativs[12] wurde zusätzlich durch Modelle der Bildverarbeitung und -erstellung befeuert (DALL-E, Stable Diffusion, Midjourney, Adobe Firefly).[13] Die Situation, die sich aus all dem ergeben hat, ist eine Diffusion der KI-Anwendungen in unterschiedliche Bereiche, ein Wettlauf der Anbieter um das beste Modell, eine Goldgräberstimmung unter

---

putation and Machine Learning, Cambridge/Mass 2016, 1–26; Die Transformer-Architektur ist bereits seit 2018 die vielversprechendste für KI, vgl. Christopher D. Manning, „Human Language Understanding & Reasoning", *Daedalus,* Bd. 151(2), 2022, 130 (DOI: 10.1162/daed_a_01905); Leme Lopes 2023, 1–7.

9 Paola Lopez, „ChatGPT und der Unterschied zwischen Form und Inhalt", *Merkur,* Bd. 891, 2023, 18.

10 Eugenie Park/Risa Gelles-Watnick, „Most Americans Haven't Used ChatGPT; Few Think It Will Have a Major Impact on Their Job", *Pew Research Center,* 2023, in [https://t1p.de/ps73c] (Zugriff: 04.10.2023); Der Schlüsselwert von 100 Millionen Nutzer:innen wurde in beispiellosen zwei Monaten erreicht, vgl. Sonya Huang/Pat Grady, „Generative AI's Act Two", *Sequoia Capital,* 2023, in [www.sequoiacap.com/article/generative-ai-act-two] (Zugriff: 04.10.2023).

11 Lopez 2023, 18; OpenAI, „GPT-4", 2023, in: [openai.com/research/gpt-4] (Zugriff: 04.10.2023); OpenAI, „ChatGPT – Release Notes", in [help.openai.com/en/articles/6825453-chatgpt-release-notes] (Zugriff: 04.10.2023).

12 Vgl. Stephen Cave/Kanta Dihal/Sarah Dillon (Hg.), *AI Narratives: A History of Imaginative Thinking about Intelligent Machines,* Oxford 2020 (DOI:10.1093/oso/9780198846666.001.0001).

13 Multimodalität ist das aktuelle Stichwort, weshalb diverse Medien, auch Video (z. B. Runway), Audio (z. B. Stable Audio) und deren gleichzeitige Verarbeitung (ChatGPT Plus seit 25.09.2023) mittlerweile verfügbar sind.

den Apologeten der Tech-Kultur mitsamt der Start-up-Szene und vielfache Überforderung unter den prophezeiten Betroffenen.

Einen guten Einstieg in die Funktionsweise bietet GPT selbst: Das steht für *Generative pre-trained Transformer* und bezeichnet eine Modellarchitektur, die über Encodierung, Decodierung und einen dahinterliegenden Vektorraum verfügt. Pre-Trained bedeutet, dass der Vektorraum durch ein großes Set an vorgefertigten Daten in Form von *deep-learning*-Algorithmen trainiert wurde. Generativität bezeichnet seine Fähigkeit, ohne prädeterminierte Vorgaben selbstständig Inhalte zu erstellen. Im Prozess des Trainings wurden große Mengen schriftlicher Inhalte für den Prozess des *unsupervised learning* bereitgestellt, woraus das Modell Muster abgeleitet hat.[14] Multidimensionale Vektorräume zu Wahrscheinlichkeiten wurden von den Algorithmen aus den Daten erstellt:[15] Welche syntaktischen Einheiten – Buchstaben, Wörter, Phrasen – folgen in natürlicher Sprache aufeinander? Ein entscheidender Schritt fand im Anschluss daran das erste Mal bei OpenAI statt: 40 Personen bewerteten Inhalte entlang moralisch-ethischer sowie auf Faktizität abzielender Kriterien, woraus ein zusätzliches Modell gebaut wurde, das danach das gesamte Sprachmodell dahingehend überarbeitete.[16]

Das Ergebnis ist eine erstaunlich funktionsfähige Software, die Text verarbeiten und erstellen kann. Ihre semantischen Fertigkeiten sowie das Vorliegen eines in multidimensionalen Vektoren erfassten Bedeutungsmodells haben eine Diskussion entfacht, inwieweit hier von Intelligenz gesprochen werden kann. Die vorsichtige Fraktion lehnt das ab und sieht maximal Formen von „dumb meaning"[17]. Die Enthusiast:innen hingegen meinen, Bewusstsein[18] oder eine dem Menschen ebenbürtige *AGI (Artificial General Intelligence)* zu erkennen.[19] Dabei liegen derzeit handfeste funktionale Problemfelder vor, die von den Entwickler:innen bearbeitet werden. Bekannt ist etwa das *Halluzinieren*, wenn falsche Information einfach aus den Wahrscheinlichkeiten erfunden wird. Offensichtlich gibt es hier kein Konzept

14 Leme Lopes 2023, 11–13.

15 Hannes Bajohr, „Dumb Meaning: Machine Learning and Artificial Semantics", *IMAGE*, Bd. 37(1), 2023b, 62 (DOI: 10.1453/1614–0885–1–2023–15452).

16 Das sogenannte *reinforcement learning from human feedback (RLHF)*, vgl. Lopez 2023, 18–19.

17 Bajohr 2023b; David Hsing, „Artificial Consciousness Is Impossible", *Towards Data Science*, 2021, in [https://t1p.de/mt3zd] (Zugriff: 04.10.2023).

18 Ann-Kathrin Nezik, „Künstliche Intelligenz: Hast du ein Bewusstsein? Ich denke schon, antwortet der Rechner", *Die Zeit*, 2023, in [www.zeit.de/2023/03/ki-leben-chatbot-gefuehle-bewusstsein-blake-lemoine] (Zugriff: 04.10.2023).

19 Ein prototypischer Preprint: Sébastien Bubeck et al., *Sparks of Artificial General Intelligence: Early Experiments with GPT-4*, arXiv 2023 (DOI: 10.48550/arXiv.2303.12712).

von Wahrheit, im Gegenteil zur menschlichen Verarbeitung von Bedeutungen.[20] Kritiker:innen sprechen deshalb auch von „stochastic parrots"[21].

Indem sie in verschiedene Anwendungen integriert werden, erleichtern LLMs die Bedienung von Software, weil sie in natürlicher Sprache bedient werden können. Umgekehrt ist mit dem *Prompting* oder *Prompt Engineering* – dem Erstellen bestmöglicher Anweisungen oder Kommandos – aber auch ein eigener Zweig an *Literacy* entstanden, der erlernt werden muss.[22] Dessen Wichtigkeit wird an vielfachen Lernangeboten, von Büchern[23] bis hin zu einer großen Menge an Internetangeboten ersichtlich. Daran zeigt sich weiters das Nebeneinander von kommerziellen Anbietern und der open-source-community, die versucht, mit aktuellen Modellen Schritt zu halten, um einerseits Monetarisierung zu verhindern, andererseits aber auch lokale Instanzen von LLMs aus Sicherheitsgründen und für Personalisierung zu kreieren.[24]

Der Fokus auf professionelle Textproduktion zeitigte bereits einige Spezialanwendungen, nicht nur unter den Plugins. Derart wurde in Teilen der Welt ein Schreibassistent in *Google Docs* inkludiert,[25] der über formale Kriterien hinaus den Schreibprozess begleitet.[26] Ähnliches wird auch von anderen Unternehmen ange-

---

20 Lopez 2023, 24.

21 Emily M. Bender et al., „On the Dangers of Stochastic Parrots: Can Language Models Be Too Big?", *Proceedings of the 2021 ACM Conference on Fairness, Accountability, and Transparency, FAccT '21*, New York 2021, 610–623 (DOI: 10.1145/3442188.3445922).

22 Die Einschätzungen gehen zwar von abnehmender Bedeutung des modellabhängigen Promptings aus, da die Verarbeitung der Eingaben kontinuierlich besser wird, ein präzises Hinführen zum gewünschten Ergebnis wird dennoch Erfahrung erfordern. Noah Edelmann, „The Neuron Newsletter", 04.08.2023, in [https://www.theneurondaily.com/p/hot-take-prompt-engineering-overrated] (Zugriff: 04.10.2023): „We think prompt engineering (learning to converse with an AI) is overrated. Yup, we said it. We think the future of chat interfaces will be a combination of preloading context and then allowing AI to guide you to the information you seek."

23 Alan D. Thompson, „The ChatGPT Prompt Book, Rev. 5", *LifeArchitect.ai*, 2023, in [https://t1p.de/ge9gq] (Zugriff: 04.10.2023).

24 Das mit Abstand bedeutendste Portal für die Community und die Modelle ist Hugging Face: „Hugging Face – The AI Community Building the Future", 2023, in [huggingface.co/] (Zugriff: 04.10. 2023); Sami Nenno, „Inside Hugging Face – Digital Society Blog", *HIIG*, 2023 (DOI: 10.5281/zenodo.8276981).

25 Bard ist ein Begleiter durch die Arbeitswelt von Google (z.B. Emails, Text, Suche), wenngleich seine Funktionalität in ersten Tests teilweise etwas fragwürdig scheint. Vgl. ycombinator Hackernews, *How is Bard doing?*, in [news.ycombinator.com/item?id=37564768] (Zugriff: 04.10.2023).

26 Google, „Announcing New Generative AI Experiences in Google Workspace", *Google Workspace Blog*, 2023, in [workspace.google.com/blog/product-announcements/generative-ai] (Zugriff: 04.10. 2023); Google, „Duet AI in Google Workspace. Generative AI Tools for Work", *Google Workspace*, in [workspace.google.com/solutions/ai/] (Zugriff: 04.10.2023).

boten[27] und der Marktführer der *Stand-alone*-Textverarbeitungsprogramme, *Microsoft* mit *Word* steckt in Vorbereitungen. Deren Anreicherung des Office-Pakets „365" um den „Copilot", „[which] optimizes workflow by automating repetitive tasks"[28], zeigt bis hin zur Begrifflichkeit die zunehmende Zusammenarbeit mit KI-Instanzen. LAIKA hat sogar eine Art Sparringpartner erstellt, der an persönlichem Text trainiert wurde.[29] Das ist schlussendlich nur die Weiterführung der zunehmenden Personalisierung durch Nutzerprofile und *Custom Prompting*, wodurch die KI mit einem Informationsfundament und nicht jedes Mal ohne Vorwissen in die Konversation startet.[30] Derartige Leistungsfähigkeit sowie die Perspektive, dass existierende funktionale Probleme bald ausgemerzt sein können, erwecken vielerorts Sorgen um den Status des Menschen und seiner geistigen Produkte wie auch um Überprüfbarkeit im Wissenschafts- und Bildungsbereich. Hörbar ist deshalb allenthalben der Ruf nach etablierten Regulierungsmechanismen.

3 Autor

Das wichtigste Kriterium zur Beurteilung und zum Umgang mit einem Text ist das der Autorschaft. In ihr treffen sich Rechte mit Pflichten: Ein:e Urheber:in eines Textes kann Verwertungsrechte in Form eines Copyrights geltend machen, der:die Autor:in muss jedoch umgekehrt auch für die darin getätigten Aussagen einstehen, bis hin zum Grenzfalls des Plagiats. An der Autorschaft setzt jede Form von Kritik und Affirmation an, was in der allgemein anerkannten Verflechtung zwischen Autor:in und Werk fundiert. Wenngleich berechtigte philosophisch-theoretisch Kritik an dieser positivistisch gefärbten Auffassung des Menschen geäußert wurde, sind die Implikationen gerade im rechtlichen Bereich höchst bedeutsam: Künstler:innen sind darauf angewiesen und das gesamte System der Wissenschaft beruht darauf.[31]

---

27 Steven Van Vaerenbergh, „Awesome Generative AI", 2023, in [github.com/steven2358/awesome-generative-ai] (Zugriff: 04.10.2023). In der Liste finden sich etwa ca. 20 Produkte, die (akademisches) Schreiben unterstützen. Das bekannteste ist wohl „Jasper".

28 Yusuf Mehdi, „Announcing Microsoft Copilot, Your Everyday AI Companion", *The Official Microsoft Blog*, 2023, in [https://t1p.de/gpe4w] (Zugriff: 04.10.2023).

29 LAIKA, „Write with LAIKA – Personalised Artificial Intelligence for Writers", in [www.writewith laika.com] (Zugriff: 04.10.2023).

30 OpenAI, „Custom Instructions for ChatGPT", *OpenAI Blog*, 2023, in [openai.com/blog/custom-instructions-for-chatgpt] (Zugriff: 04.10.2023).

31 Doris Weßels et al., *Verlässliche Wissenschaft: Bedingungen, Analysen, Reflexionen*, Darmstadt 2022, 5–6.

Kritik kommt vor allem aus (post)strukturalistischer Richtung. Am prägnantesten wurde sie 1967 von Roland Barthes in den Slogan vom „Tod des Autors"[32] gefasst: Vom Standpunkt der Intertextualitätstheorie ist jedes Werk, egal ob in ästhetischer oder inhaltlicher Form, Teil einer langen Verweiskette, die es an viele Vorgänger anbindet. Autor:innen sind demnach grundsätzlich in einem dichten Geflecht von Texten und deren Bedeutungen verfangen, weshalb sie weit abrücken von einem produktiven Genie und Einzeltäter:innen. Konsequenterweise verlagern Barthes und die französischen Poststrukturalist:innen den Schwerpunkt im Sinnbildungsprozess hin zum Text und den Rezipient:innen, die den Text „mitschaffen". Die Erstellung des Textes reduziert sich auf eine Re-Artikulation kollektiver Bedeutungen, was auch eine sehr treffende Zuschreibung für LLMs und deren Autorposition ist. Eine intertextuelle Analyse kann die symbolischen Referenzen erkennen und ausweisen, wodurch sich ein Werk genauso wie ein:e Autor:in im Geflecht der Bedeutungen verorten lässt.[33]

Ein weiteres Argument zur Entwertung der Autorposition stützt sich auf die Verflechtung der Semantik mit der sozialen Ebene. Die Diskurstheorie regelt Sagbarkeiten für die mit einem Diskurs verbundenen und darin verhafteten Personen. Demnach hat eine Person nie völlige Freiheit alles zu sagen und selbst zu denken, sondern bewegt sich in Bahnen, die von Macht- und Wissensstrukturen eingeengt sind. Je nach Diskursposition ist eine unterschiedliche Einwirkung auf diese möglich, die Veränderung eines Diskurs ist jedoch nur für äußerst mächtige Einzelpositionen denkbar. Entsprechend ist auch über diesen Zugang keine völlige Freiheit in der Aussage möglich und Autor:innen sind ganz im Gegenteil ständig in einem Korsett des Sagbaren und Nicht-Sagbaren gefangen.

Diese Kritik ist im Feld der Geisteswissenschaften breit akzeptiert und anerkannt, kann aber aus pragmatischen Gründen im Bereich der Rechtswahrnehmung nur bedingt angewandt werden. Grenzfälle aus Urheberrechtsprozessen[34] zeigen das, wenngleich in wissenschaftlicher Verantwortungsübernahme der Rahmen enger gezogen wird.[35] Mit dem Einsatz von LLMs verändert sich die gesamte Fragestellung, denn der Autorenbegriff wird damit technisch und theoretisch eindeutig

---

32 Roland Barthes, „Der Tod des Autors", in *Texte zur Theorie der Autorschaft*, hg. von Fotis Jannidis, Stuttgart 2000, 185–197.
33 Dirk Quadflieg, „Roland Barthes: Mythologe der Massenkultur und Argonaut der Semiologie", in *Kultur – Theorien der Gegenwart*, hg. von Stephan Moebius/Dirk Quadflieg, Wiesbaden ²2011, 27–30.
34 Hajir Ardebili, „Paying Homage or Literary Larceny: Sharpening the Blurred Lines Between Inspiration and Infringement", *Communications Lawyer: Publication of the Forum Committee on Communications Law, American Bar Association*, Bd. 31(3), 2015, 10–13.
35 Das Plagiat ist ein schweres Vergehen, wohingegen diese korrekt zitierte Übernahme von Inhalten ohne eigene Zusatzleistung einfach nur wertlose wissenschaftliche Leistung darstellt.

diffuser.[36] Es gibt bereits erste Entscheide gegen Copyright auf KI-erstellte Inhalte[37] und Verlage bzw. Redaktionsleitungen haben gegen die Nennung von LLMs als Autor:innen votiert.[38]

Wenn traditionellerweise ein Text als Einzelleistung gesehen wird, dann sind lang etablierte Hilfsmechanismen und Unterstützungsformen nicht berücksichtigt. Menschliche Zuarbeit in Form von Lektorat bis Korrektorat fallen ebenso darunter wie gegenwärtig gängige technische Unterstützung durch Rechtschreibprüfungen. Was zum Beispiel im Verlagswesen oftmals unter Hilfstätigkeit eingereiht wird, kann mitunter entscheidend auf die Produkte einwirken.[39] In dem Sinne ist die Verwendung von LLMs nur ein logischer nächster Schritt.[40] Entscheidend ist die Tiefe der Integration in den menschlichen Schaffensprozess, denn auch hier gibt es ein Spektrum, das von kompletter, wenn nicht sogar automatisierter Ausformulierung entlang von Prompts bis hin zu simpler Endpolitur eines Textes hinsichtlich Formalkriterien und Ausdruck reicht. Am ehesten lässt sich diese Diversität an Möglichkeiten noch unter dem Sammelbegriff der Ko-Autorschaft fassen. Ihr Spektrum beginnt bereits in der Ebene der Textformalia und reicht bis zum Extremwert der Texterstellung. Selbst diese kann jedoch maximal semi-automatisch sein, da den Beginn immer ein Prompt ausmachen muss. Ein menschlicher Rest ist also in Form der Intentionalität in der Autorschaft stets enthalten.[41]

Welche Form von Autorschaft liegt nun bei einem LLM vor? In seiner Form als probabilistische Wiedergabe von bereits verfasstem Textmaterial ist es weit stärker in Intertextualität verstrickt, als es der Mensch sein kann.[42] Welche Daten im Trainingsprogramm enthalten sind, wird ebenso von den Entwicklern entschieden, wie die übergeordnete ethisch-moralische Modellebene. Das enthaltene Bias ist

---

36 Limburg et al. 2023, 5–8.

37 Wes Davis, „AI-Generated Art Cannot Be Copyrighted, Rules a US Federal Judge", *The Verge*, 2023, in [https://t1p.de/m9foq] (Zugriff: 04.10.2023).

38 Chris Stokel-Walker, „ChatGPT Listed as Author on Research Papers: Many Scientists Disapprove", *Nature*, Bd. 613, 2023, 620–21 (DOI: 10.1038/d41586-023-00107-z); Nature Editorial, „Tools Such as ChatGPT Threaten Transparent Science; Here Are Our Ground Rules for Their Use", *Nature*, Bd. 613, 2023, 612.

39 Ein Blick hinter die Kulissen des Kulturbetriebs etwa zeigt oftmals Zusammenarbeit, die das Endprodukt entscheidend mitgeprägt hat. Im Wissenschaftsbetrieb könnten wohl viele Dissertant: innen und Assistent:innen von Zuarbeit berichten, die nie den Eingang in eine Nennung als Autor:in gefunden hat.

40 Axel Springer hat etwa eine eigene Abteilung geschaffen, die sich mit den Fragen nach Integration und Richtlinien beschäftigt. Vgl. Axel Springer, „Axel Springer Establishes Global Generative AI Team", 2023, in [https://t1p.de/0753l] (Zugriff: 04.10.2023).

41 Limburg et al. 2023, 8–10.

42 Der griffige Ausdruck des „stochastic parrot" gibt das wieder. Es kann nur nachproduziert werden, was bereits in den Daten vorliegt. Vgl. Bender et al. 2021.

insofern eine Mischung aus zufälligen und bewussten, kollektiv und individuell gefärbten Prägungen des jeweiligen Modells. Die menschlichen Entwickler- und Entscheidungsinstanzen weisen jedoch Verantwortung von sich, da sie dem Modell funktionale Unabhängigkeit zuweisen. Die rechtliche Praxis hat sich auf einen ähnlichen Weg begeben, indem die Haftung auf die Nutzer:innen von LLMs zurückgeführt wird. Frühe Beispiele der Mitautorschaft an einem Paper etwa wurden von Editorial Boards etablierter publizistischer Organe sehr schnell unterbunden.[43]

Diese Vorstöße geben jedoch keine Antwort darauf, wie der zukünftige Umgang mit LLMs im Bereich der Textproduktion gesellschaftlich geregelt werden soll. Welche Autorschaft liegt vor? Welchen Anteil hat ein LLM? Wieweit soll das dokumentiert werden? Überprüfen lässt es sich nicht, denn Werkzeuge der Überprüfung auf KI-Anteile sind bereits vor Einführung als gescheiterter Versuch anzusehen.[44] Eine Dokumentation der Ko-Autorschaft scheint nicht nur hinsichtlich der guten wissenschaftlichen Praxis nötig: „It's becoming increasingly difficult to gauge what's AI and we believe media outlets should be completely transparent about their AI use."[45]

Ein weiterer Punkt betrifft den Einsatz bewusster Färbung von Texten. Mit Custom Prompting oder speziell trainierten LLM-Instanzen können Texte erstellt werden, die einen Stil oder Inhalte imitieren. Ein Anbieter hat dieses Potenzial erkannt: „LAIKA trains an artificial intelligence on your own writing to create a personalised creative partner-in-crime."[46] Die Mittel zur Nachahmung von Textcharakteristika liegen bereit, was die quellenkritische Ermittlung der Autorschaft verunmöglichen dürfte (vgl. Abschnitt 5).

In einem ersten Zwischenfazit zu einem vieldiskutierten Thema sehen wir in LLMs keine Agency. Sie haben keine Intelligenz im Sinne der menschlichen und verarbeiten maximal etwas, das als „dumb meaning"[47] bezeichnet werden kann. Mitverantwortlich für gegenteilige Einschätzungen sind auch diskursive Prägungen durch personalisierte, vermenschlichte Darstellungen.[48] Obwohl sie immer höhere Grade an Autonomie erreichen, besitzen sie keine Intentionalität und können

---

43 Stokel-Walker 2023.

44 Nature Editorial 2023.

45 David Edelmann/Pete Huang, „The Neuron Newsletter", 28.08.2023, in [https://www.theneuron daily.com/] (Zugriff: 04.10.2023). Sehr deutlich in ihrer Kritik an anachronistischen wissenschaftlichen Standards: Limburg et al. 2023.

46 LAIKA, in [www.writewithlaika.com].

47 Bajohr 2023b.

48 Unterschiedliche Projekte bemühen sich um adäquatere Begrifflichkeiten. Vgl. Better Images of AI, [www.betterimagesofai.org] (Zugriff: 04.10.2023); AI Myths, „AI Has Agency", in [www.aimyths. org/ai-has-agency] (Zugriff: 04.10.2023).

deshalb auch keine Verantwortung über ihre Produkte übernehmen.[49] Sie bleiben weiterhin Werkzeuge, weshalb es stark darauf ankommt, wie die menschlichen Anwender:innen sie einsetzen.[50] Mit Ko-Autorschaft lässt sich jedoch einfangen, dass dieses Werkzeug nachhaltig auf den Inhalt einwirken kann. Wenn ein Text quellenkritisch betrachtet werden soll, dann sind Fragen nach dem Anteil des LLMs inklusive dessen Bias unabdingbar.

4 Text

Unser Zugang setzt sich entsprechend des Tagungsthemas speziell mit Text-KI und deren Erzeugnissen auseinander. Im Fokus stehen Texte, die durch Prompting sowie in Anwendung eines LLM erstellt wurden und deshalb stets eine Zusammenarbeit menschlicher mit algorithmischen Instanzen bedeutet. Wir bewegen uns damit insgesamt in einem Verhältnis aus Autorschaft – Textprodukt – Rezeption, wovon wir nun den Status und die Charakteristik des konkret vorliegenden Produkts aus der Interaktion mit LLMs diskutieren.

Der Impact von LLMs wird je nach Textgattung und Anwendungsbereich verschieden gesehen. Mitunter überwiegen die positiven Ansichten, wenn etwa die Textverarbeitung für Geschäfts- oder Behördenbriefe verbessert und erleichtert werden kann. Auch für den Wissenschaftsbetrieb ist der aktuell vorherrschende Tenor vorsichtig positiv.[51] Gleichzeitig gibt es Befürchtungen für den Bereich der Cyberkriminalität und den Mediensektor,[52] wonach das Halluzinieren der Modelle wie auch der menschliche Einsatz unter manipulativer Absicht verfälschende Inhalte befördert. Noch drastischer wird von vielen Vertreter:innen die Auswirkung auf kreatives Schaffen und den Literaturbetrieb gesehen, wie etwa das Beispiel streikender Drehbuchautor:innen in Hollywood deutlich macht.[53] Im Fall der Geschichtswissenschaften ist der Output natürlich in überwiegendem Ausmaß wei-

---

49 Fecher et al. 6; Bajohr 2023b; Limburg et al. 8.

50 Nicolaus Wilder, „KI in Wissenschaft und Journalismus: Mensch und Maschine", *Die Tageszeitung: taz*, 2023, in [taz.de/!5921971/] (Zugriff: 04.10.2023).

51 Leme Lopes 2023; Weßels et al. 2022; Limburg et al. 2023; Fecher et al. 2023.

52 Amanda Barrett, „Standards around Generative AI", *Associated Press. The Definite Source*, 2023, in [blog.ap.org/standards-around-generative-ai] (Zugriff: 04.10.2023).

53 Allgemein: Hannes Bajohr, „Artifizielle und postartifizielle Texte", *Sprache im technischen Zeitalter*, Bd. 61(245), 2023a, 37–61; Ein guter Überblick über die Angst vor KI und deren Anteil am Streik findet sich hier: Aljoscha Burchardt et al., „KI in Hollywood. Die Angst, von der Maschine ersetzt zu werden", *Deutschlandfunk Kultur*, 2023, in [https://t1p.de/no8va] (Zugriff: 04.10.2023).

terhin textlich, weshalb die Akademia sicherlich gefordert ist, einen verantwortungsbewussten Umgang mit LLMs zu finden.[54]

Wenn es jedoch um zukünftige Forschung geht, kommt vonseiten der Quellen eine Herausforderung auf die Geschichtswissenschaft zu: Texte und schlussendlich Quellen, die zu einem unbestimmbaren Ausmaß Text-KI als Autorin aufweisen. Die unterschiedlichen Größenordnungen lassen sich am besten als ein Spektrum von minimaler Assistenz bis hin zu semiautomatisierter Erstellung von Texten durch die KI vorstellen. Da sich durch Text-KI und vor allem LLMs der Wirkungsanteil bis hin zu fast automatischer Textproduktion verschiebt, kann dementsprechend nicht mehr von einer einzigen Urheberschaft ausgegangen werden. Wiewohl mit Ghostwriting und Plagiieren bereits Mischformen bekannt sind, ist die vorgestellte Situation doch anders. Nunmehr sind Quellen oder ganze daraus erstellte Korpora denkbar, die einen Anteil von Inhalten umfassen, die nicht die Position der Autor:innen wiedergeben. Vielmehr bestehen sie zusätzlich aus den Wahrscheinlichkeiten des Modells sowie dessen aus der Programmierstruktur, den Daten und dort enthaltenen Vorannahmen.

Was bereits in der Kritik an Autorschaft durch (Post-)Strukturalismus formuliert wurde, gilt analog dazu für den verfassten Text. Dieser ist auch nicht als alleinstehendes Ergebnis zu sehen, sondern liegt, seiner Eigenständigkeit beraubt, in einer langen Verweiskette vor. Weiters operiert die Diskurstheorie sehr stark mit Sprache und ihren textlichen Fixierungen, weshalb sich ihr Textverständnis ideal anwenden lässt. Der Diskurs umfasst demnach jeweils einen zwar wandelbaren, aber mit Macht durchwirkten und deshalb kurzfristig relativ statischen Bestand an aktuellen Wahrheiten. Jeder Text ist somit ein Produkt des Diskurses bzw. der Diskurse, in dem der:die Autor:in zu einem Zeitpunkt verhaftet ist. An diese theoretischen Positionen schließen die aktuellen Entwicklungen an: Das Textprodukt selbst wird zusätzlich durch die Verwendung von LLMs weiter seiner Einzigartigkeit entledigt. Der Erstellungsprozess über Wahrscheinlichkeiten verschiebt durch seine Funktionsweise das Ergebnis grundsätzlich in Richtung einer Summe anderer Texte. Über die Muster von Sagbarkeiten und moralisch-ethischen Verhaltenskodizes ist schlussendlich auch eine klar diskursiv geprägte Dimension in den Text integriert.

Was übrig und schwierig bleibt, ist eine Einschätzung des Textes nach dem Verhältnis der Autorschaften. Dem entgegenkommend haben LLM-Texte tatsächlich Eigenheiten, die vor allem aus ihrem statistischen Zugang resultieren. Stilistisch ergibt sich daraus eine Tendenz zu lexikalischer und syntaktischer Vereinfa-

---

54 Weßels et al. 2022.

chung.[55] Detektionssoftware wollte sich genau diese Muster zunutze machen, die Entwickler:innen mussten jedoch erkennen, dass daraus keine sichere Ableitung möglich ist, denn durch geschickte Manipulationen lassen sich andere Muster einbauen und Texte verändern.[56] Umgekehrt können auch Menschen über einen geringen aktiven Wortschatz aus Wörtern mit höherer Benutzungswahrscheinlichkeit verfügen. Ihre Muster ähneln fälschlicherweise denen der KI.[57] Diese Probleme, inklusive der Undurchschaubarkeit der blackboxartigen Funktionsweise der LLMs, verunmöglichen die Isolierung von KI-Anteilen in konkreten Texten. Einen möglicherweise dennoch gangbaren Weg zeigen wir in Kap. 7 auf.

Für unser beschworenes Zukunftsszenario bedeutet all das jedenfalls eine bunte Landschaft unterschiedlicher Nutzung von LLMs und deshalb ein ganzes Spektrum daraus entstehender Texte gemischten Ursprungs. Wie in Kap. 5 dargestellt, kann jeglicher Text (sowie andere Medien) als Quelle funktionalisiert werden, weshalb auch das gesamte Spektrum in Betracht gezogen werden muss. Die jeweilige Anwendung von LLMs genauso wie der forschende Umgang damit mag vielleicht der von Lopez formulierten Frage folgen: „Was möchten wir in einer bestimmten Situation eigentlich von einem Text?"[58] Je nachdem ist vielfältige Interaktion und Zusammenarbeit mit LLMs vorstellbar. Einerseits gibt es Gattungen und Bereiche, wo ihre Verwendung durch ethische-berufliche Codes eingeschränkt wird, wie im Wissenschaftsbetrieb und dem Journalismus,[59] andererseits mag eine durch sie erleichterte Textproduktion womöglich die Ansprüche an Texte und ihre Gattungen selbst verändern. Derart fragt sich, ob das Wissen um eine KI-Mitarbeit Textrezeption verändert.[60] Im Sinne der Rezeptionsästhetik ist eher denkbar, dass die Autorschaft gegenüber dem Inhalt selbst an Bedeutung verliert.[61]

---

55 Limburg et al. 2023, 10–11; Fecher et al. 2023, 5.
56 Vinu Sankar Sadasivan et al., *Can AI-Generated Text Be Reliably Detected?*, arXiv 2023 (DOI: 10.48550/arXiv.2303.11156); OpenAI, „New AI Classifier for Indicating AI-Written Text", in [openai.com/blog/new-ai-classifier-for-indicating-ai-written-text] (Zugriff: 04.10.2023); Im Juli wurde genannter Blogpost ergänzt um die Info, dass das Tool aufgrund zu geringer Treffsicherheit abgeschaltet wird, vgl. Matt G. Southern, „OpenAI Shuts Down Flawed AI Detector", *Search Engine Journal*, 2023, in [https://t1p.de/o261d] (Zugriff: 04.10.2023).
57 Weixin Liang et al., *GPT Detectors Are Biased against Non-Native English Writers*, arXiv 2023 (DOI: 10.48550/arXiv.2304.02819).
58 Lopez 2023, 26.
59 Barrett 2023; Weßels et al. 2022.
60 Limburg et al. 2023, 10–11.
61 Beispielhaft zeigt der „Leitfaden der Google Suche zu KI-generierten Inhalten", dass textinhärente Qualitätskriterien honoriert werden, unabhängig davon, wer den Text verfasst hat. Gute, valide Texte von KIs erfahren deshalb keine Abwertung gegenüber menschengemachten. Vgl. Google for Developers, „Leitfaden der Google Suche zu KI-generierten Inhalten", in [https://t1p.de/yiail] (Zugriff: 04.10.2023). Daraus zitiert „No longer is it ‚helpful content written by people, for people,' but

Liegt einer forschenden Person ein Korpus von Texten vor, die potenziell mit Hilfe von LLMs erstellt wurden, so gilt es jedenfalls darauf zu reagieren. Fragen zur Art der Integration, dem verwendeten Modell, dessen Spezifikationen, den konkreten Prompts, dem Überarbeitungszustand, usw. – schlussendlich der konkreten Zusammenarbeit mit welchem konkreten Werkzeug sind entscheidend. Sie führen dennoch völlig in die Irre, wenn keine Dokumentation vorliegt. Eine umfassende solche nach einem etablierten Standard ist noch nicht erkennbar,[62] kann aber nur von Enthusiast:innen oder Professionist:innen wie etwa aus dem akademischen Bereich erwartet werden. Große Mengen zukünftigen Quellenmaterials hingegen werden diese Dokumentation vermutlich nicht inkludieren und auch die Verwendung eines LLM oftmals verschweigen, weshalb klassische Aspekte der Quellenkritik nicht durchführbar sein werden.

Abseits der Textlichkeit soll an dieser Stelle auch auf die bereits bekannten alternativen Medienprodukte verwiesen werden, die mithilfe derselben Transformer-Architektur bereits jetzt teils erstaunlich gute Ergebnisse liefern. So sind basierend auf den semantisch-syntaktischen Wahrscheinlichkeitsmatrizen der LLMs weitere Ebenen angehängt: für die sinnhafte Bilddarstellung textlicher Inhalte, für akustische Umsetzung usw. Im Zentrum der Funktionsweise stehen weiterhin komplexe Matrizen der Textverarbeitung, sie ermöglichen nun jedoch, Texteingaben in Bildmaterial oder täuschend echte Sprachspuren zu verwandeln.[63] Diese nahverwandten Quellengattungen spielen eine bedeutende Rolle für die Geschichtswissenschaft, weshalb für sie in Zeiten von born-digital-Quellen mit ähnlichen Problemlagen und Herausforderungen gerechnet werden muss.

5 Quelle

Geschichte ist zunächst eine Erzählung, die einen zeitlichen Zusammenhang von Vergangenheit und Gegenwart konstruiert.[64] Im Folgenden soll es aber nicht um Geschichte im Allgemeinen sondern um Geschichtswissenschaft gehen; daher um eine konstruierte, intersubjektive Narration, die mittels einer methodischen Aus-

---

simply, ‚Helpful content written for people‘." Vgl. Hugh Langley, „Google Recently Cut ‚people‘ from Its Search Guidelines. Now, Website Owners Say a Flood of AI Content Is Pushing Them down in Search Results", *Business Insider*, 2023, in [www.businessinsider.com/google-search-helpful-content-update-results-drop-ai-generated-2023-9] (Zugriff: 04.10.2023).

62 Weßels et al. 2022, 15–16; Ilia Shumailov et al., *The Curse of Recursion. Training on Generated Data Makes Models Forget*, arXiv 2023, 13 (DOI: 10.48550/arXiv.2305.17493).

63 Bajohr 2023b, 64–66.

64 Jörn Rüsen, *Historik: Theorie der Geschichtswissenschaft*, Köln/Weimar/Wien/Böhlau 2013, 46.

wertung und Interpretation von Quellen und Darstellungen, unter Verknüpfung der drei Zeitebenen Vergangenheit, Gegenwart und Zukunft erstellt wird, um Sinn für sich selbst und andere zu bilden.[65] Einfacher formuliert: die narrative Konstruktion der Vergangenheit aus der Gegenwart.[66] Da die Vergangenheit nicht mehr zugänglich ist, benötigt die Geschichtswissenschaft Bindeglieder zur Vergangenheit, diese liegen in Form von Quellen vor. Bei Quellen handelt es sich um Medien,[67] von schriftlichen, dinglichen, baulichen, visuellen bis hin zu digitalen Phänomenen – um ein paar gängige Differenzierungen aufzulisten – die zum Gegenstand historischer Forschung werden.[68] Für die Auswirkung von Text-KIs auf Quellenarbeit muss deshalb auch von einem sehr breiten Quellenbegriff gesprochen werden. Jede Form von Textlichkeit kann theoretisch für die Forschung interessant sein und jedes Mal kann KI involviert sein.

Quellen sprechen niemals für sich, da sie zwar die Grundlage für unser Wissen über die Vergangenheit, nicht jedoch dieses Wissen selbst sind. Anders formuliert haben wir es nicht „mit objektiven Tatsachen, sondern immer nur mit Auffassungen von solchen zu tun"[69]. Deshalb müssen Quellen mittels theoriegeleiteter wissenschaftlicher Methoden ausgewertet werden, sowohl auf Ebene der Betrachtung der einzelnen Quelle als auch auf Ebene des gesamten Forschungsansatzes. Da diese Ebenen jedoch in einem dialektischen Verhältnis zueinanderstehen, kann es keine objektive Auswertung einer Quelle und damit auch keine objektive Historiographie geben. Erst durch historische Sinnbildung,[70] d. h. die Einordnung jener Ergebnisse anhand von Deutungsmustern, kann eine Narration entstehen.[71] Diese Deutungsmuster sind subjektiv unterschiedlich und variieren individuell aufgrund einer Vielzahl an Faktoren, wie beispielsweise Sozialisation und Standortgebundenheit. Des Weiteren entsteht Geschichte immer aus Orientierungsbedürfnissen der Gegenwart heraus, die sich natürlich mit der Zeit verändern.[72] Etwas poetischer formuliert: „Es gibt Wissenschaften, denen ewige Jugendlichkeit beschieden ist, und

---

65 Ebd., 76.

66 Martin Tschiggerl et al., *Geschichtstheorie*, Wiesbaden 2019, 10.

67 An dieser Stelle sei auf die Medien-Definition von Zahlmann et al. verwiesen: „Medien sind alle Funktionen kultureller Praktiken und Objekte, die von Subjekten genutzt werden, um Informationen über Alterität zu gewinnen oder an sie zu richten." Martin Tschiggerl et al., *Quellen und Medien*, Wiesbaden 2019, 81.

68 Tschiggerl/Walach/Zahlmann 2019, 81, 92; Stefan Jordan, *Einführung in das Geschichtsstudium*, Stuttgart 2008, 49–50.

69 Johann Gustav Droysen, *Historik. Historisch-kritische Ausgabe von Peter Leyh und Horst Walter Blanke*, Stuttgart/Bad Cannstatt 1997, 139.

70 Siehe dazu: Rüsen 2013, 34–51.

71 Rüsen 2013, 36–37.

72 Ebd. 40–41.

das sind alle historischen Disziplinen, alle die, denen der ewig fortschreitende Fluss der Kultur stets neue Problemstellungen zuführt."[73]

Daher ist nicht bloß Quellenkritik, sondern auch Methodenkritik gefordert,[74] um geschichtswissenschaftliche Erkenntnisse intersubjektiv nachvollziehbar zu machen.[75] Aus unserer Sicht ist eine allgemeine Quellenkritik damit nicht obsolet, sondern sinnvoll, solange ihr eine Methodenkritik folgt. Deshalb widmen wir uns zuerst der Quellenkritik und skizzieren in Abschnitt 6 einen methodischen Ansatz.

Quellenkritik wird häufig in äußere, die sich mit der Beschaffenheit der Quelle befasst und innere, die die Plausibilität des Inhalts in sich prüft, unterteilt.[76] Teil der äußeren Quellenkritik sind sowohl die Prüfung der Echtheit als auch die Prüfung der Chronologie. Erstere vergleicht die in der Quelle getätigten Positionen des:der Verfassers:in mit anderen von dieser:diesem verfassten Texten und überprüft äußere Merkmale der Quelle wie beispielsweise die chemische Zusammensetzung bestimmter Arten von Tinte. Zweitere ordnet die Quelle in einen historischen Kontext ein, um zu bestimmen, ob sie richtig datiert ist, wobei andere Quellen, erwähnte Ereignisse oder auch das Medium selbst als zeitliche Referenzpunkte herangezogen werden.[77] Im Zuge der anschließenden inneren Quellenkritik wird kritisch beurteilt, ob die Aussagen der Quelle in Einklang mit den Naturgesetzen stehen, logisch widerspruchsfrei sind und auf welchen Grundlagen bestimmte Aussagen getätigt werden, beispielsweise bei Statistiken eine Überprüfung der Erhebungsgrundlage. Außerdem wird die Perspektivität der Quelle reflektiert und gegebenenfalls mit Perspektiven anderer Quellen verglichen. So kann zum Beispiel die Berichterstattung unterschiedlicher Zeitungen zu einem Ereignis untersucht werden.[78]

KI-generierte Texte verändern diese Anforderungen bzw. die Aspekte einer solchen Quellenkritik. Aussagekräftiges Beispiel dieser Überlegung ist etwa das Panel „Herausforderungen von (digitaler) Überlieferungsbildung und Faktizität" am Historikertag 2023.[79] Wir stellen uns nun die Frage, wie eine Quellenkritik im Jahre

---

73 Max Weber, „Die ‚Objektivität' sozialwissenschaftlicher und sozialpolitischer Erkenntnis", in *Gesammelte Aufsätze zur Wissenschaftlehre*, hg von Max Weber, Tübingen 1968, 206.

74 Tschiggerl/Walach/Zahlmann 2019, 95.

75 Ebd., 27; Rüsen 2013, 60–63.

76 Ulrich Baumgärtner, *Wegweiser Geschichtsdidaktik. Historisches Lernen in der Schule*, Paderborn 2019, 143.

77 Stefan Jordan, *Einführung in das Geschichtsstudium*, Stuttgart 2008, 111–112.

78 Ebd., 113–115.

79 Thomas Urban, „Historikertag 2023. Geschichtsmethodik/-theorie", *H/SOZ/KULT*, 2023, in [www.hsozkult.de/event/id/event-137209] (Zugriff: 04.10.2023).

2043 erfolgen könnte – unter der Prämisse, dass bis dahin der Großteil der verfassten Texte in unterschiedlichem Ausmaß mit Hilfe von KI erstellt wurden.[80]

Die Frage nach der Autorschaft oder der Richtigkeit des:der zugeschriebenen
Verfassers:in stellt sich im Zuge der äußeren Quellenkritik in anderer Form als
bisher. Es gilt nicht ausschließlich, den:die Autor:in zu ermitteln, sondern auch, ob
und in welchem Ausmaß welche KI am Werk war. Eine Option dazu wäre die
Verwendung von *Watermarks*, also statistische Markierungen, die beim Generieren
des Textes in diesen eingebaut werden und von anderen KIs erkannt werden
können. Diese Prüfzeichen funktionieren zwar sehr gut,[81] allerdings ist man dabei
auf den „Goodwill" der Unternehmen angewiesen, die textgenerative KI anbieten.
Außerdem können sie durch das Umschreiben eines KI-generierten Textes in eigene
Worte umgangen werden. Insofern stellen sie keine ausnahmslos zuverlässige
Methode zur Prüfung der Autorschaft dar. Nichtsdestotrotz werden sie als Mittel zur
Regulierung von KI in China und den USA in Betracht gezogen.[82]

Es gibt zwar auch die Möglichkeit, Texte ohne Watermarks auf KI-Einsatz zu
überprüfen, jedoch sind diese sehr begrenzt in ihrer Effektivität – mittlerweile
wurden Tools wieder zurückgezogen oder eingestellt, da sie nicht funktionieren,
selbst *biased* sind und leicht umgangen werden können. So diskriminieren sie
beispielsweise nicht-muttersprachliche Personen, indem sie sie für KIs halten, oder
können getäuscht werden, indem ein KI-generierter Text nochmals von derselben
KI überarbeitet wird.[83] Hinsichtlich der Prüfung der Echtheit des:der Autors:in sei
außerdem noch angemerkt, dass mithilfe von KI, die mit geeigneten Probesamples
Schreibstile imitiert, (vgl. z.B. CharacterAI) Fälschungen mit einem ungleich geringeren Zeitaufwand produzierbar sind. Das inkludiert vielfältige weiterführende
Probleme der äußeren wie inneren Quellenkritik sowie der gesamten wissenschaftlichen Praxis.[84] Eine weitere Form der Irreführung, die für den Wissenschaftsbetrieb zudem hoch problematisch ist, betrifft das beschriebene Halluzi-

---

80 Andere Quellengattungen, etwa bildliche Quellen, oder überhaupt einen Gattungs- bzw. Medi-
enwechsel auf Basis von KI klammern wir an dieser Stelle bewusst aus.
81 John Kirchenbauer et al., *A Watermark for Large Language Models*, arXiv 2023, 13, in [arxiv.org/
pdf/2301.10226] (Zugriff: 04.10.2023).
82 Matthew Hutson, „Conflicting Vision for AI Regulation", *Nature*, Bd. 620, 2023 (DOI: 10.1038/
d41586-023-02491-y).
83 Weixin Liang et al., *GPT detectors are biased against non-native English writers*, arXiv 2023, 2, in
[arxiv.org/pdf/2304.02819] (Zugriff: 04.10.2023).
84 Ähnlich der Watermark und regulatorischen Bestrebungen, Nachvollziehbarkeit in KI-Anwendungen zu integrieren, gibt es auch Bestrebungen menschliche Agenten im Internet auszuzeichnen.
Mithilfe der Worldcoin-ID sollen reale Personen anonymisiert gekennzeichnet werden. Siehe: George Shaji et al., „Worldcoin: A Decentralized Currency for a Unified Global Economy", *Partners
Universal. International Research Journal*, 2023 (DOI: 10.5281/ZENODO.8022884).

nieren. Derartige erfundene Fakten lassen sich zwar mitunter leichter erkennen, untergraben jedoch die Autorität von Autorschaft weiter. Ihr Auftreten bei KI-Ko-Autorschaft sollte beim kritischen Prüfen des Inhalts einer Quelle auf seine Plausibilität stets mitbedacht werden.

Des Weiteren ist auch die Überprüfung von Text(-stellen), die einer bestimmten KI bzw. KI-Version zugeschrieben werden, im besten Falle äußerst schwierig. Es gibt schlichtweg keine Offenlegung, Dokumentation und Archivierung von KI-Versionen. Dass private Firmen wie OpenAI, deren Geschäftsmodell auf der Monetarisierung von Software basiert, detaillierte Informationen zu KI-Versionen und deren Veränderung verlässlich der Öffentlichkeit zur Verfügung stellen, bleibt unwahrscheinlich. Außerdem können KIs schon allein wegen ihrer inhärenten Unschärfefunktion nicht wiederholt die gleiche Antwort liefern. Zuletzt müssen selbst Formen der Ko-Autorschaft wie *Custom Instructions*[85] mitbedacht werden. De facto erscheint uns daher diese quellenkritische Überprüfung unmöglich.

Aufgrund genannter Schwierigkeiten drängt sich der Gedanke auf, dass analog zu etablierten historischen, speziell quellenkritischen Hilfswissenschaften, die sich mit bestimmten Quellentypen auseinandersetzen, eine eigene Hilfswissenschaft für Quellen mit KI-Ko-Autorschaft entstehen könnte. Gerade die *Digital Humanities* bieten aufgrund ihrer Verortung an der Schnittstelle von Geisteswissenschaft und IT-Anwendungen eine Disposition für die Entwicklung einer solchen Disziplin, die in diesem Zukunftsszenario geradezu notwendig werden könnte.

Zusammenfassend lässt sich konstatieren, dass die Überprüfung eines Textes auf KI-Anteile hin aus aktueller Sicht praktisch unmöglich ist und man deshalb stets von einem „Mensch-KI-Text" ausgehen muss. Dies muss auch im Zuge der inneren Quellenkritik bei der Reflexion der Perspektivität der Quelle mitbedacht werden. Wenn KI als Ko-Autorin fungiert, ist es schwieriger, die Perspektive des:der Autor:in zu ermitteln. Eine bestimmte KI-Perspektive kann sich schlussendlich sogar in vielen Quellen niederschlagen und damit ganze Diskurse beeinflussen.

6 Zukunftsszenarien – Zugänge zur LLM-Diskursposition

Bedeutende und etablierte Auffassungen von Autorschaft, Text und Quelle stehen mit den Entwicklungen um Text-KI vor der Gefahr, sich zu verschieben oder zu verschwinden. Diese Gestaltwandlung betrifft alle drei Bereiche der Triade von Autorschaft – Textprodukt – Rezeption, jedoch unterschiedlich, je nachdem, wel-

---

85 Stand August 2023 bei der ChatGPT-App (basierend auf der Version GPT 3.5).

ches Feld der Textproduktion betrachtet wird. In unserem Fall liegt der Fokus auf der Geschichtswissenschaft mit ihrer Kompetenz in der Bewertung und Auswertung textlicher Quellen. Die Herausforderungen, die sich für sie ergeben, wurden bereits in den vorangehenden Abschnitten skizziert. Im Folgenden diskutieren wir, wie deren Bewältigung mithilfe der Diskurstheorie aussehen könnte. Für unser Szenario bilden Foucaults Diskurstheorie und die Kritische Diskursanalyse nach Jäger die Grundlage. Dennoch lassen sich Analyseaspekte, die wir im Folgenden ausformulieren, problemlos auf viele andere Zugänge aus dem breiten Feld der Diskurstheorie übertragen.

Bei Diskursen handelt es sich um institutionalisierte, geregelte Redeweisen, die spezifische Sagbarkeits- und Wissensräume sowie deren Grenzen festlegen. Sie konstituieren dadurch sowohl Objektivitäten wie Begriffe und Klassifikationen, als auch Subjektivitäten, beispielsweise legitime Sprecherpositionen oder einen bestimmten Habitus.[86] Innerhalb der Sagbarkeits- und Wissensräume kann stets nur eine begrenzte Menge von Aussagen getätigt werden oder, wie Foucault es ausdrückt: „im Wahren ist [...], wenn man den Regeln einer diskursiven ‚Polizei‘ gehorcht.“[87] Daher regulieren Diskurse das „was sagbar ist, was gesagt werden muss und was nicht gesagt werden kann.“[88] Diskurstheorien beschreiben sowohl die Organisation als auch die Produktion von Wissen über die Zeit – da Diskurse dynamisch sind und stetigen Veränderungen unterliegen.[89]

Foucaults Diskursbegriff wird zu keinem Zeitpunkt definitorisch präzisiert und veränderte sich über sein Schaffen hinweg.[90] Wir bedienen uns an dieser Stelle vor allem der Kritischen Diskursanalyse, die über ein geeignetes Begriffsinventarium verfügt, um im Sinne der theoretischen Plausibilität nachvollziehbar zu sein. Die Kritische Diskursanalyse untersucht Diskurse auf Aussagenmuster hin. Aussagen sind als „Atome des Diskurses“[91] zu verstehen, als kleinster inhaltlicher gemeinsamer Nenner, sie konstituieren Diskurse und sind – wie die Atome in einem Molekül – durch ihr wiederholtes Auftreten gekennzeichnet.[92] Aussagen lassen sich in

---

86 Jürgen Link, „Diskurs, Interdiskurs, Kollektivsymbolik: Am Beispiel der aktuellen Krise der Normalität“, *Zeitschrift für Diskursforschung*, Bd. 1(1), 2013, 10–11.
87 Ralf Konersmann/Michel Foucault, *Die Ordnung des Diskurses*, Frankfurt a. M. 2021, 25.
88 Rolf Parr, „Diskurs“, in *Foucault-Handbuch: Leben – Werk – Wirkung*, hg. von Clemens Kammler et al., Stuttgart 2014, 235.
89 Siegfried Jäger, *Kritische Diskursanalyse: Eine Einführung*, Münster 2012, 26; Foucault/Konersmann 2021, 77.
90 Thomas Hellmuth, „Fröhlicher Eklektizismus: Diskursanalytische Schulbuchforschung als Beitrag zu einer Kritischen Geschichtsdidaktik“, in *Diskursanalytische Schulbuchforschung. Beiträge zu einer Kritischen Geschichtsdidaktik*, hg. von Thomas Hellmuth et al., Frankfurt a. M. 2021, 19.
91 Michel Foucault, *Archäologie des Wissens*, Frankfurt a. M. 2020, 117.
92 Foucault 2020, 170; Jäger 2012, 95.

Diskursfragmenten finden, womit Textteile, selten ganze Texte,[93] bezeichnet werden, die sich auf ein Thema beziehen.[94] Diese konstituieren in ihrer Gesamtheit einen Diskurs, der über die Zeit betrachtet als Diskursstrang bezeichnet wird.[95]

Im theoretischen Rahmen der Kritischen Diskursanalyse kann LLMs, aufgrund deren inhärenten Bias, eine Diskursposition, also ein politischer oder ideologischer Standpunkt, von dem aus gesprochen wird, zugeordnet werden.[96] Sowohl die Diskurspositionen als auch die produzierten Aussagemuster können sich jedoch beständig verändern, weil die Modelle nicht statisch sind.[97] Da es derzeit keine Dokumentationsstandards gibt, wissen die Endanwender:innen ebenso wie Expert:innen de facto nicht Bescheid um die Entwicklung und den Versionsverlauf der Modelle. Größere Versionsupdates werden klar kommuniziert, was jedoch darunter passiert, bleibt im Dunkeln. Mehr noch, selbst den Entwickler:innen ist vielfach nicht klar, wie die konkrete Funktionsweise und damit auch das Auftauchen bestimmter Inhalte an bestimmten Stellen zustande kommt.[98] Zusätzlich dazu wird mit der eingebauten statistischen Unschärfe – kein Prompt liefert zweimal dasselbe Ergebnis – Wiederholung und Gleichförmigkeit der Aussage verunmöglicht. Zuletzt ist auch in der oligopolistischen LLM-Welt nicht ein Bias des einen Modells *eine* Diskursposition, sondern es muss vielmehr von einer Sammelposition aus allen vorherrschenden Modellen ausgegangen werden. Aufgrund ähnlicher Trainingsdaten sollte diese aber zumindest aktuell relativ einheitlich aussehen.

Derart kann eine Diskursposition einerseits aus inhaltlichen Neigungen bestehen, die das Modell im Training aus den Daten abgeleitet hat, andererseits aber auch aus dem speziellen Bereich der Wertvorstellungen, die ihm eingeschrieben wurden, um als technischer Akteur auch Sozialität und Rücksichtnahme ausüben zu können. So wurde für ChatGPT ein Feedbackmodell auf Basis der moralisch-ethischen Entscheidungen von 40 Personen erstellt. Mit diesen Wahrscheinlichkeiten wurde das gesamte Sprachmodell einem Feintuning entlang von Moral und Fakti-

---

93 „Text" im Sinne der kritischen Diskursanalyse meint den weitesten Sinn des Wortes Text, also nicht bloß schriftliche Manifestationen, sondern beispielsweise auch Filme, Kleidung oder digitale Spiele.

94 Jäger 2012, 80.

95 Jäger 2012, 80–81.

96 Jäger 2012, 85.

97 Noam Chomsky/Ian Roberts/Jeffrey Watumull, „Opinion. Noam Chomsky: The False Promise of ChatGPT", *The New York Times*, 2023, in [www.nytimes.com/2023/03/08/opinion/noam-chomsky-chat gpt-ai.html] (Zugriff: 04.10.2023).

98 Lingjiao Chen/Matei Zaharia/James Zou, *How Is ChatGPT's Behavior Changing over Time?*, arXiv 2023 (DOI: 10.48550/arXiv.2307.09009); Johanna Pirker, „Ist ChatGPT wirklich dümmer geworden?", *DerStandard*, 2023, in [https://t1p.de/m4wv3] (Zugriff: 04.10.2023).

zität unterzogen.[99] An dieser Stelle sei angemerkt, dass es aus zweierlei Gründen keine objektive oder neutrale künstliche Intelligenz geben kann: Erstens sind die Datengrundlagen menschengemacht und menschenkuratiert, also *biased*. Zweitens stellen Versuche, diesem Bias entgegenzuwirken, indem Input oder Output verändert werden, wiederum eine Korrektur aufgrund von Werten und Normen dar.[100]

Eine weitere Besonderheit der LLMs ist – aufgrund ihrer Wirkweise als „stochastic parrots" – ihre Fähigkeit, zu beinahe allen Diskursen beitragen zu können. Voraussetzung dafür ist erstens, dass entsprechende Datengrundlagen bestehen, sei es auf der Basis von Trainingsdaten oder über Plugins, die Schnittstellen zu anderen Datenkorpora wie beispielsweise dem World Wide Web bieten; sowie zweitens, dass keinerlei modellimmanente Restriktionen vorliegen, beispielhaft hierfür wäre die Weigerung von ChatGPT 3.5, über den Bau von gefährlichen Waffen oder Geräten Auskunft zu geben.[101] So können sie für eine Reihe von Inter- und Spezialdiskursen aufgrund ihrer statistischen Zugangsweise als diskursfähig gelten, was menschlichen Akteur:innen nicht in dieser Breite möglich ist. Dabei replizieren LLMs Aussagemuster aus den Daten, verändern diese jedoch aufgrund der modellimmanenten Restriktionen oder ihrer Bias – seien es Verzerrungen aus den Daten oder eine Folge des *reinforced learnings*. Bestimmte Diskurse werden dadurch erst gar nicht zugelassen.[102] In besagtem Fall kann eine KI trotz guter Datengrundlage, eben durch ihr Bias, nicht diskursfähig sein.

6.1 Diskursschleife(n)

Damit wird ein eigenständiger LLM-Diskurs denkbar, der dann zustande kommt, wenn sich LLMs auf LLM-generierte Texte beziehen. Tatsächlich ist Zusammenfassung und Aufbereitung von Text eine Stärke solcher KIs. Nicht nur für schwierige, weil umfassende oder komplexe Texte bietet sich das an, sondern vor allem für eine Bearbeitung großer Datenmengen. In vielen Kommentaren, Diagnosen bis hin zu Memes wurde bereits eine Dystopie artikuliert, in der gesamte schriftliche Kommunikationen, auf Produzent:innen- und Rezipient:innen-Seite KI-vermittelt abläuft. Die KI erstellt zum Beispiel aus einer simplen Aussage einen hochformalen Geschäftsbrief, den auf der anderen Seite eine KI wieder in eine vereinfachte Form

99 Lopez 2023, 18–19.
100 Bajohr 2023b; Josh Dzieza, „Inside the AI Factory", *The Verge*, 2023, in [https://t1p.de/n0pdl] (Zugriff: 04.10.2023).
101 Stand 04.10.2023.
102 Fabio Motoki/Valdemar Neto/Victor Rodrigues, „More human than human: measuring ChatGPT political bias", *Public Choice*, Bd. 17, 2023 (DOI: 10.1007/s11127–023–01097–2).

rückübersetz. Dasselbe ist mit noch weit anspruchsvolleren Textgattungen denkbar. Sobald die Zahl der KI-generierten Texte so weit ansteigt, dass diese nur noch über algorithmische Verfahren der Data Science oder Big Data auswertbar sind – wobei sich hier wiederum State-of-the-Art-LLMs anbieten – würde der Mensch als Akteur in den Hintergrund gedrängt und auf die Funktion einer Schnittstelle zwischen unterschiedlichen KIs reduziert.

Die Modelle als künstliche neuronale Netzwerke würden dann menschliches Denken substituieren und Bestehendes perpetuierend neu aufgießen beziehungsweise statistisch bis hin zur Unimodalität vereinfachen.[103] Mit dieser Überlegung geht die Befürchtung von in sich geschlossenen Kommunikationsschleifen einher, in denen sich keine Menschen mehr bewegen, sondern nur noch LLM-Instanzen Texte generieren und aufbereiten, was wir als Diskursschleife bezeichnen. Sprache, Inhalt und Positionen – diskurstheoretisch gesprochen „Aussagen" – werden dann zunehmend vereinheitlicht, wodurch sich der Diskurs mehr und mehr verengt. Folgt man Jägers Metapher von Diskurs als „Fluss von Wissen bzw. sozialen Wissensvorräten durch die Zeit"[104], käme dies einer Begradigung des Flusslaufs gleich. Diese Entwicklung gipfelt darin, dass nur mehr eine standardisierte Abfolge von Aussagen zu einem Thema von KIs reproduziert wird, die sich nicht mehr verändert. Der beschriebene Ansatz lässt sich auch größer denken, indem man nicht auf einen Diskurs, sondern auf Sprache und deren epistemische Rolle fokussiert. Sprache ist diskursiv prädeterminiert und wird benötigt, um Gedanken zu formulieren. Je stärker der Einfluss von LLMs auf Sprache an sich ist, desto stärker ist menschliches Denken von LLMs beeinflusst, selbst bevor diese von einem Individuum verwendet werden.[105]

Abgesehen von diesen epistemischen Bedenken ergeben sich freilich auch technische Probleme aus den Folgen von mehr und mehr LLM-generierten Daten, die wiederum in LLMs eingespeist werden oder zu deren Training herangezogen werden. Darunter fällt zum Beispiel der „model collapse", ein Effekt bei dem ein „generative learning"-Modell von Generation zu Generation immer schlechtere Ergebnisse liefert. Dabei spielt „data poisoning" eine zentrale Rolle: Kontraproduktive Daten, die vor allem bei der großflächigen Datengewinnung aus dem Netz Modelle und deren Leistung verschlechtern.[106] Diese Prozesse wären ebenso Phänomene der Diskursschleife, wenngleich sie die Verengung des Diskurs durch den technisch-konstruktiven Fehler gleichzeitig durchbrechen. Die auftretenden se-

---

103 Shumailov et al. 2023, 10; Limburg et al. 2023, 14.
104 Jäger 2012, 26.
105 Bajohr 2023b, 75.
106 Shumailov et al. 2023, 13.

mantischen Mutationen laufen jedoch stets Gefahr, durch ihren Nonsens-Charakter nicht diskursfähig zu sein und damit in ihrer Wirkung zu verpuffen.

6.2 Potentiale und Limitationen der Diskursanalyse

Was ist nun bei der Diskursanalyse von LLM-Texten zu bedenken? Ohne hier auf die Spezifika bestimmter Subspezies der Diskursanalyse einzugehen, wollen wir allgemeine Überlegungen anstellen, die möglichst breit anwendbar sind.

Foucault schreibt in der Ordnung der Dinge, „dass der Mensch verschwindet wie am Meeresufer ein Gesicht im Sand"[107] und bezieht sich dabei auf das Subjekt, dem er nur mehr eine begrenzte Freiheit innerhalb der diskursiven Ordnung zuspricht. Wird ein LLM zum Ko-Autor, verschwindet der Mensch insofern ein Stück weiter, da nicht mehr sicher ist, ob bestimmte diskursive Aussagen der Person oder dem Modell zuzuordnen sind. Eine Approximation über Vergleichsmaterial menschlicher Autor:innen erscheint momentan denkbar, solange es Text von diesen gibt, der ohne KI verfasst wurde. Die umgekehrte Annäherungsmöglichkeit wäre eine Diskursanalyse von LLMs auf ihr diskursives Bias hin. Da sich die Fähigkeit der Modelle verschiedene Sprachen anzuwenden allein aus dem Trainingsmaterial ergibt – je weniger, desto schlechter schneiden sie bei der Erfüllung von Aufgaben ab[108] – und sie folglich auch nicht auf eine einzelne limitiert sind, ist im immateriellen Vektorenkörper der Modelle keine prinzipielle Unterscheidung zwischen Sprachen vorhanden. Deren kultureller Aspekt hingegen ist nur so weit inkludiert, als dass er sich aus den Daten ergeben hat. Das moralisch-ethische Finetuningmodell geht noch weiter und reduziert diesen Diskursbereich auf eine angelsächsisch-englische Version. So macht es bei Chat GPT 3.5 etwa keinen Unterschied, ob man das Programm auf Deutsch oder Englisch bittet, einen Witz über Jesus zu machen, in jedem Fall wird dies mit dem Verweis auf Respektlosigkeit verweigert. Kontextuelle Umstände – man denke sich eine amerikanische evangelikale Kirchengemeinde gegenüber einem deutschen Satiremedium – sind aus Vorsicht ausgeblendet.

Die im vorigen Teilabschnitt angesprochenen Diskursposition eines LLMs ließe sich für einen bestimmten Zeitpunkt ermitteln, solange man eine stabile Version untersuchen kann. Lässt man eine solche Version eine Reihe von Diskursfrag-

107 Michel Foucault, *Die Ordnung der Dinge: Eine Archäologie der Humanwissenschaften*, Frankfurt a. M. 2020, 462.
108 Viet D. Lai et al., *ChatGPT Beyond English: Towards a Comprehensive Evaluation of Large Language Models in Multilingual Learning*, arXiv 2023, in [arxiv.org/pdf/2304.05613v1] (Zugriff: 04.10.2023).

menten generieren, kann man diese auf ihre Aussagemuster hin analysieren. Es wäre auch denkbar, dasselbe mit einer Reihe von LLMs oder verschiedenen Versionen eines Modells zu tun, um eine allgemeine Diskursposition von LLMs zu einem Thema oder den Diskursstrang zu einem Thema in einem LLM herauszuarbeiten.[109]

Geht man nicht von den LLMs aus, sondern von einem bestimmten Diskurs, so ist zu beachten, dass es auch ohne die bereits angesprochene Diskursschleife über die Verwendung von LLMs zu einer Verengung beziehungsweise einem „Streamlining" des Diskurses – aufgrund des epistemischen Konservatismus der KI – kommt.[110] Das Bias der KI wirkt sich selbstredend nicht nur auf das einzelne Diskursfragment, sondern auf den gesamten Diskurs aus, der in Richtung der kulturellen Eigenheiten, Normen und Werte der Trainingsdaten verschoben wird und außerdem nicht Digitalisierbares sowie bisher noch nicht Digitalisiertes ausschließt. Je nachdem wie homogen oder inhomogen die moralischen Instanzen der dominierenden KIs gestaltet sind, können auch diese zu einer Diskursverschiebung beitragen. Verknüpft man diesen Gedanken mit dem Vorhaben, eine Diskursanalyse von LLMs durchzuführen, so besteht die Gefahr, Diskursschleifen zu potenzieren. Nämlich dann, wenn man versucht, diese Analyse von LLMs mit Hilfe von KI-Tools zu bewerkstelligen, da so aus dem bereits verengten Diskurs wieder nur die häufigsten, im Sinne von statistisch signifikantesten, Aussagemuster herausgearbeitet werden.

7 Schluss

Die gegenwärtige Situation bietet eine gute Gelegenheit, den seit Jahren zunehmenden Einfluss von KI auf den Wissenschaftsbetrieb zu reflektieren. Ausgehend von dem Stehsatz, dass LLMs ein großes disruptives Potential besitzen und in Ansätzen bereits entfalten, lässt sich konstatieren, dass sie die Arbeit mit schriftlichen Quellen in der Geschichtswissenschaft, die daraus abgeleitete Epistemologie und den Umgang mit (geschichts-)wissenschaftlichen Texten verändern.

---

109 Eine spekulative Fortführung des Gedankens bringt uns zur Repräsentation des Bias im multidimensionalen Vektorraum der LLMs. Da die Semantik in Form statistischer Korrelationen und damit in Parametern eines Modells abgebildet ist, müssten Diskursposition und Bias eine virtuelle körperliche Entsprechung haben. Aus diskursanalytischer Perspektive wäre es hochspannend, wenn man mit selbstbezogenen Prompts auf diese Strukturen zugreifen könnte. Theoretisch könnte es möglich sein, ein praktischer Test steht unseres Wissens noch aus.
110 Lopez 2023, 22–23.

Wir sehen in den aktuellen Entwicklungen einige Prämissen inklusive entsprechender Ableitungen. Die vermutlich wichtigste darunter ist, dass menschliche Autorschaft weiter in den Hintergrund tritt. Der von der Intertextualitätstheorie und Roland Barthes geprägte „Tod des Autors" wird über die zunehmend autonome Textarbeit von LLMs, auch auf semantischer Ebene, offensichtlich. LLMs nehmen zwangsläufig immer weiter und unentflechtbar die Position einer Ko-Autorschaft ein, die überdies entlang kollektiver Wahrscheinlichkeiten agiert.

Das betrifft aus Sicht der Geschichtswissenschaft weiters die Produktion von Text und die Arbeit mit schriftlichen Quellen. Vor dem Hintergrund der erschwerten Nachvollziehbarkeit der Überlieferung und des:der Urhebers:in sowie der Überprüfung der Faktizität, zeichnet sich eine Krise der Quellenkritik ab. Mit ihr einher geht das Verblassen der Autorschaft als Garant für Qualität und Verantwortung im Sinne der guten wissenschaftlichen Praxis.

In einem wahrscheinlichen Zukunftsszenario findet sich die Geschichtswissenschaft also zwangläufig mit einem Quellenbestand konfrontiert, der all diese verschärften Problemlagen auf sich vereint. Notwendig ist deshalb ein Bewusstsein um die Veränderungen und Wege des Umgangs damit. Ein solcher Weg, der allerdings erst angelegt werden muss, ist aus unserer Sicht eine „neue" allgemeine Quellenkritik, idealerweise im theoretisch-praktischen Rahmen der Digital Humanities. Diese könnte dringend benötigte Dokumentationsstandards festlegen und eine normative Orientierung zur Zusammenarbeit von Mensch und Maschine für die Geschichtswissenschaft bieten.[111]

Vergrößert man den Referenzrahmen der Beobachtung von einzelnen Quellen auf ganze Bestände, ist ein angepasster theoretischer Rahmen notwendig, den wir in der Diskurstheorie sehen. Wir haben versucht, damit Phänomene zu erfassen, die wir als Diskursverengung bis hin zur Dystopie der Diskursschleife bezeichnen: Über die aufgrund ihres Bias in die LLMs eingeschriebenen Diskurspositionen, ihre probabilistische Funktionsweise sowie ihren vermehrten Einsatz in Textproduktion und -rezeption kommt es zu einer Vereinheitlichung von Sprache und Denken. Diese gipfelt im schlimmsten Falle in einer Stagnation der Diskurse in Form von abgeschlossenen, sich selbst perpetuierenden Schleifen.

Abseits dieser Überlegungen kann die Diskursanalyse in Zukunft möglicherweise genau jene inhärenten Diskurspositionen der LLMs aus dem Quellenbestand herausarbeiten. Über die Empirie des großen Quellenbestandes werden die in ein

---

111 In dieser Hinsicht ist auch ein wechselseitiges Profitieren von Geschichtswissenschaft und Entwicklerseite denkbar, beispielsweise bei der Frage nach dem Umgang mit Daten, die mit einem Bias versehen sind, wozu die Archivwissenschaft Lösungsansätze bietet. Vgl. Eun Jo/Timnit Gebru, „Lessons from Archives", *Proceedings of the 2020 Conference on Fairness, Accountability, and Transparency*, 2020 (DOI: 10.48550/arXiv.1912.10389) (Zugriff: 04.10.2023).

Modell oder, aufgrund ähnlicher Trainingsdatensätze, auch über mehrere Modelle hinweg eingeschriebenen Positionen zu Wissen und moralischen Verhaltensweisen fassbar. Auf diese Weise wäre ein analytischer und stärker reflektierter Umgang mit LLMs möglich, durch den der Mensch eventuell doch nicht aufgrund der KI „verschwindet wie am Meeresufer ein Gesicht im Sand".[112]

---

112 Foucault 2020, 462.

Miriam Weiss

Lateinkenntnisse erforderlich?!

KI-geschaffene Übersetzungen als Hilfsmittel zur Quellenerschließung in der Geschichtswissenschaft

Abstract: Digital translation tools such as DeepL, Google Translate or ChatGPT now make it possible to receive texts whose language you do not speak. This seems problematic in a scientific context because the translations cannot be verified, but it also represents a great opportunity because texts that previously remained closed due to the language barrier can now be integrated into one's own studies. The article discusses the opportunities and risks of using digitally created translations at universities using the example of Latin texts in history.

Eine der häufigsten Reaktionen, die man als Mediävist*in erhält, wenn man erzählt, womit man sich beruflich beschäftigt, ist, wie sehr das Gegenüber schon immer am Mittelalter interessiert war und wie spannend es diese Zeit findet.[1] Manche Menschen fasziniert die Geschichte so sehr, dass sie sogar ein Geschichtsstudium angehen. Dabei nimmt dann allerdings die Bereitschaft, sich speziell mit dem Mittelalter zu beschäftigen, deutlich ab. In der Regel werden von Studierenden Veranstaltungen aus der Neuzeit am liebsten besucht, wohingegen das Mittelalter schon im 19. Jahrhundert als „das Säurebad des Geschichtsstudiums"[2] bezeichnet

---

[1] Das populäre Interesse am Mittelalter manifestiert sich in verschiedenen Bereichen: Mittelaltermärkten, historischen Romanen, Filmen/Serien, Computerspielen sowie Dokumentationen. Das Fach selbst beschäftigt sich wissenschaftlich seit Langem eingehend mit dem populären Mittelalter – sowohl von Seiten der Public History als auch von Seiten der Mediävisten. Es gibt mittlerweile zu viele Untersuchungen, um sie alle hier zu nennen, weshalb lediglich beispielhaft auf das Standardwerk von Valentin Groebner, *Das Mittelalter hört nicht auf. Über historisches Erzählen*, München 2008 (2023²) sowie der Aktualität halber auf den kürzlich erschienenen Aufsatz von Sebastian Kubon, „Das Mittelalter bei Youtube. Das „Tufekci-Experiment", oder: „Der Algorithmus als The Great Radicalizer", in *Klio hat jetzt Internet. Historische Narrative auf Youtube – Darstellung, Inszenierung, Aushandlung*, hg. von Kilian Baur/Robert Trautmannsberger, Berlin/Boston 2023, 61–80, in [www.degruyter.com/document/doi/10.1515/9783110792898/html] (Zugriff: 14.09.2023), verwiesen werden soll.

[2] Der Ausdruck geht zurück auf den Vortrag „Geschichte erforschen oder Geschichte schreiben? Konkurrierende Leitbilder der historischen Mittelalterforschung seit der Mitte des 19. Jahrhunderts" von Frank Rexroth während der Winterakademie „Was ist Geschichtsschreibung?" im Alfried-Krupp-Wissenschaftskolleg Greifswald vom 16. – 21. Februar 2009. Genauere Ausführungen sind zu

---

ᵭ Open Access. © 2024 bei den Autorinnen und Autoren, publiziert von De Gruyter. [CC] [BY-NC-ND] Dieses Werk ist lizenziert unter einer Creative Commons Namensnennung – Nicht kommerziell – Keine Bearbeitung 4.0 International Lizenz. https://doi.org/10.1515/9783111351490-033

wurde. Das hat viele Gründe, die hier nicht im Einzelnen dargelegt werden können, es liegt aber sicherlich nicht zuletzt daran, dass für das umfassende Studium der mittelalterlichen Geschichte Lateinkenntnisse benötigt werden, da der Großteil der mittelalterlichen Texte auf Latein verfasst wurde. Einige deutsche Universitäten setzen für ein Geschichtsstudium aus diesem Grund Lateinkenntnisse voraus, was dazu führt, dass Studierende während ihres Studiums das Latinum nachholen müssen. An vielen Universitäten weicht diese Voraussetzung inzwischen auf und Studierende können auch ohne Lateinkenntnisse das Studium durchlaufen. Für sie werden Veranstaltungen im Bereich der mittelalterlichen Geschichte angeboten, die ohne Lateinkenntnisse auskommen. Man arbeitet dann mit wissenschaftlichen Übersetzungen, soweit diese vorliegen.

Grundsätzlich lässt sich festhalten, dass Lateinkenntnisse für das Verständnis der mittelalterlichen Geschichte eine zentrale Voraussetzung sind. Diese Voraussetzung ist aber nicht bei allen Studierenden gegeben und selbst Studierende mit Lateinkenntnissen meiden das Mittelalter, weil die Beschäftigung mit lateinischen Texten sie häufig abschreckt, denn Latein ist – das weiß jede*r – sehr schwer. Dieser „Lateinabschreckungscharakter" der mittelalterlichen Geschichte ist schon immer ein Problem im Fach gewesen. Hinzu kommt, dass Studierenden ohne Latein- kenntnisse ein sehr großer Anteil des Faches verschlossen bleibt, da sie die Texte nicht rezipieren können. Es gibt zwar Übersetzungen in moderne Sprachen, aber natürlich nicht für alle Quellen – dazu sind es viel zu viele und außerdem werden noch immer neue Quellen erschlossen.

Auf Grundlage dieser Überlegungen entstand der vorliegende Beitrag. Im Rahmen des an der Universität des Saarlandes angesiedelten, vom Bund geförder- ten und fächerübergreifenden Projektes DaTa-Pin,[3] welches das Ziel hat, Innova- tionen im Einsatz von Künstlicher Intelligenz (KI) in der Lehre zu ermöglichen, um Ideen für die Lehre zu entwickeln und zu erproben, untersuche ich zusammen mit Cristina Andenna im Teilprojekt „KI-geschaffene Texte und ihre Verwendung in den Geisteswissenschaften. Chancen und Grenzen" gemeinsam mit Studierenden digi- tale Text- und Übersetzungstools im Hinblick auf ihren Einsatz in der Lehre in der Geschichtswissenschaft. Ein Bestandteil der Untersuchung ist, inwiefern Überset- zungstools den Zugang zu schwer oder bislang gar nicht zugänglichen lateinischen Texten erleichtern können.

Im Rahmen einer Übung wurden bereits erste Tests mit Studierenden durch- geführt und im vorliegenden Beitrag sollen erste Ergebnisse und Reflexionen vor-

---

finden bei Frank Rexroth, „Geschichte erforschen oder Geschichte schreiben? Die deutschen His- toriker und ihr Spätmittelalter 1859–2009", *Historische Zeitschrift*, Bd. 289, 2009, 109–147.

3 [www.uni-saarland.de/projekt/digitalisierung/digitalisierungsprojekte/projekt-data-pin.html] (Zu- griff: 21.09.2023).

gestellt werden. Dabei sei ausdrücklich betont, dass es sich um erste Beobachtungen und Überlegungen handelt. Die ausführliche Studie steht im Winter 2023/24 an. Gleichwohl können diese ersten Gedanken die grundsätzliche Problematik sowie die Chance im Hinblick auf die Verwendung von KI-Übersetzungen in der Wissenschaft aufzeigen und den Anknüpfungspunkt für weitere Überlegungen bilden.[4]

1 Das Experiment

Unser erstes Kurzexperiment (eine 90-minütige Sitzung im Rahmen einer Übung zu Konrad II.) zu digitalen Übersetzungstools fand am 5. Juli 2023 an der Universität des Saarlandes statt. Zuerst haben die Studierenden einen Fragebogen ausgefüllt, dessen Ergebnis in Anhang 1 zu sehen ist. Zu erkennen ist deutlich, dass die befragten Studierenden nur mäßige Kenntnisse über digitale Tools für ihr Studium haben, auch wenn sie selbst das zum Teil anders einschätzen. So geben sie als digitale Tools beispielsweise ihr E-Mail-Programm oder LSF und auch MS WORD und POWERPOINT an – alles Anwendungen, die nicht primär als digitale Tools für das Geschichtsstudium zu bezeichnen sind. Aus dem Fragebogen kommt ebenfalls deutlich heraus, dass alle Studierenden gerne mehr über derartige Tools lernen möchten. Hinsichtlich der Verwendung von Übersetzungstools zeigt sich ein gemischtes Bild – einige Studierende geben an, diese bereits zu nutzen, andere verzichten bislang auf digitale Übersetzungshilfsmittel.

Im Anschluss an den Fragebogen wurde für das Übersetzungsexperiment ein lateinischer Text[5] als Grundlage genommen, den die Studierenden schon in einer früheren Sitzung ausführlich behandelt hatten. Sie haben zu dem lateinischen Text eine deutsche[6] und eine englische[7] Übersetzung erhalten, die von Wissenschaftlern erstellt und publiziert wurden. Alle drei Texte sind in Anhang 2 zu sehen. Daraufhin wurden die Studierenden in Gruppen eingeteilt und erhielten verschiedene Aufgaben.

Im Folgenden werden die Ergebnisse der Untersuchungen der ersten beiden Gruppen vorgestellt. Die erste Gruppe sollte sich mit der Übersetzung des lateini-

---

4 Zum Austausch über das Thema kann man mich gerne kontaktieren: miriam.weiss@uni-saarland.de.

5 Wipo, *Gesta Chuonradi II. imperatoris*, bearbeitet von Werner Trillmich, in *Quellen des 9. und 11. Jahrhunderts zur Geschichte der hamburgischen Kirche und des Reiches*, Darmstadt ⁵1961 (⁷2000), 544.

6 Trillmich 1961, 545.

7 *Imperial lives & letters of the eleventh century*, übers. von Theodor E. Mommsen und Karl F. Morrison, hg. von Robert L. Benson, New York 2000, 65.

schen Textes ins Deutsche und die zweite Gruppe mit der Übersetzung des lateinischen Textes ins Englische beschäftigen. Die Aufgabenstellungen waren für beide
Gruppen identisch:

> Lassen Sie DeepL und ChatGPT den edierten Quellentext ins Deutsche bzw. Englische über-
> setzen. Verwenden Sie bei ChatGPT drei verschiedene Aufforderungen und vergleichen, ob die
> Ergebnisse sich bei allen drei Aufforderungen decken. Speichern Sie alle Aufforderungen und
> Ergebnisse.
>
> Vergleichen Sie die Übersetzungsergebnisse der Online-Tools mit der edierten Übersetzung aus
> der Edition. Stellen Sie heraus, was gut funktioniert und wo Probleme liegen.
>
> Überlegen und begründen Sie, ob Sie die Übersetzungen der Tools für ein Referat oder eine
> Hausarbeit verwenden würden. Überlegen Sie, ob Sie die Übersetzungen der Tools auch ver-
> wenden würden, wenn Sie keine Lateinkenntnisse hätten.

Als Ergebnis stellten beide Gruppen zunächst fest, dass DeepL nicht aus dem Lateinischen übersetzen kann. Als gut funktionierende Tools stellten sich ChatGPT
und der Google Übersetzer heraus.

Beide Gruppen merkten schnell, dass ChatGPT je nach Eingabeaufforderung
(Promt) unterschiedliche Übersetzungsergebnisse lieferte.[8] Ein Beispiel, nämlich
der erste Satz des zugrundeliegenden Textes, soll im Folgenden die Ergebnisse der
Analyse verdeutlichen.[9] Der lateinische Satz lautet:

> Archiepiscopus Moguntinensis, cuius sententia ante alios accipienda fuit, rogatus a populo,
> *quid sibi videretur,* abundanti corde, hilari voce laudavit et elegit maioris aetatis *Chuononem*
> suum in dominum et regem atque rectorem et defensorem patriae.

Die wissenschaftliche Übersetzung lautet:

> Der Erzbischof von Mainz, der als erster seine Stimme abgeben mußte, kürte und wählte auf
> die Frage des Volkes *nach seinem Willen* aus übervollem Herzen und mit klarer Stimme den
> älteren *Konrad* zu seinem Herrn und König, zum Lenker und Schützer des Reiches.

ChatGPT lieferte bei drei unterschiedlichen Prompts:

---

8 Das Problem der Nicht-Reproduzierbarkeit von Ergebnissen bei ChatGPT ist bekannt und hängt
mit der Funktionsweise des Sprachmodells zusammen, welches über Wahrscheinlichkeiten funktioniert. Dies wird in zahlreichen Einführungen zu KI und ChatGPT erklärt, z.B. bei Kai Spriesterbach, *Richtig texten mit KI. ChatGPT, GPT-4, GPT-3 & Co. Texte schreiben mithilfe künstlicher Intelligenz für Job, Uni und Websites – schneller und besser als je zuvor,* München 2023, speziell 47–60.
9 Alle Zitate stammen aus den Abfragen im Rahmen des Experiments am 5. Juli 2023. Verwendet
wurde GPT 3.5.

Übersetzte mir bitte diesen Text aus dem Lateinischen ins Deutsche:
Der Erzbischof von Mainz, dessen Meinung vor allen anderen zu beachten war, wurde vom
Volk gefragt, *was er davon halte*. Mit freudigem Herzen und fröhlicher Stimme lobte er und
wählte seinen älteren Zeitgenossen *Chuonon* zu seinem Herrn, König und Führer und Verteidiger des Landes.

Übersetze mir diesen Text!
Der Erzbischof von Mainz, dessen Meinung vor allen anderen zu beachten war, wurde vom
Volk gefragt, *wie er dazu stehe*. Mit freudigem Herzen und fröhlicher Stimme lobte er und
wählte seinen älteren Zeitgenossen *Chuonon* zu seinem Herrn, König und Führer und Verteidiger des Landes.

Kannst du mir diesen Text ins Deutsche übersetzen?
Selbstverständlich! Hier ist die Übersetzung des Textes ins Deutsche:
Der Erzbischof von Mainz, dessen Meinung vor allen anderen zu beachten war, wurde vom
Volk gefragt, *was er davon halte*. Mit freudigem Herzen und fröhlicher Stimme lobte er und
wählte seinen älteren Zeitgenossen *Chuonon* zu seinem Herrn, König und Führer und Ver-
teidiger des Landes.

Der Google Übersetzer übersetzte:

Der Erzbischof von Mainz, dessen Entscheidung vor den anderen angenommen werden sollte,
wurde vom Volk mit überströmendem Herzen *nach seiner Meinung* gefragt, lobte ihn mit
fröhlicher Stimme und wählte seinen älteren *Chuonon* zum Herrn und König sowie Gouver-
neur und Verteidiger das Land.

Bei der Analyse der Übersetzungen fallen ein paar Dinge auf:

Inhaltlich lassen sich einige Sachverhalte beobachten. Zunächst fügte ChatGPT
ein Satzzeichen, nämlich einen Punkt, ein und machte damit aus einem lateinischen
Satz zwei deutsche Sätze. Außerdem werden Teile des Satzes in mehreren Versionen der Übersetzung unterschiedlich übersetzt. Hier sei beispielhaft das lateinische
„quid sibi videretur" betrachtet, welches insgesamt vier verschiedene Übersetzungen erfährt, wobei zwei davon vom gleichen Tool – nämlich ChatGPT – ausgegeben wurden.

„quid sibi videretur"   *nach seinem Willen* (wissenschaftliche Übersetzung)
                          was er davon halte (ChatGPT)
                          wie er dazu stehe (ChatGPT)
                          nach seiner Meinung (Google Übersetzer)

Bei genauer Betrachtung lässt sich erkennen, dass ChatGPT wörtlicher übersetzt,
während der Google Übersetzer seine Übersetzung ebenso wie der Wissenschaftler
sprachlich an den deutschen Satz anpasst. Der Wissenschaftler verschärft die Bedeutung der lateinischen Worte außerdem. Der Wille des Erzbischofs ist etwas

anderes als die Meinung des Erzbischofs. Aus übersetzender Sicht treffen die digitalen Tools den lateinischen Text besser als der Wissenschaftler, der mit seiner Übersetzung bereits eine Tendenz und damit eine Interpretation der lateinischen Worte mitliefert. Zu fragen bliebe an dieser Stelle, ob irgendeine der Übersetzungen aus wissenschaftlicher Sicht falsch ist. Das wäre bei allen vier Sätzen zu verneinen.

Anders sieht es bei der Übersetzung des Protagonisten des Textes aus, nämlich bei Konrad II. Dieser heißt im lateinischen Original *Chuononem* im Akkusativ, also im Nominativ

„Chuono" *Konrad* (wissenschaftliche Übersetzung)
　　Chuonon (ChatGPT und Google Übersetzer)

Man sieht, dass die digitalen Tools auch hier rein übersetzen, also versuchen, den Namen der Person aus der Grammatik abzuleiten, während der Wissenschaftler aufgrund seiner Expertise in der Lage ist, den lateinischen Namen richtig zuzuordnen.

Die englischen Übersetzungen, die auf englische Prompts zurückgehen, lieferten ein wenig andere Ergebnisse. Es wurden keine falschen Satzzeichen eingefügt, und der Ausdruck „quid sibi videretur" wurde drei Mal gleich als „what he thought" übersetzt. Konrad II. wurde in den richtigen Nominativ, nämlich „Chuono" gesetzt, den auch der wissenschaftliche Übersetzer wählte, allerdings in Form von „Cuono". „Kuono" ist in der deutschen Wissenschaft natürlich auch als Synonym für Konrad bekannt. Die englische Übersetzung scheint damit dem lateinischen Text näher zu kommen, wobei auch hier bei den drei Prompts unterschiedliche Übersetzungen für einzelne Wörter zu finden sind. Allerdings weist ChatGPT in der englischsprachigen Version auf diese Probleme hin: „Please note that while I strive to provide an accurate translation, the complexity and nuances of Latin can sometimes result in different interpretations."

Im Hinblick auf die unterschiedlichen Übersetzungen bei unterschiedlichen Prompts ließen die Studierenden ChatGPT im Englischen selbst seine drei unterschiedlichen Übersetzungsversionen vergleichen. Die Unterschiede wurden dann ordentlich aufgelistet und es wurde eine Gesamtbewertung gegeben:

> Upon comparing the three texts you provided, here are the differences in their content:
> First Text:
> - Mentions that the Archbishop of Mainz chose „his own elder Chuono" as lord, king, ruler, and defender of the country.
> - Emphasizes the persistence in Chuono as the chosen one and places him above all ruling powers without hesitation.
> - Highlights that Chuono had little benefit and power in public affairs compared to other men of singular power.

Second Text:
- Mentions that the Archbishop of Mainz chose Chuono of greater age as lord, king, ruler, and defender of the country.
- Does not specify that Chuono is the archbishop's „own" Chuono.
- Emphasizes the unanimous agreement and desire for the elder Chuono among all the princes.
- States that Chuono had little benefit and power in public affairs compared to other men of singular power.

Third Text:
- Similar to the second text in terms of content.
- Does not specify that Chuono is the archbishop's „own" Chuono.
- Emphasizes the unanimous agreement and desire for the elder Chuono among all the princes.
- States that Chuono had little benefit and power in public affairs compared to other men of singular power.

Overall, the differences between the second and third texts are minimal, with minor variations in wording and sentence structure. The first text, however, contains some unique details regarding Chuono being the archbishop's „own" Chuono and the specific emphasis on his lack of benefit and power in public affairs.

Im Folgenden werden die konkreten Beispiele verlassen und die zentralen Ergebnisse verallgemeinert und im Kontext des Sammelband-Themas reflektiert.

2 Die Ergebnisse

Digitale Übersetzungstools bringen Übersetzungen und damit neue Texte hervor. In Bezug auf den Umgang mit diesen Texten in der Geschichtswissenschaft stellen sich zwei zentrale Fragen: Sind sie für wissenschaftliche Zwecke ausreichend? Und sollten sie von Studierenden verwendet werden?[10]

---

10 Diese beiden Fragen sind natürlich nicht nur für die Geschichtswissenschaft relevant, sondern betreffen alle wissenschaftlichen Fächer. Wie sollen Wissenschaftler*innen mit der Möglichkeit umgehen, dass Texte in Zukunft aus sämtlichen Sprachen übersetzt werden können? Sollen diese Übersetzungen für wissenschaftliche Arbeiten verwendet werden, auch wenn die Nutzer*innen die Sprache, aus der übersetzt wurde, nicht beherrschen? Darüber hinaus betrifft die Schwierigkeit nicht nur die Wissenschaften, sondern fast alle Lebensbereiche. Ausführliche Überlegungen für den Bereich der öffentlichen Verwaltung sind beispielsweise zu finden in der Studie von Christian Djeffal/Antonia Horst, *Übersetzung und Künstliche Intelligenz in der öffentlichen Verwaltung*, Berlin 2021, in [negz.org/wp-content/uploads/2022/12/17_Kurzstudie_Uebersetzung-und-kuenstliche-Intelligenz-2021.pdf] (Zugriff: 14.09.2023).

Das kurze Experiment zeigte, dass Übersetzungen von ChatGPT und Co. eng am Originaltext bleiben. Als problematisch erscheint das Aufteilen eines Satzes in mehrere Sätze, da dies zu Sinnveränderungen führen kann. Dieses Problem ist allerdings für die Geschichtswissenschaft nicht neu, da auch bei der Transkription vom originalen Ursprungstext in eine Edition Satzzeichen hinzugefügt werden, die den Sinn des Originals verändern können.[11] Dies sollten Historiker*innen also immer mitberücksichtigen. Ein weiteres Problem besteht darin, dass ChatGPT bei unterschiedlichen Prompts unterschiedliche Übersetzungen ausgibt. Deren Unterschiede sind zwar im Experiment nicht sinnentstellend, können aber zu einer Unsicherheit in Bezug auf Übersetzungsergebnisse von ChatGPT führen. Derartige Unsicherheiten lassen sich dann nur beheben, wenn die Ergebnisse kontrolliert werden, was wiederum nur mit Lateinkenntnissen möglich ist.

Die digitalen Tools versagen oft bei der korrekten Identifizierung historischer Personen und Orte. Das ist allerdings auch keine wirkliche Übersetzungsaufgabe und stellt für Historiker*innen immer eine zentrale Herausforderung bei der Bearbeitung von Quellen in Originalsprache dar. Hier ist die wissenschaftliche Übersetzung hilfreicher, weil die Arbeit bereits von einer Fachperson übernommen wurde.

Zusammenfassend lässt sich damit sagen, dass Übersetzungen, die von digitalen Tools angefertigt wurden, von Wissenschaftler*innen genauso behandelt werden sollten wie wissenschaftliche Übersetzungen. Bei all diesen Texten ist Fachwissen nötig, welches eine Person in die Lage versetzt, die Übersetzung zu beurteilen. Es ist daher von großem Vorteil, Lateinkenntnisse zu haben, um Übersetzungen kontrollieren zu können, bevor man sie im wissenschaftlichen Kontext verwendet.[12] Zentrale Voraussetzung für die Arbeit mit Übersetzungen im Fach Geschichte sollte also sein, Unstimmigkeiten zu erkennen. Das geht einerseits über die Sprache, z. B. wenn das Deutsche seltsam anmutet, oder über die Erfahrung, z. B. wenn man weiß,

---

11 Dazu vgl. z. B. Matthias Thumser, „Zehn Thesen zur Edition deutschsprachiger Geschichtsquellen (14.–16. Jahrhundert)", in *Editionswissenschaftliche Kolloquien 2005/2007. Methodik – Amtsbücher. Digitale Edition – Projekte*, hg. von Matthias Thumser/Janusz Tandecki, Toruń 2008, 13–19, speziell 18, These 6: „Die Interpunktion wird nach grammatischen Gesichtspunkten eingerichtet. Elementare Aufgabe des Herausgebers ist es, die Interpunktion der Vorlage, vornehmlich bestehend aus Punkt und Virgel, durch die heute gebräuchlichen Satzzeichen zu substituieren und den Satzbau entsprechend zu organisieren. Diese Normalisierung bedeutet zwar einen schwerwiegenden Eingriff in den überlieferten Text und einen ersten Ansatz der Interpretation zugleich, dient aber in hohem Maße der Erleichterung des Verständnisses."

12 Zu dem gleichen Ergebnis kamen auch die Studierenden, die einhellig der Meinung waren, dass die Übersetzungen zwar hilfreich sein können, um einen schnellen Einblick in eine Quelle zu bekommen, für den wissenschaftlichen Gebrauch aber nur dann hilfreich sind, wenn man die betreffende Sprache selbst beherrscht und die Übersetzung kontrollieren und beurteilen kann.

dass ein Ausdruck im Mittelalter nicht verwendet wurde oder Chuonem Konrad II. sein muss. Die Übersetzungen werden damit selbst zu Quellen, die kritisch betrachtet und analysiert werden müssen. Auf den ersten Blick erscheint es nicht von Bedeutung, ob eine wissenschaftliche oder eine von ChatGPT generierte Übersetzung vorliegt. Bei näherer Betrachtung bietet die wissenschaftliche Übersetzung aber einen Fußnotenapparat und übernimmt Orts- und Personenidentifikation. Gleichzeitig bietet sie häufig interpretative Übersetzungen, die gleichwohl mit Vorsicht zu genießen sein können. Das heißt: Wer in der Lage ist, die Qualität einer Übersetzung zu analysieren und zu beurteilen, kann bei kritischer Betrachtung alle Übersetzungen für wissenschaftliche Zwecke nutzen. Die Übersetzung dient somit als Brücke, um Zugang zum originalen Text zu erhalten.

3 Das Problem

Genau hier stellt sich eine zentrale Frage: Was ist mit Personen, die keine Lateinkenntnisse besitzen? Sollen sie weiterhin vom Zugang zu einem Großteil der mittelalterlichen Quellen ausgeschlossen bleiben, weil sie nicht in der Lage sind, Übersetzungen von ChatGPT kritisch zu betrachten? Oder ist es begrüßenswert, dass sie fortan mit Hilfe digitaler Tools an Quellen herankommen, die ihnen bislang verschlossen geblieben sind?

Es ist offensichtlich, dass eine*n Forscher*in die Übersetzung ohne eigene Lateinkenntnisse nicht näher an den ursprünglichen lateinischen Text heranbringt, sondern dass die Übersetzung eine neue Art von Text ist, der für sich selbst Gültigkeit erhält. Dies gilt natürlich gleichermaßen für wissenschaftliche Übersetzungen. Wenn Studierende eine Quelle nur in Übersetzung rezipieren und interpretieren können, so ist es immer möglich, dass sie ihre Interpretationen auf Bestandteile aufbauen, die einer komplizierten Übersetzung geschuldet sind. Gleiches wäre für Übersetzungen mit Hilfe digitaler Tools der Fall und erscheint dementsprechend kein ausreichender Grund, die Übersetzungen nicht zu verwenden. Für einen schnellen Einblick in den Inhalt einer Quelle scheinen sie in jedem Fall sehr hilfreich zu sein. Können sie aber im wissenschaftlichen Kontext als Textgrundlage dienen?

Im Vergleich zu Übersetzungen durch ChatGPT haben wissenschaftliche Übersetzungen den klaren Vorteil, dass sie angeben, worauf sie die Übersetzung gründen, in den Fußnoten Schwierigkeiten erläutern und sich problemlos zitieren lassen. Insbesondere ist die publizierte Übersetzung eines Autors oder einer Autorin immer gleich und jeder kann ebendiese Übersetzung einsehen. ChatGPT liefert wie gesehen unterschiedliche Übersetzungstexte ohne weiterführende Bemerkungen.[13] Das heißt, es ist bei der Arbeit mit diesen Übersetzungen unbedingt erforderlich, den übersetzten Text und möglichst auch den verwendeten Prompt der eigenen Interpretation beizufügen. Denn man kann sich nicht darauf verlassen, dass jemand anderes von ChatGPT den gleichen Übersetzungstext erhält wie man selbst. All dies muss aber zunächst für Nutzer*innen geklärt sein, bevor diese Übersetzungen verwendet werden. Außerdem muss die Problematik der nicht identifizierten Personen und Orte bekannt sein, damit man diese Arbeit selbst übernehmen kann. Generell sollte berücksichtigt werden, dass die Arbeit mit ChatGPT auf Englisch bislang die besseren Ergebnisse bringt. Sind sich Studierende dieser Eigenheiten von KI-generierten Übersetzungen bewusst, scheinen diese mir mehr Chance als Gefahr für die Wissenschaft zu sein, denn das kritische Betrachten und Hinterfragen von Texten ist und bleibt eine zentrale Kernkompetenz von Historiker*innen und ChatGPT und Co. liefern lediglich einen Text mehr, der in diesem Sinne behandelt werden möchte.

4 Die Aufgabe

An dieser Stelle sei noch ein kurzer Blick auf die Zweitbefragung der Studierenden im Anschluss an das Experiment geworfen (Anhang 3). Fast alle fühlten sich nach der Sitzung sicherer im Umgang mit den behandelten digitalen Tools und alle möchten mehr über digitale Tools für ihr Studium erfahren. Aus diesem Grund sollte man sich mit den neuen Möglichkeiten beschäftigen und schnellstmöglich methodische Hilfestellungen für den Umgang mit KI-geschaffenen Texten entwickeln.[14] Dafür sind Kompetenzen erforderlich, die – zumindest in der Geschichts-

---

13 Auch damit zeigt sich ein bekanntes Problem in Bezug auf ChatGPT, nämlich die fehlende Transparenz, die gerade im wissenschaftlichen Kontext von grundlegender Bedeutung ist; mehr dazu z. B. bei Dominikus Herzberg, „Künstliche Intelligenz in der Hochschulbildung und das Transparenzproblem: Eine Analyse und ein Lösungsvorschlag", in *Künstliche Intelligenz in der Hochschulbildung. Chancen und Grenzen des KI-gestützten Lernens und Lehrens*, hg. von Tobias Schmohl et al., Bielefeld 2023, 87–98.

14 An derartigen Hilfestellungen zur Anwendung von KI in Wissenschaft und Lehre arbeiten derzeit zahlreiche Hochschulen. Während sich das Saarbrücker Projekt einem digitalen Reader für die Geschichtswissenschaft mit didaktischen Hinweisen widmet, adressiert das Berliner Projekt AISkills bereits eine weit größere Zielgruppe, in [http://www.projekte.hu-berlin.de/de/ai-skills/ai-skills] Zugriff: 14. 09. 2023). Darüber hinaus entstehen zahlreiche Veröffentlichungen zur Anwendung von KI in der Hochschulbildung, wie beispielsweise der Sammelband von Tobias Schmohl/Alice Watanabe/Kathrin Schelling (Hg.), *Künstliche Intelligenz in der Hochschulbildung Chancen und Grenzen des KIgestützten Lernens und Lehrens*, 2023, oder das Whitepaper der Uni Hohenheim „Unlocking the Power of Generative AI Models and Systems such as GPT-4 and ChatGPT for Higher

wissenschaft – ohnehin zum Handwerk gehören und nun lediglich auf neue Arten von Texten ausgerichtet werden müssen.[15] Die methodischen Hilfestellungen sind zu unterrichten, um Studierenden neue Wege aufzuzeigen. Zu diesen Hilfestellungen gehören die Bewusstmachung von Fragen wie „Wie funktioniert die KI?", „Was kann die KI und was kann sie nicht?" und simple neue Regeln wie das Beilegen der verwendeten Prompts und Texte zur eigenen Studie, damit Studierende und Dozierende auf der gleichen Grundlage arbeiten können.

Gerade im Kontext der Übersetzungen sei herausgestellt, dass es sich hier nicht um KI-geschaffene Texte handelt, die Nutzer*innen auch selbst hätten erstellen können. Die KI liefert einen Mehrwert, der ohne die digitalen Möglichkeiten nicht gegeben wäre. Personen ohne Lateinkenntnisse werden sich wahrscheinlich nicht von selbst damit befassen, diese Sprache zu lernen, solange es nicht zwingend erforderlich ist. Die KI „ersetzt" hier keine menschlichen Fähigkeiten, sondern erweitert sie.[16] Das unterschiedliche Abschneiden von Studierenden war schon immer so und scheint mir kein Grund zu sein, die Chance von KI-geschaffenen

---

Education. A Guide for Students and Lecturers", 2023, in [https://t1p.de/gjl2p] (Zugriff: 14.09.2023), der Blogbeitrag von Christian Spannagel, „ChatGPT und die Zukunft des Lernen: Evolution statt Revolution", 2023, in [https://www.hochschulforumdigitalisierung.de/de/blog/chatgpt-und-die-zukunft-des-lernens-evolution-statt-revolution] (Zugriff: 14.09.2023), oder auch Beiträge für unterschiedliche Disziplinen wie Michael Neumann/Maria Rauschenberger/Eva-Maria Schön, „We need to talk about ChatGPT: The future of AI and higher education", 2023, in [https://t1p.de/76cja] (Zugriff: 14.09.2023) für den Bereich des Software Engineering.

15 Ähnliches erläuterte bereits beispielsweise Hubertus Kohle, „Die Geisteswissenschaften und das Digitale. Ein Quantensprung oder business as usual?", in *#DigiCampus. Digitale Forschung und Lehre in den Geisteswissenschaften*, hg. von Harald Klinke, 2018, 9–17, für die Digitalität in den Geisteswissenschaften allgemein. Ganz aktuell wurde das Thema unter Historikern auf dem Historikertag 2023 am 20. September in Leipzig in der von Torsten Hiltmann organisierten Sonderveranstaltung „Geschichte aus der Maschine. Potenziale, Herausforderungen und Gefahren der ‚Künstlichen Intelligenz' für unser Fach" diskutiert.

16 Die Sorge und teilweise auch Befürchtung, dass die KI den Menschen ersetzen könnte, wird seit langem öffentlich diskutiert und bekam 2022 mit ChatGPT einen neuen Boom, in dessen Rahmen sich auch Historiker*innen wieder zu Wort meldeten. Dazu vgl. beispielsweise das Interview „ChatGPT: Vor der allwissenden KI brauchen wir und noch nicht zu fürchten" mit Stefan Strauß, 2023, in [oeaw.ac.at/news/chatgpt-vor-der-allwissenden-ki-brauchen-wir-uns-noch-nicht-zu-fuerchten] (Zugriff: 15.09.2023) oder das Interview „ChatGPT kann nicht Geschichte schreiben" mit Johannes Preise-Kapelle, 2023, in [oeaw.ac.at/news/chatgpt-kann-nicht-geschichte-schreiben] (Zugriff: 15.09.2023) oder – speziell für die Mediävistik – Lorenzo Dell'Oso, „ChatGPT e il futuro della medievistica: alcune proposte", 2023, in [leparoleelecose.it/?p=47239] (Zugriff: 14.09.2023). Ein großes Publikum erreicht auch der Bestseller-Autor und Neurowissenschaftler Joachim Bauer, *Realitätsverlust. Wie KI und virtuelle Welten von uns Besitz ergreifen – und die Menschlichkeit bedrohen*, München 2023, mit aus mediävistischer Sicht interessanten und amüsanten Bezügen zum Mittelalter, insbesondere 24–26.

Übersetzungen in der Wissenschaft ungenutzt zu lassen. Es sollte vielmehr als Aufgabe der Dozierenden angesehen werden, die Studierenden auch im Umgang mit KI-bezogenen Anwendungen bestmöglich zu unterstützen.

Anhänge

Anhang 1 Erstbefragung, Auswertung (11 Studierende)

1) Ich fühle mich sicher im Umgang mit digitalen Tools in Bezug auf mein Studium.
   - Ja —— 6
   - Geht so —— 4
   - Nein —— 1

2) Ich kenne die folgenden digitalen Tools, die ich regelmäßig für mein Studium verwende:
LSF (2x), Moodle (4x), SULB, Webmail (3x), MS Teams (3x), Powerpoint (2x), google docs, google drive, google slides, Zotero, Canva, JSTOR (2x), Discord, Microsoft 365, PDF Converter, Adobe Acrobat, WORD, Excel, Regesta Imperii (2x), DeepL, Datenbanken, Microsoft Office (2x), ChatGPT, Bryn Mawr Classical review, Plekos, Orbis, Beck e-library, Frankfurter elektronische Rundschau Altertumskunde, H-Soz-Kult, Perseus digital library, the Latin library, Enzyklopädie der Neuzeit, dMGH, Geschichtsquellen.de, DNP

3) Ich würde gerne mehr über digitale Tools, die ich für mein Studium verwenden kann, lernen.
   - Ja —— 11
   - Geht so
   - Nein

4) Ich verwende regelmäßig Übersetzungstools.
   - Ja —— 5
   - Selten —— 3
   - Nein —— 3

Welche?
   - DeepL —— 4
   - Google Übersetzer —— 5
   - Frag Caesar —— 2

- ChatGPT —— 2
- Pons —— 1
- Wörterbuch —— 1

Anhang 2 Die Königswahl Konrads II. in verschiedenen Sprachen

Lateinische Edition entnommen aus: Wipo, Gesta Chuonradi II. imperatoris, bearbeitet von W. Trillmich, in Quellen des 9. und 11. Jahrhunderts zur Geschichte der hamburgischen Kirche und des Reiches, Darmstadt ⁵1961 (⁷2000), 544:

> Archiepiscopus Moguntinensis, cuius sententia ante alios accipienda fuit, rogatus a populo, quid sibi videretur, abundanti corde, hilari voce laudavit et elegit maioris aetatis Chuononem suum in dominum et regem atque rectorem et defensorem patriae. Hanc sententiam caeteri archiepiscopi et reliqui sacrorum ordinum viri indubitanter sequebantur. Iunior Chuono paululum cum Liutharingis placitans statim reversus maximo favore illium ad dominum et regem elegit, quem rex manu apprehendus fecit illum consedere sibi. Tunc singuli de singulis regnis eadem verba electionis saepissime repetebant; fit clamor populi, omnes unanimiter in regis electione principibus consentiebant, omnes maiorem Chuononem desiderabant; in illo persistebant, ipsum cunctis dominantibus nihil haesitando praeposuerunt eundemque regali potentia dignissimum iudicabant et, ut nulla mora consecrationis illius fieret, postulabant. Supra dicta imperatrix Chunegunda regalia insignia, quae sibi imperator Heinricus reliquerat, gratanter obtulit et ad regnandum, quantum huius sexus auctoritatis est, illum corroboravit. Credo quidem huic electioni caelestium virtutum favorem non deesse, cum inter singularis potentiae viros, tot duces et marchiones absque invidia, sine controversia is eligeretur, qui, licet genere et virtute atque in propriis bonis nemine esset inferior, tamen de re publica ad comparationem talium virorum parum beneficii et potestatis habuit.

Übersetzung deutsch aus: Wipo, Gesta Chuonradi II. imperatoris, bearbeitet von W. Trillmich, in Quellen des 9. und 11. Jahrhunderts zur Geschichte der hamburgischen Kirche und des Reiches, Darmstadt ⁵1961 (⁷2000), S. 545.

> Der Erzbischof von Mainz, der als erster seine Stimme abgeben mußte, kürte und wählte auf die Frage des Volkes nach seinem Willen aus übervollem Herzen und mit klarer Stimme den älteren Konrad zu seinem Herrn und König, zum Lenker und Schützer des Reiches. Diesem Spruche schlossen sich die anderen Erzbischöfe und die übrigen Herren geistlicher Stände an ohne zu zögern. Sogleich wandte sich der jüngere Konrad um, der eine Zeitlang mit den Lothringern verhandelt hatte, und erwählte ihn bereitwilligst zu seinem Herrn und König; der König ergriff seine Hand und ließ ihn neben sich sitzen. Dann wiederholten alle aus den verschiedenen Königreichen einzeln immer wieder den gleichen Kürspruch. Das Volk rief Beifall, alle stimmten einmütig der Königswahl der Fürsten zu, alle wünschten den älteren Konrad. Dabei blieben sie, ihn setzten sie ohne Zögern über alle Machthaber, ihn hielten sie für den der Königsmacht Würdigsten und forderten unverzüglich seine Weihe. Gern übergab ihm die schon genannte Kaiserin Kunigunde die königlichen Insignien, die ihr Kaiser Heinrich

hinterlassen hatte, und bevollmächtigte ihn dadurch zur Herrschaft, soweit ihr Geschlecht das vermag. Ich meine wohl: Dieser Wahl fehlte die Gunst der himmlischen Gnade nicht, denn unter Männern von außerordentlicher Macht und so vielen Herzögen und Markgrafen wurde ohne Neid und Streit einer erwählt, der wohl an Geburt, Tüchtigkeit und Eigengut niemandem unterlegen war, vom Reiche aber im Vergleich mit solchen Männern wenig Lehen und Amtsgewalt besaß.

Übersetzung englisch entnommen aus: *Imperial lives & letters oft he eleventh century.* Translated by Theodor E. Mommsen/ Karl F. Morrison. With a historical introduction and new suggested readings by Karl F. Morrison, hg. von Robert L. Benson, New York 2000, 65:

The Archbishop of Mainz, whose opinion had to be taken before all, asked by the people what was seemly to him, with a full heart and a happy voice, acclaimed and elected the elder Cuono as his lord and king, and rector and defender oft he fatherland. The other archbischops and the remaining men of holy orders unhesitatingly followed him in this vote. The younger Cuono, who hat been negotiating for a short time with the Lotharingians, returned suddenly and elected him as lord and king with greatest good will. The King, taking him by the hand, made him sit beside him.

Then, one by one, men from each of the several realms repeated the same words of election again and again; there was a shout of acclamation by the people; all consented unanimously with the princes in the election oft he King; all eagerly desired the elder Cuono. On him they insisted; him they placed without any hesitation before all the mighty lords; hin they judged to be most worthy of the regal power; and they demanded that there be no delay of his consecration. The abovementioned Empress Chunegunda graciously brought forth the regal insignia which Emperor Henry had left to her and supported him for governance as far as lay within the authority of her sex. I believe that the good will of heavenly powers, indeed, was not absent from this election, since among men of singular power, among so many dukes and margraves, he was elected without malice, without controversy; he, who, although he was inferior to no one in the family and in valor and in allodial goods, nevertheless in comparison with such men held of the state but little in fief and in power.

Anhang 3 Zweitbefragung, Auswertung (12 Studierende)

5) Ich fühle mich nach der Sitzung sicherer im Umgang mit den behandelten digitalen Tools in Bezug auf mein Studium.
   - Ja —— 9
   - Geht so —— 2
   - Nein —— 1

6) Ich würde gerne mehr über digitale Tools, die ich für mein Studium verwenden kann, lernen.

- Ja —— 12
- Geht so
- Nein

7) Ich werde zukünftig regelmäßig Übersetzungstools verwenden.
- Ja —— 8
- Eher nicht —— 4
- Nein

Welche?
- ChatGPT —— 5
- DeepL ——   —— 4
- Google Übersetzer —— 2
- Frag Caesar —— 1
- Die, die ich finde —— 1

8) Ich bin nach der Sitzung in der Lage, die behandelten digitalen Tools kritisch auf ihre Verwendbarkeit hin zu beurteilen und dies bei der Verwendung zu berücksichtigen.
- Ja —— 12
- Eher nicht
- Nein

Verzeichnis der Beitragenden

Steffen Albrecht, Dr., Wissenschaftlicher Mitarbeiter im Büro für Technikfolgen-Abschätzung beim Deutschen Bundestag, Berlin (albrecht@tab-beim-bundestag.de).

Thomas Arnold, Dr., PostDoc-Wissenschaftler im Ubiquitous Knowledge Processing (UKP) Lab an der Technischen Universität Darmstadt (thomas_otmar.arnold@tu-darmstadt.de).

Ulrike Aumüller, Mitarbeiterin im Forschungs- und Entwicklungszentrum Fachhochschule Kiel GmbH (ulrike.aumueller@ai2e.de).

Amrei Bahr, Jun.-Prof. Dr., Juniorprofessorin für Philosophie der Technik und Information an der Universität Stuttgart (amrei.bahr@philo.uni-stuttgart.de).

Jenifer Becker, Autorin, Künstlerin und Postdoc-Wissenschaftlerin am Institut für Literarisches Schreiben und Literaturwissenschaft der Universität Hildesheim (becke005@uni-hildesheim.de).

Maximilian Behrens, Freiwilliger Mitarbeiter am Forschungs- und Entwicklungszentrum Fachhochschule Kiel GmbH (behrens.maximilian@yahoo.com).

Oliver Bendel, Prof. Dr., Professor im Kompetenzschwerpunkt Digital Trust am Institut für Wirtschaftsinformatik an der Fachhochschule Nordwestschweiz (oliver.bendel@fhnw.ch).

Raphael Besenbäck, M.A., Wissenschaftlicher Mitarbeiter am Institut für Geschichte der Universität Wien (raphael.besenbaeck@univie.ac.at).

Andreas Brenneis, Wissenschaftlicher Mitarbeiter am Institut für Philosophie an der Technischen Universität Darmstadt (andreas.brenneis@tu-darmstadt.de).

Kathrin Burghardt, Wissenschaftliche Mitarbeiterin im Forschungsprojekt „Diskurse disruptiver digitaler Technologien am Beispiel von KI-Textgeneratoren", Institut für Theologie und Sozialethik der Technischen Universität Darmstadt (kathrin.burghardt@tu-darmstadt.de).

Gerd Doeben-Henisch, Prof. Dr., Mitglied des Fachbereichs Informatik und Ingenieurswissenschaften an der Frankfurt University of Applied Sciences (doeben@fb2.fra-uas.de).

Petra Gehring, Prof. Dr., Professorin für Philosophie an der Technischen Universität Darmstadt (gehring@phil.tu-darmstadt.de).

Alisa Geiß, Illustratorin und Masterandin im Fach Ästhetik an der Goethe-Universität Frankfurt (geiss@uni-frankfurt.de).

Dominik Gerstorfer, M.A., Wissenschaftlicher Mitarbeiter am Fachgebiet Digital Philology – Neuere deutsche Literaturwissenschaft am Institut für Sprach- und Literaturwissenschaft der Technischen Universität Darmstadt (dominik.gerstorfer@tu-darmstadt.de).

Evelyn Gius, Prof. Dr., Professorin für Digital Philology – Neuere Deutsche Literaturwissenschaft am Institut für Sprach- und Literaturwissenschaft der Technischen Universität Darmstadt (evelyn.gius@tu-darmstadt.de).

Felix Hermonies, Prof. Dr., Professor für Informationsrecht an der Hochschule Darmstadt (felix.hermonies@h-da.de).

Reinhard Heil, M.A., Wissenschaftlicher Mitarbeiter am Institut für Technikfolgenabschätzung und Systemanalyse (ITAS) am Karlsruher Institut für Technologie (reinhard.heil@kit.edu).

Torsten Hiltmann, Prof. Dr., Professor für Digital History am Institut für Geschichtswissenschaften der Humboldt-Universität zu Berlin (torsten.hiltmann@hu-berlin.de).

Jutta Jahnel, Dr., Wissenschaftliche Mitarbeiterin am Institut für Technikfolgenabschätzung und Systemanalyse (ITAS) am Karlsruher Institut für Technologie (jutta.jahnel@kit.edu).

Colin Kavanagh, Mitarbeiter am Forschungs- und Entwicklungszentrum Fachhochschule Kiel GmbH (colin.kavanagh@ai2e.de).

Hendrik Klinge, Prof. Dr. Dr., Professor für Systematische Theologie mit dem Schwerpunkt Dogmatik und religiöser Pluralismus, Christian-Albrechts-Universität zu Kiel (klinge@email.uni-kiel.de).

Roland Kunz, Dr., Direktor im Bereich Computer Engineering and Networking bei Dell Technologies (roland.kunz@dell.com).

Simon Meier-Vieracker, Prof. Dr., Professor für Angewandte Linguistik an der Technischen Universität Dresden (simon.meier-vieracker@tu-dresden.de).

Lukas Ohly, Prof. Dr., M.A., apl. Professor für Systematische Theologie und Religionsphilosophie am Fachbereich Evangelische Theologie der Goethe-Universität Frankfurt (lukas.ohly@t-online.de).

Sandra Ohly, Prof. Dr., Leiterin des Fachgebiets Wirtschaftspsychologie an der Universität Kassel (ohly@uni-kassel.de).

Anne D. Peiter, Dr. habil., Germanistikdozentin an der Université de La Réunion (anne.peiter@univ-reunion.fr).

Lorenz Prager, Mag., Wissenschaftlicher Mitarbeiter am Institut für Geschichte der Universität Wien (lorenz.prager@univie.ac.at).

Dennis Przytarski, Mitarbeiter am Forschungs- und Entwicklungszentrum Fachhochschule Kiel GmbH (dennis.przytarski@ai2e.de).

Gabi Reinmann, Prof. Dr., Professorin für Lehren und Lernen an der Hochschule, Leitung des Hamburger Zentrums für Universitäres Lehren und Lernen (HUL), an der Universität Hamburg (gabi.reinmann@uni-hamburg.de).

Andie Rothenhäusler, M.A., Doktorand am Institut für Geschichte an der Technischen Universität Darmstadt (andreas.rothenhaeusler@tu-darmstadt.de).

Antonia Sahm, Dr. med., M.A., Fellow an der Professur für Ethik in der Medizin an der FAU Erlangen-Nürnberg (a.m.sahm@outlook.de).

Kerstin Schlögl-Flierl, Prof. Dr., Professorin für Moraltheologie an der Universität Augsburg (kerstin.schloegl-flierl@kthf.uni-augsburg.de).

Gerhard Schreiber, Prof. Dr., Professor für Evangelische Theologie u.b.B. der Sozial- und Technikethik an der Helmut-Schmidt-Universität/Universität der Bundeswehr Hamburg (schreiber@hsu-hh.de).

Didem Sedefoglu, M.Sc., Wissenschaftliche Mitarbeiterin am Fachgebiet Wirtschaftspsychologie an der Universität Kassel (didem.sedefoglu@uni-kassel.de).

Constanze Spieß, Prof. Dr., Professorin für Germanistische Sprachwissenschaft an der Philipps-Universität Marburg (spiessc@uni-marburg.de).

Haimo Stiemer, Wissenschaftlicher Mitarbeiter am Fachgebiet Digital Philology – Neuere deutsche Literaturwissenschaft am Institut für Sprach- und Literaturwissenschaft der Technischen Universität Darmstadt (stiemer@linglit.tu-darmstadt.de).

Christian Stöcker, Prof. Dr., Studiengangsleiter Digitale Kommunikation an der Hochschule für Angewandte Wissenschaften Hamburg (christian.stoecker@haw-hamburg.de).

Ann-Katrin van den Ham, Jun.-Prof. Dr., Juniorprofessorin für Erziehungswissenschaft an der Universität Hamburg (ann-katrin.vandenham@uni-hamburg.de).

Alice Watanabe, M.A., Wissenschaftliche Mitarbeiterin am Hamburger Zentrum für Universitäres Lehren und Lernen an der Universität Hamburg (alice.watanabe@uni-hamburg.de).

Miriam Weiss, Dr., Wissenschaftliche Mitarbeiterin und Zuständige für den Bereich der Wissenschaftskommunikation des Akademienprojektes Regesta Imperii VI: Die Regesten Heinrichs VII. an der Universität des Saarlandes (miriam.weiss@uni-saarland.de).

Doris Weßels, Prof. Dr., Professorin für Wirtschaftsinformatik an der Fachhochschule Kiel (doris.wessels@fh-kiel.de).

Roman Winter-Tietel, Dr., Wissenschaftlicher Mitarbeiter am Lehrstuhl für Systematische Theologie und Religionsphilosophie an der Goethe-Universität Frankfurt (R.Winter@em.uni-frankfurt.de).

Paula Ziethmann, M.A., Wissenschaftliche Mitarbeiterin am Center for Responsible AI Technologies, Lehrstuhl für Moraltheologie, der Universität Augsburg (paula.ziethmann@zig.uni-augsburg.de).

Personenregister

∂ Open Access. © 2024 bei den Autorinnen und Autoren, publiziert von De Gruyter. (CC) BY-NC-ND   Dieses Werk ist lizenziert unter einer Creative Commons Namensnennung – Nicht kommerziell – Keine Bearbeitung 4.0 International Lizenz. https://doi.org/10.1515/9783111351490-034

Shaji, Goerge   511
Sharples, Mike   86
Shattock, Ethan   416
Shehan, Chris   125
Shein, Esther   448
Shifrin, Nicole V.   438
Shipway, J. Reuben   13
Shoshan, Hadar Nesher   438
Shumailov, Ilia   94, 508, 516
Simanowski, Roberto   265, 268, 270
Simondon, Gilbert   130
Sinclair, Stéfan   208 f.
Singh, Sameer   78
Singler, Beth   190–192
Skradde, Sebastian   96
Slenczka, Notger   150
Smits, Jan   296
Snow, C.P.   115 f.
Snyder, Blake   93
Søgaard, Anders   137
Southern, Matt G.   507
Spannagel, Christian   54, 531
Speer, Andreas   155
Spengler, Oswald   188
Spieß, Constanze   363 f., 366, 368 f., 376, 378
Spoerhase, Carlos   170
Spriesterbach, Kai   524
Springer, Axel   503
Stahl, Stefan   184
Steinbuch, Karl   116
Steinhoff, Torsten   141
Stieglitz, Stefan   405
Stiemer, Haimo   6, 455
Stöcker, Christian   6, 401, 403–405, 408
Stöckl, Hartmut   376
Stokel-Walker, Chris   344, 503 f.
Stokes, Dustin   113
Strauß, Franz Josef   189 f.
Strauß, Stefan   531
Suda, Max Josef   163
Suleyman, Mustafa   23
Suppe, Frederick   388
Suri, Siddarth   112

Tandecki, Janusz   528
Tang, Liyan   484, 492
Tatarinov, Juliane   208

Tengblad, Stefan   437
Teubert, Wolfgang   366
Thampi, Ajay   461
Theune, Mariet   87
Thompson, Alan D.   451, 500
Thompson, Robin   402
Thorbecke, Catherine   195
Thorp, H. Holden   22
Thouverez, Ludivine   284
Thumser, Matthias   528
Toews, Rob   20
Toulmin, Stephen   378
Tran, Tony Ho   23, 110, 165 f., 482
Traupmann, Thomas   98
Trautmannsberger, Robert   521
Trebbien, Marvin   v
Trillmich, Werner   523, 533
Troeltsch, Ernst   151
Tschiggerl, Martin   509 f.
Tucker, Joshua   184, 401
Turing, Alan   106, 115
Tuschak, Bernadette   330
Tuschner, Christian   435
Tyler, Chris   24

Urban, Thomas   510

Vagt, Christina   104
van den Broeck, Anja   442
van den Ham, Ann-Katrin   467
van Noorden, Richard   55, 344
van Oorschot, Frederike   150
van Quaquebeke, Niels   436
van Stegeren, Judith   87
van Zundert, Joris J.   208 f.
Vasel, Johann Justus   331 f.
Vaswani, Ashish   49, 221 f.
Vauhini, Vara   99
Verdegem, Pieter   112
Vinsel, Lee   195
Vita-More, Natasha   424
Vollhardt, Friedrich   457
Vološinov, Valentin N.   368
von Eyth, Max   188
von Humboldt, Wilhelm   204
von Kern, Theodor   211, 215
von Kleist, Heinrich   455, 462 f.

Sachregister

Abbild   104, 120 f., 123, 127, 190, 385 f., 425, 477, 487

Abbild, nicht-referentielles   121

Abbildungsbeziehung   385

Abenteuergeschichten   279

Abfolge, komplexe   72, 87, 206, 450, 464, 490, 516

Abgeordnete   413

Abgrenzung   203, 273, 277, 368

Abhandlung, systematische   156, 240, 292, 496

Abhandlung, wissenschaftliche   51, 156, 240, 496

Abhängigkeit   19, 21, 54, 65, 68–71, 79, 306, 358

Absicht   309, 409, 422, 424, 426, 429, 441, 505

Absolutheitsanspruch   175

Abstraktion   18, 207, 266, 451

Abweichungen   210, 238, 250, 491

Action Augmentation   471

Adaption   448

Adaptivität, hybride   471, 477

Adäquanz   241

ADM–Systeme   403

Affirmation   288, 501

Agent, intelligenter   383, 397, 440, 472, 511

AI, generative (s. auch KI, generative)   13, 18–21, 23 f., 29, 34, 40, 47, 55, 61 f., 83, 85–89, 93 f., 96, 98 f., 101, 112, 115, 120, 127, 133, 160, 169, 183–185, 191–195, 208, 257, 273, 291 f., 295 f., 302, 307, 311, 341, 343 f., 346 f., 350–352, 355, 363, 383, 401, 409, 411–416, 419, 435 f., 440 f., 443, 447–450, 455, 461 f., 467, 471, 474, 481 f., 485, 492, 495, 498, 500 f., 503–505, 507 f., 511, 515, 530 f.

Akkumulation   128

Aktant, nichtmenschlich   26

Akteur   15, 29 f., 38, 42 f., 65, 93, 111 f., 189, 191, 194, 196, 308, 310 f., 321, 342, 344, 349, 351, 353, 368, 384, 386 f., 390 f., 398, 414, 416, 498, 514–516

Akteur-Netzwerk-Theorie   26

Aktivität, persönliche   17, 347, 366–368, 404, 413, 474

Aktualität   57, 214, 521

Akzeptanz   15, 69, 79, 140, 416, 468

Algorithmen   63, 87, 96, 116, 125, 133, 147, 155, 207, 229, 333, 338, 375, 397, 402, 450, 460, 490, 492, 499

Algorithmus   97, 107, 139 f., 153, 161 f., 207 f, 312, 333 f., 336, 379, 403 f., 460, 479, 482 f., 487–493, 505, 516, 521

Algorithmus, generativer   127

Algorithmus, textgenerierender   153 f.

Allmachtsphantasie   101

Alltag   15, 48, 261, 277, 299, 316, 356–358, 392

Alltagserfahrung   392

Allzweck-KI-System   350

Alterität, artifizielle   424, 509

Altersdiskriminierung   411

Altertumskunde   532

Alterungsprozess   411

Altruism   192

Amazon   83, 88 f., 112

Amazon Self Publishing   92

Ambition, kreative   98

Ambivalenzen   116, 196

Amt   334, 413

Amtsermittlungsgrundsatz   334

Analyse   2, 18, 24, 48, 53, 62 f., 65, 67, 84, 93 f., 98, 136, 141, 150, 156, 159, 204, 210 f., 215, 307 f., 312, 317, 327, 332, 364 f., 369, 375, 396, 433, 441, 461, 468, 474, 493, 497, 501 f., 518, 524 f., 530

Analyse, kritische   93 f.

Analyse, transdisziplinäre   383, 396

Analysten   449

Angabe, falsche   53, 213, 226, 300, 334, 394, 409

Angeeigneten   274

Angemessenheit   437, 469

Angriff   347, 413

Angstauslösendes   274

Anknüpfungspunkt   323, 523

Anmerkung, phänomenologische   1, 233, 495

Annotationsaufgabe   461 f.

Anonymität   258, 268

Anpassen   33, 124, 465

ⓐ Open Access. © 2024 bei den Autorinnen und Autoren, publiziert von De Gruyter. (cc) BY-NC-ND Dieses Werk ist lizenziert unter einer Creative Commons Namensnennung – Nicht kommerziell – Keine Bearbeitung 4.0 International Lizenz. https://doi.org/10.1515/9783111351490-035

Printed in the USA
CPSIA information can be obtained
at www.ICGtesting.com
JSHW012221210524
63564JS00004B/36

9 783111 350967